国家自然科学基金资助项目（70573086 70873099 71373220 72073111）

21世纪高等院校财政学专业教材新系

财政学

U0792346

（第四版）

PUBLIC FINANCE

杨斌　主编

东北财经大学出版社
Dongbei University of Finance & Economics Press
大连

图书在版编目（CIP）数据

财政学 / 杨斌主编．—4版．—大连：东北财经大学出版社，2021.7
（21世纪高等院校财政学专业教材新系）
ISBN 978-7-5654-4207-0

Ⅰ．财… Ⅱ．杨… Ⅲ．财政学-高等学校-教材 Ⅳ．F810

中国版本图书馆CIP数据核字（2021）第097484号

东北财经大学出版社出版
（大连市黑石礁尖山街217号 邮政编码 116025）
网 址：http://www.dufep.cn
读者信箱：dufep@dufe.edu.cn

大连图腾彩色印刷有限公司印刷 东北财经大学出版社发行

幅面尺寸：185mm×260mm 字数：813千字 印张：33.5 插页：1
2021年7月第4版 2021年7月第1次印刷

责任编辑：刘东威 吉 扬 责任校对：清 灵
封面设计：冀贵收 版式设计：钟福建

定价：88.00元

教学支持 售后服务 联系电话：（0411）84710309

如有印装质量问题，请联系营销部：（0411）84710711

第四版前言

岁月如白驹过隙，第三版出版至今又过了6年，中国社会经济进一步稳健发展，财政制度改革进一步推进，财政状况和财政政策发生了重要变化，财政理论特别是结合中国国情和发展变化情况的思考探索也有了新进展，有必要对本书再次作修订补充。第四版的修订补充主要包括如下几个方面：

1.数据更新。所有的数据尽可能都更新到2019年，有关财政数据均以财政部2020年7月公布的2019年全国财政决算为依据。一般数据以《中国统计年鉴2020》和国家统计局网站国家数据为依据。找不到2019年数据的，也尽可能用最新的数据代替。本书涉及的数据包括各级政府数量、机构、所有全国财政收支数据、税种和结构数据、各类支出及结构数据、政府性基金和收费数据，以及在比较分析中，采用的相关国家税率表，如加拿大各省公司所得税税率表、德国公司所得税税率、美国联邦公司所得税税率表以及社会保险税相关数据、美国地方财政收入结构数据等。

2.表述更新。自本书第三版以来，政治经济理论、财政税收理论都有新成果，本书作者对财政税收问题的探索也有新认识，对其中成熟的或富有创意的部分，这一版也尽可能吸纳。同时对一些不够准确和成熟的表述加以修改补充。例如，有关中国处于怎样的发展阶段的表述，上一版有些地方用“不发达市场经济”，这一版用“非纯市场经济”或社会主义初级阶段来代替。一方面表明单纯的发达市场经济不是我们发展改革的目标，我们的道路是中国特色社会主义，我们的目标是社会主义现代化，我们的经济体制改革方向不是简单的市场取向的改革，而是不断完善中国特色社会主义市场经济体制，是基于中国国情的社会主义和市场经济有机融合。另一方面将十九大报告中再次明确的中国仍然处于社会主义初级阶段作为理财治税的基本前提。虽然中国经济发展已经取得举世瞩目的巨大成就，已经成为全球第二大经济体，全面建成小康社会，中国特色社会主义进入新时代，但人均GDP还处于中等偏上国家行列，中国还不是发达国家，还存在人民日益增长的美好生活需要和不平衡不充分的发展之间的矛盾。因此，中国仍处于并将长期处于社会主义初级阶段的基本国情没有变，中国是世界最大发展中国家的国际地位没有变。中国特色社会主义市场经济和中国仍然处于社会主义初级阶段是中国财政学的现实依据。

第四版吸收了本书主编的最新研究成果，增加了社会主义新机制的内容，即建立国有资产收益全民分享的分益制财政体制的内容，在探索和案例栏目中增加了《马克思剥削理论与社会主义分益制财政体制》的文献。

前一版在分析劳动力要素市场的工人和雇主之间的税负归宿时，假定劳动力供给远远大于需求的情况，即假定劳动供给的弹性为0，这符合当时的实际情况。但随着人口增长严重减缓和中国社会经济发展，劳动力市场结构发生了根本变化，不再存在劳动力供给远远大于需求的情况，因此这一版更新了研究假定，使理论分析更加适应现实情况。

根据新的研究成果，对有关幸福指数、绿色GDP等进行更新；补充有关公共产品的研究文献；有关市场失灵和在中国的表现、财政分权的利弊分析也作了必要补充。

增加了3.5.7目，反映5G基站、城际高铁和城市轨道交通、新能源汽车充电桩、大数据中心、人工智能、工业互联网等新型基础设施建设即“新基建”投资情况。增加了3.5.8目，反映新中国70年基础设施投资和建设的非凡成就，也在总体上提出了存在的问题。修改了3.6.2目、3.6.3目有关国有资本支出规模和结构的阐述，强调国有资本作为社会主义经济基础不仅要在战略性产业起主导作用，也要在竞争性产业特别是高科技产业起引领带头作用，以增强社会主义经济基础和中国在国际竞争中的核心实力。

鉴于近几年来城乡协调发展战略取得了明显成效，有关部门也不再单独专列有关“三农”财政开支数据，这一版删除了第三版3.7.2目，保留有关扶贫支出的内容，并提出让国有资产所有者即全体人民分享资产收益，尤其是让贫困人口获得其应得的归其所有的国有资产收益，从而形成消除基础层面收入差距和绝对贫困的新机制。

几乎重写了3.8节和3.9.4目，反映中国养老保险、医疗保险等社会保险制度变化、基金收支情况、各个保险项目的给付水平差异，吸收了学术界有关城镇企业职工基本养老保险、城乡居民基本养老保险、城镇职工基本医疗保险、城乡居民基本医疗保险改革的理论分析和对策研究成果。

第四版也对某些错漏进行了更正，如前版认为社会保险税于1937年在美国创立，现根据新资料改为：19世纪末，由法国首创从工薪中扣除一定比率用于建立社会保险基金的做法。

有关个人所得税制度设计方面，结合主编新的科研成果，进行修改补充。

补充有关遗产赠与税的不同观点，更全面反映国内外学术界的研究成果，特别是在一般均衡框架下研究遗产税的新结论，即遗产税不论在公平方面还是效率方面都不是良税。

有关财政管理和财政体制方面，增加10.2.2目论述有关财政管理创新内容，包括财政规则、中期预算框架构和财政风险控制；根据各地借鉴零基预算理念推行预算改革的需要，增设10.3节系统全面论述了零基预算与中国预算编制方法的改革问题，相应地原10.3节变为10.4节。

3.制度更新。自本书第三版出版以来，国家治理体系和治理能力现代化建设取得了显著进展，国家和财政部门推出不少重大的改革措施，相应出台了不少新制度。例如，从2014年起新型农村社会养老保险和城镇居民社会养老保险合并为城乡居民基本养老保险，开展机关事业单位养老保险制度改革；2014年修改的《预算法》，赋予地方政府依法适度举债融资权限；2016年全面实施营业税改为增值税的改革；2016年排污费改为环境保护税并正式立法（从2018年起实施）；2017年烟叶税、船舶吨税，2018年耕地占用税、车辆购置税正式通过人大立法；2018年推出以提高工薪综合费用扣除额和设立专项附加扣除为主要内容的个人所得税改革；2018年，省级及以下国家税务局和地方税务局合并、出入境检验检疫管理职责并入海关、财政部专员办改为地方监管局；2019年改革资源税并正式通过人大立法（从2020年9月1日起实施）。国际上，有关关税税则的《商品名称及编码协调制度》（简称《协调制度》）有新版发布。本书第四版也进行了相应更新，反映了上述变化。

4.政策更新。财政税收政策方面，面对经济社会发展的新时代、新战略、新格局，以及经济下行压力，近几年国家和各相关财政部门先后出台了一系列应对政策，有宏观的，也有微观的。总基调是通过积极的财政政策，保持和促进经济健康稳定高质量发展；通过减税让利，激活经济主体活力，促进供给侧结构改革和扩大内在需求。2020年，在经济下行压力没有减轻的情况下，我们又面临“新冠肺炎疫情”这一百年不遇的突发公共卫生事件，以及美国试图从经济贸易、外交、技术甚至军事全方位压制中国崛起的国际环境。国家提出要推动形成以国内大循环为主体、国内国际双循环相互促进的新发展格局。为此又有一些财政政策出台。第四版将适当反映这些政策变化。

我们力图通过上述更新，保持本书的时代性和先进性，帮助读者和学生跟踪中国经济财政现实，认识中国已经进入中国特色社会主义新时代，认识今天我们比历史上任何时期都更接近、更有信心和能力实现中华民族伟大复兴的目标，坚定道路自信、理论自信、制度自信、文化自信，促进他们树立以增进人民福祉为财政工作的出发点和落脚点的信念，促进他们养成按中国的而不是西方的理财治税思维方式思考探索中国财政问题的习惯，保持本书一直以来坚持的中国财政学的风格。

一个国家普遍的理财治税思维方式就是一定时期流行的对财政税收及相关问题进行调查、分析、规划、决策、管理的习惯性方式。现在流行的理财治税思维方式受西方影响，特别是美国影响。美国的理论、美国的事实在很多方面成为我们思考问题的习惯性方式方法。我不反对充分地学习借鉴西方包括美国的经验，洋为中用；更不反对汲取西方经济发展的教训，洋为中戒。但中国特色社会主义市场经济，特别是国有经济占主流、土地国有、政府作为国有经济受托所有者参与并主导经济等现实与美国等西方国家不同，中国的税制模式、土地财政、地方政府债务等运作方式和后果也与西方国家不同。在不考虑经济体性质差异、政府性质差异和文化差异情况下，简单地采用西方特别是美国的思维方式，试图解决当下中国财政问题，会出现种种的误解、误判、误导。在比任何时候都更加接近中华民族伟大复兴的今天，我们中国财政学界要有自信，要摒弃唯美是从的思维定式，跳出美国思维方式，坚持中国人的世界观、方法论，用中国人的思维方式，立足中国实际，体悟财政实践、创新理论模型，提出解决中国财政的问题，提出解决人类财政问题的中国方案，形成中国特色、中国风格、中国气派的财政新学。

本书第一版是本书主编主持的国家自然科学基金项目“农村地区非对称型财政的机理分析和乡村财政制度设计”（编号70573086）的基础性成果之一。第二版包含了本书主编主持的国家自然科学基金项目“主体功能区规划和财政转移支付制度设计”（编号70873099）的部分研究成果。第三版包含了本书主编主持的国家自然科学基金项目“公共服务非均等化、逆向财政机制与收入差距”（编号71373220）的部分研究成果。在本书第四版修订过程中，本书主编再次获得国家自然科学基金资助，资助题目是“国有资产收益全民分享理论探索和分益制财政体制的制度设计”（编号72073111），本书吸收了该项目前期研究成果。

本版修订历经一年有余，由杨斌和博士生黎涵承担，杨斌负责提出逐章逐节甚至逐句的修订纲目，根据修订纲目修改、补充，重写、增加部分章节，黎涵按纲目具体负责数据、图表更新和部分表述更新，最后再由杨斌逐句审校、修改、补充和编订。

本书第四版坚持第三版的宗旨，即致力于向广大读者和财经院校学生提供一本总结财政理论研究成果和实践经验、反映中国财政全貌、探索中国财政规律、分析中国财政走向、体悟理财治税智慧的财政学。这一宗旨的实现，即创立反映中国理财治税经验、扎根中国大地、融通中外、具有独特范式的中国财政学，绝非易事，尚需不断探索，本书第四版不成熟和错漏之处仍不可避免，希望学术界继续不吝批评指教。

杨 斌

2021年春

厦门大学经济学院财政系

第一版前言

所谓财政，是以政府为主体，通过获得收入、安排支出，实现政府职能并对资源进行配置、调节的经济活动。财政学（如果把政府看成公共部门，也可称之为公共部门经济学，简称公共经济学）是研究以政府为主体的资源配置活动规律的经济学分支，它的根本目的是通过总结古今中外财政实践的经验和教训，用经济学的方法分析财政活动的效果，寻找福利损失最小的财政制度安排。因此，寻找使福利损失最小化的财政制度安排是贯穿整个财政学研究的主线。

中国财政学理论的发展经历了两个阶段。第一阶段是试图以马克思主义经济学基本理论为框架，建立解释中国特色社会主义财政现象的理论，在财政到底是什么这一问题上，即所谓财政本质问题，学界形成了不同的看法和观点，主要的观点包括“国家分配论”“剩余产品价值分配论”“公共需要分配论”“国家资金运动论”等。他们采用马克思主义关于从现象看本质的哲学方法，试图概括财政的特殊运动规律，以此为出发点提出制度设计和政策选择的原则，提出了不少有创新意义的主张，对推进中国财政制度建设和完善以及财政管理人才培养起了一定作用。但鉴于社会经济和财政活动实践的历史条件限制，理论界对财政实践内涵的把握不够深入，以及对西方财政学说采取简单的排斥等种种原因，传统财政学教材存在如下一些缺陷：

其一，缺乏一以贯之的基本理论和概念。翻开多数20世纪80年代甚至90年代出版的财政学教材，我们均能感到，前面的理论分析与后面的制度阐述脱节，以至于造成对基本理论各持己见，但对具体问题的分析却基本相同。例如，在分析财政本质问题时采用马克思主义的国家学说和资本论原理，但在分析税收、预算等具体财政概念时并不体现前面的基础理论。

其二，缺少一以贯之的基本主线。西方财政学教材中一条一以贯之的主线就是社会福利最大化，每一章每一节的阐述均不脱离这一主线，并以是否符合社会福利最大化作为判断财政政策和制度好坏的价值准则。在我们传统财政学教材中很难找到一条主线，因此传统财政学教材在阐述具体财政活动和财政制度发展变化的根本原因与依据方面说服力不够，在提出一套对具体财政制度和政策进行价值判断的标准体系方面也比较薄弱，从而无法向读者提供结合具体情况进行判断的系统的理论与方法。我们并不主张照搬西方的理论，采用马克思主义的立场观点和方法分析财政问题，建立其特有的理论框架，仍然大有前途，但在整个分析的体系中必须将马克思主义的价值观作为主线一以贯之，否则难免出现概念的张冠李戴和逻辑混乱。

其三，缺乏可启迪读者进行理财治税的科学思路与方法。科学的理财治税的思路与方法要基于对古今中外财政活动的经验、教训进行必要的总结和提炼，要基于对经济学合意性的逻辑推演，要基于对已有理论和现实观念的批判和思辨，从而使读者通过学习财政学掌握分析处理具体问题的思维层面或哲学层面的智慧，传统财政学教材在这一方面相当欠缺。

其四，缺乏分析财政问题的技术方法，包括模型、指标体系、评估标准等可操作的、可应用的分析手段。

总之，传统财政学教材略显简单和肤浅，欠缺深入分析和缺乏对人的启迪。

随着中国确定以社会主义市场经济作为体制发展的目标，特别是近十几年以来大量的西方经济学和财政学教科书、著作在中国的翻译和出版，财政学理论出现了比较西化的势头，直接取材于西方教科书的现象日益普遍。这是中国财政学理论发展的第二阶段，目前仍处于这个阶段。高等学校的讲坛上不再区分中国本土的财政学和西方财政学，主张直接以西方财政学作为教科书的院校已不在少数。这种直接取材于西方财政学（特别是美国财政学）而形成的财政学教学内容体系，也有其根本性的缺陷：

其一，脱离国情。由于中国懂英语的人比较多，而懂得其他国家语言的人比较少，市面上流行的翻译版教科书，大多是英语国家（尤其是美国）的财政学教科书，这些财政学（或公共经济学）教科书基于英美等国经济社会条件的理论阐述和制度分析，往往不是很适合于中国，这样的财政学教材，要么因为不能解释现实问题或者不能为解决问题提供有用的思路和方略，而变得无用；要么因为读者囫囵吞枣、食洋不化、生搬硬套、误学误用，而对财政实践产生弊害。他山之石可以攻玉，他国经验教训应当借鉴，我们不排斥学习西方的财政理论和实践，但科学的财政学的任何结论都是以严格的假定为前提的，前提变了，结论就不正确，而前提所反映的往往是那个时代、那个国家、那个民族的行为活动中最普遍的特征。因此，经济学作为社会科学是民族的、时代的，不存在能够解释、处理经济财政问题的四海皆准的经济学说和财政原理。财政实践也是具体的、有差异的、民族的、时代的，每一个时代、每一个国家都有其特殊的财政行为、财政现象，财政制度和政策的产生都有其经济社会背景，都只能在特定的文化环境中才能有效运行，照搬照抄不仅无用而且有害。中国的财政学需要研究中国特殊的财政现象、特有的财政行为。

其二，脱离现实。目前许多国内财政学教材取材于西方财政学理论，对中国财政实际情况的阐述或不够系统或不够准确；对实践中产生的重大财政问题分析论辩比较少；所阐述的财政现象和采用的实际案例，在中国往往不存在；所描绘的财政制度和方针策略不是目前从事理财治税的实际工作者的所思所想；缺少对丰富多彩的中国财政改革实践后果、绩效的辨析，这就造成了财政工作者不能从财政学教材中获得教益和启示。

其三，缺乏智慧。财政实践涉及方方面面的经济利益，处理财政关系的各种矛盾和问题不仅要求财政学教材提供概念和基本知识，还要提供处理问题的思路和方法，就是要提供在一定条件下怎样做到“两利相权取其重、两害相权取其轻”的理论、思路和方法，使读者学习后得到启迪，提高思辨能力，掌握鉴别能力，并获得处理具体问题的“招数”，从而增进管理者的智慧。但目前的财政学教材概念、模型充斥，而与传统财政学教材一样能够增进人们智慧的内容不多见。

本人有志于经过漫长的实践考察、历史经验的思辨、理论概念和方法的创新，在中国财政学理论体系建构方面有所推进，实现财政学不仅是概念之学、模型之学、统计之学，而且成为智慧之学、经世之学、判别之学。本书是我们几个师生进行这个庞大、复杂工程之前的初步尝试。本书尽可能吸收前人所著教科书之优点，按照经济学、管理学各专业学生和干部学习财政学的需要，突出基本理论、基本知识和基本技能，注重知识点的成熟性、凝练性、时代性，强调教材内容的逻辑性、系统性、开放性，在此基础上，还试图达到如下特点：

1.用一以贯之的概念反映中国财政的全貌。以往出版的财政学教材，在阐述中国财政的数量关系时往往只以一般预算的收支为对象，忽视了中国财政的特征，即除了一般预算外还存在预算外、基金等范畴。本书采用政府收入和政府支出的概念代替财政收入和财政支出的概念，利用第一手最新的经济和财政统计资料，力求比较全面地反映中国政府占用的经济资源总量、结构和对GDP的占比，力图将一个实际的、完全的、最新的中国财政状况呈现给读者，尤其是我们的学生。

2.基于辨析选择并论述财政学基本原理和知识。财政学作为经济学的分支，在经济学基本原理没有新突破的时候，财政学也难以完全更新，本书作为本科阶段的教科书，仍然需要将已经成熟了的、公认的财政学基本知识和原理作为基础内容，并尽可能注意到理论原则的假定、制度政策的社会文化背景，通过对重要的理论和制度政策模式的辨析，告诉读者，尤其是我们的学生，谨慎地对待所有的基本原理，不仅让读者掌握财政学的基本原理和知识，而且着力提高他们对理论原则和制度政策模型的判别能力，避免在应用于中国实际时照搬照抄。

3.用一以贯之的标准分析中国财政的走向。为了克服传统财政学教材的缺乏一以贯之的论述主线和评价标准的缺陷，本书选择绝大多数人民群众的福利作为全书的主线，但衡量福利的理想指标体系还在探索之中，目前常用的GDP或GNP只能衡量物质财富的变化，不能反映物质财富的质量、获得物质财富所付出的环境代价，更不能反映幸福等福利的更本质的内涵。本书主张综合地采用GDP（经济增长）、人类发展指数、国民幸福总值（GNH）作为判断财政制度优劣和政策实行结果的标准，并试图将其作为主线贯穿全书。通过这样的安排，我们要告诉读者，财政制度和政策的选择，不能只是考虑制度规范和国际接轨，不能只考虑它们对经济增长的效应，还要考虑对绝大多数人民群众幸福程度的影响。任何财政制度和政策的改变都有成本，即产生降低社会福利的负面影响，希望我们的读者通过学习掌握“两害相权取其轻”的思维方法，在遇到制度变革和政策改变时善于找到代价较低的方案，以此达到实际增进社会福利的目的。

4.基于中国国情阐述中国财政的特殊现象。本教材注意到了哲学上的编年史时间和逻辑时间的差异，中国与西方国家虽然同处一个编年史时间（都进入2007年），但中国仍属于不发达市场经济国家，而且存在着与西方国家很不相同的独特的文化体系和人际关系机制。受经济、社会、文化的影响，中国存在许多特殊的财政现象，例如多元财政体系（除了一般预算外，还存在预算外、基金预算，城乡之间实行很不相同的财政制度），促使财富从农村地区和相对不发达地区向大中城市流动的逆向财政机制，财政制度的字面规定与实行结果的较大差异等。财政学只有对一个国家实际存在的特殊财政现象加以充分的阐述，财政学才能具有智慧之学、经世之学的功能，财政学的有用性才能提高。分析研究中国国情下的特殊财政现象，发现其特征、揭示其规律是中国财政学的重要研究任务。因此，本书致力于构建一套能解释中国不发达市场经济条件下财政运行的特殊现象的概念和逻辑体系，从而培养学生掌握中国现实条件下财政学理论范式、财政制度设计的原则和方法，处理财政问题的思维方式。

本书正是力求以上述真实性、论辩性、逻辑性和现实性作为追求目标，力图让我们的读者在阅读本书时有耳目一新的感觉，不至于感到似曾相识而浪费时间和精力。另外，为帮助学生和教师更好地学习和使用本书，本书附有光盘，光盘中含有各章的本章结构、主要概念（关键词）、综合训练、推荐阅读材料、网上资源，增加了个别案例，列出了我们认为读者有必要进一步阅读的参考文献，并给出了各章综合训练中的客观题及计算题的参考答案，同时也为授课教师制作了电子课件，以期本书能为读者带来更多有用的信息。

本书由我和七位博士李成（厦门大学）、龙新民（湘潭大学）、尹利军（闽江学院）、江庆（安徽大学）、吴立武（厦门大学）、方银水（厦门大学）、潘梅（厦门大学）共同创作完成。这些博士均有较高的经济学和财政学修养，科研能力均很强，有的已经从事高等院校的财政学教学工作多年，有丰富的教学经验。在本书的不少地方嵌入了他们博士论文的某些创新成果。我作为主编负责全书知识点和体系设计，提出详细纲目，由我和参编者分工负责初稿写作，然后由我对初稿进行修改，不少章节在修改中几乎重写，对没有重写的章节也提出了详细的修改意见，再由原编写者或其他编写者修改，多数章节几易其稿，其中的有些章节修改到8月才最后确定。因此，各章节的最终编写者以他们在定稿的各章节中的实际贡献确定，具体是：杨斌和李成合写第1章1.1节、第6章、第7章7.1节、第8章8.2节、8.4节；李成撰写第1章1.2节、第3章3.4节和3.7节、第9章；江庆撰写第1章1.3节；龙新民撰写第2章；尹利军撰写第3章3.1节、3.2节和3.5节、第4章；吴立武撰写第3章3.3节；江庆、龙新民和方银水合写第3章3.6节；方银水、龙新民和潘梅合写第3章3.8节；杨斌撰写第5章、第7章7.2节和7.3节、第8章8.1节、8.3节、8.5节；杨斌和江庆合写第10章；李成协助完成全书统稿工作。尽管如此，本书可能存在的错漏之处还应该由我负责。

本书是东北财经大学出版社刘东威编辑积极促成的结果。它是我主持的国家自然科学基金项目“农村地区非对称型财政的机理分析和乡村财政制度设计”（编号70573086）的基础性成果之一。本书的修改定稿工作主要是在美国马萨诸塞州的西部小城北安普敦完成的，我于2006年7月到2007年1月在美国马萨诸塞大学做高级访问学者，下榻在北安普敦市的飞利浦路24号。这里美丽静谧的田园风光和五所高水平美国大学形成的学术氛围，使我暂时脱离了国内大学校长的杂务，心无旁骛地重新探索和思考经济财政和社会问题；对美国社会文化的进一步实地考察和认知，使我坚定了近几年一直进行的关于社会文化对经济制度和经济理论的重要影响的研究，也使我坚信财政学要成为智慧之学、经世之学、判断之学，应当把中国社会文化的特征加到财政学的分析框架之中，或许整个经济学都应当如此重新架构。因此，在这本《财政学》教材付梓之际，我要感谢马萨诸塞大学的Gerald Epstein教授以及和丽山学院（Mount Holyoke College）的Francine M.Deutsch教授这一对夫妇的热情邀请和精心安排。

热望使用本书的教师和同学以及其他读者批评指正，以便不断完善、充实本书的内容。

杨　斌

2007年8月18日

目录

第 1 章 中国财政概况

☞ 学习目标

• 了解中国财政总体概况，包括财政的主体——政府，是什么，做什么；

• 了解目前中国政府开展的主要财政活动的基本内容，即收支总量和构成、财政制度和管理办法、财政体制改革和财政政策。

☞ 导语

政府是财政学研究对象的主体，政府应该如何进行其资金的运作，也就是如何取得其收入和如何决定其支出，是财政学始终关注的根本问题。现代财政学不仅仅讨论基于收支活动的政府活动，还讨论政府为什么要以及如何参与资源的配置，其行为对社会福利会产生怎样的影响。

1.1 节首先界定了政府的内涵和外延以及政府的基本职能，简要介绍了中国政府机构设置的基本情况。

1.2 节利用现有的统计数据，描述中国财政收入和支出的组成结构、总体规模。通过这一节的学习，我们能够从数量上感受到中国政府参与资源配置的程度和方向，体会财政在中国经济中所处的地位。

1.3 节重点介绍中国现行财政制度概况。首先，对中国的财政基本法律制度作简略介绍，然后介绍中国财政主管机关的基本情况，中国的财政模式改革、税制改革、财政管理制度改革情况，中央与地方的财政关系调整情况，中国近期财政政策变化情况。

1.1 政府概述

1.1.1 政府的概念

政府是人类社会自然发展的产物，它是拥有广泛的权威和垄断的权力，通过制定并实施法律或规则，对一定地理范围内的公民、企业、宗教、社团和其他组织进行管理监督，提供公共服务和维护社会秩序的团体，是社会管理中心。在生产资料公有制国家中，政府还是国有资产的实际拥有者和经营者。这里的政府概念与日常生活中的政府概念有所不同。日常生活中的“政府”一般指行政机关或内阁，如某某省的人民政府、奥巴马政府等。而本书所取的广义的政府概念不仅包括行政机关，而且包括立法机关、司法机关，包括军队、警察，包括对一个领土内起核心领导作用的执政党。从这个角度讲，本书有时把政府和国家（不是地理上而是政治意义上）当成一个意思。政府的类型有很多，但是它们都具有以下共同的特征：

第一，权威的社会性。政府的权力是在它所管辖的地理范围内被广泛承认的。它用这种权力和权威制定有约束力的法律和政策，发布强制性的命令。这一点与非政府组织不同，非政府组织的权威性如果有的话也只限于其成员，而不具有社会性。

第二，成员的当然性。政府治理下的社会成员除非移民，不能例外地脱离政府的规章和命令的约束，这种当然性是与成员的国籍或居住权相联系的。各国公民的国籍选择办法虽然不同，但有一点是相同的，即长期居住并具有一国国籍的人们，他们的下一代当然就具有该国的国籍。

第三，暴力的垄断性。政府拥有被法律授予的惩处权，一是将犯法者处以监禁，二是剥夺犯法者的相关权利，包括生命、财产。也就是说，政府拥有合法的暴力，而且这种暴力是政府唯一拥有的，其他组织不能获得。

第四，权力的合法性。政府权力的合法性来自社会成员认同政府拥有制定和执行法律的权力，认同法律的效力并且认为应该服从该法律。政府权力的合法性还在于政府本身的组成、运作以及所受的监督的合法性，二者相辅相成。

第五，服务的非营利性。政府在管理社会过程中提供的各种公共服务不能以营利为目的，如果要收费，所收取的费用不能多于服务成本。这是政府与企业组织相区别的重要因素。

第六，统治的阶级性。根据马克思主义原理，任何政府都是统治阶级对被统治阶级的暴力工具，其法律和政策从根本上讲是有利于统治阶级的。

在政府（国家）拥有企业和土地等财产的时候，政府不仅行使政治权力，还是国有企业和其他国有财产的产权所有者，还履行国有财产所有权职责。

从广义上讲，中国政府包括起领导核心作用的党中央和拥有实际决策权的各级党委、各级人民代表大会、中华人民共和国国务院（以下简称国务院）和各级地方人民政府（狭义概念）、各级人民法院和人民检察院，以及中央军事委员会。《中华人民共和国宪法》（以下简称《宪法》）规定，中国共产党领导是中国特色社会主义最本质的特征。中国共产党是全国人民的领导核心，它的中央委员会决定国家的一切大政方针；全国人民代表大会和地方各级人民代表大会是国家权力机关，其中全国人民代表大会行使国家立法权，省、自治区、直辖市和设区的市、自治州的人民代表大会行使地方立法权。国务院（中央人民政府）和各级地方人民政府，是国家权力机关的执行机关，是国家行政机关；各级人民法院是国家的审判机关，各级人民检察院是国家的法律监督机关；中央军事委员会领导全国武装力量，国家监察委员会和地方各级监察委员会是国家监察机关。同时，《宪法》还规定，全国人民代表大会和各级地方人民代表大会选举和任命各级政府组成人员，选举和任命各级司法机关组成人员，讨论全国和各地区的重大事项、预算、政府工作报告、法院和检察院的工作报告等。

1.1.2 政府模式

政府模式可以从不同的角度来区分。从权力最终归属角度，可分为独裁模式、寡头模式、民主模式三种。独裁（autocracy）模式即一个人拥有最终权力的政府，包括完全的君主制（absolute monarchy），也包括最终权力由总统或相当人物拥有的共和专政制（republican dictatorship）。寡头（oligarchy）模式就是权力由少数几个人组成的小团体拥有的政府体制。民主（democracy）模式是由人民作为整体拥有政治权力的政府体制，包括由人民通过大选直接选举领导人的直接民主制和由人民通过选举代表，再由代表负责决定和监督领导人的间接民主体制。

按照国家的结构形式以及从中央和地方政府的权力关系角度，可以划分为单一制下的中央集权型、单一制下的地方自治型以及联邦制下的地方自治型三种。

1）单一制下的中央集权型（以中国为例）

所谓单一制，是指一国的主权权力由中央政府保有，中央政府的权威可直接及于其公民，并且可以变更地方政府的制度。其主要特点在于中央政府可以随时决定收回地方政府的权力，地方政府的立法权限受到中央的约束和监督，行政机构要按照中央的要求设置和管理。世界上多数国家实行单一制的国家结构形式，如中国、日本、英国、法国等。中央集权则是从中央政府和地方政府的具体权力划分角度来讨论一个国家的政府结构。中国是典型的单一制中央集权型政府结构，具体表现在，各省负责人由中央直接任命或由其提名并经地方人民代表大会选举产生。省委书记为首的省委和省长为首的省政府领导全省的工作，实行中央制定的方针政策，实质上对中央负责，省长也要向各级人民代表大会报告工作并接受监督。地方人民代表大会实际权力有限，主要听取和审议政府工作报告、进行地方立法、表决地方财政预算，地方人民代表大会所做的决定决议不能违抗中央的统一法律、方针和政策。中央集权也表现在财政体制方面。在中国，实行的是高度集权的分税制，中央控制了重要税种的立法权，税收收入的大部分由中央统一征收后再进行分配，仅省级政府和计划单列市政府享有独立发债权。如果对中国政府的性质作进一步分析，中国政府与西方私有制国家政府存在显著差别。中国政府不仅是社会管理中心，还由于全民公有制实行政府（国家）所有制，实际上也是一个中国全体人民共有的特大型无限责任“资产公司”，而西方国家的政府只是“物业公司”。参见本章案例1-1[①]。

2）单一制下的地方自治型（以英国为例）

英国实行单一制的国家结构形式，但是地方政府拥有较多的自治权，具体表现在地方议会具有较多的管理地方事务的权力，除了有权力制定地方法规（立法权）以外，还具有管理公共事业的建设的权力（行政权），依法决定征收税费的权力，编制预算的权力以及发行地方公债的权力。当然地方政府的自治权也受到一定限制并接受中央政府的监督。一般来说，地方政府只能对法定的事项行使自治权，如果要增加新的权限，则要向国会提出新的法案。

3）联邦制下的地方自治型（以美国为例）

所谓联邦制，是指根据宪法的规定，中央政府和地方政府的权力由法定契约明确规定，获得永久的承认，中央政府无权随意变更地方政府的制度。美国是典型的联邦制国家，其主要特点在于：国家整体和组成部分之间是一种联盟的关系。联邦政府行使国家主权，并设立最高立法机关和行政机关，在宪法规定的权限范围内行使权力，主要包括国防、外交、联邦财政、货币银行、出入境管理、对外贸易、国民福利、邮政、州际事务以及科学艺术的发展援助等，宪法所未授予联邦或未禁止各州行使的权力，都留给州。各州和州以下行政区域均实行自治，州和州以下地方政府与联邦政府在法律上处于平等的地位，不存在彼此隶属关系。州和州以下地方政府拥有自己的立法和行政机关，有自己的法律，实行自主的政治、经济、财政、文化、教育体制，自行履行法律规定的职责。政府首脑均由所辖地区的选民选举产生，并对选民负责。因此，州及州以下地方政府拥有较大的权力，可在宪法的权力框架内征收各种赋税，发行地方公债，兴办各种公共工程，制定各种基本法律以及针对教育、医疗、保险、文化等公共事业的制度。

---

① 杨斌．中国政府特性和非对称型分税制加分益制财政体制［J］．税务研究，2014（1）：5-12.

1.1.3 政府职能

1）政治学意义上的政府职能

古希腊的亚里士多德认为，城邦的军事职能、主持公道的司法职能和具备政治理智的议事职能，是政府的三大职能[①]；洛克认为政府具有立法、执行和对外等权力[②]；而孟德斯鸠则认为政府具有立法、行政和司法等职能[③]；美国政治学家古德诺认为，政府包括政治职能和行政职能，政治职能包括制宪、立法、政府官员的选举和国家意志的执行等，而行政职能包括行政部门和司法部门对国家法律、政策的执行和裁决[④]。这些对政府职能的论述，基本上属于对政府职能机构横向的静态的把握，涵盖了政府涉及的基本领域，规定了政府基本行为范围，不足之处在于缺乏对政府职能动态的、历史的把握。马克思和恩格斯从大的历史的角度，概括出政府的两大基本职能：政治职能和社会管理职能[⑤]。他们认为，政治职能是统治阶级建立政府的根本宗旨，目的是维护本阶级在政治、经济、文化上的利益；而社会管理职能则是政治职能的基础，它不会随着国家或者政府的变迁而变动，无论是在原始社会还是阶级社会，乃至将来的无阶级社会，它始终会是政府的基本职能。

有学者综合各家观点提出政府的四职能说，认为现代社会中，政府的基本职能包括阶级统治、社会管理、社会服务和社会平衡四项基本职能。

（1）阶级统治职能。第一，构建和维护有利于统治阶级掌握国家政权的政治、经济、法律和文化制度、政策和环境；第二，建立和维护军队、警察、监狱等暴力机器，对内镇压被统治阶级的反抗，对外防御外来侵略；第三，保障政府工作人员的合法权益，包括工资、福利等；第四，向社会和公民征收维持政府正常运转所需要的税费。

（2）社会管理职能。第一，维护社会治安和秩序；第二，制定经济、贸易、财政、金融、国防、外交、民政、交通、通信、环保、体育、卫生、科技、文化、教育等各方面事务的政策并进行管理；第三，对国有自然资源进行保护和管理；第四，制定国家中长期经济和社会发展规划。

（3）社会服务职能。第一，提供教育、文化、娱乐、保健、交通、通信等方面的公共服务；第二，提供各种市政性服务设施，如住房、道路、水电等。

（4）社会平衡职能。第一，制定社会资源再分配政策并建立相关制度，如建立全民社会保障体系，建立转移支付制度以及制定相关的收入再分配政策；第二，建立和维护政治性和社会性的参政议政组织，并从事社会沟通、协商和监督职责，调节社会矛盾。

从传统社会到现代社会，政府的职能正逐渐地从阶级统治职能向社会管理和社会服务职能转变，同时随着经济的发展，社会平衡职能越来越突出[⑥]。

2）经济学意义上的政府职能

一般来说，政府职能必须为政府存在的最终目的服务，而从经济学的意义上来讲，政府存在的目的在于实现社会福利的最大化。为了达到社会福利的最大化，必须实现社会运行的有序和稳定、资源配置的效率、收入分配的公平这三个基本目标（具体分析见第2章）。

---

① 亚里士多德．政治学［M］．北京：中国社会科学出版社，2009：187-194.
② 洛克．政府论（下）［M］．叶启芳，翟菊农，译．北京：商务印书馆，1981：89-91.
③ 孟德斯鸠.论法的精神［M］．张雁深，译．北京：商务印书馆，1978：155.
④ 古德诺 F．政治与行政［M］．丰俊功，译．北京：北京大学出版社，2012：15.
⑤ 马克思，恩格斯．马克思恩格斯选集［M］．北京：人民出版社，1995：69.
⑥ 施雪华．政治科学原理［M］．广州：中山大学出版社，2001：187-188.

对应于这三个基本目标，作为社会主义国家，中国的政府职能具体内容有如下三个方面：

（1）维持职能。第一，为了维护社会治安和秩序而建立军事、公安、司法等部门；第二，为了维持社会的正常运转而建立经济、贸易、财政、金融、国防、外交、民政、交通、通信、环保、体育、卫生、科技、文化、教育等各方面事务的基本制度并进行中长期规划；第三，为了保证社会的可持续发展建立对国有自然资源的管理和保护制度。

（2）经济职能。第一，为了保证市场运行的有效性而进行的交通、能源、水利、卫生、环境、信息等经济性基础设施以及文教、医疗、公共管理等社会性基础设施的投资。第二，在全民所有制实行国家所有制的情况下，为了实现国有资产的保值增值，而对国有企业进行投资以保证其固定资产的更新与改造，保证其正常的有效经营和运转及收益分配；对国有土地等资源进行开发。第三，规划经济发展，实施宏观调控，调整经济结构，促进经济增长、经济稳定和充分就业。

本书主编认为政府上述经济职能可进一步分解为一般经济职能和国有资产经营管理职能，其中一般经济职能包含上文中第一和第三点，第二点作为政府国有资产经营管理职能。因为中国是社会主义国家，国家具有双重性质，除了承担与一般市场经济国家相同的社会管理中心并提供公共产品的“一般”功能，以及相应地实行中央和地方各级政府财政分权体制外，还承担全国人民和地区全体人民委托的国有资产的运营和收益分配，以及相应的全国层级全民所有制单位和地方各层级全民所有制单位收益分享这一“特殊”功能。因此中国特色社会主义市场经济的财政体制除了分税制（公共产品提供和国家公共管理的财政体制），还应存在“分益制”（国有资产收益的分配），国有资产经营管理应单独作为中国政府重要职能。

（3）调节职能。第一，为了维持社会各阶层的公平，而对收入分配进行有效的调节，给予社会公众基本的养老、失业、医疗、工伤、生育保险；第二，为了维护特殊群体的基本权利，给予退伍军人、儿童、老人、残疾人、受灾群众、贫困人口一定的社会优抚、社会福利、社会救济、社会救助、贫困扶助等。

3）影响政府职能的因素

一国政府具体履行怎样的职能、有什么样的特点，取决于许多因素。首先是自然条件，例如中国自然条件的一个重要特点就是水资源不够丰富而且分布不均衡，自然灾害多发，因此兴修水利、防洪抗涝、赈济灾民是历朝历代中国各级政府的重要职能。

其次是生产资料或资源资产的所有制。如果是生产资料公有制国家，政府直接拥有土地等资产（或经济资源）和众多国有企业，政府必须承担发展经济的主要职能，包括争取资本投入、建立企业、运营土地等经济资源；如果是私有制国家，政府承担的经济职能是间接有限的，基本是通过财政、金融等政策手段进行间接调控的。

再次是经济发展水平和经济结构。如果生产力比较落后而且农业占主体，那么政府职能的重点是奖掖农耕、劝桑养蚕、赈灾救荒、调解争讼、剿匪安民、教育感化。到了经济发展比较深入的阶段并且以非农产业为主，政府职能的重点应该是发展经济、促进就业、普及教育、鼓励创新、实施社保、防止垄断、保护环境、保持稳定。

最后是社会结构。一些国家，民营企业多、非政府组织比较发达，那么可实行“大社会、小政府”模式，很多的经济发展任务、社会管理职责和公共服务提供可通过企业和非政府组织进行。而一些国家民营企业和非政府组织不发达，那么不仅社会管理职责、公共服务提供必须由政府来进行，而且经济发展的战略也往往需要政府来组织实施，政府也变成具有企业性质的组织。

案例 1-1

【案例 1-2】

中国政府职能的转型

（一）中国政府职能所处的环境

政府职能的形成有一定的环境，当政府职能的基础条件或者环境发生变化时，政府必然进行职能的转型。我们所说的环境包括内部环境和外部环境两个方面，具体到每一个方面，又可以根据不同的政府职能细分为政治、经济、文化、人口、自然、民族等环境。20世纪末期，包括中国在内的世界30多个国家都开始了政府职能转型的尝试，其中重要的原因之一就在于各国所处的内外部环境的变化。就中国政府所处的内外部环境来说，主要包括四个方面。

第一，经济体制需要新的主体和体系。中国经济体制改革的目标是建立社会主义市场经济体制，因此如何构建新的市场体系和培育新的市场主体是政府的当务之急。首先，市场经济体系要求由市场来发挥资源配置的决定性作用，政府的职责和作用主要是保持宏观经济稳定，加强和优化公共服务，保障公平竞争，加强市场监管，维护市场秩序，推动可持续发展，促进共同富裕，弥补市场失灵。政府不能人为地分割市场、限制竞争，更不能实施地方保护，进行恶性竞争。其次，市场经济体制要求有独立的市场经济主体——现代企业，在中国这个问题包括一个前提、两种形式。一个前提是规范的现代企业制度，两种形式是公有制为主体、多种所有制并存。前提表明，无论是什么样的所有制形式，都要建立现代企业制度，使企业成为独立的法人实体，重视企业经理人的能力，并由投资者进行有效监督，使企业权利、决策、执行、监督得到协调和制约。这就要求我们的政府退出公有制企业的管理层面，通过委托代理的方式对企业进行监督。

第二，现代混合市场经济要求政府实行有效的宏观经济调控。宏观调控的主要任务是保持经济总量平衡，促进重大经济结构协调和生产力布局优化，减缓经济周期波动的影响，防范区域性、系统性风险，稳定市场预期，实现经济持续健康发展。宏观调控体系要以国家发展战略和规划为导向、以财政政策和货币政策为主要手段。因此，要推进宏观调控目标制定和政策手段运用机制化，加强财政政策、货币政策与产业、价格等政策手段协调配合，提高相机抉择水平，增强宏观调控前瞻性、针对性、协同性。还要形成参与国际宏观经济政策协调的机制，推动国际经济治理结构完善。从改革开放到现在，中国政府的宏观调控无论从理论上还是从方法上，都积累了较为丰富的经验，而且取得了一系列的成果。但是，我们并不能说中国的宏观调控体系已经十分成熟，它仍然需要较大的改进。具体来说要具有预见性、综合性、结构性和长远性，同时以微调的方式为主。预见性是指在进行总量调节的时候不能等待问题出现，而应该提前预测、适时调整；综合性是指经济、法律和行政手段共同作用；结构性是指有紧有松、有扩有控、有保有压，多层次、多角度的调节；长远性是指考虑眼前的调控是否关系到未来经济的运行，是否关系到国家下一步发展的目标。

第三，调控个人收入分配要求，建立健全社会保障体系。近年来，中国各阶层、不同地区间的收入差距有所加大，这一方面是由于市场经济体制本身具有拉大收入差距的内在机制，另一方面也和中国财政分配偏向“体制内”人员、存在国有资产经营垄断以及社会保障体系不够完善有较大关系。实现基本公共服务均等化、破除国有资产经营垄断和完善社会保障制度，不仅关系到市场经济的稳定发展，也关系到社会的稳定。

第四，深化投资体制改革，确立企业投资主体地位。企业投资项目，除关系国家安全和生态安全，涉及全国重大生产力布局、战略性资源开发和重大公共利益等项目外，一律由企业依法依规自主决策，政府不再审批。强化节能节地节水、环境、技术、安全等市场准入标准，建立健全防范和化解产能过剩长效机制。

第五，全面正确履行政府职能。进一步简政放权，深化行政审批制度改革，最大限度减少中央政府对微观事务的管理，市场机制能有效调节的经济活动，一律取消审批程序，对保留的行政审批事项要规范管理、提高效率；直接面向基层、量大面广、由地方管理更方便有效的经济社会事项，一律下放地方和基层管理。政府要加强发展战略、规划、政策、标准等制定和实施，加强市场活动监管，加强各类公共服务提供。加强中央政府宏观调控职责和能力，加强地方政府公共服务、市场监管、社会管理、环境保护等职责。推广政府购买服务，凡属事务性管理服务，原则上都要引入竞争机制，通过合同、委托等方式向社会购买。

（二）中国政府职能转型的目标

根据上述中国政府所处内外部环境的分析，中国政府应该在下面四个方面进行再次调整。

首先，要明确政府的基本权限，使中国政府成为“有限型”政府。这就是说，中国政府的权力、规模、行为都要受到宪法和法律的明确限制，由公众监督和制约，同时还要建立相应的惩罚和纠正机制。“有限型”政府的基本理念是社会自我管理、政府宏观调控、市场配置资源。

其次，要明确政府的基本职责，使中国政府成为“服务型”政府。就是说，政府应当把为社会、为公众服务当作政府存在的基本宗旨，它体现了国家权力向社会权利的转移、政府本位向社会本位的转移、官本位向民本位的转移。“服务型”政府是政府从统治型、管理型发展出来的最终结果，也是社会进步的客观要求。

再次，要以法制为基础，使中国政府成为“法治型”政府。其实质是政府能够比较自觉地以法律、法规来约束自己的行为。根本途径就在于加强政府法治建设和健全市场法律体系，明确政府的权限和职责范围，以此确立政府和市场的边界。

最后，要以节约为准绳，使中国政府成为“高效型”政府。英国学者帕金森曾经提出政府机构总是按照一定的速度增长，从而增加不必要的工作量和办事程序，造成浪费。在中国同样存在这种情况。按照节约的要求，提高政府行政效率势在必行，为此要精简机构和工作人员，做到少而精；在节约的前提下进行信息化、电子化改革，做到服务快速准确；增强透明度，做到政务公开，广泛接受监督。

资料来源　曹庆荣．中国政府职能转型的财政学透视［M］．北京：中国财政经济出版社，2004：61-63，82-100，117-125．有改动．

1.1.4 中国政府结构

从总体上来说，中国政府架构有五个层次：第一个层次是中央政府。第二个层次为省级层次，包括四种形式，即自治区、省、直辖市和特别行政区。目前，中国共有23个省、5个自治区、4个直辖市、2个特别行政区，共34个省级行政区。第三个层次为地级层次，包括地级市、专区和自治州。到2019年底，中国地级区划数为333个，其中地级市293个，其中广州、武汉、哈尔滨、沈阳、成都、南京、西安、长春、济南、杭州等10个大型省会城市和大连、青岛、深圳、厦门、宁波等5个计划单列市为副省级城市，享有省一级经济管理权限。第四个层次是县级，分为县、民族自治县、县级市、市辖区，以及特别区域（如林区、生产建设兵团的团级单位等）。到2019年底，中国县级区划数2 846个，其中县1 323个、自治县117个、县级市387个、市辖区965个。第五个层次是乡镇级。这是中国最基层的政府。到2019年底，乡镇级区划数为39 727个，其中乡（包括民族自治乡）9 222个、镇20 988个、街道办事处8 515个。

中国的中央政府机构包括起领导核心作用、拥有重大事项决策权和高级官员实际任免决定权的中共中央，按照全国人民代表大会及其常委会的决定履行国家元首职责的国家主席，作为最高立法机关的全国人民代表大会及其常委会，作为最高行政机关的国务院，作为各民主党派、工商联和各界爱国民主人士参与政治协商和民主监督的中国人民政治协商会议全国委员会，作为最高司法机构的最高人民法院和最高人民检察院，作为最高军事指挥机构的中央军事委员会。其中，作为最高国家行政机关的国务院由总理、副总理、国务委员、各部部长、各委主任、审计长和秘书长组成。国务院下设五种类型的职能部门，包括1个办公厅、26个部委、1个直属特设机构、10个直属机构、2个办事机构、9个直属事业单位，另外还有部委管理的国家局16个、议事协调机构和临时机构若干个。

省到县级地方政府的机构设置基本按照与中央机构相对应的原则设置。乡镇没有政协组织，其行政机构则根据工作大类设置办公室。

1.2 中国政府的财政收支状况

如前所述，政府职能实现的物质基础在于政府的财政收支。财政收支可以反映一国政府控制社会资源的程度，本节具体讨论中国财政收支的基本情况，并分析其成因、趋势。

中国财政收支体系包括一般公共预算、政府性基金预算、国有资本经营预算、社会保险基金预算等。一般公共预算就是每年由中华人民共和国财政部（以下简称国家财政部或财政部）及各级财政机关编制并向同级人民代表大会报告的财政预算，是中国政府收支体系的主体部分，官方所称财政收入、支出指的就是一般公共预算的收支。

政府性基金预算是国家通过向社会征收以及出让土地、发行彩票等方式取得收入，并专项用于支持特定基础设施建设和社会事业发展的财政收支预算，它是近几年为了加强对土地出让收入、政府性基金等不列入一般公共预算的财政收入项目的管理而编制的特别预算。

国有资本经营预算是国家以所有者身份依法取得国有资本收益，并对所得收益进行分配而发生的各项收支预算，是政府预算的重要组成部分。国有资本经营预算的收入是指各级人民政府及其部门、机构履行出资人职责的企业（一级企业，下同）上交的国有资本收益，国有资本经营预算的支出主要包括根据国家战略、产业规划等宏观政策目标而安排的资本性支出，以及用于国有企业改革等方面的费用性支出。必要时，可部分用于社会保障等项支出。2007年进行国有资本经营预算试点，中央本级国有资本经营预算从2008年开始实施（国发〔2007〕26号）。到目前为止，所有省、自治区、直辖市都编制该项预算。

社会保险基金预算是根据国家社会保险和预算管理法律法规建立的、反映各项社会保险基金收支的年度计划，旨在强化社会保险基金的管理和监督，保证社会保险基金安全完整，提高社会保险基金运行效益，促进社会保险制度可持续发展。社会保险基金预算按险种分别编制，包括企业职工基本养老保险基金、城乡居民基本养老保险基金、机关事业单位基本养老保险基金、职工基本医疗保险基金、居民基本医疗保险基金、工伤保险基金、失业保险基金等内容①。根据国家法律法规建立的其他社会保险基金，条件成熟时，也应尽快纳入社会保险基金预算管理②。

此外，在中国财政收支体系中还长期存在预算外收支。预算外收支，是对预算外资金进行管理的制度，包括建立统一财政专户，制订预算外资金收支计划，实行收支两条线管理。预算外资金，是指国家机关、事业单位、社会团体、具有行政管理职能的企业主管部门（集团）和政府委托的其他机构，为履行或代行政府职能，依据国家法律法规和具有法律效力的规章而收取、提取、募集和安排使用，未纳入财政预算管理的各种财政性资金，主要是行政事业收费和罚没款。随着国家规定将越来越多的预算外收入项目纳入一般公共预算或基金预算管理，预算外收支规模呈现下降趋势。2011年，中国政府全面取消预算外资金，将所有政府性收入全部纳入预算管理。

1.2.1 中国政府收入及其构成

1）中国政府收入总额及其构成

要计算中国政府收入，可以将上述各项预算的收入加总。由于债务收入实际上只是将未来的收入提前使用，以下我们计算政府收入时不计入国内外债务收入。

2019年中国政府收入总额为342 928.63亿元（不包括国内外债务收入、调入资金和结转结余）。其中，一般公共预算收入190 390.08亿元，占55.52%；政府性基金收入84 517.72亿元，占24.65%；国有资本经营预算收入3 971.82亿元，占1.16%；社会保险基金预算收入64 049.01亿元（扣除财政补贴19 103.12亿元以后的数据），占18.67%。图1-1给出了按管理方式划分的各类政府收入的结构。

2019年中国GDP总额为990 865.1亿元，如果按流行的计算方法，财政收入仅仅是一般公共预算收入，那么其只占GDP的19.22%，这给人一种中国政府对经济活动的介入程度不是很高的印象，然而这是错觉，因为中国政府收入不仅包括一般公共预算收入（一般公共预算收入只占政府收入的55.52%），还包括政府性基金预算收入、国有资本经营预算收入、社会保险基金预算收入。只有宽口径的政府收入概念才能全面反映中国政府占有的实际社会财富数量及其介入经济活动的程度。按这样的口径计算，政府收入占GDP的比重为34.61%。上述数据还没有将各级政府的显性和隐性债务收入计算在内，如果考虑这

① 2019年3月，国务院办公厅印发的《关于全面推进生育保险和职工基本医疗保险合并实施的意见》，2019年底前实现生育保险和职工基本医疗保险合并实施.

② 财政部预算司. 2019年全国社会保险基金支出决算表［EB/OL］.［2020-07-31］. http://yss.mof.gov.cn/2019qgczjs/202007/t20200731_3559854.htm.

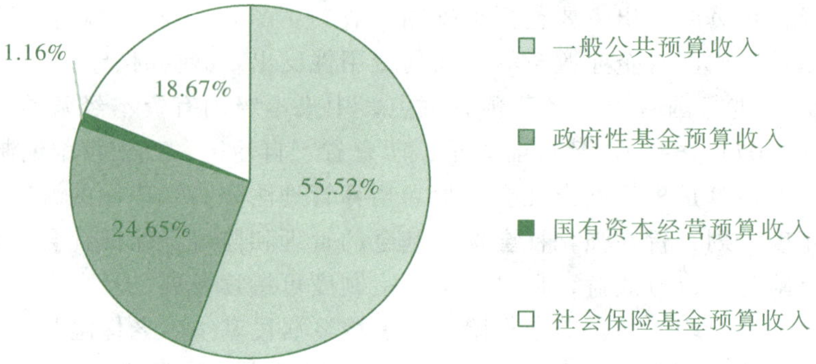

图1-1 2019年按管理方式分类的政府收入结构图

个因素，实际上政府收入占GDP的比重还要高一些。例如，2019年中央财政国债余额168 038.04亿元，地方政府债务余额213 072.26亿元[①]，中央和地方合计债务余额占当年GDP的38.46%。说明中国政府介入经济活动的程度相当高，同时也启示我们研究中国财政问题不能仅仅看一般公共预算的收支。

2）中国广义税收总额及其构成

我们还可以从收入的性质角度，进一步研究中国政府收入的构成。税收收入无疑占政府收入的比重最大，但税收收入并不完全以“税收”的名义出现，需要从本质上进行分类。

（1）正税与杂税、暗税的区分

在中国目前的政治体制下，是通过人大立法，还是通过国务院立法，没有本质区别。因此，本书不仅把人大制定的税法视为正式的法律，也把由国务院以及所属财政部、国家税务总局、海关总署、人力资源和社会保障部、国家医疗保障局等制定的有关收入的规章视为正式法律。目前以税的名义征收的税（费），一部分已经由人大立法，还有很大一部分由国务院或所属财政部、国家税务总局、海关总署、人力资源和社会保障部、国家医疗保障局等制定条例或规章、通知。我们称这部分通过人大、国务院或所属部门正式发布条例征收的税或费（如社会保险费）为正税。其具体情况参见下面第（2）点。

除了正税之外，在中国还有大量的征收具有税收性质，它们往往以收费、基金等名称出现，由单行法律、中央政府各部门甚至地方各级政府或所属部门通过文件通知的形式决定课征。例如，由《中华人民共和国教育法》（简称《教育法》，下同）确定课征教育费附加；由《中华人民共和国可再生能源法》（简称《可再生能源法》，下同）确定征收可再生能源发展基金；而民航发展基金则根据国发〔2012〕24号、财综〔2012〕17号、财税〔2015〕135号、财税〔2019〕46号文件征收；农网还贷资金的征收，依据是财政部和相关部门的财企〔2001〕820号、财企〔2002〕266号、财企〔2006〕347号、财综〔2007〕3号、财综〔2012〕7号、财综〔2013〕103号、财税〔2015〕59号文件；城市基础设施配套费，依据国发〔1998〕34号、财综函〔2002〕3号、财税〔2019〕53号文件征收。自20世纪90年代初以来，中国政府对所谓政府性基金、行政事业性收费进行了清理，政府性基金项目和行政事业性收费项目逐年减少，截至2019年全国性及中央部门和单位行政事业性收

① 财政部. 关于2019年中央和地方预算执行情况与2020年中央和地方预算草案的报告——2020年5月22日在第十三届全国人民代表大会第三次会议上［EB/OL］.［2020-05-30］. http：//www.gov.cn/xinwen/2020-05/30/content_5516231.htm.

费项目仍有50项[①]，政府性基金仍有21项[②]。这些收费、基金有的属于临时性质，有的永久开征，往往形式多样，造成的负担不轻，项目数远远超过正税。我们就把未通过人大、国务院发布专门税收条例而课征的各种具有税收性质的税费称为杂税（或杂项负担）。其具体情况见下面第（3）点。

（2）正税情况

根据上面的界定，我们将人大立法和国务院发布条例征收的财政收入项目归入正税，这除了以税名称征收的税收（18种）以外，还包括社会保险费。以征税对象为依据，可将它们分类列举如下：

①流转税（货物与劳务税）类：增值税、消费税、关税、资源税、城市维护建设税、烟叶税、车辆购置税。

②所得税类：个人所得税、企业所得税、社会保险费。

③财产和行为目的税类：房产税、契税、印花税、土地增值税、城镇土地使用税、耕地占用税、船舶吨税、车船税、环境保护税（2017年以前为排污费）。

2019年各类正税（包括社会保险费）扣除出口退税以后的实际征收数额为217 991.93亿元，占2019年全部政府收入342 928.63亿元的63.57%，占GDP的比重为22%。如果不包括社会保险费，正税总额为158 000.46亿元（已扣除出口退税16 503.19亿元），占政府收入的比重为46.07%，占一般公共预算收入190 390.08亿元的82.99%，占GDP比重为15.95%。这说明一般公共预算收入的主要来源是正税。社会保险费在正税中的权重已经相当大，但社会保险费不在一般公共预算收入中体现。

以下我们均按包含社会保险费的数据，对税收结构进行分析。就三大类税收的结构看，在217 991.93亿元的正税总额中，流转税（货物与劳务税）占40.08%、所得税（含社会保险费）占49.40%、财产税和行为目的税占10.53%，反映出中国的税制结构具有典型的流转税和所得税双主体特征，见表1-1和图1-2。从主要税种的构成看，增值税收入最多，达到了60 990.09亿元，占27.98%；社会保险费59 991.47亿元，占27.52%，居第二位；企业所得税收入37 303.77亿元，占17.11%，排行第三；第四位为消费税，收入13 230.86亿元，占6.07%；个人所得税占据第五位，收入10 388.53亿元，占4.77%；其他税收合计36 087.21亿元，占16.55%。具体情况见表1-1和图1-3。

（3）杂税情况

中国在相当长的时间里，中央部委及各省、自治区、直辖市甚至更低层次的政府以基金、费、资金的名义征收大量的税费。这些收入没有被列入预算管理，而是被当作预算外资金，甚至存入单位小金库。这些资金脱离财政管理和各级人大监督，乱支滥用现象十分严重，不仅造成了国家财政资金分散和政府公共分配秩序混乱，而且助长了不正之风和腐败现象的发生（《关于加强预算外资金管理的决定》，国发〔1996〕29号）。为此中央政府和财政部门从1993年开始进行治理整顿，取消大量不合理、不合法的收费、基金征集，并逐步将允许存在的政府性基金、收费纳入预算管理。

---

① 全国性及中央部门和单位行政事业性收费目录清单［EB/OL］.［2020-06-24］. http://szs.mof.gov.cn/zt/mlqd_8464/mlqd/zyzfxjjmlqd/201706/t20170620_2626928.htm.

② 全国政府性基金目录清单［EB/OL］.［2020-06-24］. http://szs.mof.gov.cn/zt/mlqd_8464/mlqd/zyzfxjjmlqd/201706/t20170620_2626929.htm.

表 1-1　　2019 年正税结构表类别

	税种	金额（亿元）	百分比（%）
流转税（货物和劳务税）	增值税	60 990.09	27.98
	消费税	13 230.86	6.07
	关税	2 889.13	1.33
	城市维护建设税	4 820.57	2.21
	资源税	1 821.64	0.84
	烟叶税	111.03	0.05
	车辆购置税	3 498.26	1.60
	流转税小计	87 361.58	40.08
所得税	企业所得税	37 303.77	17.11
	个人所得税	10 388.53	4.77
	社会保险费	59 991.47	27.52
	所得税小计	107 683.77	49.40
财产税和行为目的税	房产税	2 988.43	1.37
	契税	6 212.86	2.85
	耕地占用税	1 389.84	0.64
	城镇土地使用税	2 195.41	1.01
	土地增值税	6 465.14	2.97
	船舶吨税	50.26	0.02
	车船税	880.95	0.40
	印花税	2 462.96	1.13
	环境保护税	221.16	0.10
	其他税收	79.57	0.04
	财产税和行为目的税小计	22 946.58	10.53
正税合计		217 991.93	100①

资料来源　财政部预算司．2019 年全国一般公共预算收入决算表［EB/OL］．［2020-07-31］．http：//yss.mof.gov.cn/2019qgczjs/202007/t20200731_3559686.htm；财政部预算司．2019 年全国社会保险基金收入决算表［EB/OL］．［2020-07-31］．http：//yss.mof.gov.cn/2019qgczjs/202007/t20200731_3559768.htm.

---

①　因四舍五入，结果不是正好 100%——编辑注。

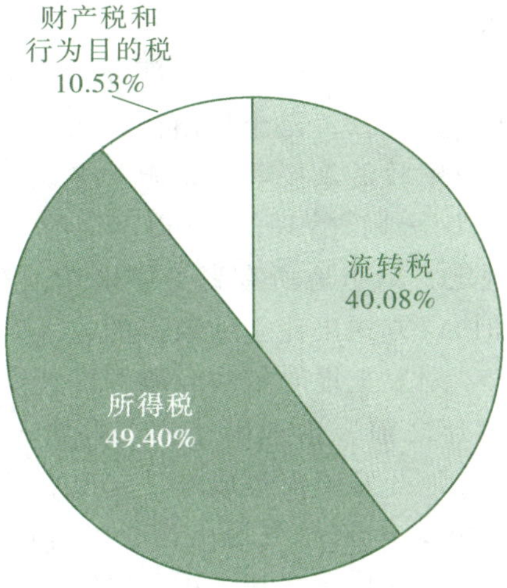

图1-2　2019年正税类别结构图

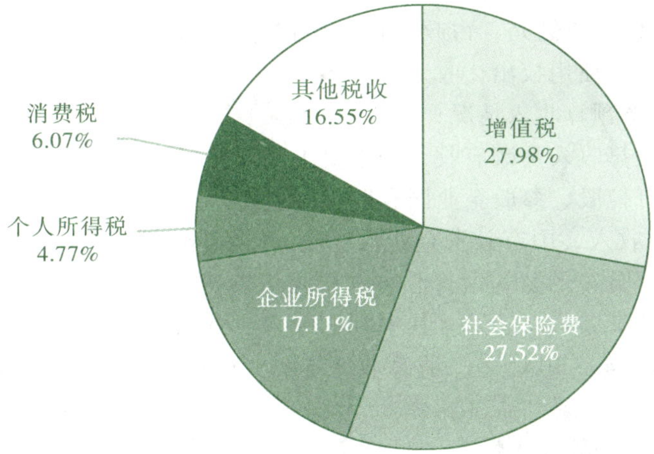

图1-3　2019年主要正税占正税总额比例图

杂税的主要组成部分是所谓政府性基金和一部分行政事业性收费项目。这些收入目前在官方的文件中被当成所谓非税收入，这从管理角度未尝不可，但从学术角度要从现象看本质，如果它们在性质上属于税收就应当被当作税收（杂税）看待。

几乎所有的政府性基金都具有税收性质，因为这些项目本质上不属于“费”，不属于资本投资报酬，不属于产品或服务购买，而是符合税收的四个基本特征。缴纳基金或费的人（以下简称缴费人）不能免费使用由其投资形成的设施，因此缴费人的贡纳是无偿的；缴费人纳多少、什么时候纳受制于征收文件，不能自主选择，只要缴费行为发生就必须缴纳，否则面临处罚，强制性明显；缴费人缴纳的比例或数额是预先在文件中规定好的，确定性清楚；只要缴费人发生了同样的行为，其缴纳的项目同样具有均一性特征。近几年，随着中央政府的治理整顿，政府性基金项目逐年减少，到2019年有21项（具体参见表9-1），这类“杂税”总额（列入政府性基金预算管理）为13 838.41亿元①。

① 财政部预算司.2019年全国政府性基金收入决算表［EB/OL］.［2020-07-31］. http://yss.mof.gov.cn/2019qgczjs/202007/t20200731_3559743.htm.

3）政府性基金预算收入情况

列入政府性基金预算管理的收入主要包括两个部分：一是具有杂税性质的所谓政府性基金，前面已经阐述，此处不再赘述；二是土地出让收入。

土地出让收入已经构成地方财政的重要收入来源。土地出让收入是市县人民政府依据《土地法》《中华人民共和国城市房地产管理法》（以下简称《城市房地产管理法》）等有关法律法规和国家有关政策规定，以土地所有者身份出让国有土地使用权所取得的收入，主要是以招标、拍卖、挂牌和协议方式出让土地取得的收入，也包括向改变土地使用条件的土地使用者依法收取的收入、划拨土地时依法收取的拆迁安置费等成本性的收入、依法出租土地的租金收入等。2007年之前，土地出让收入先纳入预算外专户管理，再将扣除征地补偿和拆迁安置费用以及土地开发支出等成本性支出后的余额缴入地方国库，纳入地方政府性基金预算管理。2007年，国家对土地出让收入管理制度进行了改革，将全部土地出让收入缴入地方国库，纳入地方政府性基金预算，实行收支两条线管理，与一般公共预算分开核算，专款专用。据统计，2019年全国政府性基金预算收入84 517.72亿元，其中土地出让收入67 077.39亿元，占政府性基金预算收入的86.05%。因此，在政府性基金预算收入中，国有土地使用权出让收入占主体①。

4）国有资本经营预算收入情况

国有资本经营预算收入是政府收入的重要组成部分，主要包括国有独资企业按规定上交国家的利润，国有控股、参股企业国有股权（股份）获得的股利、股息，企业国有产权（含国有股份）转让收入，国有独资企业清算收入（扣除清算费用）和国有控股、参股企业国有股权（股份）分享的公司清算收入（扣除清算费用），其他收入。2019年，全国国有资本经营预算收入3 971.82亿元。其中利润收入2 614.81亿元，股利、股息收入543.61亿元，产权转让收入495.50亿元，清算收入54.53亿元，其他国有资本经营收入263.37亿元②。

5）社会保险基金预算收入情况

中国社会保险目前存在四个体系：一是养老保险，其中又分为企业职工基本养老保险、城乡居民基本养老保险、机关事业单位基本养老保险三个部分；二是医疗保险；三是工伤保险；四是失业保险。

近几年中国社会保险制度不断完善，各项社会保险覆盖范围继续扩大，参保人数和基金规模持续增长。2019年，全国社会保险基金总收入83 152.13亿元，比上年增长5.25%。其中社会保险费收入59 991.47亿元，占72.15%；财政补贴收入19 103.12亿元，占22.97%；利息收入2 209.35亿元，占2.66%；委托投资收益539.52亿元，占0.06%；其他收入1 308.67亿元，占0.16%。全国社会保险基金总支出74 740.78亿元，比上年增长10.92%。本年收支结余8 411.35亿元，年末滚存结余96 545.31亿元，比上年增长8%。财务状态良好，在保险水平不变的情况下，具有可持续性。

从分项目结构看，各项养老保险基金预算收入合计56 780.48亿元，占社会保险基金预算中收入的68.28%。在各项养老保险基金预算收入中，企业职工基本养老保险基金收

① 财政部预算司.2019年全国政府性基金收入决算表［EB/OL］.［2020-07-31］. http：//yss.mof.gov.cn/2019qgczjs/202007/t20200731_3559743.htm.

② 财政部预算司.2019年全国国有资本经营收入决算表［EB/OL］.［2020-07-31］. http：//yss.mof.gov.cn/2019qgczjs/202007/t20200731_3559761.htm.

入38 174.79亿元，占67.23%；城乡居民基本养老保险基金收入4 149.44亿元，占7.31%；机关事业单位基本养老保险基金收入14 456.25亿元，占25.46%。

医疗保险基金预算收入方面，各项基本医疗保险基金预算收入合计24 318.2亿元，占全国社会保险基金预算收入的29.25%。其中，职工基本医疗保险基金预算收入15 638.36亿元，占64.31%；居民基本医疗保险基金收入8 679.84亿元，占35.69%。

失业保险基金预算收入1 248.77亿元，工伤保险基金预算收入804.68亿元，分别占全国社会保险基金预算收入总额的1.5%和0.97%，说明这两项都属于补充性的社会保险项目[①]。

1.2.2　中国政府支出及其构成

1）中国政府支出及其构成

按管理方式划分，中国政府支出同样可以划分为一般公共预算支出、政府性基金预算支出、国有资本经营预算支出、社会保险基金预算支出。2019年中国政府支出为407 542.33亿元，占GDP的41.12%。其中，一般公共预算支出238 858.37亿元，占政府总支出的58.61%，占GDP的24.11%；政府性基金预算支出91 647.77亿元，占政府总支出的22.49%；国有资本经营预算支出2 295.41亿元，占政府总支出的0.56%；社会保险基金预算支出74 740.78亿元，占政府总支出的18.34%（如图1-4所示）。这表明中国政府经济活动范围不仅仅限于一般公共预算（即流行意义上的财政支出），还有41.39%的政府开支在一般公共预算以外进行，也就是说流行的财政支出概念只反映了约3/5的政府支出活动。

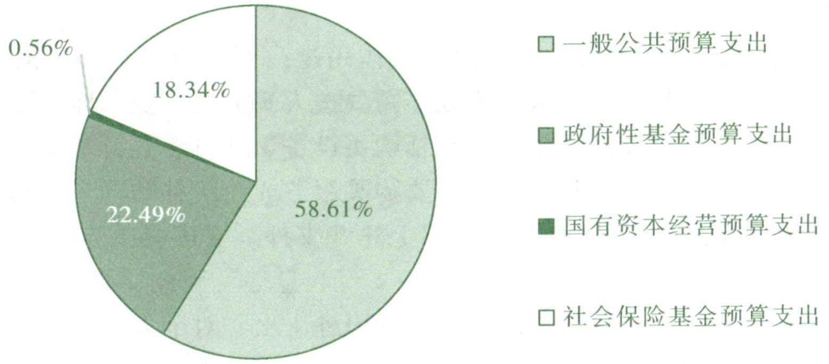

图1-4　2019年政府支出结构图

2）一般公共预算支出结构

2007年以前，一般公共预算支出按基建、事业费、行政管理费等性质分类，类下按主要部门和行业设置款级科目。

2006年财政部发布《关于印发政府收支分类改革方案的通知》，从2007年起实行新的政府收支分类科目。在保持基本稳定的前提下，根据机构设置和职能变化，财政部每年发布《政府收支分类科目》供来年预算编制、执行、决算使用。一般公共预算支出按照政府职能活动和开支的具体用途，划分为功能分类科目和经济分类科目。

---

① 财政部预算司.2019年全国社会保险基金收入决算表［EB/OL］.［2020-07-31］. http：//yss.mof.gov.cn/2019qgczjs/202007/t20200731_3559768.htm；财政部预算司. 2019年全国社会保险基金结余决算表［EB/OL］.［2020-07-31］. http：//yss.mof.gov.cn/2019qgczjs/202007/t20200731_3559856.htm.

按支出功能性分类是为了反映政府为履行不同职能而花费的财政资金。2019年支出功能分类的类级科目包括一般公共服务、外交、国防、公共安全、教育、科学技术、文化体育与传媒、社会保障和就业、卫生健康、节能环保、城乡社区事务、农林水事务、交通运输、资源勘探信息等事务、商业服务业等事务、金融支出、援助其他地区、国土海洋气象等、住房保障、粮油物资储备事务、灾害防治及应急管理、预备费、债务付息、债务发行费用、其他支出等25类。其中一般公共服务支出包括未列入具体功能性分类的所有党政部门的支出，涵盖人大、政协、政府办公厅（室）及相关机构事务，发展与改革事务，统计信息事务，财政事务，税收事务，审计事务，海关事务，人力资源事务，纪委监察事务，商贸事务，知识产权事务，民族事务，港澳台事务，档案事务，民主党派及工商联事务，群众团体事务，党委办公厅（室）及相关机构事务，组织事务，宣传事务，统战事务，对外联络事务，其他共产党事务，网信事务，市场监督管理事务，其他一般公共事务等28项。中国目前的政府支出，基本上是按党委、人大、政府、政协和其他组织等部门类别来分类，即按广义政府的部门来分类，因此，中国政府支出预算呈现按政府部门分类编制预算的明显特点。按功能性分类，2019年支出结构中，教育支出比例最大，达14.57%；其次是社会保障和就业支出（包括养老保险补贴等），占12.30%；排第三位的是城乡社区服务支出（主要是城乡公共基础设施建设和环境卫生支出），占10.41%；第四位为农林水事务支出（包括农业补贴、水利建设、扶贫等支出），占9.57%；第五位是党政机关的一般公共服务支出，占8.51%；第六位是卫生健康支出（包括医疗保险补贴等支出），占6.97%；第七位是公共安全支出，占5.82%；第八位是国防支出，占5.07%；第九位是交通运输支出，占4.94%；第十位是科学技术支出，占3.96%；第十一位是债务利息支出，占3.52%。见表1-2。

按支出经济分类是为了反映政府支出的具体用途。任何财政活动不论以什么名义进行，支出以怎样的名目安排，都要人去完成，需要按人头分配经费，即工资、福利、补助等；人要完成任务往往还需要物质条件，包括购买设备、耗材、进行基本建设或维修活动等，如果委托其他单位或下属单位承担，需要购买服务或给予补贴。一些具有管理企业的职能和承担社会保险改革任务的单位，除了上述开支外，要安排一定的资金用于相关补助。当有资金缺口负债的情况下，还需要准备支付利息等。因此，为反映支出最终用途，支出经济分类的科目包括工资福利支出、商品和服务支出、对个人和家庭的补助、资本性支出（基本建设）、资本性支出（基本建设以外）、对企事业单位的补贴、债务利息及费用支出。

从一般公共预算更大类的功能性质划分，可大致将政府支出分为维护社会秩序的公共服务与安全支出（简称维持性支出）、民生和社会保障性支出（简称民生支出）、社会经济基础设施和环境维护支出（简称经济性支出）三大类。维持性支出具体包括一般公共服务、外交、国防、公共安全、其他支出等科目，2019年其总额达到48 734.98亿元，占支出总额的20.40%；民生支出是与人民生存、发展和娱乐直接间接相关的支出，包括教育、文化体育与传媒、社会保障和就业、住房保障、卫生健康等方面的开支，2019年其总额为91 328.86亿元，占一般公共预算支出总额的38.24%；经济性支出是维护生存环境、建设基础设施、维持产业运行和促进发展的开支，包括节能环保、科学技术、城乡社区、农林水、交通运输、资源勘探信息、商业服务、粮油物资储备、金融监管、援助其他地区、

表1-2　**2019年按功能分类的一般公共预算支出结构表**

项目	数额（亿元）	比例（%）
一、一般公共服务	20 344.66	8.51
二、外交	617.5	0.25
三、国防	12 122.1	5.07
四、公共安全	13 901.93	5.82
五、教育	34 796.94	14.57
六、科学技术	9 470.79	3.96
七、文化体育与传媒	4 086.31	1.71
八、社会保障和就业	29 379.08	12.30
九、卫生健康	16 665.34	6.97
十、节能环保	7 390.20	3.09
十一、城乡社区事务	24 895.24	10.41
十二、农林水事务	22 862.80	9.57
十三、交通运输	11 817.55	4.94
十四、资源勘探信息等事务	4 914.40	2.05
十五、商业服务业等事务	1 239.70	0.52
十六、金融监管支出	1 615.36	0.67
十七、援助其他地区支出	471.31	0.20
十八、国土海洋气象等支出	2 182.70	0.91
十九、住房保障支出	6 401.19	2.67
二十、粮油物资储备事务	1 897.11	0.91
二十一、灾害防治及应急管理	1 529.20	0.63
二十二、预备费	0.00	0.00
二十三、债务付息支出	8 442.53	3.52
二十四、债务发行费用支出	65.64	0.03
二十五、其他支出	1 748.79	0.72
全国一般公共预算支出合计	238 858.37	100

资料来源　财政部预算司．2019年全国一般公共预算支出决算表［EB/OL］．［2020-07-31］．http：//yss.mof.gov.cn/2019qgczjs/202007/t20200731_3559718.htm.

国土海洋气象、灾害防治及应急管理、国债还本付息支出等，2019年其总额为98 794.53亿元，占一般公共预算支出的41.36%。图1-5描绘了主要支出类别占一般公共预算总支出的比重，明显反映出中国财政的民生和经济建设导向。关于支出各个具体项目的情况请参见第3章的分析。

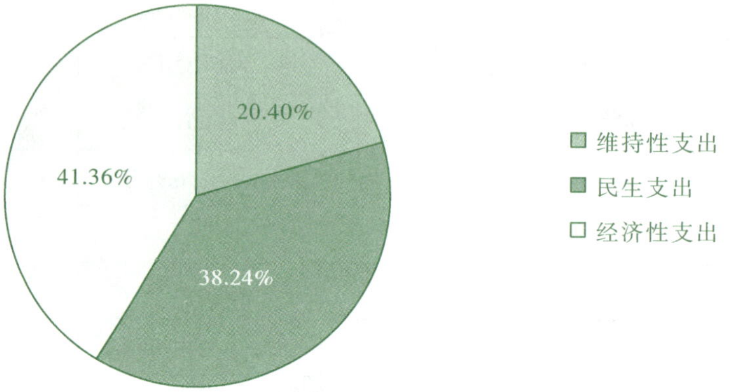

图1-5　2019年全国一般公共预算支出类别结构图

3）政府性基金预算决算支出情况

2019年，全国政府性基金预算支出91 647.77亿元，支出项目与收入项目对应，如国有土地使用权出让收入安排的支出、铁路建设基金支出、民航发展基金支出、港口建设费安排的支出、农网还贷资金支出、国家重大水利工程建设基金支出等21项。其中，国有土地使用权出让收入安排的支出74 366.08亿元，是政府性基金预算支出的主体，占比81.14%[①]。

土地出让收入并不完全由政府支配，只有扣除成本补偿性费用后的土地出让收益，才是政府可用的财力。根据这个特性，土地出让支出可区分为成本性支出和非成本性支出（即土地出让收益安排的支出）两大部分。2015年全国土地出让支出中，用于征地拆迁补偿、补助被征地农民、土地出让前期开发等成本性支出26 844.59亿元，占支出总额79.6%；用于城市建设、农业农村、保障性安居工程等非成本性支出6 883.19亿元，占支出总额20.4%。在成本性支出中，用于征地拆迁补偿和补助被征地农民支出17 935.82亿元，占66.8%；用于土地开发支出6 533.90亿元，占24.3%；用于支付破产或改制企业职工安置费等其他支出2 374.87亿元，占8.9%。

在非成本性支出中，用于农业农村支出2 528.17亿元，占36.7%，其中，教育支出436.69亿元，占6.347%；用于保障性安居工程支出823.49亿元，占12.0%，其中，棚户区改造支出308.54亿元，占4.48%；用于城市建设支出3 531.53亿元，占51.3%[②]。

4）国有资本经营预算支出情况

国有资本经营预算支出主要包括国有资本经营预算补充社保基金支出、解决历史遗留问题及改革成本支出、国有企业资本金注入、国有企业政策性补贴、金融国有资本经营预算支出、其他国有资本经营预算支出等。2019年，全国国有资本经营预算支出2 295.41亿

① 财政部预算司．2019年全国政府性基金支出决算表［EB/OL］．［2020-07-31］．http：//yss.mof.gov.cn/2019qgczjs/202007/t20200731_3559748.htm.

② 财政部综合司．2015年全国土地出让收支情况［EB/OL］．［2016-04-01］．http：//zhs.mof.gov.cn/zonghexinxi/201604/t20160401_1934261.htm.2015年以后财政部不再公布有关土地出让收支具体情况的数据，本书只好引用2015年的数据，若有新数据将及时更新．

元。其中，国有资本经营预算补充社保基金支出0.43亿元，解决历史遗留问题及改革成本支出740.01亿元，国有企业资本金注入1 110.41亿元，国有企业政策性补贴142亿元，金融国有资本经营预算支出39.75亿元，其他国有资本经营预算支出262.81亿元①。其中国有企业资本金注入支出占48.37%、用于解决历史遗留问题及改革成本支出占32.24%，两项合计占80.61%。

5）社会保险基金预算支出情况

近几年中国社会保险制度不断完善，各项社会保险覆盖范围继续扩大，参保人数和基金规模持续增长，相应支出规模也扩大。2019年全国社会保险基金预算支出74 740.78亿元，其中各项养老保险基金预算支出51 894.97亿元，占69.43%；各项医疗保险基金预算支出20 760.83亿元，占27.78%；失业保险基金预算支出1 284.32亿元，占1.72%；工伤保险基金预算支出800.66亿元，占1.07%。说明在中国社会保险制度中，养老保险占主体地位，医疗保险也占重要地位，而失业保险以及工伤保险处于辅助地位。

在各项养老保险基金预算支出中，企业职工基本养老保险基金支出34 719.77亿元，占66.90%；城乡居民基本养老保险基金支出3 148.31亿元，占6.07%；机关事业单位基本养老保险基金支出14 026.49亿元，占27.03%。说明中国目前的养老保险制度仍然是以单位就业人员为主，城市中的非单位就业居民和广大农村居民养老保险的水平还比较低。

在医疗保险基金预算支出中，职工基本医疗保险基金预算支出12 489.78亿元，占60.16%；居民基本医疗保险基金预算支出8 271.05亿元，占39.84%②。这也说明城市非单位就业居民和农村居民的医疗保险水平还比较低。

1.3 中国财政制度和管理

1.3.1 财政制度

财政制度是指国家为了管理财政收入和支出等财政行为，调节经济活动，在高度总结财政管理实践经验的基础上，以法律形式规定的一系列行为准则。财政制度是以财政法律、法规、规章等形式来表现的，包括如下一些内容：

1）税法

税法有广义和狭义之分，广义的税法是指中国的税收法律体系，它是指立法机关和有关国家机关根据税收立法体制的规定，所制定的一系列税收法律、法规、规章等规范性文件的统称，所有调整税收经济关系的法律、法规、规章都可以看成税法体系的组成部分。它包括：（1）由全国人民代表大会及其常务委员会制定并颁布实施的调整税收经济关系的法律，这就是我们所说的狭义的税法。（2）税收法规，它包括税收行政法规和税收地方性法规两种，前者由国务院制定发布，后者由地方人大及其常委会制定发布。行政法规的效力高于地方性法规。（3）税收规章，它是由国务院税务主管部门或地方人民政府制定的，

① 财政部预算司．2019年全国国有资本经营支出决算表［EB/OL］．［2020-07-31］．http：//yss.mof.gov.cn/2019qgczjs/202007/t20200731_3559766.htm.

② 财政部预算司.2019年全国社会保险基金支出决算表［EB/OL］．［2020-07-31］．http：//yss.mof.gov.cn/2019qgczjs/202007/t20200731_3559854.htm.

分为税收行政规章和税收地方性规章两种。

2）预算法

根据1994年3月22日第八届全国人民代表大会第二次会议通过的《中华人民共和国预算法》（2014年8月31日修改、2018年12月29日修正，以下简称《预算法》）规定：中国实行一级政府一级预算，设立中央，省、自治区、直辖市，设区的市、自治州，县、自治县、不设区的市、市辖区，乡、民族乡、镇五级预算。中央政府预算（以下简称中央预算）由中央各部门（含直属单位，下同）的预算组成。中央预算包括地方向中央上解的收入数额和中央对地方返还或者给予补助的数额。地方预算由各省、自治区、直辖市总预算组成。地方各级总预算由本级政府预算（以下简称本级预算）和汇总的下一级总预算组成。下一级只有本级预算的，下一级总预算即指下一级的本级预算；没有下一级预算的，总预算即指本级预算。地方各级政府预算由本级各部门（含直属单位，下同）的预算组成。地方各级政府预算包括下级政府向上级政府上解的收入数额和上级政府对下级政府返还或者给予补助的数额。各部门预算由本部门所属各单位预算组成。单位预算是指列入部门预算的国家机关、社会团体和其他单位的收支预算。国家实行中央和地方分税制。预算年度自公历1月1日起，至12月31日止。

3）海关和关税制度

中华人民共和国海关（以下简称中国海关）是国家对进出口货物、旅客行李和邮递物品、进出境运输工具实施监督管理、检验检疫和征收关税及进出口税收的机关，在组织机构上分为3个层次：海关总署、直属海关、隶属海关。目前全国海关共有45个直属海关单位（广东分署，天津、上海特派办，42个直属海关，2所海关院校），600个隶属海关和办事处，通关监管点近4 000个。中国海关现有关员约5万人。

关税（customs duties）是由海关代表国家，按照国家制定的关税政策和公布实施的税法和进出口税则，对进出关境的货物和物品征收的一种流转税。在中国的关税制度中，以贸易形式进出口的商品称为货物；通过旅客携带、个人邮递、国际运输工具服务人员携带等方式进出口的个人自用商品称为物品。《中华人民共和国海关法》（以下简称《海关法》）、《中华人民共和国进出口关税条例》（以下简称《进出口关税条例》）规定了关税的纳税人、征税对象、税率。

4）政府性基金和政府性基金预算制度

政府性基金是指各级人民政府及其所属部门根据法律、国家行政法规和中共中央、国务院有关文件的规定，为支持某项事业发展，按照国家规定程序批准，向公民、法人和其他组织征收的具有专项用途的资金，包括各种基金、资金、附加和专项收费。中国征收政府性基金必须严格按国务院规定统一报财政部审批，重要的报国务院审批。基金立项的申请和批准要以国家法律、法规和中共中央、国务院有关文件规定为依据，否则一律不予立项。地方无权批准设立基金项目，也不得以行政事业性收费的名义变相批准设立基金项目。

在各项政府性基金中，除了国有土地使用权出让金收入、彩票公益金收入以外，多数符合税收特征，在本质上属于税收，属于预先规定用途的一类杂项税收，本书将其看作杂税。

政府性基金预算是国家通过向社会征收政府性基金、出让国有土地使用权、发行彩票等方式取得收入，并专项用于支持特定基础设施建设和社会事业发展的财政收支预算，是政府预算体系的重要组成部分。目前，政府性基金预算共有24个项目，其中具有税收性质的政府性基金21项，在收支总额中国有土地使用权出让金收入占主要部分。

政府性基金预算的管理原则是“以收定支、专款专用、结余结转使用”。基金支出根据基金收入情况安排，自求平衡，不编制赤字预算。当年基金预算收入不足的，可使用以前年度结余资金安排支出；当年基金预算收入超出预算支出的，结余资金结转下年继续安排使用。各项基金按规定用途安排，不调剂使用。

5）政府收费制度

行政事业性收费（以下简称收费）是指国家机关、事业单位、代行政府职能的社会团体及其他组织根据法律、行政法规、地方性法规等有关规定，依照国务院规定程序批准，在向公民、法人提供特定服务的过程中，按照成本补偿和非营利原则向特定服务对象收取的费用。中国收费项目实行中央和省两级审批制度。国务院和省、自治区、直辖市人民政府（以下简称省级政府）及其财政、价格主管部门按照国家规定权限审批、管理收费项目。除国务院和省级政府及其财政、价格主管部门外，其他国家机关、事业单位、社会团体，以及省级以下（包括计划单列市和副省级城市）人民政府，均无权审批收费项目。

中国行政事业性收费标准也实行中央和省两级审批制度。国务院和省、自治区、直辖市人民政府（以下简称“省级政府”）的价格、财政部门按照规定权限审批收费标准。中央有关部门和单位（包括中央驻地方单位，下同），以及全国或区域（跨省、自治区、直辖市）范围内实施收费的收费标准，由国务院价格、财政部门审批。其中，重要收费项目的收费标准应由国务院价格、财政部门审核后报请国务院批准。除上款规定的其他收费标准，由省级政府价格、财政部门审批，并于批准执行之日起30日内报国务院价格、财政部门备案。其中，重要收费项目的收费标准应由省级价格、财政部门审核后报请省级政府批准。

6）国债和地方政府债务制度

国债是指中央政府在国内外发行债券或外国政府和银行借款所形成的国家债务。自1981年恢复发行国债以来，中国一直采取逐年审批年度发行额的方式管理国债。这种管理方式存在五个方面的问题：年度国债发行额不能全面地反映国债规模及其变化情况；控制年度国债发行额不利于合理安排国债期限结构；不利于促进国债市场平稳发展；不利于财政与货币政策协调配合；不利于提高国债管理效率。2006年第十届全国人大常委会第四十次委员长会议通过了全国人大常委会预算工作委员会关于实行国债余额管理的意见。

所谓国债余额，是指中央政府历年的预算差额，即预算赤字和预算盈余相互冲抵后的赤字累计额和经全国人大常委会批准的特别国债的累计额。该意见的具体内容包括：一是国务院每年向全国人民代表大会作预算报告时，将报告当年年度预算赤字和年末国债余额限额，全国人民代表大会予以审批；一般情况下，年度预算赤字即为当年年度新增国债限额。二是在年度预算执行中，如出现特殊情况需要增加年度预算赤字或发行特别国债，由国务院提请全国人大常委会审议批准，相应追加年末国债余额限额。三是当年期末国债余额不得突破年末国债余额限额。四是国债借新还旧部分由国务院授权财政部自行运作。财政部每半年向全国人大有关专门委员会书面报告一次国债发行和兑付等情况。五是每年一季度在中央预算批准前，由财政部在该季度到期国债还本数额以内合理安排国债发行数额。这意味着自2006年起，中国已开始参照国际通行做法，采取国债余额管理方式管理国债发行活动，以科学管理国债规模，有效防范财政风险。

地方政府债务制度是有关地方政府通过举债融资所涉及的举债主体、举债方式、偿还方法、管理措施的规定。1994年最初发布的《预算法》曾经明确规定“除法律和国务院另有规定外，地方政府不得发行地方政府债券”。为了适应地方经济发展和财政实际情况，建立规范的地方政府举债融资机制，2014年修改的《预算法》，赋予地方政府依法适度举债融资权限，明确规定：经国务院批准的省、自治区、直辖市的预算中必需的建设投资的部分资金，可以在国务院确定的限额内，通过发行地方政府债券举借债务的方式筹措；举借债务的规模，由国务院报全国人民代表大会或者全国人民代表大会常务委员会批准。省、自治区、直辖市依照国务院下达的限额举借的债务，列入本级预算调整方案，报本级人民代表大会常务委员会批准；举借的债务应当有偿还计划和稳定的偿还资金来源，只能用于公益性资本支出，不得用于经常性支出[①]。

2014年9月21日，国务院以国发〔2014〕43号印发《关于加强地方政府性债务管理的意见》，就加快建立规范的地方政府举债融资机制、对地方政府债务实行规模控制和预算管理、控制和化解地方政府性债务风险、完善配套制度、妥善处理存量债务和在建项目后续融资等作了明确规定。财政部于2016年11月19日发布《地方政府一般债务预算管理办法》，明确地方省级政府和经省级政府批准的计划单列市政府可通过发行一般债券筹借资金，省级以下市县政府确需发行一般债券的，由省级政府统一发行并转贷给市县级政府；一般债务收入、安排的支出、还本付息、发行费用纳入一般公共预算管理；一般债务本金通过一般公共预算收入、发行一般债券等偿还，但一般债务利息通过一般公共预算收入偿还，不得通过发行一般债券偿还；实行债务限额管理，由财政部提出分地区一般债务限额及当年新增一般债务限额方案，报国务院批准后下达省级财政部门。对存量债务和或有债务也规定了具体的处置办法，总的原则是非债券形式一般债务置换成一般债券，纳入预算管理和限额管理，以提高存量债务管理透明度和规范性。近期，还持续推进国债管理市场化改革，优化国债品种期限结构；扩大政府财务报告编制试点范围。

7）国库制度

国库制度是国家预算收支的收纳、拨付制度。在预算的执行过程中，预算资金的收纳、划分、留解和拨付业务，由国家金库（简称国库或金库）负责办理。

中国实行由中国人民银行经理国库制。根据1985年7月国务院发布的《中华人民共和国国家金库条例》规定，中国人民银行具体经理国库；国库机构按照国家财政体制设立，原则上一级财政设立一级国库。中央设总库；省、自治区、直辖市设分库；省辖市、设区的市和自治州设中心支库；县和不设区的市、市辖区设支库；支库以下设国库经收处，由人民银行委托当地专业银行办理，受支库领导。

中国国库的职责是：办理国家预算收入的收纳、划分和留解；办理国家预算支出的拨

① 《中华人民共和国预算法》第35条。

款；向上级国库和同级财政机关反映预算收支执行情况；协助财政、税务机关督促企业和其他有经济收入的单位及时向国家缴纳应缴款项；组织、管理、检查和指导下级国库工作；办理国家交办的同国库有关的其他工作。

中国传统的国库管理制度，是通过征收机关和预算单位设立多重账户分散进行的。2001年3月16日财政部、中国人民银行决定推行以建立国库单一账户体系为基础的、资金缴拨以国库集中收付为主要形式的现代国库管理制度改革[①]。

8）政府采购制度

政府采购是相对私人、家庭、企业采购而言的，它是指各级国家机关、事业单位和团体组织，使用财政性资金，按照公开招标投标的方式，集中采购依法制定的集中采购目录以内的或者采购限额标准以上的货物、工程和服务的行为。政府采购的范围包括两个部分：一是法定的集中采购目录以内的货物、工程和服务；二是各级政府所确定的政府采购限额标准以上的货物、工程和服务。

政府采购具有以下几个特点：一是采购资金来源的公共性，政府采购资金来自财政拨款，而这些税收最终来自纳税人的税收和政府收费；二是采购主体的特定性，政府采购主体是依靠财政资金运作的政府机关、事业单位和社会团体等；三是采购活动的非营利性，政府采购的目的并不是为了卖而买，而是为政府提供消费品或向社会提供公共服务[②]。

政府采购起源于18世纪西方资本主义国家，至今已有200多年历史，早在1782年英国政府就设立了“文具公用局”，负责政府部门办公用品的集中采购。美国政府于1763年制定了联邦采购规章，规定了一定金额的联邦政府采购必须进行招标。1861年美国政府通过了《联邦政府采购法》，规定采购机构、官员所应遵循的程序和方法。进入20世纪70年代以来，政府采购制度伴随着国际贸易一体化的发展而逐步发展起来。1979年《关贸总协定》东京多边贸易谈判期间，各国签订了《政府采购守则》，以此为基础，乌拉圭回合谈判期间，世贸组织出台了《政府采购协议》，并于1996年1月1日生效。而欧共体分别于1989年、1992年、1993年颁布了有关政府采购各领域的“委员会指令”，世界银行也于1985年颁布了《国际复兴开发银行贷款和国际开发协会贷款采购指南》，联合国于1994年通过《关于货物、工程及服务示范法》。这几部有关政府采购的规则代表了国际政府采购的标准规范。中国政府采购始于20世纪90年代中期上海市的试点，目前中国政府采购已经由试点向全国推广。2002年6月29日第九届全国人民代表大会常务委员会第二十八次会议通过了《中华人民共和国政府采购法》（2014年8月31日修正，以下简称《政府采购法》），标志着中国政府采购工作步入法治化轨道。经过几年的发展，以法律形式确立了政府采购的目标和行为规范，中国政府采购制度进入全面推行的新时期，从这几年实施情况看，成绩显著，主要表现在：一方面，政府采购范围继续扩大，规模持续增长，从1999年的300亿元发展到2005年的2 927.6亿元，2005年节约资金380.2亿元，2005年政府采购规模占全国GDP的比重为1.6%。近年来，全国政府采购增幅规模逐渐趋缓，2018年全国政府采购规模达35 861.4亿元，比上年同口径增加3 747.1亿元，增长11.7%，占全

---

① 财政部，中国人民银行．财政国库管理制度改革试点方案（财库［2001］24号）［EB/OL］．［2008-05-19］．http：//www.mof.gov.cn/gkml/caizhengwengao/caizhengbuwengao2001/caizhengbuwengao20018/200805/t20080519_21369.htm.

② 王泽彩，蔡强．部门预算管理［M］．北京：中国财政经济出版社，2005：163.

国财政支出和GDP的比重分别为10.5%和4%；另一方面，管理体制改革取得了突破性进展，政府采购透明度明显提高。

但是，目前中国政府采购制度仍然存在不少问题：一是政府采购范围窄、规模小。目前中国政府采购活动基本以货物采购为主，在服务及其他领域规模仍很小。二是政府采购工作开展得不平衡。目前，中国中央单位的采购活动滞后于地方，内陆地区滞后于东部沿海地区，省本级滞后于省会城市。三是政府采购行为不够规范。管理机构与执行机构职责不清，采购方式选择随意性大，采购程序不严密，评标方法不公开。

完善中国政府采购制度的方向在于①：一是科学、合理地制定政府集中采购目录，进一步扩大政府采购规模，提高政府财政支出的整体效益；二是进一步与财税、金融政策结合，激励企业自主创新，推进产业结构优化升级，支持国家战略产业发展壮大，提高国有战略产业在经济全球化中的竞争力，在维护国家利益和社会公共利益方面发挥应有的作用；三是依法整合采购流程、规范采购程序、公开政府采购信息和评标过程，将政府采购全面纳入法治化轨道；四是创建采购平台，积极推行电子化政府采购，完善服务体系，以创新的理念、优质的服务推动制度的完善；五是健全管理体系，遏制腐败的滋生，实行资金投向和项目的问责制，借助社会各界力量，形成多方位的立体监督体系。

此外，还有社会保险制度，将在第3章阐述。

1.3.2 中国财政主管机关及其职责

1）中共中央和各级党委

通过中共中央全会或政治局会议或常务委员会会议，提出涉及财政问题的决定、决议或建议，决定全国理财治税的基本原则和大政方针，确定财政改革的指导思想和各个历史时期的改革重点，决定重点建设项目和大宗财力的配置方向，审查决定预算的编制原则，讨论重大财政立法方案和其他重大财政事项，提名并实际上决定高级（部级）财政管理官员的人选。

地方党委按照中央的部署和政策精神以及上级要求，讨论决定本地区重大财政事项，决定本级政府有权决定的财政税务机构负责人人选。

2）全国和地方人大及其常务委员会

全国人民代表大会在财政方面的职责，是审查和批准国务院提出的政府工作报告、国民经济和社会发展计划以及计划执行情况的报告、国家预算和预算执行情况的报告；审查决定各项财政税收法律；批准对外财政条约；根据中央提名和决定任命国务院及其组成机构的领导人，以及其他中国宪法规定的职权。

全国人民代表大会常务委员会是全国人民代表大会的常设机关，对全国人民代表大会负责并报告工作，负责制定和修改除应当由全国人民代表大会制定的财政法律以外的其他财政法律；在全国人民代表大会闭会期间，对全国人民代表大会制定的财政法律进行部分补充和修改，解释财政法律；在全国人民代表大会闭会期间，审查和批准国民经济和社会发展计划、中央预算在执行过程中所必须作的部分调整方案，以及其他中国宪法所规定的职权。

---

① 参考马海涛．政府采购制度完善六点措施［EB/OL］．［2005-04-04］．http：//news.cufe.edu.cn/shownews.asp?newsid=1431.

地方各级人民代表大会及其常委会按照法律规定的职责，听取本级政府工作报告、计划报告和预算报告，审查和批准本级政府预算，发布不与法律和上级政府规章相抵触的地方性财政法规，根据党委的提名和决定任命财政机构主要负责人。

3）国务院和地方各级人民政府

国务院通过全体会议和常务会议，按照中央的决策部署和法律，发布有关财政事项的决定、命令和行政法规；向全国人民代表大会或其常委会提出财政立法议案；提出拟提交中央讨论的预算初案，在中央原则同意后，提出拟提交人大批准的预算草案并向人大报告，经过批准后负责实施；决定重大财政政策的变动；决定国库券发行办法和规模；决定财政改革的具体方案；决定财政体制。

地方政府通过政府全体会议或常务会议，按照上级部署和法律法规，发布本地区财政事项的决定、命令和行政规章，向本级人民代表大会或其常委会提出地方性财政法规的议案；提出拟提交党委讨论的预算初案，并负责制定预算草案向人大报告，人大通过后负责组织实施；决定地方财政管理和改革的重要事项。

4）财政部及各级财政厅（局）

财政部是国务院的组成部门，是国家主管财政收支、财税政策、国有资本金基础工作的宏观调控部门，财政部的职责包括：

（1）拟定和执行财政、税收的发展战略、方针政策、中长期规划、改革方案及其他有关政策；参与制定各项宏观经济政策；提出运用财税政策实施宏观调控和综合平衡社会财力的建议；拟定和执行中央与地方、国家与企业的分配政策。

（2）拟订财政、财务、会计管理的法律法规草案；制定和执行财政、财务、会计管理的规章制度；组织涉外财政、债务的国际谈判并草签有关协议、协定。

（3）编制年度中央预决算草案并组织执行；受国务院委托，向全国人民代表大会报告中央、地方预算及其执行情况，向全国人大常委会报告决算；管理中央各项财政收入，管理中央预算外资金和财政专户；管理有关政府性基金。

（4）提出税收立法计划，与国家税务总局共同审议上报税法和税收条例草案；根据国家预算安排，确定财政税收收入计划；提出税种增减、科目税率调整、减免税和对中央财政影响较大的临时特案减免税的建议；参加涉外税收和国际关税谈判，签订涉外税收协议、协定草案；制定国际税收协议和协定范本；承办国务院关税税则委员会的日常工作。

（5）管理中央公共财政支出；拟定和执行政府并购政策；管理财政预算内行政机构、事业单位和社会团体的非贸易外汇和财政预算内的国际收支；制定需要全国统一规定的开支标准和支出政策；拟定和执行《事业单位财务规则》《行政单位财务规则》；制定基本建设财务制度。

（6）拟定和执行国家与企业的分配政策，管理中央财政支持企业的支出；拟定并组织实施《企业财务通则》；负责监管中央直管企业财务，管理国有资本收益；汇总分析全国企业年度财务决算；负责资产评估行业的行政管理。

（7）办理和监督中央财政的经济发展支出、中央投资项目的财政拨款、中央财政投入的挖潜改造资金和新产品试制费；负责农业综合开发；拟定并监督执行《企业财务通则》。

（8）管理中央财政社会保障支出；拟定社会保障资金的财务管理制度；组织实施对社

会保障资金使用的财政监督。

（9）拟定和执行政府国内债务管理的方针政策、规章制度和管理办法，编制国债发行计划；拟定政府外债管理的方针政策、规章制度和管理办法；承担外国政府贷款、世界银行贷款、亚洲开发银行贷款和日本输出入银行贷款的对外谈判与磋商业务；代表中国政府参加国际财政组织。

（10）拟定和监督执行会计规章制度、《企业会计准则》，制定和监督执行政府总预算、行政和事业单位及分行业的会计制度；指导和监督注册会计师和会计师事务所的业务；指导和管理社会审计；审批外国会计公司驻华代表机构的设置。

（11）监督财税方针政策、法律法规的执行情况；检查反映财政收支管理中的重大问题；提出加强财政管理的政策建议；管理财政监察专员办事机构。

（12）制定财政科学研究和教育规划；组织财政人才培训；负责财政信息和财政宣传工作。

（13）承办国务院交办的其他事项。

各级财政厅（局）是本级政府的组成部门，履行本级有权处理的，财政部和上级财政部门专属权限以外的上述类似职责。

5）国家发展和改革委员会及地方相应机构

中华人民共和国国家发展和改革委员会（以下简称国家发改委）和地方类似机构（各地名称不同，有的地方也叫发展和改革委员会，有的地方叫发展计划委员会、计划经济委员会等），作为政府综合研究拟定经济和社会发展政策，进行总量平衡，指导总体经济体制改革的宏观调控部门，也履行着一些重要的财政职责，主要有：

（1）负责汇总和分析财政、金融等方面的情况，参与制定财政政策和货币政策，拟定并组织实施产业政策和价格政策；综合分析财政、金融、产业、价格政策的执行效果，监督检查产业政策、价格政策的执行。

（2）制定和调整税外收费的标准（在一些地方由物价部门承担）。

（3）负责全口径外债的总量控制、结构优化和监测工作，保持国际收支平衡。

（4）提出全社会固定资产投资总规模，规划重大项目和生产力布局；安排国家财政性建设资金，指导和监督国外贷款建设资金的使用，指导和监督政策性贷款的使用方向；引导民间资金用于固定资产投资；研究提出利用外资和境外投资的战略、总量平衡和结构优化的目标及政策；安排国家拨款的建设项目和重大建设项目、重大外资项目、境外资源开发类和大额用汇投资项目；组织和管理重大项目稽查特派员工作。

（5）研究提出促进就业、调整收入分配、完善社会保障与经济协调发展的政策，协调就业、收入分配和社会保障的重大问题。

6）国家税务总局及各级税务局

国家税务总局及其所属各地各级税务局，是财政收入的主要征收管理机关。国家税务总局的主要职责是：

（1）具体起草税收法律法规草案及实施细则并提出税收政策建议，与财政部共同上报和下发，制订、贯彻、落实措施。负责对税收法律法规执行过程中的征管和一般性税政问题进行解释，事后向财政部备案。

（2）承担组织实施税收及社会保险费、有关非税收入的征收管理责任，力争税费应收尽收。

（3）参与研究宏观经济政策、中央与地方的税权划分并提出完善分税制的建议，研究税负总水平并提出运用税收手段进行宏观调控的建议。

（4）负责组织实施税收征收管理体制改革，起草税收征收管理法律法规草案并制定实施细则，制定和监督执行税收业务、征收管理的规章制度，监督检查税收法律法规、政策的贯彻执行。

（5）负责规划和组织实施纳税服务体系建设，制定纳税服务管理制度，规范纳税服务行为，制定和监督执行纳税人权益保障制度，保护纳税人合法权益，履行提供便捷、优质、高效纳税服务的义务，组织实施税收宣传，拟订税务师管理政策并监督实施。

（6）组织实施对纳税人的分类管理和专业化服务，组织实施对大型企业的纳税服务和税源管理。

（7）负责编报税收收入中长期规划和年度计划，开展税源调查，加强税收收入的分析预测，组织办理税收减免等具体事项。

（8）负责制定税收管理信息化制度，拟订税收管理信息化建设中长期规划，组织实施金税工程建设。

（9）开展税收领域的国际交流与合作，参加国家（地区）间税收关系谈判，草签和执行有关的协议、协定。

（10）办理进出口商品的税收及出口退税业务。

（11）以国家税务总局为主、与省区市党委和政府对全国税务系统实行双重领导。

（12）承办党中央、国务院交办的其他事项。

省、市、县税务局在上级税务局和所在地方党委政府领导下，执行税收法律法规，组织实施税收及社会保险费、有关非税收入的征收和管理，落实税收政策，实施对纳税人的分类管理和专业化服务，开展税源调查，加强税收收入的分析预测，组织办理税收减免等具体事项，具体办理进出口商品的税收及出口退税业务。

7）中国海关

中国海关由海关总署及其所属各级海关组成。各级海关根据对外经贸、科学文化交流和旅游事业需要确定，不受行政区划的限制，一般设在对外开放口岸和货物进出口、人员出入境业务比较集中的地点。海关是国家的进出关境（一般简称进出境）监督管理机关，也是重要的财政机关。其职责除了监管进出境的运输工具、货物、行李物品、邮递物品和其他物品，查缉走私，承担自由贸易区等海关特殊监管区域的设立和监督职责，承担出入境卫生检疫和出入境动植物及其产品检验检疫等一般海关事务外，还承担进出口关税及其他税费征收管理工作。

海关的财政职责具体包括：

（1）承担关税税政和立法的相关工作，参与制定进出口税则和进出口税收政策、税目税率的调整及相关的对外谈判。

（2）拟定进出口关税及其他税费征管规定并组织实施。

（3）承担进出口商品分类目录编制、原产地规则及签证管理、海关估价等相关工作。

（4）承担多双边原产地规则对外谈判工作。

（5）组织实施国家关税和进口环节税减免。

（6）组织实施反倾销和反补贴措施、保障措施及其他关税措施。

8）财政部各地方监管局

2019年4月23日起，财政部驻各省、自治区、直辖市、计划单列市（除西藏外）财政监察专员办事处改名为财政部各地方监管局。财政部地方监管局是为坚决推动党中央方针政策和决策部署在属地的贯彻落实，加强属地经济发展形势和财政运行状况研究，提升财政资源配置效率和财政资金使用效益，切实加强地方政府债务监督而设立的专门机构。

财政部各地方监管局的主要职责是：

（1）贯彻落实党中央关于财经工作的方针政策和决策部署，在履行职责过程中坚持和加强党对财政工作的集中统一领导，履行全面从严治党主体责任。

（2）调查研究属地经济发展形势和财政运行状况。根据财政部授权，管理属地中央各项财政收支，承担财税法规和政策在属地的执行情况、预算管理有关监督工作，向财政部提出相关政策建议。

（3）对属地中央预算单位预决算编制情况进行评估并向财政部提出审核意见。根据财政部授权，对属地中央预算单位预算执行情况进行监控及分析预测。组织对中央重大财税政策和专项转移支付在属地的执行情况进行绩效评价，提出相关改进措施建议并跟踪落实。

（4）根据财政部授权对地方政府债务实施监控，严控法定限额内债务风险，防控隐性债务风险，发现风险隐患及时提出改进和处理意见，并向财政部、地方人民政府反映报告。

（5）按规定权限审核审批属地中央行政事业单位国有资产配置、处置等事项。根据财政部授权，监管属地中央金融企业执行财务制度等情况。

（6）根据财政部统一部署，承担有关会计信息质量、注册会计师行业执业质量、资产评估行业执业质量监督检查工作，参与跨境会计监管合作。

（7）完成财政部交办的其他事项。

9）人力资源和社会保障部及地方相应部门

人力资源和社会保障部及地方相应部门所承担的社会保险基金收支及管理工作也属于财政职责。其主要内容包括：

（1）拟订社会保险工作基本方针、政策及社会保险制度改革总体方案，编制社会保险事业发展规划和年度工作计划并组织实施。

（2）起草社会保险法律法规，制定行政规章和基本标准并组织实施和监督检查。

（3）制定社会保险政策服务咨询机构的管理规则，代表国家行使社会保险的监督检查职权，制定社会保险的监督检查规范，监督下级社会保险监督检查机构的工作。

（4）拟定养老、失业、工伤社会保险的基本政策和基本标准并组织实施和监督检查。

（5）制定社会保险基金收缴、支付、管理、运营的政策；对社会保险基金预决算提出审核意见；对社会保险基金管理实施行政监督；制定社会保险经办机构的管理规则和基金运营机构的资格认定标准；制定社会保险服务体系建设规划并组织实施。

（6）制定机关、事业、企业单位补充养老保险的政策和补充保险承办机构资格认定标准；审查认定有关机构承办补充保险业务的资格。

10）国家医疗保障局及地方相应部门

国家医疗保障局及地方相应机构承担的城镇职工基本医疗保险基金和城镇居民基本医疗保险基金的收支和管理职责也是财政职责。其主要内容是：

（1）拟订医疗保险、生育保险、医疗救助等医疗保障制度的法律法规草案、政策、规划和标准，制定部门规章并组织实施。

（2）组织制定并实施医疗保障基金监督管理办法，建立健全医疗保障基金安全防控机制，推进医疗保障基金支付方式改革。

（3）组织制定医疗保障筹资和待遇政策，完善动态调整和区域调剂平衡机制，统筹城乡医疗保障待遇标准，建立健全与筹资水平相适应的待遇调整机制。组织拟订并实施长期护理保险制度改革方案。

（4）组织制定城乡统一的药品、医用耗材、医疗服务项目、医疗服务设施等医保目录和支付标准，建立动态调整机制，制定医保目录准入谈判规则并组织实施。

（5）组织制定药品、医用耗材价格和医疗服务项目、医疗服务设施收费等政策，建立医保支付医药服务价格合理确定和动态调整机制，推动建立市场主导的社会医药服务价格形成机制，建立价格信息监测和信息发布制度。

（6）制定药品、医用耗材的招标采购政策并监督实施，指导药品、医用耗材招标采购平台建设。

（7）制定定点医药机构协议和支付管理办法并组织实施，建立健全医疗保障信用评价体系和信息披露制度，监督管理纳入医保范围内的医疗服务行为和医疗费用，依法查处医疗保障领域违法违规行为。

（8）负责医疗保障经办管理、公共服务体系和信息化建设。组织制定和完善异地就医管理和费用结算政策，建立健全医疗保障关系转移接续制度，开展医疗保障领域国际合作交流。

（9）完善统一的城乡居民基本医疗保险制度和大病保险制度，建立健全覆盖全民、城乡统筹的多层次医疗保障体系，不断提高医疗保障水平，确保医保资金合理使用、安全可控，推进医疗、医保、医药“三医联动”改革，更好保障人民群众就医需求、减轻医药费用负担。

政府各职能部门都需要编制部门预算，间接地参与财政资金的再分配和管理。有权征收政府性基金的部门甚至企业（如负责征收港口建设费的交通运输部、负责征收农网还贷基金的电力企业）实际上也承担了一部分财政职能。

总而言之，在中国并不只是名为“财政部（厅、局）”或“税务局”、“海关”的单位才是财政管理部门，实际上还有不少其他的部门承担了财政职能，具体工作一般由所在单位的财务司（局、司、处、科）负责。这一点我们在进行调查研究时要特别引起注意，否则我们对中国财政工作实践的认识将是不全面的。

1.3.3 中国近期财政改革的主要内容

1）税制改革

从1978年到1991年，从建立涉外税收制度入手，中国进行了国有企业“利改税”和工商税制的全面改革。1994年，中国又实施了新中国成立以来最大规模的税制改革。这次税改以统一税法、公平税负、简化税制、合理分权为基本原则，全面改革了流转税制度，实行了以增值税为主体，消费税、营业税并行，内外统一的流转税制度；改革了企业所得税和个人所得税制度，实现了内资企业所得税制度的统一和个人所得税制度的统一；对资源税和某些特别目的税、财产税、行为税作了大幅度的调整。同时，采取了一系列清理税收减免、严格税收征管、减少税收流失的措施。通过1994年的税制改革，中国初步建立了以流转税为主体的税制框架。

1994年税制改革还没有考虑“三农”的税费负担过重，内外资企业两套所得税制度造成不公平的竞争环境，增值税制度还不完善，个人所得税、消费税政策规定不适应新的形势等问题。为此，中国实施了进一步的税制改革，主要事件如下：

（1）农村税费改革。2000年起从安徽开始试点并逐步扩大范围。第一阶段，主要内容可以概括为：“三取消、两调整、一改革”。“三取消”，是指取消乡统筹和农村教育集资等专门向农民征收的行政事业性收费和政府性基金、集资；取消屠宰税；取消统一规定的劳动积累工和义务工。“两调整”，是指调整农业税政策和调整农业特产税政策。“一改革”，是指改革村提留征收使用办法。第二阶段，主要是取消农业税和“三提五统”。2004年开始，取消牧业税和除烟叶外的农业特产税；同时对种粮农户实行直接补贴、对粮食主产区的农户实行良种补贴和对购买大型农机具户的农户给予补贴；2005年上半年，中国22个省免征农业税；2005年年底28个省、自治区、直辖市及河北、山东、云南三省的210个县（市）全部免征了农业税。2005年12月，第十届全国人大常委会第十九次会议通过决定，自2006年1月1日起废止《农业税条例》，同时取消“三提五统”。

（2）内外两套企业所得税合并。2008年1月1日，《中华人民共和国企业所得税法》（以下简称《企业所得税法》）开始实施，经历了13年的内外资企业两套企业所得税制度得以统一。2017年2月24日，进一步延长公益性捐赠支出抵扣年限。自2015年1月1日起，三次扩大小型微利企业所得税减半征收政策范围，进一步加大对国家需要重点扶持的高新技术企业的优惠力度。

（3）流转税改革。2009年1月1日，新的增值税、营业税、消费税暂行条例开始实施。其中，增值税经过2004年起在“部分地区部分行业增量抵扣”的试点转型后，一次性在全国所有地区所有行业实现了从“生产型”向“消费型”的转变，同时改革还进一步降低了小规模纳税人的征收率。在消费税方面，调整了成品油的消费税政策，提高了成品油的消费税单位税额。

（4）个人所得税改革。在个人所得税方面，工资薪金所得税的综合费用扣除标准经过2006年和2008年的两次上调，2011年9月又进行调整，提高到3 500元，并将超额累进税率表级次从9级减少为7级。2019年个人所得税免征额提高至5 000元/月，并增加子女教育、赡养老人、继续教育、住房贷款利息、住房租金以及大病医疗等六项专项附加扣除，优化调整个人所得税税率结构。以现行工薪所得3%~45%七级超额累进税率为基础，扩大3%、10%、20%三档较低税率的级距，25%税率级距相应缩小，30%、35%、45%三档较高税率级距保持不变。

（5）“营改增”。2012年1月1日，在上海对交通运输业和部分现代服务业试点推行营业税改征增值税（简称“营改增”），随后“试点”扩大至北京、天津、江苏等10个省、自治区、直辖市。自2013年8月1日起，将交通运输业和部分现代服务业的“营改增”试点在全国范围内推开，并将广播影视作品的制作、播映、发行等纳入试点。自2014年1月1日起，将铁路运输和邮政纳入“营改增”试点范围。2016年5月1日“营改增”试点全面推开，增值税实现了对中国三次产业全覆盖。2017年7月1日增值税税率四档并三挡，调整为17%、11%和6%三档，2018年5月1日增值税税率下调一个点，税率为16%、10%和5%三档，2019年4月1日增值税税率调整，制造业等行业适用税率降至13%，交通、建筑行业适用税率降至9%。

（6）其他税制改革。排污费改为环境保护税，2016年12月25日第十二届全国人大常委会通过《环境保护税法》，自2018年1月1日起正式实施。完善资源税，自2016年7月1日起，从征收范围、税率、税费关系、税收优惠、征收方式、税权划分等方面全面推进资源税改革，并在河北省率先展开水资源税试点。2019年8月26日，第十三届全国人大常委会第十二次会议表决通过《中华人民共和国资源税法》，自2020年9月1日起施行。2017年烟叶税、船舶吨税，2018年耕地占用税、车辆购置税正式通过人大立法。

2）财政管理制度改革

（1）国库集中支付制度

中国传统的财政性资金缴库和拨付方式，是以征收机关和预算单位分散地、独立地分别设立账户为特点。其主要弊端是：财政资金活动透明度不高，不利于对其实施有效管理和全面监督；财政收支信息反馈迟缓，难以及时为预算编制、执行分析和宏观经济调控提供准确依据；财政资金入库时间延滞，收入退库不规范，大量资金经常滞留在预算单位，降低了使用效率；财政资金使用缺乏事前监督，截留、挤占、挪用等问题时有发生，甚至出现腐败现象。因此，中国对传统的财政国库管理制度进行了改革，建立起以国库单一账户体系为基础、资金缴拨以国库集中收付为主要形式的财政国库管理制度，可称为国库集中收付制度或国库单一账户制度，即由财政部门代表政府设置国库单一账户体系，所有财政性资金均纳入国库单一账户体系收缴、支付和管理。

这一制度包括收入统一收缴和国库集中支付两个方面。一方面，财政收入通过国库单一账户体系统一直接缴入国库。另一方面，财政支出通过国库单一账户体系，以财政直接支付和财政授权支付的方式，将资金支付到商品和劳务供应者或用款单位。其中，工资支出、工程采购支出、大宗物品和服务采购支出在财政直接支付中核算，零星支出在授权支付中核算。结果是预算单位使用资金但基本见不到资金；未支用的资金均保留在国库单一账户，由财政部门代表政府进行管理运作。

从2001年开始，中国开始了以实行国库集中收付制度为主要内容的财政国库管理制度改革并取得了重大进展，基本确立了国库集中收付制度在财政财务管理中的基础地位，初步实现了预算执行管理体制的根本变革，具体进展如下：截至2012年6月底，中央170个部门及所属1.4万多个基层预算单位，地方36个省本级、330多个地市、2 800多个县区，超过44万个基层预算单位实施了国库集中支付制度改革。同时，中央99个部门，地方36个省本级、320多个地市、2 500多个县区、超过34万个执收单位实施了非税收入收缴管理改革[①]。近期不少地方推行国库集中支付电子化管理改革工作，截至2019年上半年，全国已有36个省本级、305个地市（占全国地市级的91%）、1 500个县区（占全国县区级的53%）实施了支付电子化管理[②]。

① 财政部．现代国库管理制度体系框架基本确立［EB/OL］．［2012-08-07］．http://www.gov.cn/govweb/jrzg/2012-08/07/content_2199379.htm.

② 王鹏．以支付电子化为契机推动国库管理现代化［EB/OL］．［2000-12-12］．http://gks.mof.gov.cn/lmcs/ldjh/200012/t20001212_3399451.htm.

通过改革初步形成一套现代财政国库制度体系，包括国库单一账户体系、财政资金支付与结算、收入收缴管理、票据管理、预算会计等。同时，建立起记录完整、具备控制和报告功能、网络覆盖面大、自动审核水平较高的国库管理信息系统，实现信息技术保障的现代化。国库集中收付制度改革的实施，实现了财政资金使用由“中转”变为“直达”，克服了财政资金多环节拨付、多头管理、多户头存放的弊端，账户管理由分散到统一，提高了预算执行的透明度，提高了财政资金使用的规范性、安全性、有效性。

但国库集中支付制度运行的有效前提是预算编制要具体、细致、精确，定额要准确、合理，预算编制实施要有刚性，绝大多数经费使用单位和个人能够自觉遵守财政法规，不弄虚作假；审核、审批人员能够严格执法，按章办事，铁面无私。由于还缺乏上述基础条件和相应的社会环境，国库集中支付制度还遇到一些问题，如审核审批的标准不清，审批者斟酌余地大，政策掌握难以一视同仁；集中审批、审核可能因为不能完全掌握信息，出现漏洞或偏离实际情况，甚至单位审批者与经费使用者协同欺骗集中支付单位；电子化网络化程度不高，运作机制还做不到简便、安全、高效，对距离较远的单位，造成报销不够便利等。此外，一般公共预算以外其他预算体系还没有完全实行国库集中支付办法。

进一步改革的方向在于，扩大适用范围，对一般公共预算资金、政府性基金预算资金、国有资本经营预算资金全部实行国库集中支付，最终涵盖社会保障基金预算资金；细化预算编制执行，提高预算刚性；根据中国社会文化状况，规范和完善国库集中支付运行机制，包括简化财政直接支付相关业务流程，改进用款计划管理方式，提高支付审核工作效率，实现电子化政府采购平台与财政直接支付业务有机结合；改进业务流程，优化信息系统，全面提升国库集中支付电子化网络化程度等。但任何改革均有成本，需要在改革的效果和成本之间进行权衡，以最小的代价获得最好的效果。

（2）部门预算和预算编制方法改革

部门预算是反映政府各部门收支活动的预算。编制部门预算是世界多数国家通行的做法，是中国当前财政管理体制改革的主要内容之一。从2000年起，中国开始试编中央部门预算。目前，中央各部门按照新的要求编制部门预算，各省（区、市）、地市、县级政府也正在稳步推进部门预算改革，各级人大也加强了对部门预算的审查监督工作。由于部门预算编制改革起步较晚，时间较短，仍存在不够全面、规范和科学的问题，未来一段时间中国部门预算改革的重点是：进一步完善基本支出定额管理体系；加强项目支出预算管理工作，推动项目支出预算滚动管理；推进部门预算支出绩效考评工作，结合实际推进中期财政规划、零基预算、绩效预算，全面实施预算绩效管理，健全绩效指标和标准体系，继续扩大重点绩效评价范围，加强评价结果应用。深化收支两条线的改革，推进综合预算编制，编制政府采购预算等。

（3）国有资本经营预算

国有资本经营预算是政府预算的重要组成部分。建立国有资本经营预算制度，对增强政府的宏观调控能力，完善国有企业收入分配制度，推进国有经济布局和结构的战略性调整，集中解决国有企业发展中的体制性、机制性问题，具有重要意义。《国务院关于试行国有资本经营预算的意见》（国发〔2007〕26号）规定：中央本级国有资本经营预算从2008年开始实施，2008年收取实施范围内企业2007年实现的国有资本收益；2007年进行国有资本经营预算试点，收取部分企业2006年实现的国有资本收益；各地区国有资本经营预算的试行时间、范围、步骤，由各省、自治区、直辖市和计划单列市人民政府决定。目前，所有省、自治区、直辖市、计划单列市都已推行国有资本经营预算编制工作。

（4）预算外管理

中国规定预算外资金是国家财政性资金，国家对其实行收支两条线管理。财政部2002年出台了《预算外资金收入收缴管理制度改革方案》，方案的主要内容是：财政部门设立预算外资金财政专户，取消主管部门和执收单位设立的收入过渡性账户；规范收入收缴程序；健全票据管理体系；充分运用现代信息技术，加强对预算外资金收入收缴的监督管理。同时逐步将预算外资金纳入一般公共预算和政府性基金预算管理，到2011年全部取消预算外资金，2015年新《预算法》明确规定："政府的全部收入和支出都应当纳入预算。"

（5）收支两条线

中国在相当长的时期里，存在所谓"三乱"，即乱收费、乱罚款、乱摊派问题，政府一些部门通过收费、罚款等办法形成部门、单位自收自支、自行管理的资金，并游离于预算管理之外，规范的列入预算外资金由财政部门参与管理，不规范的就形成单位"小金库"，诱发众多腐败问题。政府不断地通过加强预算外资金管理、治理"三乱"，最终于2011年彻底取消预算外资金，全部资金纳入预算管理，实现财政资金管理的规范化。其中一个重要办法就是推行"收支两条线管理办法"。

收支两条线是中国政府对行政事业性收费、罚没收入等财政非税收入的一种管理方式。1990年，为治理"三乱"，中央发布了《关于坚决制止乱收费、乱罚款和各种摊派的决定》，首次明确提出了收支两条线的管理概念。1996年，国务院发布了《关于加强预算外资金管理的决定》，该文件对收支两条线管理提出了明确详尽的思路和做法。从2002年起，为了进一步加强对预算外资金的管理，结合部门预算编制改革，财政部出台了进一步深化收支两条线改革的要求：一是将各部门的预算外收入全部纳入财政专户管理，有条件的纳入预算管理，任何部门不得"坐收""坐支"。二是部门预算要全面反映部门及所属单位预算内外资金收支状况，提高各部门支出的透明度；同时，财政部门要合理核定支出标准，并按标准足额供给经费。三是根据新的情况，修订、完善有关法规和规章制度，使收支两条线管理工作法治化、制度化、规范化。这一方法被普遍推行后，单位"小金库"问题得到有效解决；同时由于将收费、罚款等与单位职工利益脱钩，打掉"三乱"利益基础，对治理"三乱"起了重要作用；对机关事业单位因动用自有资金滥发奖金、实物造成收入分配严重不均起了抑制作用。

此外，社会保险制度的改革力度也很大，将在第3章相关节目进行阐述。

3）政府间财政收支的划分（即财政体制）

财政体制是处理中央财政与地方财政以及地方各级财政之间的财政关系的基本制度。新中国成立以来，中国中央与地方财政关系经历了多次调整，其表现是中国财政体制进行了多次调整。中国财政体制经历了以下几个阶段：

（1）1949—1953年，中国实行的是统收统支的财政体制。这是一种高度集中的财政体制，主要收入全部集中上缴中央金库，地方开支由中央核准，统一拨付，只给地方留下少许机动财力。

（2）1953—1978年，中国实行"统一领导、分级管理"体制。其主要做法是：由中央核定地方收支指标，全部收入分为各级固定收入和比例分成收入，凡收大于支的地方要上解收入，凡支大于收的地方由中央补助。中央预算另设专项拨款，由中央集中支配。

（3）1980年开始实行财政包干体制。其主要特征是：在总额分成的基础上对增收或超收部分加大地方留成比例，通过多收多留的激励机制鼓励地方特别是富裕地区增收的积极性，从而保证全国财政收入的不断增长。

（4）1994年至今的分税制分级财政体制。分税制财政体制的基本内容是：一级政权，一级预算主体，各级预算相对独立，自求平衡。中央与地方根据税种划分收入，在明确市场经济中政府职能边界的前提下划分各级政府职责（事权）范围，中央财政主要承担国家安全、外交和中央国家机关运转所需经费，调整国民经济结构、协调地区发展、实施宏观调控所必需的支出以及由中央直接管理的事业发展支出。地方财政主要承担本地区政权机关运转所需支出以及本地区经济、事业发展所需支出。在此基础上划分各级预算支出职责（财权）范围。

中共十八届三中和十九大确定未来中国财政体制的改革方向：建立权责清晰、财力协调、区域均衡的中央和地方财政关系。首先，建立事权和支出责任相适应的制度。适度加强中央事权和支出责任，国防、外交、国家安全、关系全国统一市场规则和管理等作为中央事权；部分社会保障、跨区域重大项目建设维护等作为中央和地方共同事权，逐步理顺事权关系；区域性公共服务作为地方事权。其次，中央和地方按照事权划分相应承担和分担支出责任。中央可通过安排转移支付将部分事权支出责任委托地方承担。最后，对于跨区域且对其他地区影响较大的公共服务，中央通过转移支付承担一部分地方事权支出责任。保持现有中央和地方财力格局总体稳定，结合税制改革，考虑税种属性，进一步理顺中央和地方收入划分。

1.3.4 中国近期财政政策变化

由于受1997年亚洲金融危机和1998年中国特大洪涝灾害等种种国内外因素的影响，1998年中国经济形势发生了重大变化，如出口减少、国内消费低迷、通货紧缩趋势显现、经济增长缓慢。为应对亚洲金融危机影响和国内需求不足的问题，中国政府决定从1998年8月开始实施积极的财政政策，通过扩大财政举债规模和财政支出，增加投资，刺激消费，扩大出口，通过改革克服那些制约有效需求的体制和政策因素，促进国民经济增长。积极财政政策实施几年后，有效地应对了亚洲金融危机影响和国内需求不足的问题，促进了经济稳定增长。

但是2004年以后，经济发展中也出现一些问题，如：一方面，固定资产投资膨胀，一些行业投资增长过快；重复建设严重的现象比较突出，产能过剩问题日趋明显，相关产品价格下跌，库存上升，企业利润减少，亏损增加；通货膨胀压力增大、债务增加、赤字增加、财政金融风险加大；另一方面，农业、环境保护、社会保障、基础设施等比较薄弱；粮食供求关系趋紧，煤电油运紧张，涉及群众切身利益的看病难、看病贵和上学难、上学贵等问题突出。

为此，2004年开始到2007年，中国政府开始实行稳健的财政政策，由扩张性的积极财政政策转向松紧适度的稳健财政政策。主要措施，包括逐步调减发债规模，适当减少赤字规模和赤字率，控制货币投放，控制固定资产投资过快增长，控制投资需求膨胀，遏制部分行业盲目投资和低水平重复建设。同时，大力加强薄弱环节，加大对农业、水利、能源、交通、环保和社会事业的投资力度。特别是取消农业税，对种粮农民实行直接补贴，对部分地区农民实行良种补贴和农机具购置补贴，对重点粮食品种实行最低收购价政策。同时，大幅度增加对农业、农村特别是粮食主产区的建设投入。到2007年出现财政结余

508.43亿元，见表1-3。

表1-3　　2007—2020年一般公共预算赤字情况表　　单位：亿元

年度	一般公共预算收入	一般公共预算支出	全国财政使用结转结余及调入资金	补充中央预算稳定调节基金等支出	赤字额	国民生产总值（GDP）	赤字率（%）	债务余额	债务率
2007	51 321.78	49 781.35	—	1 032	-508.43	270 092.3	-0.19	52 074.65	19.28
2008	61 330.35	62 592.66	1 100.00	192.00	354.31	319 244.6	0.11	53 271.54	16.67
2009	68 518.30	76 299.93	505.00	2 223.37	9 500.00	348 517.7	2.73	60 237.68	17.28
2010	83 101.51	89 874.16	100.00	3 327.35	10 000.00	412 119.3	2.43	67 548.11	16.39
2011	103 874.43	109 247.79	1 500.00	4 626.64	8 500.00	487 940.2	1.74	72 044.51	14.77
2012	117 253.52	125 952.97	2 948.37	2 248.92	8 000.00	538 580	1.49	77 565.70	14.40
2013	129 209.64	140 212.10	1 593.26	2 590.80	12 000	592 963.2	2.02	86 746.91	14.63
2014	140 370.03	151 785.56	1 000.00	3 084.47	13 500	643 563.1	2.10	249 729.75	38.80
2015	152 269.23	175 877.77	8 236.07	827.53	16 200	688 858.2	2.35	254 167.96	36.90
2016	159 604.97	187 755.21	7 226.37	876.13	21 800	746 395.1	2.92	273 624.34	36.66
2017	172 592.77	203 085.49	10 040.52	3 347.80	23 800	832 035.9	2.86	299 869.95	36.04
2018	183 359.84	220 904.13	14 765.28	1 020.99	23 800	919 281.1	2.59	334 226.08	36.36
2019	190 390.08	238 858.37	22 196.75	1 328.46	27 600	990 865.1	2.79	381 110.3	38.46
2020	180 270	247 850	29 980	—	37 600	1 020 591	3.68	501 082.65	49.10

资料来源：国家统计局，中国统计年鉴（2008—2020）；财政部预算司，2007—2019年财政决算。http：//yss.mof.gov.cn/caizhengshuju/。2020年财政数据为预算数，数据来源于财政部．关于2019年中央和地方预算执行情况与2020年中央和地方预算草案的报告［EB/OL］．［2020-05-22］．http：//www.mof.gov.cn/gkml/caizhengshuju/202005/t20200530_3523307.htm，2020年GDP数据为预测数，数据来源于中国宏观经济论坛（CMF）.中国宏观经济分析与预测报告（2020年中期）［R］．［2020-06-20］．http：//kz.mofcom.gov.cn/article/jmxw/202006/20200602976505.shtml.

注释：

1.赤字额=一般公共预算支出+补充中央预算稳定调节基金-（一般公共预算收入+全国财政调入资金及使用结转结余）

2.赤字率=赤字额÷GDP×100%

3.预算稳定调节基金，是指为实现宏观调控目标，保持年度间政府预算的衔接和稳定，各级一般公共预算设置的储备性资金。基金来源包括一般公共预算的超收收入补充赤字后余额、结余资金、连续结转两年仍未用完的资金；政府性基金预算结转资金规模超过该项基金当年收入30%的部分以及连续结转两年仍未用完的资金。

4.补充中央预算稳定调节基金等支出，2012—2014年包含地方债券还本支出和地方公共财政结转下年支出，2011年及以前包含地方公共财政结转下年支出。

5.全国财政使用结转结余及调入资金包括从预算稳定调节基金、政府性基金预算、国有资本经营预算调入的资金，以及地方财政使用的以前年度结转结余资金。

6.债务余额，2014年及以前为中央债务余额，2015年以后含中央债务余额、地方一般债务余额和地方专项债务余额。

7.债务率=债务余额÷GDP。

2008年5月12日四川省阿坝藏族羌族自治州汶川县发生里氏8.0级大地震，2008年9月，由美国次贷危机引发的全球金融危机，对中国经济的持续稳健增长产生了严重影响。

为了应对社会经济发展新问题，2008年开始中国再次推行积极的财政政策。2008年，国家财政政策作了两次重大调整。年中，适时把宏观调控的首要任务，从防经济过热、防明显通胀，调整为“保持经济平稳较快发展、控制物价过快上涨”。9月份，又把宏观调控的着力点转到防止经济增速过快下滑上来。10月份后进一步明确实施了积极的财政政策。同1998年的积极财政政策相比，这一次实施的积极财政政策力度更大、范围更广，包括大规模增加政府投资，实施总额4万亿元的两年投资计划；同时为抵消国际金融危机对经济实体的影响和稳定物价，实行结构性减税、多次提高出口退税率，减轻企业和居民负担，增加各类补贴。为弥补财政减收增支形成的缺口，2009年安排中央财政赤字7 500亿元，比上年增加5 700亿元，同时国务院同意地方发行2 000亿元债券，由财政部代理发行，列入省级预算管理。2009年全国财政赤字合计9 500亿元，赤字率（财政赤字占国内生产总值的比重）从2007年-0.19%、2008年0.11%，上升到2009年的2.73%，见表1-3。

积极财政政策配合适度宽松的货币政策，对保持经济平稳较快发展起了重要作用，但经济发展中也出现一些问题，如行业产能过剩、能源资源消耗多、环境污染重，结构调整难度加大，城乡、区域发展差距仍在扩大等。2010年根据宏观经济走势的变化，继续推行积极财政政策，安排财政赤字10 000亿元，比上年有所增加，但赤字率略有降低，从2009年的2.73%降到2.43%。2011年，在全球通胀预期不断增强，国际市场大宗商品价格高位波动，国内要素成本明显上升，部分农产品供给偏紧的严峻形势下，把稳定物价总水平作为宏观调控的首要任务，虽然继续实施积极的财政政策，但在“积极”程度上继续有所降低，当年财政赤字额从上年的10 000亿元，减为8 500亿元，赤字率从2.43%降到1.74%，2012年再次下降到1.49%，见表1-3。

2012年开始中国经济发展出现重要变化，中国经济在持续10多年两位数或接近两位数高速增长以后，开始放慢，从2011年1至2季度增长10.1%到2012年全年增长7.9%（即所谓“破8”），2016年增长6.8%（所谓“破7”），2019年增长6.1%。正如习近平总书记所指出的那样，中国进入新常态，经济增长速度从高速转向中高速，经济发展方式从规模速度型粗放增长转向质量效率型集约增长，经济结构从增量扩能为主转向调整存量、做优增量并存，经济发展动力从传统增长点转向新的增长点[①]。

2013年以来，为应对世界经济复苏困难、国内经济持续下行的形势，中国政府再次推行比较积极的财政政策，同时配合稳健的货币政策。一方面，增加财政赤字额度，2013年达到12 000亿元，赤字率提高到2.02%；2014年赤字额13 500亿元，赤字率2.10%；2015年赤字额16 200亿元，赤字率2.35%；2016年，赤字额21 800亿元，赤字率2.92%；2017年赤字额23 800亿元，赤字率2.86%；2018年赤字额23 800亿元，赤字率2.59%；2019年赤字额27 600亿元，赤字率2.79%，见表1-3。无论是赤字额度还是赤字率，几乎都是直线上升，说明自2013年以来，积极财政政策的“积极”程度有所提高，但财政赤字率一直控制在3%以内，属于适度的财政扩张。

在总量适度扩张的同时，这些年中国政府还注重优化财政支出结构，进一步加大企业

① 中央文献研究室. 习近平关于社会主义经济建设论述摘编［M］. 北京：中央文献出版社，2017.

税收优惠力度，实行定向减税和普遍性降费，激发包括小微企业在内的市场主体活力；发挥财政资金政策的导向作用，推广政府和社会资本合作（PPP）模式，特许经营、投资补助、运营补贴等方式，拉动民间资本进入公共服务领域。在调控方法上，财政实行积极财政政策，货币政策却保持稳健中性，坚持不搞“大水漫灌”式强刺激，而是保持宏观政策的连续性、稳定性，在区间调控基础上加强定向、相机调控，主动预调、微调，努力做到稳增长、促改革、调结构、惠民生、防风险、保稳定。近期，为应对中美经贸摩擦、世界经济动荡和经济下行压力，着力稳就业、稳金融、稳外贸、稳外资、稳投资、稳预期（所谓“六稳”）[①]。

2020年，受全球新冠肺炎疫情冲击，世界经济严重衰退，产业链供应链循环受阻，国际贸易投资萎缩，大宗商品市场动荡。国内消费、投资、出口下滑，就业压力显著加大，企业特别是民营企业、中小微企业困难凸显，经贸形势不确定性很大，金融等领域风险有所积聚，基层财政收支矛盾加剧，发展面临一些难以预料的影响因素。面对前所未有的挑战，中国政府推出更加积极的财政政策，[②]推动形成以国内大循环为主体、国内国际双循环相互促进的新发展格局，支持打好三大攻坚战，支持实施扩大内需战略，支持做好“六稳”工作，支持落实“六保”任务（保居民就业、保基本民生、保市场主体、保粮食能源安全、保产业链供应链稳定、保基层运转），支持城乡区域协调发展，支持国防、外交工作。2020年，赤字率拟按3.6%以上安排，财政赤字规模比去年增加1万亿元，同时发行1万亿元抗疫特别国债，安排地方政府新增专项债券3.75万亿元，比2019年增加1.6万亿元[③]。按有关单位预测的GDP数据，2020年估计债务率接近50%，但还没有超过《马斯特里赫特条约》主张的60%的警戒线。

本章小结

• 政府是拥有广泛的权威和垄断的权力，制定并实施法律或规则，对一定地理范围内的公民、企业、学术、宗教社团和其他组织进行管理监督，提供公共服务和维护社会秩序的团体。本书所指的广义的政府还包括对其领土内起核心领导作用的执政党。

• 从中央和地方政府的权力关系角度，政府可以划分为单一制下的中央集权型、单一制下的地方自治型以及联邦制下的地方自治型三种。

• 政府职能一般包括维持职能、经济职能和调节职能。如果是生产资料公有制国家，政府直接拥有土地等资产（或经济资源）和众多国有企业，政府必须承担发展经济的主要职能，包括争取资本投入、建立企业、运营土地等经济资源；如果是私有制国家，政府承担的经济职能是间接有限的，基本是通过财政、金融等政策手段进行间接调控。

• 中国政府架构有五个层次，即中央政府；省、自治区、直辖市和特别行政区；地级

---

① 国务院．政府工作报告［EB/OL］．［2014-03-05］．http：//www.gov.cn/guowuyuan/2014-03/05/content_2629550.htm；国务院．政府工作报告［EB/OL］．［2015-03-16］．http：//www.gov.cn/guowuyuan/2015-03/16/content_2835101.htm；国务院．政府工作报告［EB/OL］．［2016-03-17］．http：//www.gov.cn/guowuyuan/2016-03/17/content_5054901.htm；国务院．政府工作报告［EB/OL］．［2017-03-16］．http：//www.gov.cn/premier/2017-03/16/content_5177940.htm；国务院．政府工作报告［EB/OL］．［2018-03-05］．http：//www.gov.cn/guowuyuan/2018zfgzbg.htm；国务院．政府工作报告［EB/OL］．［2019-03-16］．http：//www.gov.cn/premier/2019-03/16/content_5374314.htm.

② 国务院．政府工作报告［EB/OL］．［2021-02-14］．http：//www.gov.cn/guowuyuan/2020zfgzbg.htm.

③ 财政部．关于2019年中央和地方预算执行情况与2020年中央和地方预算草案的报告［EB/OL］．［2020-05-22］．http：//www.mof.gov.cn/gkml/caizhengshuju/202005/t20200530_3523307.htm.

市和自治州；县政府，分为一般县、市辖区、县级市、民族自治县；乡镇政府，它是中国最基层的政府。

• 中国政府具有特大型资产公司的性质，与西方国家的政府不同。

• 中国财政收支体系包括一般公共预算、政府性基金预算、国有资本经营预算、社会保险基金预算等。只有对所有这些收支体系进行分析才能全面反映中国政府占有的实际社会财富数量以及其介入经济活动的程度。2019年税收（包括正税杂税）收入占GDP的22%，但政府收入占GDP达34.61%；一般公共预算支出占GDP的24.11%，但政府支出占GDP的41.12%。

• 财政制度具体包括预算制度、税收制度、政府收费制度、国债制度、国有资本经营收益管理制度、国库制度、政府采购制度、政府间收支划分制度等一系列涉及政府财政收入、支出以及管理的相关法律规章制度。

• 在中国并非只是名称为“财政部（厅、局）”或“税务”“海关”的单位才是财政管理部门，实际上还有不少其他的部门也是“半个”或准财政部门。

• 1994年中国建立了以分税制为基础的财政体制和新的税制，目前中国正在分步实施对现行税制的结构性改革。在财政管理制度改革上，中国正在实行国库集中支付制度、收支两条线管理制度、部门预算制度的改革。在中央与地方财政关系上，目前中国从以前高度集中的体制逐渐转变成相对分权的，既有集中又有分权的体制。

• 1998年起中国实行积极的财政政策，2005年起开始实行稳健的财政政策，2008年为了应对全球金融危机，再次启动积极的财政政策。2013年以来继续推行积极财政政策。

本章综合训练

第 2 章

财政目的：社会福利的增进

☞ 学习目标

- 了解社会福利理论的概念和现实生活中社会福利状态的衡量；
- 明白外部性及其解决方法；
- 明了公平的标准和衡量方法；
- 明白公共产品的概念及特征；
- 了解非纯市场经济条件下公共产品的特殊性；
- 明了公共产品的提供机制；
- 了解直接民主制相关理论；
- 明白中国财政决策机制；
- 掌握最大多数人民利益的表达机制和保障机制。

☞ 导语

财政的直接目的是为政府活动提供资金支持，财政学要研究通过怎样的途径能够使之所造成的社会福利损失最小，或者说在存在既定的政府活动的情况下，如何实现社会福利最大化。因此，社会福利的概念及其衡量的理论和方法，就成为了解财政总体情况后首先要探讨的问题。而关于个人福利怎样加总为社会福利的问题，存在多种不同的观点，如边沁社会福利函数、罗尔斯社会福利函数以及伯格森和萨缪尔森社会福利函数等。在中国，社会福利表现为最大多数人民的根本利益，因此实现这样的根本利益也就成为中国财政的内在目的。

2.1 节主要介绍了社会福利和社会福利函数。社会福利是效率和公平的函数。一般用帕累托最优来说明效率问题，福利经济学第一、第二定理论述了帕累托最优和完全竞争市场的关系。不过，当完全竞争的条件得不到满足、存在市场失灵时，福利经济学基本定理不再成立。市场失灵包括市场势力的存在和非完整的市场体系，比较典型的市场失灵包括外部性，而纠正外部性的方法包括外部性内部化、科斯定理、庇古税、庇古补贴、管制等。考虑到中国现实的国情，中国的市场失灵有不同于西方发达市场经济国家的地方，因而政府的职能也有所不同，相应地，政府和社会活动的范围也有所不同。当然，政府也有可能失灵，同样需要采取措施纠正政府失灵。

社会福利的另一个变量是公平，公平的标准包括规则公平、起点公平和结果公平，我们可以用贫困线、贫困缺口、最高收入和最低收入家庭群占GDP或货币收入的份额、洛仑兹曲线、基尼系数等指标来衡量社会的公平状况。

2.2 节讲述了效率与公平问题。社会福利最大化要求公平和效率的协调，但是奥瑟·阿肯的漏桶模型说明公平和效率是有冲突的，而适当的收入再分配有利于公平和效率的协调。收入再分配也是一种公共产品，由政府提供包括收入再分配在内的公共产品是协调公平和效率的主要途径。

2.3 节介绍了公共产品及其提供的有关问题。公共产品具有消费的非竞争性和受益的非排他性特征，我们根据公共产品的特征和其他标准对公共产品进行分类。正如在不同的国家政府的职能会有所不同一样，非纯市场经济条件下的公共产品也具有其特殊性。公共产品的有效供给条件包括庇古方式、局部均衡条件和一般均衡条件；公共产品可以由政府提供，也可以由社团提供、自愿提供或市场提供，决定政府提供公共产品的因素包括工资和材料的相对成本、管理成本等；一国的历史文化因素也是影响政府提供公共产品范围的关键因素；一国决定公共产品提供规模和结构的机制是公共选择机制。

2.4节介绍了利益表达机制和保障机制。公共选择理论主要研究怎样通过一定的公共选择程序将个人偏好汇总成社会偏好，这方面的理论主要包括林达尔模型、一致规则、中间人投票定理、互投赞成票、阿罗不可能定理以及最优投票规则等。中国的财政决策机制有自己的特点，财政决策程序也有自己的特色，当然也还存在一些问题，尚需完善；在中国，最大多数人民利益的表达机制包括人民代表大会制度、政治协商制度等；而选举制度、民主集中制和干部考核制度等是人民利益比较有效的保障机制。

2.1 社会福利和社会福利函数

2.1.1 社会福利的概念表述

一般来说，福利可以用效用来衡量，按照经济人的假设，个人福利是指个体在社会、政治和经济活动中获得的效用。而如果人的行为偏离经济人假设，则个人福利会偏离其效用水平，它可能低于其效用水平（例如，由于非理性，吸烟者的个人福利低于其效用水平），它可能还取决于他人的效用水平（人具有一定程度的利他倾向）。社会福利是个人福利的总和，至于总和实现的方式则取决于不同的社会福利函数观。

1）边沁社会福利函数

边沁社会福利函数与19世纪的功利主义哲学相联系。古典的、边沁式的功利主义哲学认为，一个人的效用是他的快乐或幸福的测度，社会福利是把社会中每个人的效用进行加总而得到的，效用是基数形式的。以X_i代表第i个人对社会产品的消费集，以$U_i(X_i)$代表第i个人的效用，则社会福利函数为：$W = \sum_{i=1}^{n} U_i(X_i)$，政府财政政策的目标是实现社会福利W的最大化。

再加上若干假定，该社会福利函数才具有政策意义，才能告诉我们怎样实现社会福利最大化，这些假定[①]是：（1）每一个人具有相同的效用函数，并且每个人的效用仅取决于其收入水平；（2）边际效用递减；（3）政府的收入分配政策不影响社会收入总量。在这些假设条件的限制下，财政的目标应该是通过其政策的实施，实现收入分配的完全平等，这样可以保证社会福利的最大化。我们可以通过图2-1来说明为什么收入分配的完全平等可以实现社会福利的最大化。我们假设存在一个两人（张三和李四）社会，以横轴衡量社会的总收入水平，以纵轴衡量个体的边际效用水平。

若收入分配的初始状态在E′，则张三的收入为OE′，李四的收入为O′E′，收入分配不平等，在此状态下，张三的边际效用为E′A，李四的边际效用为E′B，此时没有实现社会福利最大化，因为只要将李四的收入分一部分给张三，则张三的效用增加，李四的效用减少，但张三的效用增加量大于李四的效用减少量，所以总效用增加，社会福利增加，增加量为三角形ABC的面积（若收入再分配以后社会收入分配状态位于E）；同理，如果张三的收入大于李四的收入，则将张三的收入分一部分给李四，社会福利也会增加。只有当收入分配状态位于E，即两者收入相等时，张三和李四的边际效用相等，社会福利达到最大化。

① 罗森 H S. 财政学［M］. 郭庆旺，赵志耘，译. 8版. 北京：中国人民大学出版社，2009：249.

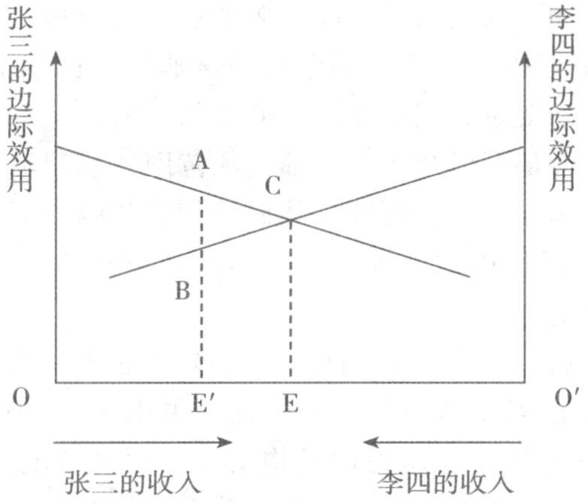

图2-1　边沁社会福利函数和收入再分配

边沁社会福利函数的缺陷在于其假定存在不合理的地方。首先，社会个体不一定存在相同的效用函数；其次，根据经济学理论，政府的收入分配政策一般来说会影响劳动者的工作积极性和工作时间，从而影响经济总量或社会收入总量。

另外，功利主义社会福利函数把福利定义为“幸福”或“痛苦”这样的心理状态，这涉及如何测度一个人的心理状态的水平，如何进行人际比较，如何计算所有人的效用而得到全社会的总效用水平等问题。

2）罗尔斯社会福利函数

罗尔斯社会福利函数的主要开创者是哲学家约翰·罗尔斯，它也以效用代表福利水平，其函数形式为：$W=Min（U_i）$，式中U_i表示第i个人的效用水平，该福利函数说明整个社会的福利水平仅取决于效用最低者的效用，所以罗尔斯社会福利函数又被称为最大最小原则，即社会应该最大化最小福利者的福利。

罗尔斯认为，人们处于“无知的面纱”（veil of ignorance）之后，对于自己在社会上处于什么位置毫无认知，并且人们被假设是风险规避型的，风险规避者将设法保护自己，以免落入处境最差的人群时福利水平太低。因此，为避免有一天自己也变为处境最差者，他乐意接受社会的安排，即保证处境最差的人的福利得到最大化。

根据罗尔斯社会福利函数，只有当收入分配偏离平等会提高受损者的福利时，不平等才有利于社会福利的最大化，否则收入分配应该完全平等。

罗尔斯社会福利函数的假定同样存在不合理的地方，现时处境很好的人们可能会预期自己变得很穷的概率非常低，从而不会接受最大最小原则。另外，社会上某一个人的效用水平稍微提高而大多数人的效用水平大幅下降的变化符合最大最小原则，但它可能不会受社会欢迎。

3）伯格森和萨缪尔森社会福利函数

伯格森和萨缪尔森社会福利函数最初由伯格森（Bergson，1938）①引入经济学，萨缪尔森（Samuelson，1947）②对其进行了进一步阐述。伯格森和萨缪尔森社会福利函数可以表示为：$W=W（U_1，\cdots，U_i，\cdots，U_n）$，式中n为人口数量。$U_i$为个人i的序数效用函数，

① BERGSON A. A reformulation of certain aspects of welfare economics. Quaterly Journal of Economics [J]. 1938: 310-334.
② SAMUELSON P A. 经济分析基础［M］. 费方域，金菊平，等译. 北京：商务印书馆，1992：241-272.

其变量可以是经济变量，如个人消费的产品和服务、个人所得、税率等；也可以是非经济变量，如犯罪率、生育率等指标。这一函数还假定非经济因素对个人福利的影响是外在的，即它们能够影响各经济变量，但不受经济变量的影响。

伯格森和萨缪尔森社会福利函数扩大了福利的范围，福利不再仅仅指经济变量、犯罪率等社会指标，也可以被涵盖进社会福利，从而社会福利函数可以被视为社会对可供选择的一系列“社会状态”进行排序的一种方法。当然，将犯罪率等指标涵盖进社会福利以后，社会福利的衡量就更复杂了。

阿罗不可能定理[①]的提出表明了直到目前为止我们还没有找到可应用于实际的社会福利衡量的理论和方法。在现实生活中，人们还往往采用人均GDP及其相关指标，包括将GDP在不同阶层人们的分配情况等作为衡量物质方面福利状况的主要方法；采用人权状况、文化程度、居住环境、健康情况、信任程度等来衡量非物质方面的福利高低。在有更好的理论和方法之前，联合国开发计划署提出的人类发展指数是衡量人类综合福利的一个不错的指标。

2.1.2 现实生活中社会福利的衡量

社会福利在不同的国家以及同一国家的不同发展阶段有不同的内涵。在中国现时的社会福利表现为最大多数人民的根本利益，如何实现最大多数人民的根本利益是财政的最终目的。

1）人民的根本利益

人民的根本利益不是抽象的概念，其内涵是具体而丰富的，不仅包括经济利益，而且包括政治利益和文化利益，三方面的利益构成了人民群众根本利益的统一整体。经济利益是人民群众生存和发展的基础，包括吃、穿、住、行、用等方面的物质利益；政治利益是人民群众的最高利益，表现为人民具有管理国家事务的知情权、选举权、监督权以及直接管理权等；文化利益是前两者的保障，只有充分享有文化利益，才能实现人的全面发展，人民才能更加自觉、有效地追求和实现经济利益与政治利益。中国政府有关部门制定了详细的指标体系来衡量人民生活状态，如通过不同阶层人民的人均GDP、人均可支配收入、住房面积、蛋白质摄入量、道路面积、恩格尔指数等反映人民物质生活状态；通过接受各级各类教育的比率、人均预期寿命、综合卫生保健等指标反映人口素质；通过教育娱乐支出、电视普及率等衡量精神生活状态；通过森林覆盖率、环境质量指数等反映生活环境的状态。此外，还有研究政治利益保障的指标，其中基础指标是GDP，因为物质生活的改善、人口素质的提高、精神生活水准的提高、生活环境的优化乃至民主政治的建立和发展，都要以物质生活的进步为基础，而GDP是目前衡量物质财富增加的重要指标。

2）GDP

GDP指标产生于第二次世界大战之后，被萨缪尔森和诺德豪斯（Nordhaus）称为“属于20世纪最伟大的发明之列”[②]。它用来衡量一个国家或地区的经济总量，是指一个国家或地区在一定时期内（一般指一年）运用生产要素所生产的全部最终产品的市场价值之和。通过人均GDP及其不同阶层的人均GDP还可以衡量国民富裕和贫困程度、分配均衡

① 阿罗不可能定理的较详细论述请参见本章2.4节。
② 转引自赵彦云，伍业锋．GDP：20世纪最伟大的发明之一［J］．统计研究，2001（7）：52-56.

与否，从而判断社会福利状态。

可以这样说，如果收入分配比较均衡，并且生态环境变好、人民的民主权利得到保障，也就是说，在GDP增长的成果由最大多数人民享有的条件下，GDP增长就意味着最大多数人民的根本利益即社会福利得到改善。但是如果收入分配不均衡、生态环境恶化、人民的民主权利没有保障、GDP增长的成果由少数人享有，而GDP增长的代价却由多数人承担的情况下，那么GDP的增长就不会导致整体社会福利的改善和社会和谐。

传统GDP指标有一定的缺陷。例如，传统的GDP指标不能反映经济增长过程中消耗的自然资源。人类的经济活动会消耗一些自然资源，而现行GDP指标不仅没有扣除自然资源损失，而且将其中过度开采的资源和能源，特别是不可再生资源，按照附加值计算在GDP总量之中，就人为地夸大了经济效益。再如，传统的GDP指标没有考虑人类的经济活动所带来的环境恶化。很明显，同量的GDP，环境污染程度越高，则它给国民带来的真实福利就越少。此外，传统GDP指标还存在不能反映非市场活动的价值等问题。

因此，必须对现有的国民核算体系进行校正。诺德豪斯和托宾（Tobin）提出可持续经济福利衡量方法（measure of sustainable economic welfare，简称MEW-S）和净财富存量（net stock of wealth）等概念[①]。他们主张核算国民财富时要扣除交通堵塞、自然资源减少等产生的社会成本，加上休闲、家政等创造的价值，算出净经济福利。1973年，日本政府提出类似的净国民福利（net national welfare）指标，主张对超过标准的污染改善经费，从GDP中扣除[②]。卢佩托（Robert Repetoo）等在1989年考察了自然资源的耗损对GDP的影响[③]。戴利（Daly）和科布（Cobb）提出可持续经济福利指数（index of sustainable economic welfare）[④]。联合国计划开发署在2004年人类发展报告中主张从GDP中扣除某些社会因素所造成的成本损失，如财富分配不公、失业率、犯罪率对社会带来的危害，并认为医疗支出应当属于社会成本，常规医疗服务不能计入GDP[⑤]。对GDP进行系统纠正的指标当属绿色GDP。

3）绿色GDP

世界银行在20世纪80年代初提出“绿色核算（green accounting）”的概念，随后提出“绿色GNP/可持续收入”的概念。1993年联合国统计司（UNSD）出版了《环境经济综合核算体系1993》（the System of Integrated Environmental and Economic Accounting，1993；即SEEA1993）首次建立了与国民账户体系（the System of National Accounts，SNA）相一致的、系统核算环境资源存量和资本流量的框架。2003年更新，推出SEEA2003版本；2012年发布SEEA中心框架（SEEA Central Framework，SEEA CF），首次提出环境经济核算的国际标准，2014年正式出版SEEA实验生态系统账户（SEEA Experimental Ecosystem Accounting，SEEA-EA），2020年准备出版更新版。

绿色GDP是指一个国家或地区在一定时期内（一般指一年）运用生产要素所生产的

① NORDHAUS W D，TOBIN J. Is growth obsolete? ［M］. Chapter in NBER book Economic Research：Retrospect and Prospect，Volume 5，Economic Growth （1972）：1-80，https：//www.nber.org/chapters/c7620.pdf.

② 牛文元．“绿色GDP”与中国环境会计制度［J］．会计研究，2002（1）：40-42.

③ REPETTO R C，MAGRATH W，WELLS M，et al. Wasting assets：natural resources in the national income accounts［R］. Washington，DC：World Resources Institute，1989：1-22.

④ DALY H E，COBB J B. For the common goods：Redirecting the economy toward community，the Environment and a Sustainable Future［M］. Boston：Beacon Press，1989.

⑤ 联合国开发计划署．2004年人类发展报告——当今多样化世界中的文化自由［C］.《2004年人类发展报告》翻译组，译．北京：中国财政经济出版社，2004：259.

全部最终产品的市场价值之和再扣除自然资产（包括自然资源和环境）价值损失之后的价值总量。绿色GDP的计算公式为：绿色GDP=GDP总量-（环境资源成本+环境资源保护服务费用）。

绿色GDP指标虽然较GDP指标有所改进，但同样存在一些问题。首先，自然资源损失和环境污染损失的价值难以确定。一方面，由于缺乏交易市场，一些环境的构成要素（如天然的水资源、空气等）的市场价值难以确定，这样在计算具体的绿色GDP数值时就遇到了困难；而另一方面，有些自然资源（如煤炭、石油等）虽然有市场，能够通过市场价格来确定其市场价值，但这些自然资源的利用可能还会引起一些其他的不利反应，如可能会引起地质结构的变化，而这些是无法通过市场价格反映的。其次，与传统GDP一样，绿色GDP同样没有解决非市场活动价值的计量等问题。有鉴于此，一些学者、政府或研究机构还提出了其他衡量福利的指标，如幸福指数（happiness index）、国民幸福总值（GNH）、人类发展指数等。

4）幸福指数和国民幸福总值

社会经济发展的目的是满足人们多种多样的需要并使其获得幸福感，幸福感是人们对自身存在与外部发展状况的一种切实的、比较稳定的正向心理感受。社会福利增进与否可以通过具有幸福感的人口数量上的扩大与否而得到衡量。幸福指数反映特定时期人们或特定社会群体的幸福程度，通过不同国家或一个国家不同时期的比较，可以看出生活质量的差异或变化程度。20世纪70年代由南亚小国不丹政府提出国民幸福总值（gross national happiness，GNH）这一概念，从公正的并且可持续的经济增长、环境保护、传统文化的维护和发展、政府善治等方面，用指数或一定的单位估算一个国家一定时期国民的幸福感。根据这一指标，当时人均GDP只有700美元的不丹，被认为是幸福度最高的国家。“不丹模式”引起了世界各国的广泛关注，也促使经济学家反思单纯追求GDP增长的问题，开始着手国民幸福总值测算方法的研究。当前测算幸福指数的方法众多，其中除了GNH指数外，荷兰伊拉斯姆斯大学世界幸福数据库（World Database of Happiness）和联合国《世界幸福报告》（World Happiness Report）也是当前国际上使用最广泛的测算幸福指数方法。

联合国《世界幸福报告》幸福指数变量由人均GDP、社会支持、健康的生命预期、自由的生活选择、慷慨行为和对腐败的感知六个方面构成，通过采用有关数据和抽样调查获得样本数据汇总统计得分，然后进行排名。以人均GDP为标志的物质条件（经济发展水平或富裕程度）仍然是确定幸福指数的最重要的因素，幸福指数排名靠前的国家都是人均GDP比较高的国家。《世界幸福报告2019》列举的排名前30位的国家绝大多数是欧美发达国家。少有人均GDP很低的国家幸福指数很高的，前述不丹，因为其人均GDP排名还很靠后，幸福指数也排得很靠后。该报告认为，在收入水平达到一定高度前，收入提高会增加幸福；而当收入水平超过一定水平时，它的进一步提高未必会明显增加幸福感。因此，要提高人们的幸福感，不能仅仅考虑经济增长，还要关注某些非经济因素如价值观、环境、治安、合作等对社会发展进程的影响。

在《世界幸福报告2019》中，中国排名处于中等水平，在全世界156个国家和地区中位列93名[①]。仔细分析具体指标，存在不确切和低估问题。在6个观察指标中，人均GDP排名68位，社会支持排名108位、健康的生命预期排名34位、慷慨行为排名133位、自由的生活选择排名31位，腐败感知没有数据，实际上被当成最大值扣减。其中，社会支持，按抽样调查时让被调查者回答当遇到困难时是否得到他人帮助，自由的生活选择同样由被调查者选择是还是否，而慷慨行为是被调查者回答上一个月是否捐款给慈善机构，对腐败的感知也是简单由被调查者回答政府是否腐败。通过这种方法，得出的得分和排序，缺乏严肃性和准确性。样本选取也带有主观性和局限性，特别是针对中国这样几倍、几十倍甚至几百倍于一个小国的特大型国家，人口众多、观念迥异、情况千差万别、变化日新月异、影响幸福的因素因地因时而异，如何得出一个平均、公认的幸福指数值得商榷。

因此，国际上公布的幸福指数及其排名只能作为参考。当然，我们也要正视当前中国在发展过程中存在的问题，将人民幸福程度的提高作为最重要的财政工作目的，全面地、不断地提高人民的获得感、幸福感。

5）人类发展指数

人类发展指数（human development index，HDI）是由联合国开发计划署（United Nations Development Programme，UNDP）在《1990年人类发展报告》中提出的，用以衡量联合国各成员国经济社会发展水平的指标，从三个方面即健康长寿的生活、知识、体面的生活水平反映社会福利。健康长寿的生活简称健康指数，用出生时预期寿命来表示。知识即教育指数，用成人识字率（占2/3的权重）以及小学、中学和大学综合毛入学率（占1/3的权重）来表示，《2010人类发展报告》对其进行了修改，利用平均受教育年限取代了识字率，利用预期受教育年限取代了毛入学率，且各占教育指数的一半。体面的生活水平，即收入指数，用人均GDP（换算成以购买力平价计算的美元，即PPP美元）来表示，2010年及以后用人均国民总收入（GNI）取代GDP。HDI的计算过程为先计算分项指数即健康指数、教育指数、收入指数，然后将三个分项指数简单平均。分项指数的计算公式为：

$$分项指数=\frac{实际值-最小值}{最大值-最小值}$$

为此，联合国开发计划署为每项指标确定了最大值和最小值（任一国家HDI的计算均使用同样的最大值和最小值），见表2-1。

表2-1 计算HDI的阈值

指标	最小值	最大值
出生时预期寿命（年）	20	85
预期受教育年限（年）	0	18
平均受教育年限（年）	0	15
人均GNI（2011年PPP美元）	100	75 000

资料来源 http：//hdr.undp.org/sites/default/files/hdr2019_technical_notes.pdf.

健康指数和教育指数的计算比较简单，就是把数值代入上述分项指数公式。需要指出的是，GNI指数的计算是用调整后的人均GNI来计算的。因为联合国开发计划署认为实现

① HELLIWELL J，LAYARD R，SACHS J. World Happiness Report 2019［R］. New York：Sustainable Development Solutions Network，2019.

体面的人类发展水平并不需要无限多的收入，所以对收入进行了调整。在计算GNI指数时，使用的是收入取对数后的数值。假设某国在2019年人均GNI为4 057.25美元（PPP美元），则GNI指数为：

$$\text{GNI指数}=\frac{\ln(4\,057.25)-\ln(100)}{\ln(75\,000)-\ln(100)}=0.5594$$

计算各分项指数后，HDI的计算为：

$$\text{HDI}=\frac{1}{3}(\text{健康指数})+\frac{1}{3}(\text{教育指数})+\frac{1}{3}(\text{GNI指数})$$

人类发展指数本来是联合国用来评价一个国家的发展情况的，人均GDP或GNI只是作为一个因素，教育和健康也是重要因素，用它来衡量一个国家的社会福利显然比GDP更全面。但是人类发展指数也有缺点，它不能帮助我们判断不同因素的相对重要性，一国指数排名发生改变，到底是因为人均GDP或GNI改变，还是因为受教育情况或健康情况改变。

总之，人类社会还没有找到一个十分完美的衡量社会福利和经济社会发展状态的指标。目前还得使用以GDP为基础的指标体系，但在使用时要注意采用其他指标来补充，使最大多数人民的根本利益即社会福利得到尽可能完整的反映，不仅反映经济增长的效率性，还要反映社会发展的公平性。

2.2 效率和公平

社会福利是效率和公平的函数，收入分配极端不公平的高效率肯定没有实现社会福利的最大化，而低效率的平均主义也没有实现社会福利的最大化，社会福利的最大化应该是公平和效率的有机统一，本节我们先研究效率问题，然后讨论公平以及效率和公平的协调问题。

2.2.1 福利经济学基本原理

效率可以用帕累托最优来衡量，福利经济学基本原理则说明了市场和效率的关系。

1）帕累托最优

（1）纯交换经济的效率

我们通过埃奇沃思盒状图来说明帕累托最优和交换经济的效率。为简单起见，我们考虑一个由两个人和两种商品组成的社会，当然我们得出的结论可以推广到多人、多商品社会。

我们假设社会由张三和李四两个人、食品和衣服两种商品组成，并且先不考虑生产，只考虑已经生产出来的这两种商品怎样在张三和李四中进行交换是最有效率的。我们以横轴来衡量待交换的食品总量，以纵轴来衡量待交换的衣服总量，张三消费的商品量以离O点的距离表示，O点向右表示张三消费的食品数量增加，向上表示张三消费的衣服数量增加；李四消费的商品量以离O′点的距离表示，O′点向左表示李四消费的食品数量增加，向下表示李四消费的衣服数量增加，埃奇沃思盒状图上的任一点（包括边界）表示食品和衣服在张三和李四之间的某种配置，详情如图2-2所示。

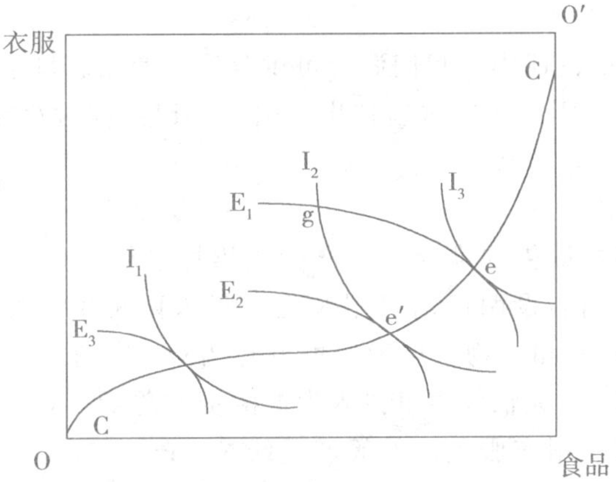

图2-2 埃奇沃思盒状图：交换效率

我们假定张三和李四对食品和衣服的偏好均符合传统的无差异曲线。图2-2中，张三的无差异曲线族为I_1、I_2、I_3等，李四的无差异曲线族为E_1、E_2、E_3等。无差异曲线离原点越远，效用水平越高，所以当张三消费的商品组合朝东北方向移动时，其效用增加；李四消费的商品组合朝西南方向移动时，其效用也增加。经过埃奇沃思盒状图中（包括边界）任一点均存在张三的一条无差异曲线和李四的一条无差异曲线相交或相切。

我们再假定经济的初始状态处于g点，它代表了食品和衣服在张三和李四之间的一种资源配置状态，那么这种状态是不是最优的呢？或者说，能不能通过交换来改善资源配置的效率呢？前者的答案是否定的，后者的答案是肯定的。g点是I_2和E_1的交点，从张三和李四的无差异曲线来看，存在着很多种的交换可以改善资源配置。例如图2-2中的e点，它是I_3和E_1交点，从g点到e点，李四的效用水平没有发生变化，维持在E_1的水平，但张三的效用水平增加，从I_2增加到I_3，所以如果通过交换使资源配置的状态从g点到e点，则李四的状况没有变坏，而张三的状况改善了。在切点e处，还有没有继续改善的可能呢？在切点e处，要使张三的效用水平更高，就只能通过降低李四的效用来实现了，在图2-2中就必须使李四的无差异曲线向东北方向移动。e点这样的资源配置状态称为帕累托最优。所谓帕累托最优是指这样一种状况，要使某个人状况变好的唯一办法是使其他人的状况变坏。或者说，如果资源配置不是帕累托最优的，则可以在不使其他人状况变坏的情况下，使得某个人的状况变好，这种变化称为帕累托改善。

从g点出发，可以有多种帕累托改善，e点是一种资源配置的帕累托改善，e′点也是一种资源的帕累托改善；由埃奇沃思盒状图中所有两条相切的无差异曲线的切点（例如e点和e′）连成的曲线称为契约曲线，如图2-2中的CC曲线。

契约曲线上的点是由张三和李四的无差异曲线的切点组成的，在切点处，两条无差异曲线的斜率相等，而无差异曲线的斜率就是人们愿意以一种商品交换另一种商品的比率，即边际替代率。所以，帕累托最优要求消费者的边际替代率是相等的，即：

$$MRS_{fc}^{Zhang}=MRS_{fc}^{Li}$$

其中，MRS_{fc}^{Zhang}表示张三以食品交换衣服的边际替代率，MRS_{fc}^{Li}表示李四以食品交换衣服的边际替代率。

（2）生产经济的效率

在纯交易经济效率的论述中，我们假定可供分配的商品总量是一定的，由于现实生活中既有交换，又有生产，所以我们这里将生产引入，讨论同时存在生产和交换的条件下，帕累托最优的条件是什么。

①生产的帕累托最优

类似于交换的帕累托最优的推导，生产的帕累托最优也是在埃奇沃思盒状图中推导的。如图2-3所示，我们假设两厂商（甲和乙）投入两种生产要素：资本（K）和劳动（L），生产两种商品：食品和衣物，厂商甲的原点为O，厂商乙的原点为O′，以横轴代表可投入生产的劳动总量，以纵轴代表可投入生产的资本总量。有一组食品生产的等产量线M_i，i=1，2，…，n，有一组衣服生产的等产量线N_i，i=1，2，…，n。类似于交换的帕累托效率的推导，等产量曲线M_i和N_i相切的切点是生产的帕累托最优的生产组合以及相应的最优的生产要素的配置；切点的轨迹形成生产的契约曲线；生产的帕累托最优的条件是两种要素的边际技术替代率相等，即：

$MRT_{LK}^{f}=MRT_{LK}^{c}$

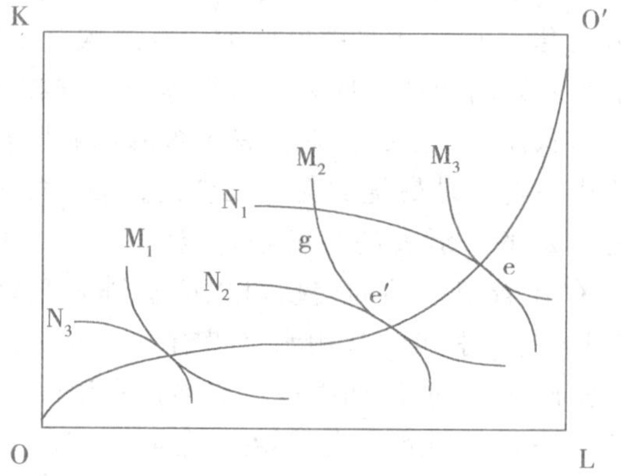

图2-3 埃奇沃思盒状图：生产效率

②生产可能性曲线

根据生产的埃奇沃思盒状图，我们可以推导出生产可能性曲线。因为盒中契约曲线上的点都是生产的帕累托最优点，将各种食品和衣服的组合描绘在以横轴代表食品、以纵轴代表衣服的图上，我们就可以得到生产可能性曲线，如图2-4所示，PP即为生产可能性曲线。生产可能性曲线是指在生产要素和技术水平既定的条件下，所有实现了帕累托最优的商品组合。该曲线表明，在一种商品的产量确定的情况下，另一种商品最大可能的产量。在曲线上的任一点，所有生产要素都最有效率地得到了利用，所有曲线内的点都是缺乏效率的，而所有曲线外面的点是在现有的资源条件和技术水平下不能实现的。

生产可能性曲线上的某一点的切线斜率等于食品对衣服的边际转换率，它表示为增加一单位的食品生产所必须放弃生产的衣服的数量。图2-4中，E_1表示经济的产品组合为OA数量的食品和OC数量的衣服的组合，而E_2表示OB数量的食品和OD数量的衣服的组合，它说明为了多生产AB这么多的食品，必须放弃CD这么多的衣服的生产，所以食品对衣服的边际转换率$RPT_{cf}=-\frac{CD}{AB}$。

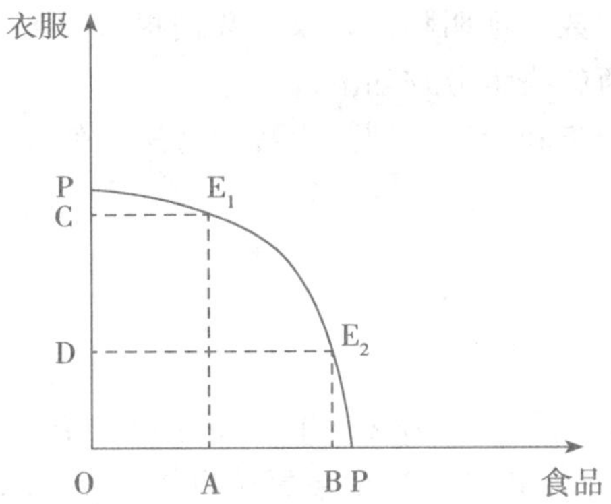

图2-4　生产可能性曲线

为了将边际转换率与边际技术替代率联系起来，我们需要将边际转换率以边际成本来表示。从生产可能性曲线可知，社会只要放弃CD的衣服的生产，就可增加AB的食品的生产，所以实际上CD就代表了生产食品所增加的成本，我们以MC_f表示；同理，AB代表了生产衣服所增加的成本，我们以MC_c表示。所以，$RPT_{cf}=-\frac{CD}{AB}=\frac{MC_f}{MC_c}$。

（3）交换和生产同时实现帕累托最优

交换的帕累托最优表明，在商品总量一定的情况下，实现了消费者效用最大化；生产的帕累托最优表明，在生产要素总量和技术水平既定的条件下，生产者实现了利润最大化。那么，两者能否同时实现帕累托最优呢？答案是肯定的。在完全竞争的情况下，当两个消费者之间的边际替代率等于两个生产者之间的边际转换率时，就同时实现了交换的帕累托最优和消费的帕累托最优。

消费者和生产者之间通过两种商品的价格联系起来，在完全竞争条件下，消费者为实现效用最大化，根据两种商品的边际替代率等于其价格之比作出选择；生产者为实现利润最大化，根据边际技术替代率等于两种商品的边际成本之比进行生产，而在完全竞争的经济中，商品价格等于其边际成本。所以，同时实现交换和生产的帕累托最优时：

$$MRS_{fc}^{Zhang}=MRS_{fc}^{Li}=\frac{P_f}{P_c}=\frac{MC_f}{MC_c}=RPT_{cf}$$

我们也可以在图形中说明交换和生产怎样同时实现帕累托最优。将交换的埃奇沃思盒状图放到生产可能性曲线PP里，根据定义，生产可能性曲线PP必定经过O′点，过O′作曲线PP的切线TT，然后在契约曲线上找到其切线与TT平行的无差异曲线，此时所有消费者两种商品的边际替代率等于所有生产者两种商品的边际交换率，两条无差异曲线的切点同时满足生产的帕累托最优和交换的帕累托最优。

2）福利经济学的基本定理

关于市场竞争和资源配置的思想最早可以追溯到亚当·斯密，他的理论“看不见的手”将竞争与资源配置效率联系起来。而福利经济学基本定理精确地描述了市场和资源配置的关系。

（1）福利经济学第一定理

福利经济学第一定理是指在完全竞争市场的经济体系中，竞争的均衡必然是帕累托最优的。

福利经济学第一定理的数学证明相当繁杂，我们提供一种简要的说明。在完全竞争的市场体系中，消费者和厂商的决策分别如下：

为实现效用最大化，张三和李四分别投出货币选票，使其消费的商品组合分别符合下列条件：

张三：$MRS_{fc}^{Zhang}=\frac{P_f}{P_c}$

李四：$MRS_{fc}^{Li}=\frac{P_f}{P_c}$

所以，$MRS_{fc}^{Zhang}=MRS_{fc}^{Li}$，该等式即为交换的帕累托最优条件。

为实现利润最大化，厂商甲和厂商乙均遵从以下定价原则：$P_f=MC_f$和$P_c=MC_c$，从而有：$\frac{MC_f}{MC_c}=\frac{P_f}{P_c}$，而$\frac{MC_f}{MC_c}=RPT_{cf}$，所以，

$$RPT_{cf}=\frac{P_f}{P_c}=MRS_{fc}^{Zhang}=MRS_{fc}^{Li}$$

该等式符合同时考虑交换和生产时的帕累托最优的必要条件，所以，完全竞争的均衡必然产生帕累托最优。

（2）福利经济学第二定理

福利经济学第一定理只是说明了竞争性的市场机制能实现帕累托最优，但这种最优状态不是唯一的。初始禀赋的分配不同，则最终的最优状态就会不同，而且给定初始禀赋下的帕累托最优不一定是合乎社会意愿的。正如森（Sen）指出的那样，一种社会状态可以是帕累托最优的，但仍是“令人恶心”的，因为它没有考虑社会公平问题①。

解决考虑社会公平的帕累托最优问题是福利经济学第二定理的任务。福利经济学第二定理认为，若经济满足有关个人效用函数（凸的无差异曲线）和生产函数（凸的生产函数）的假定，则通过初始禀赋的合理再分配，任何帕累托最优状态都可以通过竞争市场机制来实现。

福利经济学第二定理实际上回答的是这样的问题：如果社会认为某种帕累托最优状态是不公平的，那么是否能通过市场机制避免这种状态，并达到更为公平的帕累托最优？答案是肯定的。我们可以用图2-5对第二定理进行简单的说明。FF为效用可能性曲线，假设经济的初始状态位于FF上的A点，它是帕累托最优的，但社会认为它很不公平，因为张三和李四的效用水平相差太远。这时政府可以在张三和李四之间重新分配初始禀赋（从A到B），然后让市场机制进行资源配置，则经济可以达到C点或者类似的位置，C点也是帕累托最优，且比A点更公平。

2.2.2 市场失灵和政府职能

1）市场经济的作用和市场失灵

完全竞争的市场能实现资源配置的帕累托最优，但市场有可能存在失灵的问题。

（1）市场经济的作用

市场经济是人类迄今为止最具效率和活力的经济运行机制和资源配置手段，它具有任

① 转引自阿克塞拉 N. 经济政策原理：价值与技术［M］. 郭庆旺，等译. 北京：中国人民大学出版社，2001：79.

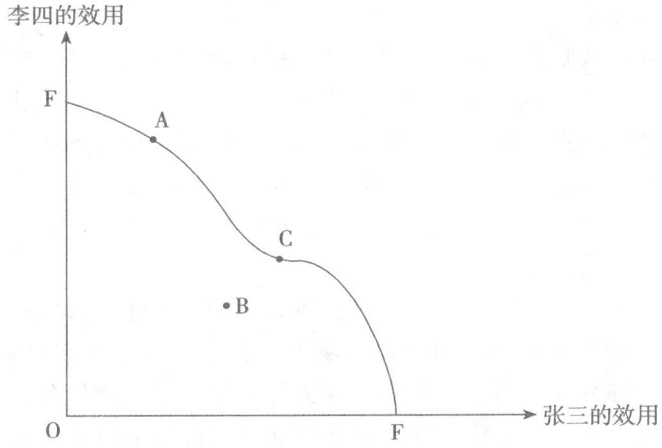

图 2-5　福利经济学第二定理

何其他机制和手段不可替代的优势，具体表现在以下几方面：一是经济利益激励和自由竞争有利于资源配置的优化。市场主体的利益驱动和自由竞争极大地调动了人们的积极性和创造性，促进生产技术、生产组织的不断创新，提高资源配置的效率。二是有效的市场信息有利于资源配置的优化。高效率的资源配置要求充分利用各种市场信息，而以价格体系为主要内容的信息结构能够使每一个经济活动参与者及时获得准确的信息，并充分有效地加以利用，从而有利于提高资源配置的效率。三是分散的市场决策有利于资源配置的优化。在市场经济中，当供求发生变化时，分散决策的微观经济主体（生产者和消费者）能在最短的时间内作出生产和消费决策的调整，较快地实现供求平衡，减少资源的浪费，提高资源配置的效率。不过，市场经济也有其局限性，存在着市场失灵的问题。

（2）市场失灵

市场失灵主要包括市场势力的存在和非完整的市场体系。

①存在市场势力

在完全竞争的经济中，消费者和生产者都是产品或生产要素价格的接受者，单个消费者或单个生产者的行为都不能影响市场，此时，追求效用最大化的消费者根据任意两种商品的边际替代率（等于两种商品的边际效用之比）等于这两种商品的价格之比来决定他的消费行为，追求利润最大化的生产者根据产品价格等于边际成本的原则来定价，此时福利经济学第一定理成立。但是当生产者或消费者能影响产品的价格时，此时市场不再是完全竞争的市场，福利经济学第一定理也不再成立，因为消费者或生产者不再按照完全竞争市场中的定价原则来决定其消费行为或生产行为。

单个消费者影响市场价格的可能性不大（除非是其产品需求量非常大，例如政府采购），常见的市场势力是生产者的垄断竞争、寡头和垄断。垄断竞争接近于完全竞争，但大量的厂商生产有差别的产品（而不是完全竞争市场中的同质产品）；寡头市场中，少数几家厂商控制了整个市场的生产和销售；垄断市场则是指一个厂商控制了整个市场的生产和销售。无论是垄断竞争、寡头，还是垄断，厂商均可以在一定程度上影响产品的价格，使产品的价格高于边际成本，从而使帕累托最优的必要条件之一——生产的帕累托最优——遭到破坏，整个经济不再是帕累托最优。

②非完整的市场体系

福利经济学第一定理暗含着两个假定条件：市场的存在以及经济区域内（一个国家或地区）市场的统一性，当这两个条件之中的任意一个条件或两个条件同时得不到满足时，福利经济学第一定理也不再成立；而一个完整的市场体系由交易场所（包括有形的或无形的）、市场规则、市场主体、市场客体组成，当其组成要素之一缺失或不健全时，市场体系就不再是完整的，市场体系的不完整包括市场不存在、市场不充分和市场不统一三种情况。

第一，市场不存在。只有同时存在市场客体和市场主体才有可能存在市场，但是有些产品是市场主体不愿意提供的，从而这类市场不存在。例如，防穷保险[①]，由于信息不对称，企业提供这种“贫穷险”不可能盈利，因为如果你买了这种保险，你就不会再有努力工作的激励。为了促使你努力工作，保险企业就必须监控你的行为，以确定你的贫穷是由于运气不好还是不努力工作造成的，但是这种监控的成本太高，有时甚至是不可能的，因此就不存在贫穷保险市场。还有一些产品是市场无力提供的。例如，单个市场主体不可能提供“宏观经济稳定”这样一种产品，因为它的提供需要强制性的力量（例如政府的政策）和充分的资金，而这是单个市场主体所不具备的。

第二，市场不充分。有些产品，如存在外部性[②]的产品，由于其成本或效益的外溢性，由市场来提供它是不充分的。值得注意的是，我们这里所说的市场不充分包括了市场提供不足和市场提供过度两种情况。

第三，市场不统一。在中国，市场不统一主要是由于地方政府的市场分割政策造成的。只要各个地方政府有自己相对独立的利益，并且有一定的自主权，就具有保护当地工业企业来攫取包括税收在内的多种利益的激励，从而造成地方保护和市场分割。

有观点认为私有经济是市场上独立的市场主体，基本上能融入统一的市场中；但个体经济（尤以单个农户为甚）由于信息不完全等方面的原因，难以融入统一的市场中；国有制经济和集体所有制经济由于要承担社会责任或因财政兜底具有有限风险，存在非市场定价行为，有时会扰乱市场规则，从而影响市场的统一。但也有研究认为市场失灵与国有经济产生和发展并无直接因果关系，相反公有制经济与市场经济相结合，可充分发挥市场经济和社会主义制度优势，是解决市场失灵的重要手段[③]。

市场规则多元化也会造成市场不统一。中国政府对沿海和内地实行了不同的政策，对不同所有制企业也实行了不同的政策，影响了不同地区、不同所有制企业之间的公平竞争。由于政策待遇（例如税收政策）不同，因此享受优惠政策的企业具有低成本优势（在其他条件相同的情况下），从而可以以相对低价进行竞争，实际上不同类型的企业面对的是不同质的市场，这样的市场很难说是统一的[④]。

2）政府职能和政府失灵

（1）政府职能

在第1章的阐述中，我们知道政府具有经济职能、调节职能和稳定职能等。本节主要

---

① 罗森 H S. 财政学［M］. 郭庆旺，赵志耘，译. 8版. 北京：中国人民大学出版社，2009：46.

② 关于外部性的更详细论述参见2.2.3目。

③ 张晨，张宇. “市场失灵”不是国有经济存在的依据——兼论国有经济在社会主义市场经济中的地位和作用［J］. 中国人民大学学报，2010，24（5）：38-45.

④ 鲍金红，胡璇. 我国现阶段的市场失灵及其与政府干预的关系研究［J］. 学术界，2013（7）：182-191，311.

阐述政府的经济职能。政府的经济职能又称资源配置职能。

在市场经济国家中，政府的资源配置职能是在市场的基础上进行的，当市场不能有效配置资源时，政府才发挥其资源配置的作用。中国政府在资源配置方面的职能包括发达市场经济条件下的资源配置职能和中国特色社会主义现实国情下特有的资源配置职能。

第一，矫正市场势力造成的配置效率的损失。这是所有市场经济国家的政府都必须具有的职能。不完全竞争厂商主要是利用自己对产品价格的控制力将价格定于边际成本之上而破坏帕累托效率所必需的条件之一——生产的帕累托效率；此时政府的资源配置职能就是要使产品价格恢复到等于其边际成本。政府的矫正手段之一是运用它手中的强制性权力对不完全竞争厂商进行管制，规定其产品价格的上限，如规定其产品价格不能超过产品的边际成本。[①]政府的矫正手段之二是通过其掌握的资源建立公共企业直接生产，并依据价格等于边际成本的原则进行定价。当然，无论是进行管制，还是政府直接组织生产，同样面临着其他的降低效率的可能性，如征税对微观经济主体行为的扭曲、政府失灵等。

第二，矫正非完整的市场体系所造成的配置效率的损失。矫正由于市场不存在导致的配置效率的损失。当市场不存在时，显然不可能由市场来配置资源，这时政府可以自己提供该种产品。例如，由于信息不对称造成贫穷保险市场不存在时，政府可以通过失业保险、收入再分配计划等来为其国民提供类似于贫穷保险的产品。当市场不能提供“宏观经济稳定”这样一种产品时，政府通过财政支出和税率等工具来熨平经济波动。当经济萧条时，政府或者增加财政支出，或者降低税率，或者两者同时进行；当经济过热时，政府或者减少财政支出，或者提高税率，或者两者同时进行，这种政府支出和税率的调整可以熨平经济波动。

第三，矫正由于市场不统一而造成的配置效率的损失。对由于地方保护行为造成的市场不统一，需要中央政府和地方政府通力合作，一方面中央政府需要加大对地方保护主义的控制和治理，另一方面中央政府还得通过改革干部考核制度来抑制地方政府官员实行地方保护。以公有制为主体、多种所有制经济共同发展的所有制形式是由经济体制和现实国情决定的。为促进市场的统一，对国有企业进行管理时，政府必须以市场化运作方式为主，少点命令，多点市场；对于一些对市场信息不太敏感的个体企业，政府应提供信息等方面的支持，帮助它们融入市场体系。

多元化的市场规则使不同企业竞争的起点不同，或者说使不同的企业面临不同质的市场，当条件成熟时，应该对有些区别性的政策予以改变，尽量减少不同类型企业的起点不公。

（2）政府失灵及其矫正

①政府失灵的原因

一些引起市场失灵的原因，对政府来说也存在，这些原因包括：

第一，政府垄断。政府在提供产品和服务的过程中同样存在垄断，由于缺乏竞争，政府具有扩大其支出规模的倾向，并且不太注意政府支出的效率，造成低效率。

第二，信息不充分。有效的政府支出规模和结构需要政府拥有消费者对公共产品规模和种类的偏好、私人部门对政府政策的反应、公共产品成本和效益的衡量等信息，但是政

① 对自然垄断来说，在价格等于其边际成本处，产品的平均成本可能高于其价格，厂商会亏损，这时可以通过政府给予补贴或厂商对消费者收费来弥补亏损。

府不是万能的，它不可能及时而准确地掌握其所需的所有信息，从而造成政府失灵。一些市场有效配置资源所必需的假设反而会造成政府失灵。

第三，政府官员的经济人行为。福利经济学第一定理要求微观经济主体的行为符合经济人的假设，但是对政府来说，如果政府官员是“经济人”，则其目标将不是追求公共项目的社会效益最大化，而是预算最大化[①]，以此产生更大业绩、增加自己的升迁机会，从而造成政府失灵。

第四，社会偏好汇总存在困难。为实现社会福利最大化，政府需要将个体的偏好汇总成社会偏好，但阿罗不可能定理证明了在满足一系列合理的假定条件下，不存在将个体偏好汇总成社会偏好的公共选择机制[②]，从而政府作出的公共决策不能充分而正确地反映选民的偏好，造成政府失灵。

第五，政府行为短期化。理性的微观经济主体会同时注重自己的短期利益和长远利益，最大化自己的期望效用，不会存在短期行为。但政府官员一般都有任期限制或职位的调整，所以政府官员可能会追求其任期内的短期利益，出现短期行为。

②政府失灵的矫正

虽然存在市场失灵问题，但我们还是选择市场作为基础性的资源配置手段。同样，虽然政府也存在失灵问题，但政府也是不可缺少的，我们能做的是采取一定的措施来矫正政府失灵问题，这种矫正一方面是改革公共选择过程，另一方面是引入市场的力量。

第一，改革公共选择过程。

一是完善表达人民愿望的方式。针对阿罗不可能定理所描述的社会偏好汇总的困难、互投赞成票给利益集团带来的巨大好处等弊端，公共选择理论主张改革现有的西方民主政体，完善表达人民愿望的民主方式，如采用绝对多数而不是简单多数的投票规则，这样公共选择的结果就能符合更多人的偏好。

二是对制定制度的规则进行改革。改革公共选择过程，首先要对制定制度的规则进行改革，为政策制定提出一系列的规则和程序，从而使公共选择过程更为合理，减少或避免公共选择的失误。

三是进行地方分权。地方分权是指将政府的某些职能从中央政府下放到地方政府，如果外部性不显著，将公共产品提供的职责交给地方政府会在一定程度上提高效率。这是因为：在一个较小的辖区中，人们投票过程的搭便车现象不会那么严重；并且由于更靠近消费者，地方政府提供的公共产品更符合当地居民的偏好；同时，地方政府间的竞争也可以使其更有效地提供公共产品。当然分权也有其缺点，具体阐述参见本书第10章第10.4.1目有关财政分权的利弊分析。

第二，引入市场力量。

公共选择理论认为，就像可以用政府的力量改善市场一样，我们也可以引入市场的力量来改善政府。尼斯坎南提出了引入市场力量来提高政府效率的三个措施[③]：

一是在政府内部引入竞争机制。尼斯坎南认为，可以让若干政府机构就某项产品或服

① 关于政府官员目标的论述可以参见：尼斯坎南 W A.官僚制与公共经济学［M］. 王浦劬，译. 北京：中国青年出版社，2004：35-42.

② 关于阿罗不可能定理，较为详细的论述参见本章2.4节。

③ NISKANEN W A. Bureaucracy and Representative Government [M]. Chicago: Aldine-Atherton, 1971, chapters 18-20.

务提出相互竞争的预算，在其他条件相同的情况下，主管部门选择“报价”最低的机构来提供该项产品或服务。

二是在高层行政管理者中重构激励机制。尼斯坎南提出的具体思路包括：高层官员可以直接分享成本节余，中层管理者的晋升与成本的节约挂钩；根据官员的成绩给予事后的奖励；允许政府机构负责人掌握对预算节余的有限度的自由支配权。

三是公共产品的私人生产。尼斯坎南认为，许多公共产品的生产或服务（例如消防、邮政、垃圾清扫等）可以通过招投标制度由私人提供，这样可以部分解决政府失灵问题。

2.2.3　外部性及其解决方法

福利经济学第一、第二定理有一个至关重要的假定——市场是完全竞争的，但是这种竞争市场可能不存在，典型的例子是外部性和公共产品的存在，公共产品的情况我们会在第2.3节来论述，这里先探讨一下外部性的问题。

1）外部性定义及其分类

外部性是指某一个经济主体的活动给其他经济主体带来了好处，而后者并没有为此付费；或给后者带来了坏处而没有给予后者以相应的补偿。只要存在没有得到纠正的外部性，市场配置资源就是低效的，市场提供的产品要么高于帕累托最优水平，例如存在污染的企业，它生产的产品产量会高于产出的有效水平；要么低于帕累托最优水平，例如如果由私人提供公园，其供给数量会低于产出的有效水平。

我们可以将外部性分为正外部性和负外部性。正外部性是指某一经济主体的活动给其他经济主体带来了好处而没有得到相应的补偿；负外部性是指某一经济主体的活动给其他经济主体带来了坏处而没有给予相应的补偿。

结合外部性的产生主体以及其正负性，我们可以将外部性分为生产者正外部性和生产者负外部性、消费者正外部性和消费者负外部性。

生产者正外部性是指由某一生产者的活动给其他经济主体带来的正外部性，例如一个林业企业由于植树造林给周围环境带来的空气净化即为生产者正外部性的典型例子。生产者负外部性是指由于某一生产者的活动给其他经济主体带来的负外部性，例如一个化工企业由于其生产活动造成的水污染而给下游的渔场增加了外部成本，这是生产者负外部性的典型例子。消费者正外部性是指某一消费者的消费行为给其他经济主体带来的正外部性，例如一个家庭在自家庭院种植花草，会给其周围的邻居带来花香和洁净的空气，从而产生正的外部性。消费者负外部性是指某一消费者的消费行为给其他经济主体带来的负外部性，例如抽烟者就会给其周围的人带来负的外部性。

2）外部性的几何解析

我们可以通过几何图形来分析外部性怎样影响资源的配置效率，我们以生产者的负外部性为例来说明。在图2-6中，以横轴代表某厂商生产产品的数量，以纵轴代表其价格，MB为该厂商的边际收益曲线，MPC为该厂商的边际私人成本曲线。由于该厂商产生了负外部性，因此它给其他的经济主体带来了损害，或者说它在作出其生产决策时，没有考虑不是由它自身承担而是由社会或其他经济主体承担的那部分成本。假设这一部分成本以MD（边际损害）表示，则边际社会成本曲线（MSC）由该厂商的边际私人成本曲线与边际损害曲线相加而得来。

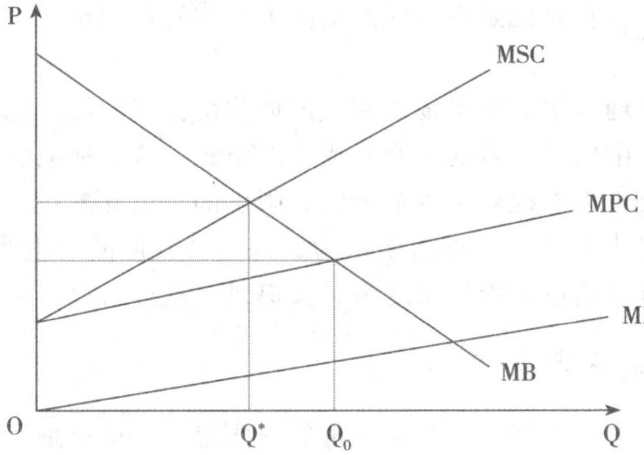

图2-6 外部性的几何解析

图2-6中，以利润最大化为目标的厂商根据边际收益和其自身承担的边际成本即边际私人成本MPC=MB来进行生产决策，所以对该厂商来说，其最优产量为Q_0；但是，对社会来说，该厂商生产产品的成本除了由厂商自身承担的边际私人成本MPC外，还有该厂商给社会带来的边际损害MD，所以社会要求厂商根据边际收益与边际社会成本相等的原则来确定其产量，即MB=MPC+MD=MSC，所以社会要求厂商的最优产量为Q^*。通过分析，我们可以得知，当存在负外部性时，追求利润最大化的厂商，其产品产量会超过社会所要求的最优水平。以同样的方法可以推导出负外部性对消费者消费决策的影响，以及正外部性对厂商生产决策、消费者消费决策的影响。

3）外部性的解决方法

（1）外部性的私人解决办法

在一定条件下，私人市场可以解决外部性问题。

①外部性内部化

通过将涉事各方联合成一体，可以将外部性内部化。例如，在化工企业和渔场的例子中，只要将两者合并，无论是化工企业兼并渔场，还是渔场兼并化工企业，或者第三方同时兼并化工企业和渔场，都可以实现外部性的内部化。因为只要将化工企业和渔场合并，则新的企业在做生产决策时依据的边际私人成本就相当于合并前化工企业生产产品的边际社会成本，所以根据利润最大化原则，合并后的厂商会将产量选择为Q^*，从而实现外部性的内部化，并实现资源配置的优化。

②产权交易——科斯定理

外部性问题常常可以通过产权的适当安排得到解决，科斯定理认为，只要交易成本足够少甚至为零，且产权明确，则无论将产权赋予谁，都可以实现资源配置的帕累托最优。

还是以化工企业和渔场为例，如果在初始状态下将污染权赋予化工企业，这时化工企业可以有两种选择：自己使用污染权或者将污染权卖给渔场。如果化工企业将污染权卖给渔场，零交易成本的假定和讨价还价机制将使化工企业销售污染权取得的收入等于它给渔场造成的边际损害，因为若前者大于后者，则渔场会放任化工企业污染性的生产行为，若前者小于后者，则化工企业会放任自己的生产行为而拒绝渔场要求其停止污染的要求。此时化工企业生产一单位产品的边际收益为MB，而生产一单位产品的边际成本包括MPC和

MD（因为化工企业不再有污染权，所以它必须对污水进行处理），化工企业根据MB=MPC+MD的原则安排生产，产量为Q^*，资源配置是帕累托最优的。

化工企业若自己使用污染权，则其生产成本包括两部分：一是生产产品本身的成本即MPC，二是使用污染权所承受的机会成本即MD，所以化工企业根据MB=MPC+MD的原则安排生产，产量为Q^*，资源配置是帕累托最优的。

所以当污染权赋予化工企业时，只要交易成本为零，通过污染权的交易可以实现资源配置的帕累托最优。如果污染权是赋予渔场的，同样的分析可以得出同样的结论。

科斯定理说明，只要产权明确，则市场可以解决外部性问题，但科斯定理以交易成本为零或足够小为前提，而现实生活中的交易成本不可能为零，特别是在其他条件相同的情况下，外部性涉及的主体越多，则交易成本越大，依靠市场来解决外部性问题就越困难；有时甚至要寻找谈判对手都不可能。例如，很难想象一个普通居民为空气污染而去寻找空气污染者并与其进行谈判。所以，科斯定理的适用性有很大的局限。

③非正式制度

根据制度经济学的分析，制度分为正式制度和非正式制度。正式制度是指人们有意识创造的一系列政策规则，包括政治规则、经济规则和契约等。非正式制度是指人们在长期交往中无意识形成的，具有持久的生命力，并构成代代相传的文化的一部分[①]。正式制度一般由政府主导，而非正式制度则基本上是自然形成的，它通过非正式的、无形的制度安排，对人们的行为进行软性的但通常是比较有效的约束，劝导人们为他人着想，从而把自己行为产生的外部性内在化，在一定程度上解决外部性问题。

（2）外部性的公共解决办法

外部性的私人解决办法主要是通过市场将经济主体的外部成本内部化，从而使经济主体的边际私人成本等于边际社会成本，并实现资源配置的最优。外部性的公共解决办法则通过政府的作用来调整经济主体的行为，使其边际私人成本等于边际社会成本。外部性的公共解决办法主要有以下几个：

①庇古税

庇古税是指对负外部性的施加者征收的一种税，其数量等于它给其他经济主体造成的边际损害。图2-7是先将图2-6复制过来，然后过b点做MPC的平行线而得出来的。如果没有庇古税，则厂商根据MPC=MB的原则定价，产量为Q_0，而社会的有效产出为由MSC=MB决定的Q^*。为使厂商将其产量调整至社会所要求的有效产出Q^*，现在对该厂商单位产品征收数量为ab的税收，此时厂商的边际私人成本曲线变为MPC+ab，然后它根据MB=MPC+ab的原则，决定其产量为Q^*，等于社会所要求的有效产出，政府取得的庇古税收入为图2-7中矩形abcd的面积。

②庇古补贴

庇古补贴是指由政府给予负外部性施加者以补贴使其减少产量，或者给予正外部性施加者以补贴使其增加产量，从而达到社会所要求的有效产出水平，这种补贴称为庇古补贴。我们下面以政府补贴负外部性为例加以说明。

① 卢现祥. 西方新制度经济学［M］. 北京：中国发展出版社，2003：38-40.

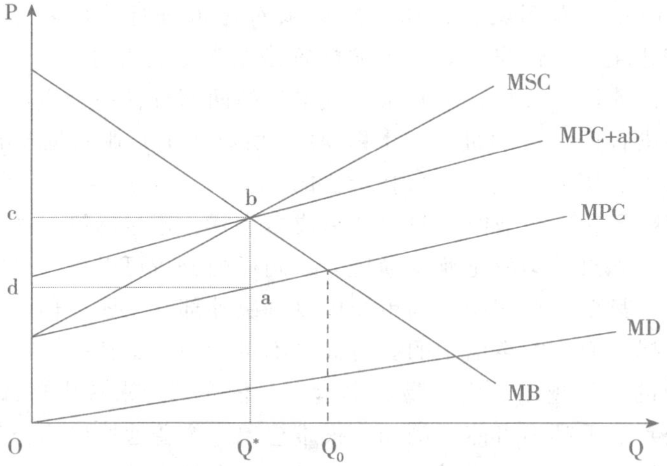

图 2-7 庇古税

我们以图 2-8 来对庇古补贴加以说明。图 2-8 是复制图 2-7 而得来的。没有补贴，则该厂商的产量为 Q_0，高于社会有效产出 Q^*。现在政府宣布为该厂商不生产每一单位的产出给予 ab 的补贴，则该厂商生产的边际私人成本为 MPC 再加上政府补贴 ab，根据 MB=MPC+ab 的原则，厂商决定其产量为 Q^*，等于社会所要求的有效产出。与庇古税不同的是，在庇古补贴的情况下，厂商不仅无须缴纳税收，而且会得到一笔补贴，其数量为 ab×Q^*Q_0。

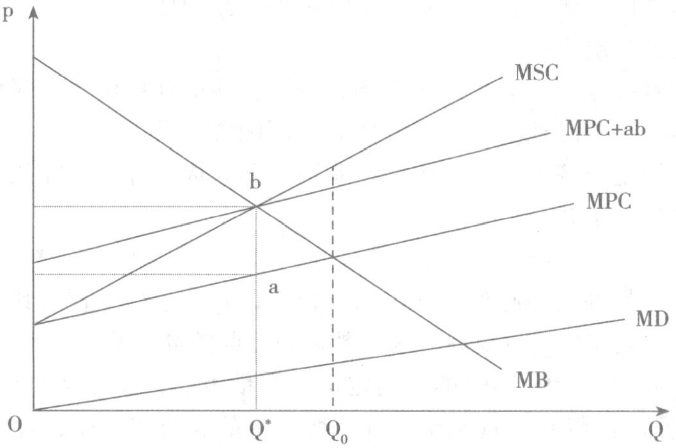

图 2-8 庇古补贴

③出售或分配许可证

政府通过出售许可证，可以将负外部性控制在意愿的范围之内。在污染权市场中，政府宣布出售许可证，允许所有企业总共可向周围环境排放 W^*污染物（与产出 Q^*相对应的污染量）。许可证的供给总量一定，企业存在对许可证的需求，从而形成了许可证市场，其供求曲线如图 2-9 所示，总的污染权或许可证数量为 W^*，许可证的价格为 P^*，许可证市场出清。

政府也可以将许可证在各厂商之间进行分配，这些厂商可以自己使用许可证或者将许可证出售给其他企业，许可证的均衡数量和均衡价格与政府出售许可证的情况相同。

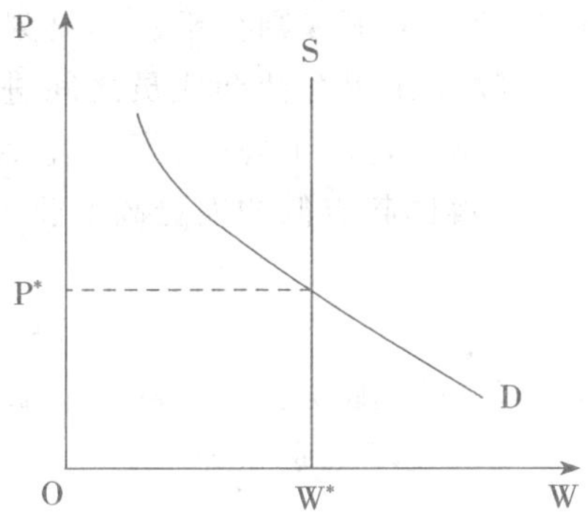

图2-9　出售许可证

④管制

除了上述办法，政府也可以通过管制直接对外部性进行控制，例如政府规定汽车的排放标准，颁布关于有毒化学物质的具体管制办法，对公共池塘资源的利用进行限制等。

2.2.4　公平的标准和衡量

1）公平的标准

公平也是社会福利函数的一个变量。它是一个规范性的概念，不同的人对它可能有不同的理解。关于收入分配的公平标准，存在着三种不同的理解。

（1）规则公平

规则公平要求根据造成某一结果的规则来界定是否公平，而不是根据结果本身。它要求经济主体在参加经济活动的过程中遵循同样的游戏规则，强调规则的普适性。主张规则公平的人认为，只要规则公平，则不管经济主体的起点是否公平，最后的结果是否公平，收入分配都是公平的。在市场经济中，各经济主体根据其付出的生产要素，诸如土地、劳动、资本（包括物质资本和人力资本）、企业家才能等来获取收入。按照规则公平的原则，各生产要素的贡献则应该获取与其贡献相称的收入，某一生产要素的报酬畸高或者畸低都是不公平的，“确立劳动、资本、技术和管理等生产要素按贡献参与分配的原则”①，实际上就是要求协调劳动价值、资本价值、管理价值和创新价值之间的分配关系，这样才有利于和谐社会的构建。

（2）起点公平

每个人的出生背景不同，就决定了每个人拥有的初始禀赋（包括体力、智力、财富等）不同，这样每个人就不是在同一起点上竞争。起点公平论者主张：每个人应该在起点上公平，否则就算规则公平，收入分配还是不公平的。

（3）结果公平

结果公平论者强调最终收入分配的平等，认为经济主体之间的收入应该相等，至少差距不能太大。

起点公平实际上是对规则公平的否定，因为要做到起点公平势必要对先人留下的遗产进行剥夺或者由社会将其在所有社会成员之间重新进行平均分配，而这是对先人通过规则

---

①　江泽民．全面建设小康社会，开创中国特色社会主义事业新局面——在中国共产党第十六次全国代表大会上的报告［J］．求是，2002（22）：5-21.

公平获取的财产的剥夺，实际上就否定了规则公平；而结果公平首先是对规则公平的否定，因为结果公平要求将社会总收入在所有社会成员之间进行起码是大致相对平均的分配，这就忽视了每个人对社会的贡献，违反了规则公平，它实际上也间接地否定了起点公平，因为起点高的人一般来说会获得比起点低的人更高的收入，而结果公平则将这种差距抹平了，从而否定了起点公平。

2）公平的衡量

对公平的衡量有多种指标，包括贫困线、贫困缺口、最高收入和最低收入家庭群占GDP或货币收入的份额、洛仑兹曲线、基尼系数等。

（1）贫困线

贫困线是用来判断一个人是否处于贫困状态的一个指标，国际上比较常用的确定贫困线的方法有两种：一是根据人们的收入状况来确定；二是根据满足人们基本生活水平所必需的货物和服务来确定，即根据维持基本生存需要摄取多少热量、蛋白质，需要的衣物，住房面积，赡养系数，卫生教育等来确定。

2017年国际标准贫困线为每天收入1.9美元，而中国以2011年2 300元不变价作为贫困线标准，2019年贫困标准为3 747元/年，2020年为4 000元/年。中国贫困线的计算方法是：①综合国际和国内最低限度的营养标准，中国采用每日摄入量2 100大卡热量作为农村人口贫困的必需营养标准；②用最低收入农户的食品消费清单和食品价格确定达到人体最低营养标准所需的最低食物支出，作为食物贫困线；③假设靠牺牲基本食物需求获得的非食品需求是维持生存和正常活动必不可少的，也是最少的，并根据回归方法计算出收入正好等于食品贫困线的人口的非食物支出（包括最低的衣着、住房、燃料、交通等必需的非食品支出费用），作为非食品贫困线；④用食品贫困线（约占60%）与非食品贫困线（40%）相加得到贫困人口的扶持标准，即贫困线[①]。

贫困线具有多样性、动态性。其多样性表现在不仅各国的贫困线不同，而且在一国内部，由于经济发展水平不一样，各个地方规定的贫困线也会不一样。其动态性表现在随着经济社会的发展，贫困线也会跟着变化。一般来说，以收入衡量的贫困线会随着经济的发展而提高。另外，关于贫困的衡量不能太拘泥于贫困线，认为年收入小于等于3 747元者是贫困者，而年收入为3 747.1元者就不贫困了的提法是值得商榷的。

（2）贫困缺口（poverty gap）率

贫困缺口由加总每一个收入低于贫困线的居民或家庭的实际收入与贫困线之间的差额得出。贫困缺口率，又称相对贫困指数，它由贫困缺口除以所有贫困人口达到贫困线所需要的收入的总和得出。设贫困线为y_0，第i个贫困者的收入为y_i，i=1，2，3，…，n，n为贫困人口总数，$\bar{y}$为贫困人口的平均收入，贫困缺口率为g，则：

$$g=\sum_{i=1}^{n}\left(\frac{y_0-y_i}{ny_0}\right)=1-\frac{\bar{y}}{y_0}$$

贫困缺口率主要用来衡量所有贫困人口的平均收入与贫困线之间的差距，并通过贫困缺口率的高低来衡量贫困状况的变化程度。g越小，说明贫困人口的平均收入与贫困线之间的差距越小，贫困程度减小，当g=0时，说明贫困人口的平均收入达到贫困线，贫困程

① 国务院扶贫办. 制定符合国情的贫困标准［EB/OL］.［2006-03-03］. http://www.cpad.gov.cn/data/2006/0303/article_269.htm.

度基本消除；g越大，说明贫困人口的平均收入与贫困线之间的差距越大，贫困程度加剧。由此可知，贫困缺口率并不关心贫困人口的数量，而侧重于贫困人口的贫困程度。

（3）最高收入和最低收入家庭群占GDP或货币收入的份额

家庭收入的差距也是衡量收入分配公平程度的重要指标，从某种意义上说，它比按人头统计的收入分配差距更能反映人们的生活水平，因为人们更多的是以一个家庭作为消费、活动的单位的。为此我们可以将所有家庭数等分为几组（例如五组），然后分别以各收入等级家庭的收入之和除以GDP或所有家庭的货币收入之和，即可以得到最高收入和最低收入家庭群占GDP或货币收入的份额。它衡量了收入在家庭间进行规模分配（size distribution）的情况，能反映收入分配公平的程度。

（4）洛仑兹曲线和基尼系数

收入分配的公平程度也可以用洛仑兹曲线（Lorenz curve）来衡量，在图2-10中，横轴表示按照收入水平从低到高进行排序的人口数量比重累计指标，纵轴表示不同比重的人口所获得的收入比重的累计指标。对角线ON与横轴的夹角为45°，ON是绝对公平线，它表示累计的任意的人口比重占有同样比重的收入，例如1%的人口占有1%的收入，1.000001%的人口占有1.000001%的收入，这说明了每个人的收入水平都是相同的，收入分配绝对平均。曲线OMN就是洛仑兹曲线，它衡量了收入分配的不平等程度，它越靠近绝对公平线，表示收入分配越公平；离绝对公平线越远，收入分配越不公平；折线OPN表示收入最高的一个人占有全部的收入，是绝对不公平曲线。

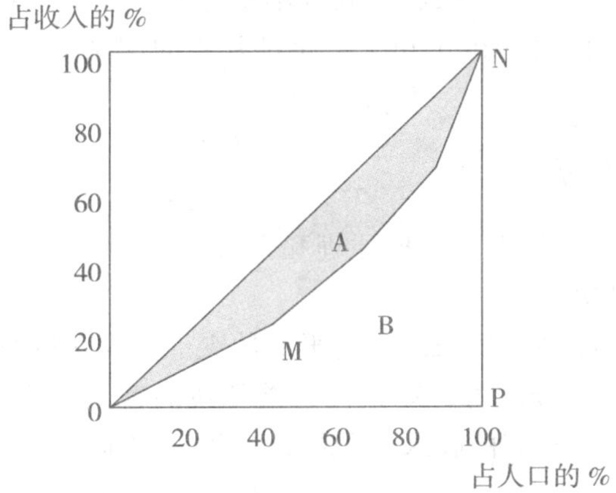

图2-10　洛仑兹曲线

与之相关的一个概念是基尼系数（Gini coefficient），也被称为收入集中程度系数（coefficient of income concentration），我们将绝对公平线ON与洛仑兹曲线OMN围成的阴影部分的面积用A表示，洛仑兹曲线OMN与绝对不公平曲线OPN围成的面积用B表示，则基尼系数G为：

$$G=\frac{A}{A+B}$$

由定义及图形可知，$0<G<1$。基尼系数越小，说明洛仑兹曲线越靠近绝对公平线，表示收入分配越公平，若G=0，表示收入分配完全公平；基尼系数越大，说明洛仑兹曲线越靠近绝对不公平曲线，表明收入分配越不公平，若G=1，表示收入分配绝对不公平。国际公认的标准，基尼系数若低于0.2表示收入绝对平均，0.2~0.3表示比较平均，0.3~0.4表示

相对合理，0.4~0.5表示收入差距较大，0.6以上表示收入差距悬殊。

关于基尼系数，我们还要注意几个问题：

首先，同样的基尼系数并不意味着同样的收入分配结构。根据基尼系数的计算公式，$G=\frac{A}{A+B}=\frac{1}{1+B/A}$，只要不同的收入分配状态中B/A相等，则基尼系数相等。我们可以想象，在图2-10中，再构建一条洛仑兹曲线与原洛仑兹曲线相交，两条曲线相交的交点与O点、两条洛仑兹曲线围成的面积等于交点与N点、两条洛伦兹曲线围成的面积，则两种情况下B/A相等，基尼系数相等，但后者的收入分配更不平等。

其次，基尼系数是一个静态指标，不能反映各个收入组动态变动的情况。例如，基尼系数从0.4提高到0.45，可以是由于各个收入组的收入都增加了，但高收入者的收入增加更快，从而引起基尼系数提高；也可以是由于低收入者的收入减少，而高收入者的收入不变或增加造成的，而基尼系数并不能反映出这种收入结构的变化。

最后，我们要正确区分基尼系数的收入差距判断和收入差距影响判断。前者指根据基尼系数的大小，对一个国家收入差距的客观判断；而后者指根据基尼系数的大小，结合一个国家的具体情况，来判断收入差距对一个国家的经济、社会发展的影响。例如一个国家的基尼系数等于0.41，肯定意味着收入差距较大，这是收入差距判断；而0.45的基尼系数对一个国家经济、社会发展的影响则必须结合其现实国情来判断，而不能简单地认为它就不利于经济、社会的发展。例如，处于城市化和工业化进程中的国家，由于生产要素向城市转移，必然引起收入分配向城市倾斜，收入不平等加剧，基尼系数往往要高于完成城市化和工业化后的国家，因此对城市化和工业化进程中的国家，不能教条地使用0.4作为警戒线。①

2.2.5 公平和效率的协调

1）公平和效率的冲突及协调的一般原理和方法

（1）公平和效率的冲突

可以用奥瑟·阿肯的漏桶模型来说明公平的冲突。奥瑟·阿肯指出，当政府为实现公平分配的目标而进行收入再分配时，一方面，被征税的富人（张三）的工作积极性受挫，产生了净损失；另一方面，政府的收入再分配还有管理成本。这样政府的收入再分配就导致了经济效率的降低，经济总量也随之降低了。奥瑟·阿肯将政府的收入再分配比作用漏水的漏桶汲水，用漏水的桶将水从一个地方取到另一个地方时，一部分水会从桶中流失。同样，当政府进行收入再分配时，由于富人工作积极性的下降和管理成本的存在，经济总量也会下降。漏桶模型可以用图2-11来说明。在图2-11中，横轴（Y_Z）代表张三（富人）的收入，纵轴（Y_L）代表李四（穷人）的收入，OA线与横轴成45°的夹角，该直线上的点表示收入在张三和李四之间平均分配。假设在政府实行收入再分配前的收入分配格局为B，直线CD与横轴的夹角也是45°。如果政府的收入再分配没有成本，则张三和李四的收入分配状况会沿着BE移动，在E点收入分配（结果）绝对公平，张三（富人）收入的减少刚好等于李四（穷人）收入的增加；而考虑成本问题，则收入分配状况沿着曲线BFE′移动，在E′点收入分配（结果）绝对公平，张三收入的减少大于李四收入的增加，

① 魏杰，谭伟. 基尼系数理论与中国现实的碰撞［J］. 经济学动态，2006（3）：13-17.

其差即为政府收入再分配的成本。曲线BFE′说明了公平和效率的冲突，公平的实现以效率受损为前提，而要提高效率，也需要牺牲一定程度的公平。

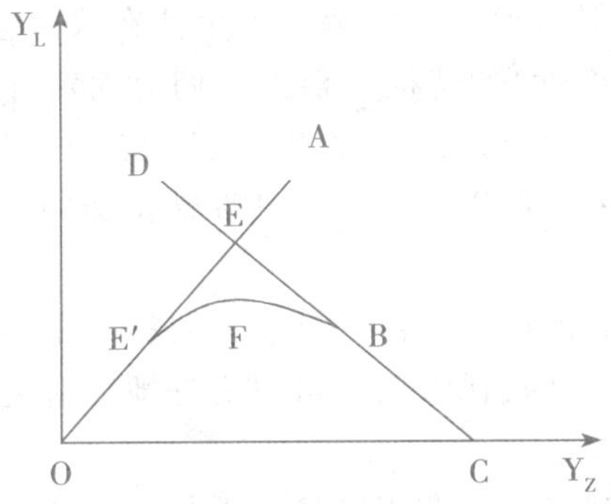

图2-11 漏桶模型

（2）公平和效率的协调

关于公平和效率的协调，我们可以通过效用可能性曲线和社会福利无差异曲线来说明。在图2-12中，我们分别以横轴和纵轴来表示张三（富人）和李四（穷人）的效用，FF为效用可能性曲线，W_i（i=1，2，3）为社会福利无差异曲线，图中AR与垂直的AM成45°夹角。

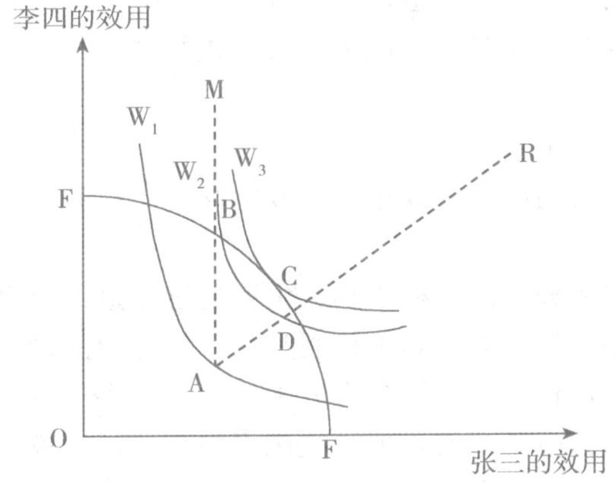

图2-12 效用和公平的协调

当经济处于效用可能性曲线之内（例如A点）时，存在帕累托改善的余地，这时政府可以使用资源配置政策使经济外移到效用可能性曲线上，同时还可以利用收入分配政策将经济移动到AR和AM之间的那段效用可能性曲线上。例如选择B点，这时一方面社会福利水平提高了，另一方面李四效用增加的幅度比张三高，这样就做到了效率和公平的协调。而社会福利最大化的点为C点，此点是效率和公平的最佳结合点，社会福利最大。

当经济已经处于效用可能性曲线（例如D点）上时，这时政府可以利用收入再分配政策，将经济沿着效用可能性曲线移动（例如移动到C点），实现效率和公平的协调；政府还可以利用技术进步将效用可能性曲线整体外推，并在此过程中实现效率和公平的协调。

2）政府的收入再分配

（1）收入再分配的原因

政府出于提高效率和促进公平的原因进行收入再分配。

①提高效率

政府的收入再分配为什么能提高效率？有以下三方面的原因：

第一，外部性观点。一般来说，人们偏好于生活在收入差距不是特别悬殊的社会中，这时收入再分配就具有正外部性[①]的特征。根据我们前面对外部性的论述，在某种产品具有正外部性时，由市场或私人自愿提供这种产品会造成其供给水平低于最优水平，此时由政府来提供它就可以提高效率。所以对于具有外部性特征的收入再分配由政府提供会提高经济效率。

第二，社会保险观点。如前所述，由于信息不对称，不存在贫穷保险这样的市场，而政府通过扩大保险范围以及增加投保人数，可以更好地克服逆向选择和道德风险，提高经济效率。

第三，公平有助于效率观点。一定程度的公平是实现效率的必要条件。在分配差距很大的社会，犯罪率会相对较高，使社会正常的行为规则受到破坏，效率无法实现；而收入再分配则使穷人和富人都可从中受益，穷人因收入水平提高而减少犯罪；而富人则因为犯罪行为的减少，其人身和财产更安全了，所以收入再分配能提高社会福利和经济效率。

②促进公平

政府为促进公平而进行收入再分配很容易理解，因为社会福利不仅是效率的函数，而且是公平的函数，市场的有效运行会造成收入分配不公，而市场和私人并不能很好地消除这种分配不公，因此需要政府通过一些政策工具来进行收入再分配，通过改善收入分配状况来提高社会福利。

（2）政府收入再分配的工具

政府用来进行收入分配的政策工具包括税收、财政支出和政府管制等。

①税收

税收作为政府调节收入分配的一种工具，主要通过累进的个人所得税、税收支出和负所得税等来实现。流行的理论认为，累进税制是指个人适用的最高税率随个人收入的增加而提高，这样就可以在一定程度上缓解收入分配差距的扩大；税收支出是指政府为了鼓励企业或个人的某些经济行为而制定的各项税收优惠措施，通过税收优惠进行收入分配的调节。负所得税是西方一些发达的市场经济国家实行的调节收入分配的工具之一，它是指政府确定一个最低收入保障水平，对低于该标准的人（有的以家庭为标准）予以补助，但补助额随其收入的增加而成比例地减少，负所得税的计算公式为：

$$T=I_0-t\times I$$

其中，I_0——政府规定的最低收入保障水平；t——“税率”，即个人只要取得收入就必须缴纳税收，从而其获得的政府补助额T减少[②]。

但自从20世纪60—70年代，莫里斯等发展了最优所得税理论以来，关于高税率多档次所得税能够有效调节收入差距的说法就备受争议。近来也有不少研究表明，无论在发达国家还是在发展中国家，个人所得税的收入分配效应不是确定的，见第5章案例5-1。有的学者认为，个人所得税虽然能够调节可观测的收入不平等，但是却无法调节真实的收入

① 严格来说，收入再分配具有消费的非竞争性和收益的非排他性，是一种公共产品，由私人提供则会造成收入再分配低于最优水平，因此应该由政府提供。关于公共产品的更多论述参见本章2.3节。

② 关于负所得税的详细论述可以参见：海曼 D N. 公共财政：现代理论在政策中的应用［M］. 章彤，译. 6版. 北京：中国财政经济出版社，2001：258-261.

不平等[①]。不少研究利用中国现实数据证明个人所得税对收入差距的调节非常有限[②]。个人所得税无法在一般均衡的意义上有效调节收入分配不公，实践中亦无法设计出一套行之有效的、能够调节收入分配不公的个人所得税制度[③]。有的学者甚至认为个人所得税不仅无法有效调节收入分配不公，甚至在一定程度上扩大了收入差距[④]。也有学者研究了2019年开始实施的以增加综合扣除额和设置专项扣除为特征的个人所得税改革，有的学者认为改革具有调节收入差距的效应[⑤]，有的学者认为专项扣除制度在一定程度上削弱了个税的收入再分配效应[⑥]。

②财政支出

根据财政支出的经济性质，可以将其分为转移性支出和购买性支出，它们对政府收入分配功能实现的作用不同：获得政府转移性资金的企业或个人其收入直接增加，所以转移性支出具有直接的收入分配功能；而购买性支出遵循的是等价交换原则，获得政府购买性资金时，必须交付等价的商品和劳务，所以购买性支出只具有间接的收入分配功能。

学者们对财政支出是否能够缩小收入差距也持有不同的观点。一种观点认为，财政支出从整体上或从某一领域会缓解收入差距[⑦]。也有观点认为，财政支出非但没能有效调节收入，甚至还扩大了收入差距，对收入分配不公产生了“逆向”调节作用[⑧]。有的学者明确指出，偏向城市的财政支出政策导致了中国城乡收入差距的持续扩大[⑨]。多数学者认为，不同性质的财政支出对收入分配的效应不同。

③政府管制

政府管制是政府直接干预市场的运行，从而影响收入分配。例如，政府关于最低工资的制度规定企业必须向其雇员支付最低工资，就是政府直接进行管制从而影响收入分配的典型例子。

但是，我们要记住，正如前面论述政府失效时已经说过的那样，政府利用税收、财政支出以及直接管制对收入分配和社会经济其他方面的调节具有局限性甚至负面影响。任何调节措施都是有成本的，如果调节所产生的福利损失更大就不应该实行调节。

3）中国目前情况下协调公平和效率的原则与方法

在经济发展的不同阶段，协调公平和效率的原则也有所不同，改革开放以来，中国一直秉持“效率优先、兼顾公平”“一部分地区、一部分人先富起来”的原则处理公平和效率问题，不过随着经济的发展和收入分配差距的持续扩大，关于公平和效率的协调原则有

---

① DUNCAN D, PETER K S. Unequal inequalities: Do progressive taxes reduce income inequality? [J]. International Tax & Public Finance, 2016, 23 (4): 762-783.

② 徐建炜，马光荣，李实．个人所得税改善中国收入分配了吗——基于对1997—2011年微观数据的动态评估[J]．中国社会科学，2013，(6)：53-71；徐静，岳希明．税收不公正如何影响收入分配效应 [J]．经济学动态，2014 (6)：60-68；MA G, XU J, LI S. The Income Redistribution Effect of China's Personal Income Tax: What the Micro Data Say? [J]. Contemporary Economic Policy, 2015, 33 (3): 488-498.

③ 杨斌．论中国式个人所得税征管模式 [J]．税务研究，2017 (2)：30-38.

④ 孙玉栋，庞伟．分类个人所得税对收入分配的影响效应 [J]．税务研究，2017 (7)：47-53.

⑤ 万莹，熊惠君．2018年我国个人所得税改革的收入再分配效应 [J]．税务研究，2019 (6)：52-56.

⑥ 刘蓉，寇璇．个人所得税专项附加扣除对劳动收入的再分配效应测算 [J]．财贸经济，2019，40 (5)：39-51.

⑦ WOLFF E N, Zacharias A. The Distributional Consequences of Government Spending and Taxation in the U. S., 1989 and 2000 [J]. Review and Income and Wealth, 2007, 53 (4): 53-62；丛树海．基于调整和改善国民收入分配格局的政府收支研究 [J]．财贸经济，2012 (6)：15-20；白仲林，尹彦辉，缪言．财政政策的收入分配效应：发展不平衡视角 [J]．经济学动态，2019 (2)：91-101.

⑧ 陆铭，陈钊．城市化、城市倾向的经济政策与城乡收入差距 [J]．经济研究，2004 (6)：50-58.；莫亚琳，张志超．城市化进程、公共财政支出与社会收入分配——基于城乡二元结构模型与面板数据计量的分析 [J]．数量经济技术经济研究，2011 (3)：79-89.

⑨ 雷根强，蔡翔．初次分配扭曲、财政支出城市偏向与城乡收入差距——来自中国省级面板数据的经验证据 [J]．数量经济技术经济研究，2012 (3)：76-89.

所微调，开始强调“努力缓解地区之间和部分社会成员收入分配差距扩大的趋势”，“注重社会公平”。不过我们也不能就此作出“公平优先，兼顾效率”，甚至是“公平和效率并重”的推断。我们认为，在目前的中国，协调公平和效率应该根据中国收入分配不公平的特点，遵循一定的原则，采取适当的方法。

（1）协调公平和效率的原则

①在发展中解决公平问题

中国还处在社会主义初级阶段，虽然经济总量巨大，但人均产值还不是很高，我们不能以牺牲经济效率来解决公平问题，而必须通过在发展中更加注重低收入者的利益来解决公平问题。

②纠正政府自身在收入分配中的不公平作用

市场和政府在协调效率和公平中的分工是：初次分配注重效率，发挥市场的作用，再分配注重公平，调节收入差距过大的问题。但是我们认为，中国目前的收入分配不公平，除了由市场失灵引起的以外，很大程度上还是由政府自身造成的，主要表现为如下几个方面：首先，公共服务非均等，人人负有纳税义务，但不是人人享有均等的公共服务，公共服务的城乡差别、地区差别较大，政府部门从业人员与非政府部门从业人员社保待遇存在较大差别。其次，政府的市场服务非均等，即存在行业的行政垄断，进入垄断行业的人可获得较高收入，他们的收入水准不是由市场竞争决定。最后，国有资产收益分配不均等、国有资本经营风险和收益非对等，例如从法律上讲城市土地归全体人民所有，但土地财政收入主要归拥有实际卖地权的城市政府和县级政府支配；国有企业特别是其中垄断性国有企业，其资本由全民投入、风险由全民共当，但收益却未能完全由全民均等分享。

（2）协调公平和效率的方法

①完善财政体制，纠正政府自身造成的不公平

通过完善中央和地方财政收支划分办法、优化转移支付制度等逐步实现公共服务均等化。在此基础上，落实全民所有制的社会主义机制，建立国有资产收益全民分享的制度。例如，一方面，将全民所有的资产净收益收入（包括土地净收益、国有资产经营净收益等）按一定的方式直接分配给其所有者——全体人民，或用于增加社会保险基金，让人民直接或间接受益，形成强化全民所有制“全民”本质特征的法定机制，进一步激发人民群众的主人翁意识、在国有资产收益这一基础层面打破收入差距、从机制上消灭绝对贫困，不断增强人民的获得感、幸福感、安全感，不断推进全体人民共同富裕。另一方面，也让人民通过切身的增益享有感受其对国有资产的所有，增加人民对政府即属于自己的特大型资产公司的认同感和责任心[①]。

②完善法律法规，杜绝部分人非法致富

政府应通过健全法律法规，加强执法力度，保护依法致富、勤劳致富，打击、制裁非法致富者，保证规则的公平。

③在整体规则公平的基础上，进行适当的政策倾斜

改革开放以来对部分地区的政策倾斜是造成一些地区发达而另一些地区经济落后的

① 杨斌．马克思剥削理论与社会主义分益制财政体制［J］．厦门大学学报（哲学社会科学版），2020（2）：1-11.

原因之一，为缩小这种差距，弥补政策欠账，应该对经济落后地区进行适当的政策倾斜。

④政府向低收入者提供更多的公共产品

消费者的福利是私人产品和公共产品的函数，在私人产品一定的情况下，消费者消费的公共产品数量越多，则其福利水平越高，所以政府在实现公共服务均等化的前提下，向低收入者提供更多的公共产品（例如社会福利、医疗保险等）可以提高低收入者的福利水平，降低不公平程度。

【案例2-1】

中国收入分配状况的纠正：公共服务均等化

目前的中国财政带有较大的特权性，大家按税法公平纳税，但财政支出利益却主要由公务员或准公务员享有（所谓吃饭财政很形象表达了一般预算的特征），公务员名义收入和实际收入高于除了垄断行业以外的普通劳动者。在一般国有企业实行市场化改革以后，城乡差别主要地表现为收入较低、社会保障水平较低（甚至长期无保障）的农业劳动者（包括村级干部）与作为城市居民一部分的公务员和准公务员（财政供养的事业单位员工或政府特许收费自收自支单位）的收入差异；区域差异也与财政分权体制下公共服务非均等化安排有关。财政中的土地财政加剧了收入分配的非均等化，它是造成城乡差异、区域差异的主要原因。梁东黎实证研究表明，住户部门在初次分配中收入占比大幅度下降，在再分配中则进一步下降，说明财政不仅没有发挥收入分配功能，而且加剧收入分配不公[①]。张峁等实证研究表明，政府支出加剧了收入分配差距[②]。财政支出的增加会提高基尼系数，恶化收入分配的公平性[③]。

因此，当前纠正政府财政自身的不公平性，就是对收入分配不公的最好调节。也就是说，收入分配不公问题的解决最有效的路径是逐步实现公共服务均等化。由于中国长期以来形成的城乡、区域经济社会发展不平衡格局，难以短期改变，与其相关的公共服务不均等状态也难以在短期内消除。因此，目前要从基本的公共服务出发，求得逐步改变，最终达到和谐社会要求的公共服务完全均等。

所谓基本的公共服务就是政府通过提供人民生活不可缺少的公共产品满足居民的基本公共需要。具体包括如下三个方面的内容：一是国防、警察、法律、外交等维护社会秩序、满足人民安全需要的公共产品。二是交通、通信、公用设施、环境保护等与人民生活环境紧密关联的公共产品。三是义务教育、劳动就业服务、社会保障、医疗卫生、住房保障等与人民的发展和提高生活水准密切相关的公共产品。

所谓基本公共服务均等化就是居民无差异地享有政府通过使用纳税人缴纳的税款而提供的基本公共服务的权利；从政府角度，就是根据财力，动态地拟定基本公共服务的标准，并将这一标准一视同仁地适用于其辖区内的所有居民，无论其住在何处、地位高低、何种民族、是否贫富。均等化的本质是为了克服公共服务的特权，消除某些社会成员通过公共领域“不劳而获”或“少劳多得”，既实现公平也促进效率。这“基本”面越窄，留

① 梁东黎．国民收入的分配、转移格局：理论表达与我国实情［J］．经济学家，2011（7）：70-77.

② 张峁，王青，乔东艳．财政政策对经济增长和收入分配的长期影响效应分析［J］．经济与管理，2010（2）：22-25.

③ 莫亚琳，张志超．城市化进程、公共财政支出与社会收入分配——基于城乡二元结构模型与面板数据计量的分析［J］．数量经济技术经济研究，2011（3）：79-89.

下的公共支出利益特权享有的面就越大，公平和效率协调的和谐社会就越不容易实现。为了国家长治久安、社会和谐发展，这“基本”面要不断扩大，直至最终实现公共服务的完全均等，为这个社会创造机会均等的条件。

基本公共服务均等化，不能简单地理解为在全国的任何地方，公务员工资人人相同、任何地方的政府部门公用经费人人相同。而是意味着，政府要根据财力许可和现阶段关于基本公共服务的界定，依客观因素（地理、人口、环境、生态功能、发展状态、战略地位等）确定公共资源配置标准，并将其无差别地应用于辖区内所有居民。当然，上述均等化绝不意味着将政府通过预算安排的基本公共服务利益平均地分给所有的人（实际上由于公共产品的非竞争性和非排他性，也无法作此种分配），不论其是否需要，而是指享受基本公共服务的权利人人均等，不能因为居住区域不同、社会地位不同、民族不同、性别不同、年龄不同而被区别对待。

当前基本公共服务均等化最核心的内容就是实现城乡基本公共服务均等化。由于长期以来，中国不仅存在因为工业和农业、城市和农村生产率差异而引起的“二元”结构，而且存在由于长期以来实行以户籍制度为基础的城乡分治，还存在逆向财政机制而引起的制度性或人为安排的城乡收入差异。中国财政除了在支出上偏向城市，甚至把农村、农业和农民列在体制之外（因此长期以来对“三农”的开支都称为“支农”支出），实际上，还安排了一个对农村的逆向财政机制（也称非对称财政机制）①。

因此，城乡基本公共服务均等化的本质问题是政府要对农村、农业和农民以超过城市的速度提供公共产品，在归还“欠债”的基础上最终实现城乡基本公共服务均等化。就是说实现城乡基本公共服务均等化，是要通过“不均等”即对农村地区“多予少取或不取”的方式实现均等化。具体地说，要从两个方面入手，一方面从目前开始统一城乡基本公共服务提供水平，不再继续城乡分治、重城市轻农村的格局；另一方面实施欠账补偿，采取妥善的方式通过城市反哺农村、工业反哺农业，对“三农”历史欠账进行合理补偿。合理补偿的方式可以是对农村地区整体地提供特殊的公共产品，包括为塑造平等竞争的市场主体而推动合作化，建立适应农业农村发展的经济组织体系；根据农业生产特点而建立农村金融体系，形成结束农村资本外流并向农村注入资本的机制；为实现农业现代化和建立文明宜居农村，形成人才和科技不断进入农村的机制；为减少农业人口、变人口优势为人力资源优势、塑造优质产业劳动力队伍，形成职业培训和就业扶助体系。

要实现基本公共服务均等化，还要建立新型的财力配置体制，就是多数财政收入归中央，但地方政府特别是县乡政府成为政府财力的主要使用者，即形成非对称型的财政体制。

让基层地方政府成为税款的主要使用者，就是要求中央和省一级政府（必要时包括地级市或计划单列市）将收上来的税款，依据基本公共服务均等化的要求和标准，通过合理的转移支付，将财力转移到基层政府。特别是对不发达地区的基层政府要给予更多的转移支付。具体办法就是从下至上层层平衡，即县政府针对所辖乡镇进行基本公共服务的财力均等，其水平低于县标准的，由县政府进行财力平衡；平衡结果，全县水平低于省（地级

① 杨斌. 非对称财政机制：财富从农村自动地转移至城市［J］. 涉外税务，2002（12）：1.

市或计划单列市）标准的，由省（地级市或计划单列市）负责财力平衡；如果省的平衡结果低于全国标准的，由中央给予财力平衡。

资料来源 杨斌. 我国收入分配状况的纠正：公共服务均等化还是税收调节——兼论改变经济全球化中生产要素流动的非对称性对纠正收入分配的作用［J］. 税务研究，2013（1）：3-9.

2.3 公共产品及其提供

2.3.1 公共产品的内涵和外延

1）公共产品概念的内涵

（1）公共产品经典概念提出以前人们对公共产品概念的论述

虽然直到1954年才由萨缪尔森提出现在流行的公共产品概念，但人类很早以前就注意到了公共产品问题，这些早期的论述更多地出现在一些政治学和哲学著作中。

公共产品并不是市场经济特有的现象，其产生的历史至少可以追溯到原始氏族社会，当时人们就已经注意到了公共产品问题。恩格斯在分析国家起源时指出：易洛魁人已经有“讨论公共事务的部落议事会”；部落“管辖的事情，包括低级阶段上的野蛮人的全部公共事务”[①]。这里的公共事务就是我们现在所说的公共产品。

希腊哲学家亚里士多德指出：“凡是属于最多数人的公共事物常常是最少受人照顾的事物，人们关怀着自己的所有，而忽视公共的事物；对于公共的一切，他至多只留心到其中对他个人多少有些相关的事物。”[②]可见，亚里士多德不仅注意到了公共产品的存在，而且意识到了搭便车问题。

休谟则更加明确地论述了公共产品问题，他在《人性论》中分析说：“两个邻人可以同意排去他们所共有的一片草地中的积水，因为他们容易相互了解对方的心思，而且每个人必然看到，他不执行自己任务的直接后果就是把整个计划抛弃了。但是要使一千个人同意那样一种行为，乃是很困难的，而且的确是不可能的；他们对于那样一个复杂的计划难以同心一致，至于执行那个计划就更加困难了，因为各个人都在找借口，要想使自己省却麻烦和开支，而把全部负担加在他人身上。”这里休谟论述的公共产品是共有的草地，他还说明了当群体规模扩大时，会产生搭便车问题，而政府可以克服搭便车现象，“……政府虽然也是由人类所有的缺点所支配的一些人组成的，可是它却借着最精微的、最巧妙的一种发明，成为在某种程度上免去了所有这些缺点的一个组织”[③]。

亚当·斯密虽然没有直接提出“公共产品”理论，但他在论述君主或国家的义务时，却提出了至今看来依然很有价值的思想，并且涉及了公共产品的类型（安全、司法、公共机关和公共工程）、筹资方式、公平性等问题。

此后，奥意财政学派将边际效用理论引入对公共产品的研究，对公共产品的有效率供给作出了开创性的贡献；威克塞尔、林达尔、约翰森（Johnsen）、鲍温、马斯格雷夫对公共产品的自愿交换理论进行了研究。

---

① 恩格斯. 家庭、私有制和国家的起源［M］. 中共中央马、恩、列、斯著作编译局，译. 北京：人民出版社，1972：90，93.
② 亚里士多德. 政治学［M］. 吴寿彭，译. 北京：商务印书馆，1983：48.
③ 休谟. 人性论［M］. 关文运，译. 北京：商务印书馆，1997：578-579.

（2）公共产品的经典概念的提出

①萨缪尔森的经典概念

公共产品的经典定义由萨缪尔森于1954年在“公共支出纯理论”（The Pure Theory of Public Expenditure）一文中提出。在该文中，萨缪尔森指出，集体消费产品（collective consumption goods）[①]是指这样一种产品，“每个人对这种产品的消费都不会导致其他人对该产品消费的减少”，并且他以这样一个等式来精确界定这种产品：$X_{n+j}=X_{n+j}^{i}$，它表示第i个人对第n+j种产品的消费等于第n+j种产品的总量；它区别于个人对私人消费产品（private consumption goods）的消费：$X_j=\sum_{1}^{s}X_j^i$，即所有个人对第j种产品的消费之和等于第j种产品的总量。

②公共产品的特征

虽然萨缪尔森在这里没有明确指出公共产品的两个基本特征：消费的非竞争性和受益的非排他性[②]，但从其数学等式我们可以按逻辑推导出它们。数学等式说明每个人对该产品的消费等于该产品的供给总量：一方面，各经济主体之间的消费互不影响，某一公共产品一旦被提供，则增加的消费者对该产品的消费的边际社会成本为零，从而对该种产品的消费具有非竞争性；另一方面，每个人都能消费整个的这种产品，就是说，某一公共产品一旦被提供，则所有社会成员都可以同时享受同样质量和数量的公共产品，一部分人对该公共产品的享受不能将其他人排除在外，如果将一部分人排除在外则效率受损。

对公共产品两个特征更详细的说明是：

第一，消费的非竞争性，即一个人或厂商对公共产品的消费不会排斥、妨碍其他消费者同时享用该公共产品，不会减少其他人或厂商享用该公共产品的数量和质量。消费的非竞争性包含两方面的含义：

边际生产成本为零，即增加一个消费者给供给者带来的边际成本为零，也就是说，供给方不必为这个增加的消费者投入额外的或更多的成本费用。

边际拥挤成本为零。所谓拥挤成本，就是对公共产品的更多消费给已经消费的个人所带来的效用的减少。边际拥挤成本为零，是说每个消费者的消费都不影响其他消费者的消费数量和质量，消费过程中不存在拥挤，不会产生拥挤成本。

我们上面所说的消费的非竞争性实际上是与产品的物理特性相关的；另外一种理解与产品的物理特性无关，而是根据人们选择的消费方式来判断对一种产品的消费是否具有非竞争性，如果人们选择对某一种产品共同消费，则对这种产品的消费具有消费的非竞争性。

第二，受益的非排他性，即将拒绝为消费公共产品付款的个人或厂商排除在公共产品的受益范围之外在技术上不可行，或虽然技术上可行，但排除成本非常高，因而经济上不可行。受益的非排他性是与公共产品效用的不可分割相联系的，正因为这种不可分割性，

---

① 萨缪尔森在此定义的集体消费产品就是我们现在所说的纯公共产品。萨缪尔森在1955年发表的“Diagrammatic Exposition of a Theory of Public Expenditure”一文中，使用了“公共消费品”（public consumption goods）一词，1958年发表的“Aspects of Public Expenditure Theories”一文中开始使用“公共产品”（public goods）一词。

② 这两个特征后来由马斯格雷夫（Musgrave，1959）等经济学家明确提出并加以发展；关于非排他性特点，有经济学家认为纯私人产品也有排他成本，因为所有产品的生产和分配都需要法律和秩序的维持。见黄有光.福利经济学［M］. 周建明，等译. 北京：中国友谊出版公司，1991.

才导致了公共产品效用受益的非排他性。

上面所说的非排他性侧重“现实的非排他性”，它根据排他成本的有无、大小来决定受益的非排他性；另外一种理解是从概念上来理解，即“概念上的非排他性”，它从“非竞争性消费”这一特征引申而来，只要增加一个人的消费所带来的边际成本为零，则从效率角度来看就不应该将这个人的消费排除在外。

公共产品的两个特征使它具有不同于私人产品的边际成本曲线和边际收益曲线，如图2-13、图2-14所示。

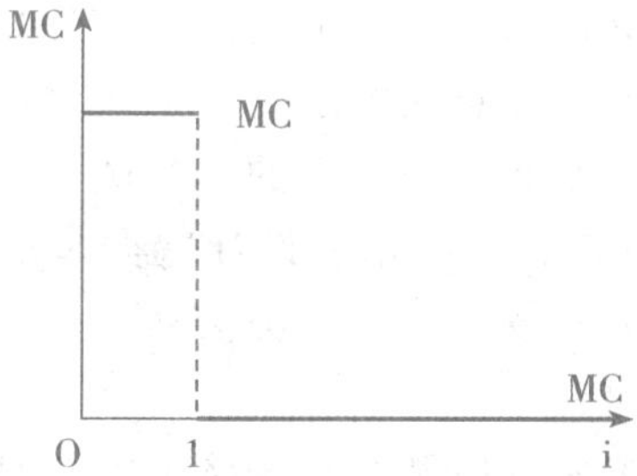

图2-13 纯公共产品的边际成本曲线

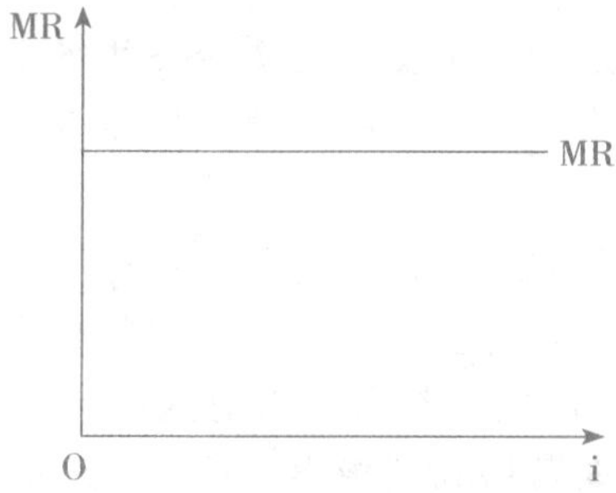

图2-14 纯公共产品的边际收益曲线

在图2-13中，纵轴表示边际成本，横轴表示消费者人数，该图说明，由于消费的非竞争性，只要有一个人利用MC的边际成本生产出了纯公共产品，则增加对该产品的消费，边际成本为零。当然要注意的是，增加纯公共产品的产量的边际生产成本并不为零，而是一个正数。

在图2-14中，横轴同样表示消费者人数，纵轴表示在一定量的纯公共产品条件下消费者的边际收益。它表明只要纯公共产品生产出来，则每一个人从中得到的边际收益是相同的（以所有经济主体的偏好相同为前提），它同时表明了受益的非排他性。

纯公共产品虽然有两个基本特征，不过萨缪尔森在推导公共产品的最优供给条件时，并没有使用排他性这一性质，排他能力只是在确定可行的供给机制中才有意义。

（3）公共产品概念的后续发展

公共产品概念提出后，对它的后续研究包括几个方面：一是对公共产品概念的批评和质疑；二是对其补充和发展；三是不管其概念和特征而用自己的定义进行研究。

①对公共产品概念的批评和质疑

萨缪尔森提出公共产品概念后，一些学者对它从字面意义到实质内涵进行了批评和质疑。

首先，一些学者认为，从字面意义来说，“公共”二字容易引起误会，会使人认为只要是政府提供的产品就是公共产品，而公共产品也必须由政府提供。

其次，一些学者认为，萨缪尔森的公共产品概念范围狭窄。此概念只是定义了所有产品中的两极，一极是纯公共产品，另一极是纯私人产品，而在两极中间的大量产品被忽略了。恩克认为萨缪尔森提出的概念脱离现实比较远，很少有产品是由社会所有成员等量消费的，政府提供的大多数产品不符合这个定义①。例如，高速公路、公立医院、公共图书馆、警察、消防等，所以能够完全满足萨缪尔森公共产品标准的产品或服务很少见。布坎南也认为，没有哪种产品或服务符合上述极端的定义，现实财政制度中通过公共融资提供的产品和服务绝少是属于纯公共产品，甚至最能体现纯公共产品特性的国防也不例外②。

最后，对公共产品概念实践指导意义的质疑。萨缪尔森的公共产品概念，与其说是为了寻找有效率的资源配置机制以及制度安排上的“公域”与“私域”的分工，倒不如说是纯理论研究③。正如斯特尼尔所言，萨缪尔森设计这类非常狭窄的定义是为了说明也许存在社会想要但不能由自发的私人市场提供的一类活动④。

②公共产品概念的进一步研究

针对上述批评和质疑，萨缪尔森以及其他经济学家，对公共产品的概念和特征作出了进一步解释。

对公共产品概念不能简单地望文生义，其实在公共产品和政府供给之间并不存在必然的联系。萨缪尔森自己就曾多次指出，·种公共产品并不一定要由公共部门来提供，它也可由私人部门来提供⑤。

对公共产品概念的进一步研究主要是填充萨缪尔森两极模型中的中间部分，很多经济学家对此做了大量的工作，其中阿特金森和斯蒂格利茨对公共产品进行的扩展性分类具有代表性⑥。萨缪尔森纯公共产品的定义是每个人对这种产品的消费都不会导致其他人对该产品消费的减少。阿特金森和斯蒂格利茨指出，更为一般的情况是，有一类商品具有这样一种性质，即某个人消费的增加并不会使他人的消费以同量减少。比如，如果某人在一条很少使用的高速公路上行驶，则这条路对于其他人的利益只有轻微减少。这里阿特金森和斯蒂格利茨描述了存在于纯私人产品和纯公共产品之间的第三种类型，可以称为混合公共产品（impurepublic goods）或称为准公共产品。这种混合公共产品和纯公共产品的关系可以用图2-15来说明。横轴代表经济主体k对产品i的消费，纵轴代表任意的另外一个经济主体对产品i的消费，AB（与横轴成45°角）线代表两个经济主体对纯私人产品的消费可能性边界，一个经济主体对产品的消费引起另一个家庭等量的消费的减少。折线ACB代表的是两个主体对纯公共产品的消费可能性边界。从B出发，主体h的消费量增加不引起主体k对该产品消费的减少；从A出发，主体k的消费量增加不引起主体h对该产品消费的减少。曲线AB代表中间形态——混合公共产品的消费可能性边界，一个经济主体对该产品的消费会引起另一个经济主体对该产品消费的减少，但这种减少不是等量的。

---

① ENKE S. More on the misuse of mathematics in economics: A rejoinder [J]. Review of Economics and Statistics, 1955, XXXVII (5): 131-133.

② 布坎南 J M. 公共物品的需求与供给 [M]. 马珺，译. 上海：上海人民出版社，2017：47.

③ 卢洪友. 公共品调节机制研究 [J]. 财经论丛，2002 (7)：20-28.

④ 史蒂文斯 J B. 集体选择经济学 [M]. 杨晓维，等译. 上海：上海三联书店，上海人民出版社，2003：75.

⑤ 斯密德 A A. 财产、权力和公共选择——对法和经济学的进一步思考 [M]. 黄祖辉，等译. 上海：上海三联书店，上海人民出版社，1999：119.

⑥ 阿特金森 A B，斯蒂格利茨 J E. 公共经济学 [M]. 蔡江南，等译. 上海：上海三联书店，1992：619-625.

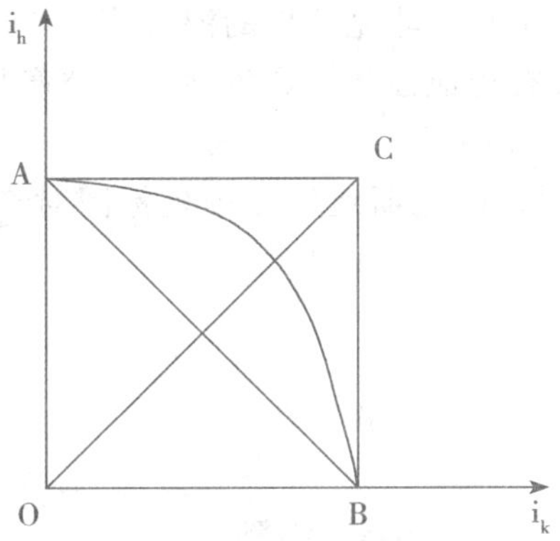

图2-15 混合公共产品

③其他的公共产品概念

一些学者提出不同的公共产品定义。布坎南认为，不论为了何种原因通过集体组织提供的物品或劳务都是公共产品①。这一广泛的范畴包括了萨缪尔森及其他人所说的某些“纯集体的”物品，也包括了其他产品和劳务，其公共性程度从0到100%不等。由于我们的目的是分析提供公共产品的组织，而不是对与组织无关的特定产品及劳务确定一个恰当的分类，所以，这一范围广泛的定义是合适的。休·史卓顿等人提出了类似的观点，认为所有那些不是由个人的市场需求而是由集体的政治选择决定的产品，包括由政府决定免费或以低费用供给其使用者的产品和服务，都是公共产品②。有的学者基于公共风险的视角认为公共产品的实质是防范化解公共风险的个体和集体行为规则及制度安排，并将公共产品分为经济维度的公共产品、管理维度的公共产品以及社会维度的公共产品③。

综上所述，我们认为，公共产品是社会产品的一种，它是和私人产品相对应的，是指由政府和其他经济主体提供的、满足社会共同需要的、具备不同程度的消费非竞争性和受益非排他性的社会产品。该概念包含以下几层含义：

第一，公共产品是社会产品的一种，它和私人产品相对应，私人产品满足的是私人需要，而公共产品满足的是社会共同需要。

第二，公共产品的供给主体包括政府、社会团体和市场等，并不是只有政府才提供公共产品，但无疑政府是公共产品的最主要提供者。

第三，公共产品可以具有不同的公共性纯度，公共性纯度为1的是纯公共产品，它具备完全的消费的非竞争性和受益的非排他性；公共性纯度为0的是私人产品，它既不具备消费的非竞争性，也不具备受益的非排他性；公共性纯度介于0和1之间的是混合公共产品，它只具备一定程度的“两性”。例如，具备消费的非竞争性而不具备受益的非排他性，或者具备受益的非排他性但不具备消费的非竞争性，见图2-16。

2）公共产品的分类

（1）按公共产品的特征分类

公共产品可以分为纯公共产品和混合公共产品。纯公共产品同时具备消费的非竞争性和受益的非排他性两个特征，而混合公共产品只部分具备这两个特征。混合公共产品包括

① 布坎南J. 民主过程中的财政［M］. 唐寿宁，译. 上海：上海三联书店，1992：13.

② 史卓顿H，奥查德L. 公共物品、公共企业和公共选择［M］. 费昭辉，等译. 北京：经济科学出版社，2000：68.

③ 刘尚希，李成威. 基于公共风险重新定义公共产品［J］. 财政研究，2018（8）：2-10.

两类：一类是具有非排他性但不具有非竞争性的混合公共产品，这一类产品可以称为公地资源；另一类混合公共产品具有排他性和非竞争性，这类产品容易排他，并且排他成本很低，这类产品可以称为俱乐部产品。

根据非排他性和非竞争性，萨瓦斯运用二维坐标图对产品和服务进行了连续性的分类①，如图2-16所示。

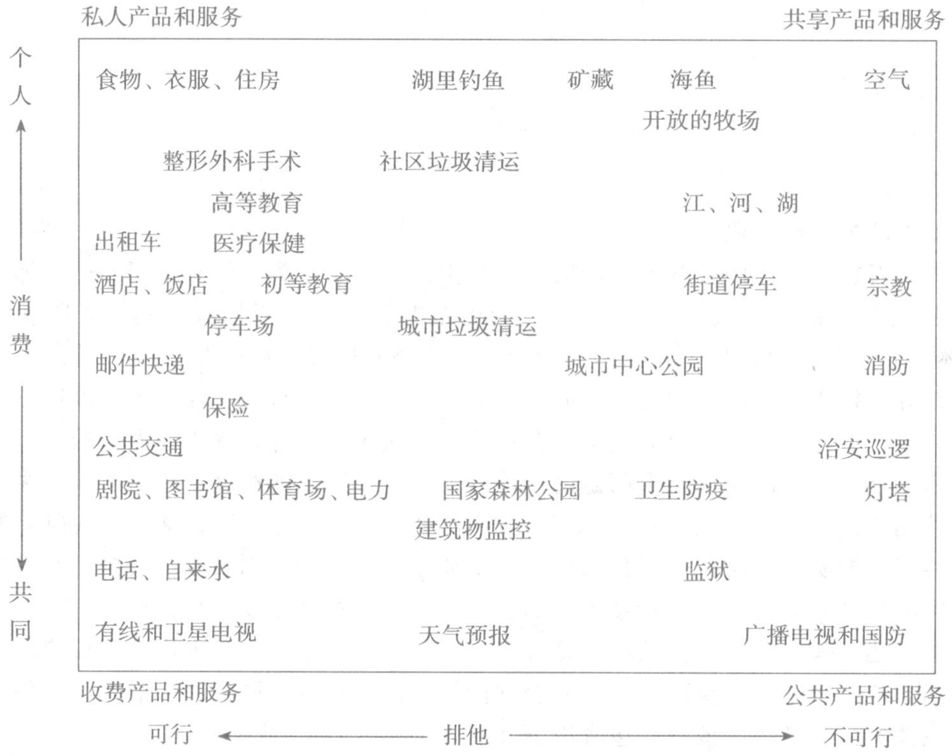

图2-16 产品和服务的二维连续分类

（2）按公共产品的受益范围分类

根据受益范围的不同，可以将公共产品分为全球性公共产品、全国性公共产品、区域性公共产品和地方公共产品，其中全球性公共产品的受益范围遍及全球，全国性公共产品的受益范围涉及全国，区域性公共产品的受益范围跨越多个行政辖区，地方公共产品的受益范围仅局限于单一地方政府所管辖区域范围内。

（3）按公共产品存在的普遍性程度分类

根据公共产品存在的普遍性程度，我们可以将公共产品分为全球普遍性公共产品和一国特殊性公共产品，前者指全世界各个国家都存在的公共产品，例如国防、司法等，它是每个国家都必须提供的公共产品；后者指只在某一个或某几个国家存在的公共产品，例如存在国土分裂的国家必须提供“统一祖国”这种公共产品；又如靠海的国家必须提供“海洋管理”这种公共产品，而内陆国家不用提供这种公共产品。

我们还可以根据公共产品存在的普遍性程度对一国范围内的公共产品进行分类，将其分为全国普遍性公共产品和地区特殊性公共产品，前者指普遍存在于一国范围内各个地方

① 萨瓦斯E S. 民营化与公私部门的伙伴关系［M］. 周志忍，等译. 北京：中国人民大学出版社，2002：50.

的公共产品，而地区特殊性公共产品则是指因某一个或某几个地区特定的历史、地理区位、文化、政治、民族问题等而特有的公共产品。例如在中国，华侨众多的地方必须提供“侨务”这种公共产品。地区特殊性公共产品又可以分为普遍性的特殊公共产品和特殊性的特殊公共产品，前者是指两个或两个以上地区存在的公共产品，而后者则指只存在于单个地区的公共产品。

（4）其他分类

其他分类方法主要是根据研究的需要，选用其他标准进行分类。约翰·利奇（John Leach）将公共产品分为两类：公共消费品（public consumption goods）和公共生产要素（public factors of production）[①]。当然这种分类有可能互相包容，例如知识就既可能是公共消费品（当读者纯粹以消遣、娱乐为目的而阅读一本图书时），也可能是一种公共生产要素（例如新增长理论模型中的知识）。冯俏彬和贾康依据是否具备“非竞争性”和“非排他性”将公共产品分为三类：纯公共产品、准公共产品以及权益－伦理型公共产品，并将基础医疗、廉租房以及基本医疗服务等划分为权益－伦理型公共产品[②]。

2.3.2 非纯市场经济条件下公共产品的特殊性

1）公共产品内涵的多变性

公共产品的外延由其内涵决定，而公共产品的内涵表现出两个特征，所以公共产品内涵的多变性表现为它的两个特征的多变性。非竞争性和非排他性受技术条件、市场条件和制度安排的影响，当这些因素随经济、社会的发展而变化时，公共产品的内涵也随之变化。

首先，我们来看技术条件对非排他性的影响。纯公共产品具有消费的非竞争性和受益的非排他性，而能否实现对一种产品受益的排他与技术条件密切相关，随着技术的进步，原来不能排他的产品可以实现受益的排他。典型的例子是有线电视，在加密技术出现之前，它具有消费的非竞争性和受益的非排他性，是纯公共产品；但在加密技术出现以后，有线电视的非竞争性不变，但可以实现排他了，因此有线电视变为混合公共产品。

其次，我们来看市场条件对非竞争性的影响。市场条件对公共产品内涵的影响主要表现在消费者数量对公共产品的内涵的影响上。一个开放的海滩，当游人数量很少时，对海滩的消费具有非竞争性和非排他性，是纯公共产品；但随着游人数量的增加，海滩开始变得拥挤，对海滩的消费就有了竞争性，非排他性不变，海滩从纯公共产品变为混合公共产品。

最后，我们来看制度安排对非竞争性的影响。我们考虑一项针对符合某种标准的特定人群的社会福利（例如给予现金补贴），这时可以有两种制度安排：一种制度安排是固定补助标准和给予每人补助款项；另外一种制度安排是确定固定的补助条件，安排这项福利的总的财政款项，但不固定补助人数。在第一种制度安排下，该社会福利就有消费的非竞争性和受益的非排他性，任何符合标准者均可互不影响地享受该项福利；在第二种制度安排下，该社会福利具有受益的非排他性，凡符合条件者均可以享受该项社会福利，但它具

① 利奇J. 公共经济学教程［M］. 孔晏，朱萍，译. 上海：上海财经大学出版社，2005.

② 冯俏彬，贾康. 权益－伦理型公共产品：关于扩展的公共产品定义及其阐释［J］. 经济学动态，2010（7）：34-42.

有竞争性，因为符合条件的人越多，则每个人能得到的款项就越少。所以，前者是纯公共产品，后者是混合公共产品，制度安排影响公共产品的内涵。

从以上分析可知，市场条件和其他条件会影响公共产品的纯度。以下着重分析非纯市场条件下公共产品的特殊性。

2）非纯市场经济的特征

非纯市场经济具有如下特征：

（1）市场体系和非市场体系并存

市场体系包括产品市场和要素市场，发达市场经济的市场体系很完善，两个市场都规范、健全、平衡地发展；在非纯市场经济中，其市场体系与非市场的资源配置机制并存。例如，中国目前的市场体系已经形成，但发展不平衡，产品市场已经比较完善；而要素市场，如金融市场、劳动力市场、信息技术市场、房地产市场、产权交易市场，还存在一些不足和缺陷。因此，一方面，要通过进一步改革完善，建立更加适合中国国情的市场体系。另一方面，中国不仅是市场经济国家，也是社会主义国家，政府具有与发达市场经济国家不同的性质和职能，拥有土地、各类国有资产的实际占有权，市场对资源配置起基础性作用，政府对资源配置起主导性作用。

（2）市场规则不健全

在非纯市场经济中，市场规则及其执行还不够健全、有力，市场参与者违背市场规则，违反政府规章制度和法律而获取非法利益的事件时有发生；市场规则制定者的效率还不够高，使市场规则的形成落后于市场化的进程，使市场秩序不够理想；市场规则的执行者可能有意无意地违背市场规则以获取某种租金。

3）非纯市场经济条件下公共产品的特殊性

国防、公共卫生等公共产品，无论在发达市场经济还是非纯市场经济条件下均存在，这里我们主要考虑与市场功能相关的公共产品。此时，发达市场经济国家主要提供两类公共产品：一类公共产品用于弥补市场势力对经济效率造成的损失，如反垄断法；另一类公共产品用于弥补因产品自身特征导致的市场主体的缺失，例如政府通过失业保险等提供贫穷保险。

而非纯市场经济条件下，除了这两类产品以外，还存在其他与市场功能相关的公共产品或不相关的公共产品，这些公共产品包括：

（1）更加健全的市场体系

在发达市场经济条件下，市场体系已经很完善，各个市场之间的衔接很顺畅；而在非纯市场经济条件下，市场是舶来品，市场体系不完善，包括产品市场或要素市场不完善、市场分割等，这时更加健全的市场体系就成为一种公共产品。

（2）更加合理的市场规则

在发达市场经济条件下，市场规则健全，市场意识也深入人心，基本上人人按照市场规则进行交易；但在非纯市场经济条件下，一方面已有市场规则存在缺陷，另一方面市场规则本身不是调节经济活动的唯一标准，因此更加合理的市场规则就成为一种公共产品。

（3）新型社会主义机制

本书多数地方有关公共产品的理论阐述都基于市场经济。但在中国，实行的是中国特色社会主义市场经济制度，这个制度不仅有世界通行的市场经济机制，还有社会主义机制，是二者有机统一体，这给公共产品的定义提供了不同的背景。在社会主义市场经济背景下，不仅要研究一般意义上的公共产品，而且要研究与社会主义相关的公共产品。社会主义是建立在公有制基础上的，全民所有制是社会主义的高级形态。由于全民所有制具有公有产权的特殊性，无法进行人格化的分割，因此由国家代替全体人民的共同利益占有全民所有的生产资料①。全民所有制实行国家所有制无可厚非，但在实际运行过程中，不能忘记全民所有制实行国家所有制，由政府代表人民来管理经营全民所有的资产，政府也只是代理人，全民才是所有者。全民所有制的所有权仍然要具备所有权的一般特征，即无论所有制具有何种名义、采取何种形式，所有者的权利最终还是要落实于所有者。因此，全民对国有资产收益的分享是社会主义存在的实质，也是党和政府执政为民、落实以人民为中心的发展理念和增加人民获得感的基础机制。建立全民所有制资产收益全民分享的新型社会主义机制，不可能通过单个经济主体来完成，而应该作为公共产品由政府来确立和落实，即在由税收支撑的公共产品供给体系以外，新建一个由国有资产收益来支撑的公共产品供给体系。

2.3.3 公共产品的提供机制

1）纯公共产品的有效供给

（1）庇古方式

对纳税人来说，纯公共产品的提供具有正效用和负效用，每个人都从纯公共产品的消费中获得正效用，但为提供纯公共产品而缴纳的税款会为其带来负效用（税收使其放弃部分私人产品的消费）。

庇古认为，对每个社会成员来说，当纯公共产品的边际效用等于税收的边际负效用时，公共产品的供给是有效的。

不过，庇古方式存在两个问题：一是庇古方式以基数效用概念为基础，而基数效用概念招致了许多学者的诟病②。二是庇古并没有提出汇总所有消费者配置的机制。这样，就算个人实现了私人产品和纯公共产品的最优配置，也不能保证社会在整体上实现资源在私人产品和纯公共产品之间的最优配置；而如果把社会当成一个整体，先实现整体上的私人产品和纯公共产品的最优配置，则在这一纯公共产品水平上又不能保证个人实现私人产品和公共产品的最优配置。

（2）纯公共产品供给的局部均衡分析

①公共产品社会需求曲线——鲍文模型③

我们知道，将私人产品的个人需求曲线横向相加就可以得到私人产品的社会需求曲线；而由纯公共产品的个人需求曲线推导社会需求曲线，则是将个人需求曲线纵向相加。

在私人产品的竞争市场中，个人是价格的接受者和数量的调节者，所以在以横轴代表产品数量、纵轴代表产品价格的私人产品需求曲线图中，我们只要将在同一价格水平下不同个人对私人产品的不同需求量相加就可以得出社会对私人产品的需求量，所以在图形上

---

① 宋涛. 政治经济学教程（社会主义部分）[M]. 12版. 北京：中国人民大学出版社，2018.

② 这种诟病主要表现在：效用是一个主观性的概念，对同一件产品，不同的人会赋予它不同的效用，因而其效用的大小是否能以具体数值加以衡量，是一个难以解决的问题。

③ BOWEN H R. The Interpretation of Voting in the Allocation of Economic Resources [J]. Quarterly Journal of Economics，1943，58：27-28.

就表现为将个人的私人产品需求曲线横向相加。

而公共产品市场则不同，个人是产量的接受者和价格的调节者，纯公共产品的消费数量对每个人都相同，个人只是根据他对公共产品的偏好来为公共产品支付价格，所以在纯公共产品的需求曲线图中，产品数量一定，将个人愿意支付的价格相加得到社会愿意为一定数量的公共产品支付的价格，在图形上就表现为将个人的纯公共产品需求曲线相加得到社会需求曲线。图2–17表示两人社会中纯公共产品社会需求曲线的推导，D_Z表示张三的需求曲线，D_L表示李四的需求曲线，D_S表示社会的需求曲线，它由张三的需求曲线和李四的需求曲线纵向相加而得。

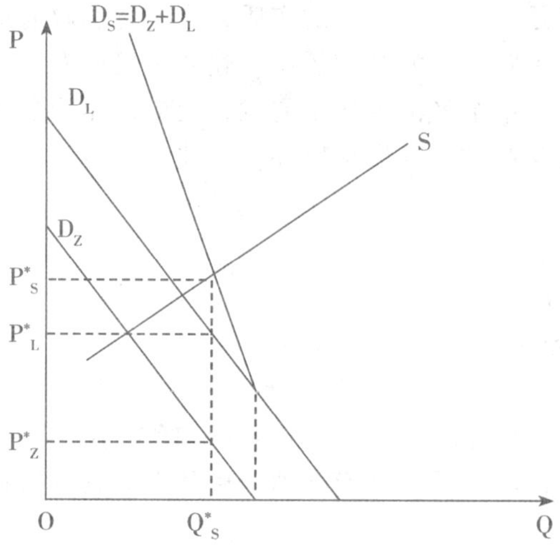

图2–17　鲍文模型

需要说明的是，纯公共产品的个人需求曲线又被称为虚拟需求曲线（萨缪尔森，1954），因为它以每个人都会如实地申报他的偏好为前提，而实际上个人有可能会低报其偏好，选择“搭便车”，从而使其申报的公共产品需求曲线比实际的公共产品需求曲线更平缓一些。

②局部均衡分析

将纯公共产品的供给曲线S放入图2–17中，则纯公共产品供、求曲线相交之点为纯公共产品的均衡点，Q^*_S为均衡数量，P^*_S为均衡价格。在均衡处，$Q^*_S=Q^*_Z=Q^*_L, P^*_S=P^*_Z+P^*_L$。其中，纯公共产品的均衡价格$P^*_S$又等于纯公共产品的边际成本MC，所以局部均衡分析中，纯公共产品有效定价的原则是个人支付价格总和等于公共产品的边际成本，与私人产品市场中个人支付价格等于产品的边际成本的定价原则不同。

（3）纯公共产品供给的一般均衡分析

局部均衡分析只分析了仅存在一种公共产品时，公共产品的最优供给。而一般均衡模型通常分析两人社会（张三和李四）中，存在两种产品（一种私人产品X，一种公共产品G）时公共产品的最优供给，它最早由萨缪尔森（1954、1955）进行了研究。图2–18可以用来说明能实现帕累托最优的萨缪尔森条件。该图包含了三个部分，偏好既定的张三关于产品X和G的无差异曲线用图2–18（a）表示，图2–18（b）表示李四关于产品X和G的无差异曲线，图2–18（c）表示生产可能性曲线。

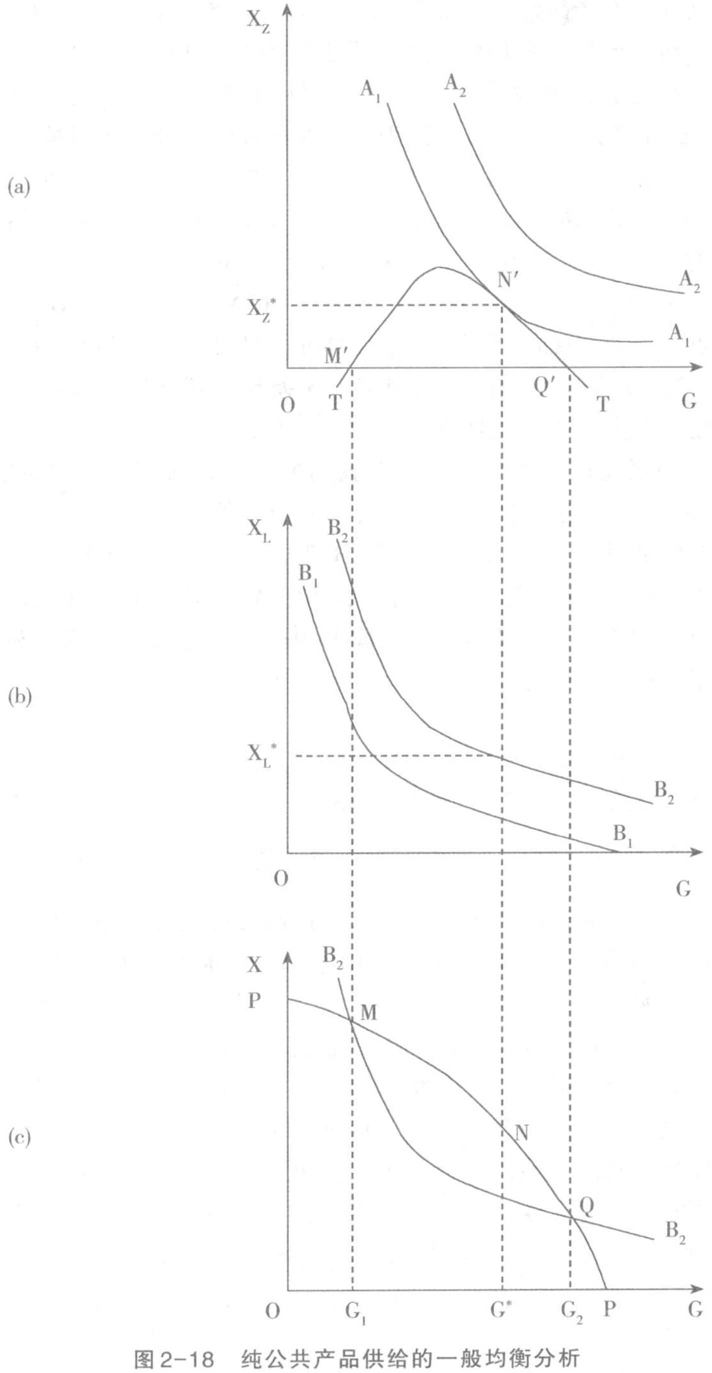

图 2-18　纯公共产品供给的一般均衡分析

根据帕累托最优的含义，我们固定李四的效用水平，找到在李四的效用水平不变的情况下能给张三带来最大效用的产品组合，则帕累托最优就实现了。我们选定图 2-18（b）中的 B_2B_2 曲线，它代表了李四一定的效用水平，需解决的问题是在李四的效用水平一定的情况下，能给张三带来最大效用的无差异曲线是什么？

由于公共产品的消费的非竞争性和受益的非排他性，张三和李四消费的公共产品数量均等于经济中提供的公共产品总量，而张三消费的私人产品等于经济中提供的总的私人产品减去李四消费的私人产品。我们将B_2B_2曲线复制到图2-18（c）中，由于曲线PP代表了产品X和G的生产组合，或者说代表了可供张三和李四消费的总的消费可能性曲线，而B_2B_2曲线又代表了给定效用水平下，李四消费的X和G的组合，所以曲线PP（纵向）减去曲线B_2B_2就可以得到张三的消费可能性曲线TT。例如，对应于曲线PP和曲线B_2B_2的交点M，经济中公共产品总量、张三消费的公共产品以及李四消费的公共产品均为G_1，而由于李四消费了全部的私人产品，所以张三消费的私人产品为零，它对应于图2-18（c）、（a）中的G_1、M、M′。相应地，我们还可以找到G^*、N和N′，G_2、Q和Q′等对应的点，其中M′、N′和Q′等点连接起来即得到张三的消费可能性曲线TT。TT和张三的无差异曲线A_1A_1相切于切点N′，在这一点，在李四固定为无差异曲线B_2B_2代表的效用水平时，张三实现了效用最大化，整个经济也就实现了帕累托最优。

我们再来看看帕累托最优的条件。根据我们的推导，张三的消费可能性曲线TT的斜率等于生产可能性曲线PP的斜率减去李四的无差异曲线B_2B_2的斜率。而当资源配置实现帕累托最优时，曲线TT和A_1A_1相切，两者斜率相等，从而可以得出帕累托最优的条件是：A_1A_1的斜率=PP的斜率－B_2B_2的斜率，或者说：PP的斜率=B_2B_2的斜率+A_1A_1的斜率。

生产可能性曲线的斜率可以用X和G之间的边际转换率表示，张三和李四的无差异曲线的斜率均可以用X和G之间的边际替代率表示，所以上式可以表示为：

$$MRT=MRS^Z+MRS^L$$

它是存在私人产品和公共产品时帕累托最优的条件，也称为萨缪尔森条件，它与私人产品市场的帕累托最优条件（$MRT=MRS^Z=MRS^L$）不同。若扩展到多人社会，则萨缪尔森条件变为：$MRT=\sum_{i=1}^{n}MRS^i$，其中i为多人社会中的消费者数量。由于边际转换率MRT可以表示为生产公共产品G的边际成本与生产私人产品X的边际成本之比，边际替代率MRS可以表示为公共产品给消费者带来的边际效用与私人产品给消费者带来的边际效用之比，所以萨缪尔森条件说明了一般均衡实现时，公共产品对所有人的边际效用（以私人产品衡量）之和应等于其产出的边际成本（以私人产品衡量）。

通过纯公共产品供给的局部均衡分析和一般均衡分析，我们可以得出以下结论：

①从理论上来说，即使是纯公共产品，也可以由市场提供，并且能实现帕累托最优。

②市场有效提供公共产品以所有消费者如实申报其对公共产品的偏好为前提，但纯公共产品具有消费的非竞争性和受益的非排他性，作为经济人的消费者具有低报或不报其偏好从而选择“搭便车”的激励，从而导致个人乃至社会的公共产品需求曲线是“虚假”的，根据消费者申报需求曲线和供给曲线得出的公共产品供给量是低效的，因而市场不能有效提供纯公共产品。

③由于政府具有“暴力潜能”，因此它可以利用一定的政治程序，通过税收等手段为公共产品筹资，并有效安排各种公共产品的供给。当然，政府有效提供公共产品又以政府是“万能的”和“仁慈的”为前提条件。

2）公共产品的供给主体

（1）决定公共产品供给主体的因素

据上所述，纯公共产品由于其同时具备消费的非竞争性和受益的非排他性，为保证有效供给，应该由政府提供；而混合公共产品供给主体的选择主要依据其排他性来决定，如果能满足受益的排他性，可以将拒绝为之付费者排除在消费之外，因而提供者有可能通过收费来收回公共产品的生产成本并获取一定的利润，所以这种混合公共产品可以由市场提供，当然也可以由公共提供或自愿提供；如果不能排他，则公共产品的提供者不能收回生产成本并获利，所以它不可能由市场提供，而只能由政府提供或自愿提供。当然，这种公共产品的分主体提供不是绝对的，公共产品到底应该由私人提供还是由政府或其他公共团体提供，取决于多种因素：

①工资和材料的相对成本

如果公共部门和私人部门支付的劳动和材料成本不同，那么在其他条件不变的情况下，从效率的角度来看，应该选择成本较低的部门。

②管理成本

当管理费用固定时，公共提供可以有更多的人来分摊管理成本，并且集团规模越大，管理成本分摊的好处就越明显，从而在其他条件相同的情况下，就更应该由公共部门提供公共产品。

③偏好多样性

由于公共部门提供公共产品时，一般缺乏多样性，而私人部门在这方面有优势，所以，只要这种多样性存在，私人提供就相对更有效，因为人们可以根据自己的偏好调整自己的消费。当然，在享受多样性带来的好处时，管理成本会增加，这里也有一个权衡的问题。

④分配问题

根据商品平均主义的观点，有些特殊商品，例如战时某些基本食品，应该在所有人中平均分配，这些特殊商品就应该由公共部门提供[①]。

⑤历史文化因素

如果某一种产品历史上就是由政府提供的，为顺应民意，那么就算由其他主体提供效率更高，它可能还是会由政府提供。文化决定公共产品提供者的例子，如儒家的孝道文化决定的养老这一公共产品的提供者，按照经济学理论，养老应该是由政府通过养老保险来提供的，但在中国农村，受孝道文化（当然也还有其他因素）的影响，养老一直是由私人（老人的子女）提供的。

（2）公共产品的各类供给主体

①公共产品的政府提供

福利经济学第一定理指出，完全竞争的市场机制可以实现资源的有效配置。当市场失灵时，政府提供公共产品以解决之，这是政府提供公共产品的必要性。而政府提供公共产品的可能性在于：政府具有暴力潜能，包括征税的权力（为公共产品筹资）、禁止或允许的权力（通过一定的政治程序强制性地提供一定规模和结构的公共产品），以及分摊管理成本的优势（政府提供与私人提供相比，同样的管理成本由更多的人承担，所以人均负担的管理成本更低）。

政府提供公共产品需要解决的问题包括：消费者的偏好表露问题、征税造成的扭曲问题、公共产品提供过程中的效率问题等。

---

① 罗森 H S. 财政学［M］. 郭庆旺，赵志耘，译. 8版. 北京：中国人民大学出版社，2009：63.

②公共产品的社区提供

社区是进行一定的社会活动，具有某种互动关系和共同文化维系力的人类群体及其活动区域。社区提供公共产品是指基于社区内相关主体的实际需要，由相关主体根据协商原则集资提供公共产品。社区可以通过以下两种形式提供公共产品：

第一，通过产前契约形式提供公共产品。产前契约是指在社区需要某种社区没有的公共产品时，在决定提供公共产品前社区成员之间进行谈判，如果大家表达的各自的需要程度（认缴资金份额）之和不足以生产出来公共产品，则资金归还社区成员；若资金足以生产出公共产品，则通过签订契约提供公共产品。

社区提供公产品时，人们也有可能通过低报自己对公共产品的需求偏好而试图搭便车，不过由于社区中人们之间的亲密关系，多次重复博弈的结果将导致公共产品的有效供给。

第二，组织私人管理机构。通过产前契约形式提供公共产品可能会导致较高的交易成本，为降低公共产品供给决策时的交易成本，可以选择通过组建私人管理机构，由私人管理机构作出公共产品的供给决策。

私人管理机构的组建是建立在社区成员自愿加入的基础上的，不受强制力量的约束，加入和退出都出于社区成员的自由契约，而组建的私人管理机构提供的公共产品仅仅提供给参加私人管理机构的社区成员。

值得注意的是，我们要区分清楚提供和生产的概念。早在1959年，理查德·A.马斯格雷夫就对提供和生产作了基本的区分。他指出："公共需要的提供……并不要求它必须有公共生产的管理，正如公共生产的管理并不要求它必须有公共需要的提供。"[①]提供是指谁为公共产品出资，如果某公共产品是政府出资，我们说它是政府提供的，如果是个人自愿捐资的，我们说它是自愿提供的；而生产是指公共产品由谁运用生产要素生产出来。对于公共提供的公共产品来说，它可以由政府生产，例如政府机构提供的服务；也可以由私人生产，例如政府免费提供的疫苗可以由私人企业生产。

③公共产品自愿提供

一般的观点认为不可能由私人提供公共产品，因为公共产品具有消费上的非竞争性和非排他性，当公共产品由私人提供时，个体会面临搭便车的货币激励——在公共产品供给博弈中，只要提供公共产品的边际收益小于其边际成本，局中人的占优策略均衡将是选择搭便车而不贡献任何公共产品，从而导致公共产品私人供给的帕累托无效率。

在现实生活中，私人通过慈善捐款提供公共产品的情况也大量存在。这就是公共产品自愿提供问题。公共产品自愿提供是指没有强制性权力介入，由私人自愿提供公共产品。这里所指的强制力，既包括政府的强制力，也包括社区通过契约规定的筹资义务而形成的强制约束。公共产品的自愿提供完全秉着自愿的原则，没有任何强制性的权力或者规章制度的介入。

一些学者通过实验研究发现慈善捐款的动机和效应，以此来解释公共产品自愿供给的原因并相应提出激励措施[②]。

---

① 奥克森 R J. 治理地方公共经济［M］. 万鹏飞，译. 北京：北京大学出版社，2005：8.

② 龙新民，陈湘满，张萤. 西方公共产品私人提供实验研究最新进展［J］. 湘潭大学学报（哲学社会科学版），2006（5）：53-57，76.

首先，纯粹的利他主义动机。经济人具有利己心，而利己的个人面对公共产品会选择搭便车。但如果个人具有利他的特性呢？经济学家通过实验指出，由于纯粹利他主义的存在，公共产品的贡献水平显著不为零 。由于纯粹利他主义的存在，个人效用不仅是自己消费的私人产品的函数，而且是公共产品整体供给水平的函数，个人不仅具有“搭便车”的动机，也存在自愿捐赠的动机。

其次，光热效应。纯粹利他主义虽然存在但不是普遍现象，只能解释个人捐赠的一部分原因。个人捐赠如果只是利他，即使发生捐赠行为也难以持续或普遍展开。经济学家通过实验研究表明，个人效用不仅是私人产品和公共产品总量的函数，而且还是自己贡献的公共产品的函数，捐献行为本身能给捐献者带来正的效用。因为滴水之恩当涌泉相报是一种普遍心理，通过捐赠让受赠人因为得到恩惠而产生“欠债”或知恩图报的动机，从而使捐赠人得到回报。也就是说，个人通过捐赠，既能够提高他人的效用，也能够使自己因他人赞美、感恩而获得某种社会价值和效用。用物理学的概念光热效应来形象比喻，就是通过捐赠在获得光芒普照的同时也可以特别使自己感到温暖和愉悦。

再次，遵奉和互惠（conformity and reciprocity）效应。经济学家设A组和B组进行对比试验，A组只有与本组有关的捐赠信息，而B组对两个组的捐赠信息都了解，发现B组的捐赠意愿和力度大于A组。这说明个体进行捐赠决策与获得信息是否全面有关，获得信息比较全面的个体更愿意捐赠，即更愿意遵奉捐赠行为。这就是遵奉效应。所谓互惠效应表现为两个方面：一方面，前面已经阐述过，捐赠因为受赠人知恩图报使捐赠人得到回报，产生一种互惠；另一方面，社会上进行捐赠的人越多，公共产品整体供给水平就越高，个人效用水平也越高，从而激励更多的人进行捐赠，互惠程度就越高[①]。

学术界针对上述效应，提出激励措施，来鼓励更多的人进行捐赠，以提高公共产品自愿供给的水平。这些激励措施包括：建立奖惩机制，即对捐赠公共产品水平高于社会平均水平的个体给予补贴，反之给予惩罚，最终通过选择合适的奖惩因子来达到最优个体公共产品捐赠水平和最低的个体捐赠成本[②]；公开捐献信息，即通过让个体知道其他个体的捐赠情况，如由慈善组织公布捐赠名单、给予捐赠者能够彰显捐赠身份的纪念品[③]；自愿重新分组，即将具有相同公共产品偏好和行为特征的个体编为一组，他们容易作出相同的公共产品供给决策，降低供给公共产品的交易成本，减少“搭便车”问题[④]。

④公共产品市场提供

在私人产品的完全竞争市场中，市场上的厂商按P=MC的原则来安排其生产，实现利润最大化的目的。在厂商实现利润最大化的过程中，厂商凭借其对产品产权的占有和产品的排他性特征向消费者索取成本补偿和正常利润。可见，私人产品之所以可以由市场提供，是因为两点：其一，厂商拥有对私人产品的产权；其二，产品具有排他性特征。

如果能同时具备这两个条件，则公共产品也可以由市场提供。一方面，如果厂商拥有对某公共产品的产权，则他就有了向其使用者收费的权利；另一方面，产品的排他性特征

① BARDSLEY N, SAUSGRUBER R. Conformity and reciprocity in public good provision [J]. Journal of Economic Psychology, 2005, 26 (5): 664-681.

② DECKER T, STROBEL S M. A comparison of punishment rules in repeated public good games: An experimental study [J]. Journal of Conflict Resolution, 2003, 47 (6): 751-772.

③ ANDREONI J, PETRIE R. Public goods experiments without confidentiality: A glimpse into fund-raising [J]. Journal of Public Economics, 2004, 88 (7-8): 1605-1623.

④ PAGE T, PUTTERMAN L, UNEL B. Voluntary association in public goods experiments: Reciprocity, mimicry and efficiency [J]. Economic Journal, 2005, 115 (506): 1032-1053.

使厂商能将拒绝为之付费的消费者排除在外，从而厂商可以通过向消费者收取使用费而提供公共产品。产品的排他可以有两种情况：一种情况是产品本身的特征使其可以实现排他，如私人产品；另外一种情况是虽然产品本身不具有排他的特征，但通过政府将产权授予某一厂商以后，实现排他，如著名的“科斯的灯塔”就是这种情况。可见，能由市场提供的公共产品主要是萨瓦斯连续性分类中的收费产品和服务，如收费公路、有线电视、剧院等。

从各国实际来看，公共产品和私人产品的供给主体选择并没有严格地按照理论来定，基本上各个国家都会提供一部分私人产品。例如，美国、法国、德国、意大利等国家的财政支出中都有住房支出，即是政府提供私人产品的典型实例。私人也可能提供公共产品。例如，一般认为维护社会秩序是纯公共产品，应该由政府提供，但某些私人可能会雇用保镖来解决自身安全问题，这是私人提供纯公共产品的实例。而在某些情况下，市场也可以提供纯公共产品。

【案例 2-2】

中国农村公共产品的提供和生产

——某县刘村村庄内道路的建设

刘村是一个普通的西部村庄，村里现有人口1 200人，320户，分属5个村民小组。耕地面积700多亩，人均六七分，全部是旱地，另外还有300多亩荒坡。村民大多都在本村或外村的私人企业里做工。经商的四家，私人企业三家，无集体企业，村庄经济水平在当地属于中等。

刘村村内道路以前都是土石路，遇到下大雨时村庄内的道路非常泥泞，行走不便。这个问题在过去不是问题，因为村村都是如此，大家心里也没觉得不方便，但当1999年有些村已经硬化了村庄内的道路时，村庄内的道路又成了村民们关注的焦点。

村委会经商议决定硬化村庄内的道路，由于三家私人企业每年要上缴村里5万元的占地费，因此村里已有八九万元，但离初步预算15万元还差不少，村委会再次商议作出如下决定：首先，向村内的企业“化缘”，结果三家企业捐款共计2.3万元；其次，只向外发包路面上的工程，工程包工不包料，所需材料由村委专人负责按市场价直接从市场上购买，通过竞标的形式压低造价；最后，路面以下的基础建设则由村民承担，这样就可以省下一大笔钱。

然后就是招标，竞标时村委会在同等价格的情况下优先选择本村村民的建筑队，结果本村的几个农民自发组织的建筑队以3万元中标。虽然表面上价格不高，但是利用其本地优势，可以节省成本（例如交通、吃住等），并且能很便宜地雇用村内妇女做小工（如果在村外则无法以日工资8元的价格雇用小工，至少要在10元以上），成本虽低但还是有赚头。有了建筑队承包路面以上的工程，路面以下的土石基建就需要向村民“分摊”了。村干部开始在村内仔细丈量要施工的道路长度，然后按人头分摊到各户，由各户按村里统一规定的地平高度往下挖。分摊大致按几个原则来办：一是就近原则，基本上使每户负责的地段离住宅最近，这样方便村民施工；二是按地段起土难易和地势高低所引起的土石方量的不同，适当地调整各户分摊的长度，这样就避免出现长度相同但工作量不同的不公平。这些“地方知识”是村干部们所熟悉的，但如果由外人来实施这样的“裁量”困难就大了。村干部们很快就完成了这一任务，村民们也没有什么不满意。村委会规定，各户要在10天之内完成分配的任务。最终整个土石基建以老人、妇女、小孩为主，在本村或外村企业里做工的成年村民利用工闲时间为辅，如期保质完成。

路面以下的基建工程完工后，接着就是承包工程的建筑队来干。在施工过程中，老人、妇女没有事时就站在自己门口看工程队施工，道路从一头修到另一头，一直在村民眼皮底下完成，偷工减料的事情不容易发生。同时值得注意的是，因为施工队是本村的村民，工程本身也是自己家人和父老乡亲们使用的，所以还是非常认真和卖力的，否则以后出了差错无法交代。村委会有专人负责购买材料。村干部一方面依市场价选择价格最合理的货源，另一方面采取分批进货方式，每车材料都要经过村干部的事前检验、施工队的使用检验，发现不合格的材料及时更换材料供应商。这几项监督措施就避免了因监督不力导致建筑队投机取巧行为的发生，保证了工程高质量地完成。就这样，刘村的村庄内公共道路建设完成了，村干部放心，村民们满意，承建工程的村民也赚到了钱，各方都是"帕累托改进"。

问题：在财力有限的情况下，农村公共产品如何提供？如何保证公共产品的生产质量？

分析：在刘村范围内，考虑到消费者数量有限，村内公共道路完全具备消费的非竞争性和受益的非排他性，显然属于纯公共产品。既然不具备排他性，似乎应该完全由村级政府来提供，但受财力所限，村级政府无法凭一己之力提供此公共产品。此案例中，村内公共道路（纯公共产品）实际上是混合提供的，资金来源包括了村委会的财政资金、企业主的自愿捐款以及村民投入的人力资本，包含了公共产品公共提供、自愿提供和社区提供三种提供方式。

道路能高质量地完成，一方面，是由于在村民眼皮底下施工，便于村民监督，并且由于道路的建成与自己的切身利益相关，村民也有监督的激励；另一方面，施工者也是道路的消费者，道路质量与施工者的利益具有"相容性"，因此本村施工者比外来施工者更有动力修建高质量的村内道路。这说明，要保证公共产品的质量，一方面要使制度安排有利于消费者的监督，另一方面则应为公共产品的生产者提供激励，使其利益与公共利益相容。

资料来源　吴毅，杨震林．道中"道"：一个村庄公共品供给案例的启示——以刘村三条道路的建设为个案 [J]．江西社会科学，2004（1）：30-33.

2.4　最大多数人民利益的表达和保障机制

在第2.3节中，我们论述了公共产品的概念，同时也阐明了公共产品的两个特征：消费的非竞争性和受益的非排他性，正是由于这两个特征，使得价格机制无法揭示个人对公共产品的偏好，造成个人对公共产品需求曲线的"虚假性"，不能准确地确定个人愿意为一定数量的公共产品所支付的价格。既然一般情况下市场机制无法用于配置公共产品，我们就只能通过政府来配置公共产品。政府如何能够按照大多数人民的要求，提供公共产品，使福利损失最小？在西方资本主义发达社会中，通过公共选择机制来实现。公共选择机制通过个人的投票行为将其关于公共产品的偏好理性地传递给政策制定者，政策制定者再根据投票结果来提供公共产品。在中国，相关问题是如何建立中国特色的最大多数人民利益的表达和保障机制。所以，在这一节我们首先介绍西方国家的公共选择理论和实践，然后论述中国的财政决策机制，以及大多数人民利益的表达机制和保障机制。

2.4.1 西方学者关于利益表达机制一般理论

1）一致同意规则

（1）威克塞尔的“一致同意规则”[①]

一致同意规则（unanimity rule）是指一项有关公共产品提供及其成本分割的决策或者议案，只有在全体成员一致赞成时才能得以通过。一致同意规则首先由威克塞尔在《公平赋税的新原理》一文中加以论述，其基本观点是，各种公共产品的提供应当通过个别的税收来筹资。为确定政府支出的规模和结构，需要利用政治的、集体抉择的过程。具体办法是，让每个投票者在一开始就知道所有可能的决策或议案，每个决策或议案均由完整的预算支出以及相应的税收份额组成，然后由投票者进行投票，政府将根据获得一致同意的方案来决定政府支出的规模和结构。公共选择中的一致同意原则等同于经济市场中的完全竞争，最终获得通过的议案或者达成的交易都是参与者一致同意的。所以，无论是经济市场中产品或服务的交易，还是政治市场中议案的通过，都能实现资源配置的帕累托最优。

（2）林达尔模型

1919年瑞典经济学家林达尔（Lindahl）在威克塞尔研究的基础上，提出了林达尔模型，也称林达尔均衡[②]。林达尔均衡表明，在个人能够表达其对公共产品的偏好且可根据不同偏好支付公共产品价格的情况下，通过一种类似于市场个人消费品购买的“讨价还价”机制，使其愿意付出的公共产品价格（税收）与其获得公共产品价值之间达到均衡，即每个人增加的税收付出（边际税收）等于单位公共产品增量所需要的投入成本（边际成本），使公共产品供给与需求像充分竞争的市场交易一样达到最优状态。

我们假设在一个两人（张三和李四）社会中，政府为一种公共产品——公共卫生筹资，所有资金来源于两人的税收。图2-19说明了林达尔均衡的实现过程。我们以横轴衡量公共卫生的数量，以纵轴衡量张三和李四在税收总额中所占的份额，其中从O点向上表示张三的税收份额R^Z，从O′点向下表示李四的税收份额R^L。在两人社会中，两人就公共产品的供给数量达成一致时，两者愿意承担的税收份额之和为1。D^Z表示在不同的税收份额（实际上相当于不同的公共产品价格）下，张三的公共产品需求曲线；D^L表示在不同的税收份额下，李四的公共产品需求曲线。

林达尔模型假设政府充当拍卖人的角色，假设政府首先提出的方案是提供h_1数量的公共产品，根据各自的需求曲线，张三愿意承担的税收份额为OR_1^Z，李四愿意承担的税收份额为$O'R_1^L$，而很显然$OR_1^Z+O'R_1^L>1$，这说明张三和李四两人愿意承担的税收大于现时水平，对公共产品的需求量之和大于h_1，所以政府应该增加公共产品的供给。

① 杨斌. 治税的效率与公平［M］. 北京：经济科学出版社，1999：42-59.
② LINDAHL E. Just taxation—A positive solution//in Musgrave R A, Peacock A. Classics in the Theory of Public Finance［M］. New York: St. Martin's Press, 1958.

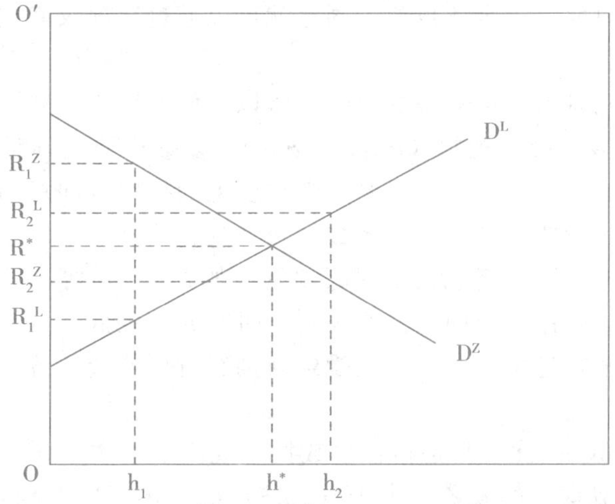

图2-19　林达尔模型

若政府提出的方案是提供h_2数量的公共产品，则张三愿意承担的税收份额为OR_2^Z，李四愿意承担的税收份额为$O'R_2^L$，而很显然$OR_2^Z+O'R_2^L<1$，这说明张三和李四两人愿意承担的税收小于现时水平，对公共产品的需求量之和小于h_2，所以政府应该减少公共产品的供给。

公共产品数量供给过多或过少，都不能得到所有投票者（张三和李四）的一致同意，为使公共产品的供给方案得到一致通过，政府必须调整公共产品的供给数量，这种调整一直持续到h^*，这时，张三和李四对公共产品的需求量相等，而且$OR^*+O'R^*=1$，提供数量h^*的公共产品的议案得以一致通过。

（3）一致同意规则的缺陷

从理论上来说，威克塞尔和林达尔关于一致同意规则的论述，为解决公共产品因为无法通过市场进行定价交易而出现的效率和公平问题提供了思路，也创新性地设计了公共选择机制。不过一致同意规则和林达尔均衡也存在缺陷，特别是难以在现实中加以推行：

首先，这种规则的决策成本太高。人们为寻找所有人都能同意的议案可能会花费大量的时间成本以及相伴随的金钱成本，这种成本甚至可能会超过一项议案获得通过给人们带来的收益，因此，一致同意规则只在很小的范围内才有可能被应用。

其次，这种规则可能会导致少数人威胁多数人，造成所谓的少数人对多数人的“暴政”。如果某一个投票者意识到他可以否决对其他投票者有益的议案的话，那么他就会以“我要否决，除非……”的形式来要挟那些希望这项议案得以通过的人，从而形成少数人对多数人的“暴政”。

最后，一致同意规则可能会鼓励“搭便车”的策略性行为。这种策略性行为实际上可以归结为萨缪尔森所说的虚假需求曲线。由于没有激励相容机制促使投票者真实地显示自己的偏好，所以每位投票者都有可能较少地向政府披露自己对公共产品的偏好，以便让其他投票者承担更多的税收份额，产生搭便车的策略性行为，而如果所有投票者都采取这种策略行为，则这种策略性的行为就会阻止林达尔均衡的实现。

针对一致同意规则的缺点，威克塞尔进一步指出，一致同意规则只是一种理想的状态，在现实的政治生活中，要取得一致同意的投票结果是非常困难的，所以他又提出了近似一致的原则，认为只要接近全体投票者同意就可以通过一项议案或决策。

2）多数投票规则

由于一致同意规则具有不可克服的缺陷，所以人们在理论上和实践中提出了相对比较宽松的投票规则——多数投票规则（majority rule）。多数投票规则是指一项有关公共产品提供及其成本分割的决策或者议案，只要有半数以上的投票者同意即可通过。多数投票规则又可以分为简单多数投票规则和绝对多数投票规则，前者是指通过一项决策或议案，只需半数以上的投票者同意；后者则需要更大比例（如2/3、3/4等）的投票者同意才能通过一项议案。多数投票规则比一致同意投票规则的时间成本要低，且一般情况下能达成投票的均衡，但当备选方案超过两个时，多数投票规则有时可能会导致投票悖论。

（1）投票悖论

投票悖论（paradox of voting）是指在多数投票规则下对多个备选方案投票时，投票结果出现循环而不能达成均衡的现象。关于投票悖论的论述可以追溯到18世纪80年代法国哲学家孔多塞（De Condorcet），所以投票悖论又称为孔多塞悖论（Condorcet paradox）。下面我们以一个具体的例子来说明投票悖论。投票悖论实际上说明了投票者的偏好结构对投票结果的影响。

我们首先用表2-2来说明在多数投票规则下能实现投票均衡的投票者的偏好结构。假设一个社会由三个投票者张二、李四和王五组成，他们要对某一公共产品的规模进行投票，设L表示大规模的公共产品，M表示中等规模的公共产品，S表示小规模的公共产品，个人对公共产品规模的偏好程度由上往下依次减弱，即排在最上面的表示投票者最偏好的规模，排在最下面的表示投票者最不喜欢的规模。

表2-2 导致均衡的投票者偏好

偏好程度 \ 投票者	张三	李四	王五
强	L	S	M
中	M	M	S
弱	S	L	L

假设在L和M之间进行投票，则张三投L的票，而李四和王五均投M的票，M以2∶1胜出；在M和S之间进行投票，则张三和王五投M的票，李四投S的票，M以2∶1胜出。因此，按照多数投票规则，M在投票中获胜，而且M的胜出与投票顺序无关。

由于选民的偏好不同，多数投票规则也可能会出现循环，产生投票悖论。表2-3可以用来说明多数投票规则下出现投票悖论的投票者的偏好结构。

表2-3 导致投票悖论的投票者偏好

偏好程度 \ 投票者	张三	李四	王五
强	L	S	M
中	M	L	S
弱	S	M	L

假设在三种公共产品规模之间两两投票进行选择，第一轮投票在L和M之间进行，则张三和李四投L的票，而王五投M的票，L以2∶1胜出；第二轮投票在M和S之间进行，则张三和王五投M的票，李四投S的票，M以2∶1胜出；第三轮投票在L和S之间进行，张三投L的票，而李四和王五投S的票，S胜出。这样投票悖论就出现了：第一轮投票表明L优于M，第二轮投票表明M优于S，按照偏好的传递性公理，L应该优于S，但第三轮投票的结果却是S优于L，违反了偏好的传递性公理。可见，投票者出现表2-3中的偏好次序时，投票均衡不存在，出现投票悖论，在L和M中选择，L胜出；在M和S中选择，M胜出；在L和S中选择，S胜出。这一过程会循环往复，一直持续下去，不会出现最终的投票均衡。

不过，如果有投票者能操纵投票顺序，则可以出现该投票者所希望的投票结果。例如，张三最偏好大规模的公共产品，则他可以这样安排投票顺序：第一轮投票在M和S之间进行，M胜出；第二轮投票在L和M之间进行，L胜出。这样，张三通过操纵议程就可以保证他所希望的投票结果出现。当然，李四和王五如果能操纵议程，也能出现自己喜欢的投票结果。

（2）单峰偏好和多峰偏好

表2-2中投票人的偏好能实现投票均衡，表2-3中投票人的偏好却导致投票悖论，这说明投票者的偏好类型会影响投票结果。邓肯·布莱克（1948）[①]证明，如果个人的偏好在几何图形上表现为单峰偏好（single-peakedness preference），则在多数投票规则下，投票结果能够保证偏好的传递性，不会出现投票悖论。

我们把一个人的偏好中比所有相邻点都高的点称为“峰”。如果一个选民偏离他最中意的结果，不论偏离的方向如何，他的效用都下降，那么他就具有单峰偏好。如果他偏离其最中意的结果，其效用先降后升，那么他就具有双峰偏好[②]。

我们将表2-2和表2-3中投票者对三个议案的偏好和选择绘制在图2-20中，表2-2和表2-3中张三和王五的效用曲线完全相同，而李四虚线的效用曲线来源于表2-2，实线的效用曲线来源于表2-3。根据定义，图2-20中，张三和王五的效用曲线是单峰的，李四虚线的效用曲线是单峰的，实线的效用曲线是双峰的。由此我们可以看出，正是李四的双峰偏好的效用曲线导致了投票悖论的出现。应该注意的是，单峰偏好提供了摆脱投票悖论的充分条件，但单峰偏好并非摆脱投票悖论的必要条件[③]，多峰偏好也有可能摆脱投票悖论。

（3）中间投票人定理

单峰偏好是导致投票均衡的充分条件，说明如果所有投票者的偏好是单峰的，则多数投票规则必定可以实现投票均衡，并且投票的均衡解正好和中间投票人的第一偏好一致，即中间投票人所偏好的议案或其所主张的公共产品规模会被通过，这就是所谓的中间投票人定理。中间投票人是指其偏好位于所有投票者偏好序列中间的投票者，在他两边，偏好更大规模公共支出和更小规模公共支出的人数正好相等。

---

① BLACK D. Theory of Committees and Elections ［M］. Cambridge：Cambridge University Press，1958.
② 罗森H S. 财政学［M］. 郭庆旺，赵志耘，译. 8版. 北京：中国人民大学出版社，2009：107.
③ 刘宇飞. 当代西方财政学［M］. 2版. 北京：北京大学出版社，2003：129.

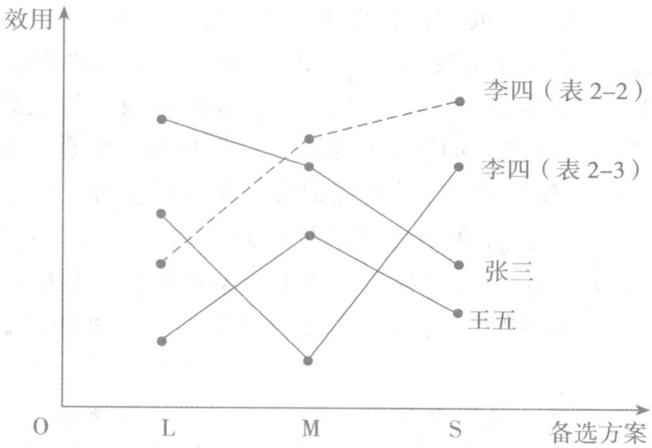

图 2–20　单峰偏好和双峰偏好

在图 2–21 中，由于张三对公共产品规模的偏好次序依次是L、M、S，李四的偏好次序依次是S、M、L，王五的偏好次序依次是M、S、L。对这些方案两两进行比较。比较M和L，对李四和王五来说，M给他们带来的效用要大于L给他们带来的效用，只有对张三来说，L给他带来的效用大于M给他带来的效用，所以投票结果是M胜出；比较M和S，对张三和王五来说，M给他们带来的效用要大于S给他们带来的效用，只有对李四来说，S给他带来的效用大于M给他带来的效用，所以投票结果是M胜出。两种情况比较均是M胜出，而M正好是中间投票人王五的第一偏好，所以中间投票人的偏好决定了最终的投票结果。

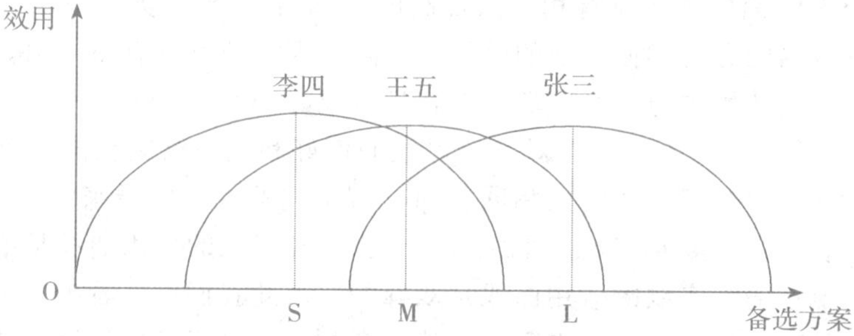

图 2–21　中间投票人定理

（4）互投赞成票

人们对某一议案的偏好程度无法通过多数投票规则表达出来，例如前例中，我们知道张三偏好大规模的公共产品（L）甚于中等规模的公共产品（M），但是我们不知道他只是稍微地更偏好于L还是强烈地偏好于L，而互投赞成票制度可使人们进行投票交易，从而表达他们对不同议案的偏好程度。所谓互投赞成票，是指两个投票者之间进行投票交易的一种承诺，如果张三投票赞同李四选择的议案，则李四也承诺投票赞同张三选择的议案。

正如市场交易导致私人产品的有效提供一样，投票交易会导致公共产品的有效供给；不过也有人认为，投票交易可能会使特殊利益集团得到好处，并且这种好处不足以抵消它给其他投票者带来的损失，造成大量浪费。另外，投票交易还会导致公共部门的规模比没有投票交易时更大。

3）阿罗不可能定理

多数投票规则会导致投票悖论，采取对投票者的偏好类型加以限制等措施能够解决或缓解投票悖论。那么在民主社会中，是否存在一种公共决策机制，在不限制投票者偏好类型的条件下，产生不受议程控制的投票均衡呢？

阿罗（1963）在《社会选择与个人价值》一书中对此进行了研究，他得出了著名的"阿罗不可能定理"（Arrow's impossibility theorem）。阿罗不可能定理是说，在一系列合理的假定条件下，把个人对多种备选方案的偏好次序转换成社会偏好次序是不可能的①。这些假定条件包括：

第一，个人理性条件。个人理性条件包括完备性和传递性。完备性是指个人的偏好应能完全排序。例如，对于两种不同的公共产品规模L和M，任何人或者认为L比M好，或者认为M比L好，或者认为L与M无差异。传递性是指如果某人认为L比M好，M比S好，则他一定认为L比S好。

第二，帕累托条件。帕累托条件是指如果每个成员都认为议案L比议案M好，则公共决策的结果也是L比M好。

第三，无限制领域条件。无限制领域是指不能限制个人选择的自由，应该允许社会成员持有各种可能的偏好。

第四，无关备选方案的独立性。这种独立性是指社会对两个备选议案x和y的排序只取决于个人对x和y的排序，而不受第三种议案的影响。

第五，非独裁性。非独裁性是指最终形成的社会偏好应该反映所有成员的偏好，而不是一个人的偏好。

以上五个条件被认为是在民主社会里能被普遍接受的合理条件，阿罗不可能定理指出，任何公共决策过程都不可能在同时满足上述五个条件的情况下，由个人偏好推导出社会偏好。

4）最优投票规则的选择

一致同意规则和多数投票规则各有其优缺点，而最优投票规则的选择可以通过比较决策成本而得出。

布坎南和塔洛克认为，应当根据最小化交易成本的原则来选用投票规则②。公共选择的成本包括外部成本（E）和时间成本（D），前者指某一项决策的选定给反对者以及决策的个人带来的损失，作出决策所需赞成的人数越多，则外部决策成本越低；后者指最终作出决策所花费的时间、金钱等，作出决策所需赞成的人数越多，则决策时间成本越高。而最终决定通过一项决策所需赞成人数的多少则取决于外部成本和时间成本之和，总成本最低处即为我们所确定的作出决策所需赞成人数。

我们可以通过图2-22来加以简要说明。横轴代表通过一项决策所需赞成的人数，N表示投票者总数，纵轴表示作出决策所需成本，D表示作出决策的时间成本，E表示决策的外部成本。D曲线向上倾斜表示通过决策所需赞成人数越多，则时间成本越大。当通过一项决策只需一个人同意时，时间成本为零，因为这一个人马上就可以作出选择，而不必

---

① 阿罗K．社会选择与个人价值［M］．陈志武，等译．成都：四川人民出版社，1987：85-112．

② 布坎南JM，塔洛克G．同意的计算——立宪民主的逻辑基础［M］．陈光金，译．北京：中国社会科学出版社，2000：66-76．

征求别人的同意。E曲线向下倾斜表示通过决策所需赞成人数越多，则外部成本越小。图2-22中，在N^*处，决策成本最低，说明最优投票规则应该是通过一项决策所需赞成人数为N^*。

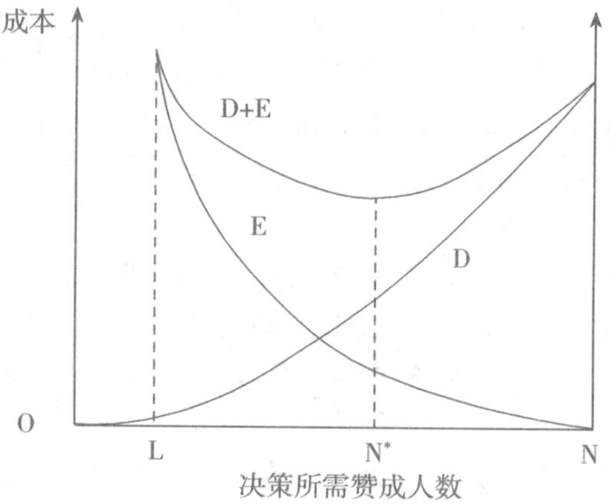

图2-22 最优投票规则

2.4.2 中国财政决策机制[①]

财政决策是指政府关于财政收支规模及其结构的决策。它以社会福利最大化为目标，按照一定的政治程序，筹集适当规模的财政收入，并向社会提供一定规模和结构的公共产品和私人产品，实现公平和效率的有机结合。我们也可以把财政决策看成是上下级政府之间、政府与其民众之间就政府提供产品和服务的一个博弈过程。中国财政决策机制有其自身特点，表现在选民偏好表达、财政决策的权力配置、财政决策程序、国有资产经营和监督等方面。

1）中国财政决策机制简介

（1）偏好表达机制

《宪法》规定，中华人民共和国的一切权力属于人民。人民行使国家权力的机关是全国人民代表大会和地方各级人民代表大会。人大代表通过选举产生，人大代表代表广大人民群众在各级人民代表大会上通过投票权来表达自己的偏好，决定政府活动范围、财政收支规模和结构。

关于投票方式，《中华人民共和国全国人民代表大会议事规则》第53条规定，全国人大“表决议案采用投票方式、举手方式或者其他方式，由主席团决定。宪法的修改，采用投票方式表决”；而“选举或者决定任命，采用无记名投票方式”。第36条规定“大会全体会议选举或者表决任命议案的时候，设秘密写票处”。从实际操作来看，全国人大的表决方式主要有三种：举手表决、投票表决（基本是无记名投票）、按电子表决器表决。

关于投票规则，《中华人民共和国全国人民代表大会议事规则》第36条规定：“全国人民代表大会会议选举或者决定任命……得票数超过全体代表的半数的，始得当选或者通过。”第52条规定：“大会全体会议表决议案，由全体代表的过半数通过。宪法的修改，由全体代表的三分之二以上的多数通过。”所以除了宪法的修改遵循绝对多数投票规则以外，其他议案或选举遵循简单多数投票规则。

---

① 上海财经大学公共政策研究中心. 2005中国财政发展报告——公共财政的信息、决策与职责［M］. 上海：上海财经大学出版社，2005：430-449.

（2）财政决策的权力配置

财政决策的权力主要表现为对预算和决算的编制、审批、执行、监督的权力等。在中国，预算的编制和执行由各级政府负责，财政部门负责具体工作；各级人民代表大会有预算、决算的审批权和监督权，对预算、决算方面不适当的决定的撤销权；各级人民代表大会常务委员会有预算执行的监督权，预算调整方案的审批权以及对预算、决算方面不适当的决定的撤销权。

（3）财政决策程序

财政决策是政府关于财政收支规模及其结构的决策，包括预算决策和财政政策出台机制等，不过财政政策最终也体现为对财政收入和财政支出的影响，所以财政决策可以近似于财政预算的决策。人大会议代表人民履行其预算审批权，中国人大审批预算的一般程序和制度是：第一，政府（行政部门）向本级人大提交预算议案。会议开始时，政府向全体会议代表报告有关本年度预算草案编制和上一年度预算执行的情况，对编制的原则、指导思想、采取的措施、工作的重点等进行说明。第二，人大代表分团（组）进行审议，大会预算审查机构收集代表意见并研究讨论，提出审查报告。第三，审查报告提请大会主席团审议通过后，印发全体代表。第四，根据大会预算审查机构的意见，起草批准预算的决议，经全体会议表决通过后向社会公布。

（4）国有资产经营和监督机制

中国国有资产总量庞大，在国民经济生活中起着举足轻重的作用，因此国有资产的经营和监督机制也是中国财政决策的一个重要组成部分。

自2003年起，中国从中央到地方各级政府陆续建立了国有资产监督和管理委员会（简称国资委），各级国资委的建立，为建立国有资产经营体系奠定了基础。该体系可以分为三个层次，各有明确的职责：一是国有资产管理机构，即国资委，承担国有资产出资人的职责，享有所有者权益，依法监管国有资产的运营；二是国有资产营运机构，即国有资产经营公司，主要任务是根据国家的产业政策，在市场上合理配置资源，促进生产要素的合理流动；三是国有企业，是市场运行的主体，从事具体的生产经营活动，以营利为目的。

2）中国财政决策机制存在的问题

（1）人大代表的偏好表达能力不足

由于以下原因造成了人大代表的偏好表达能力较差：首先，中国的人大代表都是兼职的，人大会议结束后即返回自己的工作岗位，而履行人大职责的各级人大常务委员会组成人员也大多是兼职的，很多人是从政府一线退下来的人员，无法保证人大代表具有足够的责任、热情、充分的时间和精力去了解人民的要求，调查人大决议的落实情况，监督其他国家机关的工作，以及进行必要的法律和业务学习，以提高自身的素质和工作能力；其次，人大会议会期短，全国人大会期一般15天，安排审查预算只有2至3天。地方人大会期更短（省级人大会期5至7天，县级2.5天至3天），安排审查预算的时间只有1天左右甚至更少，这导致代表们没有充分时间了解有关预算情况，影响了审议的质量和偏好的表达。

（2）有关人大在财政决策中的权力和地位的法律法规尚不完善

《宪法》第62条第10款规定了全国人大有权审查和批准国家预算和预算执行情况的报告，但《宪法》未能对人大在财政决策中的中心地位和具体权力行使作出严格规定。也就是说，中国人大在财政决策中的权力和地位，未能提到宪法的高度。由于中国宪政实践中至今未能发展出比较完善的宪政审查机制，对于财政决策过程中的合宪性问题，没有权威和独立的机构给予最后的裁定。

(3) 财政决策程序方面存在的问题

财政决策程序方面存在的问题表现在预算的编制、执行、监督等方面。

①预算编制方面的问题

预算资金分配权分散，存在着财政和部门分头供给资金的情况；预算编制时间短，影响预算编制的质量；预算的编制不够细致；预算年度开始三四个月以后，预算才得以正式批准，预算编制和预算年度脱节。

②预算“刚性”不足

首先，预算项目的可变性，要么是由于编制预算时故意留缺口，准备用变更预算来解决；要么是由于对项目论证不够，导致在执行中预算变动频繁，临时立项、临时要钱、追加频繁、使用效益差等现象比较严重。其次，超收收入安排随意性大，多数是先使用后作预算调整，提出调整议案往往在离年末决算只有很短的时间才提出，人大被动批准，超收安排甚至游离于人大监督之外。最后，人大与政府的权限划分不清，政府将预算调整理解为只有总支出大于总收入才需要人大常委会批准，多收多支或减收减支无须审批，从而否定了人大审批预算的必要性，使超收收入安排支出的预算资金游离于人大的监督之外，政府及其部门在预算执行中的随意性和腐败行为有所增加。

③人大对财政决策结果的监督机制尚不够完善

目前人大对财政决策的结果有两次正式的审查：第一次是每年年初人大开会时，人大代表要对政府所做的上一年度预算执行情况报告进行审查；第二次是每年年中，由人大常委会对政府决算进行审查。人大还可以委托审计部门，就预算执行情况进行专门的审计。从实际运行结果看，人大及其常委会这两次审查都未能形成强有力的监督。此外，审计监督也应加强。从年初人大审查预算执行情况看，存在的主要问题有：第一，上年预算执行的结转资金和结转项目，未列入本年初人大财政决策的范围，但这些支出仍按正常进度运行，不但冲击了本年度预算执行，而且脱离了本年度人大的监督；第二，年初预算审批时，预算数字不具体、不准确，决策和监督都难以到位；第三，上级政府尤其是中央政府在一年之间，不断出台新的政策，地方为落实这些政策，不断追加支出并为此增加收入，从而破坏了年初人大审批过的预算，影响了本年度的预算执行；第四，财政部门向人大及其常委会报送有关预算执行情况的意识薄弱，报送不及时，削弱了人大监督的作用；第五，预算中安排的预备费或结余结转使用不规范，甚至不合理，如将结余安排到不属于预备费开支的项目上，形成结转下年的结余以便下一年调剂使用，或出现年终突击支用预备费的现象；第六，财政年度与审批时间不一致，使得财政预算在年初几个月未处于人大监督之中。

从年中人大常委会对决算监督看，存在的主要问题有：第一，每年政府上一年度决算编成后，一般报上级主管部门审核，等结算完毕后才提交人大常委会审查，不少地方就连召开财政决算工作会议也不让人大财经机构人员参加，从而大大削弱了人大常委会在决算方面的监督权力。第二，决算审查时间短。每年五六月份上级财政部门才办理完毕上年度对下级财政的结算事项，留给人大常委会审查的时间极短。第三，政府提供人大常委会的决算资料非常少，一般只有决算说明和为数很少的几张决算表格，预算与决算即使出现巨大差额也不向人大作出说明，上级补助、转移支付、预留配套资金等具体项目都无据可查。第四，审计部门的审计报告不科学，审计部门不对财政总决算进行审计，也不向人大报告审计结果和存在的问题。第五，人大对部门决算监督不够，根本不知道财政资金的投向是否正确，效益如何，从而失去了对决算基本的监督。

④国有资产经营方面存在的问题

中国国有资产的经营决策，存在以下几个方面的问题：

第一，国有资产所有权及其收益权归属全民的机制缺失。中国经济制度的最大特色以及最大的优越性在于实行中国特色社会主义市场经济。社会主义体现在全民所有制和集体所有制，全民所有制实行国家所有制无可厚非，但实际运行过程中，不能忘记全民所有制实行国家所有制由政府代表人民来管理经营全民所有的资产，政府也只是代理人，全民才是所有者。所有者所有的资产发生增值收益或处分收益时，所有者要参与分享。如果缺少这样的机制，就只能是名义上的全民所有制而不是真正的全民所有制。全民对国有资产收益的分享是社会主义存在的实质，也是党和政府执政为民、落实以人民为中心的发展理念和增加人民获得感的基础机制[①]。人大要建立并落实这种新型社会主义机制——国有资产收益全民分享制度。

第二，国有资产经营收益核算和管理不到位。在某些领域，社会主义全民所有制被转化为部门所有、地区所有、企业所有、任期内高管人员或执政官员所有，代表国家行使所有权的部门和个人有时没有真正代表国家利益和全民利益，而是为小单位和个人的私利侵害国有资产所有者（全体人民）的利益（孟勤国，2004）[②]，习近平总书记于2014年底在中央经济工作会议上分析国企存在的问题时也严肃地指出，有的国企内部管理混乱，侵吞、贪污、输送、挥霍国企资产现象大量发生。不仅如此，政府机关、事业单位也占有规模不小、数额巨大的国有资产，它们以接待处、培训中心、宾馆酒店、实验院所、专业学院、交流中心、学会、协会、研究院所、校办院办企业等形式存在，只有极少数人能享有这些国有资产利益，一般人民群众难有接触机会，这些国有资产在中央发布“八项规定”前以公开半公开形式出现，在实行“八项规定”以后多处于或隐蔽享用或出让或闲置或荒废状态。

第三，国有资产经营收益支出不合理。一方面，部分国有资本收益再度流回国有资产部门内部；另一方面，相当规模的国有资本收益投资方向与“国有资本经营预算支出主要用于涉及国家安全、国民经济命脉、国家发展战略的关键领域和能够改善民生的领域”的方针不符，无法做到取之于民、用之于民。在当下，社会主义中国存在一个违背常理的现象，即一方面全民所有制经济即国有经济占主导地位且国有经济迅速发展、国有资产及其收益日益庞大，另一方面这个所有制的不少所有者却还处于贫困状态。

第四，各级人大在国有资产配置决策过程中没有发挥应有的作用。国有资产在全部社会资产中的合适比例、国有资产转让尤其是各项资源型资产（特别是国有土地产权）转让、对国有资产的再投资等重大问题的决策，事实上人大参与得极少，人大也很少对国有资产管理部门和国有企业进行日常监督，缺乏对重大问题的特别监督。

---

① 杨斌．马克思剥削理论与社会主义分益制财政体制［J］．厦门大学学报（哲学社会科学版），2020（2）：1-11.

② 孟勤国．公有制与中国物权立法［J］．法学，2004（2）：44-53.

3）完善中国财政决策机制的建议

针对中国财政决策机制存在的问题，建议从以下几方面加以完善：

（1）加强人大在财政决策方面的作用

应该在宪法层次上，相对清晰地界定人大在财政决策中的具体职权及具体运行规则，增加和修正有关条文，然后根据相应的宪法条款修正目前的《中华人民共和国全国人民代表大会组织法》（以下简称《人大组织法》）和《预算法》，解决目前财政决策中存在的种种不合理现象，如人大会议时间短、没有会议辩论，以及人大对财政的信息获取权力等。当然，要使得宪法和法律发挥作用，一定要建立完善的宪政审查机制，由经常性的、权威性的机制来确保人大在财政决策中的地位和正常运转。

（2）强化人大代表的偏好表达能力

学术界目前比较一致的看法是，中国人大的代表应该减少名额，方便开会讨论和辩论，在此基础上实行人大代表的专职化，强化人大代表的偏好表达能力。

（3）延长人大会议的会期，甚至实行人大会期的常年制

这样，人大可以有相对充分的时间来审议政府的预算草案，对不符合要求的预算草案可以要求政府修改，或者由人大自行编制。为改变预算随意调整的弊端，应通过法律规定，政府的一切预算调整都必须经过人大的决策和批准。就预算编制的时间而言，中国应提前1年甚至更长的时间进行预算草案的编制工作，以科学和准确地反映国民经济状况和政府的收支情况。

（4）加强人大对财政预算执行的监督力度

一是要求财政部门向人大提供全部预算、预算调整和决算资料，人大要按部门预算的口径，直接监督财政资金的使用状况，做好对部门预算和决算的监督，要对财政决策执行的全过程实行监督，特别是加强对预备费使用的监督；二是要在人大建立专门的审计部门（或者将目前的审计部门从行政部门划转为人大直属），以加强对财政决策执行情况的监督。

（5）优化国有资产经营决策与监督制度的建议

为了优化中国国有资产经营决策，除了应该建立完善有关国有资产经营决策的法律、建立健全国有资产监督体系外，至少还要在以下两个方面进行制度上的完善。

第一，强化国有资产管理监督职能。在社会主义条件下，人大不仅仅是立法机关，也是国有资产受托管理机关。要在人大所属的委员会中增加“国有资产委员会”或者“全民所有资产委员会”。该委员会为负责全民所有资产或国有资产决策的专门委员会，除了要负责起草有关国有资产的法律外，还要监督全部国有资产管理部门定期提交的涵盖所有国有资产（包括经营性资产、非经营性资产和资源性资产）的平衡表，决定国有资产收益包括国有资源转让收入的使用和分配，制定有关国有资产处置法律，决定“国有资产监督和管理委员会”的人选，监督他们的工作。人大及其专门委员会对国有资产、国有企业、机关事业单位等的监督，也可以委托审计部门（应附属于人大而非行政部门）或者社会中介组织来进行。要求政府每年向人大报告并公布有关国有资产数量、价值总额、净资产、经营收益情况等更加具体的数据，进一步落实中共中央《关于建立国务院向全国人大常委会

报告国有资产管理情况制度的意见》[①]，让其所有者全国人民知晓国有资产保值增值的详细情况。

第二，完善国有资本经营预算并加强监督。建立国有资产及其收益的统计核算体系，创新统计标准和会计核算办法，完整地核算国有资产及其经营结果。在此基础上，完善国有资本经营预算，增加国有资本经营预算收入，改变目前庞大的国有资产数额与微乎其微的国有资本经营预算收入的严重不对称现象。2018年，经营性国有资产总额（包括金融和非金融资产）474.7万亿元，净资产总额75.9万亿元[②]，但当年国有资本经营预算收入2 905.79亿元[③]，占净资产比率为0.38%。

通过完善国有资本经营预算，将国有资产的经营管理纳入人民代表机构的决策和监督之下，可以全面监督和考核全体人民的权益和产权变动，以及国家有计划的再投资活动，确保国有资产的保值增值；同时也有利于纠正国有资产管理体制中出现的某些非规范行为，如产权界定时产权代表不确立、产权交易中国有资产流失、资产经营中所有者权益无保障等，从而有效保证所有者权益不受侵犯，抑制国有资产流失。

4）各财政主体之间的博弈规则

（1）纳税人和征税人的博弈规则

纳税人和征税人的博弈在于纳税人争取尽量少纳税，而在没有寻租行为假定条件下的征税人则争取让纳税人全额缴纳税法规定的应纳税收。纳税人少纳税的手段包括避税和逃税，其中避税是合法的，而逃税是违法行为。我们这里主要论述纳税人和征税人在逃税方面的博弈。

纳税人的经济人行为以及纳税人和征税人之间的信息不对称，使纳税人具备了偷逃税的动机和条件。而纳税人的逃税额度取决于税率（t）、罚款金额（P）和税务稽查概率（ρ）。如图2-23所示，用横轴表示逃税额（T），纵轴表示逃税的边际收益（MB）和边际成本（MC）。纳税人逃税的边际收益等于税率，而其边际成本等于罚款金额乘以被稽查的概率，纳税人的最佳逃税额度为T^*，此时，纳税人逃税的边际收益与边际成本相等。

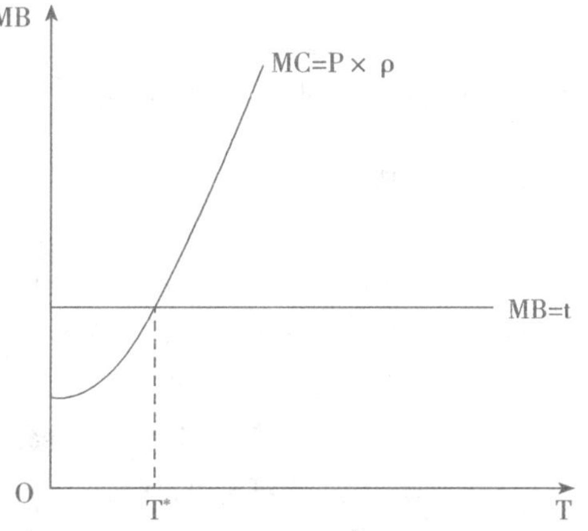

图2-23 最佳逃税额

① http://www.gov.cn/zhengce/2018-01/14/content_5256573.htm.

② 国务院. 关于2018年度国有资产管理情况的综合报告［EB/OL］.［2019-10-09］. http://www.npc.gov.cn/npc/c30834/201910/9b41e133a8cb45abaebbb44893a2eb55.shtm.

③ 财政部预算司.2018年全国国有资本经营收入决算表［EB/OL］.［2019-07-18］. http://yss.mof.gov.cn/2018czjs/201907/t20190718_3303331.htm.

由以上论述及图2-23可知，当税率上升时，纳税人的偷逃税行为增加，而税务稽查概率和罚款额度的提高将会减少纳税人的偷逃税行为。

（2）各级政府之间的博弈

中国各级政府之间的财政博弈主要表现为因事权划分不清而导致的上下级政府之间的讨价还价以及上级政府的转移支付在下级政府之间的分配。

由于政府间事权划分不清，各级政府的事权和支出责任不明，上级政府凭借自己制定规则的优势，采取权力、激励、代替决策等方式，把本应由本级财政负担的费用强派给下级财政负担，其实质就是将负担尽量向下压，收入尽量向上收，这是上级政府的“下压型”的博弈规则。而下级政府凭借其信息优势和执行政策的优势，在上下级委托代理关系中通过博弈过程，把本应由下级财政支出的费用，以申请拨款报告、虚假配套资金、挂账、借钱不还、混淆级次（“收入混库”）等手段倒逼上级财政负担，其实质就是将负担尽量向上挤，收入尽量向下留，这是下级政府的“倒逼型”的博弈规则。

由于上级政府可用于转移支付的财政资金数量是一定的，下级政府为了最大化从上级政府获得的转移支付，一方面得和上级政府博弈，另一方面还得和同级政府博弈。在目前的中国，省以下的转移支付更不规范，人为因素比较严重。此外，中央政府向省级政府的转移支付用公式法决定，计算公式是：

某地区一般性转移支付额=（该地区标准财政支出-该地区标准财政收入）×该地区转移支付系数

这样某一地区为了获得更多的转移支付，就必须增大本地区的标准财政支出或缩小本地区的标准财政收入；或者是通过诸如争取把本地区划为革命老区等手段来增大转移支付系数。

（3）财政主管部门与用款单位之间的博弈

财政主管部门和用款单位之间的博弈，基本情形与各级政府之间的博弈相似，不过财政主管部门和用款单位之间的博弈主要集中于支出方面，也就是在争取财政资金方面。

2.4.3 最大多数人民利益的表达机制和保障机制

1）最大多数人民利益的表达机制

（1）人民代表大会制度

人民代表大会制度是一种代议制民主，它是在普选基础上产生的。按照《宪法》和《中华人民共和国选举法》（以下简称《选举法》）的规定，人民以普选的形式选举人民代表，人民代表按照宪法和有关组织法规定组成地方各级人民代表大会和全国人民代表大会。尽管人民代表大会制度还需要进一步完善并提升其职能，但人民代表大会以政权组织的形式为人民群众的利益提供最有力、最可靠的保障，通过立法和监督来实现人民的利益。

（2）政治协商制度

在中国共产党领导的多党合作和政治协商制度下，民主党派参与国家大政方针和国家领导人选的协商，参与国家事务的管理，参与国家方针、政策、法律、法规的制定执行；在四项基本原则的基础上，发扬民主，广开言路，鼓励和支持民主党派与无党派人士对党和国家的方针政策、各项工作提出意见、批评、建议。全国政协和地方各级政协委员来自不同的社会阶层和群体，能够代表和反映所联系的那部分群众的具体利益和要求，代表他们参政议政，从而使政治协商制度成为人民群众表达其利益诉求的一种重要的机制。

（3）信访

自2005年5月1日起实施的国务院《信访条例》规定："各级人民政府、县级以上人民政府工作部门应当做好信访工作，认真处理来信、接待来访，倾听人民群众的意见、建议和要求，接受人民群众的监督，努力为人民群众服务。"而公民、法人或者其他组织可以"采用书信、电子邮件、传真、电话、走访等形式，向各级人民政府、县级以上人民政府工作部门反映情况，提出建议、意见或者投诉请求……"，使信访成为人民群众的一种非常重要的利益表达机制。2014年2月，网上受理信访制度确立，进一步拓宽了人民群众利益表达渠道。

（4）传媒

传媒具有信息量大、包容性强、影响面广的特点，它作为人民群众与政府沟通的桥梁，往往以弱势群体代言人的身份为很多无法与决策系统接触的人群提供表述问题与意见的窗口；同时，中国的大众传媒基本上具有"官方"或"半官方"的性质，因而其政治性很强，往往能对人民群众利益的表达和问题的解决起到特殊作用；与信访、群体行动等机制相比，传媒是人民群众表达其利益的一种更理性的机制。

（5）群体行动

中国《宪法》第35条规定："中华人民共和国公民有言论、出版、集会、结社、游行、示威的自由。"随着经济和社会的发展，目前中国形成了多个不同的社会阶层，各个社会阶层不可避免地存在各种具体利益的冲突，当利益表达机制不畅、问题得不到及时解决时，人民群众往往通过群体性行动来表达自己的利益诉求。群体行动是指具有某种共同利益的、具有一定规模的群体，有意实施的集会、示威行动等。由于这种群体行动往往是矛盾激化后的过激行动，而且一般没有经过批准，容易产生超出宪法、法律赋予的权利的问题，存在不可控因素，往往造成阻碍交通等不良后果。因此，如何建立并完善正常的、合法的、符合中国国情的群体表达机制仍然是一个重要课题。

2）最大多数人民利益的保障机制

虽然从理论上来说，人民群众可以有多种机制和渠道来表达其利益诉求，但是在其利益表达的过程中，可能会有失真现象的发生，或者其利益的表达是违反社会规范的（例如通过群体行动来表达其利益），因此需要有一定的保障机制来保证其利益能正确地、真实地、及时地得以表达。

（1）选举制度

中国人大代表的选举采取直接选举与间接选举相结合的方式。直接选举是选民通过投票等方式，直接选举人民代表，直接选举方式适用于县、区、乡、镇人民代表大会代表的选举。间接选举是上一级人民代表大会的代表由下一级人民代表大会通过间接方式选举产生的制度，间接选举主要适用于县级以上各级人民代表大会代表的选举、同级军队人大代表的选举和特别行政区全国人大代表的选举。这种层层选举的制度保证了各级人大代表的代表性，能较好地代表最大多数人的利益。

不过中国的选举制度还存在一些问题，表现在：第一，选举实践与选举理论不完全适应，中国选举理论总的来说是相当完善、相当先进的；但由于历史和现实的种种原因，人们在选举活动中却感到民主气氛远远不足。第二，选民素质、候选人素质与选举目标不完全适应。能否选出高素质的代表进入各级权力机构，关系到人大能否正常地发挥自己的作用，能否真实准确地代表人民群众的利益。部分人大代表缺乏良好的政治素养，议政参政能力较差，很难提出高质量的提案议案，不能有效地代表广大人民群众的利益。

我们可以通过以下措施完善中国人大代表的选举制度：第一，加强选举制度的执行力度，杜绝非法选举。第二，逐渐扩大直接选举的范围，缩小间接选举的范围，因为直接选举是一种更能真实、准确地反映民意的选举制度。第三，合理确定人大代表的规模。根据布坎南的最优投票规则，我们同样可以推导出代表人数太多或者太少都会导致较高的成本（包括决策成本和外部成本），应选择成本最低的代表规模。第四，缩小选区。选区小，信息不对称的现象就会减少，从而选出来的代表具有更强的参政议政能力和更广泛的代表性。

（2）民主集中制

中国宪法规定了国家机构实行民主集中制原则，并在《选举法》、《人大组织法》、《中华人民共和国全国人民代表大会议事规则》、《全国人大常委会议事规则》、《中华人民共和国地方各级人大和地方各级政府组织法》（以下简称《组织法》）和《中华人民共和国全国人民代表大会和地方各级人民代表大会代表法》（以下简称《代表法》）等法律中规定了此原则的具体运作方式。民主和集中二者相辅相成、相互渗透、内在统一。民主孕育着集中，集中包含着民主。民主是集中的基础和前提，集中是民主的目的和归宿。只有充分发扬民主，集思广益，让代表各方利益的各种意见都提交上来，再进行鉴别、比较，才能得出符合实际的意见，制定出正确的路线、方针和政策。而如果缺乏必要的集中，总是议而不决，自然也难以形成统一意志和统一行动。民主集中制的多数决定原则，保证了最终形成的决策代表了大多数人的利益，所以民主集中制能保障人民群众的利益，是最大多数人利益得到有效保障的机制。

（3）党政干部选拔任用制度

党政干部是制定、执行政府决策的主体，党政干部的素质是党委、人大、政府形成的决议能否得到切实执行的关键，是人民群众的利益能否得到保障的关键一环，所以成功的干部考核制度成为重要的人民群众利益保障机制。

但是现行干部考核制度还不是很完善，它影响了干部考核制度成为人民群众利益保障机制的效果。首先，考核指标比较笼统。《党政领导干部选拔任用工作条例（2019年印发）》第二十七条规定，考察党政领导职务拟任人选，必须依据干部选拔任用条件和不同领导职务的职责要求，全面考察其德、能、勤、绩、廉，注重考察工作实绩，即考察其道德品质、领导能力、工作态度和工作作风、工作实绩以及廉洁自律五个方面，考核指标比较笼统，不够细化。其次，现行干部考核制度是自上而下的考核，干部只对上负责，不对下负责。最后，考核比较片面，没有将领导班子的整体评价与对领导干部的个体评价有机结合起来。

完善中国的干部考核制度，首先，要细化干部考核指标，建立一套细化的评价指标体系。在德、能、勤、绩、廉的评价体系下，建立包括绿色GDP指标、对群众信访和群体事件的妥善处理、取得现有政绩所花的成本、所辖地区或部门的可持续发展能力等指标在内的具体指标。特别值得注意的是，在目前少部分中国政府官员存在贪污腐败现象的情况下，应该特别注意对官员“廉”这一指标的考核，并且这种考核应该以事前预防、事中监督、事后考核相结合，而不只是事后考核。其次，考核要注重群众的评价。群众满意不满意，是评价干部政绩的最终标准，应该采取适当的方式方法，让群众更广泛地参与对领导班子和领导干部的评价。最后，防止考核的片面性。应该既考核领导班子的政绩，又考核个体成员特别是领导者的政绩，把个体政绩和集体政绩结合起来进行分析，以防止和解决一“绩”多用和干好干坏一个样的问题，避免政绩考核的片面性。

为实现社会福利最大化，政府必须协调公平和效率，政府协调两者的手段主要是提供公共产品。而体现最大多数人利益的公共产品的规模和结构有助于社会福利最大化的实现。公共产品的规模和结构基本上就代表了政府支出规模和结构，所以社会福利最大化的问题又可以归结为控制政府支出规模、优化支出结构的问题。

本章小结

• 社会福利函数包括边沁社会福利函数、罗尔斯社会福利函数以及伯格森和萨缪尔森社会福利函数。

• 社会福利在不同的国家以及同一国家的不同发展阶段有不同的内涵。在中国现实中的社会福利表现为最大多数人民的根本利益，如何实现最大多数人民的根本利益是财政的最终目的。人类社会还没有找到一个十分完美的衡量社会福利和经济社会发展状态的指标。

• 福利经济学基本原理说明了市场和效率的关系。

• 外部性的私人解决方法包括外部性内部化、产权交易、非正式制度，外部性的公共解决办法包括庇古税、庇古补贴、出售或分配许可证以及管制等。

• 市场失灵主要包括市场势力的存在和非完整的市场体系。政府职能主要是纠正市场失灵，包括资源配置职能、收入分配职能和经济稳定职能。

• 引起政府失效的原因包括政府垄断、信息不充分、政府官员的经济人行为、社会福利函数的不存在性以及政府目光短浅和行为的短期化等，对政府失效的矫正包括改革公共选择过程和引入市场力量。

• 关于收入分配的公平标准，存在着三种不同的理解，而公平的衡量标准包括贫困线、贫困缺口、最高收入和最低收入家庭群占GDP或货币收入的份额、洛仑兹曲线、基尼系数等。

• 公平和效率有冲突但不是没有协调的可能，政府协调公平和效率的主要工具之一是收入再分配。当然协调公平和效率必须遵循一定的原则和方法，由政府提供公共产品来协调公平和效率是建立和谐社会的关键问题。

• 公共产品是社会产品的一种，它是和私人产品相对应的。亚里士多德、萨缪尔森等人先后针对公共产品进行了论述。公共产品具有消费的非竞争性和收益的非排他性两个特征，萨瓦斯根据这两个特征对公共产品进行了连续性的分类，当然也还存在其他的分类方法。

• 公共产品的内涵具有多变性，非纯市场经济条件下公共产品有其特殊性，这种特殊性与市场功能相关，具体表现为更加健全的市场体系、更加合理的市场规则和新型社会主义机制。

• 对纯公共产品的有效供给的研究包括庇古方式、局部均衡分析和一般均衡分析，纯公共产品最优供给的萨缪尔森条件可以表示为：$MRT=MRS^{Z}+MRS^{L}$。

• 决定公共产品供给主体的因素包括工资和材料的相对成本、管理成本、偏好多样性、分配问题以及历史文化因素等，公共产品的供给方包括政府、社区以及市场。

• 人们主要通过投票来表达其利益诉求，关于投票规则的论述包括一致同意规则和林达尔模型。

• 中间投票人定理说明，如果所有投票者的偏好是单峰的，投票的均衡解正好和中间投票人的第一偏好一致；互投赞成票能表达投票人对不同议案的偏好程度；阿罗不可能定理说明在满足一系列合理条件的情况下，任何公共决策过程都不可能由个人偏好推导出社会偏好；最优投票规则的选择依据是决策外部成本和时间成本的总和最小化。

• 中国财政决策机制包括偏好表达机制、财政决策的权力配置、财政决策程序以及国有资本经营、监督机制。

• 中国财政决策机制还存在一些问题，优化财政决策机制主要针对这些问题进行。

• 各财政主体之间的博弈包括纳税人和征税人的博弈、各级政府之间的博弈以及财政主管部门与用款单位之间的博弈。

• 中国最大多数人民利益的表达机制包括人民代表大会制度、政治协商制度、信访、传媒和群体行动。最大多数人民利益的保障机制包括选举制度、民主集中制和干部考核制度。

本章综合训练

第 3 章

中国政府支出

☞ 学习目标

• 了解中国政府支出的规模、结构、特点；

• 了解财政支出增长的主要模型和控制政府支出的方法；

• 了解中国目前国防，行政，教育，科技，扶贫和农业、农村、农民，基础设施，国有资本，社会保险，医疗和公共卫生等财政主要支出领域的基本情况和优化支出的策略。

☞ 导语

政府支出，也称财政支出或公共支出，是指政府为履行其职能而进行的开支，包括政府向社会提供的公共产品和服务在内消耗的费用总和。政府为履行其资源配置、收入分配和经济稳定职能，会发生三方面的支出，包括保证政府及其隶属单位运转的维持性支出、民生支出、经济性支出等。

此外，在存在大量国有资产的社会中，国有资本支出也是政府支出的主要领域，不过国有资本支出一般在国有资本预算或国有资本经营预算中体现。

政府支出是政府经济活动的一个重要方面，不仅政府运转靠财政支出，而且政府干预、调节经济、进行收入再分配，也要通过政府支出来实现。因此，政府支出的规模和结构既反映政府介入经济生活和社会生活的范围、领域和力度，也反映财政在经济和社会生活中的地位。

本章将分 9 节对中国政府主要支出领域和有关支出的热点问题展开阐述。

3.1 节介绍中国政府支出的总体概况、支出增长的主要理论模型，并对中国政府支出增长的因素进行分析，最后介绍控制政府支出的若干方法。

3.2 节介绍中国的国防和行政管理支出。首先介绍中国的国防和行政管理支出的性质、范围、规模和结构，其次介绍国防体制和国防支出管理，最后对中国行政管理支出的若干重要问题进行讨论并提出若干优化策略。

3.3 节首先从理论上分析教育产品的属性，接下来重点分析中国教育支出的基本情况，包括政府教育支出的规模和结构。

3.4 节介绍科学技术支出的基本范围以及中国科学技术支出的现状和国际比较，并提出分析科学技术支出的成本效益的方法。

3.5 节阐述基础设施投资支出。首先对基础设施的范围和性质加以界定，其后指出政府介入基础设施投资的原因，并介绍主要的投资方式。结合中国情况重点分析交通运输、水利、能源基础设施的投资情况，介绍“新基建”的情况，阐述新中国成立以来基础设施建设取得的世界瞩目的巨大成就，也指出仍然存在的主要问题。

3.6 节介绍中国国有资本支出，分析国有资本支出的性质、规模和结构，并对国有资本支出存在的问题和改进思路进行讨论。

3.7 节介绍扶贫支出。首先详细介绍中国的贫困状况，接着阐述国内和国际上主要的扶贫方式并对其进行经济效应分析。

3.8 节阐述社会保险支出。这一节重点研究养老保险和失业保险。首先，概述中国近年来社会保险支出的情况，然后通过对社会保险体系的介绍进一步分析政府提供社会保险支出的原因以及目前世界各国社会保险体系面临的问题。接下来，具体考察作为社会保险体系核心内容的养老保险制度的情况，指出不同模式下养老保险的经济影响，并结合世界各国养老保险改革情况分析不同改革方案的利弊。最后，结合中国的实际情况提出中国养老保险和失业保险改革的思路。

3.9节主要介绍医疗和公共卫生支出。首先，介绍医疗服务的主要提供方式，并从理论上分析它们在中国国情下的利弊关系；其次，说明中国当前医疗服务领域存在的主要问题以及医疗保险制度改革情况和未来走向；再次，介绍农村地区医疗服务提供机制；最后，分析公共卫生机制，并结合实际提出若干典型案例。

3.1 中国政府支出增长变动情况

3.1.1 中国政府支出增长变动的主要特点

1）政府支出的增长变动

考察政府支出增长变动情况一般可以使用两个指标：增长指标和相对指标。增长指标就是反映政府支出及其主要开支项目的增长变化情况。相对指标主要有两层含义：一是政府支出总额与其他相关经济指标，如国内生产总值（GDP）、个人可支配收入等的比值，通过这些比值及其变化，考察政府支出的增长情况；二是将政府支出加以分类，通过主要支出项目与GDP之间的比值，考察政府支出的结构性特点。

如第1章所述，按照管理方式划分，中国政府财政支出可以分为一般公共预算支出、政府性基金预算支出、社会保险基金预算支出、国有资本经营预算支出几个部分。

近16年政府总支出规模见表3-1，其占GDP比重见表3-2。

表3-1　2004—2019年政府总支出及其构成

年份	一般公共预算支出		政府性基金预算支出		社会保险基金预算支出		国有资本经营预算支出		政府总支出
	金额（亿元）	比重（%）	金额（亿元）	比重（%）	金额（亿元）	比重（%）	金额（亿元）	比重（%）	（亿元）
2004	32 838.62	76.57	5 425.08	12.65	4 627.4	10.79	—	—	42 890.7
2005	39 172.76	80.19	4 278.09	8.76	5 400.8	11.06	—	—	48 851.85
2006	46 289.68	77.47	6 992.85	11.70	6 477.4	10.84	—	—	59 755.03
2007	55 893.77	76.08	9 684.44	13.18	7 887.8	10.74	—	—	73 467.21
2008	68 939.02	73.46	14 984.7	15.97	9 925.1	10.58	—	—	93 849.72
2009	82 412.35	74.36	16 118.79	14.54	12 302.6	11.10	—	—	110 834.11
2010	95 628.85	65.97	33 951.16	23.42	14 818.5	10.22	563.43	0.39	144 961.94
2011	109 247.79	65.02	39 946.61	23.78	18 054.6	10.75	769.54	0.46	168 018.54
2012	125 952.97	67.74	36 330.87	19.54	22 182	11.93	1 479.66	0.80	185 945.50
2013	139 744.26	63.52	50 116.46	22.78	28 616.75	13.01	1 513.6	0.69	219 991.07
2014	151 661.54	63.53	51 387.75	21.53	33 669.12	14.10	1 999.95	0.84	238 718.36
2015	175 767.78	67.72	42 363.85	16.32	39 356.68	15.16	2 078.57	0.80	259 566.88
2016	187 841.14	66.90	46 851.52	16.69	43 918.94	15.64	2 171.46	0.77	280 783.06
2017	203 330.03	64.55	60 700.22	19.27	48 951.67	15.54	2 010.93	0.64	314 992.85
2018	220 904.13	59.54	80 601.62	21.72	67 380.69	18.16	2 153.28	0.58	371 039.72
2019	238 858.37	58.61	91 647.77	22.49	74 740.78	18.34	2 295.41	0.56	407 542.33

资料来源及说明　本表的一般公共预算口径（2004—2010年）包括一般预算支出和预算外支出。从2011年起，一般公共预算支出包括预算外支出，数据来源于《中国统计年鉴》（2005—2013年），2014年—2017年数据来源于历年国务院向全国人大作的相关年份中央和地方预算执行情况与中央和地方预算草案的报告。2007年以前政府性基金预算支出数据根据历年《中国会计年鉴》和地方财政统计资料提供

的数据计算，2008—2017年的数据根据国务院向全国人大作的相关年份中央和地方预算执行情况与中央和地方预算草案的报告。社会保险基金预算支出数据，2012年以前根据各年度人力资源和社会保障部、国家统计局发布的《人力资源和社会保障事业发展统计公报》提供的数据计算，2012—2017年数据来源于历年国务院向全国人大作的相关年份中央和地方预算执行情况与中央和地方预算草案的报告。2010—2017年国有资本经营预算支出数据来源于历年国务院向全国人大作的相关年份中央和地方预算执行情况与中央和地方预算草案的报告。从2010年开始，除以上公共财政收支预算外，国务院还向全国人大报告政府性基金预算、中央国有资本经营预算，2010—2011年国有资本经营预算支出数据为中央国有资本经营支出，2012—2017年国有资本经营支出为全国国有资本经营支出。2018年数据来源：财政部预算司.2018年全国财政决算［EB/OL］.［2021-02-18］. http：//yss.mof.gov.cn/2018czjs/index.htm。2019年数据来源：财政部预算司. 2019年全国财政决算［EB/OL］.［2021-02-18］. http：//yss.mof.gov.cn/2019qgczjs.

表3-2　　2004—2019年中国的政府支出占国内生产总值（GDP）的比重

年份	GDP（亿元）	一般公共预算支出（亿元）	一般公共预算支出/GDP（%）	政府总支出（亿元）	政府总支出/GDP（%）
2004	161 840.20	28 486.89	17.60	42 890.7	26.50
2005	187 318.90	33 930.28	18.11	48 851.85	26.08
2006	219 438.50	40 422.73	18.42	59 755.03	27.23
2007	270 092.30	49 781.35	18.43	73 467.21	27.20
2008	319 244.60	62 592.66	19.61	93 849.72	29.40
2009	348 517.70	76 299.93	21.89	110 834.11	31.80
2010	412 119.30	89 874.16	21.81	144 961.94	35.17
2011	487 940.20	109 247.79	22.39	168 018.54	34.43
2012	538 580.00	125 952.97	23.39	185 945.50	34.53
2013	592 963.20	140 212.10	23.65	219 991.07	37.10
2014	641 280.60	151 785.56	23.67	238 718.36	37.23
2015	685 992.90	175 877.77	25.64	259 566.88	37.84
2016	740 060.80	187 755.21	25.37	280 783.06	37.94
2017	820 754.30	203 085.49	24.74	314 992.85	38.38
2018	900 309.50	220 904.13	24.54	371 039.72	41.21
2019	990 865.10	238 858.37	24.11	407 542.33	41.13

资料来源　2004—2017年数据根据《中国统计年鉴》（2019）相关数据和表3-1的数据整理计算得到，2019年数据来源于国家统计局网站数据和表3-1的数据整理计算得到。

表3-2和图3-1、图3-2，反映近16年来中国政府开支规模和占GDP比重变化情况。表明这一期间，中国政府支出和一般公共预算支出是呈逐年递增趋势的。政府支出从2004年的4万亿元增长到2019年40万亿元，增长了10倍。同样，一般公共预算支出，2004年2.8万亿元，到2019年达到23.9万亿元，增长了8.5倍。一般公共预算支出1990年

只有3 000亿元，1998年过万亿元，到2002年过2万亿元，而到2005年过3万亿元大关。这以后几乎每年增长万亿元以上。

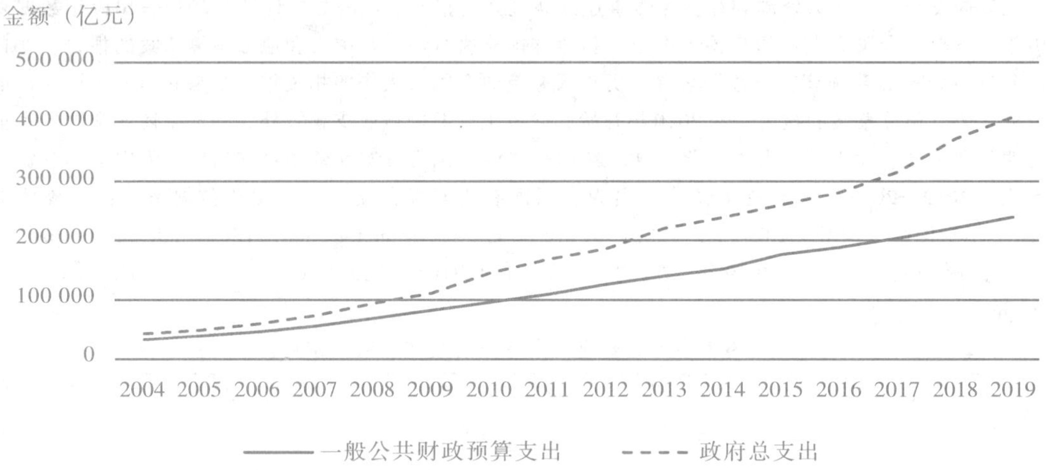

图3-1 2004—2019年政府总支出和一般公共预算支出变化趋势图

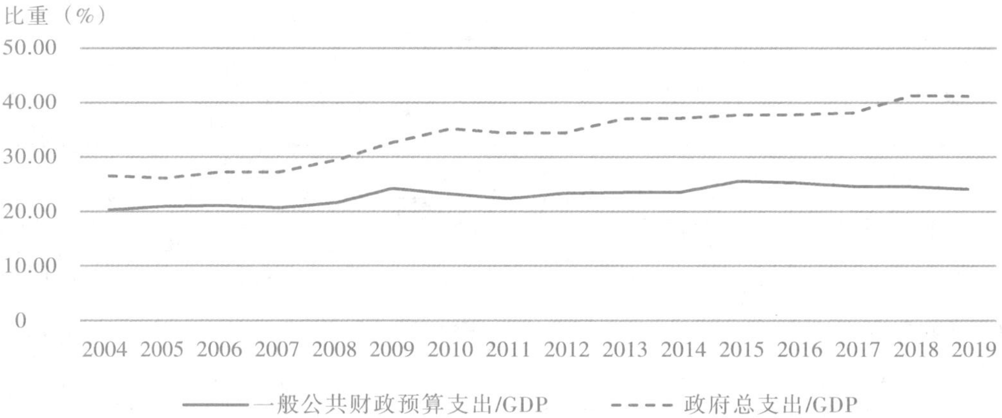

图3-2 2004—2019年政府总支出和一般公共预算支出占GDP比重趋势图

政府支出占GDP的比重，从2004年的26.5%上升到2019年41.13%。一般公共预算支出占GDP的比重，从2004年的17.6%上升到2015年的26.6%高点。此后平稳降低，到2019年回到24.11%。

2）政府支出的结构及特点

简单来说，政府支出结构是指各类政府支出占总支出的比重，也称政府支出构成。从社会资源配置的角度来说，政府支出结构直接关系到政府参与资源配置的程度，也表明该国政府履行职能的重点以及变化情况。

分析政府支出结构，可以从两个方面进行。首先从管理角度分析一般公共预算支出、政府性基金预算支出、社会保险基金预算支出和国有资本经营预算支出占总支出比重，可以反映支出中一般公共预算和非一般公共预算的构成。从表3-1我们可以看出：一般公共预算支出占总支出近6成，是财政支出的主要部分；政府性基金预算支出多数年份维持在12%~24%之间，是很重要的支出部分；近年来，社会保险基金预算支出逐渐增加，约占总支出的18%；国有资本经营预算支出占总支出的比重不到1%。政府性基金预算支出与社会保险基金预算支出相加占总支出近4成，因此要研究中国财政支出不能忽视了它们。

另外，分析政府支出结构还可以从支出的功能角度进行。政府支出可分为满足社会维持职能需要的维持性支出、满足社会保障职能的民生支出、满足经济职能需要的经济性支出。

表3-3反映了近几年一般公共预算支出中上述三大类别支出的构成。按政府支出功能对财政支出分类，能够明显地揭示出国家执行了哪些职能以及侧重于哪些职能。对一个政府的支出结构进行时间序列分析，可以清楚地看到该国的政府职能发生了怎样的演变。但由于不同历史时期，政府支出的核算口径不一致，很难准确计算数据并进行全面分析。表3-4仅仅列举了2004年以来三大类别支出的情况，表明三大类别支出基本上处于三分天下有其一的格局，且同步增长（如图3-3所示）。

表3-3　2004—2019年一般公共预算支出类别结构

年份	维持性支出		民生支出		经济性支出		合计（亿元）
	金额（亿元）	比重（%）	金额（亿元）	比重（%）	金额（亿元）	比重（%）	
2004	8 639.88	30.33	8 978.50	31.52	10 868.51	38.15	28 486.89
2005	10 654.51	31.40	10 727.52	31.62	12 548.25	36.98	33 930.28
2006	12 810.73	31.69	13 080.56	32.36	14 531.44	35.95	40 422.73
2007	17 669.25	35.49	15 458.08	31.05	16 654.02	33.45	49 781.35
2008	19 910.86	31.81	19 667.28	31.42	23 014.52	36.77	62 592.66
2009	22 313.59	29.24	24 157.45	31.66	29 828.89	39.09	76 299.93
2010	23 157.83	25.77	30 404.40	33.83	36 311.93	40.40	89 874.16
2011	26 540.78	24.29	39 750.29	36.39	42 956.73	39.32	109 247.79
2012	29 320.19	23.28	47 820.70	37.97	48 812.08	38.75	125 952.97
2013	32 580.08	23.24	51 797.14	36.94	55 834.88	39.82	140 212.10
2014	33 530.30	22.09	56 922.60	37.50	61 332.66	40.41	151 785.56
2015	36 166.46	20.56	66 117.41	37.59	73 593.90	41.84	175 877.77
2016	37 969.61	20.22	72 762.39	38.75	77 023.21	41.02	187 755.21
2017	41 655.06	20.51	79 159.91	38.98	82 270.52	40.51	203 085.49
2018	46 335.63	20.98	85 149.34	38.55	89 419.16	40.48	220 904.13
2019	48 734.98	20.40	91 328.86	38.24	98 794.53	41.36	238 858.37

资料来源　2004—2018年数据根据2005—2019年《中国统计年鉴》相关数据计算得到，2019年数据根据2019年全国一般公共预算支出决算表整理计算得到.

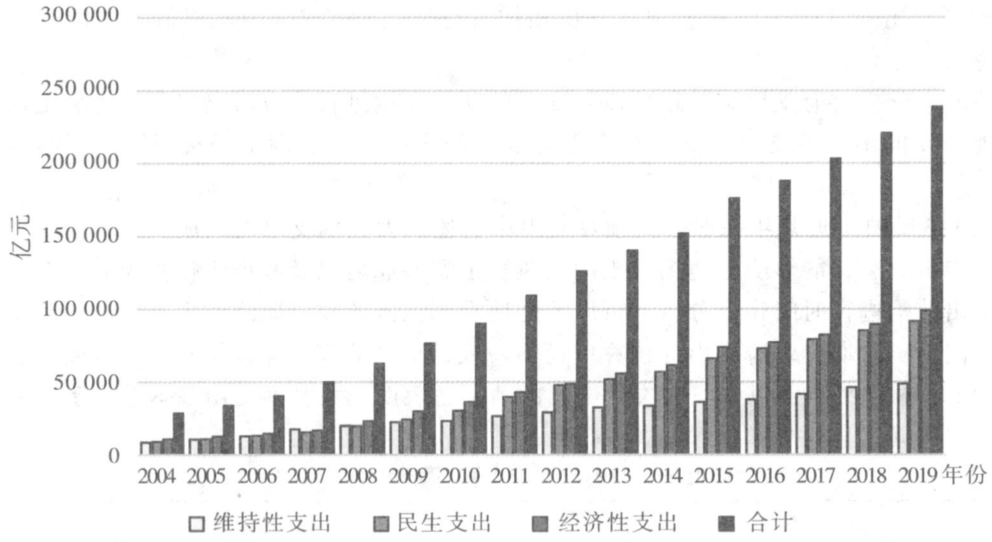

图 3-3 2004—2019 年一般公共预算支出类别结构图

维持性支出，包括党政机关、国防、外交和公安、武警、司法部门经费在内，从2007年开始占一般预算的比重逐渐下降，由2007年的35.49%降低到2019年的20.40%，减少了15.09%。

民生支出绝对额增长很快，2009年以前占比比较稳定，之后提升比较明显，2019年增加到38.24%。如果扣除公务人员离退休人员支出部分，实际用于民生支持的比例会略为降低。以2019年为例，当年行政事业单位离退休人员支出为9 687.59亿元，扣除此数以后，民生支出占比为34.18%。

第三个支出类别即经济性支出。目前经济性支出包括环境保护、农业补贴、扶贫、灾后重建、城乡社区基础设施建设与维护、工交商金融各部门的事业费、国债付息等，实际上属于生活、生产的环境维持以及经济部门的行政费用。大体上可以将其看作是保障民生的开支。这部分支出近年保持较高的比重，基本上都在40%上下。这与地震灾区重建、农业方面的支持力度加大、环境保护支出增加等因素有关。

从上述分析可以看出，中国财政支出中，行政成本比例比较高，但近几年占比有所回落。表明中央关于调整和优化支出结构，严格控制和压缩一般性行政开支，建立健全保障和改善民生的长效机制取得实质效果①。

3.1.2 政府支出不断增长的理论模型

各国的政府支出规模都经历了一个从小到大的演变过程。上面的分析表明，中国政府支出同其他国家一样也是不断增长的。为什么政府支出会不断增长？政府支出增长的理论模型就是用来解释这一现象的。从是否推动政府支出持续增长的角度，政府支出增长理论可以分为持续增长论和非持续增长论。

① 谢旭人. 优化财政支出结构 建立保障和改善民生的长效机制［N］. 经济日报，2008-11-05.

1）持续增长论（模型）

（1）瓦格纳模型

德国财政学家阿道夫·瓦格纳（Adolph Wagner，1835—1917）在考察了19世纪许多西欧国家以及美国和日本的公共部门的增长状况后认为，政府支出的增长是可以用政治因素和经济因素来解释的。瓦格纳认为随着经济中的人均收入的增长，公共部门的相对规模也扩大了。瓦格纳从市场失灵和收入弹性两个方面来解释政府增长的事实：一方面，随着经济的工业化和专业化分工的发展，不断扩张的市场和市场主体之间的关系会变得越来越复杂，使得商业规则和契约变得越来越重要，这就需要建立一套司法制度来执行这些法律，即管理制度。城市化和居住密度的提高，导致了外部性和拥挤问题的加剧，从而要求公共部门进行干预和管理。这样公共部门的服务就有了紧迫性，这些服务包括法律、警察和金融等各个方面。另一方面，由于教育、娱乐和文化、医疗等具有较高的收入弹性，因而随着人们收入水平的提高，人们对这些产品（或服务）的需求增加，政府在这些方面的支出也会提高。

（2）政府支出增长的发展模型

这是由美国经济学家马斯格雷夫（1974）和罗斯托（Rostow，W.W.，1971）[①]提出的一种模型。该模型从经济发展的角度对政府支出增长进行分析，认为政府支出状态与经济发展阶段有关。在经济增长和经济发展的初始阶段，公共部门的投资在整个国家总投资中占有很高的比重，为社会提供了诸如法律和秩序、道路、交通系统、教育和医疗，以及人力资本的投资。这些公共部门投资对于促进经济起飞具有重大作用，而私人投资又因经济处于起步阶段而严重不足，所以公共投资对于促进经济和社会向中等发达阶段发展是必不可少的。在经济和社会发展到中等发达阶段后，政府将继续进行公共部门投资，而此时的公共部门投资已经开始成为日益增长的私人部门投资的补充，其比例在逐步下降；同时，政府的公共支出结构将发生变化，从对基础设施支出为主逐步转向以教育、医疗和福利服务方面的支出为主。进入经济成熟阶段后，转移支付方面的收入维持计划和为福利再分配制定的政策所花费的政府支出，相对于政府支出的其他项目以及相对于GDP来说，将会有显著的增长。

（3）官员自身利益最大化模型

尼斯坎南（Jr. Niskanen W.A.）在《官僚制与代议制政府》（1971）[②]一书中指出，官员[③]追求的目标是在他的任期内获得最大化预算。他列举说，一个官员可能追求下列目标："薪金、职务津贴、公共声誉、权力、任免权、机构的产出、容易改变事物、容易管理机构。"除了最后两项外，其余的目标都与政府预算规模有单调正相关关系。因此，作为效用最大化者的官员也是预算最大化者，这个理论又称尼斯坎南模型。

在尼斯坎南模型中，官员和政府之间的关系被看作一种双边垄断。官员只把他的服务"卖给"政府领导人（政治家），而政治家只从官员那里"购买"服务。官员的预算是由政

---

① 布朗C V，杰克逊P M．公共部门经济学［M］．张馨，译．4版．北京：中国人民大学出版社，2000：102-103.

② 中文文献请参阅：方福前．公共选择理论——政治的经济学［M］．北京：中国人民大学出版社，2000：148. 缪勒D C.公共选择理论［M］．杨春学，等译．北京：中国社会科学出版社，1999：309.

③ 尼斯坎南模型中的"官僚"（bureaucracy）可定义为一组司、局，即负责提供政府服务的各个部门。这里的"bureaucracy"不是指某个具体的政府官员，而是指"官僚机构"，一个被人格化了的机构。尼斯坎南认为，官僚机构具有两个特征：（1）官僚机构是一个非营利性的组织或机构，它的资金主要来自一次性拨款，而不是它的产出销售（它所提供的服务）；（2）官僚机构中的主管和雇员不会将预算拨款扣除支出费用后的余额私分装入腰包。

治家确定的。政治家主要是根据预期官员提供的产出量的大小来决定他所偏好的预算额的。官员为了自身利益的最大化，将从政治家那里寻求预算规模最大化；而政治家为了获得政治支持或选票数最大化，将尽可能扩大预算规模以便满足选民的需求，只要这种预算规模不是大到跟选民闹翻。官员往往通过他们的上司来提出增加预算的请求，而政治家往往没有充分的信息对官员的预算请求提出异议，因而致使预算支出增加。

在最大化原则的支配下，政府部门具有一种"自我繁殖"效应——由于管理工作的分工与协作关系，当一个部门扩张后，往往对其他部门的工作产生新的需求，创造出新的岗位。一般情况下，政府机构一旦建立，新增加的官僚机构总是要通过自身的活动来显示自身存在的价值，实现自身的利益，因此，官僚机构一般都有强烈的行使权力的内在冲动，它们会人为地创造出许多活动来使自己发挥作用，如召开过多的会议。所以，从这一角度看，政府规模增长的后果之一是推动政府力量的增长。预算的增加往往导致任命更多的官员和录用更多的雇员，这些人一旦进入这个利益集团，就会进一步扩大预算、减少工作量、雇用更多的人、争取更大的管辖权和生产规模，并与受其控制的媒体所控制的选民以及政府规模增长的受益者一道为政府规模增长而努力，从而有可能形成一个新的循环。

（4）利益集团[①]模型

这种理论把政府规模的增长归因于利益集团的存在和行动。塔洛克于1959年对政府规模增长和多数票规则、利益集团的关系进行了分析，他认为多数票规则下的利益集团的存在是政府规模增长的原因。[②]塔洛克举了一个例子，由100个农民组成的社区就修路提议进行投票表决，要修筑的每一条道路只有一部分农民受益。在多数票规则下，必将产生一个由51个农民组成的联盟；这个获胜联盟行动的政治后果是，只有那些服务于这51个农民的道路才会被修筑。由于这51个农民只需要支付修筑这些道路所需成本的51%，因此与他们负担全部的修路成本相比，他们总是投票赞成修更多的路。显然，多数票规则下的利益集团联盟必将导致更多的政府开支。

缪勒、默雷尔和奥尔森的研究指出，发达国家的利益集团数量对政府规模增长有正的、显著的影响[③]，一个国家的利益集团数量越多，政府支出规模就越大；稳定的经济和政治环境有利于利益集团的成长，而利益集团的成长又为政府开支带来了压力。经济利益集团的游说活动，大大增加了政府规制的复杂程度，推动了政府规模和政府干预范围的扩张。政策的制定者往往不是依据社会效用最大化或社会总产量最大化而是依据利益集团的效用最大化来制定政策，如为使某些利益集团受益而特意安排的政府项目，为了某些利益集团的利益而支付的补贴，这些均会导致政府管制部门人员膨胀和政府支出的增长。

（5）阶级冲突论

某些马克思主义学者认为，国家支出的增长是政治、经济制度的固有产物，经济与政治制度之间的关系是政府增长的根源。私人部门往往会趋向于生产过剩，所以，由资本家

① 利益集团也被称为压力集团和院外集团，在西方发达的工业化国家是一种合法的社会团体，也是其公民参与政治的一种重要形式和渠道，在吸纳公民参与政治、沟通公民与政府之间的联系方面起着重要作用。尤其是20世纪60年代至80年代，利益集团数量、类型及院外活动都以前所未有的速度膨胀起来。院外集团游说政府的方式有打电话、写信、拜访等，也可以参加参众两院的委员会会议，原则上不允许进入议会大厅，但允许他们在走廊中与立法者进行交流。

② TULLOCK G. Some Problems of Majority Voting [J]. Journal of Political Economy, 1959, 67 (6): 571. 又见方福前. 公共选择理论——政治的经济学 [M]. 北京：中国人民大学出版社，2000：189-190.

③ MUELLER D C, MURRELL P. Interest Groups and the Political Economy of Government Size [M]. FORTE F, PEACOCK A. Public Expenditure and Government Growth. Oxford: Basil Blackwell, 1985: 13-36; OLSON M. The Rise and Decline of Nations [M]. New Haven: Yale University Press, 1982.

控制的政府必须扩大开支以消化这种生产过剩。与此同时，国家通过增加社会服务支出来试图缓解工人的不满情绪[①]。有的学者认为，资本主义国家财政支出增长的原因有：社会生产力的发展、人口的增长、阶级斗争所引起的各种社会变动、经济危机的频繁发生、战争和战后的资金需要等[②]。

（6）公民偏好论

该理论认为，政府支出的增长是公民偏好的一种表达方式。假定中位选民对公共部门的产品和服务的需求（G），是公共部门产品和服务的相对价格（P）与收入（I）的某种函数（f）：G=f（P，I）。

这种需求函数能以很多不同的方式，使收入的增加部分用于购买公共部门的产品和服务。假定收入增加一定百分比，公共产品和服务的需求量就增加一个更大的百分比——需求的收入弹性大于1。倘若如此，在其他条件相同的情况下，收入增长过程本身就会使不断上升的收入份额流入公共部门。同理，如果对G的需求价格弹性小于1，且随着时间的推移P上升，I也会上升[③]。

（7）收入再分配论

根据发达国家转移性支出主要向中低收入者倾斜的特征，有的经济学家认为，政府支出的增长是由于低收入者利用政治制度进行有利于他们自己的收入再分配。具体来说，为了赢得更多选票，政治家为那些收入在中位或中位以下的选民提供利益，并让那些收入高于中位水平的选民承担净成本。只要平均收入高于中位水平，而且实现收入再分配的机制对工作积极性不造成太大的损害，政治家就有动力扩大政府主办的收入分配范围。与这一观点相一致的是，收入越集中于最高收入者，中位收入和平均收入之间的差额逐渐扩大，政府主办收入再分配的潜在利益就越大[④]。

也有不同观点认为，收入再分配主要有利于中等收入阶层，而不是低收入阶层。经济学中的迪克拉特定律指出，公共支出主要有益于中产阶级，而用于筹资的税收大部分却由穷人和富人来承担。

在现实中，让不同收入阶层受益的再分配计划是可以同时并存的，因此这些有关政府再分配论的观点未必是相互排斥的。事实上，为了赢得更多的选票，政治家们可能支持种类更多、规模更大的转移支付计划，而其结果则是财政支出规模的不断扩张。

（8）非均衡增长论

美国经济学家鲍莫尔通过分析公共部门平均劳动生产率的状况对公共支出增长的原因进行解释。鲍莫尔从生产力增长力度角度将经济部分分为两个类型的部门：一类是技术累进部门，包括创新、资本积累、规模经济等，这些部门可产生累积性的生产力增长；另一类是自然部门，其生产力增长只是偶发的。两部门的差异取决于劳动力与技术在部门生产中的相对比重，生产力增速高的部门技术占主导地位，生产力增速低的部门劳动力占主导地位。假设两部门的初始工资水平一致，生产力增速快的部门工资增长会快于生产力增速低的部门。鲍莫尔认为公共部门属于劳动力密集部门，生产力增速慢，如果生产力增速低的公共部门的工资水平要与生产力增速高的部门看齐，在其他因素不变的情况下，公共部

---

① 罗森 H S．财政学［M］．郭庆旺，赵志耘，译．8版．北京：中国人民大学出版社，2009：122-123.

② 王传纶．资本主义财政［M］．北京：中国人民大学出版社，1981：54-57.

③ 罗森 H S．财政学［M］．郭庆旺，赵志耘，译．8版．北京：中国人民大学出版社，2009：122.

④ 罗森 H S．财政学［M］．郭庆旺，赵志耘，译．8版．北京：中国人民大学出版社，2009：117-118.

门的非均衡发展将导致政府支出规模不断增加①。

2）非持续增长论（模型）

皮科克和怀斯曼对1890—1955年间英国的财政支出的演变情况进行分析，提出财政支出增长的时间形态模型②。该模型假定，政府喜欢多花钱，老百姓不喜欢多纳税，但喜欢消费政府提供的产品和服务，政府的公共决策受纳税人的影响，并且存在对政府某种行为构成约束的、社会可容忍的税收水平上限。这样，当税率确定在社会可容忍的水平上限时，公共支出的绝对规模会随GDP同步增长，相对规模保持不变。但在特殊时期（例如，发生社会大动乱、战争、严重的自然灾害等），财政支出逐渐上升，诸如战争、饥荒和某些大规模的社会灾难等大事变，要求政府采取各种应对措施，这些都会导致财政支出剧增。相应地，政府将被迫提高税收水平以满足新增的支出需要。不过，在危机发生时期，税收水平的提高通常是人民可以接受的，从而使得财政支出的渐进上升状态转变为急剧上升状态。但是在特殊时期过后，财政支出通常不会回落到原来的水平上，而是会有所增加，是在新的水平线上进行新一轮的渐进上升（如图3-4所示）。

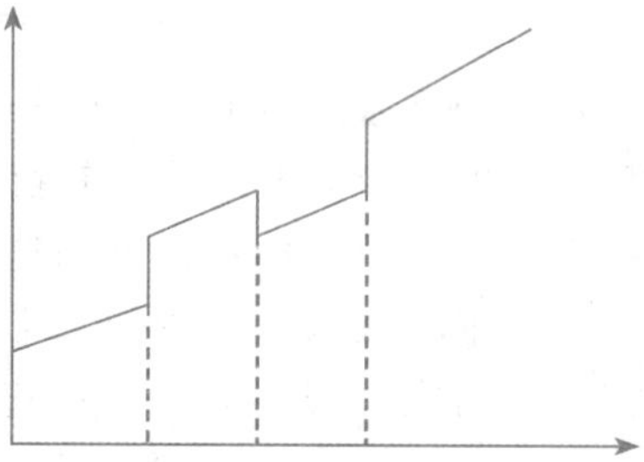

图3-4　时间形态模型

以上分析包含了两种效应。第一种是置换效应（displacement effect），即在危机时期，财政支出会增加，而私人支出会减少。第二种是观察效应（inspection effect），即危机发生后，人们意识到某些问题的严重性，从而相应地增加财政支出。一般说来，财政支出不会回落到原来的水平上。另外，在特殊时期，中央政府通常会加强财政集权，表现为中央政府支出占全部财政支出比重的上升，这就是集中效应（concentration effect）。

以上我们介绍政府支出增长的几种不同理论模型，没有哪一种理论能解释整个现象，它们都是从不同的角度给予一定的解释。不过，可以明确的是，影响政府支出增长的因素是多方面的，其中既有经济因素，如人均收入增长、技术变化、公共服务相对成本提升、城市化等；也有政治和社会因素，如政局稳定、人口状态、观念变化等。政府支出增长的模型还有社会态度变化论（A.T. 皮科克、J. 怀斯曼）③、财政幻觉（詹姆斯·M.布坎南）④、公共支出微观模型（C.V.布朗、P.M.杰克逊）等⑤。

---

① BAUMOL W J. Macroeconomics of unbalanced growth：The anatomy of urban crisis ［J］. The American Economic Review，1967，57（3）：415-426.

② PEACOCK A T，WISEMAN J. The Growth of Public Expenditure in the United Kingdom ［M］. London：Allen & Unwin Press，1967.

③ PEACOCK A T，WISEMAN J. The Growth of Public Expenditure in the United Kingdom ［J］. NBER Books，1961，28（4）：299-326.

④ 财政幻觉，指纳税人因特定的财政税收制度安排无法真实识别政府提供的公共产品的价值，财政决策过程出现扭曲，从而支持更大的财政支出规模。参见：布坎南，瓦格纳.赤字中的民主［M］. 北京：北京经济学院出版社，1988：126-134.

⑤ 布朗 C V，杰克逊 P M，公共部门经济学［M］. 张馨，译. 4版. 北京：中国人民大学出版社，2000：107-122.

3.1.3 中国政府支出增长因素的分析

中国政府支出增长的因素除了上述一般性因素外，还存在其他多方面的因素，包括GDP的增长、城市化进程加快、社会职能的扩展、官僚体制的因素、贫富差距、人口因素的影响等。

1）GDP快速增长

由于在税收制度设计上，不仅在GDP生产环节课税（如增值税），在GDP分配环节（如利润、工资、租金等）课税（如所得税），还在收入形成资产的环节课税（如财产税），此外，政府还从其他方面获得收入，因此，只要GDP增长保持比较快的速度，政府财政收入增长就会快于GDP增长。收入的增长必然导致财政支出增长。

2）城市化进程加快

根据瓦格纳法则，随着经济中人均收入的增长，公共部门的相对规模也扩大了。一方面，瓦格纳指出，随着经济的工业化，复杂的情况需要建立一套司法制度等管理制度。城市化和居住密度的提高，导致了外部性和拥挤问题的加剧，从而要求公共部门进行干预和管理。另一方面，瓦格纳认为，随着收入水平的提高，人们对教育、娱乐和文化、医疗等产品（或服务）的需求增加，政府在这些方面的支出也会提高。改革开放以来，中国城市化水平逐渐提高，1978年的城市化率为17.9%，1990年为26.4%，2000年为36.2%，2019年为60.6%。随着人们收入水平的提高，政府对教育、文化和医疗卫生等方面的支出也大大地增加了。1978年社会文教费为146.96亿元，2019年一般公共预算教育支出达到34 913.04亿元，位居公共财政支出第一名。

3）社会职能的扩展

社会保障职能得到加强，社会保障性支出增加。1993年中国社会保险支出（不包括财政补贴支出）为482.2亿元，到2019年则达了74 740.78亿元[①]，增长了155倍。其中主要是基本养老保险支出和基本医疗保险支出的增加：基本养老保险支出从1993年的470.6亿元增加到2019年的51 894.97亿元，2019年底参加基本养老保险人数为96 754万人[②]；基本医疗保险支出从1993年的1.3亿元增加到2019年的20 760.83亿元[③]，2019年底参加基本医疗保险的人数为135 436万人[④]。在未来，社会保险支出还会继续增加。

4）官僚体制因素

根据尼斯坎南模型，官员追求任期内的预算最大化，以实现效用最大化，导致政府机构规模越大，官员权力越大，相应地，政府支出不断扩大。中国是社会主义国家，不能完全用公共选择理论来解释政府支出增长的趋势，但改革开放以后，中国行政管理机构和党政机关工作人员的快速增长是一个不争的事实。政府机构和人员的快速增长导致行政管理费支出也快速增长，是中国政府支出增长的主要因素之一。2004年按功能性质分类，中国行政管理费为5 521.98亿元，而到2019年，同口径行政管理支出（一般公共服务支出、外交支出、公共安全支出及其他各部门一般行政管理和机关服务支出）达到51 641.47亿

① 这里的社会保障支出还不包括财政直接补助的支出。

② 数据来源：人社部.2019年度人力资源与社会保障事业发展统计公报［EB/OL］.［2020-06-08］. http：//www.mohrss.gov.cn/SYrlzyh-shbzb/zwgk/szrs/tjgb/202006/W020200608534647988832.pdf.

③ 数据来源：财政部预算司.2019年全国社会保险基金支出决算表［EB/OL］.［2020-07-31］. http：//yss.mof.gov.cn/2019qgczjs/202007/t20200731_3559854.htm.

④ 数据来源：国家统计局数据，https：//data.stats.gov.cn/easyquery.htm?cn=C01.

元，是2004年近10倍。如果加上在社会保障项下核算的党政机关离退休人员支出，这项开支的数额还要更大一些。随着社会经济发展、公共事务日益增多，行政管理支出增加有一定的必然性，因而如何有效控制中国行政管理支出增长和进一步优化结构仍是重大课题。

5）贫富差距

根据收入再分配论，政治家为了赢得更多的选票，往往支持规模更大的转移支付计划，以有利于低收入阶层或中等收入阶层，而其结果则是财政支出规模的不断扩张。中国情况则有所不同，自改革开放以来，中国政府提倡让一部分人先富起来，目标是克服分配上的平均主义，加强物质激励，提高劳动积极性。中国居民收入差距扩大，城乡差别、行业差别、地区差别严重，政府要加大对农村地区和落后地区的支持力度，做好城乡居民的最低生活保障工作，加大社会福利方面的支出，这也在一定程度上扩大了政府支出的规模。

6）人口因素的影响

福利经济学派认为，人口增长是引起政府支出增长的一个重要因素。该理论认为，随着人口的增加，社会拥挤程度上升，拥挤程度的增加会对个人效用产生负面影响。这样，就必须有更多的资源用于提供公共服务，以便使得个人效用不致因人口增长而下降。在一定的社会拥挤程度下，假定公共服务水平和质量保持不变，人口增长将导致政府支出更大比例的增加。1978年底中国总人口为96 259万人，2019年底总人口是140 005万人，增加了43 746万人，增长了45.45%。这意味着，即便人均政府财政支出规模不变，政府财政支出规模也必然有很大的增长。

3.1.4 控制政府支出的方法

控制政府支出增长过快的办法无非包括：①从内容上缩小政府职能（缩小法）。②在保持政府职能服务数量的情况下降低质量（粗放法）。③在不降低政府职能相同服务的数量和质量情况下由企业、私人或非政府组织承担政府的部分职能（代替法）。④在保持政府支出不变或支出减少的情况下通过制度创新、管理创新、技术创新，提高资金使用效果，以达到扩大政府职能的目的（绩效法或节约法）。无论是现代民主政府，还是其他类型的政府，面对日益增加的对公共产品的需要，一般无法采用第一种办法和第二种办法，因此控制政府支出的现实办法只能在后两者中选择，而且多采用代替法。古人和今人在这方面有很多高招妙计，可以借鉴。

1）代替法

代替法，是指在不降低政府职能相同服务的数量和质量情况下由企业、私人或非政府组织承担政府的部分职能。在中国财政实践中，有很多控制政府支出的方略，如以工代赈、古代屯兵和现代生产建设兵团。私人或非政府组织也常常提供一些公共产品和服务。

（1）以工代赈

以工代赈就是让受赈济者参加劳动并获得报酬，从而取代直接赈济的一种组织方式。简言之，就是“以务工代替赈济”。以工代赈作为政府针对特定人群（一般为低收入者，如受灾人口或贫困人口）采取的一种特殊的赈济方式，其赈济对象是由于各种原因造成其达不到社会最低生活标准，需要政府加以救济的特定群体。

以工代赈，一方面，是针对特定对象[①]，需要政府帮助赈济，因此需要政府支出；另一方面，受赈济者需要参加一定的劳动，这些劳动主要是一些基础性、公益性工程。适合以工代赈建设的工程主要有：中小型灌溉和供水工程、农田水利、基本农田建设、河道整治、农村公路、植树造林，以及城镇绿化和道路维护等。这些基础性、公益性工程也需要政府支出，所以，政府以工代赈的支出可只用一笔支出而同时实现两个目的，相当于节省了政府支出。

实施以工代赈可以同时达到三个目标：第一，通过组织赈济对象参加工程建设，使赈济对象得到必要的收入和最基本的生活保障，达到赈济的目的。第二，在政策实施地区形成一批公共工程和基础设施，对当地经济社会的发展长期发挥作用。第三，可在一定程度上缓解政策实施地区农村劳动力剩余问题，有利于社会稳定。

当代的中国以工代赈，是政府组织贫困地区或灾区群众参加当地农村基础设施建设劳动，并发放劳务报酬（实物或资金）的一项扶贫济困政策。大力实施这项政策，是由国家制度、基本国情及综合国力所决定的。自1984年起，面对中国农村大量的贫困人口和薄弱的基础设施条件，国家开始实施以工代赈工程。截至2016年底，国家累计投入中央以工代赈资金近1 300亿元，在乡村道路、小型水利工程，基本农田建设、山地开发、草场建设、小流域治理等方面，支持建设了一大批小型基础设施，大大改善了贫困地区的生产和生活条件。“十三五”以来，国家已累计安排以工代赈资金近300亿元，吸纳超过100万贫困群众参与工程建设，累计发放劳务报酬30多亿元，支持贫困地区农村建成了一大批农田水利、乡村道路、桥梁堤防等中小型公益性基础设施。2020年国家发改委分批下达56亿元以工代赈资金，预计将吸纳约30万受新冠肺炎疫情影响无法外出的贫困劳动力在家门口参与工程建设，实现贫困人口就业增收。

（2）古代屯兵和现代生产建设兵团

①屯兵[②]

屯兵是古代政府为取得军队给养而利用兵士垦种荒田的一种农业生产组织形式，自始就与国家财政有着十分密切的联系。秦朝时似已有开边地屯田之端倪，汉初晁错明确指出，在边境长期驻扎大批军队“为费甚大”；减少边塞驻军，又不足以抵御外族的入侵。故他倡议“徙民实边”之制，“募民相徙以实塞下，使屯戍之事益省，输将之费益寡”（《汉书·晁错传》）。屯兵可以节省运送军粮的财政开支。大力推行移民边区屯垦始于汉武帝时代，桑弘羊掌管财政以后，实行大规模屯垦，以戍徭制“屯田卒”为主，属于军屯性质。在汉初以来屯垦思想不断发展的基础上，产生了著名的赵充国（公元前137—公元前52年）金城屯田论，他从理财角度论证了屯兵的军事与经济意义并有效地加以推行。赵充国奉命去金城（今兰州）平定先零羌的反叛事件。据他估算，他所统率的军队每月需耗费粮食近20万石，加上当时“千里负担馈饷，率十余钟致一石”（《汉书·食货志》），即一千里的军粮运输费用几十倍于军粮本身的价值，这已是相当庞大的军费支出。如果平定叛乱之事不能速战速决，其军队羁留期间所需的军粮持续供应，又势必给朝廷财政造成更大的压力。因此，建议省兵屯田，以逸待劳。这样，一是可以大规模裁减边境驻军兵

① 赈济对象必须有一定的劳动能力，无劳动能力而又需要救济者，如鳏、寡、孤、独、残疾人等，只能通过民政或社会保障体系进行救济，不属于以工代赈的范畴。

② 胡寄窗，谈敏. 中国财政思想史［M］. 北京：中国财政经济出版社，1989：219-223.

员，减轻向边地供应粮、盐等军需品的沉重负担；二是利用留存兵士就地屯田，规定每人耕种二十亩荒地，这种屯田的粮食收入又能接济边境驻军的需要。中国历朝历代都把屯垦戍边作为开发边疆、巩固边防的一项重要国策。

②生产建设兵团

中国从1954年开始组建第一个生产建设兵团——新疆生产建设兵团起，到1970年先后组建了12个生产建设兵团，包括黑龙江、兰州、广州、内蒙古、江苏、安徽、福建、云南、浙江、山东和湖北生产建设兵团等。生产建设兵团是一种半军事化的垦荒组织，通过建立国有农（牧、林）团场（以下简称农牧团场）来开垦荒田，兴修农田水利等基础设施，生产粮食等农产品，满足自身的后勤需要。同时，生产建设兵团还积极帮助地方勘测、规划土地，修建渠道桥梁，传授先进管理经验，推广新优品种和先进农作物栽培技术。在兵团的帮助下，少数民族地区经济迅速发展起来，民族间经济文化差距缩小，民族关系更加融洽巩固。20世纪70年代末，这种现代屯田体制被陆续取消[①]。1981年12月3日，党中央、国务院、中央军委发出《关于恢复新疆生产建设兵团的决定》，名称由撤销前的“中国人民解放军新疆军区生产建设兵团”改为“新疆生产建设兵团”。

新疆生产建设兵团承担着国家赋予的屯垦戍边的职责，是政治、经济、军事合一的特殊组织，是半军事化组织。戍边就是保卫边疆，属于国防性质，而国防是公共产品，必须由政府来提供（具体分析见3.2.1节）。与此同时，生产建设兵团承担屯垦的职责，通过建设农牧团场来生产粮食供给部队，减少了国家对边疆地区的军粮供应，也节约了国家运输军粮的支出，减轻了当地政府的财政负担，节省了国家财政开支。

新疆生产建设兵团建立后，兵团将主要力量投入到生产建设中，开展了大规模的生产建设。到1954年，共建成农牧团场43个，拥有耕地7.73万公顷，当年粮食总产量7 184.4万千克，棉花总产量188.96万千克，收获的农牧产品解决了驻新疆部队的后勤供给。2019年末，总人口达324.84万人，兵团管理的自治区直辖县级市10个、建制镇37个[②]，有健全的科研、教育、文化、卫生、体育、金融、保险等社会事业和司法机构。2019年底，兵团生产总值达到2 747.07亿元，较上年度增长6.3%；人均生产总值达到8.65万元。新疆生产建设兵团经过60多年的发展，对加快新疆经济发展、促进民族团结、保持社会稳定、巩固边防、维护祖国统一，发挥着十分重要的作用。

（3）公共产品的市场提供和自愿提供

公共产品一般由政府提供，是因为私人或者无法提供某些公共产品，或者无法提供充足数量的公共产品，但并不意味着私人就不能提供公共产品。世界各地广泛存在的捐赠现象就是私人提供公共产品的典型例子，人们捐款给慈善机构、政治组织、宗教和文化团体等，中国希望工程也是私人提供公共产品的例子。

发达国家中存在大量的非营利性组织，也是因私人提供公共产品的需要而存在的。对此，有两种解释（史蒂文斯，1999）[③]：一是居民对现存公共部门的产出太少或者甚

① 佚名．20世纪新疆重大事件回顾［N/OL］．［2001-01-04］．http：//www.tianshannet.com.cn/GB/channe13/17/200101/04/36.html.

② 新疆生产建设兵团统计局，国家统计局兵团调查总队．新疆生产建设兵团2019年国民经济和社会发展统计公报［EB/OL］．［2020-04-26］．http：//www.xjbt.gov.cn/c/2020-04-26/7346732.shtml.

③ 史蒂文斯J B．集体选择经济学［M］．杨晓维，等译．上海：上海三联书店，上海人民出版社，1999：139-146.

至没有提供这种产出感到不满。在16世纪的英国，政府提供的任何民用产品或服务都非常不足，这导致了私人慈善机构提供的资金用于范围广泛的集体利益，如学校、医院、免费道路、消防器材、公园、桥梁、码头、港口的清理、图书馆、赈济穷人等。这种观点认为非营利组织的出现，是由于市场失效和公共产品提供不足。只有在政治上多数派认为提供公共产品是公共部门的职责时，非营利组织才停止作为主要提供者。二是合约失灵思想。据此，潜在的捐赠人担心营利性企业不能确保生产或提供他们所合意的产品质量和数量。在捐赠人眼里，捐赠基金的使用和生产率是极不确定的，为此非营利组织必须把净利润用于再投资，才能使捐赠人放心，而不是将其分配给经营者、工作人员或股东。

2）绩效法（或节约法）

绩效法（或节约法），是指在保持政府支出不变或支出减少的情况下通过制度创新、管理创新、技术创新，提高资金使用效果。通过财政制度创新控制政府支出，也有多种办法，如改革事业单位拨款制度、建立官员激励机制、完善预算制度。

（1）改革事业单位及其拨款制度

事业单位是“国家为了社会公益的目的设立的社会服务组织，由国家举办或者其他组织利用国有资产举办，从事教育、科技、文化、卫生等活动”（中华人民共和国国务院令第252号）。中国的事业单位是具有中国特色的现象，很难用国外的非营利组织（NPO）或者非政府组织（NGO）的概念来概括中国的事业单位。

据统计，到2017年底，中国共有事业单位140多万个，有3 600万名从业人员，其中医护人员1 173.9万人（不含临时工及离退休人员），各级各类学校专任老师1 538.9万人。据搜狐网报道，中国70%以上的科研人员、95%以上的教师和医生都集中在由政府出资举办的各类事业单位里。

如何通过事业单位及其拨款制度改革，收缩规模、调整结构、提高效率，是控制财政支出、减轻财政负担的重要方面。其一，削减不必要的事业单位。能够撤销的，在做好相关善后工作的基础上应坚决撤销。其二，目前已承担着政府职能且不宜撤销的，应明确转变为政府部门。公益性事务较少、可以改制为企业的，或者目前已从事大量市场经营活动，企业色彩比较浓重的事业单位，应明确转变为企业。其三，从事必需的纯公益性社会服务的事业单位，如从事基础教育、公共卫生、基础性科技研究等的事业单位，仍应采取政府财政全额拨款的方式。其他全额拨款的事业单位，通过合并、重组形式进行整合，把国家财政全额拨款的事业单位减少到最必需的最低限度。其四，不宜再由政府出资兴办且有市场前途的事业单位，可通过招标拍卖的方式，让渡给其他投资者。

（2）建立官员激励机制

根据尼斯坎南模型，官员行为对政府支出规模具有重要影响。因此，可以建立官员激励机制来限制相应的政府支出，如在行政机构中引入竞争机制[①]，让若干单位就完成某些工作或服务提出相互竞争的预算，预算主管部门按照招标－投标方法选取“报价”最低的机构，让政府部门按照最低成本进行生产。竞争的引入，能够通过打破某些机构对某些服

① NISKANEN W A. Bureaucracy and Representative Government [M]. Chicago: Aldine-Atherton, Inc., 1971: Chapters 18-20. 中文文献请参阅：方福前. 公共选择理论——政治的经济学 [M]. 北京：中国人民大学出版社，2000：212-213.

务供给以及它们对这些服务成本信息的垄断，来限制官员机构规模的扩大。同时，允许单位的负责人把他们在政府支出中节省的成本以奖金的形式发给官员或用作预算外投资，使官员获得最有效率地提供更多服务的动力。其结果是激励行政部门的“经理们”像私人部门的经理们那样行动，用最小化成本的策略（效率逻辑），取代最大化本部门预算规模的策略（扩张逻辑）。为了避免官员制造虚假节省的可能性，还需要合理确定产出水平与初始的预算规模。对于节省的成本，单位可以直接分享成本结余，对表现好的官员给予事后奖励，对预算盈余实行有限度的自由支配权①。

（3）完善预算制度

完善预算制度、创新预算编制方法、推行绩效评估是控制政府支出的重要途径。目前中国政府预算管理还存在一些问题。例如，多数单位在预算编制时仅采用“基数法”，即每年编制预算都是基数加增长，各部门经费多少，主要取决于原来的基数。预算支出规模根据绩效进行调整的做法还不够普遍。预算过程对政府支出的约束性不强，缺乏应有的刚性。目前的财政预算还需进一步完善：一是加快财政预算的法律制度建设，加大各级人大对预算编制、执行全过程的监督力度；二是优化预算编制方法，延长预算编制时间，采用零基预算、新绩效预算等编制方法；三是细化预算科目，增强预算的透明度和信息公开度，使预算更清晰地反映预算支出在各部门的分布，以便于人民群众对预算收支的监督检查。

3.2 国防和行政管理支出

3.2.1 国防支出

1）国防支出的性质和范围

（1）国防支出的性质

国防支出是指国家预算中用于提供国防这个公共产品的费用总和。国防属于面向全体社会成员提供的公共服务，它无法通过市场配置来解决，具有典型的非排他性和非竞争性，属于纯公共产品，必须由政府来提供。

（2）国防支出的范围

国防支出在各国有不同的细目分类，但基本上都可以划分为维持费和投资费两大部分。维持费主要用于维持军队的稳定和日常活动，提高军队的战备水平，是国防建设的重要物质基础，包括军事人员经费、军事活动经费、武器装备维修保养费和教育训练费。投资费主要用于提高军队的武器装备水平，是增强军队战斗力的重要条件，主要包括武器装备的研制费、武器装备的采购费、军事工程建设费和防空费。在中国，国防支出具体项目主要包括国防费（如部队生活费、装备购置和维护管理费、军事行动作战费、部队训练和教育费等）、国防科研事业费、民兵建设费（含民兵事业费、民兵装备购置费）、动员预编经费以及专项工程经费等。

---

① NISKANEN W A. Bureaucracy and Representative Government [M]. Chicago: Aldine-Atherton, Inc., 1971: Chapters 18-20. 中文文献请参阅：方福前. 公共选择理论——政治的经济学 [M]. 北京：中国人民大学出版社，2000：212-213.

2）国防支出的规模和结构

（1）国防支出的规模

一般通过国防支出绝对额、国防支出增长率、国防支出占财政支出比重、国防支出占国内生产总值的比重等指标反映国防支出的规模。中国国防支出的绝对额从2004年2 200.01亿元增加到2019年12 117.4亿元，增加了9 917.39亿元，增长451%。但中国国防支出的相对规模变化不大且略有下降，国防支出占一般公共预算财政支出比重，2004年为7.72%，2010年以后一直保持在6%以下。国防支出占GDP的比重稳定在1.22%~1.42%，见表3-4。

影响一国国防支出规模的因素包括政治因素、经济因素、兵役制度、国防经费的使用效率和地域因素等。

表3-4　2004—2019年中国国防支出规模

项目 年份	国防支出（亿元）	一般公共预算支出（亿元）	国防支出/一般预算财政支出（%）	国内生产总值（GDP）（亿元）	国防支出/GDP（%）
2004	2 200.01	28 486.89	7.72	161 840.2	1.36
2005	2 474.96	33 930.23	7.29	187 318.9	1.32
2006	2 979.38	40 422.73	7.37	219 438.5	1.36
2007	3 554.91	49 781.35	7.14	270 092.30	1.32
2008	4 178.76	62 592.66	6.68	319 244.60	1.31
2009	4 951.10	76 299.93	6.49	348 517.70	1.42
2010	5 333.37	89 874.16	5.93	412 119.30	1.29
2011	6 027.91	109 247.79	5.52	487 940.20	1.24
2012	6 691.92	125 952.97	5.31	538 580.00	1.24
2013	7 410.62	140 212.10	5.29	592 963.20	1.25
2014	8 289.50	151 785.56	5.46	641 280.60	1.29
2015	9 087.84	175 877.77	5.17	685 992.90	1.32
2016	9 765.80	187 755.21	5.20	740 060.80	1.32
2017	10 432.37	203 085.49	5.14	820 754.30	1.27
2018	11 280.46	220 904.13	5.11	919 281.10	1.23
2019	12 117.40	238 858.37	5.07	990 865.10	1.22

资料来源　国家统计局数据，https：//data.stats.gov.cn/easyquery.htm？cn=C01.

（2）国防支出的结构

按支出项目分，中国国防支出包括：人员生活费，主要用于军官、士兵、文职干部和职工的工资、伙食、服装等；活动维持费，主要用于部队训练、工程设施建设及维护和日常消耗性支出；装备费，主要用于武器装备的科研、试验、采购、维修、运输和储存等。按保障范围，既包括现役部队，又包括民兵、预备役部队，并负担了相当一部分社会性支出，主要用于部分退役军官的供养，军队子弟学校、幼儿园，培养军地两用人才，支援国家经济建设和参加抢险救灾。

从表3-5可以看出，近年来，中国国防费中人员生活费、活动维持费、装备费呈“三足鼎立”之势。国防费中人员生活费比例比较大，装备费比例比较低，活动维持费占比也比较高，发展费投入不足。国防费的2/3用于人员开支和正常活动的维持，而武器装备的研制、试验、采购、维护费较少。20世纪90年代后美国的武器装备研制费投入约占其军费总额的15%，并且在1996年后持续攀升，而中国国防科研费占军费比重仅为4%，只有美国的5%[①]。即使在中国有限的装备费投入中，也有相当部分用于技术水平较低的一般装备的维护，而真正用于新装备的研制、采购的费用较少。装备购置费等比例偏低，制约了我军军备向高科技跨越性发展，阻碍、影响了我军高科技军事武器成批量投入生产，建立成建制装备部队。

表3-5 部分年份中国国防费构成

年份＼项目	人员生活费		训练维持费		装备费		合计
	支出额	占比（%）	支出额	占比（%）	支出额	占比（%）	支出额
2010	1 859.31	34.9	1 700.47	31.9	1 773.59	33.3	5 333.37
2011	2 065.06	34.3	1 899.43	31.5	2 063.42	34.2	6 027.91
2012	1 955.72	29.2	2 329.94	34.8	2 406.26	36.0	6 691.92
2013	2 002.31	27.0	2 699.71	36.4	2 708.60	36.6	7 410.62
2014	2 372.34	28.6	2 679.82	32.3	3 237.38	39.1	8 289.54
2015	2 818.63	31.0	2 615.38	28.8	3 653.83	40.2	9 087.84
2016	3 060.01	31.3	2 669.94	27.3	4 035.89	41.3	9 765.84
2017	3 210.52	30.8	2 933.50	28.1	4 288.35	41.1	10 432.37

资料来源　中华人民共和国国务院新闻办公室.新时代的中国国防白皮书（2019）[EB/OL].[2019-07-24]. http://www.scio.gov.cn/zfbps/32832/Document/1660314/1660314.htm.

3）国防支出的国际比较

从国防支出绝对规模比较来看，由于中国已成为世界第二大经济体，相应地国防费规模也居世界第二位，但与排名第一的美国相比差距还很大。2018年中国国防费约为美国的1/4。从人均国防费水平看，中国人均国防费还比较低。2018年中国国民人均国防费为179美元，大约相当于美国的9%、俄罗斯的42%、英国的23%、法国的18%、日本的48%、德国的30%。中国人均国防支出在联合国安理会常任理事国中最低，并且仅相当于世界人均国防支出水平的76%。

从国防支出相对规模来看，中国国防费的水平也不是很高的。首先，中国国防费占国内生产总值的比重相对较低，见表3-6。2012—2018年，中国国防费占国内生产总值平均

① 财政部国防司. 世界主要国家（地区）军费管理概况［M］. 北京：国防工业出版社，2003.

比重约为1.89%，美国约为3.46%、俄罗斯约为4.30%、印度约为2.48%、英国约为1.92%、法国约为2.28%、日本约为0.95%、德国约为1.22%。中国国防费占国内生产总值的平均比重在居世界前列的国家中排第六位，是联合国安理会常任理事国中最低的，也远低于2018年世界平均水平2.23%。

表3-6 2012—2018年部分国家国防费占同期GDP比重（%）

国家＼年份	2012	2013	2014	2015	2016	2017	2018
中国	1.836	1.867	1.906	1.907	1.925	1.897	1.866
美国	4.228	3.811	3.481	3.272	3.208	3.109	3.163
德国	1.311	1.224	1.183	1.177	1.19	1.234	1.234
日本	0.967	0.951	0.967	0.958	0.940	0.931	0.924
俄罗斯	3.686	3.846	4.104	4.863	5.452	4.233	3.93
法国	2.237	2.220	2.230	2.270	2.327	2.350	2.294
英国	2.185	2.065	1.949	1.86	1.811	1.771	1.782
印度	2.537	2.473	2.497	2.405	2.506	2.510	2.419
全球	2.351	2.289	2.241	2.245	2.202	2.161	2.141

资料来源 世界银行网站，https：//data.worldbank.org.cn/indicator/MS.MIL.XPND.GD.ZS?view=chart.

其次，从国防支出占财政支出比重来看，中国国防支出占政府财政总支出比重也相对较低。如表3-7所示，2012—2018年，中国国防费占政府财政总支出平均比重约为6.16%，美国约为9.81%、俄罗斯约为12.27%、印度约为9.13%、英国约为4.77%、法国约为4.01%、日本约为2.48%、德国约为2.77%。中国国防费占政府总支出的平均比重在国防费位居世界前列的国家中排第4位，是联合国安理会常任理事国中最低的，与2018年世界平均水平6%相当。

表3-7 2012—2018年度部分国家国防费占中央政府财政支出比重（%）

国家＼年份	2012	2013	2014	2015	2016	2017	2018
中国	6.545	6.543	6.58	6.089	6.034	5.876	5.485
美国	11.437	10.728	9.956	9.447	9.166	8.938	9.014
德国	2.96	2.739	2.69	2.694	2.711	2.809	2.821
日本	2.457	2.408	2.487	2.523	2.488	2.494	2.529
俄罗斯	10.842	11.122	11.772	13.81	14.828	12.129	11.398
法国	3.917	3.88	3.898	3.996	4.114	4.161	4.097
英国	5.051	4.982	4.807	4.688	4.66	4.6	4.624
印度	9.273	9.296	9.505	8.831	9.08	9.177	8.737
全球	6.454	6.404	6.341	6.5	6.266	6.256	6.007

资料来源 世界银行网站，https：//data.worldbank.org.cn/indicator/MS.MIL.XPND.ZS?view=chart.

4）国防支出管理

（1）优化国防支出原则

国防费的分配结构反映了国家的国防政策和军事战略，制约着军队建设的规模和方向。为使国防费分配结构较为合理、比例协调，必须合理确定几种主要的比例关系：

①提高军队有机构成

正确处理国防费中军人生活费与军事投资（研制、采购、军事建设）的比例关系。随着军事科学技术水平的不断提高，发达国家军队的有机构成呈现不断提高的趋势。而中国国防费中人员生活费所占比重比较大，中国军队的有机构成低于世界平均水平。今后，国防费分配应在保证人员生活水平不下降并逐渐改善的前提下，增加武器研制、购置、军事建设经费的比重，加快提高中国军队现代化水平。

②加大武器研发力度

正确处理军事科研费与装备采购费之间的比例关系。从现代经济和军事发展的情况看，随着科学技术的发展，武器装备研制的周期相对延长，而从生产到贬值再到淘汰的周期在相对缩短。这就要求增加研究开发费，相对减少采购费。为迎接高科技信息时代的挑战，中国也应集中力量有重点地加强新型武器装备的研制和研制手段的更新，优先发展高技术条件下防卫作战所需的武器装备，大力提高国防装备的现代化水平。

③适当提高海军、空军经费

未来战争要求军费向技术含量高的军兵种倾斜，海军是一个威力大、机动性强、具有全球干预能力的军种；空军作为一个年轻的军种，自第二次世界大战以来就显示出其特有的威力，海湾战争和伊拉克战争更凸显了这一特点，独立的空中作战可直接达到战略目的。因此，要正确处理陆军、海军和空军三大军种之间经费分配的比例关系，在保证陆军现有优势的情况下，适当加大对海军、空军的投入力度。

（2）优化国防采购管理

国防采购就是军事机构向军火生产者购买武器装备的能力，购买国防所需的武器装备、军事物资的行为。中国实行国家军事订货制度，保障武器装备和其他军事物资的采购供应。军队武器装备采购由总装备部负责，军队物资采购由总后勤部负责。国防装备采购也要遵循政府采购制度的基本原则，逐步打破军品行业部门界限，引入竞争机制，支持非军工国有企业和高技术民营企业进入军品市场，实现定点采购向公开招标、邀请招标、竞争性谈判和询价采购等多种方式转变，部分通用性较强的装备由单独采购向全军集中采购转变，从而提高装备采购的整体效益，确保部队以合理的价格采购到性能先进、质量优良、配套齐全的武器装备。

（3）优化兵役制度

目前世界各国的兵役制度一般有三种类型，义务兵役制（或征兵制）、志愿兵役制（或募兵制）和义务兵与志愿兵相结合制（或征募混合制）。义务兵役制，是政府根据兵役法强迫一部分公民在一定时期内服兵役，而政府给予义务兵的报酬则低于义务兵劳动的市场价格，有助于减少军事开支中的人员费用，但国家相应地更多承担他们复员后的基本生活保障性需求，从而增加社会保险方面的支出。其不利之处在于义务兵组建的军队无法适应未来的要求，现代化的军队本质上是职业化军队。

志愿兵役制，是政府按照一定的条件，招考、录用军事人员，政府给予志愿兵的报酬相当于志愿兵劳动的“市场价格”，其好处在于可组建职业化的军队，但为了招募合格入伍者要提供比较大的人员开支。中国实行义务兵与志愿兵相结合、民兵与预备役相结合的兵役制度。根据中国国防的使命和特殊要求，优化其中的结构，形成既能满足现代化军队对人员素质的要求，又能节约国防费中人员开支的兵役制度。

3.2.2 行政管理支出

1）行政管理支出的性质和范围

（1）行政管理支出的性质

行政管理支出是财政用于各级党委、国家各级权力机关、行政管理机关、公安司法检察机关行使其职能的开支。这项开支是维持国家政权存在、保障各级国家管理机构正常运转必需的费用，是纳税人必须支付的社会成本，是政府服务社会的基础，是政府为行使其最基本的职能所必须花费的一项支出。

行政管理支出与其他政府支出相比具有特殊性。首先，公共行政部门所提供的行政管理，是面向全社会的一种管理，其数量与价值都不能通过市场竞争机制来确定，其管理对象和接受管理的主体不具有排他性，因而行政管理属于纯公共产品范畴。其支出也必须由政府财政予以提供，由政府向全体社会成员收税来提供经费的来源。其次，从直接生产与消费社会财富的角度看，行政管理支出属于非生产性的社会消费性支出。对公共行政部门提供的经费一经使用，就会引起对社会物质产品的消耗，因此，在经济资源一定的条件下，政府用于行政管理的费用过多，会直接增加纳税人的负担，从而降低微观经济主体的投资能力或消费能力，使公共产品与私人产品内的资源配置发生扭曲。在政府财政收入一定的条件下，如果政府用于行政管理的费用过多，政府就不得不压缩用于基础设施投资、教育、卫生等方面的支出，从而影响整个公共产品配置的效率。最后，行政支出具有稳定性。政府职能在一定时期内相对稳定，行政机构的设置是根据政府履行其职能的实际需要确定的，并经过一定的法律或制度程序确立。它体现了国家在既定时期管理社会经济工作的需要，与各级政府之间或职能机构之间的职权划分相联系。

（2）行政管理支出的范围

行政管理支出的范围决定于国家行政管理机关的结构及职能。中国行政管理支出包括一般公共服务、公共安全支出、外交外事支出以及其他各部门一般行政管理和机关服务支出，其中，一般公共服务包括人大经费、政府机关经费、政协经费、共产党机关经费、民主党派经费和社会团体机关经费。公共安全支出包括武装警察部队支出、公安支出、国家安全支出、检察院支出、法院支出、司法支出、监狱支出、强制隔离戒毒支出、国家保密支出、缉私警察支出以及其他公共安全支出。外交外事支出包括外交管理事务支出、驻外机构支出、对外援助支出、国际组织支出、对外合作与交流支出、对外宣传支出、边界勘界联检支出、国际发展合作支出以及其他外交支出。除此之外，其他各部门也都还有一般行政管理和机关服务支出（财预〔2019〕142号）。从行政管理支出的内部结构来看，整个行政管理支出包括两大类，即人员经费和公用经费，前者包括工资、福利费、离退休人员费用等，后者包括公务费、修缮费、设备购置费和业务费。

（3）行政管理支出存在的主要问题

从总量上看，中国行政管理支出增长趋势明显，从2004年的5 521.98亿元增加到

2019年的51 641.47亿元，增长了近10倍；但从相对比重看，行政管理支出占一般预算财政支出的比重从2004年的19.38%增加到2019年的21.62%，增加了2.24个百分点；行政管理支出占GDP的比重从2004年的3.42%，提高到2019年的5.22%，提高了1.8个百分点，表明中国行政管理支出相对规模总体可控。行政管理支出的规模受多种因素影响，而且具有历史延续性，直接的影响因素主要有经济增长水平、财政收支规模、政府职能、机构设置、政府工作效率以及管理费使用效率等。在相当长的历史时期里，特别是中央发布“八项”规定以前，行政管理支出方面存在较多问题的领域主要是所谓“三公费用”，即用于公务接待、公务用车购置及运行、公务出国（境）的开支。

公务接待费方面。公务接待费，是指行政事业单位为执行公务或开展业务活动需要合理开支的接待费用，包括在接待地发生的交通费、用餐费和住宿费。国家相关政策文件对业务招待费都有明确规定，如地方各级行政事业单位的业务招待费开支标准，由各地人民政府根据当地实际情况确定，但不得超过当年单位预算中“公务费”的2%。中央级行政事业单位的业务招待费不得超过当年单位预算中“公务费”的1%。但很多行政事业单位的实际业务招待费往往超过规定的标准，存在“大吃大喝”，用公款接待与业务无关的亲戚朋友等公款私用问题。党的十八大以来，中央出台多项有关公务接待的规定，如《党政机关厉行节约反对浪费条例》、《党政机关国内公务接待管理规定》和《关于厉行节约反对食品浪费的意见》等，进一步加强对公务接待费的管控。

公务用车购置及运行费方面。公务用车，是指由政府财政为各级党政机关及事业单位工作人员执行公务需要所配备的车辆，主要分为各级党政机关及事业单位领导干部固定用车和公务人员公务活动用车两大类。国家财政部、国家发改委和国家统计局调研数据显示，2005年以后，八项规定发布以前，中国财政行政事业公用经费支出每年增加1 000多亿元，总额每年在9 000亿元左右，其中公务用车消费占比较高，达到1 500亿~2 000亿元（不包括医院、学校、国企、军队以及超编配车）。每年公务用车购置费支出增长率为20%以上[①]。公务用车购置及运行费的高额支出曾经成为各级财政的沉重负担。2014年中央启动公车改革，同年7月16日中共中央办公厅、国务院办公厅下发《关于全面推进公务用车制度改革的指导意见》和《中央和国家机关公务用车制度改革方案》，取消副部级以下领导干部专车，取消一般公务用车。普通公务出行社会化，适度发放公务交通补贴。随后，各地根据中央精神纷纷进行车改试点，车改试点大致分为三种模式：一为公车货币化，二为公车集中管理，三为两者模式的结合。公车改革成效显著，2013—2016年间，中国公务用车购置及运行费逐年递减，降幅接近4成[②]。

公务出国（境）费用方面。在八项规定发布前的一段时间里，公务人员和一些事业单位人员借考察、学习、培训、研讨、招商、参展等名义变相出国公费旅游成为一种普遍现象，甚至成为一定级别官员的“待遇”。各级政府行政管理支出中，公费旅游开支占有相当比重。八项规定发布后，此类现象得到有效控制。2019年财政部、外交部关于印发《因公临时出国经费管理办法》通知，进一步规范对因公临时出国经费的管理。

总之，自2012年12月4日中央“八项规定”颁布以来，各地通过制定管理办法，规范

① 李欣欣．中国行政事业单位每年公务用车消费支出超千亿元［EB/OL］．［2010-01-04］．http：//www.chinanews.com．cn/gn/news/2010/01-04/2052226.shtml.

② 佚名．68起违反八项规定精神问题曝光：违规使用公车居首［EB/OL］．［2017-05-03］．http：//news.cctv.com/2017/05/03/AR-TIV6lzOwURb9vs1SNrVbfk170503.shtml.

“三公经费”管理；按月报送“三公经费”支出，实现精细化监督；实现预、决算公开制度，接受社会各界监督等方式，各级政府的“三公经费”支出得到有效控制。首先，中央本级“三公经费”大幅度下降，2012—2018年中央本级“三公”经费财政拨款预算执行数分别为80.95亿元、71.54亿元、65.66亿元、53.73亿元、47.11亿元、46.7亿元、42.85亿元。最近年份比基年下降近50%[①]。其次，地方各级“三公经费”也下降显著。以广东省为例，2012—2018年省级“三公经费支出”决算数分别为：8.63亿元、8.11亿元、6.88亿元、5.83亿元、5.83亿元、5.88亿元、4.95亿元，7年间累计下降了43%[②]。各级都做到了“三公经费”只减不增。但“三公经费”管理仍然存在一些问题。例如，个别单位部门公务用车、公务接待、公务出国管理不够具体规范；此外，出现大量国有资产闲置（如公务车辆、宾馆酒店、超标多余办公场所），未能制定有效办法及时处置，从而导致严重浪费等问题。

除了上述“三公经费”外，以下一些开支领域也存在比较突出的问题。其一，会议费开支。会议费是指行政事业单位举办会议发生的费用，包括伙食费、住宿费、公杂费、工作人员就餐费等项目。目前，中国行政事业单位的会议种类繁多，这方面耗费了大量的财政经费。

其二，公务员工资开支。有数据显示，2016年末，中国狭义的公务员（党政机关工作人员）人数为719万人[③]。广义的公务人员又称财政供养人员，包括各级党政机关、社会团体和财政拨款的事业单位工作人员。据统计，到2016年，中国财政供养人口大约5 000万人[④]。财政供养人口主要由以狭义的公务员、军人、各类教师、科研人员、公立医院医护人员等群体构成，这些群体提供了最基本的公共服务，维持了社会秩序，促进了人民健康安全和人民发展。但财政供养人口规模庞大，入职后没有“下岗”失业的压力，且削减压缩不易，使中国多数地方财政开支特别是一般预算开支呈现“吃饭财政”的特点，这样就大大降低了财政对社会经济的调节控制功能。此外财政供养人口薪酬待遇制度还不完善、不合理，地区差别、部门差别依然较大，考核评价还不够科学精准，薪酬待遇还不能与绩效有效挂钩。这会挫伤多劳动、多担责、多贡献的人的积极性。地区差异会导致经济欠发达地区人才流失，加剧区域发展不均衡。

3.2.3 行政管理支出的优化策略

1）行政机构和职能改革

压缩行政管理支出的前提是精简机构。首先要打破“精简－膨胀－再精简－再膨胀”的怪圈。一是遵循政事分开的方向，即行政机构和事业单位合理划分，对事业单位实行全额拨款、差额补贴和自收自支等分类管理。二是减少行政层级，实施扁平化管理，减少不必要的层级，提倡“省直管县”或“省直辖市”的地方行政管理体制。三是行政机构的设置和职能，应着眼于“放管服”，所谓“放”就是简政放权，降低准入门槛；“管”就是创新监管，促进公平竞争；“服”就是高效服务，营造便利环境。四是反对和整治一切形式

① 数据来源：财政部．2012—2018年历年中央本级“三公”经费预算执行和预算安排情况．http：//yss.mof.gov.cn/caizhengshuju/201904/t20190402_3210922.htm.

② 数据来源：广东省财政厅．2012—2018各年广东省预算执行情况与广东省预算草案的报告。其中2015年报告中并未报告当年“三公经费”决算书，但2016年报告中写明2016年“三公经费”规模与2015年相当，因此本文中2015年“三公经费”与2016年相同。http：//czt.gd.gov.cn/czysjs/content/post_2877108.html.

③ 数据来源：《2016年度人力资源和社会保障事业发展统计公报》。

④ 佚名．我国公务员总数首披露 财政供养人员约5 000万人［EB/OL］．［2016-06-21］．http：//www.rmzxb.com.cn/c/2016-06-21/878388.shtml.

主义、官僚主义，让公务人员从文山会海、迎评迎检、材料报表中解脱出来，把主要精力用在服务群众、解决实际问题上。

2）公务接待费的控制

一般认为有效的办法是接待开支实行经费包干制度。这种制度可以使接待费的总额得到一定的控制，也有助于相关人员自行控制，节约支出。但实行接待开支限额包干法，可能出现向下属单位或管理对象转移负担的情况，或领导“请客”、下属单位“买单”，或上级“挂名”、被监管对象“挂账”。经费指标或经费包干后，一些人为了节省开支，可能出现办事不积极、工作不主动等情况，影响正常的工作。接待开支的控制，还需要合理界定公务接待范围，科学核定公务接待标准；加强公务接待制度建设，提高公务接待制度化水平；积极采用财务技术、电子技术等技术手段规范公务接待；加大公开力度，强化公务消费监督，严肃查处违规公务行为①。

3）差旅费控制

差旅费是行政事业单位人员因公外出时所发生的费用，包括出差人员的交通费、住宿费、伙食补助费等。目前，差旅费在许多行政事业单位公用经费中占有相当大的比重。其中，公务出国（境）费是控制的重点。控制差旅费的主要措施：一是将出差、出国任务具体化并严格实行差旅费报销审批制度；二是确定年度差旅费总额，按经费比例确定各部门差旅费控制数额，依照有关差旅费管理办法严格使用和管理；三是差旅费实行包干制，因公出差要在保证完成任务的前提下，尽量减少人数，缩短时间。

4）公务员工资待遇差别的调整

对公务员工资待遇差别，要采取措施逐渐缩小地区差距和部门差距。首先考虑各省（自治区、直辖市）范围内实行公务员津贴补贴统筹发放制度，制定全省（自治区、直辖市）公务员的津贴补贴标准，津贴补贴将列入工资统一发放范围，实行国库集中统一支付，并依法缴纳个人所得税；禁止各单位私设“小金库”，乱发津贴补贴；逐步过渡到全国范围的公务员津贴补贴统筹发放。同时，公务员应该按照国家规定享受地区附加津贴、艰苦边远地区津贴、岗位津贴等，享受住房、医疗等补贴，公务员在定期考核中被确定为优秀、称职的，按照国家规定享受年终奖金。

应当采取由各级人民代表大会来审议决定各级国家机关、团体、事业单位人员工资的制度，并由纳税人听证，使公务人员的工资待遇法治化、市场化。实施动态工资体系，每年进行企业工资水平调查、国家公务员工资调查，经比较后科学确定公务员工资标准。标准明确、公开透明，也就减少了由公务员加薪减薪问题引发的社会舆论纷争。也可以借鉴国外的成熟做法，将工资水平明确纳入一定的国民生产和财政统计数据体系，制定更为科学、合理的公务员工资标准。

3.3 教育支出

中国政府的教育支出包括一般公共预算的教育支出、各级政府征收用于教育的税费（主要是教育费附加）的支出、国有企业办学教育支出、校办产业、勤工助学、社会服务

① 龙太江. 防治公务接待腐败［J］. 瞭望，2006（44）：28-31.

收入中用于教育的支出等，通称财政性教育经费。其中一般公共预算的教育支出占大头。政府教育支出的必要性是由教育产品的属性和政府干预教育活动的必要性所决定的。

3.3.1 政府教育支出的理论依据

1）教育产品属性及其提供方式

经济学界对教育产品属性的界定，主要有两种观点：第一种，教育是准公共产品。有学者认为，大多数类型的教育在技术上可以实现排他，且具有“拥挤的公共产品”特性，因此，教育是准公共产品[①]。有学者认为教育服务在消费上具有一定的竞争性，但在技术上排他成本过高，可能会引起教育机会的不公平，并增加教育的社会成本。因此，教育是一种具有正外部效应的准公共产品[②]。第二种，教育是私人产品。一些学者认为教育服务在消费上具有竞争性，在教育资源一定的情况下，教育的消费者额外增加会造成其他消费者的损失。教育服务也是很容易排他的，因此教育主要是一种私人产品[③]。有的学者认为教育服务可分为多种类型，并具有不同性质[④]。高等教育不能满足公共产品的“非排他性”和“非竞争性”两个特征，属于私人产品[⑤]。

还有一种观点认为，一个产品的属性，应该依据其被提供的方式来做判断。公共产品实际上就是一种制度安排。对于应当为公民普遍享用、能够促进社会公平的正外部性产品，政府通过一定的制度安排，使之在消费上具有非竞争性和非排他性特点，那么这种产品可以被称为公共产品。有的学者认为，比照公共产品所具有的特性，虽然从严格意义上看，义务教育、特殊教育等类型的教育可能程度不同地具有边际成本非零、技术上可以实现排他的特性，并不完全符合纯公共产品的属性特征，但在实践中多数国家一般都将它们作为一种制度安排而定位在公共产品上。[⑥]实际上，将教育看作准公共产品在很大程度上并不是依据教育本身的产品属性，而是基于这样一个逻辑推论：教育能够增加受教育者的人力资本，而人力资本的增加会产生正外部性，因此，教育应该由政府来提供。正如有的学者所言：“公共部门提供教育的均匀性的政策目标以及由其所允许的纵向需求加总是由公共部门强加的，是福利国家出于‘父爱主义’的考虑，而绝非由教育这个‘产品’本身的技术性质所必需的和决定的”[⑦]。

由于教育分为初级、中级和高级等几个层次，因此，不同层次的教育会表现出不同的产品属性。多数国家根据本国经济发展情况，通过宪法规定若干年的义务教育，并由政府来提供和保证教育经费。而其他层次的教育，如高等教育、职业教育等，兼具公共产品和私人产品的属性，属于准公共产品，理应采取混合式的提供方式，由政府、市场和个人共同提供，即由政府通过财政拨款提供费用，同时鼓励社会团体和民间资本注入，并向受教育者收取一定的学费等。

---

① 布坎南 J M. 公共财政［M］. 赵锡军，等译. 北京：中国财政经济出版社，1991：22-40.

② 王善迈. 关于教育产业化的讨论［J］. 北京师范大学学报（人文社会科学版），2000（1）：12-16. 廖楚晖. 教育财政国内研究述评［J］. 经济学动态，2005（3）：65-68.

③ 阿特金森，斯蒂格利茨. 公共经济学［M］. 蔡江南，等译. 上海：上海三联书店，1994：624-637. 罗森 H S，盖亚，T. 财政学［M］. 郭庆旺，译. 10版. 北京：中国人民大学出版社，2015：111.郑秉文. 公共物品、公共选择理论中的教育［J］. 世界经济与政治，2002（12）：73-78.

④ 厉以宁. 关于教育产品的性质和对教育经营的若干思考［J］. 教育科学研究，1999（3）：3-11.

⑤ 薛澜. 高等教育是公共产品吗——兼论政府在发展高等教育中的作用［J］. 科技导报，1999（9）：37-39. 张曙光. 思想自由与经济自由：一个自由主义经济学家的忧思［M］. 北京：台海出版社，2003：296.

⑥ 闵维方. 高等教育运行机制研究［M］. 北京：人民教育出版社，2002：31.

⑦ 郑秉文. 公共物品、公共选择理论中的教育［J］. 世界经济与政治，2002（12）：73-78.

经济学家对教育产品具体提供方式还进行了有益的探索。弗里德曼认为，当一个受教育的孩子不仅有利于他自己和家长，同时也有利于整个社会的其他成员时，即存在著名的“邻近影响”情况下，政府有介入经济活动的必要。但是，弗里德曼反对政府直接将教育经费投入到公立学校，并针对美国公立学校办学质量与效率低下的现状，于20世纪50年代提出了“教育券”（education voucher）制度。弗里德曼把政府原来直接投入到公立学校的教育经费折算为人均单位成本，以有价证券（教育券）的形式发放给接受教育的家庭或学生，学生可凭教育券自由选择政府认可的公立或私立学校就读，并凭教育券冲抵部分学费，学校再凭收到的教育券到政府部门换取教育经费。推行教育券的目的是希望通过引入竞争机制，将公立和私立学校放在同一水平线上竞争，以逐步提高教育质量。

2）政府干预教育的理论依据

由于在教育服务提供领域存在市场失灵，为弥补市场失灵，需要政府干预。世界银行的经济学家认为，政府为教育筹资的理由有三：第一，当某一个体的公益消费影响其他人的时候，个体一定会被引向考虑社会的而不是个人的成本和收益；第二，有限的资金市场不允许学生在包括成本增大在内的未来收益的基础上借到足够数量的经费；第三，人力资源的投资是减少贫困的主要策略。[①]在教育领域，市场失效具体表现在以下几个方面：

（1）正外部性

从教育需求和供给两个角度来看，教育均具有特殊的“双重外部性”。一方面，从教育需求角度看，受教育者因为自身综合素质的提高，在各自岗位上可以发挥更大的作用，并实现私人教育投资的直接收益——终身收入水平的提高；同时，受教育者也可能产生间接收益，即受教育者在接受教育后所带来的“溢出效应”——为社会作出重大贡献。另一方面，从教育供给者角度看，在由地方政府作为教育供给经费支付主体时，由于劳动力要素的流动性，往往会使投资教育的收益溢出辖区边界，使其他地区也受益。也就是说，一个人接受良好高等教育不仅会使他本人和家庭以及居住社区受益，还会惠及社会乃至整个民族。[②]总之，在出现外部性的情况下，如果没有政府干预，而任凭私人市场决定资源配置，那么教育资源配置是无法实现帕累托最优的。

（2）分配公平效率问题

政府干预教育的另一个理由是源于对分配公平和效率的关注。斯蒂格利茨认为：“一个孩子生活的机会不应取决于其父母的财富或他父母居住社区的偶然事件。”[③]教育作为一种人力资本投资，它必须同时关注公平和效率两个目标。由于教育机会的不均等，可能会使原有的收入分配差距继续扩大，并产生代际效应。教育机会的不均等同样也是有悖于效率要求的，贫困家庭的子女可能因为没有接受良好的教育而无法充分地发挥他们的聪明才智，从而对本人和社会造成人力资源的浪费，并产生效率损失。如果政府从再分配的角度提供教育，参与人力资本投资，那么将有助于提高公平程度和效率水平[④]。

（3）人力资本市场不完善

教育通常被看成是一种人力资本投资，且在将来能够带来私人收益。如果资本市场是完善的，那么，受益于教育的人完全可以将日后的工作收入作为抵押来贷款，以支付现阶

① 卡诺 M. 教育经济学国际百科全书［M］. 闵维方，等译. 北京：高等教育出版社，2000：564.
② 刘剑，张筱峰. 我国义务教育财政转移支付的目标框架［J］. 当代财经，2005（3）：34-37.
③ STIGLITZ，J. Economics of the Public Sector［M］，New York：W.W. Norton & Company，1988：372 .
④ 杨丹芳. 教育财政的公平与效率［J］. 财经科学，2000（3）：49-51.

段的教育费用。但现实中资本市场是不完善的，贷款机构需要的抵押物是物质资本以及金融财产，而不是人力资本的预期收益。在一个不完善的资本市场中，学生不但不能以他们未来的收入作为抵押来进行融资，他们的投资回报还具有不确定性。教育作为一种投资，其收益率的大小还受到个人性格、工作机遇和健康等不确定因素的影响，所以不论是学生本人，还是私人贷款机构，都承担着较大的风险，从而导致信贷机构不愿提供贷款对教育进行投资①。于是，由于人力资本市场不完善，为政府提高经济效率和维护社会公平而干预教育提供了一个理由。

3.3.2 中国政府教育支出的现状：规模和结构

教育支出在各国财政支出中居于重要地位，反映了各国政府发展教育、提高国民素质的能动性。通常，人们主要选用教育经费的总量和结构来描述和评价教育经费支出现状。中国采用了财政性教育经费的统计概念来反映政府教育支出。

1）中国财政性教育经费绝对规模分析

中国财政性教育经费的绝对规模基本保持增长态势。图3-5反映的是2004—2018年中国财政性教育经费绝对规模的增长情况。从图中可以看出，中国财政性教育经费的绝对规模保持增长态势，2004年以来，有快速攀升的趋势。

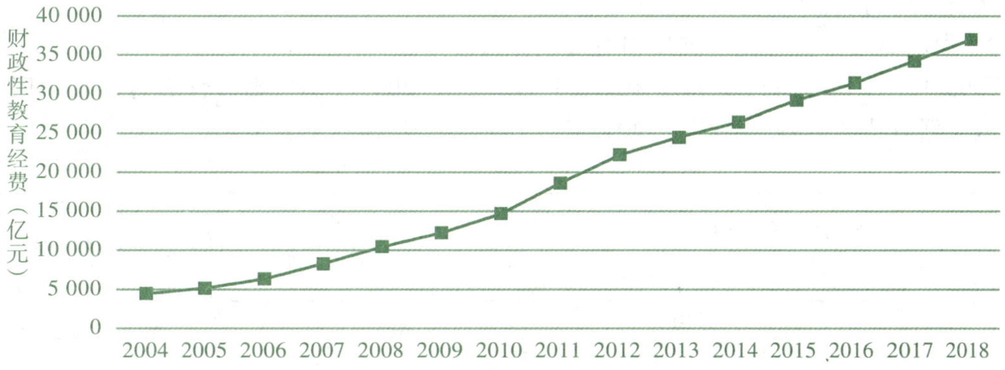

图3-5 2004—2018年中国财政性教育经费绝对规模增长情况

资料来源 教育部，国家统计局，财政部. 全国教育经费执行情况统计公告（2005—2019）.

政府财政性教育支出绝对规模增长是多种因素共同作用的结果。一方面，政府财政支出增长是导致政府教育支出增长的主要原因；另一方面，教育需求的增长也引致政府教育支出的增长。

经济增长必然带来社会财富增加，导致政府财政收入增长，从而为财政支出增长提供了可能性。教育支出作为政府最重要的支出项目之一，必然会伴随着政府财政支出的增长而增长。从图3-6中我们可以证实这一结论。

从人口增长所引致的教育需求来看，各级各类教育毛入学率有所提高，接受教育的人数增多，从而使得政府教育支出的绝对规模扩大。人口增加与政府教育支出的拥挤函数（crowding function）关系式可表述为：$A_i=X_i/N^a$②。其中，A_i是政府为每个社会成员提供的第i种产品的服务；X_i为用于生产第i种产品的活动；N为人口规模，a为拥挤参数。当政

① 杨丹芳. 财政支出经济分析［M］. 上海：上海三联书店，2001：71-72.
② 平新乔. 财政原理与比较财政制度［M］. 上海：上海人民出版社，1995：110.

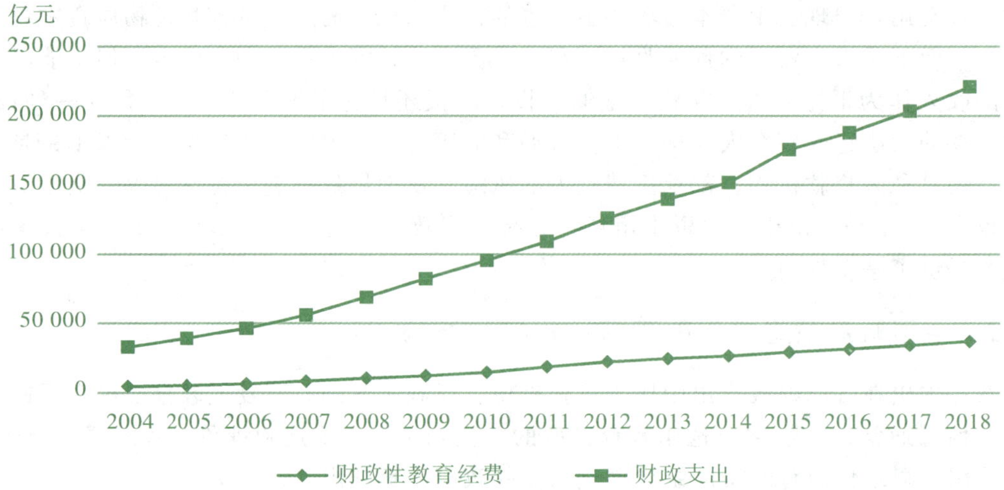

图3-6 中国财政性教育经费增长与财政支出增长态势比较

资料来源 教育部，国家统计局，财政部.全国教育经费执行情况统计公告（2005—2019）.

府提供的是教育这种公共产品时，由于教育产品的正外部溢出效应，使得0<a<1，于是每个成员得到的效用随人口增加而下降，进而会要求增加财政性支出，以保持原来的效用水平，从而引致财政性教育支出规模的增长。

2）中国财政性教育经费支出相对规模分析

1993年《中国教育改革和发展纲要》规定，到2000年国家财政性教育经费占国内生产总值比例应达到4%。实际上到2012年才实现之一目标，见表3-8。

表3-8 财政性教育经费总额及占GDP的比重

年份	财政性教育经费（亿元）	一般公共预算教育支出（亿元）	财政性教育经费占GDP比例（%）	财政性教育经费相当于一般公共预算财政支出的比例（%）
2004	4 465.86	4 027.82	2.79	15.68
2005	5 161.08	3 393.28	2.82	15.21
2006	6 348.36	5 795.61	3.01	15.70
2007	8 280.21	7 654.91	3.22	16.26
2008	10 449.63	9 685.56	3.48	16.32
2009	12 231.09	10 437.54	3.59	16.03
2010	14 670.07	12 550.02	3.66	16.32
2011	18 586.70	16 497.33	3.93	17.01
2012	22 236.23	21 242.10	4.28	17.65
2013	24 488.22	22 001.76	4.11	17.52
2014	26 420.58	23 041.70	4.10	17.42
2015	29 221.45	26 271.88	4.24	16.63
2016	31 396.25	28 072.80	4.22	16.71
2017	34 207.75	30 153.18	4.14	16.82
2018	36 995.77	32 169.47	4.02	16.75
2019	40 049.00	34 913.04	4.04	16.77

资料来源 教育部，国家统计局，财政部.全国教育经费执行情况统计公告（2005—2019）.

中国政府财政教育支出占GDP的比重一直落后于世界主要国家，甚至落后于世界平均水平。2006年，中国政府财政教育支出占GDP比重刚刚突破3%，欧盟国家的平均水平4.86%，经合组织成员的平均水平为4.91%，中等收入国家的平均水平为3.87%，阿根廷、捷克、越南等发展中国家也超过了4%的水平。2016年，中国政府财政教育支出占GDP比重为4.22%，突破了4%的基本线。虽然占GDP比重仍低于世界同期水平（见表3-9），但由于中国已经是世界第二大经济体，GDP总量十分庞大，占GDP的4%的教育经费总量十分可观，教育经费已经是一般公共预算中占第一位的支出，且如果按购买力平价计算GDP，教育经费占GDP的比重会更高，在经济下行压力增大、财政收入增长趋缓的新形势下，未来有必要着眼于提高教育经费使用效率、提高教育质量。

表3-9　部分国家2006—2015年教育公共开支总额占GDP的比重（%）

国别	2006	2007	2008	2009	2010	2011	2012	2013	2014	2015
澳大利亚	4.75	4.66	4.64	5.09	5.55	5.07	4.87	5.23	5.16	5.31
瑞士	4.96	4.69	4.87	5.04	4.93	4.97	5.03	5.04	5.05	5.10
捷克共和国	4.22	3.87	3.74	4.17	4.06	4.27	4.25	4.09	3.99	5.79
德国	4.28	4.34	4.41	4.88	4.91	4.81	4.93	4.93	4.92	4.81
丹麦	7.73	7.62	7.48	8.45	8.56	8.48	7.24	8.49	7.63	—
澳大利亚	4.75	4.66	4.64	5.09	5.55	5.07	4.87	5.23	5.16	5.31
西班牙	4.17	4.23	4.50	4.87	4.82	4.87	4.43	4.33	4.28	4.27
英国	5.01	4.95	4.92	5.11	5.74	5.65	—	5.59	5.66	5.61
巴西	4.87	4.97	5.27	5.46	5.65	5.74	5.86	5.84	5.95	6.24
荷兰	5.04	4.89	5.03	5.43	5.49	5.46	5.41	5.53	5.46	5.35
挪威	6.39	6.53	6.28	7.10	6.74	6.45	7.36	7.47	7.68	7.55
瑞典	6.40	6.21	6.38	6.85	6.61	6.48	7.65	7.71	7.67	7.55
欧洲联盟	4.86	4.69	5.03	5.56	5.30	5.02	4.87	5.11	5.12	4.90
经合组织成员	4.91	4.75	4.98	5.43	5.40	5.12	5.03	5.14	5.14	5.14
中等收入国家	3.87	3.65	4.04	4.45	4.51	4.02	4.16	4.34	4.41	—
高收入国家	4.82	4.69	4.87	5.09	5.33	4.99	4.87	4.97	5.05	5.00
世界平均水平	4.15	4.22	4.34	4.66	4.54	4.31	4.35	4.59	4.63	4.74

资料来源　https://data.worldbank.org.cn/indicator/SE.XPD.TOTL.GB.ZS?view=chart.

3）中国政府教育支出结构分析

中国政府教育支出可按照教育级次划分为初等、中等和高等三级教育支出；可按照经费使用性质划分为教育事业费和教育基建投资支出；也可按照教育经费区域分布划分为发达地区和不发达地区教育支出。

2019年，全国一般公共预算教育经费支出在三级教育中分配的情况是：初等、中等、高等教育占的比例分别为33∶33∶18。该结构与中国当前确立的以“两基”为重点的教育发展目标基本吻合。

从教育经费的使用性质或支出用途来看，教育事业费支出，一般占到政府教育支出的90%左右；其余为教育基本建设经费。从教育支出的地区分布来看，东部地区的教育经费支出最高，中部地区次之，西部地区最少，从东往西呈梯级递减分布，教育经费在东、中、西部分配的对比关系是1.788∶1∶1.106[①]。其原因主要在于：由于地方政府几乎承担全部的基础教育支出经费和地方高等院校的财政拨款，地区间经济发展水平和财政支出能力的差异，势必造成地区间教育投入的差异。

当前义务教育资源还存在“乡村振兴”战略带来“资源下乡”与乡村空心化导致的资源空间错配问题。随着农村人口流入城市，就学人口快速向城市聚集，2010年前后，城镇在校小学生人数开始超过农村，2017年人数差距扩大至4 500万，而2017年乡村小学学校数为9万所，城镇普通小学学校数仅为7万所。乡村义务教育阶段在校学生人数不断下降的同时，乡村学校校舍面积却逐年增加。一些乡村学校的建成之日，往往因为没有学生而面临不得不关门的窘境。[②]与此同时，城市义务教育资源出现了吃紧的情况，对随迁子女享受城市义务教育资源的权利不断进行诸多限制，导致在城市务工的农村居民和外地居民的子女不能在工作城市享受到同等的义务教育服务。

农村义务教育经费投资要改变当前见“村”、见“物”、不见“人”的现象，义务教育经费要随人走，让农村流动人口的随迁子女同等享受工作城市的义务教育服务。一方面，调整教育投资内部比例结构，加大对人口净流入城市的义务教育投入；另一方面，建立统一的城乡义务教育经费保障机制，将一系列的教育优惠政策由农村扩展到城市，所需资金均通过增量义务教育经费解决。

3.3.3 政府教育支出配置的公平与效率

如前所述，教育是一种具有正外部效应的准公共产品或私人产品，因此，政府供给教育资源可视为一种社会福利。政府教育资源配置不仅关系着教育资源的分配，而且还关系到教育的机会以及教育资源配置结果的分配，因此，政府教育支出配置必须确立两个目标：提高效率和促进公平。或者说，效率和公平两个准则是评判政府干预教育结果的标准。一方面，从效率的角度来看，政府应该根据教育产品的公共性纯度来确定教育支出公共政策。凡外部收益越大或公共性纯度越高的产品，其政府财政支持的额度就应该越高，向受教育者收取的成本补偿的额度就相应减少；反之亦然。同时，教育支出政策的实施要求社会损失最小，降低政府干预的扭曲程度，实现效率最大化。另一方面，从公平的角度来看，政府又必须抛弃财富多寡、宗教信仰差异、地位高低等因素，去关注如何公平地分配教育资源，以确保所有社会成员平等享受基本的受教育机会和权利，以实现教育产品提供的均等化[③]。总之，政府教育支出最优配置的目标，就是寻求兼顾效率与公平两个目标最大化的社会福利“至福点”（bliss point）。

① 教育部财务司，国家统计局社会与科技统计司．中国教育经费统计年鉴（2018）[M]．北京：中国统计出版社，2019.

② 中国教育在线．2018年基础教育发展调查报告 [EB/OL]．[2021-02-19]．https：//www.eol.cn/e_html/zxx/report/index.shtml.

③ 杨丹芳．财政支出经济分析 [M]．上海：上海三联书店，2001：72-75.

3.4 科学技术支出

政府科学技术支出，是指一般公共预算在科学技术研究方面的专项支出，包括属于科学技术支出科目下的支出和其他功能性支出中用于科学技术的支出，具体包括国家通过一般公共预算拨付给科研机构、科研管理机构和科技服务机构等单位的运行费；通过一般公共预算开支的新产品试制费、中间试验费和重大科研项目补助费等；用于科研部门购买大型科研仪器设备和建设科技工程的费用，包括科研基础设施、办公设施和住宅等方面的建设费用。要说明政府科学技术支出的必要性，就要首先说明科学研究成果的经济属性。

3.4.1 科学研究成果经济属性分析

科学研究包括基础研究和应用研究两个部分。基础研究创造知识产品，应用研究带来技术服务产品。

1）基础研究成果——“知识”产品具有纯公共产品的属性

知识作为一种特殊的经济产品，与一般的物质产品相比，具有一些特殊性。基础科学研究出的知识产品一般以公开发表的学术论文、专著等形式存在，无法通过申请获得专利，任何人都可以免费地使用该类知识产品。可见该类知识产品带来的利益能够完全外溢，发明者要阻止局外人免费使用该项成果非常困难，因为排他成本趋于无穷大。张三吃了一个蛋糕，李四就无法再去吃这个蛋糕；但是张三学习了某个想法，李四却可以再学习它。假设张三和李四各有一个蛋糕，如果他们交换手中的蛋糕，最后还是一人一个蛋糕；但是假设张三李四各有一个想法，交换之后，两人就各有两个想法。就同一主体来说，不同知识的联合使用会产生互补性，并因此带来更高的经济收益，即1+1>2①。

知识不会随着消费过程的进行而减少或消失。对知识的使用就是知识消费，而使用知识与使用普通消费品不同，普通消费品会随着使用而发生损耗，消费过程结束，消费品也会随之消失，但知识的消费不会消灭知识。而且，知识不能与其生产者相分离，这会导致知识（产品）的购买者不能完全拥有知识，也不能完全排除知识的传播或扩散，知识产品一旦生产出来，其他人增加消费的边际成本等于零。因此，知识的交易具有非竞争性②。

总之，作为基础研究成果的知识是一种特殊的经济产品，在一定的制度条件下具有上述特殊性，且正是由于这些特殊性决定了其纯公共产品的性质。

2）作为应用研究成果的共有技术是准公共产品

一般而言，应用研究成果包括专有技术和共有技术。在现有产权制度下，专利是专有技术的私人产权形式，专利的所有人对他人使用其专利技术可以收取费用；同时，像其他财产权利一样，可以部分转让其使用权，也可以全部转让或者出售。因此，专利制度使得专有技术在排他成本较低的情况下具备了较高的排他性，从而在一定程度上解决了技术知识的“搭便车”问题。正如道格拉斯·诺思所言：“只有在专利制度下，鼓励技术变革和将创新的私人收益率提高到接近于社会收益率的一整套机制才能形成。”③从这个意义来

① 汪丁丁．知识沿时间和空间的互补性以及相关的经济学［J］．经济研究，1997（6）：70-77.
② 蒋景媛．知识的特征及将其纳入生产函数的方法［J］．财经科学，2005（2）：41-47.
③ 诺思 D．经济史上的结构变迁［M］．刘瑞华，译．北京：商务印书馆，1998：162.

说，专有技术接近于私人产品。

但是，技术的另一种形式即共有技术却明显具有较高的外部性。共有技术是跨行业、跨产业的交叉技术，能够为多项产品和其他技术的发展提供支持，主要包括高风险和不确定性的高新技术、涉及国家安全和核心竞争力的关键技术、能够带来社会效益的有关公共福利的技术等。一般而言，专有技术是工艺、程序、配方、试产品、模型等较具体的表现形式，而共有技术的表现形式则更为抽象，部分成果无法申请专利来取得产权，这就使得共有技术与专有技术相比要进行排他，其排他成本较高①。因此，共有技术在现有产权制度安排下，具有不完全的排他性和竞争性，可视为准公共产品。

3.4.2 中国政府科学技术支出情况

既然科学技术具有公共性，政府的科学技术开支就具有必然性。一国政府科学技术支出水平的高低，也就成为衡量一国科技竞争力的重要指标，它反映了国家对科技进步的重视和努力程度。近年来，在科教兴国战略背景下，中国政府科学技术支出规模日益扩大，呈逐年上升之势，且支出投向日趋合理，有效地推动了科学技术进步和经济增长。表3-10显示了2004—2019年中国政府科学技术支出的变化以及占GDP和一般公共预算财政支出的比重。从该表中可以看出，从2004年到2019年，政府科学技术支出呈现持续快速增长态势，2018年达到9 518.2亿元，是2004年的8.69倍；其占GDP比例和占一般公共财政支出的比例均小步提升。

表3-10 2004—2019年政府科学技术支出与有关指标的比例

年份	数额（亿元）	占GDP比例（%）	占一般公共预算财政支出比例（%）
2004	1 095.3	0.68	3.8
2005	1 334.9	0.71	3.9
2006	1 688.5	0.77	4.2
2007	2 113.5	0.78	4.2
2008	2 581.8	0.81	4.1
2009	3 224.9	0.93	4.2
2010	4 114.4	1.00	4.6
2011	4 902.6	1.00	4.5
2012	5 600.1	1.04	4.45
2013	6 184.9	1.04	4.41
2014	6 454.5	1.01	4.25
2015	7 005.8	1.02	3.98
2016	7 760.7	1.05	4.13
2017	8 383.6	1.02	4.13
2018	9 518.2	1.06	4.31
2019	10 717.4		

资料来源　2007—2019年科学技术支出数据来自历年《全国科技经费投入统计公报》，占GDP比例、一般公共预算财政支出比例根据国家统计局有关数据计算。

国际上，将研究与试验发展（R&D）经费，简称研发经费或R&D经费，作为衡量一

① 胡卫. R&D知识品与我国科技财政的职能定位［J］. 财经论丛，2004（2）：41-45.

国科技水平的重要指标。研发经费包括政府科技支出，也包括企业研究发展支出。近年来中国R&D经费迅速增长，2013年R&D经费首次超过日本，目前中国R&D经费与GDP总量位置一致，也处于全球第二大国的地位。2019年，全国共投入R&D经费22 143.6亿元，占GDP的2.23%，其中来自企业经费支出16 921.8亿元，占76.4%；政府所属研究机构经费支出3 080.8亿元，占13.9%；高等学校经费支出1 796.6亿元，占8.1%。从用途看，基础研究经费1 335.6亿元，占6.0%；应用研究经费2 498.5亿元，占11.3%；试验发展经费18 309.5亿元，占82.7%①。与发达国家相比，中国R&D经费占GDP的比重已接近OECD国家平均水平2.38%（2018年数据），与美国2.83%（2018年数据）还有一定差距②。

3.4.3 科学技术支出效益分析

科学技术支出效益是指各级财政用于科学技术支出所产生的直接或间接的经济与社会效益。通常，由于科学技术研究特别是基础研究会产生间接的、无形的社会收益，也由于有一部分科学技术支出与教育支出等交叉在一起，加之科学技术成果的滞后特性，因此，很难对科学技术支出进行成本－收益分析。有鉴于此，我们选择科学技术进步情况和科技竞争力的国际比较数据来考察中国政府科学技术支出的效益，其公式可表述为：科学技术支出效益=科技成果/科学技术支出。其中，科技成果可用每万人中科学家和工程师比例、年授予专利数、年度重大科技成果和每年发表的论文等指标来评价③。近几年国外主要检索工具收录中国科技人员发表论文总数大量增加，排名也进入世界前两名④，中国科技竞争力显著提高，但整体的科技实力及水平仍然不高，科技体系的整体创新能力仍有待提高，特别是如何提高科技进步对经济增长的贡献程度，从而实现经济增长方式从粗放转变为集约，仍然任重道远。

近年来，经济全球化遭到破坏，多边主义遭受冲击，各国间贸易摩擦增多。西方发达国家和地区（如美国、欧盟、澳大利亚、英国以及加拿大等）对中国崛起抱警觉态度，对华经济、科技封锁日趋加剧。以美国为例，2017年以来，美方陆续采取了301调查措施、投资安全审查措施、出口管制措施、经济制裁和特定领域制裁措施，对中国科技产业的发展进行限制。

科学技术是中国经济增长和民族振兴的重要动力，面对日趋激烈的科技竞争和科技封锁，政府科技支出显得更加必要且重要。但是，受社会资源的稀缺性和政府财政能力的限制，必须对科技资源进行合理配置。首先，加大财政科技资金投入力度，引导科研机构、高等学校和高科技企业各司其职、分工协作，加强科学技术研究的前瞻部署，在基础理论研究上不断取得新发现，在应用技术研究上不断产生新发明，在核心工程技术上不断获得创新成果。其次，优化支出结构，增强引导功能，发挥企业作为创新研发的主体作用和产学研联盟的载体作用，形成以提高科技竞争力为核心，政府和企业分担结构更为合理的财力支持机制。

3.5 基础设施投资支出

基础设施是指为社会生产和居民生活提供公共服务的物质工程设施，是社会赖以生存

① 国家统计局，科学技术部，财政部．2019年全国科技经费投入统计公报［EB/OL］．［2020-08-27］．http：//www.stats.gov.cn/tjsj/zxfb/202008/t20200827_1786198.html.
② OECD．Gross domestic spending on R&D （indicator）［EB/OL］．［2020-11-05］．doi：10.1787/d8b068b4-en.
③ 郭庆旺，赵志耘，夏杰长，等．科教兴国的财政政策选择［M］．北京：中国财政经济出版社，2003：84-88.
④ 佚名．中国SCI论文连续9年世界第二，高校占比80%以上［EB/OL］．［2019-06-14］．https：//www.sohu.com/a/320602628_773043.

发展的一般物质条件。根据《1994年世界银行发展报告》的定义，基础设施的范围主要包括两类：一是经济基础设施，即永久性的工程建筑、设备、设施和相应服务，包括公共设施，如电力、管道煤气、电信、供水、环境卫生设施、排污系统、固体废弃物的收集和处理系统；公共工程，如大坝、灌溉渠、公路、铁路、城市交通网络、港口、机场等。二是社会基础设施，包括文教、医疗、社会保障、人力开发等有关物质工程和设施。促进基础设施的投资是政府社会管理职能的具体体现。我们需要了解政府介入基础设施投资的基本原因，政府对基础设施投资的基本方式，以及中国目前全社会基础设施投资支出的现状。

3.5.1 政府介入基础设施投资的原因

1）基础设施的准公共产品属性

从效率的角度来讲，政府介入基础设施投资的目的就在于弥补这一领域的市场失灵。虽然属于纯公共产品的基础设施并不多，但是大部分基础设施产品都至少具备非排他性和非竞争性中的一个特性，且基础设施多以高度网络化形态出现，网络化程度越高，就越能做到互联互通、协同共享、资源得到合理利用。因此，基础设施基本属于准公共产品的范畴，仅仅依靠市场提供将会产生效率方面的损失。例如，城市的道路在达到拥挤水平之前，增加一个消费者所带来的边际成本为零，这样我们就很难通过市场价格竞争的办法来弥补其建造成本，于是必须由政府弥补这方面的市场失灵。由于在竞争性和排他性上的不同表现，基础设施具有多种不同的提供方式，但政府的介入往往是绝大部分国家的选择。

2）基础设施能够产生外部效应

政府介入基础设施建设还有一个重要原因，就是基础设施会产生外部效应，既有正外部效应也有负外部效应。

例如，公路、铁路、民航、港口码头等典型的交通基础设施，既能为其直接使用者带来效益，也可能为其他人带来间接效益，即正外部效应，或损失（负外部效应）。正外部效应莫过于促进经济的发展和增强本国的综合实力，交通基础设施对加快建设全国统一市场，促进商品和各种要素在全国范围自由流动，缩小地区差别、增加就业、带动相关产业发展都具有十分重要的作用。正所谓“要致富先修路”。有一些基础设施，如城市交通系统、城市公园以及城市的文教和医疗设施，同样具有明显的正外部效应。在私人提供的情况下，无法通过市场价格对这部分外部效应产生的收益加以衡量。例如，如果由私人提供城市基础设施，那么其导致城市房地产价值的提升，无法通过城市基础设施的市场价来体现并获得成本补偿。因此，往往由政府提供，政府通过向房屋所有者或承租者征税获得资金进行基础设施建设，从而提高整个社会的效率。基础设施在给人民带来正外部效应的同时，也会带来负的外部效应。如噪声、空气污染以及事故也是交通基础设施相伴生的问题，这些问题引起的负外部效应使得交通基础设施建设和运营的成本更加难以量化。因此，政府不仅参与规划和监督管理，还通过各种方式参与交通基础设施的投资和运营。

3）基础设施的融资条件

由于基础设施的投资存在资金需求量大、投资周期长等特点，因此增加了一般私人企业的投资风险，从而使其融资较为困难。政府或者直接以所有者的身份，或者间接以担保人的身份对这些项目进行投资，则可以较为容易地得到资金。比如，在中国，政府及其所属企业可以通过财政的无偿资金拨款、有偿资金贷款、专用基金拨款、政策性银行贷款以及股份制融资和利用外资等渠道获得大量的资金。

4）中国政府介入基础设施投资的特殊情况

在中国，政府促进基础设施投资建设还因为中国的特殊国情。一方面，中国国土面积大，地理条件差别也很大，人口和资源分布很不均衡，大型水利工程、全国性交通网络、能源开发和供应网络需要政府特别是中央政府统筹协调。另一方面，发展不平衡，仍然存在区域差异、城乡差异，一些不发达地区和农村地区的基础设施仍然比较落后。这些基础设施具有较强的非排他性和非竞争性，因此很难完全通过市场办法由私人投资建设，需要政府以各种方式介入。

3.5.2 基础设施投资的提供方式

1）政府直接提供

政府直接提供或称公共提供，是指由政府直接投资基础设施的建设，并直接负责完工后的基础设施的管理和运营。采用这种方式提供的基础设施一般是因为涉及利益主体较多，受益范围较大，工程本身所需资金巨大，往往是涉及一国国计民生的重大水利、能源工程，如中国的三峡工程、南水北调工程等。

2）企业或私人提供

企业或私人提供主要是指企业或私人投资建设基础设施并掌握其所有权和经营权的一种提供方式。企业或私人投资基础设施，需要社会稳定、经济平稳发展、融资便利以及投资主体能够获得稳定的使用者缴费收入等必要条件。那些具有较强的竞争性的和较强的排他性的产品，如电信、发电设施、公路等可以考虑由企业或私人提供。但是，由于基础设施本身容易产生跨部门的垄断，所以在准许企业或私人部门提供时还要明确规定相应的规章制度，以防出现垄断。

3）公私共同提供

公私共同提供主要是指政府和企业或私人部门通过一定的方式决定投资和经营的分配，从而共同提供基础设施的一种方式，常见的形式主要有：BOT（build-operate-transfer，即建设—经营—转让）、TOT（transfer-operate-transfer，即转让—经营—转让）、ABS（asset backed securitization，即资产证券化融资）、PPP（public-private-partnership，即公私合伙）。

（1）BOT是指由政府与私人或企业签订合同，由企业或私人提供资金进行建设，在一定期限内经营、维护并获得回报，期限结束将这些设施转让给政府或其他公共机构。这种模式的主要作用在于解决了基础建设中的政府资金不足问题，另外也可以充分发挥企业或私人效率较高的优势。

（2）TOT是指政府把已经投产运营的项目，将一定期限内的特许经营权转让给企业或私人，待特许经营期结束，政府再将其项目的所有权收回的一种经营模式。转让一般以产权或者现金流为标的。这种模式由于不需要企业或私人的先期投资，从而降低了风险，同时也可以让政府尽快收回投资资金，并将企业或私人的高效率管理方法引入基础设施的经营管理中。

（3）ABS是指以目标项目所拥有的资产为基础，以该项目未来的收益为保证，通过在资本市场上发行债券来筹集资金进行基础设施建设。其主要作用在于，将未来收益提前使用，并以此为杠杆撬动各方面的资金，降低融资成本，扩大基础设施投资规模。

（4）PPP是政府与企业或私人为建设和运营具有公共产品性质的基础设施而建立的全过程合作关系。其具体环节包括：政府提出公共基础设施建设意向和规划；通过公开竞标方式选择项目合作公司（企业或私人），企业或私人参与项目的确认、设计和可行性研究等前期工作，通过谈判确立合作项目和公私股份占比并成立项目公司；然后主要根据项目的预期收益进行融资并通过招投标进行项目建设；建设完成后公私合作运营和管理项目，利益共享、风险共当，其间政府授予企业或私人长期的特许经营权和收益权，也可给予政策扶持作为补偿，如税收优惠、贷款担保、给予企业或私人沿线土地优先开发权等；项目经营到期后移交给政府（见图3-7）。其实质是通过给予企业或私人长期的特许经营权和收益权来吸引企业或私人参与基础设施建设和运营。1992年英国最早应用PPP模式。此后，智利、葡萄牙、巴西等国将其运用于铁路、公路、医院等公共设施的建设和运营中。按照英国的经验，适用PPP模式的公共基础设施包括：公路、铁路、机场、港口等交通基础设施以及医院、学校、体育场馆甚至监狱、某些军事设施。中国首次将PPP项目融资模式用于2008年北京奥运会的主要场馆国家体育场（“鸟巢”）的建设和运营，随后，政府将PPP模式广泛地用于基础设施建设项目。参见案例3-2。

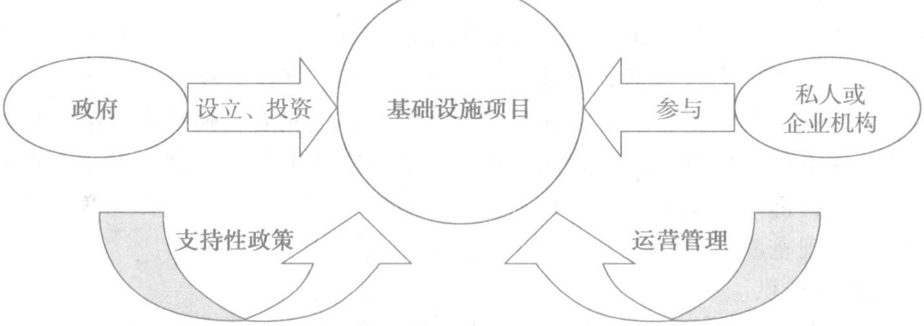

图3-7 PPP简图

PPP与BOT的共同点在于都是通过签订特许权协议使政府与企业或私人发生契约关系并以项目运营的盈利偿还债务、获得投资回报，向第三方融资时一般都以项目本身的资产作担保抵押，项目特许运营期限结束后移交给政府。二者的区别在于以下几个方面：首先，BOT模式下政府不参与投资，因此，BOT是政府授权企业或私人建设和运营项目，企业或私人从特许经营中获得回报，是风险自当、利益独享；在PPP模式下政府参与投资，例如国家体育场（“鸟巢”）项目，北京市政府投资比例达51%，因此PPP是公私合营、风险共当、利益共享。其次，企业或私人不仅建设和运营项目，而且参与项目谋划（如项目设计、建设方案、融资方案、转让方案）；政府不仅仅设立项目、组织项目招标投标、参与投资，而且还通过制定专门政策，支持项目运营，因此是公私合伙、优势互补、立足双赢。

PPP和BOT各有优缺点。从风险角度看，BOT的风险主要由企业或私人承担，政府承担的风险小；PPP是政府和企业或私人共担，政府承担的风险大。从管理成本角度看，BOT合约和相应的协调组织比较简单，项目回报率一旦确定不能更改，政府和企业或私人之间的利益纠纷会比较少，但项目回报率和移交时点难以准确确定，回报率定高了会造成政府损失，引起公众不满；定低了会加大投资人的风险，造成融资障碍。在PPP模式下，一般是多家企业参与、多个项目融合，组织形式比较复杂，管理协调成本比较高。此外，由于利益和风险界限不确定，在运营过程中，特别是出现未能预见的经营困难时，PPP模式难以持续，中国首次将PPP模式运用于国家体育场（鸟巢）建设和运营，但没能持续下去。

4）社区和使用者提供

社区和使用者提供主要是指由社区的使用者集体商议共同提供小型基础设施，并且保证平均和无异议地分享所提供服务的收益。

【案例3-1】

BOT模式的运作过程及成功案例的经验

BOT的概念是由土耳其总理厄扎尔1984年正式提出的，即建设－经营－转让，是政府将一个基础设施项目的特许权授予承包商（一般为国际财团）。承包商在特许期内负责项目设计、融资、建设和运营，并回收成本、偿还债务、赚取利润，特许期结束后将项目所有权移交政府。实质上，BOT融资方式是政府与承包商合作经营基础设施项目的一种特殊运作模式。

其实，在发达国家，BOT已经是一种常用的融资手段。英国的很多铁路项目都是采用这类融资模式建成的，其中最有名的是英法海峡隧道。该项目总投资103亿美元，包括两条直径7.3米的铁路隧道和1条直径4.5米的服务隧道，长50千米。根据协议，英国政府允许项目公司自由确定通行费，其收入的一半通过与国家铁路部门签订的铁路协议产生；其他收入来自对穿行隧道的专载商业机动车辆的高速火车的收费。英国政府保证，不允许在30年内建设第二个跨越海峡的连接通道。

BOT方式的出现在中国已有二十余年。1984年，中国香港合和实业公司和中国发展投资公司等作为承包商和广东省政府合作在深圳投资建设了沙角B电厂项目，是中国首家BOT基础项目，但在具体做法上并不规范。

1995年广西来宾电厂二期工程是中国引进BOT方式的一个里程碑，为中国利用BOT方式提供了宝贵的经验。

广西来宾电厂二期工程位于广西壮族自治区的来宾县。装机规模为72万千瓦，安装两台36万千瓦的进口燃煤机组。该项目总投资为6.16亿美元，其中总投资的25%即1.54亿美元为股东投资，两个发起人按照60∶40的比例向项目公司投资，具体投资比例为法国电力国际占60%，通用电气阿尔斯通公司占40%，出资额作为项目公司的注册资本；其余的75%通过有限追索的项目融资方式筹措。中国各级政府、金融机构和非金融机构不为该项目融资提供任何形式的担保。项目融资贷款由法国东方汇理银行、英国汇丰投资银行及英国巴克莱银行组成的银团联合承销，贷款中3.12亿美元由法国出口信贷机构——法国对外贸易保险公司提供出口信贷保险。

BOT融资的运作有七个阶段，即项目的确定和拟定、招标、选标、开发、建设、运营和移交。

1.确定和拟定。这项工作通常是通过政府规划来完成的。有关部门将查明在某一特定期限内，是否需要一个发电厂、一条道路、一座桥梁、一个城市运输系统或者对国家经济具有重要性的其他基础设施项目。然后，政府将重点研究采用BOT融资方式满足该项目需要的可能性。如果决定采用BOT方式，那么，下一步就要写一份邀请书，然后邀请投标者提交具体的设计、建设和融资方案。

2.招标。

3.选标。招标者对响应邀请书而提交的标书进行挑选，选出暂定中标人，评估标书的成员应该包括政府官员，技术、财务和法律顾问等。

4.开发。投标的联营集团中标后就可以作出更确定的承诺，组成项目公司来进行相关项目的开发。

5.建设。一旦进行财务交割，建设阶段即正式开始，在有些情况下，一些现场组装或开发，甚至某些初步建设可能先于财务交割。但是，项目的主要建筑工程和主要设备的交货一般都是在财务交割后，那时才有资金支付这些费用。

6.运营。这个阶段持续到特许权协议期满。在这个阶段，项目公司直接或者通过与运营者缔结合同，按照项目协定的标准和各项贷款协议及与投资者协定的条件来运营项目。在整个项目运营期间，应按照协定要求对项目设施进行保养。为了确保运营和保养按照协定要求进行，贷款人、投资者、政府都拥有对项目进行检查的权利。

7.移交。特许经营权期满后向政府移交项目。一般说来，项目的设计应能使BOT发起人在特许经营期间还清项目债务并有一定利润。这样项目最后移交给政府时是无偿的移交，或者项目发起人象征性地得到一些政府补偿。政府在移交日应注意项目是否处于良好状态，以便政府能够继续运营该项目。

来宾项目自1995年8月正式向国际投资市场公开招标后，不仅得到了中国政府有关部门的大力支持，同时也得到了国际投资市场和国际金融市场的广泛关注。1995年该项目被海外誉为世界十大BOT项目之一，以后又接连被著名的《亚洲金融》《项目融资》等杂志评为年度最佳项目。

资料来源 佚名. BOT：为大项目空手变钱［N］. 民营经济报，2006-03-26.

【案例3-2】

江西省赣州市章贡区社区（村）居家养老服务中心PPP项目

章贡区是赣州市中心城区，2015年60岁以上老年人口占总人口的比重为18.84%，是全市18个县（市、区）中老龄化程度最高的县级行政区。同时，近年来全区老年人口平均以每年5%~6%的速度增长，占总人口的比重越来越大，人口老龄化已是其面临的重大课题。在总结前期政府自己建设、自己运营居家养老服务中心优劣势的基础上，决定采用PPP模式建设运营居家养老服务中心。一方面有效解决项目建设资金问题，另一方面通过引入具有较高运营水平的企业进行经营管理，有利于改善养老服务水平。

通过竞争性磋商方式选定合作者，项目参与各方主体结构见图3-8。

1.项目公司

由政府（赣州市章贡区市场综合开发公司，以下简称政府方）和企业（江西鹭溪农业发展有限公司，以下简称企业方）共同出资组建PPP项目公司——江西添福养老服务有限公司，其中政府方占股20%，企业方占股80%。

2.经营期

项目经营期15年。

3. 产权界定

该项目15年运营期间，所有资产产权不变，均属于政府所有。项目公司拥有以零租金的方式使用土地和场所的权利。项目公司从政府方租赁使用该宗土地，政府方应确保项目公司有权以零租金的方式使用该宗土地。

4. 项目融资和经营

项目公司江西添福养老服务有限公司承担融资、建设、运营责任，其中项目公司以其全部财产对其债务承担责任。项目公司负责除资本金及专项补助资金外的建设资金融资工作，政府原则上不给予担保。

5. 回报机制

项目公司的投资回报主要由三种方式组成。

（1）使用者付费。依托使用者付费灵活性的特点，居家养老服务中心为使用者提供日常生活照料、精神慰藉服务和家政等有偿服务，由使用者付费。该项目收费采用政府指导与市场调节相结合的定价机制，收费标准参照行业平均水平或略低于行业平均水平，采用货币结算、积分+货币、纯积分支付等多种收费方式。

（2）政府付费。主要包括两部分：一是政府固定补助，在合作期限内，根据《赣州市人民政府关于加快发展养老服务业的实施意见》，每年正式投入运营的养老服务中心可获得按照政府批准的固定补助。二是政府民生补助，在合作期限内，具有章贡区户籍且在本市区内居住的年满60周岁的“三无”或低保老人，可享受政府购买的10元/月的居家养老服务护理补贴；评估为中度失能以上的老人，可以享受20元/月的居家养老服务护理补贴；空巢、独居的老人可享受政府购买的60元/年爱心慰问服务。

（3）可行性缺口补助。按照风险分配机制，对项目公司风险超过上限的，启动补贴或调节/调价机制，由政府给予项目公司一定的经济补助，以弥补使用者付费之外的缺口。具体操作以合同为依据，以项目公司每年财务审计结果为基础进行核算。

6. 纯收入分配

项目公司分配当年税后利润时，应当提取利润的10%作为公司法定公积金。公司法定公积金累计额达到公司注册资本50%以上时，可以不再提取。公司弥补亏损和提取公积金后所余税后利润，由股东按照各自持有的实缴股权比例分配。

7. 风险分担

按照风险分配优化、风险收益对等和风险可控等原则，综合考虑政府风险管理能力、项目回报机制和市场风险管理能力等要素，在政府和社会资本间合理分配项目风险。

原则上，项目设计、建造、财务和运营维护等商业风险由企业方承担，法律、政策等风险由政府方承担，不可抗力等风险由双方合理共担。

自2015年7月项目公司——江西添福养老服务有限公司成立以来，积极推动项目网点建设，已开业运营居家养老服务中心网点30个，各项居家养老服务工作有序开展，已在章贡区初步建立了一个范围广、功能多的社区养老服务网络。每个社区居家养老服务中心均设有老年活动室、医疗康复室、阅览室、日间照料室、医疗室、理发室、棋牌室、社区食堂、老年大学等功能区，提供了“助餐、助浴、助洁、助聊、助安、助急、助行、助医、助乐、助学”等十助服务。据统计，项目日均接待、照料老人50人次，日均助餐60人次；家政服务累计10人次，健康理疗服务累计1 298人次，组织社区老人休闲旅游累计

90批（次）。同时，各个社区居家养老服务中心均成立了老年协会和兴趣小组，每周举办唱歌、排练舞蹈、乐器练习等团队活动达到30余次。

项目自投入运营以来，体现了较高的运营效率和服务水平。相比政府方之前自己运营，项目公司运行成本更低。以完整运营年度2016年为例，政府方仅根据绩效考评补贴项目公司88.22万元，比政府方自身投入人力、财力、物力运营大为节约，也起到了盘活资产、降低政府管理资源成本的作用。

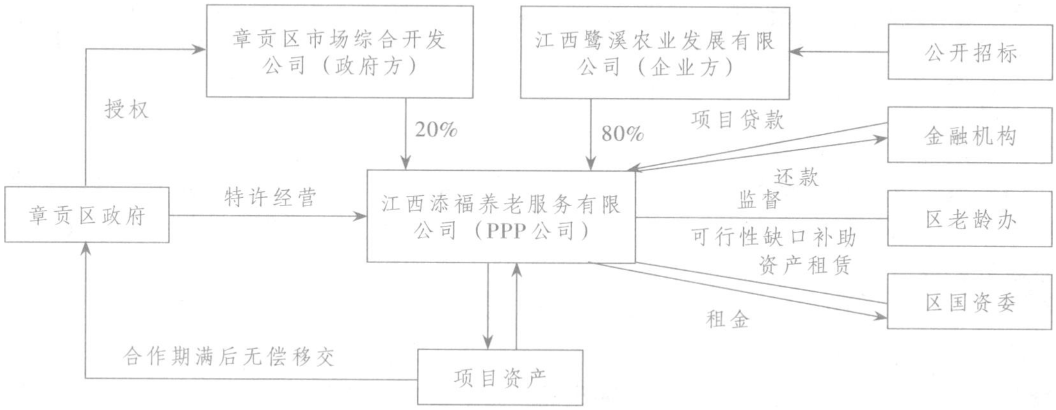

图3-8　章贡区社区居家养老服务中心项目协议结构

资料来源　佚名. 国家发改委存量PPP项目典型案例之六：江西省赣州市章贡区社区（村）居家养老服务中心项目［EB/OL］.［2018-03-18］. https：//www.sohu.com/a/225801244_480400.

3.5.3　基础设施投资支出的规模和结构

1）基础设施投资支出的规模

从中国统计年鉴中，查不到专门的基础设施投资统计数据，但可查到全社会以及分行业的固定资产投资数据。根据基础设施的定义，我们把全社会固定资产投资中有关交通运输、仓储和邮政业，科学研究、技术服务和地质勘查业，电力、燃气及水的生产和供应业，水利、环境和公共设施管理业，卫生、社会保障和社会福利业，教育、文化、体育和娱乐业，社会服务业（包括居民服务、公共管理和社会组织）等行业的固定资产投资近似地当成基础设施投资。最新数据显示，2017年，基础设施投资总额达到217 145.2亿元，是2004年的8.7倍，占全社会固定资产投资总额的33.86%，见表3-11。用于基础设施的主要资金来源于企业自筹、银行贷款，来源于一般公共预算和政府基金预算的只占很小一部分，因为在全社会固定资产投资总额中，来源于预算内的资金占比很低，2017年来源于预算内的资金38 741.71亿元，占比只有6.06%。可见，中国近几十年持续进行的大规模基础设施建设，不是靠纳税人缴纳税款或政府性基金进行的，而是政府利用国家信誉、协调组织能力，组建国有企业，通过各种融资平台和投资经营方式，动员社会各方面闲置资金而完成的，形成令人惊奇的中国经验和中国方案。

2）基础设施投资支出的结构

从结构来看，在相当长时间里，交通运输、仓储和邮电通信业所占比重均比较大，占30%上下；近几年水利、环境和公共设施管理业的投资处于上升趋势，从2004年的20.36%上升到2017年的37.81%，成为占比最高的基础设施投资领域，反映国家对水利和

表 3-11 **各类基础设施投资额（亿元）及其比重（%）**

年份	社会固定资产投资总额	基础设施固定资产投资总额	基础设施固定资产投资比重	交通运输、仓储和邮政业		科学研究、技术服务和地质勘查业		电力、燃气及水的生产和供应业		水利、环境和公共设施管理业		卫生、社会保险和社会福利业		教育、文化艺术和广播电影电视业		社会服务业	
				投资额	比重	投资额	比重	投资额	比重	投资额	比重	投资额	比重	投资额	比重	投资额	比重
2004	70 477.4	24 912.2	35.35	7 646.2	30.69	333.1	1.34	5 795.1	23.26	5 071.7	20.36	516.7	2.07	2 798.2	11.23	2 751.2	11.04
2005	88 773.6	30 986.1	34.80	9 614.0	31.12	435.1	1.41	7 554.4	24.45	6 274.3	20.31	661.8	2.14	3 066.2	9.92	3 290.3	10.65
2006	109 998.2	37 963.9	34.51	12 138.1	31.97	495.3	1.30	8 585.7	22.62	8 152.7	21.47	769.0	2.03	3 225.6	8.50	4 597.5	12.11
2007	137 323.9	44 781.2	32.61	14 154.0	31.61	560.0	1.25	9 467.6	21.14	10 154.3	22.68	885.0	1.98	3 619.0	8.08	5 941.3	13.27
2008	172 828.4	55 446.7	32.08	17 024.4	30.70	782.0	1.41	10 997.2	19.83	13 534.3	24.41	1 155.6	2.08	4 113.7	7.42	7 839.5	14.14
2009	224 598.8	73 785.5	32.85	24 974.7	33.85	1 200.8	1.63	14 434.6	19.56	19 874.4	26.94	1 858.6	2.52	5 904.6	8.00	5 537.8	7.51
2010	278 121.9	87 863.7	31.59	30 074.5	34.23	1 379.3	1.57	15 679.7	17.85	24 827.6	28.26	2 119.0	2.41	6 993.0	7.96	6 790.6	7.73
2011	311 485.1	85 632.3	27.49	28 291.7	33.04	1 679.8	1.96	14 659.7	17.12	24 523.1	28.64	2 330.3	2.72	7 056.6	8.24	7 091.1	8.28
2012	374 694.7	99 668.8	26.60	31 444.9	31.55	2 475.8	2.48	16 672.7	16.73	29 621.6	29.72	2 617.1	2.63	8 884.3	8.91	7 952.4	7.98
2013	446 294.1	118 998.7	26.66	36 790.1	30.92	3 133.2	2.63	19 634.7	16.50	37 663.9	31.65	3 139.3	2.64	10 664.1	8.96	7 973.4	6.70
2014	512 020.7	142 940.3	27.92	43 215.7	30.23	4 219.1	2.95	22 829.7	15.97	46 225.0	32.34	3 991.5	2.79	12 887.1	9.02	9 572.2	6.70
2015	561 999.8	166 566.5	29.64	49 200.0	29.54	4 752.0	2.85	26 722.8	16.04	55 679.6	33.43	5 175.6	3.11	14 455.1	8.68	10 581.4	6.35
2016	606 465.7	192 235.3	31.70	53 890.4	28.03	5 567.8	2.90	29 747.8	15.47	68 647.6	35.71	6 282.1	3.27	17 160.9	8.93	10 938.7	5.69
2017	641 238.4	217 145.2	33.86	61 449.9	28.30	5 932.5	2.73	29 805.6	13.73	82 106.1	37.81	7 327.9	2.37	19 839.1	9.14	10 684.1	4.92

数据来源 国家统计局数据，https：//data.stats.gov.cn/easyquery.htm?cn=C01.

环境保护设施投资力度显著加大；电力、煤气及水的生产和供应业占比近几年来显著降低，从2004年23.26%，下降到2017年13.73%，但投资绝对额仍增长显著，2017年达到29 805.6亿元，是2004年5 795.1亿元的5.14倍。在科技、卫生、社会保障和福利方面，教育文化和社会服务等方面的投资绝对额上也显著增加，但投资比重比较稳定。说明中国基础设施投资建设仍具有注重交通、能源、通信、水利、环保等“硬设施”的特征。具体地说，中国基础设施的投资结构存在两个特点。一是在生产性基础设施投资和生活性基础设施投资中，更重视前者。卫生、社会保险和社会福利业，文化、体育和娱乐业的投资总和所占比重不高，而能源、交通、水利等和生产相关的行业投资占比近80%。二是在实用性基础设施投资和保护性基础设施投资上，也更注重前者。道路、供水、供热等投资占比高，污水处理、垃圾处理、减灾防灾基础设施投资占比还不够高。

3.5.4 交通运输业的基础设施投资支出

交通运输基础设施早在罗马帝国时期就受到其政府的重视，正是因为罗马人建设和维护的巨大道路网络将辽阔的罗马帝国联系在一起。在中国，交通运输基础设施的提供主体仍然是中央和地方政府。具体来说，交通运输基础设施的投资和管理是按照运输方式的不同，从中央到地方政府分别设立若干交通主管部门，分别对各种运输方式的基础设施实行投资和管理。在中国，政府在交通基础设施投资中的作用非常巨大。政府主要通过国有公司以及BOT、PPP等方式，利用国有交通企业自有资金、银行贷款和其他途径资金，对交通基础设施进行投资建设，并长期保持高强度投入。

投资规模，从最近15年代表性年份看，2004年公路水路运输固定资产投资5 314.07亿元、民航固定资产投资211亿元，铁路投资723.06亿元，总额6 248.13亿元。2009年，完成公路水路运输固定资产投资11 142.80亿元，民航固定资产投资594.5亿元，铁路固定资产投资7 013.21亿元，总额18 750.51亿元，是2004年的3倍。2019年，完成包括铁路、公路、水路和民航在内的交通固定资产投资32 451亿元，是2004年5.19倍，是2009年1.73倍。从结构看，2019年完成铁路固定资产投资8 029亿元，占总投资额的24.74%；完成公路固定资产投资21 859亿元，占总投资额的67.36%；完成水路固定资产投资1 137亿元，占总投资额的3.50%；完成民航固定资产投资969.4亿元，占总投资额的2.99%；完成公路水路支持系统及其他建设投资420亿元，占总投资额的1.29%。①反映出在中国目前交通运输基础设施中，公路占第一位且占大部分，铁路次之。

3.5.5 水利基础设施投资支出

由于中国特殊的自然环境，即总体水资源缺乏，且南北水源分布极其不平衡，因此水利基础设施的投资建设成为中国历代政府的重要职能。中国的水利基础设施投资主要包括四个方面：防洪抗旱工程投资、水资源工程投资、水土保持及生态环境投资、水力发电及专项投资。防洪抗旱工程、水土保持、水力发电等基础设施的建设关系到一个国家经济社会的稳定和发展，水资源工程中的供水和排污系统更是关系到一国各行业的生产运转和居民的日常生活。从公共产品的角度来看，水资源工程和水力发电设施具有混合公共产品的

① 交通运输部．2019年交通运输行业发展统计公报［EB/OL］．［2020-05-12］．http：//www.gov.cn/xinwen/202005/12/content_5510-817.htm.

性质，防洪抗旱工程、水土保持及生态环境工程属于纯公共产品，这就在客观上给出了政府介入的理由，加之它的巨大的外部效益以及投资资金数额大、周期长的特点，使得各国政府均在水利基础设施投资中占据绝对的主体地位。

据统计，美国水利项目的60%以上投资来源于各级政府；日本的中央和地方政府更是绝对占据了水利投资的主导地位，水利投资一直在各类公益事业中占据首位；澳大利亚的防洪工程，各级政府承担了全部投资，其中联邦和州政府各自分别承担40%，地方政府承担20%[①]。按照其外部效益的受益范围，一般关系到全国范围的大型防洪抗旱工程、跨区域供水系统以及流域的治理，往往由中央政府出资提供，而各地区、城市的供水和排污系统则往往由地方和城市政府提供。在中国，广大农村地区的饮用水问题和农田灌溉问题涉及资金额较大，一般由中央和地方政府共同负担。

1）中国水利基础设施的投资支出规模

中国的水利基础设施建设从历史来看，水利投资的增长速度与国民经济发展、自然灾害的发生关系密切。

从图3-9我们可以看到，2008年由于国家实行积极的财政政策，增发国债的一部分直接用于水利建设，从而使水利投资力度逐渐加大。2018年，全年水利建设完成投资6 602.6亿元，其中，中央项目完成投资116.6亿元；地方项目完成投资6 486.0亿元。大中型项目完成投资1 183.5亿元；小型及其他项目完成投资5 419.1亿元。各类新建工程完成投资5 149.6亿元；扩建、改建等项目完成投资1 453.0亿元。按工程类型分：防洪工程建设完成投资2 175.4亿元，占32.94%；水资源工程建设完成投资2 550.0亿元，占38.62%；水土保持及生态工程完成投资741.4亿元，占11.23%；水电、机构能力建设等专项工程完成投资1 135.8亿元，占17.20%[②]。

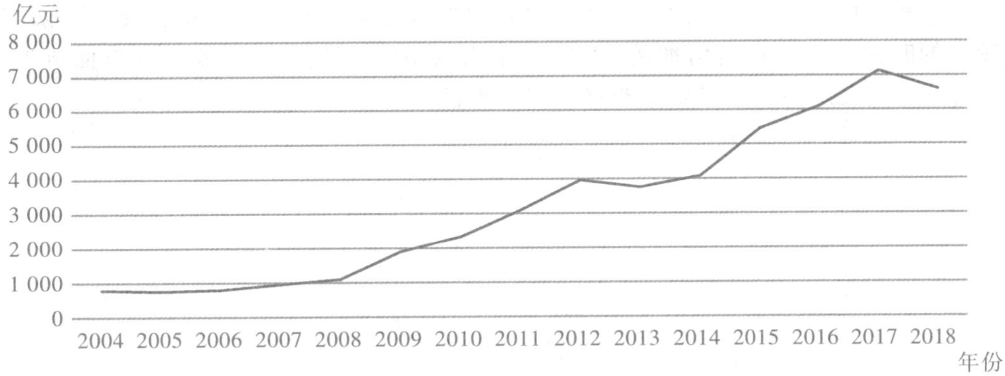

图3-9　2004—2018年中国的水利基础设施建设情况

资料来源　水利部．2005—2019年度全国水利发展统计公报．

2）地方水务的融资

从上述数据中我们不难发现，中国地方政府在水利基础设施的投资中所占比重较大，达到60%以上。这主要是由于中国水资源分布广阔，相应地，地方防洪抗旱项目支出也较多，同时供水和排污系统的建设基本上由地方政府承担。2018年，全年中央下拨特大防汛

① 姜斌，刘蒨，梁宁．国外水利投融资经验及其启示［J］．水利发展研究，2003（11）：42-45.

② 水利部．2018年全国水利发展统计公报［EB/OL］．［2019-12-10］．http：//www.mwr.gov.cn/sj/tjgb/slfztjgb/201912/t20191210_137-4268.html.

抗旱方面的经费共35.05亿元，其中特大防汛经费30.99亿元，特大抗旱经费4.06亿元[①]。

一般来说，供水和排污系统涉及水处理、水储存、管道配给、污水收集管道以及污水处理等多方面的建设，这部分投资往往金额巨大，因此一般必须依靠贷款来完成。由于中国地方政府没有独立的公债发行权，因此必须通过向银行借款来完成这部分投资。尽管这么做存在着一定的金融风险，但是通过向使用者征收一定的费用可以使该项成本从当前使用者和未来使用者手中收回。对于企业使用者来说，可以适当提高征收的比率，并将收入纳入地方政府性基金管理，通过对该基金的经营来弥补投资成本，并且可以通过经营收益对居民用水进行适当的补贴，从而使当地居民在相同收费的情况下获得更好的服务或者以较低的缴费获得同样的服务。

3）城市供水的定价

近年来，随着经济的发展，中国北方部分城市因供水的短缺而出台了新的定价标准。其基本原理是利用价格歧视控制用水的需求。

一般来说是制定一个一分为二的定价标准：首先规定一个基本使用量（例如12吨），对这一基本使用量制定一个较低的每单位价格，然后对于超过基本使用量以上的部分征收较高的单位价格，这个价格往往是基本价格的数倍。图3-10反映了一个供水系统的不同定价对高收入和低收入使用者不同需求的影响。在图3-10中，在用水量不超过Q_0时，用水的价格均为P_2；用水量超过Q_0后，用水的价格为P_1。在图中，低收入家庭的使用需求曲线为D_L，高收入家庭的使用需求曲线为D_H。如果仅仅采用单一的价格P_2，那么低收入家庭的用水量为Q_L，高收入家庭的用水量达到Q_I，而政府的收益为$P_2 \cdot (Q_L+Q_I)$，即面积$OP_2E_3Q_I$。采用双价格后，低收入家庭的用水量仍然为Q_L，而高收入家庭的用水量降为Q_H，节省了(Q_I-Q_H)的用水量，政府的收益为$P_2 \cdot Q_0+P_1 \cdot (Q_H-Q_0)$，从面积上看，比单一价格减少了面积A而增加了面积B，只要比较它们的大小就可知道收益的变化。一般来说，当P_1较高的时候，收益都是增加的。这样，由于采用不同的定价标准，一方面节省了用水量，另一方面又从高收入者手中获得较多的收益。

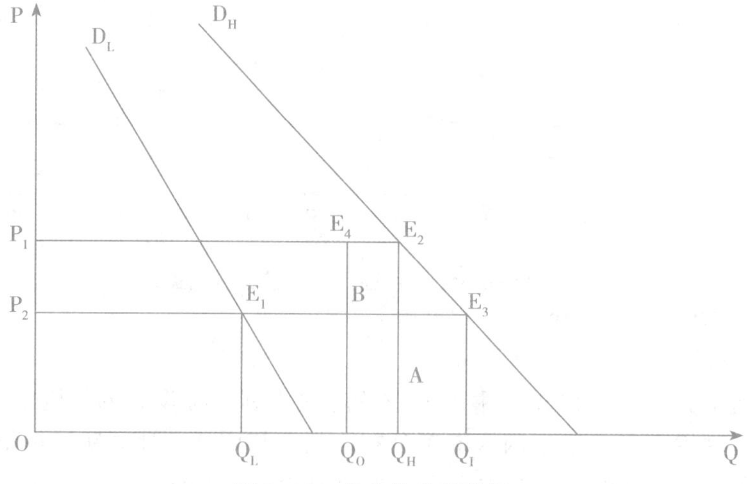

图3-10 供水的价格歧视

① 水利部. 2018年全国水利发展统计公报［EB/OL］.［2019-12-10］. http://www.mwr.gov.cn/sj/tjgb/slfztjgb/201912/t20191210_137-4268.html.

【案例3-3】

南水北调工程

南水北调工程，从1952年毛泽东提出“南方水多，北方水少，如有可能，借点水来也是可以的”设想，到50余年后才开工建设，这里面既有需要规划、研究的因素，也与我们国家的综合国力、技术水平相关，资金问题更是不可忽略的重要原因。南水北调自规划以来就存在各种争议，2014年前后南水北调东中两线工程相继竣工通水，关于南水北调工程的争议愈演愈烈，争议主要集中在南水北调工程成本及工程后续收益问题。

关于南水北调成本问题讨论分为两个方面。一个是资金筹集问题，南水北调工程定性决定了工程筹集资金来源，如果是公益性，则应由国家出钱，而如果是经营性，则可以发行债券、股票、基金甚至将资产证券化。最后讨论的结果是准公益性工程，工程的资金来源主要为中央财政（含国家重大水利建设基金）、南水北调基金以及银行贷款。另一个是成本超标问题，南水北调办公室官方网站的数据显示，目前南水北调工程已投入使用资金超过一半来自国家重大水利工程建设基金，为1 496.4亿元；此外还有中央预算内投资247.3亿元，中央预算内专项资金（国债）106.5亿元，南水北调工程基金196.5亿元（在工程受水区的6省市筹集），以及478.5亿元的贷款。远远高于原计划预算支出。

工程资金翻倍的原因很复杂。首先，移民搬迁补偿标准提高、辅助性工程增多、物价上涨、治污项目纳入等。中线、东线沿线征地约100万亩，动迁居民近50万人。最初移民安置的征地补偿标准为前三年亩产平均收入的7～8倍，但后来发现如此低的补偿农民难以接受，于是升为16倍。其次，南水北调工程多采用明挖水渠，隧道专家王梦恕接受《21世纪经济报道》采访时表示，这也是成本增高的原因之一。水渠明挖一方面让工程量和征地面积都变大，另一方面得修很多桥。张基尧回忆称，南水北调中线工程的跨渠桥梁原本只设计了600多座，但实际建设中又新增1 300多座。最后，将治污项目纳入南水北调工程也是成本翻番的原因。水污染治理一向是工程量、投资量巨大的事，而在早期，治理南水北调工程沿岸的污染并不在工程投资中，只是后来发现，如果坐视不管，不治理水污染，就算水通了，建好的工程也不能输水，失去了意义。

关于南水北调工程后续收益问题，虽然南水北调工程是准公益性的，不以营利为目的，但也存在资金回收的问题，资金的回收主要渠道是水价。然而水价却是一把双刃剑：定价太高，当地难以承受；定价太低，成本难以收回。2014年6月，《21世纪经济报道》引用一位匿名专家的观点称，“‘南水北调’的平均水价大概是2块多钱”，再加上后期维护、运输成本等，有观点认为每方水的价格可能“高达10多块”。10月26日，南水北调工程建设办公室主任孙国升在接受新华社采访时表示，南水北调的水进京后，水价不会大幅上涨，“预计未进北京配套管网之前的成本价，每吨不会超过3元”。

东中线工程已建成使用多年，西线工程迟迟未曾动工，2020年4月16日，黄河水利委员会启动新一轮南水北调西线工程综合查勘的消息，让西线工程再次进入人们的视野。西线工程迟迟未曾动工，一方面原因是西线工程投资量更为巨大，鲁家果说，3 040亿元的静态投资“只计算了两项造价：每公里隧洞要花多少钱，8个大坝，每立方造价多少钱。配套工程、移民安置和生态恢复，完全没有计入投资”。正如重新计算调水量一样，鲁家果也重新计算了静态投资。他认为，仅再加上配套工程投资一项，西线静态投资就将达到5 800亿元（2000年一季度价）。西线工程采用何种融资方式尚未确定。另一方面是工程引发的赔偿和移民安置问题，初步确定西线工程的调水规模在80亿~90亿立方米，并指出这个调水量是“适宜”的。阶段成果显示，选择90亿立方米的方案，淹没区影响人口达2.26万人，淹没寺院达18座，淹没1个县城、7个乡政府驻地；如选择80亿立方米的方案，将涉及1.18万人，淹没寺院8座，淹没4个乡政府驻地。相较而言，黄河公司更偏向于选择80亿立方米的方案。更重要的是，调水量减少10亿立方米，工程总投资也随之减少了202亿元；在90亿立方米的方案中，有的坝最高将达232米，次之也有159米。在80亿立方米的方案中，坝高降幅明显，最高只有188米。但是，对于这样的“成果”，四川方面显然难以理解和接受。

资料来源　吴恒．南水北调中线通水晚4年造价翻倍，2013亿投资如何回本？［N］澎湃新闻.2014-12-12；张基尧．南水北调工程资金的筹措和管理［N］．中国社会科学网，2013-04-10；汪伟．南水北调西线之争：投资总量建设难度远超三峡［J］．新民周刊，2006（9）；何忠平．四川就南水北调调水量及赔偿问题与水利部对话［N］．21世纪经济报道，2006-08-29.

3.5.6 能源基础设施投资支出

1）能源战略与政府作用

（1）能源与经济生活

能源基础设施是指与能源工业相关的工程建筑、设备和设施，具体来说包括煤矿、油井、气田、电站、电网、供水、供暖系统等。在经济生活中，能源是一国经济的基础，一个国家对经济发展的内在要求必然表现为对能源的外在需求。能源的开发和利用关系到一国经济发展的根本问题。政府参与能源基础设施投资，其经济原因有二：一是，由于能源的开发和利用涉及一国的自然资源，任由私人开发极易产生过度开发和缺乏规划的情况发生，最终导致一国资源的紧缺，因此政府必须介入总体规划监管或者直接投资参与。二是，能源的利用还关系到一个国家广大公众物质生活的提高。炊事、取暖、卫生、休闲等家庭用能，交通、商业、饮食服务业等事业用能，都具有准公共产品的性质，因此政府必须参与能源产品的价格控制和监管。

（2）能源与环境保护

任何一种能源的开发和利用都会给环境带来一定的危害。煤炭、石油等矿物燃料燃烧产生的二氧化硫排放，引起酸雨污染、气候异常以及生物多样性减少。这需要一国政府进行长远规划和有效管理，这一点私人企业很难做到。出台相应的政策引导企业和公众节约能源同样是政府的重要责任。

（3）能源与经济安全

能源还对一个国家的繁荣和安全起到重要作用，因此，各国政府都会制定相应的能源安全政策，主要通过政府战略储备，达到稳定市场、平抑价格、应对非常之需的目的。

2）中国能源基础设施投资的基本情况①

从投资总量来看，2017年中国国有经济能源工业固定资产投资总额达到11 400亿元。其中，电力、蒸汽、热水生产和供应行业投资额达到8 929亿元，占总投资的78.32%；石油及天然气开采业为901亿元，占总投资的7.90%；煤炭开采及洗选业达到572亿元，占

① 国家统计局．中国能源统计年鉴（2018）［M］．北京：中国统计出版社，2019.

总投资的5.02%；石油及炼焦加工业总投资为450亿元，占总投资的3.95%。

从地区分布来看，主要以石油、煤炭主生产省份为主。2017年，陕西投资额最高，达到797亿元，占总额的6.99%；其次是内蒙古、山东、四川、广东和河北，分别是796亿元、730亿元、729亿元、687亿元和550亿元。各省份中，内蒙古、陕西、宁夏和山西在煤炭开采及洗选业的总投资达到413.98亿元，占总额的72.44%；在石油及天然气开采业投资方面，四川、吉林和内蒙古三省的总投资达到186.90亿元，占全国行业总投资额的63.50%；在石油及炼焦加工业方面，2017年陕西省投资额达到171.44亿元，占行业投资总额的38.07%；在电力、热力及燃气生产行业中，山东投资总额达到656亿元，占行业投资总额的7.64%，四川达到603亿元，广东为593亿元，内蒙古为555亿元。

3.5.7 "新基建"投资支出

1）"新基建"概念

近年来，中国经济进入高质量发展阶段，社会对基础设施建设有了新的要求。2018年12月中央经济工作会议第一次提出"新基建"的概念。所谓新基建即新型基础设施建设，是以新发展理念为引领，以技术创新为驱动，以信息网络为基础，面向高质量发展需要，提供数字转型、智能升级、融合创新等服务的基础设施体系。新基建主要涵盖5G基站、城际高铁及轨道交通、新能源汽车充电桩、大数据中心、人工智能、工业互联网等六个方面[①]。

2）"新基建"投资趋势

下面将从上述六个方面概述"新基建"投资或规划投资的总体趋势。

5G基站建设方面。中国5G网络将在未来几年迎来爆发式发展，根据中国信息通信研究院测算，2020—2025年，中国5G商用带动的信息消费规模将超过8万亿元，直接带动经济总产出达10.6万亿元，预计到2025年5G网络基站和相关设施建设累计投资将高达1.2万亿元[②]。

城际高铁及轨道交通方面。规划到2035年，通过加强城际高速铁路和城际轨道交通建设，基本形成"全国123出行交通圈"（都市区1小时通勤、城市群2小时通达、全国主要城市3小时覆盖）[③]。高铁方面，2009—2019年复合年增长率29.21%。城市轨道交通方面，2011—2018年复合年增长率达18%。预计2022年中国铁路固定资产投资将达8 300亿元，轨道交通整车市场规模有望突破2 000亿元，城市轨道交通运维服务市场规模将有望突破900亿元[④]。

新能源汽车充电桩方面。2019年，中国汽车销量为2 557万辆，其中新能源汽车销售量达到120.6万辆，占汽车销量的4.82%[⑤]。计划到2025年新能源汽车销售量达到汽车销量

① 刘艳红，黄雪涛，石博涵．中国"新基建"：概念、现状与问题［J］．北京工业大学学报（社会科学版），2020，20（6）：1-12．

② http：//www.cww.net.cn/article?id=455860．

③ 中共中央、国务院．交通强国建设纲要［EB/OL］．［2019-09-19］．http：//www.gov.cn/zhengce/2019-09/19/content_5431432.htm．

④ 前瞻产业研究院．2020—2025年中国城市轨道交通行业市场前瞻与投资战略规划分析报告［EB/OL］．［2021-02-20］．https：//bg.qianzhan.com/report/detail/78f92b643bfc47d9.html．

⑤ 前瞻产业研究院．2020—2025年中国城市轨道交通行业市场前瞻与投资战略规划分析报告［EB/OL］．［2021-02-20］．https：//bg.qianzhan.com/report/detail/78f92b643bfc47d9.html.//佚名.2020年中国汽车行业发展现状分析新能源汽车产销量占比均将近5%［EB/OL］．［2020-08-12］．https：//www.sohu.com/a/412795204_473133．

的20%，在2030年达到40%（国办发〔2020〕39号）①。截至2020年1月，中国已建成公共充电桩53.1万台，私人充电桩71.2万台，但相比新能源汽车销量快速增长的趋势，总体上仍存在较大的缺口，再加上布局不够合理，充电桩不足和过剩情况并存，一些社区充电难问题还比较严重。因此，一方面还要加大充电桩建设力度，另一方面也要优化布局。据测算，从2020年至2025年新能源汽车充电桩新增投资规模达700亿~1 100亿元②。

大数据中心方面。随着5G和云技术的快速发展，对数据安全和存储的需求也将快速增长，互联网大数据中心成为重要的基础设施。截至2019年底，中国互联网数据中心业务市场规模已经达到1 563亿元，而相关业务市场规模基本维持每三年增长一倍的发展速度，预计到2025年将超过6 000亿元。由此，预计2020年到2025年大数据中心新增投资规模将超过4 000亿元③。

人工智能方面。2019年9月，科技部提出：到2023年建设20个左右人工智能试验区（国科发规〔2019〕298号）④。人工智能投资主要聚焦在软件（AI技术）和硬件（芯片、传感器）方面。2020年至2025年，底层硬件和通用AI技术及平台的基础设施投资累计规模预计达2 000亿元左右⑤。

工业互联网方面。按照政府的规划，2018—2020年这三年为起步阶段，初步建成低时延、高可靠、广覆盖的工业互联网网络基础设施；到2025年，覆盖各地区、各行业的工业互联网网络基础设施基本建成，标识解析体系不断健全并规模推广，形成若干家具有国际竞争力的工业互联网平台；到2035年，建成国际领先的工业互联网网络基础设施和平台，重点领域实现国际领先；到21世纪中叶，工业互联网网络基础设施全面支撑经济社会发展，综合实力进入世界前列⑥。据此预计2020年至2025年，新增投资规模合计在6 000亿~7 000亿元之间⑦。

3.5.8 基础设施投资的成就和问题

1）基础设施投资的非凡成就

新中国成立以来，经过持续不断的高强度投资，中国基础设施建设取得非凡成就。

交通运输方面。2018年末，中国铁路营业里程达到13.1万公里，比1949年末增长5倍，其中高速铁路达到2.9万公里，占世界高铁总量60%以上，以“四纵四横”为主骨架的高铁网基本形成；公路里程485万公里，增长59倍，其中高速公路从无到有，2018年末达到14.3万公里；内河航道里程12.7万公里，增长72.7%；全国港口拥有生产用码头泊位23 919个，是1949年的148.6倍，年均增长7.5%。其中，万吨级及以上泊位从1957年的38个增至2 444个，年均增长7.1%。2018年，在全球港口集装箱吞吐量排名前十名的

① 国务院办公厅．关于印发新能源汽车产业发展规划（2021—2035年）的通知［EB/OL］．［2020-11-02］．http：//www.gov.cn/zhengce/content/2020-11/02/content_5556716.htm.

② 张夏，陈刚．“新基建”到底能带动多大投资规模？［EB/OL］．［2020-03-08］．http：//finance.sina.com.cn/stock/marketre-search/2020-03-08/doc-iimxyqvz8860809.shtml.

③ 前瞻产业研究院．中国IDC（互联网数据中心）行业市场前瞻与投资战略规划分析报告［EB/OL］．［2021-02-20］．https：//bg.qianzhan.com/report/detail/1fdc10ef84e14c53.html.

④ 科技部．关于印发国家新一代人工智能创新发展试验区建设工作指引的通知［EB/OL］．［2019-09-06］．http：//www.gov.cn/xinwen/2019-09/06/content_5427767.htm.

⑤ 张夏，陈刚．“新基建”到底能带动多大投资规模？［EB/OL］．［2020-03-08］．http：//finance.sina.com.cn/stock/marketre-search/2020-03-08/doc-iimxyqvz8860809.shtml.

⑥ 国务院．关于深化“互联网+先进制造业”发展工业互联网的指导意见［EB/OL］．［2017-11-27］．http：//www.gov.cn/zhengce/content/2017-11/27/content_5242582.htm.

⑦ 张夏，陈刚．“新基建”到底能带动多大投资规模？［EB/OL］．［2020-03-08］．http：//finance.sina.com.cn/stock/marketre-search/2020-03-08/doc-iimxyqvz8860809.shtml.

港口中，中国港口占有七席。2018年末，定期航班航线总条数达4 945条，是1950年的412.1倍，年均增长9.3%；定期航班航线里程838万公里，比1950年末增长734倍，年均增长10.2%；国内定期航班通航城市由1950年的7个增至2018年的230个；定期航班通航机场数量由1949年的36个增至2018年的233个。当前，中国交通运输业与世界一流水平之间的差距进一步缩短，部分领域已经超过了世界先进水平。比如，中国高速铁路营业里程和高速公路总里程，均居世界第一位。

通信和网络方面。经过70年投资建设，中国通信网络规模容量成倍扩张，已建成包括光纤、卫星、程控交换、移动通信等覆盖全国、通达世界的公用电信网，新基建也已经取得非凡成就。到2018年末，中国局用交换机容量13 109万门，是1949的420.2倍，年均增长9.1%；移动交换机容量由1990年的5.1万户猛增至2018年的25.9亿户，年均增长47.3%；光缆线路长度由1997年的55.7万公里增至2018年的4 358万公里，年均增长23.1%；互联网宽带接入端口由2003年的1 802.3万个增至2018年的8.9亿个，年均增长29.6%。到2018年末，全国电话用户规模达17.5亿户，用户规模居世界第一。其中，固定电话用户数1.8亿户，是1949年的836.0倍，年均增长10.2%；移动电话用户数15.7亿户，是1988年的52.2万倍，年均增长55.1%。移动宽带用户（即3G和4G用户）总数由2014年末的5.8亿户增至2018年末的13.1亿户，年均增长22.4%。移动通信领域经历1G空白、2G跟随、3G突破、4G同步、5G引领的崛起历程①。

能源基础设施方面。经过70年特别是改革开放以来的不断努力，中国已建立了较为完善的能源供给体系。2018年中国能源生产达到37.7亿吨标准煤，比1949年增长158倍。2018年末，全国发电装机容量19亿千瓦，比1978年末增长32.3倍。清洁能源生产比重从2012年的15.3%上升为2018年的23.5%，水电、火电、风电、太阳能发电装机规模均居世界首位，中国成为全球非化石能源的积极引领者。

教育、医疗、文化和居民生活基础设施建设方面。建国初期，中国教育水平低下，人口文化素质差，学龄儿童入学率只有20%左右，全国80%以上人口是文盲。20世纪50—70年代，中国重视发展基础教育。1978年，基本普及小学教育，学龄儿童入学率达到95.5%；1982年，文盲率降至22.8%。2018年，九年义务教育巩固率达94.2%；普通本专科在校学生2 831万人，比1978年增长32倍，中国高等教育毛入学率已达到48.1%；15岁及以上人口平均受教育年限由1982年的5.3年提高到9.6年。

2018年末，全国共有医疗卫生机构99.7万个，比1949年末增长271倍。其中，医院数量达到33 009个，是1949年2 600个的13倍；医疗卫生机构床位840万张，比1949年增加837万张。已建成各类养老服务机构近3万个，提供养老服务床位746万张，城乡医疗服务水平明显改善，医疗保障水平大幅提高②。2018年末，全国共有公共图书馆3 173个，比1949年增长56.7倍；电视节目综合人口覆盖率达到99.3%；全年出版各类图书95亿册，比1950年增长34倍。

与居民生活相关的城市基础设施更是发生了翻天覆地的变化。2018年末，中国常住人口城镇化率达到59.58%，比1949年末提高48.94个百分点，年均提高0.71个百分点。

① 国家统计局. 交通运输铺就强国枢纽通途　邮电通信助力创新经济航船——新中国成立70周年经济社会发展成就系列报告之十六［EB/OL］.［2019-08-13］. http：//www.stats.gov.cn/tjsj/zxfb/201908/t20190813_1690833.html.

② 国家统计局. 固定资产投资水平不断提升　对发展的关键性作用持续发挥——新中国成立70周年经济社会发展成就系列报告之九［EB/OL］.［2019-07-29］. http：//www.stats.gov.cn/tjsj/zxfb/201907/t20190729_1682435.html.

1949年末，全国城市共有132个，其中，地级以上城市65个，县级市67个；建制镇2 000个左右。2018年末，城市个数达到672个，其中，地级以上城市297个，县级市375个；建制镇21 297个。

1949年末，全国城市道路面积8 432万平方米，拥有公共交通设施的城市仅27个，公共汽（电）车也只有2 299辆，黄包车、自行车是大城市比较普遍的交通工具。2017年，全国城市道路面积达78.9亿平方米，地级以上城市营运公共汽（电）车50.0万辆。2018年，城市客运量为1 262亿人次，年末公交专用车道长度达12 850公里。截至2019年底，中国内地共有40个城市开通城市轨道交通运营线路，运营线路累计达211条，运营线路长度达6 730.27公里。

1949年末，全国只有72个城镇建有自来水厂，供水管道6 589公里；污水处理厂仅4座，日处理能力4万吨，排水管道6 035公里；有供气设施的城市仅9个，年供气总量为3 970万立方米。2017年末，城市供水供气设施完备，供水管道达79.7万公里，年供水总量594亿立方米，供水普及率98.3%；供气管道达11 716公里，年供气总量为27.1亿立方米，燃气普及率96.3%；污水处理厂达2 209座，日处理能力15 743万立方米，排水管道63.0万公里，污水处理率达到95.5%；生活垃圾处理率达99.0%，无害化处理率为97.7%；城市公厕13.6万座，市容环卫专用车辆设备22.8万台；城市集中供热面积达83.1亿平方米，管道长度达27.6万公里；城市地下综合管廊长度为2 418公里；道路照明灯2 594万盏①。

农村生产和生活基础设施方面。农田水利建设得到加强，2018年全国耕地灌溉面积10.2亿亩，比1952年增长2.4倍，年均增长1.9%。主要粮食作物耕种收综合机械化率超过80%。农业机械化水平大幅提高，标志着我国农业生产方式以人畜力为主转向以机械作业为主的阶段。科技助力粮食单产不断提高，由1952年的88千克/亩提高到2018年的375千克/亩。农村水电路网基础设施建设不断加强，电气化有序推进。农村用电量由1952年的0.5亿千瓦时增加到2018年的9 359亿千瓦时。47.7%的农户饮用经过净化处理的自来水。全国农村公路总里程由1978年的59.6万公里增加到2018年的404万公里。截至2018年底，99.6%的乡镇、99.5%的建制村通了硬化路，99.1%的乡镇、96.5%的建制村通了客车，61.9%的村内主要道路有路灯；99.5%的村通电话；82.8%的村安装了有线电视；89.9%的村通宽带互联网；90.8%的乡镇生活垃圾集中处理或部分集中处理，73.9%的村生活垃圾集中处理或部分集中处理，17.4%的村生活污水集中处理或部分集中处理；使用水冲式卫生厕所的农户占36.2%；使用卫生旱厕的农户占12.4%②。

2）基础设施投资存在的主要问题

中国的基础设施投资和建设在取得举世瞩目成就的同时，也存在一些需要进一步改进的地方。

其一，由于部门分割，综合的系统规划不够完善，同类型的基础设施，如铁路、公路、水运、航空之间配置不够合理，跨方式快速换装转运标准化设施设备比较缺乏，统一的多式联运标准和规则有待制定。

---

① 国家统计局. 城镇化水平不断提升 城市发展阔步前进——新中国成立70周年经济社会发展成就系列报告之十七［EB/OL］.［2019-08-15］. http://www.stats.gov.cn/ztjc/zthd/bwcxljsm/70znxc/201908/t20190815_1691418.html.

② 国家统计局. 农村经济持续发展 乡村振兴迈出大步——新中国成立70周年经济社会发展成就系列报告之十三［EB/OL］.［2019-08-07］. http://www.stats.gov.cn/tjsj/zxfb/201908/t20190807_1689636.html.

其二，基础设施的网络化有待进一步优化，区域分割仍然存在，跨区域输电工程供给不足，城市交通瓶颈依然存在，城市拥堵现象十分普遍，制约了整体效率的提高。

其三，某些领域区域投资不足和重复建设、过度建设并存现象仍然存在，农村地区居民生活基础设施供给不足、质量不高，城乡差异、区域差异仍然较大。

其四，能源基础设施领域，煤炭减量替代等能源结构优化和节能环保任务艰巨。

其五，项目资金投入能力减弱，整顿地方投融资平台和化解地方政府债务措施导致地方财政投入能力减弱，民间资本进入基础设施建设的政策障碍尚待破除，部分承担大规模基础设施建设的国有大型企业如国家铁路总公司的负债比例较高。此外随着建设范围扩大，无直接收益项目比例增加①。

未来需要提升规划水平，加强经营管理，提高运营效益，扩大资金渠道，加快补齐基础设施、市政工程、农业农村、公共安全、生态环保、公共卫生、物资储备、防灾减灾、民生保障等领域短板。

3.6 国有资本支出

3.6.1 国有资本支出的性质

国有企业并不是中国独有的现象，无论在发达的资本主义国家，还是经济相对落后的发展中国家，都存在这种性质的组织。在一般市场经济中，国家通过建立国有企业提供公共产品、控制自然垄断行业等形式来弥补市场失灵。在一些项目规模大、对技术水平和资金投放要求高、私人资本不愿意或力所不能及的情况下，也需要政府创办国有企业来承担提供这些产品的责任。中国国有企业的产生和发展，主要源于社会主义实践。目前，在社会主义市场经济中，国有企业作为公有制高级形态——全民所有制的实现形式，在国民经济中发挥着主导作用。国有企业主要组织形式包括国有独资、国有控股、国有参股等。

国有资本，是指各级政府代表全体人民对企业各种形式的投资和投资所形成的权益，以及依法认定为国家所有即全民所有的其他权益。狭义国有资本支出是中央政府和地方政府以预算资金安排的可成为国有权益的投资支出；广义的国有资本支出不仅包括前述政府以预算资金安排的资本性支出，也包括国有企业（含国有独资企业和国有控股企业）进行的资本性再投资。国家代表全体人民对国有企业进行投资和经营管理并保值增值是坚持和发展社会主义经济制度的基本方式，也是出于自然垄断、国家安全、国计民生等因素的考虑。

自然垄断是指一个行业中只有独家生产经营者，并且没有其他行业能够提供该厂商产品的替代品的情形。在现实生活中，不少行业的垄断属于自然垄断，是很难避免的，如供水、供电、供气、邮政、电话、铁路、航空等行业。自然垄断行业大多是规模经济显著的行业，行业的平均生产成本随生产规模的扩大而下降，整个行业由一家厂商投资运营才能取得最大限度的规模效益。但垄断企业为谋取最大利益，通常会通过限制产量、提高价格来获取超额利润，导致社会福利的损失。政府常常投资自然垄断行业，以控制垄断性企

① 郭迎锋. 如何推动基础设施高质量发展［J］. 全球化，2019（9）：114-118.

业，从理论上说，是根据社会收益来决定产量和价格，以实现社会福利最大化。

出于对国家安全的考虑，国家投资涉及国家安全的行业和项目，如造币、航天事业、核电站、战备公路等，这些是私人资本不能进入或受很大限制的行业或项目，必须由国家进行投资。

涉及国计民生的重大项目，如长江三峡工程、青藏铁路、南水北调等关系国家社会经济发展以及人民当前和长远利益的重大项目，投资规模大，回收期长，社会效益显著，私人资本往往不愿或不能进行投资，也需要政府从多渠道筹集资金来进行投资，形成新的国有企业和国有资本。

3.6.2 国有资本支出的规模、结构

由于有关国有资本支出的统计数据不够完整，本书以国有企业固定资产投资近似反映国有资本的支出，阐述其规模和结构。2017年国有企业固定资产投资139 073.3亿元，占全社会固定资产投资的21.69%[①]。

就结构而言，中国国有企业的行业分布广泛，国有企业固定资产投资占各行业固定资产投资的比重不一。2017年，国有企业固定资产投资的占比在30%以上的行业有：铁路运输业占97.57%，石油和天然气开采业占91.75%，道路运输业占88.39%，航空运输业占81.69%，烟草制品业占79.70%，水利、环境和公共设施管理业占77.72%，电信、广播电视和卫星传输服务业占77.40%，教育业占75.87%，水的生产和供应业占72.94%、水上运输业占67.13%，卫生、社会保障和社会福利业占58.97%，电力热力的生产和供应业占58.34%，建筑业占54.96%，文化、体育和娱乐业占47.45%，煤炭开采和洗选业占43.66%，金融业占43.14%，租赁和商务服务业占39.31%，信息传输、计算机服务和软件业占38.93%，居民服务和其他服务业占37.05%，石油加工、炼焦及核燃料加工业占32.95%。说明这些行业还继续处于国家垄断或基本垄断地位。

国有企业固定资产投资占比比较高的行业还有：科学研究、技术服务和地质勘查业占28.58%，房地产业占27.56%，其他制造业占24.56%，农、林、牧、渔业占23.79%，计算机、通信和其他电子设备制造业占16.77%，住宿和餐饮业占13.83%，批发和零售业占10.89%，化学原料及化学制品制造业、医药制造业占8.26%，专用设备制造业占6.82%，电气机械及器材制造业占6.77%，仪器仪表制造业占5.47%。其余行业占比都在5%以下[②]。

3.6.3 国有资本支出存在的问题及改进思路

1）国有资本支出存在的问题

从行业分布看，国有资本支出布局分散，涉及的行业比较多，国有资本支出还广泛分布于一些市场化程度比较高、竞争比较激烈的加工工业和一般性服务业，如在房地产业，计算机、通信和其他电子设备制造业，住宿和餐饮业，批发和零售业，化学原料及化学制品制造业、医药制造业，电气机械及器材制造业，仪器仪表制造业等一般的竞争性制造行业中，国有企业固定资产投资仍然占有相当大的比重。战略性行业国有资本竞争力还不够

① 国家统计局. 中国统计年鉴（2018）［M］. 北京：中国统计出版社，2019.
② 数据来源：国家统计局数据，https：//data.stats.gov.cn.

强。[①]根据《2015年中国战略性新兴产业发展报告》，在战略性新兴产业中，中央和地方国有企业占比合计为26.8%，国有企业在该行业的引领作用不明显。除了航天航空、高铁、核电以外，在其他大多数新兴领域（如新材料、新能源、电子通信等行业）的布局相对较少、技术力量弱。[②]

从地区分布看，国有资本支出主要分布在东部地区，中西部地区较少。根据《中国统计年鉴（2018）》的计算，国有资本支出的地区分布呈梯级分布状态，2017年全社会固定资产投资在东部地区、中部地区和西部地区的比重分别为41.94%、29.74%和28.32%。

从支出规模看，国有资本支出单个企业平均规模小，根据《中国统计年鉴（2019）》的统计结果，2018年国有控股企业单位数为325 800户，国有企业固定资产投资为165 497.2亿元，平均每个企业固定资产投资额为0.51亿元。国家有限的资本被过多的企业所分配，在生产、市场、研究与开发等方面难以形成规模经济优势，影响了产品开发、技术创新、市场开拓能力的提高。

2）国有资本布局调整的若干思路

近年来学术界就如何调整优化国有资本行业布局提出了一些观点。

一类观点认为，要形成国有资本布局政策体系，并通过混合所有制改革、低效无效企业清退等手段，将国有资本聚焦于承担政府重大专项任务或公益性行业、自然垄断行业、战略性行业和竞争性行业中的少数标杆性优势龙头企业。建立以资本增值率为核心的长期考核激励机制，加快清理和推动低效无效国有资本退出[③]。有学者提出更具体的建议，主张有效收缩国有资本投资战线，根据国家战略和产业政策，引导国有资本聚焦于城市基础设施建设、公共服务、金融及现代服务业领域，其中公共服务类聚焦于提供公共服务和公共产品，提升公共服务效率和能力；竞争类聚焦于发展新一代信息技术、高端装备制造、战略性新兴产业及现代服务业等领域，发挥产业引领和带动作用[④]。

另一类观点主张国有资本从竞争性领域完全退出。有的学者主张，应当加快竞争性领域国有经济退出步伐，深入推进垄断行业改革攻坚，推动国有经济向公益性领域回归，向体现国家战略意图的基础性、战略性、前瞻性重要产业和领域收缩集中[⑤]。有的学者认为要解决国企债务高企问题，应该退出竞争性领域，将获得的资本金补充到国企职责领域。具体的实施措施为：建立从非上市公众股权转让系统到定向增发至上市公司的金字塔结构的多层次资本市场体系，组建全国性的国有资本管理公司，实施包括债务在内的资产证券化，在产业布局中有进有退解决国企债务过高问题，同时实现从国企改革到国有资本改革的提升[⑥]。

国有资本适当集中是应该的，不断提高经济效益也是理所当然的，但完全退出竞争性领域的观点值得商榷。因为中国是社会主义国家，经济制度是社会主义市场经济制度，社会主义的经济基础是全民所有制企业即国有企业，或国有资本占主导地位的企业。因此，

---

① 刘现伟，李红娟，石颖. 优化国有资本布局的思路与策略［J］. 改革，2020（6）：71-86.

② 马骏，张文魁，张永伟，等. 推进我国国有资本布局调整的建议［J］. 发展研究，2016（10）：4-8.

③ 刘现伟，李红娟，石颖. 优化国有资本布局的思路与策略［J］. 改革，2020（6）：71-86.

④ 王希，冯磊，刘军，等. 国有资本布局结构优化调整的研究——以杭州市为例［J］. 杭州学刊，2018（2）：37-45.

⑤ 陈东琪，臧跃茹，刘立峰，等. 国有经济布局战略性调整的方向和改革举措研究［J］. 宏观经济研究，2015（1）：3-17.

⑥ 金海年，黄熠闻. 组建非金融国资“汇金”公司以新三板优化国有资本布局［J］. 财政研究，2014（8）：74-77.

一方面要深化改革，创新国有企业经营机制和国有资产收益全民分享机制，提升国有企业的效率，提高经济质量效益。另一方面也要摒弃国有资本不适应市场经济的惯性思维，既要保持国有经济在战略性产业的主导地位，也要保持国有企业在一般竞争性产业特别是新一代信息技术、生物技术、新能源、新材料、高端装备、新能源汽车、绿色环保以及航空航天、海洋装备等产业的引导带头作用，以确保经济发展的共同富裕方向并维护人民根本利益的社会主义特征，确保并不断提升中国在国际竞争中的整体核心竞争力。

【案例3-4】

中国建设银行上市

1954年10月1日，中国人民建设银行正式成立；1996年3月26日，中国人民建设银行正式更名为中国建设银行；2004年9月21日，中国建设银行股份有限公司正式宣布成立。2005年10月27日，中国建设银行在中国香港成功实现首次公开发行（IPO）；中国建设银行股份有限公司集资额接近80亿美元（不包括超额配售权部分），成为2005年全球最大、中国企业上市集资金额最高的IPO项目。

按照《巴塞尔协议》，上市银行必须同时符合资本充足率保持在8%以上、不良贷款率降至10%以下等条件。银行资本充足率，也就是银行资本（核心资本加附属资本）与加权风险资产的比率。截至2001年底和2002年底，中国建设银行的资本充足率分别为3.79%和6.91%。2003年12月30日，汇金公司对中国建设银行注资225亿美元，使其资本充足率超过8%。

四大国有商业银行的改革始于1999年，国家成立四大资产管理公司，剥离了四大行14 000亿元的不良资产。加入世贸组织后，国有商业银行改革步伐明显加快，2003年底，国家将外汇储备450亿美元分别注入中国银行、中国建设银行，明确其为中国首批股份制改革试点的国有银行。

近年来，中国建设银行得到国家的大规模投入。1998年，财政部向中国建设银行定向发行了30年期面值492亿元的特别国债，所筹集资金用于补充中国建设银行的资本金。1999年，中国建设银行向信达资产管理公司出售了2 500亿元不良资产，信达以面值2 470亿元的10年期债券（年利率为2.25%）和30亿元现金进行支付。两者合计，1998—1999年，国家对中国建设银行给予2 138亿元的财务支持。2003年12月30日，汇金公司又对中国建设银行注资225亿美元。在上市过程中，国家给予了中国建设银行较大的税收优惠：2004年中国建设银行所得税支出为人民币22亿元（实际税率为4.3%），比2003年的152亿元下降了85.5%；2005年1—6月末所得税支出为34亿元，实际税率为10.7%。如无税收优惠，中国建设银行2005年上半年税项开支将达112亿元，实际税率将为35.4%。

标准普尔的分析师认为，中国建设银行在中国香港上市，获得的最大收益不是资金，而是达成银行的经营活动要配合监管机构要求的认识，迫使银行提高管理水平，并与国际级银行水平接轨。在标准普尔的分析师看来，即使中国的银行都去海外上市，中国政府也不会立即中断对中资银行的政策支持。他们坚信中国政府还会对银行给予中期性政策的扶持。

另外，中国建设银行在上市过程中引进了大量的外国战略投资者。引进外国战略投资者的着眼点不仅是拓展海外市场，也不仅是得到战略投资者所带来的管理经验、技术、产品开发能力、资金等，更重要的是整个银行运作机制的改变，是等于把整个国有银行置于国内与国际投资者的监督之下。

对于中国国有商业银行引进境外战略投资者和进行海外上市，有人认为引进境外战略投资者，价格很低，是“贱卖银行资产”，使国有资产流失，而且境外投资者是在资产剥离后进入的，对银行的改革没有起多大作用，只是赚了个“金钱满钵”，为什么不引进国内战略投资者呢？引进境外战略投资者和进行海外上市还涉及国家金融安全问题。有人认为，优质企业都到海外上市了，造成中国内地股市边缘化。

请回答以下问题：

1.你如何看待国家对国有商业银行的大规模投资？

2.国有商业银行上市能提高国有企业的运营和管理效率吗？

3.你如何看待国有商业银行引进境外战略投资者和进行海外上市？

资料来源　李利明．建行上市是一项成功的投资？注资的投入产出［N］．经济观察报，2005-10-22；曹凤岐．国有商业银行海外上市的三大问题［N］．证券日报，2006-07-31．资料已作整理．

3.7　扶贫支出

3.7.1　政府扶贫支出规模结构

政府试图通过财政收支实现社会福利的最大化，社会福利是公平和效率的函数，贫困的存在，不仅意味着收入分配的结果不公平，而且从长期来说，也会影响经济效率，所以，社会福利最大化的实现必须消除贫困，而在消除贫困的过程中，政府应该通过财政支出发挥主导性的作用。

在中国，不仅农村存在大量的贫困人口，而且城市中也存在不少贫困人口，因而扶贫支出不仅针对农村贫困人口，同时也针对城市贫困人口。在中国财政支出中，扶贫性质的支出众多，除了中央财政专项扶贫资金以及地方政府配套扶贫资金以外，大量的扶贫性质的支出散见于财政支出的各个支出项目。例如，教育支出中的特殊教育支出，社会保障支出中抚恤支出，就业补助支出，社会福利支出，残疾人就业和扶贫、自然灾害生活救助支出，最低生活保障支出，特困人员救助供养支出，其他生活救助、医疗卫生支出中医疗救助支出，住房保障支出中保障性安居工程支出等。脱贫攻坚成为中国政府近几年最为重要的任务，2015年中央提出打好扶贫攻坚战以来，政府扶贫支出显著增长，见表3-12。

表3-12　政府扶贫支出规模和结构　单位：亿元

项目 年份	扶贫专项支出	其他扶贫支出	扶贫总支出
2014	948.99	7 871.01	8 820
2015	1 227.24	8 776.52	10 003.76
2016	2 285.86	9 499.68	11 785.54
2017	3 249.56	8 910.08	12 159.64
2018	4 863.84	9 128.1	13 991.94
2019	5 561.48	8 599.68	14 161.16

资料来源　根据2014—2019年全国一般公共预算支出决算表有关数据整理计算得到。

3.7.2 扶贫方式

1）扶贫方式的理论分类

扶贫方式指的是扶贫主体运用一定的生产要素和资源，利用一定的方法和手段作用于扶贫客体，促进扶贫客体脱贫致富的方式。扶贫有利于个体生存权和发展权的实现，因而我们可以按照扶贫主体作用于扶贫客体的方式不同，将扶贫分为生存性扶贫、发展性扶贫和分配性扶贫。

（1）生存性扶贫

生存性扶贫，又称救济式扶贫，是指扶贫主体直接以财政补贴或投资的方式向扶贫客体提供基本的生产和生活所需的粮食、衣物等物资，以帮助贫困人口渡过难关或解决温饱问题，也称“输血”式扶贫方式。这种扶贫主要是一种道义性的、慈善性的救济行为，是通过政府的财政转移支付实现的。生存性扶贫的主要形式是物质扶贫，包括各种基本的生产和生活资料，如粮、衣、化肥等。

中国20世纪80年代初期的扶贫战略主要采取该方式。这一阶段针对全国农村普遍贫困状况而展开的救济式扶贫从总体上看符合当时贫困人口广、贫困程度深的现实，有效地满足了贫困人口的实际需要，缓解了生存危机。这对于特困户和特困人口尤其重要。但是，生存性扶贫是一种封闭式的就地解决贫困的直接方式，只能不断增强贫困地区的依赖性，使贫困地区陷入一种低水平的贫困循环，而不能根本形成贫困地区的自我发展能力。

（2）发展性扶贫

发展性扶贫，又称开发式扶贫，是指扶贫主体通过投入一定的扶贫要素扶持贫困地区改善生产和生活条件，发展生产，提高教育和文化科技水平，以此提高贫困人口的收入，促使贫困地区和农户生产自救，逐步减轻或消除贫困，走上脱贫致富的道路，也称“造血”式扶贫方式。该扶贫方式的出发点是实现造血功能，包括为贫困地区修建基础设施、发展教育、给予优惠的经济政策、提供优惠贷款等措施。

20世纪80年代中期，中央政府根据当时的贫困特点，开始了全国范围内有计划、有目的的发展性扶贫。它把贫困地区农民自力更生和国家社会扶持结合起来，有效地开发当地资源，发展经济，提高农民自我发展能力，稳定地解决了农民的温饱问题，实现了脱贫致富。因为中国贫困人口规模庞大，国家不可能有足够的财政资源对所有贫困人口实行救济。在当前贫困人口大幅下降的情况下，发展性扶贫仍是今后扶贫的主要方式。这种扶贫方式投入成本低，扶贫效率高，能真正改善贫困地区生产条件，提高贫困人口的发展能力，从根本上解决贫困问题。

（3）分配性扶贫

分配性扶贫是指政府通过各基层政府或组织直接分配某些物品或者发行只能用来购买特定物品的凭证，以实物收益的形式对相对贫困户或有资格的家庭或个人进行补助的一种扶贫方式。分配性扶贫是一种“扶贫到户为主”的扶贫方案，立足于将扶贫资源及其产生的效益尽可能都流向扶贫的目标人群。分配性扶贫的扶贫要素是实物收益形式，即非现金收益，能够增加扶贫客体对特定产品和服务的消费数量，有利于改善其福利水平，是一种适合于较高层次阶段的扶贫方式。

2）中国现实的扶贫方式

在市场经济体系里，扶贫是收入再分配的一种方式，在中国扶贫有自己的表现方式。

中国现实的扶贫方式主要有针对城市居民的最低生活保障制度、就业补助等；针对农村居民的最低生活保障制度、五保户制度等；针对城乡居民的教育救助等。其中，就业补助、教育救助属于发展性的扶贫方式；最低生活保障制度、五保户制度等属于生存性的扶贫方式。下面介绍几种主要的扶贫方式：

（1）最低生活保障制度①

最低生活保障制度是指凡共同生活的家庭成员，其人均收入低于当地居民最低生活保障标准时，均有从当地人民政府获得基本生活物资帮助的权利。

中国的最低生活保障制度是城乡分治的。城市最低生活保障制度自1999年10月1日起施行，目前已在全国普及。《城市居民最低生活保障条例》规定，凡是符合条件者，均有从当地人民政府获得基本生活物资帮助的权利，其条件是：共同生活的家庭成员人均收入低于当地城市居民最低生活保障标准。这里的收入是指共同生活的家庭成员的全部货币收入和实物收入，包括法定赡养人、扶养人或者抚养人应当给付的赡养费、扶养费或者抚养费，不包括优抚对象按照国家规定享受的抚恤金、补助金。

城市居民最低生活保障标准。考虑到地区之间经济发展不平衡，各地生活水平不一，因此没有全国统一的最低生活保障标准，甚至同一省级政府下的不同县市确定的标准也不同。最低生活保障标准由市（直辖市、设区的市）、县（县级市）政府会同有关部门，按照当地维持城市居民基本生活所必需的衣、食、住费用，并适当考虑水电燃煤（燃气）费用以及未成年人的义务教育费用确定。不同的最低生活保障标准说明政府注意到了公共产品在一国范围内的各个地区也存在差异，因而在供给这类公共产品时也考虑到了这种差异。2019年底，全国共有城市低保对象524.9万户、860.9万人，平均保障标准为每月624.0元/人，全年各级财政共支出城市低保资金519.5亿元②。

资金来源。城市居民最低生活保障所需资金，由地方人民政府列入财政预算，纳入社会救济专项资金支出项目，专项管理，专款专用，其目的是加强对低保资金的监督，提高财政支出效率，并尽力保证“低保”这一公共产品受益对象选择的准确性。

在农村，从1995年开始，部分县市实行了类似的最低生活保障制度，但实施范围窄，覆盖面小，相当部分的贫困居民得不到救济和补助，从2006年开始，农村居民最低生活保障人数有较大幅度的增长。截至2019年底，全国已有1 892.3万户、3 455.4万人享受农村低保，见表3-13。全年各级财政共支出农村低保资金1 127.2亿元，全国农村低保平均标准5 335.5元/人年。

（2）五保户制度③

五保户制度，是指对特定的农村居民，实行吃、穿、住、医、葬五个方面供养保障的制度，也称五保供养。就是老年、残疾或者未满16周岁的村民，无劳动能力、无生活来源又无法定赡养、抚养、扶养义务人，或者其法定赡养、抚养、扶养义务人无赡养、抚养、扶养能力的，列为五保户，由国家在吃、穿、住、医、葬方面给予其生活照顾和物质帮助。

① 国务院．城市居民最低生活保障条例［N］．中国劳动保障，1999（11）：42-43．

② 中华人民共和国民政部．2019年社会服务发展统计公报［EB/OL］．［2019-09-15］．http：//images3.mca.gov.cn/www2017/file/2020-09/1599546296585.pdf．

③ 国务院．农村五保供养工作条例［J］．司法业务文选，2006（6）：3-7．

表 3-13 城乡居民最低生活保障人数 单位：万人

项目＼年份	2009	2010	2011	2012	2013	2014	2015	2016	2017	2018	2019
城市居民最低生活保障人数	2 345.6	2 310.5	2 276.8	2 143.5	2 064.2	1 877	1 701.1	1 480.2	1 261	1 007	860.9
农村居民最低生活保障人数	4 760.0	5 214.0	5 305.7	5 344.5	5 388.0	5 207.2	4 903.6	4 586.5	4 045.2	3 519.1	3 455.4

资料来源　民政部．中国民政统计年鉴（2017）．北京：中国统计出版社.2017；民政部.2017年社会服务发展统计公报［EB/OL］．［2017-08-02］．http：//www.mca.gov.cn/article/sj/tjgb/2017/2017080216-07.pdf；民政部．2018年社会服务发展统计公报［EB/OL］．［2019-08-15］．http：//images3.mca.gov.cn/-www2017/file/201908/1565920301578.pdf；民政部．2019年社会服务发展统计公报［EB/OL］．［2020-09-15］．http：//images3.mca.gov.cn/www2017/file/202009/1599546296-585.pdf.

五保供养内容。农村五保供养主要解决供养对象的生存问题，其供养内容包括：供给粮油、副食品和生活用燃料；供给服装、被褥等生活用品和零用钱；提供符合基本居住条件的住房；提供疾病治疗，对生活不能自理的给予照料；办理丧葬事宜。另外，五保供养制度还注意了供养对象的发展问题，规定农村五保供养对象未满16周岁或者已满16周岁仍在接受义务教育的，应当保障他们依法接受义务教育所需的费用。所以，五保供养以保障个体的生存权为主，并适当考虑了个体的发展权。

五保供养标准。农村五保供养标准不得低于当地村民的平均生活水平，并根据当地村民平均生活水平的提高适时调整。

五保供养资金来源。农村五保供养资金，在地方人民政府财政预算中安排；有农村集体经营等收入的地方，可以从农村集体经营等收入中安排资金，用于补助和改善农村五保供养对象的生活；农村五保供养对象将承包土地交由他人代耕的，其收益归该农村五保供养对象所有；中央财政对财政困难地区的农村五保供养，在资金上给予适当补助。

（3）教育救助

最低生活保障制度和五保供养制度基本上属于生存性的扶贫，而教育救助则是一种发展性的扶贫。

教育救助是针对家庭困难的城乡学生提供救助以帮助其完成学业的各项措施。在中国，教育救助包括助学贷款、特殊困难补助、学费减免、勤工助学、“两免一补”等政策和措施[①]。

国家助学贷款。国家助学贷款是指由政府主导、财政贴息、财政和高校共同给予银行一定风险补偿金，银行、教育行政部门与高校共同操作的专门帮助高校贫困家庭学生的银行贷款。借款学生不需要办理贷款担保或抵押，但需要承诺按期还款，并承担相关法律责任。借款学生通过学校向银行申请贷款，用于弥补在校学习期间学费、住宿费和生活费的不足，毕业后分期偿还。

特殊困难补助。特殊困难补助是指公办全日制普通高等学校中存在一些生活特别困难的学生（简称“特困生”），他们大部分来自农村和边远贫困地区，家庭特别困难，有些

① 教育部．资助指南［EB/OL］．［2007-01-26］．http：//www.moe.gov.cn.

学生在校的月收入（包括奖学金、开展勤工助学取得的收入和各补贴）低于学校所在地区居民的平均生活水准线。对此，学校采取补助办法，以保证这些学生的日常生活需要。

学费减免。学费减免是指国家对公办全日制普通高等学校中部分确因经济条件所限，缴纳学费有困难的学生，特别是其中的孤残学生、少数民族学生及烈士子女、优抚家庭子女等实行减免学费政策。其中，在校月收入（包括各种奖学金和各种补贴）低于学校所在地区居民的平均最低生活水准线，学习和生活经济条件特别困难的学生免收全部学费；对其他一般困难的学生可适当减收部分学费。

勤工助学。勤工助学是指高校组织学生参加校内的助教、助研、助管、实验室、校办产业的生产活动和后勤服务及各项公益劳动，学生从中取得相应报酬的助学活动。

“两免一补”。“两免一补”是指国家向农村义务教育阶段（小学和初中）的贫困家庭学生免费提供教科书、免除杂费，并给寄宿生补助一定生活费的一项资助政策。

多种形式的教育救助有助于众多的贫寒学子完成学业，提高其收入获取能力，是一种具有“造血”功能的扶贫方式。

3）中国扶贫的成就和社会主义条件下扶贫的新思路

新中国成立时，国家一穷二白，人民生活处于极端贫困状态。社会主义基本制度的确立，以及农村基础设施的建设、农业技术的推广、农村合作医疗体系的建立等为减轻贫困奠定了基础。扶贫减贫，解决人民群众温饱问题一直是中国政府孜孜以求的奋斗目标。随着生产力的发展和综合国力的增强，到20世纪中期，贫困人口开始显著减少。以当时的农村贫困标准[①]衡量，我国农村贫困人口从1978年末的2.5亿人减少到1985年末的1.25亿人；农村贫困发生率从1978年末的30.7%下降到1985年末的14.8%。若以现行农村贫困标准[②]衡量，农村贫困人口从1978年末的7.7亿人减少到1985年末的6.6亿人，农村贫困发生率从1978年末的97.5%下降到1985年末的78.3%。

从20世纪80年代中期开始，我国针对区域发展不均衡问题，确立以贫困地区为重点，实施有计划、有针对性的扶贫开发政策，先后实施了“八七扶贫攻坚计划”和两个为期10年的“中国农村扶贫开发纲要”，农村贫困程度进一步减轻，贫困人口继续大幅减少。以现行农村贫困标准衡量，2012年末我国农村贫困人口9 899万人，比1985年末减少5.6亿多人，下降了85.0%；农村贫困发生率下降到10.2%，比1985年末下降了68.1个百分点。2012年以后实施精准扶贫、精准脱贫，到2018年，农村已累计减贫8 239万人，年均减贫1 373万人，6年累计减贫幅度达到83.2%，农村贫困发生率也从2012年末的10.2%下降到2018年末的1.7%[③]。到2020年11月，全国剩余的52个贫困县陆续宣布摘帽，至此，全国832个国家贫困县已经全部脱贫摘帽，到2020年底，按现行标准，所有贫困人口已脱贫。今后5年中国进入巩固拓展脱贫攻坚成果的过渡期，在过渡期内，继续实行“四个不摘”，即摘帽不摘责任、摘帽不摘政策、摘帽不摘帮扶、摘帽不摘监管。

中国近几十年减贫成绩斐然、扶贫脱贫方面举得巨大成就，举世公认。但减贫或脱贫是指政府通过各种方式使年收入低于现行贫困标准以下的“贫困”人口获得的年收入达到该标准以上。防止贫困人口的脱贫以后返贫、逐步提升贫困线标准，让较贫困人口享受国

① 指按1984年价格确定的每人每年200元的贫困标准，是较低水平的生存标准。
② 指按2010年价格确定的每人每年2 300元的贫困标准，是与小康社会相适应的稳定温饱标准。
③ 国家统计局，扶贫开发持续强力推进 脱贫攻坚取得历史性重大成就——新中国成立70周年经济社会发展成就系列报告之十五［EB/OL］.［2019-08-12］. http://www.stats.gov.cn/tjsj/zxfb/201908/t20190812_1690526.html.

家经济发展的利益，任务愈发艰巨。其原因是经济发展自然减贫的作用逐步降低。在被脱贫的人口中，因病、因残以及缺少劳动能力人口占相当的比重，他们重新返贫的可能性比较大。

按常规思路，减贫、扶贫或防止返贫，依赖于财政转移支付。众多研究表明，传统财政转移支付可以有效提高家庭收入、减少不平等进而减少贫困①。在中国，财政转移支付对改善家庭状况、减少贫困也起了积极作用②。有的学者研究认为对贫困县的财政扶贫政策绩效比较显著③。有的学者研究认为财政转移支付既有"输血"作用，也有"造血"作用，但对极度贫困地区只有输血功能④。有的学者认为专项转移支付对一般转移支付在促进贫困地区经济发展方面有作用⑤。有的学者认为财政转移支付受益面和受益程度有限，还会造成劳动参与率下降以及新的不平等等负面效应⑥。这些研究表明，由于贫困人口发展能力弱，仅仅靠政策和人为推动等传统扶贫方法进行扶贫，很难根治贫困，且所有措施均存在一定的负面影响。

近年来，西方理论界对基本生活保障收入（无条件给予全体人民一笔贫困线以上的收入使其基本生活无忧）制度作了大量研究，实践中也进行了实验，试图从制度和机制上彻底解决贫困问题，但仍然难以全面推行⑦。因为在资本主义国家基本生活保障收入属于收入再分配，要靠增加税收获得资金，很容易造成税负过重，从而损害经济效率。

但西方特别是北欧一些国家的实践可供借鉴，再结合中国是社会主义国家的特点，从而走出一条彻底根治贫困的新路子。在实行全民所有制为主体的中国，实行基本生活保障收入制度，不需要进行收入再分配，而只要将全民作为所有者应得的资产收益直接地、具体地分给他们。因此通过设置全民基本生活保障收入（basic income）制度，让国有资产所有者分享资产收益，尤其让贫困人口获得其应得的归其所有的国有资产收益，就能形成消除基础层面收入差距和绝对贫困的新机制⑧。

3.7.3 扶贫经济效应分析

无论是生存性扶贫还是发展性扶贫，无论是现金形式的扶贫还是实物形式的扶贫，都会使扶贫对象的实际收入水平提高。如果扶贫不会导致扶贫对象减少劳动供给，不对经济的运行产生扭曲，不减少经济总量，则在边际效用递减规律的假定条件下，将财富从富人向穷人转移的扶贫会导致社会总效用（社会福利水平）的提高。

但是，扶贫会扭曲经济的运行吗？会减少经济总量吗？我们从扶贫资金接受者的角度

① HOOP J D., ROSATI F C. Cash Transfers and Child Labor [J]. World Bank Research Observer, 2014, 29 (2): 202-234. WU H, DING S, WAN G. Income inequality and rural poverty in China [J]. China Agricultural Economic Review, 2015, 7 (1): 65-85.

② 齐良书. 新型农村合作医疗的减贫、增收和再分配效果研究 [J]. 数量经济技术经济研究, 2011, (8): 35-52. 张川川, GILES J, 赵耀辉. 新型农村社会养老保险政策效果评估——收入、贫困、消费、主观福利和劳动供给 [J]. 经济学（季刊）, 2015 (1): 203-230.

③ 王艺明，胡久凯. 马克思主义财政扶贫理论与政策：十九大精神下的探索 [J]. 世界经济, 2018, 41 (7): 3-24.

④ 李丹，裴育，陈欢. 财政转移支付是"输血"还是"造血"——基于国定扶贫县的实证研究 [J]. 财贸经济, 2019, 40 (6): 22-39.

⑤ 马光荣，郭庆旺，刘畅. 财政转移支付结构与地区经济增长 [J]. 中国社会科学, 2016 (9): 105-125, 207-208.

⑥ 黄祖辉，王敏，万广华. 我国居民收入不平等问题：基于转移性收入角度的分析 [J]. 管理世界, 2003 (3): 70-75; 陈华帅，曾毅. "新农保"使谁受益：老人还是子女? [J]. 经济研究, 2013 (8): 55-67; 梁晓敏，汪三贵. 农村低保对农户家庭支出的影响分析 [J]. 农业技术经济, 2015 (11): 24-36.

⑦ 芬兰于2017—2019年随机从领取过失业金、低保金的人群中抽取2 000名志愿者实施为期两年的基本生活保障收入制度试点。

⑧ 杨斌. 马克思剥削理论与社会主义分益制财政体制 [J]. 厦门大学学报（哲学社会科学版）, 2020 (2): 1-11.

来分析这个问题。对此，人们的疑虑是，扶贫是否会降低部分低收入者的劳动投入和社会劳动市场参与率，我们通过劳动者的效用最大化行为来分析扶贫对低收入者劳动决策的影响。

我们假设张三是低收入者，他可以选择接受扶贫资金；同时，作为劳动力这一生产要素的所有者，他必须在闲暇与收入之间作出选择。我们假设张三的全部收入来源于劳动，则张三关于收入和闲暇的无差异曲线如图3-11所示。在图3-11中，横轴代表闲暇时间，假设张三的时间为T_0，我们同时假定张三没有用于闲暇上的时间，而是都用于在市场上工作，纵轴代表张三通过在市场上提供劳动所取得的收入。若张三将他全部时间用于闲暇时，其收入为零；若张三将其全部时间用于工作，则其收入为Y_0元（等于他的小时工资w乘以T_0）；若张三有闲暇时间t小时，则其收入公式为：$y=w\times(T_0-t)$。所以，Y_0T_0为其预算约束线，U_1为张三的无差异曲线，预算约束线与无差异曲线的切点为张三效用最大化的点。

现在假设张三可以得到P元的扶贫资金，并且假设，如果张三工作1小时，从雇主那里领到w元的工资，则他能得到的扶贫资金减少w元，这种情况相当于对张三的劳动所得征收100%的所得税（在其工资收入小于或等于P元之前），此时张三的预算约束线变为Y_0QP。

当存在这种隐含的100%的税时，扶贫补助会对张三的劳动决策行为产生什么影响呢？答案取决于张三的无差异曲线，若张三的无差异曲线位于图3-11的位置，则此时张三的效用最大化行为促使其不提供任何劳动，靠扶贫资金生活；若张三的无差异曲线位于图3-12的位置（其他情况不变），则张三在R点处效用最大化，他会选择工作（T_0-t_1）小时。

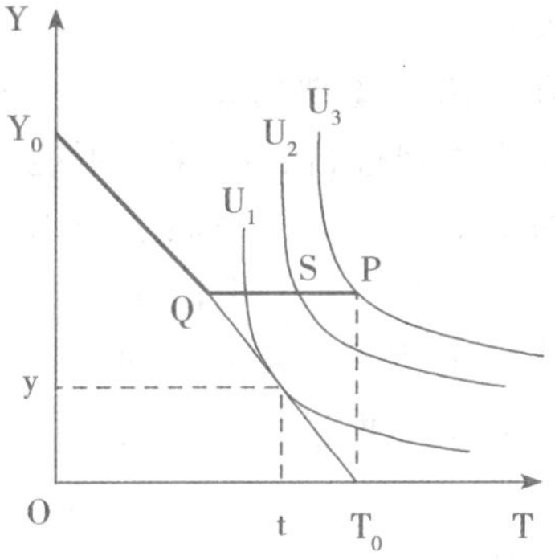

图3-11 效用最大化时收入和闲暇的选择

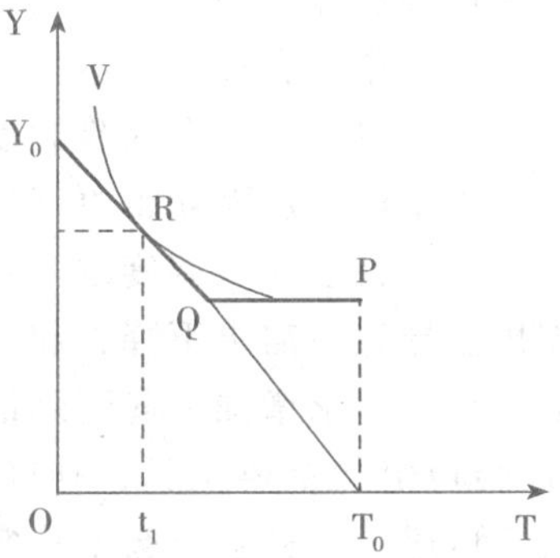

图3-12 无差异曲线位置不同时收入和闲暇的选择

所以，扶贫政策对经济总量的影响取决于扶贫资金接受者的偏好，它有可能使个体减少劳动的供给，也有可能不会影响个体的劳动供给。

不过，当个体具有与张三相同的无差异曲线时，有没有办法使个体不选择图3-11中的P点呢？答案是肯定的。我们可以采取措施，使该个体提供一定量的劳动，以工代赈即是一种有效的方法，它实际上规定只有当个体提供一定量的劳动，例如图3-11中的S时，个体才能获取扶贫资金，此时，个体在S处实现效用的最大化。

政府扶贫支出主要是针对低收入群体的，城市低收入者也是政府扶贫支出的受益者。但是由于农村贫困人口的绝对数量和相对数量都高于城市，因而，农村和农业应该成为政府扶贫支出的主要受益对象，使政府的扶贫成为解决“三农”问题的一种重要手段。

3.8 社会保险基金预算和养老保险

3.8.1 社会保险和社会保险基金预算概述

1）社会保险的基本特征

社会保险是政府作为责任人组织的针对退休、疾病、失业、工伤等原因产生丧失收入风险进行补偿以满足其基本生存需求的保险安排。社会保险首先是保险，具有保险的一般特性，即多数人在正常年景具有正常收入时缴纳一份保险费，积少成多，在未来少数人或本人遇到特定风险时获得补偿金，从而使生活得以持续。社会保险和其他社会保障项目的根本区别在于筹资机制的不同，社会保险基金是由国家、企业、个人三方面共同筹集的，而其他项目主要是靠国家财政拨款。

社会保险也具有区别于商业保险的重要特征。第一，普遍性，一般覆盖全社会成员；第二，强制性，依靠政府通过立法强制推行，参保人不能选择；第三，互济性，某些保险项目（如退休保险）的参加者的未来收益水平虽然也与以往的缴费相联系，但因为财政补贴因素，以及每个人生命时间不同，参加者领取的保险金与缴纳保险费的累积数额往往不一致，因此包含再分配和互相支持的因素；第四，非营利性，商业保险是以营利为目的，而社会保险着眼于社会稳定和公平，即使存在结余也要增加保险基金，必要时还要提供财政补贴以保持收支平衡。

2）政府实行社会保险制度的依据

首先，社会保险具有保证一国社会和经济稳定发展的外部效应。在微观的层面，社会保险制度可以降低个人的竞争风险，为竞争者提供基本生活保障，解除其后顾之忧，促使人力资源的流动，使其达到合理配置的目的。社会保险制度在一定程度上也为企业减轻了负担，使企业能够将更多的资金投入生产，从而获得更好的经济效益。在宏观的层面，社会保险制度能够促进经济的持续发展。社会保险制度本身具有“内在稳定器”的作用，当经济过热时，减少社会保险的支出会导致总需求下降，起到抑制通货膨胀的作用；当经济萧条时，增加社会保险的支出会导致总需求增加，起到降低失业率的作用。再有，从社会层面看，社会保险制度是保证社会稳定的重要工具，伴随市场经济的发展，贫富差距拉大，社会问题由此产生，矛盾就不可避免，社会就会不稳定。社会保险就是要通过国民收入再分配减小贫富差距，缓和矛盾，为弱势群体提供一张安全网，保障社会的稳定（杨宜勇，2000）。

其次，从市场失灵的角度来看，出于逆向选择和成本较大的考虑，市场不能够有效地提供养老、疾病、失业等保险产品。逆向选择的问题常常出现在向个人提供保险的业务中。以私人保险公司向个人出售健康保险为例进行说明。由于个人比保险公司更加了解自己的健康情况，一般来说，比较容易生病的个人对健康保险的需求会比较大，因此保险公司得到的保单往往是那些赔偿概率比较大的投保人。为了保本，保险公司需要提高保险费率，但是这样一来，却只能吸引到风险更大的投保人。这种只有风险大的个人才选择保险的现象就是通常所说的逆向选择问题，其根本原因在于投保人和保险公司之间的信息不对称。因此，仅仅依靠市场提供保险，不能达到整个社会规避风险所需要的保险量。

另外一个市场失灵的原因在于，进行保险业务往往需要大量的计划和决策成本，如保险公司要根据不同人的情况设计不同的保险项目，从而减少逆向选择问题等。同时，保险市场的风险也同样巨大，这就使得私人提供的规模和数量又进一步降低。因此，某些可能产生逆向选择的保险产品如退休、医疗、失业等保险，要作为基本保险由政府在全社会范围采用强制方式推行，同时商业保险公司可提供追加保险以满足较高收入群体的需求。

3）世界各国社会保险体系所面临的主要问题

自20世纪70年代以来，世界各国的社会保险制度都面临着不同程度的挑战。

首先，是成本问题。在养老保险方面，由于预期寿命的延长，人口老龄化问题逐渐突出，各国养老保险支出面临潜在的高增长；在失业保险方面，由于经济发展动力不强，失业人口持续增加，使得失业保险基金不得不加大支出；在社保体系的管理上，也存在管理成本过高的情况；部分国家实行的高福利造成人们对社会保险项目的依赖，使国家财政进入入不敷出的困境。

其次，是对于经济发展的负面影响。一方面，高额的社会保险支出导致企业在劳动力投入上成本过高，从而使企业不得不减少雇工数量，进而导致失业增加；另一方面，企业为了降低劳动力成本，大量雇用临时工人，从而使已经加入保险的工人权益受损，引发新的社会矛盾。

最后，是社保支出受益公平性问题。以基础医疗保障制度为例，研究表明，基本医疗保障制度在参保机会上是均等的，但由于受保人群的受教育程度、收入以及户籍归属等不同，支付能力也存在差异，从而产生了“均等下的不公”①。

4）中国社会保险基金预算概述

中国社会保险通过单独设置社会保险基金预算来管理。其中分别设立了养老保险基金、医疗保险基金、失业保险基金以及工伤、生育等专项基金。

2019年社会保险基金预算的收入82 367.7亿元，其中养老保险收入占69.23%，医疗保险占29.52%，失业保险占1.56%②。社会保险基金预算的收入中，来自财政补贴14 372.02亿元，占20.92%，相当于一般公共预算支出238 858.37亿元的6.02%。社会保险基金预算支出总额为74 740.78亿元，其中养老保险支出占70.03%，医疗保险占27.78%，失业保险支出占1.78%。表3-14给出了中国2004—2019年社会保险各个项目的收入、支

① 周钦，田森，潘杰. 均等下的不公——城镇居民基本医疗保险受益公平性的理论与实证研究［J］. 经济研究，2016，51（6）：172-185；CASTRO-LEAL F，DAYTON J，DEMERY L. Public spending on health care in Africa：do the poor benefit?［J］. Bulletin of the World Health Organization，2000，78：66-74.

② 因四舍五入的原因超过100%，其他类似情况不再说明。

出和历年结余的具体金额。到2019年底，中国养老、医疗、失业、工伤保险的覆盖人数分别达到9.68亿人、13.54亿人、2.05亿人和2.55亿人。

社会保险主要有养老保险和医疗保险。本节以下部分先讨论养老保险，医疗保险与医疗支出和公共卫生支出将在下节讨论。

表3-14　2004—2019年中国社会保险基金预算分项目收支情况表　单位：亿元

项目 年份	养老保险			失业保险			基本医疗保险			工伤保险			生育保险		
	基金收入（含财政补助）	支出	历年结余	基金收入	支出	历年结余	基金收入	支出	历年结余	基金收入	支出	历年结余	基金收入	支出	历年结余
2004	4 258	3 502	2 975	291	211	386	1 141	862	958	58	33	119	32	19	56
2005	5 093	4 040	4 041	333	207	511	1 405	1 079	1 278	93	48	164	44	27	72
2006	6 310	4 897	5 489	385	193	708	1 747	1 277	1 752	122	68.5	193	62	37	97
2007	7 834	5 965	7 391	472	218	979	2 257	1 562	2 477	166	88	262	84	56	127
2008	9 740	7 390	9 931	585	254	1 310	3 040	2 084	3 432	217	127	385	114	72	168
2009	11 491	8 894	12 526	580	367	1 524	3 672	2 797	4 276	240	156	469	132	88	212
2010	13 873	10 755	15 788	650	423	1 750	4 309	3 538	5 047	285	192	561	160	110	261
2011	18 005	13 363	20 728	923	433	2 240	5 539	4 431	6 180	466	286	743	220	139	343
2012	21 830	16 712	26 244	1 139	451	2 929	6 939	5 544	7 645	527	406	862	304	219	428
2013	24 733	19 819	31 275	1 289	532	3 686	8 248	6 801	9 117	615	482	996	368	283	515
2014	27 620	23 326	35 645	1 380	615	4 452	9 687	8 134	10 645	695	561	1 129	446	368	593
2015	32 196	27 929	39 937	1 368	736	5 083	11 193	9 312	12 543	754	599	1 285	502	412	684
2016	37 991	34 004	43 965	1 229	976	5 333	13 084	10 767	14 964	737	610	1 411	522	531	676
2017	46 614	40 424	50 202	1 113	894	5 552	17 932	14 422	19 386	854	662	1 607	643	744	565
2018	55 005	47 550	58 152	1 171	915	5 817	21 326	17 794	23 370	913	742	1 785	778	760	582
2019	57 026	52 342	62 873	1 284	1 333	4 625	24 318	20 760	27 529	819	817	1 783	—	—	—

资料来源　2004—2007年数据根据历年人力资源和社会保障部《人力资源和社会保障事业发展统计公报》整理而成；2008—2017年数据由各年《中国劳动统计年鉴》整理而成，2018年、2019年养老保险、失业保险、工伤保险数据由对应年份《人力资源和社会保障事业发展统计公报》整理而成，居民基本医疗保险、生育保险数据由对应年份全国社会保险基金收入决算表、全国社会保险基金支出决算表、全国社会保险基金结余决算表整理而成。另外，2019年3月，国务院办公厅印发《关于全面推进生育保险和职工基本医疗保险合并实施的意见》，2019年底前实现生育保险和职工基本医疗保险合并实施。

3.8.2　养老保险制度及其改革

养老保险是政府为了解决劳动者在达到国家法定退休年龄，或因为年老丧失劳动能力后的基本生活问题，依法实行的一种社会保险制度，是现代社会保险体系最重要的内容。在政府提供的基本养老保险之外，企业可以为其员工提供补充性养老保险，个人也可通过储蓄为养老提供资金。中国目前的养老保险是多个制度并存、按职业身份区别对待。首先是公务员和事业单位工作人员参加机关事业单位工作人员养老保险。城镇企业工作人员参加城镇企业职工基本养老保险。其他公民参加城乡居民养老保险。

1）养老保险的基本模式

从养老保险金的融资方式来看，养老保险制度存在两种基本形式，即现收现付制（pay as you go）和养老基金制（pension funded）。从养老保险金发放的具体实施办法来看，可分为规定受益制（defined benefit，DB）和规定交费制（defined contribution，DC）。因此，理论上养老保险制度模式可以有四种模式，但实践中能见到的是表3-15中第（1）和（4）种情形，也就是说养老保险存在两种实践模式，一是现收现付制，二是养老基金制（或称积累制）。

表3-15 养老保险制度的基本模式

发放方式 融资方式	规定受益制（DB）	规定交费制（DC）
现收现付制	（1）现收现付的DB型	（2）现收现付的DC型
养老基金制	（3）基金积累的DB型	（4）基金积累的DC型

资料来源：李绍光. 养老金：现收现付制和基金制的比较［J］. 经济研究，1998（01）：3-5.

所谓现收现付制，是指政府通过对在岗人员的收入征税来筹集资金，同时对他们作出承诺，在他们退休时可以得到一笔与参加年龄等指标挂钩的年金或是一次性支付即养老金，筹集到的资金则先用于已退休者的养老金支付。在养老金按规定的标准发放，不完全与被保险人往年缴纳的税费直接挂钩。保险基金筹集以支定收，即根据当年养老金的支付额来决定融资额度并相应确定保险税（费）税（费）率。在人口老龄化的情况下，存在当代人要为上一代甚至上几代人支付养老金的情况，老龄人口比例高到一定程度，保险税（费）税（费）率就会比较高，当代人负担就比较重，这是当前养老保险的世界性难题。如果不提高当代人的税率，要么降低养老保险给付水平，但很容易出现社会不稳定；要么政府背负沉重债务，但最终也要出现主权债务危机。

所谓养老基金制，也称积累制，是指养老金来自参加保险者的缴费，政府为每一个参加者设立个人账户，然后将集中起来的基金用于投资，参加者最后的养老金收益是根据个人以往的缴费记录和基金的投资回报来决定的，即根据个人账户的缴费数额以及基金投资的收益来决定发放额度，养老金的发放上是以收定支。当代人无须为上一代人支付养老金。这种模式实际上是政府强制的个人储蓄模式。在该模式下，不会给当代人造成负担，但受货币贬值和生活水平不断上升的影响，保险力度有限，对较低收入群体难以体现社会保险的作用。

2）不同模式对于经济行为的影响

对于上述两种模式的经济理论分析，基本上都聚焦于二者对于经济增长的影响。学术界主要从三个方面展开：一是对于储蓄率的影响，二是内部收益率的比较，三是对人口结构变化的作用。

关于养老保险对储蓄率的影响，以费尔德斯坦为代表。费尔德斯坦认为，现收现付制将会通过“资产替代效应（asset-substitution effect）”和“退休效应（retirement effect）”这两种相互对立的力量共同影响个人储蓄。资产替代效应是指年轻的职工会把政府提供养老金的承诺视为自己的隐性储蓄，从而减少工作期内的退休储蓄；而退休效应是指一些国家的养老保险计划规定人们可以提前退休，从而导致人们为了应对更长的退休生活而在工作期间增加储蓄。他以生命周期模型为框架，以美国1929年至1971年的数据进行实证分析，证明社会保险会挤出私人储蓄，认为美国的现收现付制使得美国的私人储蓄减少了30%~50%[①]。尽管上述结论得到了部分学者的认同，但是反对的声音也同样存在。巴罗在生命周期模型中引入了利他主义的因素，即考虑遗产的存在，认为现收现付制可以被理解为从年轻一代向年老一代强行转移财富，而上一代人出于对后代的关心自然会增加自己的储蓄，以便给后人留下遗产，这种留下遗产的动机会大大地减少私人储蓄下降的速度[②]。

对于养老基金制是否一定有利于国民储蓄的问题同样也存在着较大分歧。争论的焦点在于政府的强制性储蓄和自愿储蓄之间的替代关系。尽管政府规定强制性储蓄，但是个人可以减少其他形式的储蓄转向社保计划中的强制储蓄，因此，养老基金制对于私人储蓄的影响首先要看强制性储蓄和个人自愿储蓄之间的边际替代率的大小。另外，还存在政府通过大量的财政赤字来抵消社保储蓄的情况。

以往的观点认为，基金制具有更高的内部收益率，在效率方面是较优的。有的学者认为不能一概而论，要看前提条件。如果一国的劳动人口增长率与实际工资增长率之和大于实际市场利率，则实行现收现付制有利于养老保险的帕累托改进，从而优于积累制[③]。这就是所谓“艾伦条件”。有的学者认为，现收现付制是一个各代间的“零和博弈”，现收现付制的收益率没有养老基金制高，根本原因不在于现收现付制本身的无效率，而仅仅是因为需要用各代的“隐性税收”来支付由第一代的“制度引入受益”所带来的隐性的养老金债务[④]。

但是，人们通常认为老龄化会从两个方面来制约现收现付制的可持续性。首先，“艾伦条件”中的人口增长率在当今发达国家中呈现不断下降的趋势；其次，“艾伦条件”中所作的人口结构不变的假设是不存在的。因此，随着老龄人口占总人口的比重不断上升，将使现收现付制陷入收不抵支的困境。然而，也有研究认为人口结构的变化不仅对现收现付制产生不利影响，对完全基金制也会产生同样的影响。从单个个人账户来看，完全基金制能够实现时间上的转移消费，但从社会整体来看，并没有足够的理由认为完全基金制能够起到同样的作用。也就是说，如果老年人在年轻时的储蓄在其年老时经历了通货膨胀，那么完全基金制同样需要政府的介入。从本质上来说，实行不同模式的养老保险筹资模式，只不过是未来老年人向年轻人索取物质产品的方式不同而已。在养老基金制下，老年人凭借的是他们进行养老储蓄而积累的货币权利；在现收现付制下，老年人凭借的是政府的征税权。只要未来社会有充足的物质产品供年轻人和老年人享用，采用什么方式向老年人提供物质产品并不重要。而如果在劳动生产率没有明显提高的情况下，两种模式最终都要动用财政进行补贴。

3）世界各国养老保险的改革

进入21世纪以后，世界各国养老保险都面临着人口老龄化所带来的危机。如果在人口规模较大的一代之后伴随的是人口规模较小的一代，那么对于现收现付制的收入和支出

① FELDSTEIN M. Social Security, Induced Retirement and Aggregate Capital Accumulation [J]. Journal of Political Economy, 1974 (82): 905-926.

② BARRO R J. Are Government Bonds Net Wealth? [J]. Journal of Political Economy, 1974 (82): 1095-1117.

③ AARON H J. The Social Insurance Paradox [J]. Canadian Journal of Economics and Political Science, 1966 (32): 371-377.

④ SINN H W. Why a Funded Pension System Is Useful and Why It Is Not Useful [J]. International Tax and Public Finance, 2007, 7 (4/5): 383-410.

会产生什么样的影响呢？显而易见，在不改变现有收入和支出标准的情况下，必然会出现收不抵支的情况。如果要向生育高峰期的一代人支付目前标准的养老保险金，那么未来的年轻工作者面对的保险税缴款率将大大高于现在。有鉴于此，各国纷纷提出了改革方案。

第一种常见的改革方案就是改变现行的养老金的收支标准。减少支出的常见做法是，延长退休的年龄，通过收入调查来发放补助，调整年金补助的生活成本指数等。支持这一办法的人认为，目前的补助设计较为“慷慨”，而且减少支出对于维持长期的养老金支出具有重要的意义。但是人们普遍认为养老金的补助是自己年轻时支出的回报，降低支出标准，就是降低已退休者的待遇，这种措施难以被接受，政治风险较大。因此，世界各国普遍采用的是改变生活成本补助指数的间接办法，从而在长期上降低补助支出的总量。

收入上的做法就是提高社会保险税（费）的税率或缴费率。在不采用降低支出标准的前提下，社会保险税（费）的税（费）率可能要大幅度提高，在政治上也存在极大阻力。而在降低支出标准的情况下，缴费的增加会带来额外的负担，即会改变劳动供给。改变的程度取决于工作者对其新增大的负担可以转化为其未来补助的预期，但通常存在这种预期的人比较少见。有鉴于此，各国对于提高收费标准的做法都相当谨慎。

第二种改革方案在于通过改变养老保险基金投资方向提高收益。传统的养老保险基金投资方式，主要从规避风险的角度来考虑，养老保险基金主要投资于政府债券。从历史上来看，股票的收益率明显高于债券，因此有人主张养老保险基金的管理者应该更多地考虑选择更具有收益性的投资组合。但是，反对者认为，将养老保险基金投资于股票市场存在风险，一旦股票市场出现波动，政府的风险就会转化为纳税人的税收增加或者财政赤字。此外，对基金管理者的监督成本也将提高。

智利的改革提供了重要经验。智利军人政权在1981年取消难以持续的现收现付制，改为个人账户的规定缴费积累制，政府保证缴满20年可获得标准的最低养老金，并将私有化经营引入了养老保险体系。通过竞争性选择，确定12家私人基金管理公司管理运行养老基金，参加养老保险的人有权对其占工资比例10%的养老保险金选择合适的基金管理人。1981到2001年20年间，平均毛利率达到10.9%，应该说是富有成效的[①]。同时，促进了全社会储蓄率的上升，工薪税的免除使劳动力的供给大大增加。因此，私有化的赞成者认为收益率、储蓄率和劳动供给的提高是智利模式的三个主要成功之处。但收益率是建立在较高的市场风险下的，且存在较大波动。制度过渡时期，当年轻人停止进行养老保险的缴费，那些已经退休和临近退休却没有纳入账户管理的人将出现无人支付养老保险的问题。智利采用的办法是用一般性税收、预算盈余和国有资产出售的收益来弥补这一部分人的养老保险资金缺口。这造成沉重的财政负担，加上政府对获得最低保险金的承诺，导致财政负债和赤字严重。而且个人缴款账户的管理运营成本比较高，扣除管理成本，基金利润率就显著降低，同时社会的互济性减弱。智利和其他拉美国家养老保险制度改革实践表明，个人账户的规定缴费积累制即养老基金制难以持续[②]。

综上，养老保险的改革并没有一定之规。只有结合本国的情况，才能提出适合自己的改革方案。无论是市场化，还是继续实行政府的统一管理，核心问题都在于如何提高基金的收益率以及降低整个体系的管理成本。

---

① 高山宪之．全球性养老保障制度的最新争论与改革动向［J］．王新梅，译．经济研究资料，2003（4）：10-19.
② 王浩．拉美诸国两次养老保险制度改革对我国的启示［J］．中国人力资源社会保障，2019（7）：37-38.

4）中国基本养老保险制度的特点和改革方向

中国基本养老保险制度的特点就是按身份设置不同的体系，相应地社会保险基金预算中养老保险基金收支也分成三个体系，即城镇企业职工基本养老保险、城乡居民基本养老保险和机关事业单位基本养老保险。从纵向发展看，各个保险基金无论是参保人数、总收入、人均收入、养老金支出、人均养老金都逐年显著增长，其中财政补贴同样逐年增长，当年结余和滚存结余也都显著增长，说明到目前为止基金收支处于健康状态，见表3-16。

但从三个基金横向比较看，它们之间在给付待遇上存在较大差异。2018年，机关事业单位基本养老保险，人均养老金69 860元；企业职工基本养老保险，人均养老金26 306元，只是机关事业单位基本养老保险人均退休金的37.66%；城乡居民基本养老保险，人均养老金1 819元，只是机关事业单位基本养老保险人均退休金的2.60%，企业职工基本养老保险人均退休金的69.15%。产生差异的主要原因，在于收入差异引起缴费水平差异以及财政补贴力度不同，导致人均基金收入存在很大差异。2018年，机关事业单位养老保险人均收入24 898元，企业职工基本养老保险人均收入8 955元，城乡居民基本养老保险人均收入只有739元。从财政补贴看，2018年，财政对上述三个保险基金的补贴分别是4 021.98亿元、5 355.43亿元、2 775.74亿元，从人均补贴额来看，也是对机关事业单位基本养老保险基金补贴数额最大，城镇企业职工基本养老保险次之，对城乡居民基本养老保险基金补贴绝对额最少。虽然对城乡居民基本养老保险基金财政补贴占比最高达70%左右，但因为该养老保险承保人数最多，因此人均财政补贴却是最低的，只有530元，分别是机关事业单位养老保险基金和城镇企业职工养老保险基金人均财政补贴的7.12%和41.63%。见表3-16。

中国目前的基本养老保险制度总体上的问题在于按照身份区别对待，存在不公平问题，也会导致劳动力市场扭曲。改革的方向当然是建立统一的社会养老保险制度。但具体实施存在较大难度，表现为：如果待遇就高，即在不提高社保缴费水准的情况下，其他种类养老保险待遇提高到机关事业单位职工的水平，推行容易，但保险基金缺口很大，政府财政难以承受；提高缴费水准，又会造成代际不公平或使当代缴费个人和企业难以承受；如果待遇就低，即降低机关事业单位职工退休金，拉低到与其他养老保险相当水平，看上去比较公平，但很难实行，让一部分人生活水准下降也会导致社会不稳定。

可行的办法还只能是瞄准目标、逐步推行。就是要通过增加财政预算拨款、提高国有土地出让收益和国有资本经营收益用于社会保险基金的比例，较大幅度加大社会保险基金总规模，逐步调高较低待遇、保持或适当调低较高待遇，老人老办法、新人新办法，最终实现建立统一公平的养老保险制度的目标。在实现这一目标之前，还有必要对现行的各类养老保险制度的现状分别作具体阐述。

5）中国城镇企业职工基本养老保险制度的现状和改革

（1）中国城镇企业职工养老保险制度的基本情况

1997年国务院颁布《关于建立统一的企业职工基本养老保险制度的决定》（国发〔1997〕26号），中国开始实行统一的社会统筹和个人账户相结合的企业职工基本养老保险制度，2005年国务院下发了《关于完善企业职工基本养老保险制度的决定》（国发〔2005〕38号），在扩大企业职工基本养老保险制度覆盖范围的基础上，进一步对该项制度的社保费征缴、养老金计发以及做实个人账户等方面进行完善。随着中国老龄化程度不

表3-16　　2015—2019年养老保险基金预算收支情况表　　单位：亿元（除标注以外）

项目	年份	2015	2016	2017	2018	2019
城镇企业职工基本养老保险基金	总收入	26 553.97	28 518.54	33 542.04	37 520.97	38 174.79
	其中，财政补贴收入	3 893.33	4 290.87	4 955.13	5 355.43	5 587.76
	财政补贴占比	14.66	15.05	14.77	14.27	14.64
	发放养老金支出	22 226.97	25 445.31	28 179.11	31 041.61	34 007.54
	参保人数（亿）	3.54	3.79	4.03	4.19	4.35
	人均收入（元）	7 501	7 525	8 323	8 955	8 776
	人均财政补贴（元）	1 100	1 132	1 230	1 278	1 285
	领取退休金人数（亿人）	0.91	1.01	1.10	1.18	1.23
	人均退休金（元）	24 425	25 193	25 617	26 306	27 648
	当年结余	3 461.80	2 736.85	4 975.31	5 953.69	3 455.02
	滚存结余	33 838.27	36 576.83	41 574.33	48 034.40	51 482.67
城乡居民基本养老保险基金	总收入	2 879.25	2 956.21	3 339.3	3 870.12	4 149.44
	其中，财政补贴收入	2 044	2 092.09	2 319.19	2 775.74	2 880.51
	财政补贴占比（%）	70.99	70.77	69.45	71.72	69.42
	参保人数（亿人）	5.05	5.08	5.12	5.24	5.34
	人均收入（元）	570	582	652	739	777
	人均财政补贴（元）	405	412	453	530	539
	发放退休金支出	2 069.14	2 130.67	2 336.70	2 892.9	3 117.36
	领取退休金人数（亿人）	1.48	1.53	1.56	1.59	1.60
	人均退休金（元）	1 398	1 393	1 498	1 819	1 948
	当年结余	744.24	782.33	943.99	931.73	1 001.13
	滚存结余	4 604.23	5 398.69	6 341.91	7 274.21	8 283.60
机关事业单位基本养老保险基金	总收入				13 444.82	14 456.25
	其中，财政补贴收入				4 021.98	4 731.10
	财政补贴占比				29.91	32.73
	参保人数（亿人）				0.54	0.56
	人均收入（元）				24 898	25 815
	人均财政补贴（元）				7 448	8 448
	发放退休金支出				12 575	13 872
	领取退休金人数（亿人）				0.18	0.19
	人均退休金（元）				69 861	73 011
	当年结余				763.88	429.36
	滚存结余				2 538.33	2 965.47

续表

项目 \ 年份		2015	2016	2017	2018	2019
合计	总收入				54 835.91	56 780.48
	其中，财政补贴收入				12 153.15	13 199.37
	财政补贴占比（%）				22.16	23.25
	财政补贴相当于一般公共预算支出的比例（%）				5.50	5.53
	参保总人数（亿人）				9.97	10.25
	人均收入（元）				5 500	5 540
	人均财政补贴（元）				1 219	1 288
	发放退休金支出				46 509.23	50 997.39
	领取退休金人数（亿人）				2.95	3.02
	人均退休金（元）				15 766	16 887
	当年结余				7 649.3	4 885.51
	滚存结余				57 846.94	62 731.74

数据来源　财政部预算司.2015—2019年各年全国社会保险基金收入决算表、全国社会保险基金支出决算表；人力资源和社会保障部.2015—2019年各年《人力资源和社会保障事业发展统计公报》；国家统计局.2016—2019年各年《中国劳动统计年鉴》。机关事业单位养老保险制度基金，到2018年才有完整数据，到本书第四版发稿时，还缺失2019年的参保人数和退休人数数据，此处根据2018年与其他两个基金发放退休金人数的比例推算。

断加深，基本养老保险尤其是城镇企业职工基本养老保险的支付压力也不断增大，不少省份已经出现了收不抵支的情况，2017年中央出台《划转部分国有资本充实社保基金实施方案的通知》（国发〔2017〕49号），缓解基本养老保险的给付压力，同年9月，财政部颁布了《关于进一步完善职工基本养老保险省级统筹制度的通知》，加快将城镇职工基本医疗保险由县市级统筹统一上升到省级统筹，并在此基础上出台中央调剂金制度，为城镇企业职工基本养老保险实现全国统筹打下基础。到2019年底，参加此项基本养老保险的城镇职工为43 488万人，占城镇全部就业人员44 247万人的98.28%[①]。2019年保险费收入30 008.75亿元，财政补贴5 587.76亿元，利息和投资收入1 657.15亿元。基本养老保险基金总收入38 174.79亿元，基本养老保险基金支出34 719.77亿元，本年结余3 455.02亿元，扣除财政补贴实际缺口2 132.74亿元[②]。

按照现行制度规定，国有企业、集体企业、外商投资企业、私营企业等城镇各类企业的职工、个体工商户和灵活就业人员参加城镇企业职工基本养老保险。实行社会统筹与个

① 人力资源和社会保障部．2019年度人力资源和社会保障事业发展统计公报［EB/OL］．［2020-09-11］．http：//www.mohrss.gov.cn/-gkml/ghtj/tj/ndtj/202009/W020200911401822058532.pdf.

② 财政部预算司．2019年全国社会保险基金支出决算表，2019年全国社会保险基金收入决算表［EB/OL］．［2020-07-31］．http：//yss.mof.gov.cn/2019qgczjs/202007/t20200731_3559854.htm.http：//yss.mof.gov.cn/2019qgczjs/202007/t20200731_3559768.htm.

人账户相结合模式，社会统筹部分是现收现付制，个人账户部分则是积累制。企业缴纳基本养老保险费的比例为企业缴费工资总额的20%，作为基本养老保险基金，实行社会统筹，纳入财政专户，实行收支两条线管理；职工缴费比例为本人缴费工资的8%，记入个人账户。城镇个体工商户和灵活就业人员参加城镇企业职工基本养老保险的缴费基数为当地上年度在岗职工平均工资，缴费比例为20%，其中8%记入个人账户。2019年5月1日起，养老保险单位缴费比例高于16%的，降至16%。个体工商户和灵活就业人员参加企业职工基本养老保险，可以在本省全口径城镇单位就业人员平均工资的60%至300%之间选择适当的缴费基数（国办发〔2019〕13号）[①]。

达到退休年龄且缴费年限累计满15年的人员，发放基本养老金。基本养老金由基础养老金和个人账户养老金组成。基础养老金月标准以当地上年度职工月平均工资和本人指数化月平均缴费工资的平均值为基数，缴费每满1年发给1%；个人账户养老金月标准为个人账户储存额除以计发月数。计发月数根据职工退休时城镇人口平均预期寿命、本人退休年龄、利息等因素确定。国务院可根据职工工资和物价变动等情况适时调整企业退休人员基本养老金水平。

缴费工资就是经核定作为职工缴纳基本养老保险费的工资基数，包括工资、奖金、津贴、补贴等收入之和。为了避免缴费数额过低或过高，一般都规定缴费工资的上下限。例如，以上年统筹地区（省、市）社会平均工资的60%为下限，以300%为上限。

缴费工资指数是指参保人员每一年的缴费工资与对应的当年本统筹地区职工平均工资之比。

平均缴费工资指数是指参保人历年缴费工资指数的平均值。其计算公式如下：

$$\text{平均缴费工资指数}=(a_1/A_1+a_2/A_2+\cdots a_n/A_n)\div n$$

其中，a_1，a_2，…，a_n为参保人员退休前1年、2年，…，n年本人缴费工资额；A_1，A_2，…，A_n为参保人员退休前1年，2年，…，n年统筹区域（省或市）职工平均工资；n为参保人员实际缴纳基本养老保险费的年限。

$$\text{本人指数化月平均缴费工资}=\text{参保人员退休时上一年度统筹地区职工月平均工资}\times\text{本人平均缴费工资指数}$$

$$\text{月基础养老金}=(\text{上年度统筹地区职工月平均工资}+\text{本人指数化月平均缴费工资})\div 2\times\text{缴费年限}\times 1\%$$
$$=\text{上年度统筹地区职工月平均工资}\times(1+\text{本人平均缴费工资指数})\div 2\times\text{缴费年限}\times 1\%$$

（2）中国城镇企业职工养老保险制度的主要问题

中国城镇企业职工养老保险制度，坚持覆盖广泛、水平适当、结构合理、基金平衡的原则，坚持社会统筹与个人账户相结合的原则，根据经济发展水平和各方面承受能力，合理确定基本养老金水平，适合中国还处在社会主义初级阶段的基本国情；通过设计基本养老金计发办法，建立参保缴费的激励约束机制，多缴费的人和缴费年限长的人可获得较多的养老金。

但上述制度还属于初级阶段的养老保险制度。其突出的问题在于：第一，费率高、负担重与养老基金不足并存。一方面，养老保险费率偏高一直为社会所诟病，近几年降费呼声很高，普遍认为养老社会保险费率过高，影响了企业经营，为了提高企业活力，

① 国务院办公厅. 关于印发降低社会保险费率综合方案的通知［EB/OL］.［2019-04-04］. http://www.gov.cn/zhengce/content/2019-04/04/content_5379629.htm.

中央政府陆续出台降低收费标准的政策，要求各地降低城镇企业职工基本养老保险单位缴费比例。但是，即使费率不降，有的地区就已经出现养老保险基金入不敷出问题，并随着参保职工老龄化程度不断加深，养老保险基金支付压力不断增大，降费无疑会加剧这一问题。有的学者预测2015—2050年城镇企业职工养老保险统筹基金各年均存在不同规模的收支缺口。虽然养老保险基金累计结余继续增多，但从可支付月数来看，城镇基本养老保险基金可支付月数由2012年18.46下降至2019年的13.31，保险基金的支出紧张形势并没有得到根本性的扭转①。有的学者认为，如果没有其他政策干预，降低缴费率3个百分点后，基金将在2025年开始出现累计赤字，2065年累计赤字将高达544.98万亿元②。

当出现养老金统筹账户入不敷出时，通常的解决办法，一是增加财政补贴，二是挤用个人账户资金。增加财政补贴导致财政压力，已经给地方财政带来了沉重负担③。挤用个人账户造成个人账户“空账”。截至2015年底，全国的个人账户记账总额已高达47 144亿元，而账户里实实在在的资金还不到1/10。中国个人账户有逐渐转向名义账户的趋势。所谓名义账户制，就是把缴费和收益都记入个人账户，但在个人账户中没有真实资金，未来发放个人账户养老金时需动用其他资金，如滚存结余和财政补贴。

第二，城镇企业职工基本养老保险基金统筹层次问题。推行城镇企业职工养老保险制度以来，保险基金统筹层次一直不够高。中央要求，2020年底前实现企业职工基本养老保险基金省级统收统支。由于不是全国统筹，必然存在不同地区因为经济发展水平差异导致的制度差异和保障能力差异。由于统筹层次不够高，保险基金的规模效应和互助互济、风险共担功能就受到限制，虽然建立了养老保险基金中央调剂制度，但保险基金统筹调剂机制的力度仍然有限。这对在不同的省市地域流动的职工而言，由于费率差异、基数差距等原因，产生保险关系转移困难，对劳动者流动有一定的影响。

第三，基金投资运营和监管问题。当前中国部分省份城镇企业职工基本养老保险基金委托全国社会保障基金理事会进行运营，但由于城镇企业职工基本养老保险基金统筹层次较低，一方面缺少专业人才与全国社会保障基金理事会进行对接，另一方面基金散落各地，不利于资金归拢，影响投资规模。在基金监管方面，首先，多头监管局面还没得到根本性改变，由于缺乏独立的监管机构，各监管主体之间出现交叉重叠，监管职责划分不明确，影响监管效率。其次，缺乏社会监督，还没有形成完善的社会监督平台④。

（3）关于完善中国城镇企业职工养老保险制度的讨论

养老金制度的完善要面对诸多相互矛盾的事项，如统筹层次方面，全国统筹的客观必要性和地区差异显著造成统筹层次提升的艰难性；基金收支方面，既要降低费率又要加大保障力度；基金营运管理方面，既要着力增加基金运营效益又要避免金融风险；退休年龄政策方面，延迟退休年龄可暂时缓解基金支付压力，但在多数家庭依靠祖辈照顾孙辈的情况下，延长退休年龄会阻碍生育率增长。

---

① 张秋秋，金刚，宋丽敏．城镇企业职工基本养老保险统筹基金收支平衡研究［J］．社会保障研究，2017（2）：13-29.

② 曾益，魏晨雪，李晓琳，等．征收体制改革、延迟退休年龄与养老保险基金可持续性——基于“减税降费”背景的实证研究［J］．公共管理学报，2019，16（4）：108-118，173-174.

③ 杨志安，邢文妍．城镇职工基本养老保险地方财政负担问题研究——以辽宁为例［J］．地方财政研究，2019（8）：79-88.

④ 郑秉文．2018年中国养老金发展报告［M］．北京：经济管理出版社，2018.

解决基金统筹层次不够高的问题，根本的路径在于加快消除地区发展不平衡，实现更高程度的均衡发展。当前，各地养老保险基金，在历史债务负担、制度替代率、制度抚养比、制度覆盖率、基金收支结余等方面存在显著差距，要消除这些差距，需要从财税体制、养老保险政策、经济发展水平、流动人口分布等多个角度解决造成地区差异的深层次问题，这需要假以时日逐步解决。当前要着眼完善中央调剂金制度、抓好流动人员养老保险流转接续工作、健全基本养老保险管理体制，弱化各省份间的利益冲突与矛盾，促进各省份的均衡发展，助力基本养老保险制度全国统筹的顺利实现[①]。

解决基金收支矛盾，有两条路径：一是常规路径，二是特殊路径。首先，常规路径。所谓常规路径就是增加财政补贴。增加财政补贴会涉及两个方面的事项，一是财政承受能力，近几年财政用于该项保险补贴逐年大幅度增加，从2015的3 893.33亿元增加到2019年的5 587.76亿元。然而这是在财政收入保持较快增长的情况下做到的，今后财政收入增长速度会放慢，在增量财力一定的情况下，想要继续大幅度加大补贴，要么减少其他开支，要么增加预算赤字，要么提高税负，但都会引起经济连锁反应，无论怎样最终都会增加当代就业人群的负担，发生代际财富转移，影响工作积极性。二是不同保险体系之间的公平。由于在中国存在多个养老保险体系，因此有的观点认为动用一般公共预算内资金或政府性基金预算用于城市职工养老保险，相当于使用全国纳税人税款或全民共有的土地财产收益用于支付部分公民的养老金。中国大部分财政收入来源于流转税和所得税，而真正负担这些税负的纳税人中有很大一部分并没有纳入城镇职工养老保险的覆盖范围内。因此，就公平而言，过多地动用财政资金对城镇职工养老保险进行财政补贴并不是弥补该项养老金缺口的合理做法。或者说，如果要增加一般公共预算或政府性基金预算用于养老金的补贴，应当遵循公平原则，即在不同的养老金体系中，特别是在城镇职工养老保险与城乡居民养老保险之间按人进行平等分配，否则就会加剧不同身份居民之间的收入差距。

其次，特殊路径。所谓特殊路径就是在现存一般公共预算和基金预算常规财政体系之外寻求解决办法，就是要从中国是社会主义国家，存在大量法定归全民所有的国有资产这一特殊方面去考虑。就是通过动用国有资产存量和收益增量两个途径来增加城镇职工社保基金总量。通过动用国有资产存量转让收入用于该项养老保险补贴的思路由来已久。有的学者认为，由于中国计划经济时代一直沿用低工资制度，目前形成的庞大国有资产中，有一部分是他们在岗时贡献的，划拨部分国有资产支付老人的养老金是合理的。[②]然而，在计划经济时代，政府还严格限制了农村人口的流动，并用工农商品价格剪刀差等“暗税”为城市发展积累了资金，[③]因此，政府不仅对城市老国有企业职工负有隐性债务，对广大农民更是负有隐性债务。在没有通盘考虑城乡居民主要是农村居民养老保险制度改革之前，任何调整国有资产存量以补贴城镇企业职工养老保险金的做法在公平性、合理性方面都尚存在疑问。此外，过多地变卖出售国有资产，还会引起削弱国有经济动摇社会主义经济基础的担忧。从长远看，国有资产收益增量是增加社保基金的根本依靠，是未来保持社

---

① 刘伟兵，杨扬．地区差异与城镇职工基础养老金全国统筹：矛盾及其化解［J］．社会保障研究，2019（1）：13-25.

② 吴敬琏，林毅夫．关于划拨国有资产归还国家对养老职工社会保障基金欠账的建议［J］．比较，2003（6）：1-10.

③ 韩志荣．工农三大剪刀差及其现状分析［J］．经济研究：1996（10），57-61.

会保险可持续并体现中国特色社会主义优越性和经济发展成果让全体人民共享的根本路径。这需要继续通过深化改革促进国有经济进一步提质增效，为所有者（全体人民）创造更多的增量财富；同时也要推行社会主义条件下的会计、统计和薪酬制度重建，在保持经济效益稳定的情况下减少成本增加利润；建立全民所有制即国有资产收益全民分享的社会主义新机制，增强国有资本经营预算刚性，全面增加国有资本经营预算收入。

要解决上述第二个矛盾，即保险基金保值增值和规避风险问题，多数学者主张强化政府监管，同时发挥市场作用，使行政监管机制与资本市场运作机制相互促进，在加强养老保险基金管理、规范基金投资运营的前提下，拓宽基金投资渠道，实现保值增值①。具体方式上，德国有一些经验，其特点有如下几个方面：在管理和运营主体上，养老保险基金的主要管理者是社会组织，而不是全国统一的保险基金管理运营机构。监管以州为主，各个州可以根据本身的实际情况制定合适的政策，实行分散管理，以规避系统风险。但分散管理不等于各自为政，联邦通过制定基金投资法律规定各种投资方式的上限，实行宏观管理；通过严格的数量监管和风险评估体系，实现行业自律。在决策和协调机制上，建立相关利益者参与的民主决策机制。相关利益者主要是指劳资双方。采用社会选举的形式组成代表大会，形成相关利益者的表达机制，既体现被保险人的需求，也兼顾资方负担能力，达到劳资双方的利益均衡。在投资方式上，通过法律确定合理的养老基金投资形式及投资比例。养老保险基金投资于股票的比重为1/5到7/10之间，投资于房地产、流动资金和套期保值性金融衍生工具的上限分别在3/10、1/2左右和3/10。在具体行业方面，鼓励投资相对稳健、安全性较高的实体资产、产业资产，其中最主要的是房地产业和基础设施建设。德国养老金25%的资金投资到实体资产上。将养老金资产放在不同的投资项目上，比如债券、房地产、股票等，可以规避通货膨胀引起的资产贬值，提高效益、分散风险。但是，保证基金安全仍是第一要务。因此德国养老保险基金实际投资形式主要是风险较小的定息资产即债券，债券占所有投资的75%左右，房地产占13%左右，股票占9%，储蓄占3%左右②。

解决第三个矛盾即延迟退休年龄和影响年轻一代生育率的矛盾，不能寄希望于一刀切的退休年龄政策。在人口出现老龄化养老保险基金存在缺口风险的背景下，不少学者主张延迟职工退休年龄。有学者研究认为，无论延迟与否，未来养老金收支缺口规模都很大，而延迟退休对抑制缺口扩大有显著效果，特别是在短期和中期，每年的收支缺口会因此减少40%～70%。因此，主张尽早实施渐次延迟退休，减少工作退休的强制性③。有的学者认为，除了延迟职工退休年龄外，提高生育率也能有效降低财政压力和基金运行的可持续性。但也有研究表明，这二者存在冲突，子代会根据父代退休时间规划生育时间，以缓解生育和工作的矛盾。父代超过退休年龄之后，提供的隔代照料时间明显增加。在当前生育机会成本较高、婴幼儿社会照料缺失环境下，延迟职工退休年龄，会产生子代延迟生育时间或降低生育意愿的效应，加速推动少子化现象，进一步加剧人口老年化，从长远看更不

① 史寒冰．加强监管 规范运营 拓宽渠道 安全增值——养老保险基金管理与投资运营研讨会综述［J］．中国社会保障，2004（2）：8-11．

② 马红梅．德国养老保险基金运营模式与政策借鉴［J］．社会科学家，2017（1）：41-45．

③ 刘万．延迟退休对城镇职工养老保险收支影响的净效应估计——基于2025年起渐进式延迟退休年龄的假设［J］．保险研究，2020（3）：105-127．

利于养老保险问题的解决。因此，主张采用可选择的退休年龄政策来缓解这一冲突。[①]但是，如何制定并实施可选择的退休年龄政策难度极高。

在具体制度改革层面，特别是完善单位缴费基数方面，也存在不同意见。有学者认为单基数法符合制度公平理念，有利于减轻企业缴费负担，保证企业缴费与个人缴费的一致性，且操作简单、便于监管。[②]但也有学者认为采用双基数法，有利于基金保持收支平衡[③]。

6）中国农村养老保险的改革历程和城乡居民养老保险

（1）中国农村养老保险的改革历程

中国农村居民长期以来靠家庭养老。部分发达农村通过集体给予养老金补贴以及建立养老院等方式供养丧失劳动力的老人，可称社区养老。农村实行社会养老，建立养老保险制度是中国社会发展具有里程碑意义的进步事件。

根据中国国家“七五”计划关于“抓紧建立农村社会保险制度”的要求，民政部于1991年6月提出了《县级农村社会养老保险基本方案》（草案），并在同年10月在山东省烟台市牟平县等地进行试点。1992年，在总结试点经验的基础上，制订下发了《县级农村社会养老保险基本方案》（民办发〔1992〕2号），并在全国有条件的地区逐步推广。《基本方案》规定，农村社会养老保险基金筹集以个人缴费为主、集体补贴为辅、国家给予政策扶持。一般来说农村居民个人的缴费占基金的50%以上。确定了多个缴费标准，农村居民根据其收入情况加以选择。具体标准为每月2元、4元、6元、8元、10元、12元、14元、16元、18元、20元、40元、80元、100元、150元不等。农村居民年龄达到60周岁可以领取其个人账户的养老金，领取的保证期为10年，金额根据个人账户积累和平均预期寿命来确定。

1995年，国务院办公厅下发了《转发民政部关于进一步做好农村社会养老保险工作意见的通知》，在总结试点经验的基础上，提出了向全国范围推广的意见，并指出了在经济发达、中等发达、欠发达地区的具体实施原则，提出了保险基金主要通过购买国债和存入银行增值的管理办法以及逐步推广和运用计算机个人账户管理系统，提高管理质量和服务水平的新要求。1999年，由于存在诸多问题，国务院下发通知，对农村社会养老保险进行整顿规范，并要求停止接受新业务。据审计署对30个省（自治区、直辖市）农村社会养老保险基金的审计，截至2006年底，全国农保基金累计收入512.78亿元、支出171.39亿元，结余341.39亿元。可见试点初期，农村居民养老保险采取的是一种个人账户积累方式，保险水平很低，面对7亿农村居民，农保基金规模很小，人均结余不到50元，如果考虑通货膨胀因素，基本流于形式，但具有巨大的起始性意义。

2009年国务院在总结各地试点经验的基础上，发布开展新型农村社会养老保险（简称新农保）试点指导意见，意见指出：探索建立个人缴费、集体补助、政府补贴相结合的新农保制度，采取社会统筹与个人账户相结合，与家庭养老、土地保障、社会救助等其他社会保障政策措施相配套的办法，保障农村居民老年基本生活。2009年试点覆盖面为全

---

① 封进，艾静怡，刘芳．退休年龄制度的代际影响——基于子代生育时间选择的研究［J］．经济研究，2020，55（9）：106-121.

② 董克用，施文凯．城镇职工基本养老保险单位缴费基数：评析、问题与对策［J］．宏观经济研究，2019（6）：146-151，163.

③ 詹鹏宇，邓沛琦．降费约束下城镇企业职工养老保险基金长期收支平衡研究——以湖北省为例［J］．当代经济，2019（12）：147-151.

国10%的县（市、区、旗），以后逐步扩大试点，在全国普遍实施。2011年起开展城镇居民社会养老保险（简称城居保），随后在2014年国务院印发《关于建立统一的城乡居民基本养老保险制度的意见》（国发〔2014〕8号），将新农保和城居保两项制度合并实施，在全国范围内建立统一的城乡居民基本养老保险（以下简称城乡居民养老保险）制度。

（2）城乡居民养老保险主要内容

城乡居民养老保险是社会统筹与个人账户相结合的制度模式，由个人缴费、集体补助、政府补贴构成，年满16周岁（不含在校学生），非国家机关和事业单位工作人员及不属于职工基本养老保险制度覆盖范围的城乡居民，可以在户籍地参加城乡居民养老保险。参加城乡居民养老保险的人员应当按规定缴纳养老保险费。缴费标准设为每年100元、200元、300元、400元、500元、600元、700元、800元、900元、1 000元、1 500元、2 000元12个档次，省（区、市）人民政府可以根据实际情况增设缴费档次，最高缴费档次标准原则上不超过当地灵活就业人员参加职工基本养老保险的年缴费额，鼓励有条件的村集体和社区对参保人缴费给予补助，但不应超过当地设定的最高缴费标准，地方人民政府应当对参保人缴费给予补贴，对选择最低档次标准缴费的，补贴标准不低于每人每年30元；对选择较高档次标准缴费的，适当增加补贴金额；对选择500元及以上档次标准缴费的，补贴标准不低于每人每年60元，对农村重度残疾人等缴费困难群体，地方政府为其代缴部分或全部最低标准的养老保险费。国家为每个参保人员建立终身记录的养老保险个人账户，个人缴费、地方人民政府对参保人的缴费补贴、集体补助及其他社会经济组织、公益慈善组织、个人对参保人的缴费资助，全部记入个人账户。个人账户储存额按国家规定计息。

养老金待遇由基础养老金和个人账户养老金组成，支付终身。年满60周岁、累计缴费满15年，且未领取国家规定的基本养老保险待遇的，可以按月领取城乡居民养老保险待遇。2018年1月1日中央确定的基础养老金标准为每人每月88元。地方政府可以根据实际情况提高基础养老金标准，对于长期缴费的农村居民，可适当加发基础养老金，提高和加发部分的资金由地方政府支出。个人账户养老金的月计发标准为个人账户全部储存额除以139（与现行城镇企业职工基本养老保险个人账户养老金计发月数相同）。假定月缴费100元，地方政府补贴30元，连续缴费15年，不考虑利息，没有其他来源资助，那么该农村居民60岁时可从个人账户每月领取保险金168元，加上中央政府发给的基础养老金88元，共256元。这是多数省份多数农村居民选择的水准。

发达地区规定了更高标准，如上海市。2020年上海城乡居民养老保险个人缴费标准设为每年500元、700元、900元、1 100元、1 300元、1 700元、2 300元、3 300元、4 300元、5 300元10个档次，区政府对本辖区户籍参保人缴费给予补贴，对应的缴费补贴标准为每年200元、250元、300元、350元、400元、450元、525元、575元、625元、675元，基础养老金的月计发标准为1 010元（含中央确定的基础养老金最低标准）；累计缴费超过15年的参保人员，每超过1年，其基础养老金增加20元。个人账户养老金的月计发标准为个人账户全部储存额除以139（沪府规〔2019〕18号）[①]。

---

① 上海市人民政府. 关于印发修订后的《上海市城乡居民基本养老保险办法》的通知［EB/OL］.［2020-08-13］. http: //www.shanghai.gov.cn/nw12344/20200813/0001-12344_58778.html.

（3）农村社会养老保险的基本问题

虽然在条例上整合了城乡居民养老保险，但由于城乡发展和地区发展存在差距，以及条例本身标准高低不同，多数地区农村居民的养老保险仍存在不少问题：

首先，目前的农村社会养老保险不符合养老保险的基本特征，主要原因在于它不具备强制性的特点。由于中国农村大部分地区的经济发展水平仍然较低，除了大城市郊区和东南沿海地区以外，其他地区人均收入还比较低，支付足够数额的保险费能力十分有限，也就是说真正需要社会养老保险的农村居民参加社会保险能力不足。因此部分农村居民参保意愿低，参保人员中多数人选择最低的缴费档次，即100元。

其次，农村养老保险待遇水平低，2019年中国城乡居民月人均领取养老金为161.86元，而城镇职工退休人员月人均领取养老金3 332.52元，相差了整整20倍。从消费水平来看，2019年中国农村居民人均消费支出约1 110元/月，无论是与城镇职工养老保险待遇相比，还是与农村居民月支出相比，农村养老保险保障力度仍远远不够。

再次，现行的城乡居民养老保险财政补贴力度不够，吸引力不强。有的学者对2016年中央对城乡居民养老保险年补助额进行测算，中央对东部和中西部地区城乡居民养老保险的养老金补助金额分别为156.5647亿元、622.9616亿元，合计779.5263亿元，远远低于同年财政对城镇职工养老保险的支持力度（6 511亿元）[①]。此外，就农村居民缴纳费用建立的个人账户来讲，由于缴纳金额较低，产生的预期收益也不足以吸引农村中年居民。

最后，关于基金的保值增值性。农村社会养老保险基金同样面临着中国资本市场发展不健全、投资方式单一的问题，加上农村养老保险基金本身的基数较小，难以分散投资风险，因此增值更加困难。另外，还存在管理不规范和资金被挪用的风险。

（4）解决中国农村养老保险问题的基本思路

第一，加大财政投入力度，支持城乡居民养老保险基金。上述分析已经表明，现行的制度体系很难筹集到足够数额的城乡居民养老保险基金，政府应当在两个方面给予资金支持。首先，政府一视同仁地将一般公共预算和政府性基金预算中用于养老保险补贴的资金，公平地在包括城乡居民养老保险在内的所有养老保险体系间进行分配，同时增加全民所有制企业净收益对农村养老保险基金的投入。其次，除此之外，财政还要给予农村居民养老保险额外的补贴，以补偿对农村居民的隐性欠债。有学者早就提出，中国农村居民在购买消费品的时候同样负担了增值税、消费税等间接税，但是却没有享受到这一税收带来的基本福利，而这必须通过国家的财政投入加以弥补，因此，建议将增值税和消费税中农村居民负担的部分还给农村居民，用以建立农村社会养老保险基金，并由中央统一管理，进行保值增值[②]。

第二，完善现行制度，实行多元化的灵活机制。现行制度难以发挥较大作用的原因之一在于中国农村各地区发展水平不均衡，中国农村居民收入水平不一致，因此，如果能够根据不同地区、不同的人设立不同的基金征收和管理办法，将有助于现行制度作用的发挥。具体来讲，在较为发达的农村地区采用个人账户制管理，提高缴费标准，并且逐步减少财政的补助支出，实现完全积累。在欠发达的地区，通过集体统一缴费的方式筹集个人

---

① 齐海鹏，姜阳，魏春艳．完善我国农村社会养老保险的思考［J］．地方财政研究，2018（11）：74-78，84.
② 杨斌．卸下农民的“七重负担 实现城乡统筹发展”［J］．理论前沿，2004（17）：18-19.

的养老保险基金，同时加大财政补贴力度。进一步做好外出务工人员缴纳的城镇职工养老保险基金与养老保险之间的转移接续工作。还要建立起省级之间的农村养老保险互济互助体系，根据各省的平均水平，同时考虑到当地的物价水平、生活消费水平和人均预期寿命，由经济较为发达省份财政向欠发达省份转移资金，充实欠发达省份的城乡养老保险基金账户。

第三，逐步提高城乡居民养老金待遇水平，吸引农村居民投保、续保，提高城乡居民养老保险覆盖率。2018年农村居民基本养老金水平已经调至88元/月，但仍有较大的增长空间，农村居民养老金增长率应该与当地居民平均收入水平以及物价水平相挂钩。

第四，继续强调家庭养老保险的重要性，继续减轻农村居民负担。根据中国的国情和传统文化，家庭养老保险在中国仍将长期存在。有的学者研究发现，“社会养老”对传统“家庭养老”存在一定程度的替代，但效果有限，因此我们必须重视家庭养老的实际意义[①]。我们仍需强调中国传统的伦理观念，提倡孝文化的积极作用，在社会道德层面建立起良好的社会风气，尤其是对农村年轻一代加强教育和劝导，缓解中国社会养老保险改革的困难，走出中国特色养老保险的路子。同时，我们必须坚持不增加农村居民负担的基本方针，在税费改革的基础上进一步对农村土地使用补偿制度进行改革，而且还要多渠道地增加农村居民收入，这样才能使农村居民有能力进行一定的自我保障。

7）中国机关事业单位养老保险现状

政府公务人员和事业单位员工参加机关事业单位工作人员养老保险制度。在2015年前，机关事业单位工作人员不实行养老社会保险制度，而是实行财政性退休金制度。其主要特点是按退休前职务职级规定不同待遇标准，一般以退休前最后一个月的工资为基数按一定比例计发，标准相对固定，几年调整一次；个人不承担缴费义务，经费在一般公共预算中列支，完全由财政负担，其保障水平高于其他参加社会保险的居民。这种区别对待的制度，实际上人为地把公民分成“体制内”和“体制外”，阻隔统一的劳动力市场的形成，导致“体制内”人员即财政供养人口的膨胀，影响人力资源的合理配置；导致货币工资不能完全反映个人和家庭的实际收入，使社会不能按照个人的能力、工作努力进行收入分配。同时也出现地区差异较大、同一地区不同单位特别是事业单位之间差异较大的情况，对一些实行改革的单位而言，还存在同一单位新老员工的差异。

国务院于2014年5月15日发布《事业单位人事管理条例》，试图从事业单位开始推行养老社会保险。规定“事业单位及其工作人员依法参加社会保险，工作人员依法享受社会保险待遇”，但没有同时发布具体实施细则，因此还只是规定了改革目标。只在事业单位推行，没有将具有同样性质、同样由财政供养的“公务员”纳入改革，同样依靠纳税人缴纳税款、从事公益活动的机关工作人员（“公务员”）仍然保留原有体制。2015年国务院印发《关于机关事业单位工作人员养老保险制度改革的决定》（国发〔2015〕2号），以增强公平性、适应流动性、保证可持续性为重点，改革现行机关事业单位工作人员退休保障制度，逐步建立独立于机关事业单位之外、资金来源多渠道、保障方式多层次、管理服

① 张川川，陈斌开.“社会养老”能否替代“家庭养老”？——来自中国新型农村社会养老保险的证据［J］.经济研究，2014，49（11）：102-115.

务社会化的养老社会保险体系。

机关事业单位工作人员养老保险制度仿照企业职工基本养老保险制度，但与企业职工养老保险基金分开进行管理。实际是一种适用于特定人员的独立的社会统筹和个人账户相结合的基本养老制度。为了使改革顺利推行，实行老人老办法、新人新办法的方式。对改革前已退休人员，保持现有待遇并参加今后的待遇调整；对改革后参加工作的人员，通过建立新机制，实现待遇的合理衔接；对改革前参加工作、改革后退休的人员，通过实行过渡性措施，保持待遇水平不降低。

机关事业单位工作人员的基本养老保险费，由单位和个人共同负担。单位缴纳基本养老保险费（以下简称单位缴费）的比例为本单位工资总额的20%，个人缴纳基本养老保险费（以下简称个人缴费）的比例为本人缴费工资的8%，由单位代扣。按本人缴费工资8%的数额建立基本养老保险个人账户，全部由个人缴费形成。个人工资超过当地上年度在岗职工平均工资300%以上的部分，不计入个人缴费工资基数；低于当地上年度在岗职工平均工资60%的，按当地在岗职工平均工资的60%计算个人缴费工资基数。个人账户储存额只用于工作人员养老，不得提前支取，每年按照国家统一公布的记账利率计算利息，免征利息税。参保人员死亡的，个人账户余额可以依法继承。

养老金发放。参加工作、个人缴费年限累计满15年的人员，退休后按月发给基本养老金。基本养老金由基础养老金和个人账户养老金组成。退休时的基础养老金月标准以当地上年度在岗职工月平均工资和本人指数化月平均缴费工资的平均值为基数，缴费每满1年发给1%。个人账户养老金月标准为个人账户储存额除以计发月数，计发月数根据本人退休时城镇人口平均预期寿命、本人退休年龄、利息等因素确定。规定与退休年龄相应的计发月数，如退休年龄为60岁，计发月数为139，退休年龄为55岁的，计发月数为170。

3.8.3 失业保险支出

从1905年法国最早建立了失业保险制度到现在，世界上已有68个国家和地区建立了失业保险制度[①]，其中大多数国家和地区实行强制性保险，自愿性保险的范围只限于已建立失业保险基金的产业。在基金来源上，一般与社会保险其他险种相同，通常由雇员和雇主平均分担，也有些国家规定全部保险费由雇主缴纳。政府对强制性和自愿性两种保险的补贴数额都很大。在享受待遇条件上，一般都规定：非自愿性失业；缴纳一定期限的保险费或在受保职业工作一定年限；申请者具有工作能力并愿意寻找工作。在失业补助金上，通常以周为单位支付，标准为其最近一段时期平均工资的一定百分比。大多数国家计算失业补助金的替代率，为平均收入的40%~75%。在支付失业补助金前，通常有几天的等待期。大多数国家对连续领取失业补助金的时间有一定限制。一般情况下为8~36周，在某些情况下可适当延长。在管理体制上，多数国家是由政府部门管理的，有些是由自治机构管理的。失业保险与就业服务之间经常保持紧密的行政联系。有些国家已将失业保险和就业服务合并管理，基层的管理工作尤其如此，目的是促进失业人员尽快实现再就业。2019年中国失业保险基金支出1 333亿元，收入1 284亿元，当年不能平衡，动用了历年结余，当年滚存结余从上年5 817亿元降到4 625亿元，反映经济增长下行导致失业人数增加。

① 佚名. 世界上有哪些国家建立了失业保险制度？基本情况如何？[EB/OL]. [2004-07-08]. http://rsj.gz.gov.cn/zmhd/cjwt/content/post_2401186.html.

1）政府提供失业保险的原因

为什么世界上的多数国家要提供失业保险呢？这同前面我们分析政府提供社会保险的原因是一致的。逆向选择和道德风险使得私人市场无法提供足够的失业保险。因为只有那些失业风险较大的雇员才会选择购买失业保险，这样私人保险公司为了保证收益必然提高保险费率，因而，逆向选择使得那些失业风险小的雇员进一步降低购买意愿，只有风险更大的雇员被留在了市场中。道德风险的问题在于那些风险较大的雇员会采用隐藏风险的办法获得保险，最后使私人保险公司提供了大量的赔款。

政府提供失业保险的强制性使得那些风险较小的雇员也得到了保险，从而完成了市场不能完成的任务。但是，政府提供的失业保险并不能解决道德风险问题，原因在于即使个人能找到合适的工作，他仍然可以消极地不去工作而获得失业保险。当然这是和失业保险金发放的标准相关的。

2）中国失业保险的现状和改革方向

1986年《国营企业职工待业保险暂行规定》出台后开始了中国失业保险制度的建设，最初的覆盖范围是国有企业中的四类人员：宣告破产企业的职工，濒临破产企业法定整顿期间被精简的职工，企业终止、解除劳动合同的工人和企业辞退的职工。1993年《国有企业职工待业保险规定》（国务院令第110号）将覆盖范围从原来的四类人员扩大到七类九种人员，并对缴费水平、给付待遇等一系列问题进行了详细规定。1999年，新的《失业保险条例》（以下简称《条例》）进一步扩大了覆盖范围，标志着中国现代失业保险制度基本建成。2011年《社会保险法》正式实施，失业保险制度法治化进程迈出重要一步。2018年6月人社部与财政部联合印发《关于使用失业保险基金支持脱贫攻坚的通知》（人社部发〔2018〕35号），将失业保险政策应用于贫困落后地区脱贫攻坚，这是对失业保险政策的一次创新性使用。

实行范围。从单位来讲，城镇的国有企业、集体企业、外商投资企业、港澳台投资企业、私营企业等各类企业以及事业单位，都必须参加失业保险并按规定缴纳失业保险费；从个人来讲，上述单位的职工也要按规定缴纳失业保险费，失业后符合条件的可以享受失业保险待遇；社会团体及其专职人员、民办非企业单位及其职工、城镇中有雇工的个体工商户及其雇工是否适用，由各省级人民政府确定。目前各省市的情况不一，一些省市实行全覆盖，将失业保险扩大到非企业单位和有雇工的个体工商户的职工，如广东、福建等省；一些省市只将事业单位的职工列入失业保险范围，如北京市。

失业保险基金从以下渠道获得：一是城镇企业事业单位、城镇企业事业单位职工缴纳的失业保险费。最初失业保险费由城镇企业事业单位按照本单位工资总额的2%缴纳，城镇企业事业单位职工按照本人工资的1%缴纳失业保险费，2015年失业保险总体缴费率降至2%，2016年5月起，失业保险总体缴费率将再次调整至1%~1.5%，其中个人部分不超过0.5%。城镇企业事业单位招用的农村居民合同制工人本人不缴纳失业保险费。二是失业保险基金的利息。这是基金存入银行和购买国债的收益部分。三是财政补贴。这是政府负担的一部分。四是依法纳入失业保险基金的其他资金。这主要是指对不按期缴纳失业保险费的单位征收的滞纳金等。

失业保险金的发放。失业人员在解除劳动合同后7天到经办机构备案，然后由社会保险经办机构为失业人员开具领取失业保险金的单证，失业人员凭单证到指定银行按月领取。失业保险的领取期限与累计缴费的年限有关，失业人员失业前所在单位和本人按照规定累计缴费时间满1年不足5年的，领取失业保险金的期限最长为12个月；累计缴费时间满5年不足10年的，领取失业保险金的期限最长为18个月；累计缴费时间10年以上的，领取失业保险金的期限最长为24个月。重新就业后，再次失业的，缴费时间重新计算，领取失业保险金的期限可以与前次失业应领取而尚未领取的失业保险金的期限合并计算，但是最长不得超过24个月。

失业保险金的标准问题是失业保险的核心问题，中国规定按照低于当地最低工资标准、高于城市居民最低生活保障标准的水平，由省、自治区、直辖市人民政府确定。一般来说，各省的最低标准是原标准工资的50%，最高标准是原标准工资的75%。

3.9 医疗、医疗保险和公共卫生支出

医疗和公共卫生支出是指政府用于医疗服务和公共卫生服务两方面的支出。其中，公共卫生服务主要是为社会提供公共性的卫生服务，如防疫、传染病防护等；医疗服务是指一般性疾病的治疗和享受性的保健服务。根据公共产品理论，医疗服务和公共卫生服务的公共性程度不同，因而，两者的供给主体选择、供给方式等均不相同。相对来说，公共卫生服务的供给主体选择在各国的差别较小，而医疗服务的提供则因各国的政治体制、经济体制、文化背景、经济发展水平等的不同而呈现较大差异。

随着经济和社会的发展，中国的公共卫生和医疗服务的规模和结构也在发生着变化，供给方式不断地进行改革，各种供给方式均具有自己的优缺点。

3.9.1 中国医疗和公共卫生支出的规模和结构

1）医疗和公共卫生支出的规模

卫生总费用既包括医疗费用，也包括全社会用于保健、公共卫生、医药卫生科学技术研究教育等所有与人们健康有关的支出。卫生总费用的规模变化趋势可在一定程度上反映政府、社会和个人对于健康的重视程度的变化。

图3-13反映了2004—2018年间中国卫生总费用的规模变化。中国卫生总费用自1980年以来在绝对量上一直呈逐年递增之势，其占GDP的比重虽有波动，但总体上稳中有升，从1980年的3.15%上升到2018年的6.57%，特别是自1995年以来增长较快，超过了发展中国家的平均水平。由于自2001年起，高等医学教育经费不再列入卫生总费用的计算之中，所以中国卫生总费用占GDP的比重实际上更高，不过与发达国家的同类数据相比，中国的卫生总费用还较低。

2）医疗和公共卫生支出的结构

中国卫生总费用分成三个部分：一是政府预算卫生支出，即各级政府用于医疗卫生事业的财政预算拨款；二是社会卫生支出，即政府预算外以及各类机构对于医疗卫生事业的支出；三是个人卫生支出，主要是城乡居民自付的医疗费用。

图3-14反映了2004年至2018年间中国卫生总费用结构的变化。政府预算卫生支出以及社会卫生支出都逐年递减，直到2001年以后才略有回升；与此相反，个人卫生支出占卫生总费用的比重则逐年上升，直到2001年之后才略有下降。

图3-13　中国卫生总费用的增长及占GDP的百分比

注：①图中的数据系调整后的测算数；②按当年价格计算；③自2001年起卫生总费用不含高等医学教育经费。

资料来源　根据《中国卫生和计划生育统计年鉴（2019）》相关数据整理。

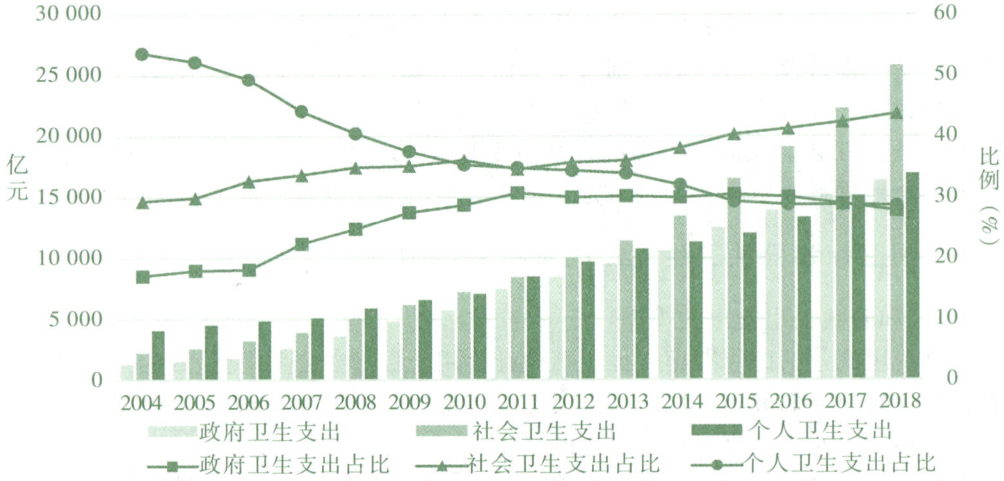

图3-14　中国卫生费用的构成

注：①图中的数据系调整后的测算数；②按当年价格计算；③自2001年起卫生总费用不含高等医学教育经费。

资料来源　根据《中国卫生和计划生育统计年鉴（2019）》相关数据整理。

在1986年之前，政府预算卫生支出和个人卫生支出的变化波动性相对较大，此后中国政府预算卫生支出占卫生总费用的比重则呈迅速下降态势，从1986年的38.7%一路下降到2000年的15.5%。与此同时，个人卫生支出占卫生总费用的比重则不断地迅速攀升，从1986年的26.4%上升到2000年的59%。社会卫生支出所占比重则是以1991年为临界点，在1980年至1991年期间，该比重先降后升，随后从1991年的39.7%逐年下降至2001年的24.1%。统计数据表明，2005年，政府预算内卫生支出占中国卫生总支出的17.9%，社会卫生支出占29.9%，个人卫生支出占52.2%；2006年这三类支出占卫生总支出的百分比分别为18.1%、32.6%与49.3%；2012年，政府预算内卫生支出占中国卫生总费用的

30.04%，社会卫生支出占35.61%，个人卫生支出占34.34%；2018年，政府预算内卫生支出占中国卫生总费用的27.74%，社会卫生支出占43.66%，个人卫生支出占28.61%。

由此可见，中国卫生总费用的构成逐渐转变为，政府预算卫生支出和个人卫生支出占总支出的比重较低，医疗卫生费用主要来源于社会而非政府与个人。

3.9.2　医疗服务的主要提供方式及其利弊

卫生总费用的支出结构实际上反映了医疗服务的主要提供方式，当然这些方式各有利弊。

1）医疗服务的主要提供方式

根据公共产品理论，医疗卫生产品可分为三大类：一是纯公共卫生产品，同时满足受益上的非排他性和消费上的非竞争性两个条件，如传染病监测与控制、突发公共卫生事件的处理和健康教育等。二是准公共卫生产品，满足非排他性和非竞争性两个条件之一，或者两个条件都不完全具备，却有较大的外部性。比如，预防免疫、妇幼保健等。三是私人产品，不具备以上两个条件，大部分医疗服务属于此类产品[①]。公共产品可以由政府或市场提供，也可以混合提供，医疗服务也是如此。

医疗服务的提供主要有三种方式：

（1）政府提供

公共产品的提供即谁出资的问题。医疗服务的政府提供是指由政府为医疗服务出资，在市场经济体制下，政府的资金最终来源于各种税收[②]；而在中国现行体制下，政府资金还可能来源于国有企业的收益。当然，正如我们在第2章里所论述的，政府提供并不意味着政府生产，公共产品的提供可以是政府提供但由私人部门生产。

（2）市场提供

完全市场提供方式就是在医疗服务领域引入市场竞争机制，由营利性机构提供，供给方通过向使用者（患者）收费解决筹资问题。在完全竞争的医疗服务市场中，通过供求关系调节医疗服务的价格，实现医疗资源配置的帕累托最优。

（3）混合提供

混合提供是指由政府和市场共同提供医疗服务，即政府对医疗服务企业以补贴的方式提供部分资金，医疗服务企业再通过向使用者收费的方式解决部分资金来源。政府补贴方式主要是在医疗保险制度中实行，其中保险基金由政府补贴一部分，其余部分由单位和职工共同分担。中国面向城市居民的城市居民医疗保险制度和面向农村居民的新型农村合作医疗保险制度均采取这种形式。

2）各种供给方式利弊分析

（1）市场提供医疗服务利弊分析

从理论上分析，只要某种产品具有排他性，则这种产品就有可能通过市场来提供。医疗服务的受益者是具体的个人，其受益具有排他性。因此，医疗服务有可能由市场提供，并以收费的方式为医疗服务这种产品筹资。

---

① 吴伟斌．公共卫生产品的基本属性与供求均衡分析［J］．中华医院管理，2004（12）：705-708．

② 如果政府通过向使用者收费的方式为公共产品筹资，则这种方式为市场提供或者混合提供，我们将在下面论述这个问题。

中国的医疗卫生市场化改革始于20世纪80年代中期，这次市场化改革在医疗机构方面主要是调整医疗服务价格体系，建立合理的市场补偿机制；在药品生产流通方面，重点是引入市场竞争机制。医疗卫生的市场化改革使中国的医疗卫生事业获得了巨大发展，医院的数量和规模扩大、医疗设备不断完善、医疗技术水平不断提升，患者多样化的医疗消费需求得到满足。但是，医疗卫生的市场化改革也暴露了一些弊端：

第一，人们的健康权得不到保证。健康权是公民最基本的人权，是社会起点公平的重要保证，而医疗服务完全由市场提供意味着只有当患者能支付医院所要求的价格时，才能得到医疗服务，那些没有能力支付的人将得不到任何服务，因此，完全由市场提供医疗服务时，人们的健康权得不到保证。

第二，医疗服务的完全市场提供会导致低效率。市场的资源配置职能以完全竞争为前提，而完全竞争要求产品供需双方具有完全信息，但医疗服务显然不满足这一条件，因为供给者（医院）拥有医疗方面的专业知识以及由于这种专业造成的特殊权利[①]，使其可以凭借对信息的垄断，索要垄断高价，导致药品和医疗的过度使用，导致医疗资源配置效率低下。

医疗服务市场竞争的不完全性还体现在技术垄断上。我们上面所说的信息垄断是指医生作为一个整体拥有相对于患者的信息优势和技术垄断，而我们这里所说的技术垄断是指医院内部部分医生由于技术水平较高而带来的垄断。由于技术水平高的好医生总是缺乏，部分好医生垄断了高质量的医疗技术，因而实际上不存在完全自由竞争的医疗服务市场，医疗服务特别是高水平医疗服务无法通过市场竞争来决定价格，总是存在一定的市场失灵，导致效率和社会福利受损。

第三，市场提供医疗服务时的效率低下还由于外部性的存在。有些医疗服务（例如对传染病的防治）具有正外部性，而具有正外部性的产品如果由市场提供会存在供给不足的问题（参见第2章有关外部性的论述），所以，这类具有正外部性的医疗服务如果完全由市场提供必然存在供给不足和效率受损的问题。

（2）政府提供医疗服务利弊分析

实践和理论均证明，政府提供医疗服务也有其优点，它能更好地保障城乡居民的健康权，并且有利于减少由于医疗服务供给过程中的信息不对称和外部性导致的效率损失，政府在克服部分医生垄断高质量的医疗服务技术方面同样可以发挥积极作用，政府（例如美国等国家的政府）可以通过强化医学教育，严格医生从业条件，使医生水平均一，增加医疗服务需求的价格弹性，增强竞争程度。但是政府提供医疗服务也存在一些弊端，具体来说：

第一，医疗资源配置效率低下。如果能满足完全竞争的假定条件，则市场是资源配置的最优机制，价格起到调节产品供求关系和优化资源配置的作用。但医疗服务如果完全由政府提供，则由于政府失灵现象的存在，使其不可能通晓所有医疗服务的价格，因而，政府对医疗服务的定价就不能准确反映供求关系，也就不能成为资源配置的信号，从而导致资源配置不当，效率低下。

第二，导致政府财政负担加重。从产品的特征来看，大部分医疗服务是私人产品，具

① 刘军民．过度市场化与高度分权化：中国医疗卫生改革的双重误区［J］．开放导报，2005（10）：38-43.

备由市场提供的基本条件（排他性），而如果由政府包揽所有医疗服务的供给，必将给财政带来沉重的负担。

（3）混合提供医疗服务利弊分析

从各国医疗服务的供给实践来看，既没有完全由市场提供的，也没有完全由政府提供的，医疗服务一般是混合提供，各国的医疗服务供给的差别在于政府和市场活动范围的划分。医疗服务的混合提供可以在一定程度上避免政府提供和市场提供的缺陷。

首先，通过政府补贴，可以保证人们的健康权。政府补贴事实上起到降低医疗服务的价格、提高人们实际收入水平的作用，从而提高人们的消费水平（看病的费用负担能力），为人们的健康权提供保障。

其次，政府的监管作用可以在一定程度上缓解医患双方的信息不对称现象，政府针对特殊病种（例如肝炎、天花等传染病）的补贴可以矫正这些病种的负外部性（或正外部性），这些都有利于医疗资源配置效率的提高。

最后，由于市场的介入，政府不再独力承担医疗服务的供给，也有利于缓解财政压力。

当然，医疗服务的混合提供方式也存在政府补贴力度的确定、补贴对象的选择等问题；混合提供医疗服务的弊端还在于，受信息不对称、委托代理链条过长等因素的制约，政府部门对医院的监管难度较大。

综上所述，医疗服务完全由政府提供，或者完全市场化都不是最佳选择，而政府和市场混合提供这种半市场化方式有利于医疗资源配置效率的提高，能在一定程度上保证人们的健康权，同时还能缓解财政压力。

混合提供的关键在于如何适当确定政府、社会、市场的活动范围。这种活动范围的划分必须结合各国的具体国情。在中国，由于医学教育滞后等原因，好医生更是缺乏，医疗服务完全市场化并不能解决看病难的问题；相反，消费者对高水平医生医疗服务需求的价格弹性较低甚至无弹性，完全市场化会导致高水平医疗服务只面向有钱人和特权阶层。同时，混合提供医疗服务实际上还需要发挥社会在提供医疗服务方面的积极作用，社会作用的发挥又以非政府组织的大量存在为前提，在无法形成大社会小政府的文化中，非政府组织少，在提供医疗服务方面的作用就相对有限。上述因素决定了中国政府提供医疗服务的规模和范围比西方发达市场经济国家要大一些、广一些，过度市场化不利于医疗资源的有效配置和社会福利的提高。

3.9.3 中国当前医疗服务领域的主要问题

无论从中国医院体系发展的历史和现实看，还是从国际公立医院体制改革的潮流看，公立医院今后仍将是中国医院体系的主体。当前中国的医疗服务主要还是由公立医院提供的，因此，医疗服务领域中的主要问题也主要反映在公立医院的运行过程中。对于消费者（患者）来说，这些问题主要表现为过度医疗普遍存在，医疗费用高，医疗服务供给不足和过剩同时并存，切身感受为“看病难，看病贵”。

1）公立医院运行过程中存在的问题

（1）医疗服务的成本上涨

客观上，医疗服务的成本呈上涨趋势，主要由三方面的原因引起。首先，医院的人力成本提高。在全国各行业职工收入不断提高的背景下，医院职工的收入也在不断提高。其次，药品价格上涨。随着生产资料市场价格放开，化工原料、棉纱制品等价格上涨，药品、纱布、医用棉花等医用产品价格也随之上涨。最后，医院提供医疗服务所需的其他非人力成本也在上涨，包括医院提供服务所需的煤、水、电等的价格上涨。

（2）财政拨款占医院全部支出的比例降低导致医院公益性程度降低

中国财政对公立医院的支付方式在20世纪50年代一直采取“全额管理，差额补助”的办法，全国平均财政补贴水平约占医院全部支出的20%。20世纪60年代后改为“全额管理，定项补助，预算包干”，即全部人员的工资（包括附加工资3%）由国家预算支出，全国补助水平提高到约占全部医院支出的35%，其他支出仍由医院收入解决，在这个过程中，财政拨款占医院全部支出的比例一直比较高。自20世纪80年代开始，国家逐步推行“划分收支，分级包干”的财政体制改革，对卫生事业单位实行预算包干办法，医院等差额预算单位按国家核定的收支确定补助数额，包干使用，其余大部分由医院业务收入解决，结余留归单位支配。[①]国家财政拨款占医院总支出的比重呈下降趋势，到2018年，在全国卫生部门所属综合医院中，财政拨款占医院总支出的比重平均达8.74%[②]。

由于政府财政补偿降低，事实上公立医院已经走向市场，自收自支、独立核算、自担风险成为其运营特点。同时政府对公立医院提供的医疗服务的价格的控制力下降，从而使公立医院医疗服务市场扭曲，公益性程度降低[③]。

（3）公立医院对医生存在非公益性的激励机制

中国传统公立医院的治理结构是一条很长的委托代理链条，这个链条是：全体人民－全国人民代表大会－国务院领导下的各级政府的不同部门－医院管理者。最终公立医院是以何种面目出现，取决于医院管理者对医生的激励导向。医院为医生设立的薪酬制度基本上可分为固定工资制、带有分成制因素的绩效工资制、租金制三类。研究表明，如果支付方式是按项目付费为主，那么后两种激励机制会促使医生过度医疗，这会对整个社会产生负外部性，产生公立医院非公益性导向[④]。医院过度治疗、过度用药、过度检查、收费高的问题，即看病贵的问题难以有效解决。

2）医疗服务供给不足和过剩及其原因分析

从市场经济的规律讲，一种服务出现了高价格，必然会吸引资源进入，导致供需平衡，从而不会出现资源紧缺问题，即看病贵就一定不会看病难，但中国在相当长时期里，一直是看病贵和看病难同时存在。其原因在于中国医疗服务供给不足和过剩并存，表现在基本医疗服务供给不足和高精尖医疗服务供给过剩并存，城市医疗服务供给总体相对过剩和农村医疗服务供给相对不足并存，等级低的医院、社区医院以及低水平医生的服务供给过剩和高等级医院、高水平医生服务供给不足并存。这种现象主要是由于以下几方面的原因引起的[⑤]：

（1）政府对医疗服务的定价能力不足

如前所述，在政府财政补偿医院支出下降的同时，医疗服务的供给成本上升，为弥补

---

① 李卫平．我国公立医院体制改革政策分析［J］．中国卫生经济，2004（1）：8-12.

② 根据卫生部《中国卫生统计年鉴（2019）》有关数据整理．

③ 李卫平．公立医院的体制改革与治理［J］．江苏社会科学，2006（5）：72-77.

④ 郭科，顾昕．公立医院管理中的激励机制：多任务委托代理理论的视角［J］．经济学动态，2015（10）：49-58.

⑤ 李卫平．公立医院的体制改革与治理［J］．江苏社会科学，2006（5）：72-77.

这个缺口，只能是适当提高部分医疗服务的价格，扩大医院经营自主权，允许医院以有偿（业余）服务方式提高医务人员的待遇并消化医疗服务上涨的成本。当然政府也会对医疗服务的价格进行监管，体现出政府对医疗服务一定的定价能力。但是，政府部门对医疗服务的定价能力更多地体现在常规医疗服务方面，而对新增项目，政府部门则处于无章可循的状态，没有历史经验做比较，同时对开展新项目所需要的成本并不了解，显得定价能力不足；而公立医院则信息充分，更具有定价能力，因此，新项目的定价基本上采用医院定价，报卫生行政部门和物价部门审批同意的方式进行。由于政府作为监管方的议价能力没有医院强，因而导致公立医院定位不准，各级各类医院都会追求高精尖，争上高精尖项目而轻视基本医疗服务项目，从而出现高精尖医疗服务项目供给过剩而基本医疗服务项目供给不足的现象。

（2）政府缺乏有效监管

如前所述，公立医院的委托代理关系链条过长，这必然影响所有者（政府各职能部门代行所有者权利）对公立医院的监管效率；同时，对公立医院的多部门管理也影响政府对公立医院的监管效率。公立医院的所有者权力分散在政府的各个职能部门和党的有关部门。例如，公立医院的基本建设和固定资产投资决策权由发改委负责，经费补助由财政部门负责，院长的任免由党的组织部门负责，医疗执业、技术的准入和监管由卫生部门负责。这些职能都是政府作为所有者职能的体现，由于被分散在不同部门，就不可避免地增加了政府治理公立医院的部门协调成本，使政府无法有效地激励和约束、监管公立医院的行为。

（3）供给诱导需求

医疗服务的供给诱导需求现象是指由于医疗服务的特殊性，消费者（患者）只能被动地消费供给方（医院）提供的产品，而自身的选择能力不足，致使消费者权利和消费者剩余受损。导致供给诱导需求的原因主要有两个：一是信息不对称。由于医疗器械、药品、医疗技术等的专业性，供方（医院）拥有相对于需方（患者）的绝对的信息优势，使供给诱导需求成为可能。二是医生收入与科室收入、医院收入的挂钩使医生（供方）有诱导需方（患者）的倾向。自20世纪80年代“全额管理，定额补助，结余留用”的财政补贴政策实施以来，使医院的“剩余”由所有者（全体人民或其代表——国家）转到了医院经营者的手中，这种结余留用和经济激励政策导致医院有扩张的冲动，并通过建立医生收入与开单提成、药品收入挂钩等制度安排，将这种冲动落实为医生的行为，医生则利用自己掌握的专业知识，诱导消费者（患者）多消费，诱导消费者小病大治；而医院则大量引进高端技术和服务项目，导致医疗费用不断上涨，高精尖医疗服务供给过多，而基本的医疗服务供给不足。

（4）扭曲的价格政策和城乡生活水平差异导致医疗资源主要集中于城市特别是其中的高等级医院

除了政府直接将更多的医疗资源配置于这一因素外，扭曲的价格政策也是医疗资源主要集中于城市的重要原因。城市（特别是大城市）以及其中的高等级公立医院利用政府给出的扭曲的价格政策（新项目、新设备可以按不含医务人员工资的全成本收费，而对常规项目的价格管制较严格），城市特别是高等级医院具有吸引优秀医疗人才的压倒优势，这样通过不断引进和培养优秀人才、引进新技术、新项目，不断增强自身的技术实力和经济实力，并以之吸引更多的患者前来就医，形成“马太效应”，使城市高等级医院越来越大，城市社区和农村卫生机构越来越萎缩。

高精尖医疗项目供给过剩和基本医疗项目供给不足，优秀医疗人才过度集中于高等级医院的直接后果就是“看病贵，看病难”。过度市场化（反映在卫生总费用中的个人支出部分过大）的医院的逐利动机使其偏好于使用更贵的医疗器械和药品来查病、治病，而医疗资源更多地集中于城市造成了农村居民看病难。

3）关于解决“看病难”之办法的思考

政策和监管问题可通过完善政策和管理来解决，医疗技术、设备、项目的供给结构失衡问题可通过改变财政支出方向来解决。而人才供给的结构性问题，即解决等级低的医院、社区医院以及低水平医生的服务供给过剩和高等级医院、高水平医生服务供给不足矛盾，则需要依靠改革医生服务体制和普遍提高医学高等院校人才培养质量来解决。

近几年一些地方推行医生“多点执业”，即具有副高以上医生可在两个以上医疗机构执业。赞成的人认为这样做可以调动医生积极性，缓解高等级医院病人拥挤现象，充分发挥其他医院包括县级及以下医院设备、病房等资源的作用。反对的人认为高水平医生本来就短缺，他们在一家医院的工作量已经不低，除非减少在本院服务的时间或休息时间，否则多点执业难以持续。

由此看来要解决“看病难”的问题，需要从根本上普遍提高高等医学院校的人才培养质量，最终要达到这样一种理想状态，即只有医学博士才有资格做医生。只要是医学博士，那么他们在质量上是无差异或几乎是无差异的。这样当他们获得职业资格成为医生时，无论在哪个等级医院执业，对患者而言都是可以信赖的、不需要过多地选择。这就避免了现在经常出现的一些医院拥挤不堪、门庭若市，另一些医院却冷冷清清、门可罗雀的矛盾现象。

由于高质量有效的医疗服务具有不同于一般商品和服务的特殊性，即医疗服务要依托特定的人才，这个类别的人才是为病人服务的，除了要具备一般人才的素质外，还要具备对职业更执著（要准备终身从事该职业）、更负责、更精细、更热情、更有爱心等特殊素质，且医学人才的培养和成长具有长期性、集约性、高成本等特点，一般性的市场供求规律（如价格上升，商品或服务供给就增加）并不适用。因此，要达到上述理想状态，无论是推进市场化改革，还是加大对医疗单位的财政投入，短期都难以奏效，而是需要从中国高等医学教育进行根本性改革入手。就是要经过长期持续的努力，让所有医学高等院校在高水平上同质化，让它们具有相同水准的师资和条件装备，它们的生源质量也应该都是一流的。只要高等医学院校质量高低不等、培养出来的医生质量参差不齐，只要高质量医疗服务供给不足，公平有效率的医疗市场就难以形成，“看病难”问题也难以根本解决。

3.9.4 医疗保险制度改革

如果说解决看病难问题要靠优化配置医疗资源特别是医疗人力资源，而解决看病贵问题要依靠完善的医疗保险制度。中国的医疗保险制度自1951年开始经历了从无到有、从试点探索到全民覆盖，从二元分治到城乡整合的过程。2019年，全国参加基本医疗保险有135 407万人，参保率稳定在95%以上；全国基本医疗保险基金（含生育保险）总收入24 318.2亿元，比上年增长14.03%；全国基本医疗保险基金（含生育保险）总支出220 715.73亿元，比上年增长16.83%；全国基本医疗保险基金（含生育保险）累计结存27 528.83亿元。目前中国基本医疗保险由城镇职工基本医疗保险和城乡居民基本医疗保险两个体系构成，2015—2019年医疗保险基金预算收支情况见表3-17。

表3-17 2015—2019年医疗保险基金预算收支情况 单位：亿元（除特别注明以外）

项目		2015	2016	2017	2018	2019
城镇职工基本医疗保险基金	总收入	8 926.11	10 082.14	12 134.65	13 358.60	15 638.36
	其中，财政补贴收入	74.58	75.05	103.53	78.66	92.88
	财政补贴占比（%）	0.84	0.74	0.85	0.59	0.59
	医疗保险支出	7 257.96	8 013.07	9 192.73	10 524.54	12 489.78
	承保人数（亿人）	2.89	2.95	3.03	3.17	3.29
	人均收入	3 089	3 418	4 005	4 214	4 753
	人均支出	2 511	2 716	3 034	3 320	3 796
	当年结余	1 540.55	1 994.29	2 836.29	2 834.06	3 148.58
	滚存结余	10 732.89	12 736.05	15 668.97	18 568.58	22 315.96
城乡居民基本医疗保险基金	总收入	5 404.72	6 094.6	6 838.33	7 967.64	8 679.84
	其中，财政补贴收入	4 212.22	4 611.55	4 918.68	5 374.1	5 796.24
	财政补贴占比（%）	77.94	75.67	71.93	67.45	66.78
	医疗保险支出	4 539.52	5 451.85	6 094.91	7 207.04	8 225.95
	承保人数（亿人）	3.77	4.49	8.74	10.28	10.25
	人均收入（元）	1 434	1 357	782	775	847
	人均支出（元）	1 204	1 214	697	701	803
	当年结余	619.88	622.58	717.17	698.19	408.79
	滚存结余	2 706.01	3 329.53	4 065.70	4 802.54	5 212.87
合计	总收入	14 330.83	16 176.74	18 972.98	21 326.24	24 318.2
	其中，财政补贴收入	4 286.80	4 686.6	5 022.21	5 452.76	5 889.12
	财政补贴占总收入比重	29.91	28.97	26.47	25.57	24.22
	财政补贴相当于一般预算支出比例（%）	2.44	2.50	2.47	2.47	2.47
	医疗保险支出	11 797.48	13 464.92	11 529.43	17 731.58	20 715.73
	承保人数（亿人）	6.66	7.44	11.77	13.45	13.54
	人均收入（元）	2 152	2 174	1 612	1 586	1 796
	人均支出（元）	1 771	1 810	980	1 318	1 530
	当年结余	2 160.43	2 616.87	3 553.46	3 532.25	3 557.37
	滚存结余	13 438.90	16 065.58	19 734.67	23 371.12	27 528.83

资料来源 财政部预算司.2015—2019年各年全国社会保险基金收入决算表、全国社会保险基金支出决算表；人力资源和社会保障部.2015—2019年各年《人力资源和社会保障事业发展统计公报》；国家医疗保障局.《2018年全国基本医疗保障事业发展统计公报》《2019年全国医疗保障事业发展统计公报》；国家统计局.2016—2019年各年《中国劳动统计年鉴》.

1）中国城镇职工基本医疗保险制度改革概况及其存在的问题

（1）城镇职工基本医疗保险制度变迁简介

20世纪90年代之前的医疗保障分为公费医疗和劳保医疗两大部分，两者的共同特征就是只有在国有和集体单位就业的人才能享受不同程度的公费医疗，区别在于机关事业单位职工的医疗费用由财政承担，实行公费医疗，而企业单位职工的医疗费用列入企业经营成本由企业承担，实行劳保医疗。到了20世纪90年代初期，随着国有企业改革的深入进行，劳保医疗已经不适应改革后的国有企业，部分企业因经营困难，难以支付职工医疗费用。在这种情况下，社会医疗保险取代了原有单位制的劳保医疗制度。随后机关、事业单位的医疗保险（原来的公费医疗）改革也提上了议事日程，改革的主要途径是以新的社会保险制度代替传统的单位福利制度。改革的具体进程如下：

1993年，中共十四届三中全会明确提出“城镇职工养老和医疗保险金由单位和个人共同负担，实行社会统筹和个人账户相结合”的要求。1994年，国务院决定在镇江、九江两个中等城市率先进行职工医疗保险制度改革试点（具体情况见案例3-5）。1996年4月22日，国务院转发国家发展和改革委员会、财政部、劳动部、卫生部等部委《关于职工医疗保障制度改革扩大试点的意见》，决定由各省（自治区、直辖市）再选出一两个城市进行扩大试点工作，医疗保险制度改革进入一个新的实践准备阶段。1998年12月14日，国务院颁布了《关于建立城镇职工基本医疗保险制度的决定》，在全国范围内进行城镇职工基本医疗保险制度改革。明确城镇所有用人单位，包括企业（国有企业、集体企业、外商投资企业、私营企业等）、机关、事业单位、社会团体、民办非企业单位及其职工，都要参加基本医疗保险。乡镇企业及其职工、城镇个体经济组织业主及其从业人员是否参加基本医疗保险，由各省、自治区、直辖市人民政府决定。由用人单位与职工双方共同缴纳医疗保险费，基本医疗保险基金实行社会统筹与个人账户相结合方法。2019年国务院办公厅印发《关于全面推进生育保险和职工基本医疗保险合并实施的意见》，将原来单独的生育保险并入职工基本医疗保险，以增强基金共济能力。

2019年，城镇职工基本医疗保险基金（含生育保险）收入15 638.36亿元，比上年增长17.07%；基金（含生育保险）支出12 489.78亿元，比上年增长18.67%[①]。城镇职工基本医疗保险统筹基金（含生育保险）收入10 005亿元，比上年增长10.9%；统筹基金（含生育保险）支出7 939亿元，比上年增长9.4%；统筹基金（含生育保险）当期结存2 066亿元，累计结存（含生育保险）14 128亿元。城镇职工基本医疗保险个人账户收入5 840亿元，比上年增长10.3%；个人账户支出4 724亿元，比上年增长12.2%；个人账户当期结存1 116亿元，累计结存8 426亿元[②]。

（2）现行城镇职工基本医疗保险制度存在的问题

现行城镇职工基本医疗保险制度总体上是与中国经济发展水平相适应的，但还存在缴费率较高和保障水平不够高的矛盾。有研究认为，一方面，目前城镇职工基本医疗保险的缴费率太高，城镇职工基本医疗保险有着降低费率的潜在必要性，主张通过取消个人账户

① 根据财政部预算司2018、2019年全国社会保险基金收入决算表和2018、2019年全国社会保险基金支出决算表有关数据计算。

② 国家医疗保障局，2019年全国医疗保障事业发展统计公报，http://www.nhsa.gov.cn/art/2020/6/-24/art_7_3268.html.

的结构性改革来降低城镇职工基本医疗保险费率[1]。而另一方面，随着参保职工年龄增大，退休人数增加，保险基金缺口风险增加。在这种情况下，降低缴费水平，如果财政补贴没有增加，势必要减少医疗费用报销额度，降低医疗保障水平，但如果增加财政补贴，会带来财政压力，从长远看也要增加纳税人负担。此外，医疗保险存在较大的地区差异，沿海地区外来人口多，人口年龄结构较年轻，医疗保险费率低或基金充裕，中西部地区和东北老工业基地职工老龄化问题严重，费率高或基金收支难以平衡，导致地区之间竞争起点不公平[2]。

现行医疗保险制度只简单地规定由用人单位与职工双方共同缴纳医疗保险费，并没有具体明确用人单位或政府在医疗保险中对特殊人员和特种疾病所应承担的责任，更没有根据经济发展水平、参保人员结构和保障需求设计不同的参保标准。下岗失业人员、特困待岗职工、破产企业和改制企业分流人员等一些社会经济改革中出现的新弱势人群收入普遍较低，缴纳医疗保险费用的能力有限[3]。而现行的医疗保险制度没有明确由政府还是由原企业或是社会来承担他们的缴费责任，所以他们很难享受与其他城镇职工同等的医疗保险待遇。

【案例3-5】

中国医疗保险制度改革经验："两江"试点

1994年，国务院决定在镇江、九江两个中等城市率先进行职工医疗保险制度改革试点。试点采用"个人账户与社会统筹"相结合的模式，要求全市所有行政、企事业单位参加，按该市前3年卫生费用支出占工资总额的比值重新折算出缴费率，其中由单位缴纳职工工资总额的10%，个人缴纳年工资总额的1%，然后按职工年龄分段，把年工资总额的5%~7%划入个人账户，其余部分划入社会统筹基金。职工就医的医疗费用首先从个人账户中支付，个人账户不足以支付时，先由职工用现金支付。按年度计算，若职工在个人医疗账户之外自付的医疗费超过本人年工资收入的5%以上，则超过部分由社会统筹基金支付，但个人仍要负担一定比例的费用。

这两处试点运行两年后，产生了如下效果：（1）医疗费用增长过快的势头得到初步遏制。个人缴费负担一定比例的制度设计对个人形成了需方约束机制，对医院的医疗收入实行的总量控制、结构调整的制度设计对医疗单位形成了供方约束机制。（2）社会统筹的横向互济与个人账户逐步积累基础上形成的纵向互济开始发挥显著作用。（3）推动了医院内部改革。总量控制、定额结算和考核检查制度等一系列配套的制度设计使医院从片面追求业务总量转变到追求质量和效益并重。

但也存在以下问题：（1）医疗保险基金难以足额及时到位，困难企业想保但没钱保，效益好且职工平均年纪小的单位缴费不积极，甚至少报、瞒报工资总额。（2）有限保障能力与无限医疗需求的矛盾仍然存在。医疗保险只能保基本医疗，当一些危重病人生命垂危时，亲人和医生首先考虑的是如何延长其寿命而不是考虑这是否属于基本医疗。（3）仍存在实行定额结算与医院追求自身利益之间的矛盾。（4）建立医疗保险制度与深化医院改革

---

① 贾洪波．降低社会保险费率与城镇职工基本医疗保险制度结构性改革［J］．价格理论与实践，2019（3）：12-15，175.

② 王超群，顾雪非．我国城镇职工基本医疗保险制度改革的经验与问题——基于对政策文件和制度环境的分析［J］．中国卫生政策研究，2014，7（1）：29-34.

③ 张敬芬．当前医疗保险制度中存在的几个问题［J］．经济论坛，2005（10）：129-130.

也存在一定的矛盾。

资料来源　丛树海. 财政支出学 [M]. 北京：中国人民大学出版社，2002：181-183.

2）中国城乡基本居民医疗保险制度改革及其存在的问题

（1）中国城乡居民基本医疗保险制度变迁

新中国成立后很长一段时间，中国农村实行合作医疗，这是一种“社区医疗保险”，它以人民公社制度和政治动员体制为背景，为广大农村居民提供医疗服务，在1960—1970年覆盖了高达90%的农村人口，当时以赤脚医生[①]制度为标志的农村医疗卫生防治网，对改变农村缺医少药的状况和农村落后的医疗卫生面貌起到了非常重要的作用。随着人民公社的解体，原有的农村合作医疗失去了制度支持和财力支持，农村合作医疗面临重重困境。为此政府于2002年提出建立新型农村合作医疗保险（简称新农合）。

新型合作医疗保险是由政府组织、引导、支持，农村居民自愿参与，个人、集体和政府多方筹资，以大病统筹为主的农村居民医疗互助共济制度。筹资机制上，以政府资助为主、农村居民筹资为辅。建立之初，农村居民个人缴费10元，政府按人均不低于20元进行补助。2005年以后政府对新农合补助标准逐年提高。2017年起提高到每人每年450元，2020年达到550元。个人缴费标准从2009年起也逐步提高。

比较农村新型合作医疗保险，中国城镇居民基本医疗保险起步较晚。2007年，国务院决定开展中国城镇居民基本医疗保险试点。规定2007年在有条件的省份选择2至3个城市启动试点，2008年扩大试点，2009年试点城市达到80%以上，2010年在全国全面推开，逐步覆盖全体城镇非从业居民。试点城市不在城镇职工基本医疗保险制度覆盖范围的中小学阶段的学生（包括职业高中、中专、技校学生）、少年儿童和其他非从业城镇居民都可自愿参加城镇居民基本医疗保险。最初规定由试点城市根据当地的经济发展水平以及成年人和未成年人等不同人群的基本医疗消费需求，并考虑当地居民家庭和财政的负担能力，恰当确定个人缴费水平，但财政补贴水平不低于每人40元。2016年1月12日国务院发布《国务院关于整合城乡居民基本医疗保险制度的意见》，将城镇居民基本医疗保险和新型农村合作医疗保险整合为城乡居民基本医疗保险。2019年参保人数为102 510万人。

城乡居民基本医疗保险政策地方自定，实行地市级统筹和属人主义管辖原则，医疗保险办法原则上适用于辖区户籍居民，包括在外地工作的本地户籍居民，但不包括在本地工作的外地居民。参保形式为自愿投保，以一年为一周期，当年缴费，来年享有保险待遇，当年不缴费，来年医保待遇自动取消。筹资实行政府补贴占大头、个人缴费占小头的制度。各地个人缴费水平和财政补贴差别很大。2021年，多数地区，个人缴费每人280元，财政补贴550元，合计人均筹资标准为830元。发达地区筹资标准较高，相应地个人缴费和财政补贴额度比较大。根据网上搜索到的2021年筹资标准、个人缴费、财政补贴数据，发达地区也存在较大差别。例如，北京市成人居民人均筹资标准为2 790元，其中个人缴费580元、财政补贴2 210元；上海市成年居民人均筹资标准为3 540元，其中个人缴费820元、财政补贴2 720元；浙江省台州市成年居民人均筹资标准为1 500元，其中个人缴费560元、财政补贴940元；浙江省湖州市成年居民人均筹资标准为1 648元，其中个人缴费540元、财政补贴1 108元。

① 赤脚医生一般由政府组织，经过一段时间的培训，具有一定的医疗卫生知识和技能，他们一面参加集体生产劳动，一面为社员治病。赤脚医生的报酬则由大队给予补贴，或由生产队以工分代替。

医疗费用报销标准，按医疗机构级别，分门诊和住院确定。例如，北京市规定，门诊：一级及以下定点医疗机构起付标准100元，二级以上定点医疗机构起付标准550元，报销比例分别为起付标准以上部分55%和50%，累计最高支付数额为3 000元；住院：一级及以下定点医疗机构起付标准300元，二级定点医疗机构起付标准800元，三级定点医疗机构起付标准1 200元，第二次及以后住院按首次住院起付标准的50%确定，报销比例分别为起付标准以上部分80%、78%和75%，累计最高支付数额为20万元。学生和儿童另行制定标准①。

福建省福州市规定一个参保年度内，参保人员因患大病发生的个人负担，在医保目录内住院及门诊特殊病种医疗费用，超过19 360元的部分，报销60%，限额20万元。但如果是建档立卡贫困人口，起付线降低到9 680元，报销比例提高到65%，不封顶。非大病医疗费用分门诊和住院确定不同起付标准和报销比例。在社区医院、乡镇卫生院门诊，不设起付标准，报销50%，限额800元；特殊门诊起付标准400元，报销60%，按不同疾病规定限额，如恶性肿瘤等7类特殊慢性病，每年限额为12万元；危重病抢救门诊限额为8 000元。住院按医疗机构级别分四级，从一级到三甲分别规定150~800元不同的起付标准和相应90%~55%的报销比例，最高报销限额为12万元②。

（2）城乡居民基本医疗保险制度存在的问题

将非就业单位的城乡居民特别是农村居民列入医疗社会保险，建立疾病治疗财政补贴、个人互惠共济的机制，改变长期以来靠家庭支撑疾病治疗费用的模式，防止普通群众因病致贫、已脱贫群众因病返贫，让广大群众共享发展利益，实现社会公平，意义深远，已经取得的成就不可低估。但城乡居民基本医疗保险制度仍存在一些问题，当然属于改革发展中的问题。

首先，是发展不平衡导致的待遇差别。

财政补贴和居民缴费形成的城乡居民基本医疗保险基金已经从最初每年每人30元，上升到现在800元以上，就制度本身纵向发展看，不可谓不快。但中国医疗保险制度与其他社会保险制度一样，仍然存在明显的差别。对比城镇职工基本医疗保险，城乡居民基本医疗保险的保障力度还比较低。2019年，城乡居民基本医疗保险基金收入为8 679.84亿元，要涵盖的参保人员为102 483万人，人均保险基金收入846.95元；而城镇职工基本医疗保险基金收入为15 638.36亿元，涵盖人员为32 925万人，人均保险基金收入4 749.69元，是城乡居民的5.6倍。从基金人均支出看，2019年，城镇职工基本医疗保险基金人均支出为3 796元，但城乡居民基本医疗保险基金人均支出仅为803元，见表3-18。从医疗费用报销情况看，城乡居民基本医疗保险，政策范围内住院费用基金支付平均占68.8%，实际住院费用基金支付平均占59.7%，个人负担比例为40.3%，其中在三级医疗机构住院费用，基金支付53.5%，个人支付近一半；而城镇职工基本医疗保险，政策范围内住院费用基金支付平均占85.8%，实际住院费用基金支付平均占75.6%，个人负担24.4%，其中在三级医疗机构住院费用，基金支付73.7%，个人负担26.3%。③显然无论基金人均收入、

① 北京市人力资源和社会保障局. 关于印发《北京市城乡居民基本医疗保险办法实施细则》的通知［EB/OL］.［2019-12-06］. http://rsj.beijing.gov.cn/xxgk/zcwj/201912/t20191206_943597.html.

② 福州市医疗保障基金管理中心. 2021年度福州市城乡居民医疗保险指南［EB/OL］.［2020-09-22］. http://www.fuzhou.gov.cn/-zgfzzt/sybzx/ylbzjj/ggfw/zczn/202009/t20200922_3522022.htm.

③ 根据国家医疗保障局2019年全国医疗保障事业发展统计公报有关数据计算。

人均支出还是医疗费用报销待遇，城乡居民基本医疗保险的力度对比城镇职工基本医疗保险仍存在较大差距。

其主要原因，在于非单位就业的城乡居民特别是农村居民的收入与城镇职工的收入存在较大差距。应该说国家财政对城乡居民基本医疗保险基金的补贴力度已经大大高于城镇职工基本医疗保险基金，2019年财政对城镇职工基本医疗保险基金补贴仅为92.88亿元，占基金收入的5.94%；而对城乡居民基本医疗保险基金的财政补贴达到5 796.24亿元，占基金收入的66.78%[①]。因此，两个医疗保险体系的差距主要是城乡发展不平衡、收入存在较大差距造成的。

除了两个医疗保险体系存在较大差距外，不同地区城乡医疗保险水平也因区域发展不平衡而导致较大差距，如上海市、北京市、浙江部分城市的城乡居民基本医疗人均保障财力分别是一般地区的4倍、3倍和2倍。

其次，发展不充分，导致保险基金难以满足需要。

中国的发展成就举世瞩目，我们已经进入中等发达国家行列，但人均GDP与发达国家仍有很大差距，发展中还有很多短板，发展潜力释放不够。中国仍然是最大的发展中国家，处在社会主义初级阶段。作为人民日益增长的美好生活需要重要方面的健康需要还不能得到满足。虽然医疗保险基金快速增长，但还不能完全满足人民群众病有所医的要求，看病难、看病贵问题仍然存在。即使是保障水平较高的城镇职工基本医疗保险，随着职工退休人数增加，老年人员比例上升，基金缺口风险仍然存在。

对还处于初级保障阶段的城乡居民基本医疗保险体系而言，多数地区，基金规模偏小，保障能力有限。虽然个人支付的金额远远低于财政补贴，但对刚刚脱贫或增收能力弱、现金收入少的农村居民而言，缴纳医保费用仍然觉得负担不轻，再加上住院起付标准高、自费金额高、报销范围和比例有限等问题的存在，降低了居民参保积极性。除了直辖市以外，目前城乡医疗保险基金统筹层次仍在地市一级，导致不少地区，特别是财政实力较弱的地区，存在医保资金超支的现象。医疗水平较低的地区，更会因为大病域外就诊情况多见，造成医保资金超支。在家庭收入差距比较大的地区，还存在确定缴费标准方面的两难局面：收入低的人觉得缴费太高，负担太重；收入高的人觉得缴费水平太低，医疗保险力度太弱，不能满足需要。

再次，管理机制不健全、政策不合理，降低了医疗保险基金使用效率。

当前农村基本医疗保险实行的是政府主导型的管理模式，全国一律以县级为试点单位，由县级政府集决策、经办、管理、监督等多重角色于一身。这种模式忽视了农村居民的民主参与和外部监督，造成一些试点地区的医院给病人不合理用药或延长住院时间，医保管理机构克扣、拖欠补偿费用等问题。同时，对一些财政比较困难的地区，还出现挪用、截留医保基金甚至套取中央补助资金等问题。医疗保险基金统筹层次较低，参保居民异地就医未正常转诊时，医保报销得不到及时结算，需要个人提前垫付，且报销比例会低于正常转诊情况下的报销比例。

城乡居民基本医疗保险制度将保障目标定位为保大病，忽略了大多数人的基本医疗需求。保大病固然重要，但是在农村，真正影响居民整体健康水平的是常见病和多发病，许

① 以上数据均根据国家医疗保障局2019年全国医疗保障事业发展统计公报，财政部、财政部预算司2019年全国社会保险基金收入决算表有关数据计算。

多农村居民的大病也是因为“积小病而成大病”的。从卫生投入绩效来看，对大病治疗的支持所获得的健康效果远不如对常见病和多发病治疗的支持[①]。同时，以大病为主的保障方式容易诱发“小病大治”的道德风险以及逆向选择问题，即出现了不少本可以不住院的病人“免费”住院治疗的现象。同时，只保大病会导致身体健康者不参保，而愿意参保的往往是大病高危人群，加大基金支付压力。

由于优质医疗资源尤其是高等级医院多集中在城市，基层医疗卫生条件相对较差，但按现行制度，到城市高水平医院就诊可报销的比例低于基层医院和乡镇卫生院，报销比例高的，医疗质量低；报销比例低的，医疗质量高。其结果是，参保的城乡居民特别是农村居民，实际可获得的有质量的医疗服务价值低于这个已经是较低水准的保险给付价值，存在无效医保情况。城乡居民基本医疗保险报销的分级区别对待政策，在不少地区已经不适应农村居民的医疗现实需求，影响了农村居民参保的积极性和医疗基金的使用效率。

3）完善中国基本医疗保险制度

医疗的社会保险与养老等社会保险一样，核心事项是不断增强与经济发展水平相适应的保险力度，这需要增加保险基金收入，兼顾参保人的缴费能力和财政补贴能力，保持医疗保险基金收支动态平衡，实现可持续。为此，需要根据中国国情和基本医疗保险制度存在的问题，着眼于如下几个方面：

（1）国有资产收益全民分享提高低收入群众的缴费能力

增加医疗保险基金收入，常规路径无非是提高费率、增加财政补贴、提高运营效率。在经济下行压力增大的形势下，政府要通过减税降费增强经济实体活力，通过提高企业或个人医疗保险费率显然行不通。中国经过20世纪初期黄金十年的经济快速增长，已经过渡到中高速增长，进入经济高质量发展阶段，相应地财政收入也从超高速增长转向缓慢增长阶段，应对重大挑战、抵御重大风险、克服重大阻力、解决重大矛盾的刚性开支只增不减，通过开源节流，优化开支结构，一定幅度增加包括医疗保险在内的“保民生”支出也在情理和计划之中，但不能期待像过去年份那样大规模增加对医疗保险基金的补贴。较大力度增加医疗保险基金的渠道必须在常规路径外开辟。

非常规路径在于通过国有资产收益全民分享，增强人民群众特别是低收入群众的缴费能力，使包括农村居民在内的全民所有制的法定所有者，通过分享一定数额的国有企业利润，增加其资产收入，从而提升自身缴费能力，最终达到与城镇职工相同的缴费能力，实现两套医疗保险的一体化。用这种国有资产收益全民分享的办法，比整体地从国有资本经营预算调入资金或出售国有资产补充养老或医疗保险基金更具有合理性和正当性。

对低收入农村居民，还要在财力允许的情况下加大财政对医疗保险的补贴力度，对那些因支付不起医疗费而导致生活陷入极度贫困的五保户和低保户给予更多的救济。由于中国农村地域辽阔，经济发展水平极不平衡，用一种模式很难满足不同人群的医疗保障需求，因此，可以考虑在经济发达地区实行“保大病不保小病”的模式，在经济欠发达地区实行“既保大病又保小病”的模式。

（2）完善医疗保险基金给付机制

既要提高医疗保险基金给付水平，降低看病难程度，又要提高医疗保险基金给付的准

① 张智勇．我国新型农村合作医疗制度的运行现状与问题研究［J］．中州学刊，2007（2）：113-115.

确性，防止医院过度治疗、过度使用药品导致医疗基金浪费和滥用，保持医疗保险基金的可持续性，是一个世界性难题。这需要进一步推进医药卫生体制和药品生产流通体制改革，优化医疗资源结构，充分发挥医疗资源效率，加强医德医风教育，对患者施行因病施治，合理检查、合理用药、合理收费，对医疗机构药品实行统一、公开招标，降低药品价格虚高部分[①]。

除了上述以外部压力规范医院行为外，还要探索一个长期有效的医院内部运行机制，激励医院减少不必要的过长时间住院、过度治疗、过度检查、过度用药和不合理收费，控制医疗成本飙升，防止医疗保险基金给付困难。可借鉴国外有益经验，结合中国医院和患者情况创新发展。美国于1983年在多年试验的基础上，全面推行了“诊断相关分类”（diagnosis related groups，DRGs）给付制度，现在已成为发达国家医疗保险基金给付的标准制度。DRGs根据病人的年龄、性别、住院天数、临床诊断、病症、手术、疾病严重程度，把病人分入几百个诊断相关组，然后决定应该给医院多少补偿。这个制度推行结果大大减少了病人住院天数，增加了门诊外科手术数量，激励医院提高诊断和治疗质量，将医院资源更多地投入到重症大病上面，提高医院资源使用效率。例如，心肌梗塞病人的住院天数，从改革前20世纪70年代平均6周，下降到改革后的低于1周。但也有批评意见认为，这个制度会激励医院过早地让病人出院，以及提高门诊服务的价格[②]。

中国部分医院自2014年起开展DRGs试点。2019年5月，国家医疗保障局印发“按疾病诊断相关分组付费国家试点城市名单”，DRGs付费国家试点工作启动。从试点情况看取得了一定效果，如平均住院日数小幅回落，而没有试行DRGs的医院则大幅提升。但试点也暴露了一些问题，如病案信息质量低、分组不够详细精准，实施中编码管理不到位，相当一部分病历无法准确入组，导致异常指标的病例过多，医院出现亏损[③]。也有研究表明，试点单位住院医疗费用增速控制效果明显，但医疗服务费用即门诊服务价格提升更明显[④]。这需要进一步总结经验，结合中国医院和患者实际情况，进行创新性制度重构。

此外，还要从外部进行政策优化，在可能实现医疗资源进一步集约化的情况下，适时取消城乡居民基本医疗保险报销的分级区别对待政策，让农村居民也能享受高质量医疗服务，调动农村居民参保的积极性，消除或降低无效医保，提高医疗保险基金的使用效率。与过去的情况不同，现在信息沟通快速、交通便捷，农村居民患病时更愿意到城市特别是大城市的大医院就医。在这种情况下，为有利于医疗行业提高效率，全面提升医疗质量，更应该提倡医疗资源相对集中，实现医疗资源集约化。

（3）形成更加有效的第三方监督机制

在改革给付制度的基础上，还要加强监督。当前无论是城市职工基本医疗保险还是城乡居民基本医疗保险，均存在监督机制不健全的问题。完善医疗保险监督机制的关键在于割断监督者和提供者的利益联系纽带。在目前体制下，卫生行政部门既是代表政府和公众监管医疗机构的部门，也是公立医疗机构的实际所有者或上级领导，两者利益密切相关，

① 张敬芬．当前医疗保险制度中存在的几个问题［J］．经济论坛，2005（10）：129-130.
② TULCHINSKY T H，VARAVIKOVA E A．The New Public Health［M］．Salt Lake City：Academic Press，2014：771-819.
③ 洪润琴，李雅琳，高华斌，等．昆明市K医院DRG付费试点效果及问题分析［J］．中国医院管理，2019，39（12）：58-60.
④ 谢世堂，王虎峰．绩效管理如何驱动公立医院管理能力跨越发展——基于DRGs的案例分析［J］．中国卫生政策研究，2020，13（8）：23-30.

这就难以防止两者串通采取一些有损患者利益和医保基金的措施，因此，完善医疗保险监督机制的关键在于割断监督者和提供者的这种利益联系纽带。在此基础上，完善医疗和医疗保险法律法规。建立健全代表保险缴费人和患者利益的第三方监督和协调机构，可在人民代表大会及其常委会或监察委员会框架内设置，既监督医院行为和保险基金经营给予行为，也接受医患纠纷的申诉和仲裁。

【案例3-6】

农村合作医疗保险的两种模式

中国农村地域辽阔，经济发展水平极不平衡，用一种模式很难满足不同人群的医疗保障需求。因此，在中国新型农村合作医疗保险制度建设过程中，针对不同的经济发展水平，出现了多种不同的模式，其中最主要的有经济发达地区实行的“保大病不保小病”模式（如江阴市）和经济欠发达地区实行的“既保大病又保小病”模式（如灌南县）。

江阴市农村合作医疗保险的特点是建立“征、管、监”相分离的运作机制，由保险公司承担日常业务，由卫生局负责指导和监督，实行大病住院医疗保险。参保对象为除已参加城镇职工基本医疗保险的人员外户口在本市的所有农业和非农业人口。资金来源包括农村居民个人缴纳和财政资助，并根据参保人员主要从事行业的不同，把个人缴纳标准分为每人每年20元、30元和50元三个档次，市镇两级财政对参保人员每人补贴10元。对参保农村居民的住院医疗费用超过300元以上部分进行分级计算、累进补偿，全年累计最高补偿额为6万元。

灌南县农村合作医疗保险的参保对象是本县农村的常住人口以及在本县居住一年以上的外来人口。筹资标准为省、市、县、乡政府通过财政专项转移支付，按10：2：6：2的比例对参保人员每年20元的标准予以补助，参保人员每年缴费10元。参保人员在村卫生室就诊，按医药费总额的20%给予补偿；在乡卫生院就诊，按医药费总额的25%给予补偿。住院费用同样采取分级计算、超额补偿，每人每年累计最高补偿额为2万元。

经过几年的运行，江阴市农村居民参加合作医疗保险的覆盖率为76.9%，灌南县为89.3%。比较两种模式可以看出，灌南县农村合作医疗保险属于“既保大病又保小病”的风险福利型模式，“保大病”在农村居民患大病时给予帮助，防止农村居民因看不起病而陷入贫困，“保小病”可以刺激农村居民参加合作医疗保险的积极性。江阴市合作医疗保险属于“保大病不保小病”的风险型模式，其优点是可以很好地防止因病致贫现象的发生，其缺点是有可能会减少覆盖面，在农村居民自我防范意识不强的情况下影响农村居民参加合作医疗保险的积极性。由于江阴市合作医疗保险只保大病，有的农村居民认为家人身体状况良好而不必参保，因此，低风险的人宁愿选择不参加合作医疗保险，而高危人群则倾向于建立合作医疗保险基金，这说明逆向选择的存在。

资料来源　张兵，王翌秋．新型农村合作医疗制度的政策选择［J］．中国农村经济，2005（11）：26-32.

3.9.5　公共卫生机制

公共卫生就是全社会共同努力，改善环境卫生条件，预防控制传染病和其他疾病流行，培养良好卫生习惯和文明生活方式，提供医疗服务，达到预防疾病、促进人民身体健康的目的[①]。公共卫生具有受益的非排他性和消费的非竞争性，是一种纯公共产品。

近年来，一些曾趋于被控制的严重传染病死灰复燃，慢性非传染性疾病也快速上升，例如血吸虫病反弹、SARS危机和禽流感等公共卫生事件的爆发。2019年12月27日湖北省武汉市检测发现新型冠状病毒肺炎，随后新冠肺炎疫情在全国多地发生。新冠肺炎疫情是新中国成立以来发生的传播速度最快、感染范围最广、防控难度最大的一次重大突发性公共卫生事件，中国政府举全国之力用一个多月的时间初步遏制了疫情蔓延势头，用2个月左右的时间将本土每日新增病例控制在个位数以内，用3个月左右的时间取得了决定性成果，疫情防控阻击战取得重大战略成果[②]。中国在这次抗击疫情中的出色表现，说明中国当代公共卫生建设已经走在了世界的前列，但也暴露出了医疗卫生系统中的一些问题，政府如何进一步推动公共卫生机制的完善与发展成为当务之急，可从以下方面着手：

1）重构财政对公共卫生服务的责任机制

这主要包括：不断加强财政对公共卫生领域的投资力度，加强对公共卫生系统基础设施的建设。第一，制订环境卫生计划，改善人们生活的环境条件，保障人们有一个安全、舒适的生活空间。第二，建立一个应对各种公共卫生事件的常态机制。该机制包括：信息采集系统，主要负责采集国内外已经发生和有可能发生的各种传染性或非传染性疾病的信息并公之于众；科研和疾控系统，主要负责探索和使用有效果的技术来预防和控制已有的或重新出现的传染性和非传染性疾病，特别是那些发病率高、死亡率高的疾病；协调指挥系统，主要负责全面协调、统一指挥，确保整个体系高效有序地运行，尤其是要使来自各部门的对抗疾病的研究信息共享，以确保各研究机构能够取长补短，加快科研进程。第三，建立劳动安全标准，降低职业危险[③]。

2）明确划分中央政府和地方政府在公共卫生领域的职权范围

明确划分各级政府在提供公共卫生服务方面的职权范围，是构建有效的公共卫生系统的关键一环。根据公共产品受益范围的大小，把政府公共卫生分为全国性公共卫生和地方性公共卫生。全国性公共卫生受益范围覆盖全国，是每个公民或居民都可以无差别享有的，如免疫接种、饮食卫生教育等，应由中央政府提供。地方性公共卫生受益范围仅局限于本地区以内，如地方性疾病的防治，宜由地方政府提供。

3）加强财政对农村地区公共卫生建设的扶持与援助，促进城乡卫生公平发展

为了缩小城乡之间居民公共卫生服务的差距，使农村居民也享受公平的公共卫生服务，增强农村地区应对公共卫生突发事件和重大疫情的能力，必须完善农村公共卫生筹资机制，加大中央政府对农村地区特别是经济欠发达地区农村转移支付力度，建立规范的农村卫生专项转移支付制度[④]。

【案例3-7】

宿迁医改

宿迁地处苏北，是1996年新组建的地级市，下辖沭阳、泗洪、泗阳三县和宿豫、宿城两区及一个省级经济开发区，总人口达517万，陆地面积8 555平方公里，经济比较

① 黄建始．什么是公共卫生［J］．中国健康教育，2005（1）：18-20.

② 国务院新闻办公室．抗击新冠肺炎疫情的中国行动（白皮书）［EB/OL］．［2020-06-07］．http：//www.gov.cn/zhengce/2020-06/07/content_5517737.htm.

③ 杨林．SARS危机对财政加强公共卫生建设的冲击与推进［J］．改革与战略，2004（5）：61-64.

④ 杨林．SARS危机对财政加强公共卫生建设的冲击与推进［J］．改革与战略，2004（5）：61-64.

落后。

宿迁医改在推进过程中逐渐形成了一套方案，当地政府总结为“四个分开”：

一是“管办分开”，在办医主体上把办医者和管医者分开。卫生局不再管理医院的人、财、物，主要执行行业管理；原有政府办医院经过产权改革，改造成为股份制、合伙制、混合所有制、个人独资医疗机构。

二是“医卫分开”，严格界定卫生和医疗两个领域的服务职能。政府全额出资办公共卫生；多元化社会资本办医疗，以民资办医为主。政府鼓励社会资本进入医疗领域，并实施鼓励民间资本办医院的措施。随着改革的推进，对于公共卫生的投入也转变为依靠市场，吸引社会资本。

三是“医防分开”，从体制上把医疗和防保两类不同性质的机构分开。在全市各乡镇分别设立乡镇卫生院和乡镇医院，卫生院履行公共卫生职能，由政府主办，乡镇医院履行医疗服务职能，进行股份制和民营化改造。

四是“医药分开”，从利益上把医和药两个行业分开，不再以药养医。这一条只是考虑，还没有实施，但是实施了扩大开办药店的政策，使医院和药店在药品销售上竞争。

宿迁的医改有两个重点：从政府职能的角度来看，改革的核心是政府退出医疗服务市场，由“办医院”转向“管医院”，同时负责公共卫生；从医疗供给的角度看，改革的核心是建立社会投资机制、鼓励市场竞争机制、引入企业经营机制。

宿迁市的医疗卫生体制改革受到社会各界的关注，引发了很多争议，争议主要集中在两种观点上：一种观点认为宿迁的医疗卫生体制改革加重了居民负担，是“卖光式改革”，不注重公平，应该由政府主导；另一种观点认为其做法恰恰代表了中国医疗卫生体制改革的方向，由市场来主导医疗服务的提供，可以解决看病难、看病贵的问题。

北京大学宿迁医改课题组认为，宿迁的医改，通过公立医疗机构的转制，改变了政府直接办医的局面。它通过引入社会资本，快速扩大了医疗资源，并形成了医疗市场的竞争格局，促使医疗机构引入企业经营机制，从而提高了医务人员的积极性，改善了医疗服务的质量，扩大了医疗服务项目，降低了挂号费、药品单价和检查项目单价。但由于市场机制发挥作用无法回避医疗卫生事业的自身规律，所以改革后医院盈利动机并未消除，反而得到了加强；过快的开放医疗服务市场，一味追求资源总量的扩张，确实导致了大量不规范竞争行为的存在；由于信息不对称，医院总是可以通过各种手段来增加收益，都会竞相引进专家、技术，购置更先进的医疗设备。供给的增加导致医疗服务、检查、手术和药品过度使用，结果是医疗费用快速上涨，不仅仅浪费医药资源，而且还可能危害患者的健康甚至生命，最终使老百姓看病更贵，潜在医疗卫生问题令人担忧。

与北京大学宿迁医改课题组的判断不同，清华大学的《宿迁医疗体制改革考察报告》分析认为，宿迁医改的改革成效明显，改革的阶段性成果比较显著，但改革目标尚未彻底完成，部分环节尚待加强。通过改革，“看病难”的问题基本解决，医疗服务能力和质量有所提高；“看病贵”的问题有所改进，医疗服务价格有升有降，价格明显低于周边省区。另外，医院治理有所改善，医院、医生收入阳光化等。该报告还指出，宿迁改革经验对全国医疗卫生体制改革来讲，其意义主要在于两点：一是必须区分政府在公共卫生和医疗服务中的职能定位。二是要制定医疗服务标准，并强化政府监管。

资料来源 北京大学中国经济研究中心医疗卫生改革课题组. 江苏省宿迁地区医改调研报告［R/OL］.［2006-06-23］. https://wenku.baidu.com/view/1bb25399a800b52acfc789eb172ded630b1c988d.html; 魏凤春. 宿迁市医疗卫生体制改革考察报告［R/OL］.［2020-11-27］. https://wenku.baidu.com/view/2e4649935527a5e9856a561252d380eb629423e7.html.

本章小结

• 政府支出不断增长的主要模型包括瓦格纳模型、时间形态模型、公共支出增长的发展模型、尼斯坎南模型、利益集团模型和马克思主义观点等。控制政府支出方法包括中国传统实践方法、公共产品市场提供、财政制度创新等。

• 国防支出管理包括国防支出原则、优化国防采购管理、优化兵役制度。

• 行政管理支出的优化策略包括行政机构改革、接待开支的控制、差旅费控制、公车改革和管理、办公设施的定额控制、公务员工资待遇的差别调整。

• 教育支出和科学技术支出作为政府为社会提供的公共服务，正日益成为世界各国政府最重要的支出项目之一。

• 政府教育支出配置必须确立两个目标：提高效率和增进公平。

• 政府的公共科技支出政策应该定位准确。政府与市场互补的公共科技支出模式既可以充分发挥市场机制的作用，又能及时缓解财政压力，将是目前乃至未来中国科技财政政策改革的一种合理选择。

• 基础设施的较强的外部性以及融资条件的限制使得政府有必要介入基础设施的投资，但是，基础设施的准公共产品属性也使得基础设施的投资并不一定完全由政府提供，常见的提供方式往往是公私共同提供。

• 中国政府对于基础设施的投资主要集中在交通、水利、能源等方面，已经取得非凡成就。未来要加强“新基建”建设，进一步完善财政投融资体系。

• 国有资本支出是国家对国有企业各种形式的投资。国有资本作为社会主义经济基础不仅要在战略性产业起主导作用，也要在竞争性产业特别是高科技产业起引领带头作用。

• 扶贫支出主要分为两大块：一是针对贫困地区的，二是针对贫困个体的。

• 从理论上讲，按扶贫主体作用于扶贫客体的方式不同，可把扶贫方式分为生存性扶贫、发展性扶贫和分配性扶贫三类，而且扶贫在中国具有特殊形式。

• 世界各国的社会保险制度一般具有广泛性、强制性、收益水平与以往的缴费相联系等基本特征，中国的社会保险制度由于发展不平衡、发展不充分等原因，还存在较大的地区差异、行业和身份差异。

• 由于存在逆向选择以及投入成本较大的原因，市场并不能有效地提供社会保险产品，这使得政府有必要参与社会保险产品的提供。政府构建社会保险体系能够增进整个社会的福利水平。

• 从养老保险资金的融资方式来看，养老保险制度存在两种基本形式，即现收现付制和养老基金制（即积累制）。

• 中国目前三大养老保险体系即机关事业单位基本养老保险、城镇企业职工基本养老保险、城乡居民基本养老保险，在养老退休金给付等方面存在很大差异。城镇企业职工基本养老保险制度改革和管理中存在诸多矛盾。现行城乡居民养老保险体制不具备养老保险的强制性、互济性的基本特征，同时还存在着各地区发展水平不一致以及保险基金保值增值难的问题。随着人口趋向老龄化，养老保险基金存在较大缺口风险。

- 中国卫生总费用增长很快，但人均水平仍与发达国家有差距。从构成上看，政府预算卫生支出和社会卫生支出占总支出的比重还不够高，医疗卫生费用的主要来源仍在于个人而非政府与社会。
- 医疗服务目前的提供方式有政府提供、市场提供和混合提供，它们在中国现实的国情下各有利弊。
- 中国公立医院经营过程和医疗服务领域也存在不少问题，城镇职工基本医疗保险制度和城乡医疗保险制度都还有一定的问题。
- 我们应该进一步改革和完善中国医疗保险制度，逐步实现全国一体化。
- 公共卫生机制的完善与发展从财政角度分析应从三个方面着手。

本章综合训练

第 4 章 政府支出的成本效益分析

☞ 学习目标

- 了解企业成本收益分析与政府支出成本效益分析的区别；
- 理解社会成本和社会收益的内涵；
- 理解政府支出项目成本和收益的内涵、确定准则；
- 重点掌握评估成本效益的净现值法；
- 了解社会贴现率的含义及选择的特殊性，理解可供选择的几种社会贴现率；
- 了解面临风险和不确定性情况时对项目的成本与效益进行的调整分析；
- 了解成本收益分析中分配因素和政治因素的影响。

☞ 导语

上一章研究了政府支出的规模、结构等问题，让我们知道人们对公共产品和公共服务的需求是多样化的，量上是不断增长的，质上是不断提高的，而政府获得的可支配公共资源有限，一般难以满足所有的需求。这就需要以实现社会福利最大化为目标，对支出方向进行选择。政府支出的成本效益分析方法就是一种通过对备选支出项目可能要付出的代价（成本）和可能获得的社会福利改进（效益）进行对比、评价，为决定实际支出项目提供依据的方法。1936年美国政府在一项防洪工程的投资决策上，首次运用了成本效益分析法。目前，在许多国家的中央政府、地方政府及世界银行等国际组织中，该分析技术已被广泛运用于各种公共设施、教育、卫生、交通运输，以及新社区的开发等方面。

4.1 节介绍成本效益分析的基本概念和测度方法，主要介绍收益和成本的内涵，以及衡量收益和成本的准则和方法，包括市场价格、影子价格和消费者剩余等。

4.2 节明确了如何以货币为单位来找到具体估价的方法，主要介绍了净现值法、内在报酬率法、效益成本比率法。此外，还研究了评估中贴现率的选择和风险不确定条件下成本效益的分析。

4.3 节介绍了分配因素和政治程序对成本效益分析的影响。

4.1 收益和成本的内涵及确定准则

按照本书第2章的分析，之所以有财政这个事物的存在，就是因为公共产品具有非排他性和非竞争性，表明公共产品无法通过市场进行定价，从而无法通过市场交易获得成本补偿，无法由私人部门提供，而只能由政府通过收税的办法来提供。因此，政府支出的收益和成本很难衡量。但是，政府支出规模十分庞大，如何通过掌握充足的信息和一定的技术方法来评估政府支出的效益，用最小的成本去获得最大的效益，从而为有效控制政府支出提供支持，也是财政学需要解决的问题。实践中，逐步形成了一套对政府支出中某些领域特别是项目投资进行成本效益分析的方法。政府支出或政府支出项目的成本效益分析法，即社会成本效益分析法，是在借鉴企业财务分析方法的基础上形成的。但与企业项目相比，政府支出项目的成本效益分析显得更加复杂，主要原因在于：

第一，目标不同。企业的目标是寻求项目的净收益最大化，即：

企业净收益=企业收益-企业成本=内在收益-内在成本

企业关心的是项目的收益是否超过成本，成本和收益都是内在的，至于项目是否存在外部性，即是否给他人带来额外损失或利益，则无须关注。

政府的目标是实现其特定的职能（如社会秩序、为经济发展提供公共设施、为社会发展提供民生设施、减灾防灾、公共安全等），实现项目的社会净收益最大化。在进行政府支出项目的决策与评估时，政府部门不仅要考虑项目的内在直接成本和收益，而且要考虑项目的外部成本和收益，即：

社会净收益=社会收益-社会成本=（内在收益+外部收益）-（内在成本+外部成本）

第二，定价方式不同。企业项目的投入（如土地、厂房、设备、原材料、人工等）所需的成本是企业对要素的支付价格，项目产出是其得到的总收益，两者都通过竞争性市场价格进行度量。政府支出项目的成本和收益一般无法直接采用市场价格加以评估。这或者是由于市场价格不存在，比如在考虑某项目对环境的影响时，像清新的空气、优美的风景等不存在市场价格；或者是由于市场价格不能真实反映项目的社会边际成本或收益，如垄断价格等。

运用成本效益分析法选择最优的政府支出项目，一般要经过以下几个步骤：首先，根据国家确定的目标，提出若干备选项目；其次，列举出备选方案的成本与收益，并测度全部成本和收益；最后，选择恰当的社会贴现率，折现未来净收益，从各备选方案中选择最佳方案，确定支出项目。

4.1.1　收益和成本的内涵

政府支出项目投资的基本目的是追求社会效益，即社会福利的改进，而非项目利润。因此，所谓成本效益分析，都是从社会角度进行的，比较的是社会效益和社会成本。社会收益是指从全社会的角度看，该项目发生实施后所产生的产品和服务的价值。根据社会收益的性质，可分为内在收益和外部收益。社会成本是指从全社会的角度看，实施某个项目所引起的资源耗费，包括财力、物力和时间的耗费等。按社会成本的性质，也可分为内在成本和外部成本。

1）内在收益与外部收益

内在收益是项目的服务对象和项目投资经营主体获得的收益，包括项目投资的产出对公共设施的改善所取得的收益或价值以及在市场销售所取得的收入。如公路建设项目提高运输能力的价值额和收费收入，灌溉引水项目导致的产业用水和生活用水数量质量改善的价值。外部收益是指项目内在收益以外的，和项目意图没有直接关系的人们所获得的收益，或是给他人带来的福利，这种福利也无须受益人加以补偿。例如，一个灌溉引水项目，除了上述内在收益以外导致环境美化、健康改善、渔业发展等额外收益。

政府支出项目通常能同时带来内在收益和外部收益，政府支出项目的外部收益通常会很大，甚至远远超出内在收益，这是政府支出项目的一个基本属性。因此，在政府支出项目评价中，除了考察内在收益外，还需要考察外部收益。

2）内在成本与外部成本

内在成本是指在项目范围内由项目投资经营主体承担的成本，是指在项目的投资经营中发生的成本。外部成本是指项目内在成本以外的，给他人所带来的非自愿的成本，或者对他人福利造成的损失，通常无须项目投资主体负担。如新建城市高架高速公路，其内在成本是建造这条公路支付的货币额，外部成本包括破坏城市景观、产生噪声、车辆尾气排放造成的生态环境影响，以及人们为了防止噪声，可能花费更多的钱安装消除噪声的玻璃等额外支出。又如对于一项防洪工程，其内在成本是工程投入的人力、物力，项目的管理和维修费用；外部成本包括耕地的减少、生态环境负面影响、自然风光的丧失、水位提高造成的交通不便等。

4.1.2 确定收益和成本的准则和方法

1）正常交易价格

成本效益分析的本质问题在于确定一个项目以及各个要素的价值量。价值量通常通过价格来反映，但是即使在私人经济活动领域，价格不仅取决于产品和服务的内在价值、供求关系，而且还受诸如垄断、政府政策扭曲、信息不对称等其他因素的影响，在政府支出领域，更是因为其主要是提供没有市场交易价格存在的公共产品，多数情况下没有直接的“价格”信息，即使有也不可比。这就需要确定可比的标准，将任何情况下的“价格”还原成体现价值的可比价格，从而对成本和效益的比较才能做到客观准确。因此，只要政府支出项目所使用的投入品或支出所产生的产品和服务有价格存在，并且这个价格是竞争性市场的正常的公平交易价格，就应当直接加以利用。如果价格不是正常交易价格，应当按照正常交易价格原则进行调整。可使用的方法包括：可比非受控价格法、转售价格法、成本加成法等在调整转让定价和进行海关估价中通常采用的方法[①]。

2）影子价格

由于政府支出项目的特殊性，许多成本效益项目找不到市场价格，或者市场价格被扭曲，这就需要计算所谓的“影子价格”或“最优价格”。这是线性规划应用于经济问题的一个概念，是用线性规则方法计算出来的反映资源最优使用效果的价格。影子价格或最优价格的概念分别由荷兰经济学家詹恩·丁伯根和苏联经济学家列·维·康特罗维奇分别提出。丁伯根在20世纪30年代末提出影子价格，对劳动、资本和为获得稀缺资源而进口商品的价值进行合理评价。1954年，他将影子价格定义为：在均衡价格的意义上表示生产要素或产品内在的或真正的价格。康特罗维奇在1939年出版了《组织和规划生产的数学方法》，提出线性规划方法以及解乘数法（resolving multiplier），[②]通过逐次调整，渐次逼近，直至计算出让各生产要素产生最大效率的最优值，即所谓最优价格。其主要观点是以资源的有限性为出发点，以资源最佳配置作为价格形成的基础，即最优价格不取决于部门的平均消耗，而是在最劣等生产条件下的个别消耗（边际消耗）决定的。丁伯根的理论是以主观的边际效用价值论为基础的，而列·维·康特罗维奇的理论是同劳动价值论相联系的。

影子价格是人为确定的合理的价格，因此也称计算价格。所谓合理就是从定价原则来看能更好地反映产品的价值、反映市场供求状况，反映资源稀缺程度[③]。因此，影子价格

① 杨斌. 国际税收制度规则和管理方法的比较研究［M］. 北京：中国税务出版社，2002：282-309.
② 宋则行. 现代西方经济学辞典［M］. 沈阳：辽宁人民出版社，1996：649.
③ 武献华，宋维佳，屈哲. 工程经济学［M］. 4版. 大连：东北财经大学出版社，2015.

或最优价格的提出为解决公共产品定价难题以及财政支出项目成本效益评估提供了重要思路。

影子价格的计算方法主要有线性对偶解法、机会成本分析法、消费者支付意愿法等。

（1）线性对偶解法

线性规划理论中资源的影子价格是以资源的稀缺性为价值依据，以资源的边际效益为价值尺度，反映资源对项目的边际贡献。一般采用线性对偶化方法探究资源配置中的影子价格。

假定：社会用m种资源$A_1,A_2,\cdots,A_m$生产n种产品$B_1,B_2,\cdots,B_n$，资源的总量为$b_1,b_2,\cdots,b_m$，产品的市场价格分别为$c_1,c_2,\cdots,c_n$，每单位产品B_j对资源A_i的直接消耗系数为$a_{ij}(i=1,2,\cdots,m;j=1,2,\cdots,n)$。产品市场完全清空。

可建立线性规划模型：

$$(\text{LP})\ \max Z=\sum_{j=1}^{n}c_jx_j$$

$$\text{s.t}\begin{cases}\sum_{j=1}^{n}a_{ij}x_j\leqslant b_i(i=1,2,\cdots,m)\\ x_j\geqslant 0 \qquad (j=1,2,\cdots,n)\end{cases}$$

其中，x_j为生产产品$B_j(j=1,2,\cdots,n)$的数量。

线性规划问题（LP）的对偶线性规划（DLP）问题为：

$$(\text{DLP})\ \min W=\sum_{i=1}^{n}b_iy_i$$

$$\text{s.t}\begin{cases}\sum_{i=1}^{m}a_{ij}y_i(j=1,2,\cdots,n)\\ y_i\geqslant 0 \qquad (i=1,2,\cdots,n)\end{cases}$$

根据线性规划问题的对偶理论，LP存在最优解$X^*=(x_1^*,x_2^*,\cdots,x_n^*)^T$的充分必要条件是DLP也有最优解$Y^*=(y_1^*,y_2^*,\cdots,y_m^*)^T$，并且存在$\max Z=\sum_{j=1}^{n}c_jx_i^*=\min W=\sum_{i=1}^{m}y_i^*b_i$。LP问题追求目标函数最大化，在对偶线性规划问题DLP中，$Y=(y_1,y_2,\cdots,y_m)^T$是对每一种资源的合理估价，以便得到与最优生产方案相一致的最低总价值。而$Y^*=(y_1^*,y_2^*,\cdots,y_m^*)^T$是DLP最优解，$y_i^*$代表在其他条件不变的情况下，第i种资源在最优决策下的边际价值，即该种资源的影子价格。由于影子价格是资源在最优决策下边际价值的反映，所以同一种资源在不同的经济结构和不同的最优决策下影子价格可能不同①。

（2）机会成本分析法

在资源有限的情况下，资源用于政府支出项目意味着企业或私人部门要放弃对这部分资源的使用，同样，资源用在这个政府支出项目就不能用在另一个政府支出项目，也就是失去了用于别的用途获得效益的机会。那么，一个财政支出项目的投入使国民经济所付出的代价就是放弃其他使用机会而获得的最大效益。这就是机会成本。机会成本也叫机会费用，是建立影子价格的基础。机会成本不是实际的交易价格，但在决策时可作为参照价格。但通常情况下，机会成本数值要大于影子价格。因为影子价格要求市场处于完全竞争状态，不存在垄断、外部性等因素，而现实中产品的机会成本包括生产该产品的直接生产成本、生产该产品过程中对其他经济个体造成的负外部性成本以及由于现在消耗掉该产品对将来需要消耗该产品的人因为放弃使用该产品所造成的净效益损失，即单位产品的机会

① 杨桂元，宋马林．影子价格及其在资源配置中的应用研究［J］．运筹与管理，2010，19（5）：39-44.

成本=单位产品的生产成本+单位产品的外部成本+单位产品的边际使用成本[①]。

（3）消费者支付意愿法

消费者支付意愿，是指消费者愿意为商品或劳务付出的价格。消费者支付意愿法与机会成本分析法同属局部均衡分析法。在项目产出物投入到国内市场，影响国内市场供应量的情况下，如果产品的市场价格不变，则消费者支付意愿的度量尺度就是市场价格本身，产出物的影子价格可取市场价格；如果产品的市场价格下降，则消费者支付意愿等于消费者实际支付加上增加的消费者剩余，在项目产出物替代原生产企业的部分或全部生产的情况下，其影子效益为原生产企业减产或停产向社会所释放资源的价值，等于这部分资源的消费者支付意愿。项目投入物的影子价格的计算以此类推。在项目投入物来自国内生产量增加的情况下，其影子费用就是增加生产所消耗资源的价值。在项目投入物来自挤占对该投入物原用户供应量的情况下，其影子费用等于原用户因此而减少效益的价值[②]。

3）消费者剩余

有些政府支出项目的社会收益可以用消费者剩余来衡量。在经济学中，消费者剩余是指消费者愿意为某种商品支付的货币额和实际支付的货币额之差，它由需求曲线以下与经过市场价格的那条横线之间的面积来表示。假定有一个政府支出项目是灌溉工程，该灌溉工程能对当地的食品价格产生影响，比如说对当地的苹果价格产生影响，那么如何来估计该灌溉工程的社会收益呢？

假定该地区种植苹果树，图4-1描述了基本情况。苹果的产量用横轴表示，价格用纵轴表示，D表示苹果的需求曲线。在灌溉工程完成之前，供给曲线为S，市场价格和产量分别为5元/kg和A_0（为方便起见，供给曲线画成水平线，即使它向上倾斜，主要结论仍然不变）。

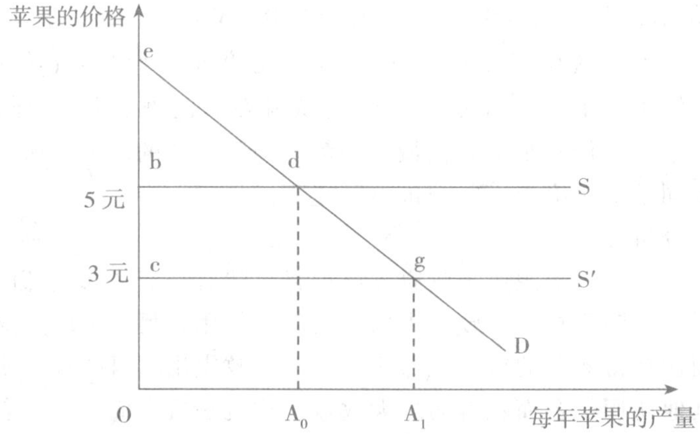

图4-1 衡量消费者剩余的变化

假定该灌溉工程使更多的土地能够栽培苹果树，苹果的供给曲线移动到S′。在新的均衡状态下，价格降为3元/kg，苹果的消费量增至A_1。我们知道，消费者剩余等于需求曲线之下、市场价格水平线之上的面积。因此，当价格为5元/kg时，消费者剩余为ebd的面积。灌溉工程完工后，现在苹果的价格是3元/kg，消费者剩余为ecg的面积，消费者剩

① 徐向阳．煤炭资源边际机会成本定价和影子价格的理论与应用［J］．煤炭经济研究，1998（8）：3-5.
② 武献华，宋维佳，屈哲．工程经济学［M］．4版．大连：东北财经大学出版社，2015.

余增加了，消费者剩余增加的部分就是面积ecg和面积ebd之差，即面积bcgd。消费者剩余增加的面积bcgd就表示该灌溉工程的社会收益。

4）根据经济行为推断

由于政府支出项目往往没有进入市场参与交易，或者即使参与交易，也无法反映项目的真实价值，因此，在许多场合中，描绘需求曲线缺乏足够的信息。这样，消费者剩余就难以直接观察到。例如，国防带来的安全感、国家公园给人带来的美感和享受、政府支出项目可能节省的时间价值和死亡率的降低等。此时往往通过可以观测到的经济行为进行间接的估计。例如，如何估算国家公园给人们带来的无形效用呢？此时可以用私人旅行成本近似地估算效用，因为人们愿意用旅行成本来换取对国家公园的观赏，表明在消费者内心中，公园带来的效用至少不低于其旅行成本。常见的经济行为推断方法有两种：一是时间价值估计法，二是生命价值估计法。

第一，时间价值估价法。估计时间价值的通常方法是，利用闲暇-收入选择理论。如果人们能够控制自己的工作量，那么，他们的工作时间就会达到这样一点，在该点，闲暇的主观价值等于多工作1小时所获得的收入——税后工资率。因此，可以用税后工资率乘以所节省的时间来估算所节省的时间价值。假定政府决定在高速公路上增加两车道，每位通勤者每天就会节省半小时。假如小张每小时的税后工资为50元，公路的拓宽使他节省了30分钟，该项目给小张带来的收益就是25元（50×30÷60）。显然，这种方法有赖于对时间的机会成本的度量。这种方法存在两个主要问题：一是有些人不能选择自己的工作时间，如非自愿失业者；二是对于不工作时间的使用，估价完全不同。估计时间价值的另一种方法，是通过观察人们对不同交通方式的选择。假定在某个社区里，人们可以乘火车，也可以坐公共汽车上班。火车省时，但比较贵。通过观察人们愿为乘火车而额外支付多少钱，可以推断出人们为减少通勤时间而愿意付出多少钱，从而推断出他们对时间的估价。当然，人们的其他特征，比如收入水平，也会影响人们对交通方式的选择①。

第二，生命价值估价法。一般认为，人的生命是无价的，这显然给成本效益分析带来了难题。如果生命是无价的，那么诸如运输安全、癌症研究、营养教育和消防等许多与人的健康或生命有关的政府支出项目就无从评估。比如，公路两边都是四车道，这有助于交通事故死亡率的降低。这样，哪怕该项目只救了一个人，其现值也是无限大的。但这是个好项目吗？因此，在成本效益分析中，必须赋予生命以有限价值②。

目前，对生命估值的通常方法有两种。第一种方法，是收入损失法或人力资本法。该方法以损失的收入为基础，将人看成是机器设备的某种等价物。因此，获救生命的价值，就是一个人在有生之年的收入减去他在工作生涯中所付出成本的价值差额。这种方法认为，这样计算所得出的就是个人对经济的贡献，也就是受害者所损失的潜在收入，即挽救生命的价值。这种方法主要有两方面的问题：一是该方法认为获救者闲暇时间的价值为零；二是认为收入较高者的生命价值高于收入较低者的生命价值，特别是那些年老、体弱或严重残疾的人甚至会因为没有收入而被视为没有任何价值，这显然是荒谬的。这种方法现在很少使用了。多数人都宁愿损失比自己的收入更多的资金，也不愿意自己的生命受到

① 罗森H S. 财政学［M］. 郭庆旺，赵志耘，译. 8版. 北京：中国人民大学出版社，2009：156-159.
② 罗森H S. 财政学［M］. 郭庆旺，赵志耘，译. 8版. 北京：中国人民大学出版社，2009：156-159.

威胁、身体受到伤害。

另一种估计生命价值的方法是偏好表露法。该方法是用愿意付款的数额来估测人们愿意为降低生命所面临的风险而支付的金额，然后用这种估测结果再来计算生命的统计价值。从事某些职业的死亡率高于其他职业，如煤矿工人的事故发生率高于大学教授，海上钻探的作业者比政府文员有更大的生命危险。雇用从事高风险职业的工人所需要的工资津贴，可以用来对劳动力市场上的生命价值进行估测，因此，挽救生命的价值可以直接从人们所做的决策中体现出来。假定有两个工人，就业资格条件（教育、经验等等）完全相同，但其中一个人所从事职业的风险比另一个人的高，从事较高风险职业的那个工人，希望得到更高的工资，以对较高的死亡概率进行补偿。这两种工资之间的差额，可以作为人们对死亡概率下降评价的估计值。对这种方法，学界也有很大的争论。有人认为它低估了生命的价值，认为人们没有很好地了解他们所面对的风险。但这是在通常情况下所能作出的最好估测。

4.2 比较成本和效益的具体方法

政府支出项目投资往往持续一段时间，建成后存续较长的时间，现期投入和未来收益或成本处于连续时间段，而不同时间段的货币价值不同，既可能升值，也可能因通货膨胀而贬值。因此，对收益和成本的评估不能简单地采用账面的价值量，而必须对不同时间段的价值进行变换，以便可比。本节先阐述进行这种变换所采用的一般方法，然后阐述进行成本和效益比较的具体方法。

4.2.1 处理成本和效益时间价值差的一般方法

在成本效益分析中，往往采用计算现值的办法来处理成本和效益的时间价值差。计算现值，就是将未来各个年份的收益或成本的货币价值通过一定的方法变换为当前的货币价值。因此，现值就是以现在的货币价值来表示未来时间段产品或服务的价值。假定年利率为5%，你将1 000元钱存入银行里，一年后你就可以得到1 050元（1 000×（1+5%））。如果你将这1 050元在银行里再存一年，两年后，你就可以得到1 102.5元（1 050×（1+5%）= 1 000×（1+5%）^{2}）。反过来说，为了在一年后得到1 050元或两年后得到1 102.5元，你现在只需要投资1 000元就够了。这1 000元就被称为一年后得到那1 050元或两年后得到1 102.5元的现值。因此，未来一笔钱的现值（present value，PV）也可以表述为你为将来有权获得这笔钱而在今天所愿意支付的最高数额的货币。下面列出现值的一般计算公式：

如果年利率为i，那么n年后得到R_n元的现值就可以通过求解方程$R_n=PV\cdot(1+i)^n$得到，即：

$$PV=\frac{R_n}{(1+i)^n} \tag{4.1}$$

在公式4.1中，年利率i习惯上被称为贴现率（discount rate），$1/(1+i)^n$被称为贴现因子（discount factor）。从直观上说，该式至少表明两点：第一，未来的1元钱和现在的1元钱是不相等的，因此，不能轻易将未来的1元钱和现在的1元钱进行简单加总；第二，在其他条件相同时，你为了得到一笔钱等待的时间越久，你在今天为它所需支付的钱就越少。

现在我们考虑一个政府支出项目的收益情况。假如该项目在未来n年的运行期内每年给社会带来的收益分别为R_0，R_1，R_2，…，R_n，那么，从当前看，该项目给社会带来的总收益是多少呢？我们已经知道，简单地回答收益为（$R_0+R_1+R_2+\cdots+R_n$）是错误的。因为这会使未来收益看上去比它的实际值更高。正确的方法是将未来各期的收益转化为现值，然后将它们相加。该项目收益流的现值可以用下列公式计算：

$$PV = R_0 + \frac{R_1}{1+i} + \frac{R_2}{(1+i)^2} + \cdots + \frac{R_n}{(1+i)^n} = \sum_{k=0}^{n} \frac{R_k}{(1+i)^k} \tag{4.2}$$

假定某个项目在未来5年的运营期内，第0年没有收益，以后每年给社会带来的收益为1 000万元，假定贴现率为10%，那么该项目收益流的现值为：

$$PV=\frac{1000}{1+0.1}+\frac{1000}{(1+0.1)^2}+\frac{1000}{(1+0.1)^3}+\frac{1000}{(1+0.1)^4}=909+826+751+684=3\,170\text{（万元）}$$

注意，未贴现的收益总和为4 000万元，与贴现后的收益现值总和3 170万元之间相差830万元。

4.2.2 比较成本和效益的主要方法

1）基本方法

具体用于比较成本和效益，对项目作出评估的主要方法有如下三种：

（1）净现值（NPV）法

这种方法是，将项目长时期内各年的效益和成本数量化后，选择适当的社会贴现率，分别折算为现值，并将效益现值减去成本现值而求得净效益，见公式4.3。

$$\begin{aligned} NPV &= \left(B_0 + \frac{B_1}{1+i} + \frac{B_2}{(1+i)^2} + \cdots + \frac{B_n}{(1+i)^n}\right) - \left(c_0 + \frac{C_1}{1+i} + \frac{C_2}{(1+i)^2} + \cdots + \frac{C_n}{(1+i)^n}\right) \\ &= \sum_{t=0}^{n} \frac{B_t}{(1+i)^t} - \sum_{t=0}^{n} \frac{C_t}{(1+i)^t} = \sum_{t=0}^{n} \frac{B_t - C_t}{(1+i)^t} \end{aligned} \tag{4.3}$$

其中，B_t——t年的效益；C_t——t年的成本；n——支出项目的年限；i——社会贴现率。

NPV法是最常用的政府支出项目选择标准。一般说来，净现值法的决策原则是，只有一个项目的NPV>0时，该项目才可以被采纳；如果NPV<0，则项目不可行。如果有多个备选的互斥项目时，应选择NPV为最大正值中的最大者。社会贴现率是现值法中的关键因素之一，我们在下一节专门讨论贴现率的问题。

[例4-1] 假定政府某一支出项目持续4年，把实施的当年作为第0年。当年没有收益，只有成本1 000元，而且以后各年不再有成本；下一年开始有350元的收益，而且以后每年都有350元的收益。假定社会贴现率为5%，则净现值为：

$$NPV=\frac{350}{1+0.05}+\frac{350}{(1+0.05)^2}+\frac{350}{(1+0.05)^3}-1\,000=-46.77\text{（元）}$$

该项目的NPV=-46.77<0，这表明，政府不应当实施该项目。

（2）内在报酬率（IRR）法

这种方法，是指求出能使项目净收益为零的利率，使未来各年“效益的贴现值总和”等于“投入成本的贴现值总和”的那种贴现率。也就是说，IRR的贴现率能使NPV=0，它是方案本身的投资报酬率，见公式4.4。

$$0=\sum_{t=0}^{n}\frac{B_t}{(1+IRR)^t}-\sum_{t=0}^{n}\frac{C_t}{(1+IRR)^t}=\sum_{t=0}^{n}\frac{B_t-C_t}{(1+IRR)^t} \tag{4.4}$$

其中，B_t——t年的效益；C_t——t年的成本；n——支出项目的年限；IRR——项目本身的报酬率。

如果IRR等于或超过所预期的报酬率时，政府支出就有效率，项目就可行；如果小于预期的报酬率时，项目不可行。对几个项目进行排序时，具有较高内在报酬率的项目应优先考虑。

[例4-2] 有两个项目A和B，A项目的最初投资为20 000元，当年没有收益，第1年和第2年的收益分别为11 800元和13 240元；B项目的最初投资为9 000元，当年没有收益，第1年、第2年和第3年的收益分别为1 200元、6 000元和6 000元，假定贴现率为10%，则：

项目（A）：$0=11\,800\div(1+IRR_A)+13\,240\div(1+IRR_A)^2-20\,000$

计算得出$IRR_A=16.04\%$

项目（B）：$0=1\,200\div(1+IRR_B)+6\,000\div(1+IRR_B)^2+6\,000\div(1+IRR_B)^3-9\,000$

计算得出$IRR_B=17.88\%$

A项目和B项目相比较，B项目的内在报酬率为17.88%，大于A项目的内在报酬率16.04%，应优先考虑。

（3）效益成本比率（NI）法

这种方法是在各支出方案的成本效益数量化后，折为现值，求出效益现值与成本现值的相对数，作为决策依据，见公式4.5。

$$NI=B/C=\sum_{t=0}^{n}\frac{B_t}{(1+i)^t}\Big/\sum_{t=0}^{n}\frac{C_t}{(1+i)^t} \tag{4.5}$$

该公式的应用很简单。当$NI\geqslant 1$时，项目方案可行；当$NI<1$时，则不可行。对几个方案进行比较时，正效益成本比最高者为最佳方案。

2）对上述三种方法的比较

内在报酬率法是三种方法中运用较少的一种方法，它的缺陷相对较多。首先，可能不存在唯一的内在报酬率。因为我们是通过解方程得出答案的，解决上述问题的内在报酬率可能不止一个，有些利率可能出现负值，那么，运用这种方法将无法作出决策。其次，如果两个项目提供净收益的寿命不同，那么在相互排斥的项目之间就很难用毫不含糊的方式对内在报酬率进行排序。最后，内在报酬率法假定在整个项目中只有单一的贴现率，有时不符合成本效益分析的要求。如果支出的决策者认为在项目的后几年整个社会的资金会趋于紧张，需提高内在报酬率才能弥补其机会成本，用内在报酬率法就无法得出项目是否可行的结论。当然，相比于净现值（NPV）法和效益成本比率（NI）法，内在报酬率法最大的优点是避免贴现率的确定问题。

净现值法与效益成本比率法通常被认为是一致的，因为净现值大于零，必然意味着效益现值除以成本现值的比值大于1。但净现值法相对于效益成本比率法显得更优，这主要是由于以下原因：首先，效益成本比率对效益界限和成本界限的敏感度不同。从理论上讲，同量的正效益与同量的负成本似乎是等同的，但计算比率时，同一个数字加在分子上或从分母中减去，得出的结果不同；但对于净现值法并没有任何影响，因为它依据的是效益和成本之间的差额，而不是它们之间的比率。其次，在项目规模大小不一且只能选一个项目时，效益成本比率法可能导致错误的结论。一般说来，当两个项目是互相排斥的，也就是说只能采取一个时，往往采用净现值法；若是独立项目，往往采用效益成本比率法，直至预算用完。当然，贴现率的选择对两者都是极为重要的，不同的贴现率将会导致不同的排序。

4.2.3 贴现率的选择

1）贴现率的意义

首先，选择贴现率与对成本和收益进行正确的列举和评估同等重要。贴现率正确但成本和收益计算出现一系列错误，这样的分析得出的结论与使用零贴现率进行研究得出的结论同样具有误导性。同样，如果贴现率选择不正确也会影响各种项目优劣顺序的排定，导致决策失误。例如，选择低贴现率总是会使产生未来净收益的项目比产生当前净收益的项目更有优势。我们利用一个例子来说明贴现率带来的这种效应。让我们考虑两个可以替代的项目A和B。项目A立即产生100元的净收益。项目B在两年后产生110元的净收益，但当前或项目实施一年后不产生任何收益。对应不同的贴现率，可以对项目A和项目B的净收益现值进行计算并根据现值排出两个项目孰优孰劣。假设有三种贴现率，分别为0%，4%和8%。项目A的现值总是100元，因为项目A只有当前净收益。项目B的现值将随贴现率的变化而变化。表4-1给出了各种贴现率下项目B的净收益现值。当贴现率为0%和4%时，项目B的现值大于项目A的现值。但如果贴现率为8%，则项目A优于项目B。一般而言，贴现率越高，未来净收益的现值越低。

表4-1　各种贴现率下项目B的净收益现值

贴现率	贴现率与项目排序	
	项目A的现值	项目B的现值
0%	100元	110÷（1+0）^{2}=110（元）
4%	100元	110÷（1+0.04）^{2}=101.7（元）
8%	100元	110÷（1+0.08）^{2}=94.3（元）

相反，选择较高的贴现率往往使得获得批准的政府支出项目数量减少。由于贴现率反映了私人消费和投资的回报，较高的贴现率意味着，就放弃的私人消费而言，政府支出的机会成本也高。反过来这意味着为了实现效率，政府支出数额占国内生产总值的相对份额应减少，某些在低贴现率时净收益现值大于零的项目，在较高的贴现率下净收益现值为负数。因此，正确地选择贴现率对成本效益分析所得出的结论是否正确关系重大。

2）政府支出贴现率选择的特殊性

正确的政府支出项目贴现率应该是社会贴现率。社会贴现率，是指应用于未来的成本和收益上，能产生真实社会现值的贴现率。它以企业部门的贴现率为基础，但又不同于企业部门的贴现率。在确定政府支出项目成本效益分析所用的社会贴现率时要考虑如下情况：

（1）代际收益

企业做决策时一般不考虑投资给后代可能带来的收益，但是政府必须从长远角度出发，既关注当代人的福利，也不能忽视子孙后代的福利。政府采用的贴现率应该是假定在充分认识到了未来收益的好处之后所使用的贴现率。而企业往往低估消费的机会成本而高估投资的机会成本，抬高贴现率。[①]为了改善这一情况，社会贴现率应低于企业所采用的贴现率。

（2）外部性

许多投资项目具有外部性，即这些项目不仅使投资者受益，也使其他人受益。例如，灌溉工程可以美化周围环境，使生活在周围的居民心情舒畅，延年益寿。实际上，政府支出项目产生的外部效益往往很大。由于市场中的企业一般不能充分认识到外部效应，因此表现出市场对资金供求关系的企业部门贴现率往往被抬高了。在进行政府支出项目的成本效益分析时，应适当调低贴现率。

3）社会贴现率

在理论上和实际工作中，社会贴现率有如下几种选择，但各有利弊。

（1）长期国债利息率

长期国债利息率，是指政府为了满足其支出的需要发行国债而必须支付的利息与本金的比率。一般认为，政府具有权威性和永续性，且有政治权力作后盾，所以国债无违约风险，到期都能还本付息，其利率经常低于私人投资的借款利率。有些国家政府，利用各种国债的平均利率作为贴现率，这通常是基于方便的缘故。有不少人反对使用长期国债利息率，认为低贴现率会将资源从高产出的私人部门引向低产出的公共部门[②]。

（2）资本的社会机会成本率

所谓资本的社会机会成本，是指假如资金不用于政府支出，而是投入到另一项生产中，可能产生的收益。如果一种资源在企业部门产生收益率为r%，那么当这些资源在政府部门产生的收益率大于r%时，这种资源应当被用于政府支出项目；反之，如果这种资源在政府支出项目中的潜在收益率低于r%时，这种资源则应当留在企业部门中使用[③]。这里的问题是要对资源的机会收益率进行估测，要使公共资源的配置富有效率，政府支出项目的机会成本就应当超过将这种资源用于其他项目的收益率。一般来讲，这个比率可以根据下面的公式来进行估测：[④]

$$i=k_1r_1+k_2r_2+\cdots+k_nr_n \tag{4.6}$$

其中，i——项目资源的社会机会成本率（即项目的贴现率）；k_n——一个特定部门所分担的项目成本的比例；r_n——一个特定私人部门的投资收益率；n——有替代资源的私人部门的数量。

［例4-3］假定一项政府支出项目需要资金500万元，其中100万元来源于A企业的投资减少，100万元来源于B企业的投资减少，300万元来源于C企业的投资减少，假设A、B、C企业的投资收益率分别为18%、20%和12%，那么社会贴现率为：

---

① 丛树海．财政支出学［M］．北京：中国人民大学出版社，2002：244-245.

② 丛树海．财政支出学［M］．北京：中国人民大学出版社，2002：244-245.

③ BAUMOL W J. On the Discount Rate for Public Projects［M］//HAVEMAN R H, MARGOLIS J. Public Expenditures and Policy Analysis. Chicargo: Markham, 1970: 274.

④ 米克塞尔J L. 公共财政管理：分析与应用［M］．白彦锋，马蔡琛，译．6版．北京：中国人民大学出版社，2005：270-272.

i=18%×100÷500+20%×100÷500+12%×300÷500=14.8%

这个方法所基于的信息容易获得，但原则上是采用了企业部门的贴现率，没有考虑外部性和代际利益，往往存在高估现象。

（3）社会时间偏好率[①]

所谓社会时间偏好率，是指社会因为放弃现在的消费进行投资而希望在未来得到的回报率，即未来消费对现时消费的边际替代率。[②]社会时间偏好率通常作为贴现率以度量投资的机会成本。在图 4-2 中，U_1、U_2、U_3曲线表示社会时间偏好函数，即全体社会成员对不同期间的消费的满意程度。因此，假定全体成员的偏好不变，社会时间偏好函数表示某一既定的社会福利水平。如在U_2曲线上的 E 点，表示在U_2的社会福利水平下，全体消费者愿意获得 OC 量的 t 期消费和 OD 量的（t+1）期消费。社会时间偏好率的值通常在 0~1 之间，但均衡的社会时间偏好率要结合社会生产可能性曲线来确定。因为社会时间偏好函数表示消费者对不同时期消费量的偏好，要增加未来消费，必须减少现时消费，以用于投资，增加未来的生产力，使未来消费的增加成为可能。在图 4-2 中，以 AB 表示社会生产可能性曲线，即表示在现有技术水平与一定资源条件下，在充分就业时可能生产 t 期与（t+1）期消费量的各种可能组合的轨迹。在 E 点，表示在充分就业时，可能生产 OC 的 t 期消费和 OD 的（t+1）期消费。

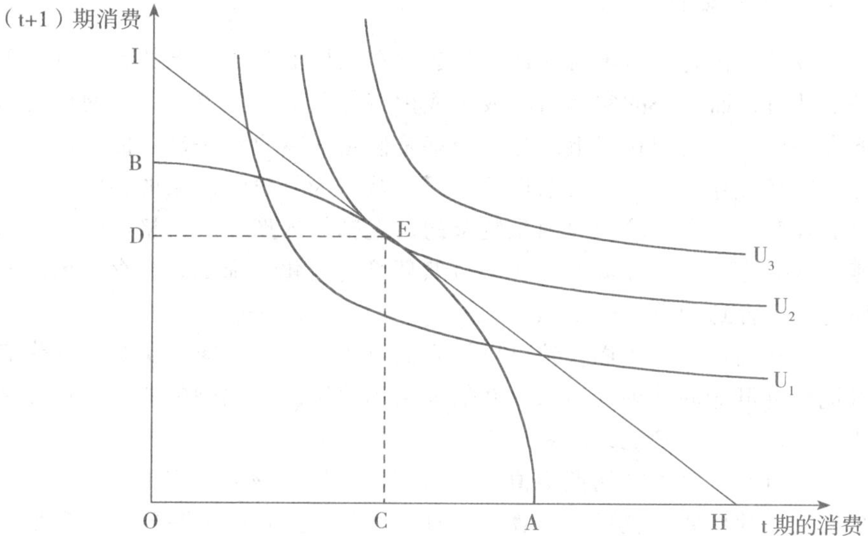

图 4-2 社会时间偏好率

社会生产可能性曲线上任何一点的斜率，可代表投资的边际生产力。在 E 点，社会将牺牲 CA 的目前消费量，以用于投资，到（t+1）期时，它将创造 OD 的消费量。当社会时间偏好曲线与社会生产可能性曲线相切时，便决定了均衡社会时间偏好率，即 E 点的斜率 =OI/OH，此时，生产即为可能，社会成员的福利也实现最大化。

理论上，社会贴现率以选取社会时间偏好率为佳。但是，社会时间偏好率在实际操作中难以实施。因为社会无差异曲线一般要通过汇总个人偏好取得，一方面由于个人存在种

① 吴家声．财政学［M］．台北：三民书局，1987：175-176.
② 回报率是投资得到的增量与投资之比，消费的边际替代率是增加的消费量与现时消费量之比，而投资得到的增量就是未来消费的增量，投资等于现时消费，所以，回报率就等于消费的边际替代率。

种动机，不按实际情况表露个人偏好，另一方面由于技术上的原因将个人偏好汇总成社会偏好目前还无法进行，这样社会时间偏好率仍停留在理论阶段，还无法应用于实际，但提供了一个继续研究的方向。

（4）经济增长率

国家经济发展是多种因素共同作用的结果，投资是其中重要的一环。根据储蓄转换为投资，投资提高未来生产力，促进国家经济发展的原理，可将经济增长率作适当调整后作为社会贴现率。由于经济增长率数据很容易得到，因此这种方法简便易行。但经济增长率毕竟与贴现率的本来含义有很大不同，且经济增长率反映的是全局的平均情况，而政府支出项目则属于个别特殊现象。决定经济增长率的因素有很多，除了投资因素外，还有消费、出口、技术进步、心理预期等因素。经济增长率波动大，若采用经济增长率作为贴现率，同样的项目在不同的年度评估结果有很大的不相同，很难作为决策的依据。

在实践中，人们还采用了一种间接的办法解决社会贴现率问题，即根据一系列贴现率来评估一个项目的现值，并观察这一现值是否对i的所有合理值均为正。如果都为正，说明该项目对贴现率的选择敏感度较低，项目可行。

4.2.4 风险和不确定性分析

进行成本效益分析时，对项目的评价是建立在预期的基础之上的，计算中采用的任何数据都只是估计值，而将来的实际情况或多或少将与预测发生差异，从而使支出决策在变化的条件下失去价值。我们在以上的分析中都是假定成本收益是确定的，但未来往往是不确定的。任何项目都存在风险。所谓风险，可以被认为是投资决策的实际结果可能偏离它的期望结果的程度。产生风险的原因是复杂的，包括投入产出物价格的变化、市场需求和产品竞争能力的变化、宏观环境的变化和自然环境的变化。那么，在存在风险和不确定性的情况下如何选择合意的政府支出项目呢？

对于风险和不确定性，我们大致可以把它们分为两大类。第一类是，在带有风险的情况下，可以把所有可能的结果列出来，并能够给出每种结果出现的概率。第二类是，各种结果出现的概率根本无法确定，或者结果本身就是不确定的。

对于第一类情况，可以利用期望值最大法进行分析。该方法根据已知各种可能发生的结果及其结果发生的概率，就可以计算出各种方案的期望值，然后挑选期望值最大的那个方案。

［例4-4］假定某个支出项目有三个方案可供选择，可能的结果有A、B、C三种，出现的概率分别为0.5、0.3和0.2。在不同方案下，可能的净收益见表4-2。

表4-2　某个支出项目在不同方案下可能的净收益

方案	可能的结果		
	A	B	C
甲	300	200	150
乙	450	120	240
丙	200	280	180

表4-2中第一个数值300是指方案甲实行后在A情况发生下会产生300的净收益，其余类推。

不同方案的期望值计算结果如下：

E（甲）=300×0.5+200×0.3+150×0.2=240

E（乙）=450×0.5+120×0.3+240×0.2=309

E（丙）=200×0.5+280×0.3+180×0.2=220

其中，E为期望。

方案乙的期望值为309，在三个方案中的期望值最大，应选择该方案。

对于第二类情况，有以下三种方法可供选择。

第一种方法是贝叶斯标准法。贝叶斯标准法是指在未来事件的概率未知的情况下，给予每种可能发生的事件以相等的概率，然后根据已知各种可能发生的结果，来计算出各种方案的期望值，然后挑选期望值最大的那个方案。该方法适用于可能发生的结果能确定，但各种结果出现的概率无法确定的情况。

[例4-5] 我们仍引用上例中的数据，即表4-2中的数据，假设可能的结果A、B、C出现的概率未知。我们利用贝叶斯标准法赋予三种情况相等的概率，计算出各种方案的期望值为：

E（甲）=300×1/3+200×1/3+150×1/3=216.7

E（乙）=450×1/3+120×1/3+240×1/3=270

E（丙）=200×1/3+280×1/3+180×1/3=220

选择期望值最大的方案，此处选方案乙。

第二种方法是最大最小标准法。这种方法是假设决策人是厌恶风险的，因此他总是假设最坏的结果可能发生。先把可能发生的最坏的结果罗列出来，然后选择最坏结果中值最大的项目。在前面的例子中，最坏的结果分别为：方案甲为150；方案乙为120；方案丙为180。最坏的结果中最大值为180，所以根据最大最小标准法选择方案丙。在集中考虑了最坏结果后，决策人无须考虑其他结果，所以该方法称得上是超保守的。

第三种方法是最小最大缺憾法。如果决策者既厌恶风险，又不愿意放弃可能的机会，应采取这种方法。依上例，如果决策者采用方案甲，但是A情况发生了，则只能获得收益300，而如果事先采用方案乙的话就能获得收益450，那么差额150就成了决策者的"遗憾"，也就是错误决定的机会成本。将各种机会成本列出来，选择各方案中机会成本之和最小的那个方案，就能使"遗憾"最小。表4-3是依照表4-2算出的机会成本表。根据计算，应该选择机会成本最小的方案，即方案乙。

表4-3 **依照表4-2算出的机会成本**

方案	各种可能结果下的最大的机会成本			机会成本之和
	A	B	C	
甲	150	80	90	320
乙	0	160	0	160
丙	250	0	60	310

4.3 分配因素和政治过程对成本效益分析的影响

4.3.1 考虑分配因素

前面的分析均基于这样的假定，即成本和效益对所有人，不论是穷人还是富人均无差别。在这种假定下，通过成本效益分析，如果一个项目的净现值为正数，不管谁受益谁受损都应当实施。因为只要净现值为正数，社会自动形成一种补偿机制，受益者除了能补偿受损者之外，还能享受净增的效用。也可以这样说，如果一个项目能给某些人提供更大的净收益，那么，就可以让另外一些社会成员承担费用。这种观点也称为希克斯-卡尔多标准[①]。但现实生活中，由于存在收入分配的不平等，导致同量货币量对不同阶层的人的效用（即价值）是不同的。同样一元钱对穷人来讲，其边际效益大于富人。此外，特定政府支出项目的收益不是在全体人口中均匀分配的。一些项目，如防洪大坝，只能使局部的地理区域内的人们受益；其他项目，如工作再培训项目，主要直接针对穷人。因此，成本效益分析得出结论后，还得考虑分配问题。

如果一个项目使穷人付出成本，而使较富有的人增加了收益，从成本效益分析角度看，这个项目可行。但对富人而言，由于边际效用随着收入的增加而递减，其增加的效益抵不过穷人减少的损失，那么整个社会的福利状况就下降了。政府支出活动的目标应当是最大限度地扩大社会福利，而不是相反。所以成本效益分析中应纳入收入分配因素。

解决办法就是通过对前述比较成本效益的方法（即净效益现值法、内在报酬率法、效益成本比率法）进行修正，加入收入分配因素。具体做法就是在政府支出项目的评估中，赋予不同阶层的人的收益以不同的分配权数。由于存在收入的边际效用递减规律，因此低收入者的权数应较大些，高收入者的权数应小一些。这样，就可以使得那些有利于低收入者的政府支出项目的净现值增加，内在报酬率提高或效益成本比率上升，从而在其他条件相同的情况下，优先选择给穷人带来更多收益和更少成本的方案，从而提高整个社会的福利水平。修正后的比较成本效益的方法如下[②]：

（1）净效益现值

假定整个社会有m个人，第K个人在第t个时期得到的净效益为（$B_{Kt}-C_{Kt}$），分配权数为d_K，那么：

$$NPV=\sum_{t=0}^{n}\sum_{K=1}^{m}d_K\frac{B_{Kt}-C_{Kt}}{(1+i)^t}$$
$$\sum_{K=1}^{m}d_K=1 \tag{4.7}$$

其中，赋予低收入阶层的权数d_K要大些，高收入者阶层的权数d_K要小些，这样会优先选择有利于低收入阶层的政府支出项目。

同样，若$NPV\geqslant 0$，项目可行；$NPV<0$，项目不可行。有几个项目可供选择时，选择

① 这是以经济学家约翰·希克斯和尼古拉斯·卡尔多（John Hicks and Nicholas Kaldor）的名字命名的，见罗森H S. 财政学［M］. 郭庆旺，赵志耘，译. 8版. 北京：中国人民大学出版社，2009：160-161.

② 丛树海. 公共支出分析［M］. 上海：上海财经大学出版社，1999：433.

NPV最大值。

（2）内在报酬率

$$0=\sum_{t=0}^{n}\sum_{K=1}^{m}d_K\frac{(B_{Kt}-C_{Kt})}{(1+IRR)^t}$$
$$\sum_{K=1}^{m}d_K=1 \tag{4.8}$$

其中，赋予低收入阶层的权数d_K要大些，高收入者阶层的权数d_K要小些，这样会优先选择有利于低收入阶层的政府支出项目。判断标准同公式（4.4）。

（3）效益成本比率

$$NI=\sum_{t=0}^{n}\sum_{K=1}^{m}d_K\frac{B_{Kt}}{(1+i)^t}/\sum_{t=0}^{n}\sum_{K=1}^{m}d_K\frac{C_{Kt}}{(1+i)^t}$$
$$\sum_{K=1}^{m}d_K=1 \tag{4.9}$$

其中，赋予低收入阶层的权数d_K要大些，高收入者阶层的权数d_K要小些，这样会优先选择有利于低收入阶层的政府支出项目。判断标准同公式（4.5）。

赋予不同个人的收益以不同权数，这在理论上很简单，但在具体操作中却困难重重，如何处理1个社会成员相对于其他社会成员得益多少的问题呢？1元对于1个低收入者来说，相当于高收入者的3元，或者是5元，还是更多？有关于此，我们没有任何市场信息作为参考，更多的只能是一种价值判断。由于分配权数涉及社会的政治目标，因而较为合适的方式是通过政治过程中的某种方式加以确定。那么，在理论上是否有一种较为精确地测算分配权数的方法呢？我们知道，确定权数分配的宗旨是给低收入者以较大的权数，高收入者以较小的权数，那么一种可供考虑的思路是计算不同收入人群占社会总收入的比重，取其倒数，再计算出各倒数占总倒数之和的比重，作为分配权数①。

［例4-6］假定低收入人群、中等收入人群和高收入人群的收入分别为1 000亿元、4 800亿元和8 000亿元，全社会的总收入为13 800亿元。如何确定不同收入人群的权数呢？计算过程见表4-4。

表4-4　不同收入人群的权数计算过程

收入人群分组	各收入人群占全社会总收入的比重	比重的倒数	各组人群的分配权数
低收入人群	1 000÷13 800=0.07	14.3	14.3÷（14.3+2.9+1.7）=0.76
中等收入人群	4 800÷13 800=0.35	2.9	2.9÷（14.3+2.9+1.7）=0.15
高收入人群	8 000÷13 800=0.58	1.7	1.7÷（14.3+2.9+1.7）=0.09

4.3.2 政治程序因素对成本效益分析的影响

成本效益分析，是从纯经济角度对政府支出项目进行的可行性分析。中外历史表明，经济不仅是社会的经济，更是政治的经济，政治因素可能对整个成本效益分析过程产生决定性影响，因此，非常有必要讨论政治因素对成本效益分析的影响。

一国政府的收支活动一般都必须经过预算这一政治机制的运作过程。预算过程在一定

① 丛树海．财政支出学［M］．北京：中国人民大学出版社，2002：260-261.

程度上是决定政府行政计划与目标的工具，但政治制度往往对预算行为产生重大影响。中国《预算法》规定，中央预算由全国人民代表大会审查和批准，地方各级政府预算由本级人民代表大会审查和批准。应该说，这种预算审批体制最大限度地保证了政府支出决策体现人民的意志，符合广大人民群众的利益。但由于种种客观原因的存在，可能导致预算决策过程偏离成本效益分析所确定的社会福利最大化目标。

1）信息不灵

人大代表来自各行各业，在成本效益分析中，渗透了大量的专业知识，支出项目一多，所涉及的领域就十分广泛，一个人不可能对所有的支出领域都十分精通，决策可能失误。所以有必要设立一个专门的技术委员会，负责成本效益的分析和解释，以便对政府提出的预算报告作出正确的判断。也就是说，需要在政治行为中较多地引入技术因素。

人大代表在决策时，需要把他所代表的那部分人的偏好汇集起来，并通过自己的表决行为体现。但在这一过程中，不可避免地会受他们自身的成本和效益考虑的影响。有时候，这种影响是巨大的。而且，由于情况是在不断变化中，信息具有很强的时效性，从人大代表选举产生到预算获得通过通常需要有一个过程，在这一过程中人民的偏好可能已经发生了变化①。

2）社会利益集团的存在

所谓社会利益集团是指与某一政府支出项目有密切利益关系，并在公共决策中发挥重要作用的群体。这种利益集团的形成并不都是有意识的，可能由于各方所处的经济地位相似，而无意识地在项目决策过程中采取了“集体性”的行为，对公共决策产生了重大的影响。比如，有一个支出项目对一部分人而言利益极大，他们就有足够的动力去促成项目的通过；项目的成本虽然超过了收益，但由于成本极为分散地分摊到人们之中，这些人都只承担了很小的成本，他们就没有抗议这个项目的动力。类似地，如果那些得到收益的人和承担成本的人处于前面例子所描述的相反状况，那么，相对于成本而言具有高效益的项目也许可能就不会被通过②。

3）政府官员的影响

预算方案由政府提交并负责具体执行，政治决策者和官员对政府支出项目选择具有重要影响。如果有个项目为官员所青睐，他的偏好就会影响最后给出的资料和对信息的分析。官员可以选定一个贴现率或就项目设定一套议事日程，并从中选择他所合意的那种方案。当选择的对象具有很高的风险时，官员们的影响就尤其重要。如果是一位很不喜欢冒险的官员，他希望把风险状态下可能发生的不利后果最小化，并制订出一些具有最大安全系数的方案。

另外，政府通常比一般居民与政府支出项目有更直接的联系，有些政府支出项目的直接消费者就是政府本身，所以，政府常常夸大项目的重要性。综上所述，由于政治因素的介入使成本效益分析不单单只包括技术的分析，政治上的考虑很可能使成本效益分析偏离最优状态。最后，我们必须指出，成本效益分析方法并不是万能的，不能提供所有问题的最可靠的“科学”答案。不过，成本效益分析方法不论是作为一种决策工具，还是作为计

① 丛树海. 财政支出学［M］. 北京：中国人民大学出版社，2002：261-262.
② 丛树海. 财政支出学［M］. 北京：中国人民大学出版社，2002：261-262.

算框架，都是很有用的。这种方法不能绝对精确地预测成本和收益，更不能说已经提供了适当的计算方法。但是，成本效益分析法仍能给决策者以很大的启示，提醒其注意容易疏忽的地方。如果合理并谨慎地使用这一方法，它可以给决策者带来很大帮助，因为它提供了经过精心处理的资料和信息，为决策提供相当科学的知识体系。但如果盲目和不加分析地使用，其结果也可能是令人失望的。

【案例4-1】

职业培训计划的成本效益分析

有人利用成本效益分析方法对旨在提高贫困青少年未来收入的联邦“职业培训计划”进行了研究。在1991年，职业培训计划向一所寄宿学校内的70 000名青少年提供了教育和培训。该计划当时的成本约为每人每年12 000美元。这一计划的成本是否与其所带来的社会收益相当？为了得到答案，美国劳动部对20世纪70年代末和80年代初的该项计划进行了成本效益分析。为了估测该项计划的影响，分析人员通过与1977年参加过职业培训计划的5 000名青少年进行面谈并收集了资料，同时收集了与这些人具有相同背景但没有参加该计划的青少年资料。然后，研究人员分析了两组人之间的差别，以确定职业培训计划对参与人收入的影响并分析该项计划带来的其他收益。

在1977年，参加职业培训计划的人均成本为10 000美元（以1990年价格计算）。这10 000美元中有8 000多美元属于政府为每位参与人提供的用于寄宿中心运作及教师和其他职员工作的资金。绝大多数该项计划的参与人是从高中退学的贫困青少年，他们获得工作的机会微乎其微。研究人员假设，参与人为参加职业计划而放弃的收入很少，每年不足2 000美元。

职业培训计划的主要成效是参与人因参加培训计划而产出有所增加。根据面谈结果和统计分析，研究人员得出结论，参与人在完成职业培训计划培训后的4年当中，其年平均收入增加了1 000美元（以1990年美元价格计算）。假设参与人的收入反映了他们提供的额外商品和服务的价值，而且这一额外产出是职业培训计划带来的GDP的净增长，研究人员以参与人的人均收入增加额作为职业培训计划的投资回报，计算参与人离开职业培训计划后4年之内的回报。

然而，职业培训计划还为社会带来产出增加以外的额外收益。上述研究得出的结论显示，无论是青少年在参加该计划的过程当中还是完成该计划培训之后，其犯罪率都有所下降。因此，该计划的收益还应包括犯罪成本的降低，如财产损害价值的减少、人身伤害的减少以及诉讼费的降低。研究人员的结论认为，谋杀案的减少是该项目计划的一个主要成果！最后，研究人员还估算了由于职业培训计划取得成功而减少的其他政府福利计划的运作成本。

表4-5为1977年职业培训计划的每位参与人的成本收益表，表中的数据以1990年美元价格计算。所使用的贴现率为5%，在1977—1981年的5年期间，该计划的收益现值估计约为15 000美元/参与人。获得这一收益的成本仅为约10 000美元/参与人。每位参与人所得净收益的现值估计为4 660美元，这说明在研究期间内，职业培训计划的投入的确物有所值。

表 4-5　　参与人的成本收益表（以1990年美元价格计算）　　单位：美元

影响的来源	现值	计划进程中的影响	培训后的影响			
			第1年	第2年	第3年	第4年
给经济带来的成本			0	0	0	0
计划运作成本（不包括转移支付）	8 380	8 380	0	0	0	0
参与人放弃的产出	1 760	1 760	0	0	0	0
总成本	10 140	10 140				
给经济带来的收益						
参与人增加的产出	8 080	1 520	600	1 500	1 300	940
与参与犯罪活动有关的成本减少	5 840	2 020	1 200	940	1 260	780
运作其他计划的成本减少	880	540	160	20	40	80
总收益	14 800	4 080	1 960	2 460	2 600	1 800
对经济产生的净影响	4 660					

注：现值是以5%的实际贴现率为基础，并假设对第4年预计收入的影响将下降14%，到第18年时降至100美元以下。

对1994—1995年职业培训计划参与人的全国随机抽样对象的跟踪研究所提供的进一步证据表明，该项目是一个很好的提供高国民收益的投资项目。以1995年美元价格计算，每个参与人约为14 000美元的成本使得该计划堪称一项昂贵的计划，但是研究结果却表明，参与人一生从该计划所获得的收益经过折现后达到了31 000美元。其中的最大部分，约占90%，是参与人因持续就业而增加的产出。由此可见，每个参与该项目的年轻人平均获得的净收益的现值达到了17 000美元。该项目的收益产出比率达到了2。

请回答以下问题：

1.该培训计划的社会收益包括哪些？

2.试利用以上数据，计算当贴现率为6%时的净现值。

资料来源：海曼 D N. 财政学：理论在政策中的当代应用［M］. 张进昌，译. 北京：北京大学出版社，2006：213-214.

本章小结

• 政府支出项目决策以社会净收益为标准，其成本和收益一般无法直接采用市场价格进行衡量，这使得政府支出项目的评价面临比企业项目更多的困难。

• 政府支出项目评价考虑社会收益和社会成本。根据社会收益和社会成本的性质，可分为内在收益和外部收益，内在成本和外部成本。

• 政府支出项目成本和收益的测定方法包括市场价格、影子价格、消费者剩余、根据行为推断等。

•评估成本效益的基本方法有净现值法、内在报酬率法和效益成本比率法。

•社会贴现率是政府在某一项目中所耗费资源的机会成本，社会贴现率包括长期国债利息率、社会机会成本率、社会时间偏好率、经济增长率。

• 风险和不确定性的分析方法包括期望值最大法、贝叶斯标准法、最大最小标准法和最小最大缺憾法。

• 分配因素和政治因素都对成本效益分析方法产生影响。

本章综合训练

第 5 章

税收原理

☞ 学习目标

- 了解税收的起源和发展；
- 掌握税收的基本特征及税制的构成要素；
- 掌握税收制度的基本类型；
- 掌握税制结构的决定因素和复合税制的主要类型；
- 了解世界各国税制结构的现状及形成原因；
- 掌握公平和效率原则的基本内涵；
- 了解最优税收理论的基本内容及局限性；
- 掌握中国税收制度设计的基本原则；
- 掌握税收合理规模的决定因素；
- 掌握宏观和微观税收负担的测算方法；
- 掌握税负转嫁和归宿的基本概念及经济分析。

☞ 导语

政府要履行其职能，实现其支出，就必须通过一定的方式来筹集财政资金，税收是政府进行这种资金筹集活动的主要形式。如果政府仅仅为了获得资金，可以采用摊派的办法，例如按人口均摊政府支出，那么政府筹集资金的活动就十分简单，但是现实社会是分阶层的，有穷人，有富人，有青壮年，有老人小孩，同量货币或财产价值对他们的效用完全不同。他们对政府支出的承受能力存在很大差别，采用人均摊派（人头税）的办法会导致一部分社会成员无力支付税收，而一部分社会成员负担很轻。这样，要么政府不能获得足够的收入，要么没有负担能力的社会成员将承受极大的痛苦，从而造成严重的社会福利损失。因此，政府筹集资金的活动就不能只考虑获得一定量的收入，还得考虑收入方式对社会福利的影响，要找到对社会福利影响最小的办法。要找到这样的办法就要研究税收的本质属性，选择合适的税基，设计合理的制度，确定适度负担规模，明了税收作用效应，阐明税收基本原理，提供指导、分析、评价税收实践的概念和方法。

5.1 节首先回顾中西税收的起源和发展，探索税收的基本特性，介绍税制要素的构成，特别是税基选择的原理，比较不同税收类型的优点和缺点。

5.2 节重点讲解税收效率和公平两大基本原则的内涵和发展，介绍最优商品税和最优所得税理论的基本内容以及该理论的局限性，结合中国的实际情况，提出税收制度设计的基本原则。

5.3 节介绍适度税收规模的测算方法，包括 GNP（或 GDP）税负率、NI 税负率、纯收入直接税负担率和企业净产值直接税负担率的计算。

5.4 节重点分析税收归宿问题，主要探索流转税的税收归宿和转嫁原理。

5.1 税收特征、要素和税制类型

5.1.1 税收历史、概念和特征分析

1）税收概念

从汉字的解析角度看，税从禾、从兑，本义是田赋，就是政府征收

的农产品。最初是税、租同义，《说文》中说“税，租也”，都是表示抽取农产品的一定比例或数额。后来赋、税、租稍有差别，敛财曰赋，敛谷曰税，田税曰租[①]，赋主要用于军队给养，而税和租满足政府一般开支。所谓有税有赋，“税谓公田什一及工、商、衡虞之入也。赋共车马、兵甲、士徒之役，充实府库、赐予之用。税给郊、社、宗庙、百神之祀，天子奉养、百官禄食庶事之费”[②]。再后来对租税赋不再严格区分，习惯上将税、税收、租税、赋税当成一回事，也与西方关于税收（tax[③]）的概念一致，即税收是政府对其管辖下的经济活动主体（包括个人、团体、企业等）所拥有的货币、实物或劳动力本身按一定比例的征收，是经济活动主体为维持政府满足公共需要所作的贡纳。税收按其征收的对象、税款用途、征收方式、立法层次的不同存在很多具体的表现方式和名称，如人头税、力役，所得税、工薪税，田赋、财产税，营业税、增值税、关税、消费税，社会保险税或国民保险捐，比例税、累进税，基金、正税、杂税、暗税等。

税收天然地与政府相联系，经济活动主体只有对政府所作的贡纳才能被称为税收。而对社区（如居住小区）缴纳的货币（如物业费）尽管也有明确的计收对象和比例，用于社区公共需要但不属于税收；某些经济行为如稿酬、特许权使用费按销售额一定比例抽取，虽称为版税，但属于类比说法，也不属于税收范畴。政府的某些征收有时并不以税的名称出现，但由于是政府按比例对特定对象的无偿占有，实际上却是税收，如目前中国中央或地方政府为特定目的而向企业、个人征收的各种“基金”“费”，名称不为税，但本质上是税收。

2）税收的起源和发展

（1）中国税收的起源和发展

税收同其他财政范畴和经济范畴一样，存在从萌芽到定型的发展过程，税收的起源是一个过程的概念而不是时点的概念。中国税收在西周至春秋的井田制时期处于萌芽状态，在鲁宣公“初税亩”时期随土地私有制的确定成为成熟的、定型的财政分配形式。

中国税收从萌芽到成熟与当时作为主要生产资料的土地所有制的发展有密切关系。中国殷商时代的农业还停留在农业发展的初级阶段，即“游农”阶段。由于农业生产方法非常原始，必须经常改换耕地，因而不能定居生活，土地占有方式只能是氏族公有，并且只是在一地居留期间由氏族临时占用，而不是固定分配，更不能由个人占有[④]。由土地所有制决定，殷商的上层建筑以家长氏族制度为特点，也就是说国家（政府）形态是不典型的，没有发展成古希腊、古罗马那样完备的奴隶制国家（政府）。这一时期主要通过使用奴隶的无偿劳役、直接占有奴隶劳动满足财政需要，不存在税收征纳关系；各个部落向帝王的贡纳只是帝王与部落间分割由奴隶创造的社会财富，也不是税收，殷以前的夏代更没有这种贡纳。

随着人们的生活从游牧走向定居，形成井田制度。井田制度实际上是封建领主经济制度下农奴的份地制度。井田“一井”九百亩，八家农户各分百亩私田；剩余的百亩公田由八家共耕，公田的农产品归奴隶主国家（政府）所有，这就是所谓的“助法”。这种财政

① 史游：《急就篇》.

② 班固：《汉书》，卷二十四上，《食货志》第四上.

③ Tax is a contribution for the support of a government required of persons, groups, or businesses within the domain of that government （《美国传统词典》）.

④ 傅筑夫．中国经济史论丛（上）[M]．北京：生活·读书·新知三联书店，1980：2.

收入以征取劳役地租形式实现，仍然不是典型意义上的税收，但可以说已经包含税收的萌芽，为后世力役之征的雏形。春秋时期井田制度开始从全盛走向瓦解，封建土地私有制相应发展，鲁宣公十五年（公元前594年），鲁国实行“初税亩”制度，即不论公田、私田一律按亩征税，这是从传统的“助法”过渡到封建实物征税的开始，标志着典型意义上税收的诞生。不过这时的租税既含有凭借土地所有权征取的“租”，又含有凭借公共权力征取的“税”，“租”“税”不分。鲁哀公十二年（公元前483年），鲁国实施“用田赋”，将军赋和田税合并。战国时期井田制全面崩溃，为封建土地所有制取代，地租和赋税随土地所有制的发展而分离，土地所有者向农村居民收取地租并向国家（政府）缴纳赋税。例如，赵国的赋税由田部吏统一征收，只以公共权力为依据[①]。但在相当长的历史时期里，“租”仍然被当作税的同义语，如汉代田租乃田赋之意。

随着中国社会进入以小农经济生产方式为标志的皇权专制社会（以下简称为中国古代社会），税收从萌芽期进入发展阶段。因为此时的社会经济基础是农业，所以主要税源来源于农业和农村居民。盐、铁、酒和山泽之征以及工商杂税各朝代都有，但工商业发展缓慢，相对于人头税（包括力役）和土地税而言，工商税一直处于次要地位，盐、铁、酒之征则往往以专卖收入形式出现。从主体税的发展看，商鞅变法时期就查编户籍，五家为伍、十家为什，据以征兵和分派劳役，开始按人口抽人头税。秦代以人头税（包括力役之征）为主。汉代逐步形成以田有租、人有赋、力有役为特征的赋税制度，土地税和人头税共存，但长期实行轻“田租”[②]的税收政策，人头税占重要地位。人头税叫算赋、口钱，对以成年人为征税对象的称算赋，以未成年人为征税对象的称口钱，力役之征称更赋。经三国、两晋、南北朝、隋的发展，唐代前期在均田制度基础上建立租庸调制，实行田有租、身有庸、户有调。武德七年（公元624年）规定，田租每丁年纳粟2石；户调根据乡土所产，每丁年纳绢、绫、絁各2丈，丝绵3两，或纳麻布2丈4尺、麻3斤；庸是代替徭役的赋税，每丁年服役20天，不服役的1天纳绢3尺代役。[③]建立在均田制和户籍登记基础上的租庸调以人丁为本、以力役之征为主，是一种财产税（土地税）与人头税混合，但以人头税为主的税制。这一时期除了租庸调外，主体税中还应该包含地税和户税，这两个税实际上都是按户纳税，不过户有等级，属于财产税。这种税制与当时的生产力发展水平基本上是适应的，在严格管理的前提下，是那个时代较好的税收制度，在效率上与经济发展存在相宜的方面；在公平程度上也是相对较高的。

租庸调制实行了120余年。由于各种原因，管理松弛，户籍不再重新登记，豪富官吏兼并土地，均田制被破坏，唐朝中后期，财政税收制度逐渐紊乱起来。特别是在天宝安史之乱以后，藩镇截留税收、法外任意征敛日益严重，财政全面混乱。不少农村居民已无或只有很少的土地，但仍需按原户籍缴纳租庸调；而豪富地主兼并土地，霸占官田，却无户籍，不纳租庸调；再加上法外苛捐杂税，农村居民不堪重负，农户流亡日盛，其结果是财政减收。为了应付日益增加的财政开支，只能进一步加重在籍农村居民负担，横征暴敛，这促使更多的农村居民逃亡，财政陷入全面的恶性循环。此时的租庸调制度已是极端不公平，不仅阻碍而且破坏经济发展，而且也难以继续成为财政收入的主渠道。

---

① 马洪，等．经济社会管理知识全书（第1卷）[M]．北京：经济管理出版社，1987：693.
② 汉代的田赋仍称作田租，就是按亩计征的土地税．
③ 参阅沈昫等：《旧唐书》卷二十八，《食货》上．

唐德宗建中元年（公元780年），杨炎改革税制，废止租庸调，实行两税法。其最主要的内容是不论主户和客户，不分定居和行商，也不分劳动力年龄大小，一律按贫富，也就是按拥有土地和财产的多少征税；废除以前的租庸调和杂税；变“旬输月送”为夏秋两次征收，称夏税和秋税，故为“两税法”[①]。纳税物为按户等纳钱或按田亩纳米粟，货币税和实物税并重[②]。合并原先不太重要的地税和户税，使之提升为主体税种，并取代以人头税为主的租庸调，从而实现以人头税为主的税制向财产税和人头税并重税制的转变。“杨炎创议两税法，目的并不是为了减轻人民的负担，也不是从真正推行新税法着眼。他只是将当时的一切杂敛，统一总括到两税中，禁止一切两税外的苛征，所以，实行两税法，人民的负担并没有减轻很多。同时，由于户口流丧，田地荒芜，各地摊额畸轻畸重的现象仍然存在。所以，两税法实行不久，由于唐朝政治的腐败，官吏地主的多方榨取，法外苛征又纷至沓来，因而在两税法下，人民的负担，又逐渐趋于苛重”[③]。唐以后的五代、宋、元直至明中叶都沿用两税法，当然具体内容有所变化。

明嘉靖年间（公元1522—1566年）实行“一条鞭法”是中国古代税收发展的又一重要事件。其主要内容：一是把明初以来分别课征的田赋和力役合一并入夏秋两税一起征收；二是州县年需要力役从所收两税中出钱雇募，不再强征人民应役；三是把从前的土贡方物和上缴京库备作军需及留在地方备作供应的费用，并入一条鞭内征收；四是统以田亩为课征对象，以银折纳即计亩征银[④]。一条鞭法所要解决的问题和改革思路与两税法基本相同。就是将杂税、杂派并入正税，试图规范税收制度，遏制泛滥的杂税杂派。从历史的事实看，这种改革短期内起了一定作用，但很快又出现了在已经提高了负担水平且已并入很多杂税杂派的正税之外又滋生出名目繁多的杂税杂派。一条鞭法开始了赋役合一的改革，劳役虽然不再直接征派，但实际上仍然存在，只不过变为比较间接的形式，先征丁银然后政府雇募，而且并入田亩中征收的人丁税不像田赋和其他杂征那样可固定，丁银既不能固定，征收总额也无法固定，这便很容易出现执行过程中官吏任意增派问题[⑤]。特别重要的是并没有形成遏制正税之外杂税杂派滋生泛滥的机制。

清朝先是经过了固定丁银不变，最后把丁银完全摊入地赋征收，即所谓“摊丁入亩”，实现人丁税、土地税并重为主体的税制向土地税为主体的税制的彻底转变。至此，中国古代社会税制发展到了所能达到的最高水平。在以土地为主要财产形式的社会中，以拥有土地多少为标准征收田赋，比单纯以人丁为标准征收人头税，显然更能体现按能力负担的税收公平原则。

中国古代社会税收的一个重要特点是除了正税之外，杂税名目繁多，负担苛重，只看正税制度变化还不能完全了解税收的全貌，还应研究正税和杂税即全部税收的负担规律。限于篇幅，本书就不在此展开了[⑥]。

1840年鸦片战争后，中国社会沦为半殖民地的专制社会，税收制度也深深打上半殖民地的烙印，其主要特点之一是田赋、工商杂税等旧税与受帝国主义列强控制的关税、为

---

① 参阅司马光：《资治通鉴》卷二百二十六，《唐纪》四十二.
② 参阅马端临：《文献通考》卷三，《田赋考》三.
③ 中央财政金融学院财政教研室. 中国财政简史［M］. 北京：中国财政经济出版社，1980：77.
④ 中央财政金融学院财政教研室. 中国财政简史［M］. 北京：中国财政经济出版社，1980：132-133.
⑤ 胡寄窗，谈敏. 中国财政思想史［M］. 北京：中国财政经济出版社，1989：524.
⑥ 这里我们仅就中国古代社会正税制度的演变进行了介绍，有兴趣的读者可以参考杨斌教授的专著《税收学原理》第2章第2节的内容，了解中国古代社会税收发展的另外两大规律——“正税负担不轻、杂税繁多”以及“轻徭薄赋迎来治世、苛捐重负导致乱世”。

解决财政困难而设的厘金、对鸦片征收的土药税等新税并存，形成一套苛重扰民的半殖民地专制社会的税收制度。鸦片战争前清代关税主要是内陆关卡税，即在陆、水路要津设关征收货物通行税和船税，少数对外开放地方也设有海关但征收甚少。鸦片战争失败后，清朝被迫开放门户，先后在全国设立近50处海关。但海关的监督管理大权实际上操纵在外籍税务司手中，关税税则的制定和修改由国家自主沦为听命于帝国主义列强，关税收入抵拨赔款后余额才交由清政府使用，关税成为一种具有强烈殖民地性质的税收。厘金最初是为了筹集镇压太平天国起义的军饷而设置，后来成为经常税，对各种货物在产、运、销各环节道道课征，初办时征1%即所谓的一厘金，故名厘金。就制度层面而言，厘金类似于现在的流转税（道道课征的全值消费税、营业税或周转税、货物税），初定税率也不高，但因其税基广，税额不少。在19世纪60年代，厘金收入最多时是当时政府其他财政收入总和的4~5倍。统治者从厘金中尝到了甜头，这预示着中国财政收入形式已经从依靠田赋农业税对农村居民直接课征为主转变为间接税为主。但由于厘金没有统一的制度，而由各地自行确定项目和税率及征管办法，所谓酌量抽厘、各自为政，厘厂局卡遍地林立，政出多门、名目繁多，厘局差役侵蚀朘削、勒索榨取、中饱私囊，所谓“署一年州县缺，不及当一年厘局差”，结果商民无所适从、怨声载道，厘金成为阻碍流通、破坏生产、贻害百姓最深的一种恶税。1931年，民国政府取消厘金，但实际上只是去其名而用其实。

1911年辛亥革命推翻清朝，结束2000多年的世袭式君主专制制度，建立中华民国。民国时期（1912—1949年）的税收仍然是半殖民地专制社会的税收，且有帝国主义、封建主义和官僚资本主义三重剥削，对广大人民的压榨更加残酷。从税收制度上看，北洋政府期间（1912—1926年）基本上沿用清后期的税制，虽也着手整顿税制，但因军阀割据无甚成效。国民政府期间（1927—1949年）经过整旧建新，一部分中国传统税收得以改革保留，西方近代税制体系得以全面引入，逐步建立了以关税、盐税、直接税、货物税4大类税为中央税，以田赋、营业牌照税、使用牌照税、筵席及娱乐税、屠宰税、房捐、契税等为地方税的两大税收体系。作为中央收入的关、盐、直、货税是当时财政收入的4大支柱。1927年南京国民政府成立后，即宣布关税自主，实行国定税则。但因列强反对未能自主施行，只得采取协商办法求得逐步解决。后与美日英等12国协商，1931年起中国自定的关税税则才得以实施，厘金、常关税等同时废止。但关税自主是通过协商重订协议而取得的，仍未完全摆脱半殖民地性质。盐税从量定额课征，税负不轻，是国民政府一项大宗收入。属于直接税的有所得税（采用分类所得分等征收）、特种过分利得税、遗产税、印花税、营业税、特种营业税、证券交易税等。属于货物税类的税种有统税、货物税、烟酒税、矿税等。国民党统治时期的税收制度与官僚买办性质的政府以及极其腐坏的政治相联系，税收负担特别是正税之外的苛捐杂税负担极其沉重，导致生产凋敝、民不聊生，终于随国民党政治统治的失败而退出历史舞台。

中华人民共和国成立后，税收制度随生产资料所有制和社会经济结构的变革而演变。新中国成立初期特别是社会主义改造以前，私有经济成分占较大比重，税收制度主要依据“保证税收，简化税制”以及“公私区别对待”的原则建立，政府重视利用税收杠杆发展国有经济、扶植合作经济、改造私营经济，主要税种有货物税、商品流通税、工商业税、农牧业税、盐税、关税等，其中货物税（含后来的商品流通税）、工商业税为主体税种，农牧业税为第二主体税种。这一时期税收的本质特征即强制性、无偿性、确定性明显，税收政策体现发展社会主义经济、改造私有制经济的原则，因而税收已经是社会主义税收，与以往剥削阶级专政国家的税收有着根本的差别。

社会主义改造完成特别是1958年简化税制以后，中国的税制结构趋向简单，在流转环节征收的各种税合并为工商统一税，工商所得税从原来的工商业税中独立出来成为单独税种。1973年税制进一步简化，工商统一税及其附加、城市房地产税、车船使用牌照税、屠宰税等合并为工商税，合并后国有企业只纳工商税一种税，集体企业只纳工商税和工商所得税。税目、税率也作较大简并。税收政策上体现为：公有制与非公有制有别，对个体经营用高税率进行限制；公有制内部高级形式（全民）与低级形式（集体）有别，全民所有制企业税负轻于集体所有制企业税负。这一时期经济成分单一，全民为主，集体为辅。全民所有制通过国家所有制体现，国家层次上政治权和财产所有权合二为一，由一个权力主体行使，政府统收统支，与企业之间不存在“你”“我”界限，在全民所有制内部找不到税收存在的意义，因此对国营企业不征所得税，征收的工商税只起保证财政收入的作用。

自十一届三中全会以来，随着对社会主义经济模式的重新认识和经济体制改革的展开、深化，中国税制也进行了重大改革。20世纪80年代初，开征个人所得税、中外合资经营企业所得税、外国企业所得税，加上三资企业继续适用的工商统一税，涉外税收制度初步形成。1983年，在对企业先后实行企业基金、利润留成和各种形式包干的基础上推行“以税代利”即“利改税”的第一步改革。1984年，开始“利改税”的第二步改革：工商税按性质划分为产品税、营业税、增值税、盐税4个税种，开征资源税、国有企业所得税和调节税、集体企业所得税等，恢复和开征房产税、土地使用税、车船使用税、城市维护建设税等地方税；其最核心的内容是开征国有企业所得税和调节税，使税利并存过渡到完全的以税代利，税后利润完全归企业支配，从而使企业向政府上缴利润的分配方式改变为税收分配方式，使政府与企业之间的分配关系以税收形式固定下来。

“利改税”改革打破了对国有企业不能征收所得税的禁区，促进了中国税制的进步和发展，也促进了对社会主义条件下税收性质的重新认识。但这次改革也存在不少问题：

①指导思想上存在极端化倾向，从过去不能征税只能收利这一极端走到不能收利只能征税的另一极端，理论上混淆了国家政治权力和生产资料所有权获取物质利益方式上的差别，本来应以建立在等价交换的契约关系基础上的、非规范化的、一户一率的利润（包括股息、租赁费）上缴形式体现国有产权权益，结果却以建立在政府与其居民之间权利义务关系基础上的、规范化的、统一刚性的税收形式收取所有者权益；

②执行过程中税利不分、名税非税，加上税前还贷政策和承包制的影响，改革目标难以达到；

③按不同经济成分设置不同的企业所得税，造成竞争环境不公平；

④流转税体系中，引进增值税对促进专业化分工协作的发展具有积极作用，但增值税和产品税、营业税并行征收，导致计税复杂、征收困难；

⑤辅助税种种类繁多，设置上缺乏总体布局和相互衔接，增加了征税成本，损害了税制结构的整体效率；

⑥税收制度和税收政策内外有别，涉外企业分别执行不同于内资企业的中外合资经营

企业所得税、外国企业所得税，并因诸流转税未经全国人民代表大会通过而仍执行1958年颁布的工商统一税，不利于社会主义市场经济体系的建立。

为了克服上述种种缺陷，适应建立社会主义市场经济体制的要求，1994年中国进行了又一次全面税制改革。其基本要点是：①按照有利于实现政府社会管理和国有资产管理双重职能科学划分、保证公平竞争、促进企业转换经营机制、建立现代企业制度的原则，内资企业统一实行33%的企业所得税，取消调节税、能源交通重点建设基金和预算调节基金，逐步建立国有资产投资收益按股分红、投资分利或税后利润上缴制度，形成税收利润分渠分流，达到规范化的税收分配与非规范化的利润分配之间的协调，进一步完善政府与国有企业的分配关系；②对涉外企业设置外商投资企业和外国企业所得税，进而建立内外统一的企业所得税制度；③扩大增值税征收范围，使之涉及所有货物交易和加工、修理修配劳务，有选择地对某些消费品征收消费税，在劳务和不动产、无形资产转让等产业继续征收营业税，扩大资源税征税范围，从而建立以规范化的增值税为核心，辅之以消费税、营业税、资源税协调配合的流转税体系，并实现流转税的内外统一；④合并个人收入调节税、城乡个体工商业户所得税，以及适用于外籍人员的个人所得税，建立统一的个人所得税制度；⑤简化、规范税制，取消与形势发展不相适应的税种，如集市交易税、牲畜交易税、奖金税、工资调节税。

经过1994年的税制改革和随后的调整，目前中国政府设立以税名称征收的正税18种，以及社会保险费，共19种正税。包括增值税、消费税、资源税、城市维护建设税、关税、船舶吨税、个人所得税、企业所得税、烟叶税、土地增值税、房产税、城镇土地使用税、耕地占用税、契税、车船税、印花税、车辆购置税、环境保护税、社会保险费。

此处我们仅仅展现了中华人民共和国成立后正税制度的基本演变，即正税从农业税和工商税并重，发展到工商税为主，一直发展到流转税和所得税并重。但是，除此之外，新中国税收制度的发展变化还与国家社会经济制度和国家战略转变相联系，表现出另外两个明显的规律性特征：第一是出现并长期延续城乡有别的二元税收制度；第二是正税与杂税并存，杂税名目繁多，时有整顿，却总是存在，参见本书1.2节。

（2）西方税收的起源和发展

西方国家税收的最初形态可以上溯至古希腊、古罗马时期。早期的古希腊政府财政没有严格的收支划分，而是表现为一个简单过程的两个方面。公共收入的征集者有权把所获得的钱财用于某个特定的用途。最早的财政收入形式是liturgy，由富裕个人自愿贡纳，以使其受人尊敬的地位得以保证。后来这种贡纳逐渐失去自愿的特点而变为强制的充公和没收。其他财政来源有国家（政府）所有土地的产物、奴隶的劳动成果以及被征服国的贡纳等。总之，土地收入是最主要的途径。

公元前5世纪和公元前4世纪时期，繁荣的古希腊开始衰退，其原因是战争不断。战争的结果是财政需要增加收，靠自愿者贡纳、地产地租收入无法做到收支平衡，需要其他措施补充。这时，“一套十分严密的课税制度被精心规划出来了”①。其中，包括徭役、关市之征、特别税、财产税等。在古希腊，社会成员划分等级，有贵族、僧侣、自

① 罗斯托夫采夫M. 罗马帝国社会经济史［M］. 马雍，厉以宁，译. 北京：商务印书馆，1985：18-19.

由民、奴隶之别。随着希腊化世界的扩大，又有移民和土著居民之别。税收的征收与社会成员的等级有关。徭役主要是直接征用奴隶。在关市之征中，关税主要在城门口就进出城门的商品征收，市场税是对市场上买卖的物品征收。特别税是对私人财产如土地、奴隶的出售征收。而财产税只有社会地位低下的自由民才需要根据财产多少缴纳，但其缴纳税率低、税额小。为了战争而设立的税收越来越重，且不公平，大多数被转嫁到土著居民身上去，沉重的税收负担，激起了人民特别是土著居民的反抗甚至起义。其结果是，为了镇压起义，要筹措更多的经费，使税收负担更加沉重，进入恶性循环，希腊化世界的覆灭也就不远了。

罗马共和国时期即公元前4世纪，开始征收叫tributum的直接税，包括土地税（tributumsoli）和人头税（tributumcapitis）①。每年元老院决定一个征收总额，根据纳税人的财产价值在纳税人中分配，税率一般不到课税财产价值的1%；无财产的人缴纳人头税；税收主要由商人和下层社会成员负担，贵族享有免税特权。罗马帝国时期（公元前27年开始），最重要的税收是土地税，税率高达收获量的1/3，最初只有各行省的农民缴纳，罗马农民豁免，1世纪后期因公共支出膨胀，开始加诸罗马农民，而且不论收成好坏，都得缴纳固定的土地税。此外，还征收关税和人头税。征收上实行包税制，包税者将税收“买走”，然后分摊给纳税人②。无法找到权威和系统的文献来描述这一时期具体的税收征收情况，但一些文献对西罗马帝国的崩溃与税收的关系有所记载。总的情况是：西罗马帝国后期国力已经衰微，而税收却加重，“随着公众灾祸的增多，赋税日益加重；愈是到了必须勤俭度日的时候，勤俭的风气愈被人所忽视，心术不正的富人把不平等的负担从自己身上转移到人民身上”③。严酷的征敛使人民逃亡，纷纷放弃曾经引以为豪的罗马公民称号，民心丧失，最终社会动乱、帝国四分五裂。东罗马帝国（拜占庭）时期的税收主要有对城市和农村征收的家庭税（在城市称卡普尼康（kapnikon），在农村称伊辟波勒（epibole）），对非基督徒和外国人课征的人头税称凯发里兴（kephaletion），还征收地产税（aerikon）、通行税、进出口税、集市税、港口税、注册费、印花税等。总的税负比当时任何国家都重，到了后期帝国也实行包税的征收办法，流弊更加严重。此外，在后期危难时机帝国还加征附加杂税以及强制性贷款等④，加剧了帝国的灭亡。

罗马帝国崩溃以后，欧洲进入中世纪时期。中世纪初期，由于封建割据、战争不断、经济崩溃，饥荒蔓延、民不聊生，统一有力的公共权力中心不复存在。与封建领主庄园制相联系，中世纪初期的国家（政府）以领主政府的形式出现，统治者是一块领地的领主，同时是领地中某些地产的正式地主，财政收入的主要来源是地产收入而不是税收。“在欧洲，随着罗马帝国的崩溃，租税也随之消失；在民族国家开始形成之际，租税权又逐渐复活”⑤。11世纪到14世纪初，由于西欧内部的经济以及与外部的商业联系都得到了扩展，剩余劳动的数量增加，政府有了新的资源可资利用，集权化政治重组成为趋势，税收制度随之恢复，但是税收制度的恢复不成体系而且不同地区发展极端不平衡，税种主要是一些

① 波斯坦M M，哈巴库克H J．剑桥欧洲经济史［M］．郎立华，黄云涛，常茂华，等译．第1卷．北京：经济科学出版社，2002：98．

② WEBBER C，WILDAVSKY A．A History of Taxation and Expenditure in the Western World［M］．New York：Simon and Schuster，1986：94-119．

③ 吉本E．罗马帝国衰亡史［M］．黄宜思，黄雨石，译．下册．北京：商务印书馆，1997：100．

④ 波斯坦M M，米勒E，等．剑桥欧洲经济史［M］．钟和，等译．第2卷．北京：经济科学出版社，2004：139-140．

⑤ 林钟雄．欧洲经济发展史［M］．台北：三民书局，1987：156．

临时税。例如，12世纪教皇为十字军征收的税，这一税负落于整个西方教会[①]。13世纪初，在法国地区，出现人头税（taille）以及牧师、领地上的城镇、教堂和犹太高利贷者缴纳的特别税等。13世纪末、14世纪初，法国开始建立全面的直接税体系，包括对财产和动产征税，还征收烟囱税和销售税。在英格兰地区，存在郡县和各个自治市缴纳的承包税，以及兵役免除税（scutage）、代服兵役费、对庄园和犹太人的摊派税（tallage）等，并且出现贸易关税、地产税。经过一个世纪的发展，到14世纪初，不动产税已经成为英国的经常税，全国性的关税体系也建立起来。14世纪末，税收收入已经在英国财政收入中占据最大的比重。例如，1374—1375年的英国财政部总收入112 000英镑中，直接税和间接税达到82 000英镑，占73%；而传统财政收入即国王世袭领地的收入只有22 000英镑，只占20%；其余为借款收入[②]。葡萄牙在14世纪也出现了统一的税收制度[③]。总体来说，这一时期税收负担较为沉重，影响并减缓了经济增长。

财政需要导致税收逐渐恢复，税收的恢复反过来促进民族国家壮大成长，许多国家生产力的发展为税收的恢复提供了税源保证。税制模式因经济发展模式的不同而出现了几种类型：

①对外贸易在经济活动中占重大比重的国家，因为港口毕竟不多，进出口额易于掌握，且稽征成本较低，倾向于以贸易商品为主要课税对象，也就是以关税为主体税种。例如，中世纪末期，关税成为英国政府财政收入最基本的部分[④]。

②自足经济国家，商业活动限于城镇或附近地区，商品交易额测量成本与稽征成本都较高，往往以财产税等直接税为主。例如，路易十一时期的1483年法国平民税（taille，即对非贵族平民征收的财产税）税额占财政总收入的85%[⑤]。

③处于贸易中心地位的城市国家，国内消费税占有主要地位。例如，意大利城市财政中，在城市里征收的消费税特别是对酒类征收的消费税常常处于首要地位[⑥]。

总的说来，中世纪欧洲各国的税收负担很重且不公平，税收主要落到平民特别是农民身上，沉重的税收负担成为这一时期许多农民起义和社会动乱的主要原因，如1358年法国扎克雷起义[⑦]，1381年的英国农民起义，1382年巴黎“铅锤党”起义、鲁昂城平民起义等。

“光荣革命”以后现代市场经济制度逐渐占据主流，但经济发展不平衡导致各国完成资产阶级革命和形成系统的市场经济制度时间有先有后。相应地，税收呈出现多种情况，但从总的趋势看，西方国家的税收制度发展经历了两个重要的阶段。

第一阶段，大约在17至18世纪，在原有税制基础上逐步建立以消费税和关税为主体的间接税制度。当时西方各国的财政收入有5条渠道：

①古代和中世纪保留下来的领地收入和印花税收入；

---

① 奇波拉C M. 欧洲经济史［M］. 徐璇，译. 第1卷.北京：商务印书馆，1988：275.

② 波斯坦M M，里奇E E，哈巴库克H J.剑桥欧洲经济史［M］. 第3卷.周荣国，张金秀，译. 北京：经济科学出版社，2002：256-258，269.

③ 里奇E E，威尔逊C H.剑桥欧洲经济史［M］. 张锦东，钟和，晏波，译. 第4卷.北京：经济科学出版社，2003：205.

④ 波斯坦M M，里奇E E，哈巴库克H J.剑桥欧洲经济史［M］. 周荣国，张金秀，译. 第3卷.北京：经济科学出版社，2002：270.

⑤ NORTH D C，THOMAS R P. The Rise of the Western World［M］. Cambridge：Cambridge University Press，1977：99.

⑥ 奇波拉C M. 欧洲经济史［M］. 徐璇，译. 第1卷.北京：商务印书馆，1988：273-274.

⑦ 1358年在法国发生的一次农民起义。扎克雷，源自Jacques Bonhomme，意即温顺缴纳税款的乡下佬，是法国贵族对农民的蔑称，起义由此得名。

②来源于政府与私人联合投资的合股公司的投资收益；

③有价值的矿产资源的垄断开采权的收入；

④公债收入；

⑤关税和消费税为主的间接税。其中间接税逐渐占主体地位，在财政收入中占主要部分。

在英国，15世纪到19世纪，王室领地收入呈现日益减少的趋势，到19世纪末王室领地收入占财政总支出的比例已经低于0.5%。1624年前后最早在荷兰出现印花税，1671年前后被引入英国，1694年正式开征印花税，在英国整个18世纪的印花税收入约占全部财政收入的2%~4%，19世纪上升到4%~5%。随着私人经济的发展和政府直接经营企业情况的减少，政府投资收入和资源垄断经营收入不断减少。但公债收入居高不下，1689—1820年间，英国财政开支中大约30%靠公债收入，而且公债与战争相联系，主要作为战争的融资手段。富人乐于投资公债而获得利息，但公债的还本付息依靠间接税，间接税主要由穷人负担，实际上建立了一种看不见的收入转移机制，由穷人转向中等阶级和富裕人群[①]。这一时期间接税在财政收入中占主要部分。间接税的主要形式是消费税。在英国，消费税的开征始于1643年，最初的征收对象为生活消费品（如饮料、食物）；进入18世纪后，征收范围逐渐扩大，最终包含了原材料、中间产品和最终产品，实际上成为周转税。这一时期关税也很重要，关税渐渐成为进口环节的消费税。因此，这两种税合在一起经常被视为间接税，18世纪它们占税收总收入的份额在75%~80%之间。其余的税收有土地税、窗税等。

法国这一时期也实行以间接税为主体的税制，消费税和关税占税收收入一半以上，此外还有印花税、人头税、1/20税等。人头税实际落到土地财产上，由于存在许多特权免税，最终变成主要由农民负担的一种税。1/20税于1710年创立，起初要求所有收入和薪金都要申报，然后对总收入按比例课征，是所得税的雏形，从1749年开始1/20成为标准税率，故名1/20税。由于申报不普遍也不真实，缺乏管理基础，加上存在许多特权免税，这个税种很不公平。这一时期，法国税收负担比较重，间接税实行包税制，苛重扰民，激起人民反抗，成为1789年法国大革命的导火索[②]。亚当·斯密曾经通过对比分析了这一时期法国和英国的税制，他指出：法国人口是英国的3倍，土地和气候优于英国，但税收收入却是英国的1.5倍。在英国由于税收负担比较公平，“绝未闻有什么阶级压迫”，“然而法国人民所受捐税的压迫，远甚于英国人民，那是世所公认的”，因此“法国的课税制度，在一切方面，似乎都比英国为劣”，而其他欧洲国家又比法国差[③]。

上述情况说明间接税为主体的税制已经不适应资本主义的发展，正如马克思所说“由于现代分工，由于大工业生产，由于国内贸易直接依赖于对外贸易和世界市场，间接税制度就同社会消费发生了双重的冲突”。因此，寻找一种税收形式取代间接税的主体地位成为必然趋势。于是，西方资本主义国家进入了其税制发展的第二个历史阶段，即所得税逐步成为主体税种的阶段。

---

① 马赛厄斯 P，波拉德 S．剑桥欧洲经济史［M］．王宏伟，钟和，等译．第8卷．北京，经济科学出版社，2004：291-295．

② 马赛厄斯 P，波拉德 S．剑桥欧洲经济史［M］．王宏伟，钟和，等译．第8卷．北京：经济科学出版社，2004：335-341．

③ 斯密 A．国民财富的性质和原因的研究［M］．郭大力，王亚南，译．下卷．北京：商务印书馆，1974：468．

第二阶段，所得税的确立。成功地实施所得税并推广到世界各国的应该是英国人的功劳。英国人皮特于1799年设计并推行了一种收入申报表，其中包括可征税的19种详细收入来源和可获得收入的财产来源。其设计思想包含了现代综合性所得税的基本原则和课税基于个人收入能力的公平观念。但由于这种税要基于对个人收入的调查，而进行这样的调查与个人隐私之间造成冲突，纳税人难以接受，只执行到1802年。1803年爱丁顿设计出沿用至今的分类所得税制度，用从A到E五个类别的收入表，取代收入的整体计算，解决了征税与隐私权冲突问题；此后，又经过配第于1806年在细节上的进一步完善，奠定了英国分类模式所得税的制度框架。到1815年，所得税收入占到英国财政收入的21%。但这一时期所得税为临时税，主要为战争筹款，因此随着战争结束在1816年就被废除。1842年重新开征，从此在英国所得税成为经常税，成为越来越重要的税种；同时，间接税逐渐缩小了其征收范围，占财政收入的比重也逐步降低[①]。

英国所得税的成功为世界范围的理财治税提供了两条重要经验：其一，要想使个人所得税成功推行，需要一套与国情充分融合的、有效实用的收入评估和征收方法；其二，要尽量采用具有较高收入弹性的税种。有效推行并普遍课征的个人所得税正符合这样的特点，它容易随着国民收入和财政需要的变化而变化。

法国在整个19世纪还主要依靠间接税。虽然设计了理论上完全追求公平的收益税体系（包括对土地净收入课征的土地税，按公司（企业）的营业类型、规模、方位、可出租价值等外部标示课征的所谓交易和营业税，按每个人工作日价值课征的个人税以及作为其补充的动产税，房屋开孔数量为计税依据的门窗税，对国内外股票、债券等资产收入课征的证券税），而且该体系建立在通过调查或普查而得到的客观指标基础上，但随着经济发展和纳税人情况的变化，“客观”指标与实际日益不一致，税收管理逐步失去基本的信息基础，总的趋势是可征到的税越来越少，而且越来越不公平。此外，这种税收的收入弹性比较低，不能随着经济发展而自动增加。因此，这一时期，法国税收收入中占最大比重的还是间接税，1885年，收益税占国税总额的比重仅为16.6%，关税和消费税占57.1%。这两项指标在1900年分别为15.1%和60.1%，在1913年分别为14.2%和59.3%。直到1914年，法国才引入所得税，1917年起实行综合所得税，同时废除了门窗税、个人和动产税、交易和营业税等收益税，所得税逐渐成为主体税种[②]。

在德国，萨克森最早推行所得税，1874年颁布临时所得税法，1878年形成最终版本。1884年，巴登采用了萨克森的所得税制度。普鲁士曾经在1808年至1811年第一次借鉴英国做法，尝试推行分类所得税（分土地所得、资本所得和劳动所得），1812改为类似人头税的累进的临时所得税，由于遭到纳税人反对并且征税措施不完备，于1814年暂停，1820年被废除。1851年受英国所得税改革成功的影响，普鲁士推行了一种累进税（对穷人征收的人头税）和累进所得税（主要针对富裕人口）的混合体系。1891年，普鲁士开始推行现代意义上的所得税，其税法规章在当时的欧洲最为系统和完整。到1908年，在德意志主要邦国中，所得税占税收总额的比重已经很高，普鲁士达到70.22%，萨克森为

① 马赛厄斯 P，波拉德 S. 剑桥欧洲经济史［M］. 王宏伟，钟和，等译. 第8卷. 北京：经济科学出版社，2004：310-311.

② 马赛厄斯 P，波拉德 S. 剑桥欧洲经济史［M］. 王宏伟，钟和，等译. 第8卷. 北京：经济科学出版社，2004：342-367.

73.31%，黑塞为54.37%，符腾堡为43.56%，巴登为35.90%[①]。

总之，在19世纪末和20世纪初，特别是第一次世界大战前后，欧洲各国均实现了所得税从临时税向经常税、从辅助税向主体税的转变。这一时期，西方资本主义经济继续发展，但社会矛盾空前激烈，阶级矛盾的激化要求国家（政府）发挥调节社会分配不公的职能；第一次世界大战对财政支出产生巨大压力；间接税对经济的负效应日益突出；生产力进步，人均收入水平上升，生产的社会化、商品化、货币化程度提高；信息时代的到来，征收管理手段日益先进，全面征收所得税特别是个人所得税不仅必要而且可能。在以上各方面因素的综合作用下，所得税收入逐渐增加。同时，关贸总协定多边贸易谈判达成的关税减让使各国普遍降低关税税率，关税收入额降至很低水平；国内流转税仍占据重要地位，但比重不断降低，从而所得税逐渐成为主体税。曾经存在过所得税与流转税势均力敌的时代，但时间很短，西方各国逐渐形成以所得税特别是以个人所得税为主体的税收结构。

第二次世界大战以后，西方国家的税收制度，除了继续保持以所得税特别是个人所得税为主体税外，还出现两大特点：一是各国面对两极分化、阶级矛盾对社会经济发展的不利影响，为维护资本主义的长治久安，纷纷推行“福利国家”政策，将税收制度作为调节收入分配关系的重要机制，通过累进所得税等措施增加富人的税收负担，减轻穷人的负担，还建立了系统完善的社会保险制度，因而社会保险税成为最重要的税种之一。二是西欧各国以法国为代表开始建立增值税制度，即全值型流转税，以此取代传统的多环节课征的国内间接税，以减少税收对企业组织结构选择的扭曲性影响，降低税收所造成的福利损失，适应高度发达的市场经济发展要求。

综观中外税收历史，找到符合当时社会经济文化状态的治税办法并尽可能降低征税的福利损失是促进国家兴旺的必要条件。而要尽可能地降低征税所造成的福利损失，税收在量上就必须保持适度规模，既不过重，也不过轻。要弄清税收的适度规模即量的界限，应当考察税收的质的规定性，即税收本质。

3）税收的基本特征

税收是最主要的财政收入形式，与其他财政收入形式相比具有强制性、无偿性、确定性（或固定性）、均一性4个基本特征。

（1）强制性

税收的强制性特征体现于依法征税。税与法有不可分割的联系。政府要征税必须颁布税收法律、法令，并通过专门机构执行，这是因为税收只存在于政府公共利益与个体（集团）利益有差别的场合，公共利益与个体（集团）利益的矛盾使缴纳主体不可能在没有法律威慑的情况下自愿地将其拥有的财富无偿贡献给政府，必须通过税法协调课征主体和缴纳主体的利益冲突。税法是政府法律体系的重要组成部分，是规范征税主体和纳税主体的行为准则，税法一经颁布就体现政府意志。政府征税机关、司法审判机关必须依法办事，不能以个人或单位意志代替政府意志，以个人或小集团利益侵害整体利益。也就是说，政府公共权力主体以法治税而非以权治税；缴纳主体必须依法纳税，偷漏抗税要受到制裁。征纳双方均须依法办事，不能讨价还价、以情代法、以权代法，违反税法要受处罚，这就

① 马赛厄斯 P，波拉德 S. 剑桥欧洲经济史（第8卷）［M］. 王宏伟，钟和，等译. 北京：经济科学出版社，2004：440.

是税收的强制性。这一特征使税收有别于公债、国有资产股息红利、上缴利润等财政收入形式。

在中国学术界，有的学者认为，不适当地渲染税收以公共权力为依据的强制性会使纳税人产生被迫感和重负感，最终导致征纳双方关系紧张，因而要否定税收具有强制性特征的说法，主张观念“更新”，提倡税收具有自愿贡纳特征。持这种观点者主观愿望是好的，人人自愿纳税，真是求之不得，但税收的强制性是几千年税收历史的客观事实。在法治社会中，强调税收的法律强制性不会导致征纳关系的紧张，反而有利于征纳关系的协调和民众纳税意识的培养，因为征税方按税法规定的行为准则行事，纳税方就有安全感，产生被迫感、重负感的只是不按税法办事的偷漏抗税者。在当前的生产力水平和社会状况下，否定税收的强制性、过分宣传自愿纳税只会使偷漏抗税更加严重。为了使征税成本降低，我们希望越来越多的人能够自愿报税、纳税，但西方国家的税务管理实践证明，自愿报税的前提是对偷漏抗税的严厉惩处，是法律威慑和强制的结果，是基于法治文化；也是基于将偷漏税视为偷盗公共利益，将诚信纳税视为美德的信任文化。要做到纳税人自愿上门报税，还必须建立公平明确的税法体系，形成严格执行税法的执法、司法及中介代理组织，构造疏而不漏的税收信息系统，推行普遍的源泉控制办法，使纳税人的一切经营、收入情况都处于征收机关控制之下；同时，征收机关的一切行为、政府对税款的使用行为也在人大代表机构及法律、行政监督机关监督之下。这就是说，自愿报税的税收文化环境的形成仍然有赖于强制性。强制性是税收的固有特征。

我们认为税收具有强制性特征，并不意味着强制性是好东西，只是说明其客观存在、是事实。税收是历史的产物，人类的理想社会是无税社会，世界上尽管存在很不相同的世界观，有许多的思想体系，而对无税社会的向往与对税收的憎恶却很相同。《圣经》将税吏和罪人并列。马克思主义认为税收是国家的经济基础，而人类的理想社会是没有剥削和压迫，没有国家，也自然没有税收的共产主义社会。富兰克林说过，世界上只有两件事是不可避免的，那就是税收和死亡。在中国，轻徭薄赋成为历代仁人志士的共同理想。因此，我们强调强制性的目的还在于提醒目前和将来的税收决策者、立法者和执法者注意税收的弊害，要尽可能选择社会福利损失最小的税收制度和政策。

（2）无偿性

税收基本特征之二是无偿性或称不直接返还性，体现于政府征税时不向纳税人支付等价物或报酬。政府取得的税款转化为财政支出，用于设立各种公共产品，满足社会公共需要；单个纳税人或多或少从中获得利益，但其所获利益与所纳税款价值上不一定相等，纳税多者之所获不一定较多，纳税少甚至不纳税的人却可能获得较多的公共产品利益。税收的不直接返还性由公共产品的非竞争性和非排他性等特点决定。

中国有的学者认为税收不具有无偿性特征，认为税收是经济活动主体因享受和消费政府提供的公共产品而分担的社会共同费用，因此税收是公共产品的价格，与购买商品和劳务支付货币一样体现等价交换的原则，是有偿的。这实质上是西方的“利益交换说”。利益交换说由古希腊先哲伊壁鸠鲁提出，17、18世纪在西方盛行，霍布斯、孟德斯鸠、亚当·斯密等曾系统阐述。其核心思想是公众应按各自从政府提供公共产品中享受利益的多寡缴纳税收，其主要缺陷在于混淆了公共需要和个人需要的差别。由于公共产品的非竞争性和非排他性特征，公共产品无法定价，政府以税款建立行政机关、举办公共工程、提供公共需要，到底给每一个纳税人提供了多少利益无从计量，等价交换因而无从谈起。如果每个人从政府公共产品的提供中获得的利益可以计量，那么就完全可按商品市场通行的做法那样一手交钱一手交货，没有必要建立这么复杂的财政税收制度。正是因为在公共产品领域无法进行等价交换才需要税收这一财政收入形式。否定无偿性，强调利益等价交换，对征税实践也会带来危害。如果贯彻等价交换原则，那么征税的前提条件是政府要给纳税人与税款等价的利益，否则纳税人可以拒绝纳税；而实际上政府不可能给纳税人与其所付税款等价的利益，税收因而无法征收。

有的学者认为税收具有“整体有偿性”特征。这种观点从整个财政体系的应有性质即取之于民用之于民的角度，是可取的，也是有意义的，但仅指税收特征就不够妥帖。财政包括收入、支出两个方面，且有多种收入形式，税收毕竟只是财政收入形式之一，从“收”这一角度谈不上有偿，纳税人纳税时并未得到任何报酬或代价，纳税的最直接表现是对政府的无偿贡献，将来从政府使用税款即提供公共产品中能获得多少利益，纳税时是不确定的。整体有偿性作为治税思想有积极意义，因为其希望人民缴纳的税收不被政府随意使用，税款要用在使人民得益的场合，征税的总体数量上应该不能超过人民所得到的利益。但整体有偿性不是税收的基本特征；而无偿性或不直接返还性使得税收与公债、规费等财政收入形式区别开来，才是税收的基本特征。

（3）确定性或固定性

税收是政府公共权力主体对缴纳主体的财富所有权或占有权的一种“侵犯”，是利益的分配，征税过程始终贯穿着公共利益和个体（集团）利益的矛盾。为了使这种矛盾减至最低限度，税款的征收不能是随意的、可多可少的，而应是确定或固定的，对什么人征、对什么客体征、征多少、征税办法、征税的时间和地点、征税机关的权利义务，都要通过税法明确规定。纳税人只要发生应税的业务、收入或行为就必须按税法规定按时如数纳税，不得不纳、少纳或迟纳。征税机关必须按税法规定行使征税权，不能随意改变征税标准，不得多征、随意减免或改变纳税时间和地点。

有的学者把固定性误解成永远固定不变，认为税收制度和政策都不是固定不变的，因而认为税收不具有固定性特征。这种观点持有者只是从字面意义上理解。固定性实际上是指税法的确定性，因而讲确定性更准确、更容易理解。税收制度和政策随社会生产力和社会生产关系的变化而改革、发展，不可能一成不变，但改革和发展的结果要体现在税法中，一定时期内保持稳定，不能朝令夕改，因此，确定性或固定性是税收的固有特征之一。

（4）均一性

既然税收是公共利益和个体（集团）利益矛盾的产物，缴纳主体向政府纳税是无偿缴纳，那么税收存在并被人们认可的一个前提条件是均一，均一性因而构成税收的一个基本特征。征税不均一，不能做到一视同仁，税负畸轻畸重，公共利益和个体利益的矛盾就不可调和，税收的存在就成问题。税收的均一性要求同种产品、同种行为、同种或同类征税对象、同等纳税能力的纳税人纳一样或同量的税。税法体现了这一特征。例如，增值税、货物税法一般规定以货物销售为征税对象，同种应税货物销售适用同一税率；自产货物用于投资、生产者集体福利、生产者个人消费以及无偿赠送他人等不属对外销售，但实际上等于将自己生产的货物销售给自己，视同对外销售纳入征税范围。所得税法规定统一的征税范围、费用扣除标准、税率和计税办法，使实质相同的同量所得、有相同纳税能力的人缴纳同样同量的税。不体现均一性特征的财政收入征集形式不属于税收范围。

例如，1994年税收改革中废止的《国营企业调节税征收办法》规定“调节税以纳税人年度应纳税所得额为计税依据”，税率“由财税部门同企业主管部门核定”，“核定调节税税率时，先核定企业的基期利润。企业1983年实现利润，调整由于变动产品税、增值税、营业税税率以及开征资源税而增减的利润后，为核定的基期利润，核定的基期利润扣除按55%计算的所得税和1983年合理留利后的余额，占核定基期利润的比例，为调节税税率。没有余额的，不核定调节税税率”。国有企业调节税以国有大中型企业所得税后利润超过企业合理留利水平的部分为征收对象，合理留利一般以1983年企业实际留利为基数核定，而这一基数一个企业一个样，因此调节税只能以一户一率形式出现，做不到同类对象同样征税，实质上是利润上交而不是税。均一性特征不仅使税收与一户一率分配形式区别开来，而且使之与规费、摊派等财政收入形式区别开来。明确认识税收的均一性特征对建立规范化的税收制度具有重要意义。

总之，一种财政收入形式是否属于税收，取决于其是否同时具备上述4个基本特征。同时具备上述4个特征，即使没有税的名称也是税；否则，即使冠以税的名称，也不是税。

5.1.2 税收制度要素

按照税收概念，税收制度涉及征收主体、纳税主体、征收客体、征收程度等内容，相应地，其基本要素包括税收管辖权、纳税义务人、征税对象、征税依据、税目、税率、纳税环节、纳税期限、纳税地点、减税免税、罚则等。

1）税收管辖权

税收的征收主体是政府，政府独立自主地制定法律、设立机构，对特定的经济活动主体（包括个人、企业、团体）征收税收的权力就是税收管辖权（jurisdiction to tax）。政府行使税收管辖权，可以基于两个基本因素。

首先可以基于它所管辖的人的范围，一个国家的政府可以对受本国管理的所有的人包括个人居民或公民、企业、团体等行使税收管辖权。就是说，只要是本国居民或公民，不论其所获取的收入或财产是否来源于本国，都要对本国承担纳税义务。一个纳税人是否成为一国的税收管辖对象，在自然人方面，就看是否为本国居民或公民，其主要判断标准是纳税人在征税国有住所、居所或有征税国国籍。在法人方面，就看是否在征税国注册或在征税国设有总机构或设有管理控制中心等。这种按照属人主义原则，以国家主权所能达到的人员范围为依据，以居民或公民为标准，行使的税收管辖权就称为居民或公民税收管辖权。在行使这种税收管辖权的情况下，一个国家的政府可以要求纳税人就其来源于境内和境外即世界范围内的所得或财产承担纳税义务。

一国政府还可以基于它所管辖的地域范围（包括领土、领海、领空）来实施其税收主权，就是说一国政府可以对与本国有经济源泉关系的所得或财产行使税收管辖权，只要所得或财产来源于本国境内，本国政府就有权对其征税，而不论所得的获得者或财产的拥有者是否为本国居民或公民。对非居民纳税人而言，只有在所得来源国或财产所在国履行了纳税义务，才能将有关所得或财产转移出境。这种按照属地主义原则，以国家主权所能达到的地域范围为依据，基于所得来源地或财产所在地而行使的税收管辖权，就称为收入来源地税收管辖权（source jurisdiction to tax）。在行使这种税收管辖权的情况下，对来源国而言，非居民纳税人只承担部分纳税义务，即只就其在来源国境内获取的所得或拥有的财产承担纳税义务，该纳税人在这个来源国境外获得的所得或拥有的财产，则不在该国税收管辖权管辖范围之内。

目前绝大多数国家都是两种管辖权同时使用，一方面作为居住国要求本国的居民纳税人就其从世界范围获得的所得或拥有的财产承担纳税义务；另一方面作为收入来源国要求从境内获得各种所得或在境内拥有财产的非居民纳税人承担纳税责任。仍有少数国家和地区只实行收入来源地税收管辖权。

2）纳税义务人

从税收概念中可以看到，税收是由政府管辖下的个人、企业或团体支付的，但并不是所有的个人、企业或团体都当然地是纳税人。纳税义务人，又称纳税人（taxpayer），是税法规定的直接负有纳税义务的个人、企业或团体，是缴纳税款的主体，包括自然人和法人两类。每一种税都有关于纳税义务人的规定，如果不履行纳税义务，则该行为的直接责任人应承担法律责任。但是纳税人不一定就是负税人。在存在税负转嫁的情况下，纳税人不是负税人；在不存在税负转嫁的情况下，纳税人与负税人一致。因此，纳税人是法定的税收缴纳者，而负税人是指最终实际负担税收的人，是经济意义上的税收缴纳者。本书将在第6章分析纳税人与负税人分离的情况与规律。不过本书在多数场合，特别是在将税收缴纳主体作为整体进行理论分析时，所采用的纳税人概念往往等同于负税人，即经济意义上的税收缴纳者。

3）征税对象

纳税人向政府缴纳税收不是任意、随便的，而是按税法规定从征税对象中抽取一定比例或一定数额上交政府。征税对象又称课税对象、征税客体，是指对什么征税，即征税的标的物，包括应税的项目、事件、交易、行为等，不同的税种有不同的征税对象。例如消费税的征税对象是应税商品或劳务项目，流转税（营业税、周转税）的征税对象是商品和劳务交易额，所得税的征税对象是一定时期纳税人的净收入，财产税的征税对象是纳税人的财产权。

4）征税依据

征税依据（计税依据）又称税基（tax base）[①]，是计算应纳税额的根据，反映具体征税范围内征税对象的应计税金额或数量，例如财产税的税基是应税财产权的货币价值。税基的计量单位有两种：一种是采取自然单位计征的，叫从量计征；另一种是采取货币单位计征的，叫从价计征。

5）税目

税目（tax item）是各个税种所规定的具体征税项目，是征税对象的具体化，代表了一个税种征税范围的广度，税目越多表示征税范围越广。比如消费税，包含11个税目。

6）税率

税率（tax rate）也是税收领域最常见的名词之一。税率一般情况下是应纳税额与计税

---

① 税基可分为广义、中义、狭义三种。广义上的税基又被称为税源或税本，中义上的税基指的是征税对象，狭义上的税基即计税依据。这里我们指的是狭义上的税基。

依据的比率；但增值税税率是至纳税阶段止，应税货物或劳务全部已纳税额与该阶段计税依据的比率。税率的高低，体现着征税的深度，反映着国家在一定时期内税收政策的趋势，关系着国家财政收入与纳税人负担水平。同一性质的计税依据，不论数量大小，都按同一比例征税的制度称为比例税率（flat rate or proportionate rate）；按征税对象的一定计量单位规定固定税额的为定额税率。税基或计税依据数额由小到大划分为若干级距或档次（bracket），对不同级距的税基适用不同税率的制度称为累进税率（graduated rate or progressive rate）。在实行累进税率时，税基越小，税率越低；税基越大，税率也逐级递增。累进税率通常多用于所得税和财产税。

累进税率又可再分为全额累进税率和超额累进税率。全额累进税率是以税基的全额作为累进依据，当税基超过某个级距时，就以全额适用相应级距的税率征税；超额累进税率是以税基超额的部分作为累进依据，税基每超过一个级距时，分别对其超额的部分适用相应级距的税率征税。其税率形式一样，但征税结果不同。

7）纳税环节、期限和地点

纳税环节是指征税对象在从生产到消费的流转过程中应当缴纳税款的环节，如流转税在生产和流通环节纳税，所得税在分配环节纳税等。纳税期限指纳税人按税法规定缴纳税款的期限。纳税地点是指根据各个税种征税对象的纳税环节和有利于税源控制而规定的纳税人的具体纳税地点。

8）减税免税和罚则

减税免税是指对某些纳税人和征税对象减少征税和免于征税的规定。与此相关的概念是起征点和免征额。起征点是税法规定开始征税时征税对象应达到的数额，低于起征点不征税，达到起征点和超过起征点，就开始全额征税。免征额，就是对征税对象的全部数额中免于征税的数额。罚则主要是指对纳税人违反税法的行为的惩罚措施，纳税人的违法行为包括偷税、欠税、抗税、骗税等。偷税是指纳税人有意采取非法手段不缴或者少缴税款的行为；欠税是指纳税人不按规定期限缴纳税款的行为；抗税是指纳税人对抗税法拒绝纳税的严重违法行为；骗税是指纳税人采取假报出口或者其他欺骗手段骗取出口退税的行为。

5.1.3 税收类型和税制结构决定因素

1）税收类型

按照不同的标准可以将税收划分为不同的类型，具体来说有以下几种划分方式：

（1）流转税、所得税和财产税

征税对象是进行税收分类的主要依据。按照征税对象的不同，税收可分为3大类：

一是流转税（turnover tax），是以商品劳务流转额（销售毛收入或增值额、销售数量、收购金额）为征税对象的一类税收，如销售税、周转税、增值税、消费税、营业税等。目前中国的资源税税基是应税资源性产品的销售数量或销售额，虽然部分应税产品采用从量税，也属于流转税。

二是所得税（income tax），是以本国居民或非居民获得的毛收入扣除成本费用或个人宽免额的余额即纯收入为征税对象的一类税收，如企业所得税、个人所得税等。

三是财产税（property tax），是以不动产或动产的存量（价值或数量）为征税对象的一类税收，如房地产税、遗产税等。习惯上把政府出于特定目的，对特定行为，就其收入或财产存量征收的税归为特定目的行为税（behaviour tax），从严格意义上讲，特定目的行为税可按其实际征税对象性质归入上述3大类税收。划出特定目的行为税是为了研究方便。

（2）从量税和从价税

根据税基是按货币价值还是按实物单位计量，税收可分为从量税（specific tax）和从价税（ad valorem tax）。

从量税是以税基的数量如重量、件数、容量、长度、面积等为计量标准，按法定的税额计征的税。例如，对麦芽酿造啤酒的普通进口关税按每升7.5元计征，黄酒的消费税按每吨240元计征，大城市的城镇土地使用税按每平方米1.5元至30元计征（具体标准由各省、自治区、直辖市确定），对未曝光窄短彩色胶卷的普通进口关税按每平方米433元计征，对原油按税额幅度8元~30元/吨课征资源税，按3.3分/吨公里征收铁路建设基金等。

从价税是以税基货币价值为计量标准，按法定税率计征的税。目前大部分税种都是从价税，如增值税、消费税、企业所得税、个人所得税等。

某些税种对某些税目还采用了从价和从量相结合的方法。例如，对粮食白酒、薯类白酒的消费税，既要按20%的税率征收从价税，还要按每500克（1市斤）0.5元的定额税率征收从量税；对广播级磁带录像机的普通进口关税，完税价格不高于2 000美元/台，按130%税率征收从价税；完税价格高于2 000美元/台的，既要按6%的税率征收从价税，还要按20 600元/台的标准征收从量税。这种征收方式被称为复合税。

以税收与价格关系为标准，从价税还可区分为价内税（tax included in price）和价外税（tax excluded from price），税金包含在价格之中的税为价内税，税金作为价格附加的税为价外税。

（3）直接税和间接税

以税收负担是否转嫁为标准，可把税收分为直接税（direct tax）与间接税（indirect tax），直接以个人收入、企业财产、自有财产为征税对象，税负不能转嫁给他人的税为直接税；以商品劳务流转额为征税对象，税负可以转嫁给他人的税为间接税。

（4）正税和杂税

从税收立法的层次角度看，税收可分为正税和杂税。一切经过议会或人民代表大会及其常务委员会通过，或由其授权中央政府、地方议会立法的税收均属于正税。目前中国全部以税收名称出现的税收以及社会保险费均属于正税。正税有一些显著特点，如存在系统规范的法律，包括人大制定的税法或国务院授权制定的条例、实施条例或细则、解释性部门规章（红头文件）；存在专门的征收管理机构（包括税务局、各级海关等），非专门征收管理机关无权征税；正税存在的时间比较长，法律规则和基本政策长期保持稳定。对正税的税额按一定比例加征的税收为附加。正税之外所有具有税收性质的征课方式均属于杂税，它们的名称没有冠以税收，往往以政府性基金、费、资金等形式出现，决定开征的权力主体不是人民代表机构，而是中央政府或地方各级政府，更多的是中央有关部委，征收的法律依据往往是红头文件，杂税一般以满足某种建设项目或某一方面发展需要为名目，有一定存在期限，且款项由使用单位负责征收。

（5）中央税和地方税

以税收管辖权的层次来划分，可将税收划分为中央税（central tax）和地方税（local tax）。由中央政府立法并获得收入使用权的税种为中央税（在联邦制国家叫作联邦税，

federal tax）；由地方政府立法并获得收入使用权的税种为地方税。目前在中国，从正税角度而言，税收立法权归中央，省级政府只有对某些小税种（如城镇土地使用税、房产税等）的税率和政策进行微调的权力，不存在严格意义上的地方税。目前所谓的中央税和地方税，主要从税款归属哪一级政府而言，归属中央政府列入其本级预算的为中央税，归属地方政府列入其预算的为地方税，一部分归属中央政府、一部分归属地方政府的税为共享税。

（6）一般税和专门税

以是否在征收时规定税款的用途来区分，税收可分为一般税（non-earmarked tax）和专用税（earmarked tax）。大多数列入一般公共预算不指定用途的税种为一般税，这些税多属于正税范畴；而指定用途、专款专用的税种为专用税，如船舶吨税征收后交交通运输部专款专用，用于港口建设维护及海上干线公用航标的建设和维护。在中国很多以基金或费的名义征收的财政收入多属于专门税，也可归入杂税范畴。例如，农网还贷资金是对农网改造贷款“一省多贷”的省、自治区、直辖市（指其农网改造工程贷款由多个电力企业承贷）电力用户征收的专门税（官方归类属于政府性基金），专项用于农村电网改造贷款的还本付息。再如，民航机场管理建设费（简称“机场建设费”）是政府征收的专项用于机场建设的专门税。

（7）事件税和累计税

按税基发生的周期性可将税收分为事件税（event based taxes）和累计税（activity based tax）两类。事件税是指每一次应税事件或交易发生都要课征的一类税。例如，各种流转税，有应税交易事件发生即征税；遗产税和赠与税，在出现财产所有人死亡或生前赠与时发生纳税义务。累计税指对一个周期内进行中的各种活动累积结果征收的税收，如所得税需要在一个周期（纳税期）汇总收入和费用以其累计的净收入为税基，税基具有过程性和周期性特征。

2）税制结构及其类型

税制结构指根据国情，为实现税收的效率、公平、财政目标，由若干不同性质和作用的税种组成的主次分明、层次得当、长短互补，具有一定功能的税收体系。以税种多少为标准，税制结构可分为单一税制结构和复合税制结构。复合税制结构类型一般根据主体税种确定，大体上分为以所得税为主体的税制结构、以流转税为主体的税制结构、以财产税为主体的税制结构、以所得税和流转税为双主体的税制结构等。税收思想史上对单一税制结构和复合税制结构曾有过不少争论，就复合税制而言，具体选择什么样的税制结构也有过不少探索和研究。

（1）单一税制结构和复合税制结构

①单一税制结构

单一税制结构就是只有一个税种的税收体系。由于单一税制结构几乎从未推行过，只是主张而已，因而税收学上通常称为单一税论。由于各个历史时期社会经济形势不同，单一税论的针对对象不同。单一税论包括单一土地税论、单一消费税论、单一财产税论、单一所得税论，其中单一土地税论和近20年发展起来的单一所得税论比较突出，理论上比较系统，单一所得税论还有实施方案。

最早的单一土地税论是单一地租税论，由法国重农学派提出。重农学派认为，土地是财富的唯一源泉，只有农业能够增长财富，只有农业才能生产“纯产品”，纯产品就是土地耕种者生产的剩余产品或剩余价值，也就是当年整个国家的财富增长额或全部纯收入。重农学派的重要代表人物魁奈认为："一切的税结果都是由土地收入负担，租税不应对人们的工资和商品征课，同时也不应对租地农场主的财富征收，因为一个国家在农业上的预付，应当看作是不可动用的基金。""租税应该对土地的纯产品征课。"[①]也就是说，只有课于地租的税不能转嫁，其他税收最终都归属于地租，因而只有地租税才有存在的必要。单一地租税论是针对当时法国税制混乱、苛捐杂税丛生、税负沉重、民不聊生的状况提出来的，提出者认为用单一地租税代替一切苛捐杂税可以解除法国的危机。法国在1791年大革命完成后，废除了专制政权所设的数十百种税收而采用地租税，行之不久财政陷于失败，渐渐又恢复了复合税制。[②]近代单一土地税论的代表人物是美国经济学家亨利·乔治，亨利·乔治的单一土地税论实质是单一地价税论。乔治认为，土地私有制是贫困的根源，土地私有越趋于独占，贫困就日益严重，因为劳动者付出劳动生产的产品一大部分不归其本人所有，而被土地所有者以地租形式占有。社会物质文明在进步，但人口增加，谷价上涨，地租升高，工资水平仍维持在最低生活水平之下。因此，要消除贫困就要废除土地私有制。但废除土地私有制难度很大，不如就土地价格征收地价税，将地租以税收形式收归社会，从而实际上将土地变为社会所有。乔治同情劳动人民、提出改良社会的主张，愿望是好的，但没有看到资本主义制度下贫困的根源不只是土地私有制，而是整个生产资料私有制，只有消灭生产资料私有制、消灭少数人利用生产资料私人占有剥削多数人的社会制度，贫困问题才能彻底解决。试图用税收办法消除贫困是徒劳无益的。

上述单一税制的设想，从效率原则看，征收便利、征税费用和奉行成本都比较低；但从公平原则看，单一地租税和单一土地税征收不普遍，不能做到按能力负担；从适度原则看，单一地租税和单一土地税不能取得充足的财政收入，因而实际上难以行得通。

现代单一税（flat tax）论就是单一所得税论，是为解决现行综合所得税过于复杂，且征税成本高、不公平等问题而提出的。20世纪80年代早期，美国胡佛研究所的罗伯特·霍尔和阿尔文·拉布什卡针对美国税制过于复杂、奉行成本很高的情况，以及对较低收入群体征收较高销售税的不公平问题，提出了一种新的税收体系，就是所有的人只缴纳一种税，适用一个税率。其具体内容是：对所有营业活动（即个人和家庭以外的商业组织）就其销售货物和提供劳务的全部收入减除支付给员工的工资薪金、养老金缴款、从其他公司购买材料等投入品的金额、用于厂房设备等资本投资后的净额课征19%的税收；而对个人（家庭）获得的工资、养老金利益给予定额扣除（如4口之家扣除25 500美元）后的余额征收19%的税收[③]。人们把这样的税收称为单一税（flat tax），也称霍尔-拉布什卡税制（the Hall-Rabushka system）。由于人们获得收入无非用于投资和消费，上述单一所得税从系统角度看是以扣除投资后的收入为税基，因而本质上属于对消费课征的税收[④]。

单一所得税从效率原则看，征收便利、征税费用和奉行成本都比较低；对经济活动的扭曲性影响也比较小。一般观念认为，实行单一税率、同一扣除标准，对较高收入家庭而言存在税负累退性，不能体现按能力负担的公平原则。但也有学者认为，单一税对比传统

① 魁奈 F. 魁奈经济著作选集［M］. 吴斐丹，张草纫，选译. 北京：商务印书馆，1979：333.
② 胡善恒. 赋税论［M］. 北京：商务印书馆，1934：256.
③ HALL R E，RABUSHKA A. The Flat Tax［M］. Stanford：Hoover Institution Press，1995.
④ 霍尔 R E，拉布什卡 A. 单一税［M］. 史耀斌，等译. 北京：中国财政经济出版社，2003：80-81.

的综合所得税更公平[①]。从适度原则看，单一所得税也能取得充足的财政收入。因此，目前这一设想在美国得到广泛支持，并在俄罗斯等国实施。

②复合税制结构

复合税制结构就是多种税同时存在且主次有序、互相配合、相辅相成的税收体系。税制结构应具备一定的功能，而要具备一定功能，首先必须适合本国实际情况，符合各税收原则的要求。一个税种不可能合乎一切税收原则的要求，税收原则及其各层次内涵的贯彻实现，必然要求多税种并存以兼收并蓄、互相补充，使税制结构既能保证筹集到足额的财政收入，又能促进经济的稳定发展；既能促进资源的合理配置，又能符合按能力负担原则并调节收入分配关系、促进社会公平。但复合税制往往征税成本高、奉行成本更高，并且扭曲性影响比较大，造成较大的福利损失。

（2）复合税制结构的类型

税收一般分成4大类。第一大类是所得税，包括个人所得税、公司（法人）所得税、社会保险税。第二大类是流转税，这一类税收从大的方面讲有就全值课征的全值流转税和就增值额课征的增值税。全值流转税又分为多阶段课征的周转税或一般营业税，单阶段课征的批发税、零售税，选择征收的产品税或货物税、消费税、关税等。第三大类是财产税，有一般财产税、个别财产税、遗产税和赠与税等。第四大类是行为税，凡对特定的经济活动课征或为实现国家特定社会经济政策目标而课征的不属于上述3大类的税种均可列入此类，如印花税等。这些税种中，有的可充当主体税种，有的永远只能充当辅助税种。主体税种是普遍征收的税种，其收入在全部税收收入总额中占最大比重，因而在税收体系中占有主要地位并起主导作用，决定税收体系的性质和主要功能，反映税收体系的主要矛盾。税收体系的公平、效率和财政收入目标主要通过主体税种实现。辅助税种是作为主体税种某一方面的补充起特殊调节作用的税种，往往为实现某一特定情况下国家的社会经济政策目标而设置，反映税收体系的次要矛盾。

税制发展的历史表明，只有一般财产税和所得税、全值课征的多阶段周转税和关税以及增值税才能充当主体税种。这是由这些税种的性质所决定。税收本质上是国家公共权力主体无偿占有剩余产品或其价值的财政收入形式。

在市场经济不发达、生产力水平低下的农业社会，劳动产品扣除用于个人消费和补偿所耗生产资料后的剩余主要用于建造房屋或购买土地，房屋、土地占有量大意味着纳税能力强，以财产占有数量为依据课税可达到税收公平；房屋土地为有形不动产，计税依据可通过直观测量确定，征收管理比较简单，只要税率合理对经济的负效应就小，可实现税收效率。因此主要以房屋、土地等有形不动产为课征对象的财产税可构成税收收入的主要部分而成为主体税种。

在市场经济较为发达的历史时期，生产的社会分工日益细致，较为完整的工业体系和对外贸易体系形成，流转税成为主体税，因为商品交换规模已大到足以使就商品销售和进出口行为所课征的周转税、国内消费税、关税收入在全部税收收入中占据主要部分。这些税在征收上不复杂，在特定历史条件下对经济的消极影响不明显，伴随着对奢侈品征高税、对必需消费品征低税，可在一定程度上实现税收公平；而单阶段课征和课征范围有限的选择性流转

---

① 霍尔R E，拉布什卡A. 单一税［M］. 史耀斌，等译. 北京：中国财政经济出版社，2003：174-176.

税不可能对财政收入和公平、效率目标的实现起主要作用，因而不可能充当主体税种。

在生产力水平进一步提高的社会经济条件下，全值流转税的普遍征收与市场经济发展的总趋势特别是专业化分工合作和自由贸易的发展相矛盾，也与国家为解决日益严重的体现为分配不公、两极分化的社会矛盾的努力相背离，因而有的国家以增值税取代全值流转税。增值税多阶段课征可获得大量税收收入，有利于专业化分工协作、促进对外贸易和提高经济效率，在其他税种配合下可实现公平目标，因而可以充当主体税种。有的国家则形成公司、个人所得税为主体的税收体系，这是因为：发达社会生产的商品化、社会化、货币化程度很高，收入主要表现为货币所得；税收征管手段先进，易于实现源泉扣缴和税务审计；纳税人纳税意识达到一定程度；大部分人口就业单位明确，就货币所得课税，税源广、收入多、征收便利、负担相对公平，在税率合理的情况下对经济效率的消极影响可以克服。社会保险税只就工资薪金课征，管理更简单，税款用于纳税人的社会保障而返还性明显、公平程度高，人们一般能自觉纳税，而且收入数量虽大对经济的影响却不大，因而其具有个人所得税性质并可充当主体税种。其他税收入额不大，只能在有限范围内起特殊调节作用，只能是辅助税种。

主体税种因其地位、作用的重要性而成为确定或划分复合税制结构类型的标志。从理论上讲，一个复合税制结构可以只有一个主体税种，也可以有两个甚至三个主体税种，即由双重或多重主体税种构成。复合税制结构的理论类型很多。单主体税种的复合税制结构分别以个人所得税（含社会保险税，下同）、法人所得税、增值税、全值流转税、关税、财产税为主体；就上述可充当主体税的6种税进行每组两种的组合，可构成15种理论类型的双主体税制结构；进行每组3种的组合可构成20种理论类型的三主体税制结构。现实生活中世界各国的税制结构千差万别、各不相同，将理论上可能存在或现实生活中已经存在的每一种具体的税制结构都一一列举并加以比较，不仅没有可能而且没有必要，弄清楚基本的单主体税制结构的优缺点就可类推出双主体或三主体税制结构的状况。因此，以下分别就现实生活中较常见的以全值流转税、增值税、所得税（主要是个人所得税和社会保险税）、财产税为主体的税制结构进行比较分析。

①以全值流转税为主体的税制结构

全值流转税与财产税相比，是对商品或劳务的收入流量征税；与所得税相比，是对毛收入征税；与增值税相比，是就商品或劳务的流转额全值而非其增值额征税。以全值流转税为主体的税制结构的主要特征是冠有周转税、销售税、消费税、关税等名称的税种被作为国家税收收入的主要筹集手段，其税收收入占全部税收收入总额的比例最大，并对社会经济生活起主要调节作用；而其他税如所得税、财产税、行为税等，以及有限征税对象的选择性流转税只起辅助性的特殊调节作用。全值流转税的优缺点决定税制结构的优缺点。以下从效率、公平、财政三个方面阐述这一税制结构的主要特点。

第一，税收效率与全值流转税为主体的税制结构

全值流转税无论是普遍征收的还是选择征收的，都因为以商品或劳务流转额全值为征税对象，不必进行费用扣除或购进扣除，稽征容易、手续便利、管理简单、征收费用低。全值流转税可以通过产品或行业差别税率，对某些不宜继续发展的产品、企业、行业实行高税限制，对高科技产品或优先发展的产品、企业、行业实行低税扶植，从而有利于实现国家产业政策目标、优化国民经济结构、提高宏观经济效益。在以全值流转税为主体的税

制结构中，设置一些起补充作用的税种，如选择性流转税，还能使整个税制结构的社会功能得到强化。例如，设置对奢侈品、烟、酒产品征收的消费税可限制社会成员对这些产品的消费；征收遗产赠与税可限制遗产继承权，鼓励人们靠自身劳动提高生活水平，从而提高社会效益、促进社会进步。

但多阶段、多环节普遍征收的全值流转税会使每一种商品的税负受商品流转交易次数多少的影响。一种商品经历的交易次数越少，税负越轻；经历的交易次数越多，税负越重。这样全能厂的产品，因中间产品在企业内生产、不发生交易，其整体税负就轻；而专业化分工协作企业因中间产品要外购、与协作企业之间发生的交易次数多，其出厂产品的整体税负就重，在价格相同情况下获利就少。这就使该税制结构产生对专业化分工协作这一市场经济发展总趋势的阻碍效应，增加征税的经济成本，阻碍宏观经济效益的提高。这一缺点由于涉及对市场经济发展规律的违反从而是根本性的，而有限征税范围和单阶段课征的选择流转税没有这一缺点，因此流转税改革的基本趋势是用增值税取代全值流转税的主体地位，起普遍调节作用，保留选择性流转税（如有限征税范围的消费税、产品税），起特殊调节作用。

第二，税收公平与全值流转税为主体的税制结构

全值流转税不问纳税人经营商品或劳务是否盈利、盈利多少，只要发生应纳税流转额，就要以流转额全值为对象课税，同纳税人的实际负担能力相脱离，因为只有扣除成本费用和损失后的纯收入才反映一个人的纳税能力。全值流转税一般只适用于采取比例税率（有时也采取定额税率）的情况，不像累进所得税那样更能体现按能力征税原则。在以所有或绝大部分消费品流转额为征税对象的消费税制下，其税收不公平特征更为明显，因为在收入分配不平均的社会中，社会各阶级的收入与消费比例是大不相同的。消费额占收入额的比重，低收入者高于高收入者。低收入的穷人所挣的所得只够维持生存，甚至还不够；而高收入的富人即使消费水平很高，消费额也只占其全部收入的一小部分。一方面是绝对没有剩余，另一方面则剩余大于消费额数十倍。对消费品征税，对低收入者的不利影响更明显。马克思曾经指出："试问按公道来说，能不能指望一个每天赚1角2分钱的人缴税1分钱和每天赚12元钱的人缴税1元钱同样容易？按比例来说，他们两人都交出了自己收入中的同样的一份，但是这一捐税对他们的生活需要的影响，程度却完全不同。"[①]这种不公平的缺陷是针对普遍征收的消费税而言的。只对奢侈品选择征收的消费税则不仅没有这种缺陷，反而有利于提高整个税制结构的公平程度。

第三，财政原则与全值流转税为主体的税制结构

从聚财方面讲，这一类型的税制结构优缺点很突出。充当主体税种的全值流转税以多阶段、多环节普遍征收为特征，征税对象范围大、税基宽，只要税率定得适当合理就能筹集到足够的税收收入来满足国家财政需要；如再辅以公司（法人）所得税等税种，则税源更丰富、收入数量更大，足以达到财政目标。全值流转税主要以商品或劳务销售或营业收入为计税依据，税金随商品或劳务销售的实现而实现，有销售收入、营业收入，就有国家的税收收入，具有取得收入及时的优点。前面谈到全值流转税不问纳税人经营商品或劳务是否盈利和盈利多少，只要发生应税流转额，就要以流转额全值为对象课税，同纳税人的实际负担能力相脱离，不符合公平原则。这从公平方面来看是缺点，而从财政角度来看则

① 马克思恩格斯全集［M］. 12卷. 北京：人民出版社，1972：549.

是优点。按纳税人的毛收入征税，与纳税人经营商品、劳务的成本高低无关，与其盈亏无关，在税率水平一定情况下，税收收入随商品与劳务收入的增减而同步增减。因此，这种类型的税制结构具有取得财政收入稳定可靠的优点。

总之，以全值流转税为主体的税制结构在效率方面有缺陷、在公平方面也欠佳，而在实现财政收入目标上则具有突出的优点，是一种适合于财政型治税模式的税制结构，是以财产税为主体的税制结构。

②以增值税为主体的税制结构

增值税以商品或劳务流转的增值额为课征对象，这区别于对流转额全值征收的全值流转税，也区别于对纯收入征收的所得税，因而是介于全值流转税和所得税之间的一个税种。在以增值税为主体的税制结构中，增值税征税范围广，涉及生产流通的各个阶段、各个领域，实行消费型、接近单一税率制和实行价外征收，从而对社会经济生活起普遍调节作用。其获得的税收收入占税收总额的主体部分。其他税收种类如选择性流转税、所得税、财产税、行为税、关税等起辅助作用，按社会经济政策的要求对社会经济活动实行特殊调节，补充增值税的不足。以下同样从效率、公平、财政收入三个方面阐述这一税制结构的主要特点。

第一，税收效率与以增值税为主体的税制结构

在标准（规范化）增值税制度[①]前提下，增值税的征收对经济运行产生中性影响，也就是对生产者的决策和消费者的选择不产生干扰、扭曲作用。特别是对企业组织结构的中性影响，客观上会促进专业化分工协作的发展，从而提高经济效率。由于增值税是就增值额（就企业新创造的未征过税的那一部分价值）课征，在实际工作中就是购进投入品的已纳增值税额允许抵扣，这样就使一种商品或劳务只要销售价格相同税负也相同，而与商品经历的生产流通环节多少无关，就在实际上克服了传统全值流转税因税收负担与商品流转交易次数有关，而对专业化分工的非“全能厂”的产品造成税收歧视的弊端，客观上有利于企业按市场经济的内在要求选择企业生产组织形式、促进经济增长。

但增值税的直接征税成本高于传统的全值流转税，因为标准的增值税一般与统一的发票制度相联系。为了使凭发票抵扣进项税额的制度能起到纳税人之间交叉审计、自动控制偷漏税的效果，也为了有效地制止通过伪造、不按规定填写发票而骗取进项税额抵扣和偷漏税行为，一般要建立电子计算机网络、编制纳税人登记号、实行跟踪审计，这要付出相当大的经济代价。另外，标准的增值税一般要求实行单一税率或接近单一税率制，增值税的作用是中性的，即使在不具备公平竞争的环境中，增值税也难以按国家社会经济政策和产业政策要求起调节作用。不过，若辅以差别税率的关税、消费税或产品税，以及实行差别税率或差别优惠政策的企业（法人）所得税，建立对资源（包括土地）占有条件不同而产生的级差收入征收的调节税等，增值税调节功能不强的缺陷应当能够克服，从而整个税制结构仍有很强的调节功能。

第二，税收公平与以增值税为主体的税制结构

由于增值税一般实行价外税且购进投入品已纳税额均可抵扣，所以生产经营企业是纳税人而不是负税人，是替国家代付代收税款，税收负担最终落于消费者。不论是高收入者还是

---

① 所谓规范化增值税制度一般有五方面特征，即消费型增值税、全面型增值税、单一或接近单一税率制、凭发票抵扣进项税额、价外税。本章论及增值税时假定它是规范化的。

低收入者，只要消费数量、价值相等，税收负担基本相等。增值税与普遍性消费税一样，不符合按能力负担的税收公平原则；如果采取单一税率，对生活必需品和奢侈品同等征税，则会使负税能力强的人少纳税、负税能力弱的人多纳税，出现累退现象。为了缓和增值税的这一不公平性，可对生活必需品实行零税率，使这些商品不含增值税，而对奢侈品按较高税率征税。但增值税的税率细分必然造成管理复杂化，为了避免出现这一问题，即使采取差别税率，差别幅度也不宜太大。因此，靠增值税本身不可能彻底改变其不公平性。

第三，财政原则与以增值税为主体的税制结构

在实行凭发票抵扣进项税额制度并实现管理电脑化前提下，增值税征收过程中会产生纳税人之间互相监督、连锁牵制的自动勾稽效应，从而有效地防止偷漏税或随意减免税，对保证财政收入有利。增值税是对增值额课税，从整体税负看，就是对商品或劳务的最终销售额征课。在税率达到一定水平、经济发展、销售额增长、企业消耗降低的情况下，增值税收入规模足以保证国家财政的主要需要，而且会随着经济发展而增长；再辅以企业（法人）所得税、个人所得税、社会保险税、关税、对烟酒等大宗税源征收的选择性流转税等税种，以增值税为主体的税制结构聚财能力是很强的，财政目标完全可以达到。

总之，以增值税为主体的税制结构在公平和聚财方面不亚于以全值流转税为主体的税制结构，而且在效率方面可以从根本上克服以全值流转税为主体的税制结构的缺陷，因此是一种比较好的税制结构，适合于效率优先的治税模式。

③以所得税为主体的税制结构

所得税就纯收入课征，也就是对纳税人毛收入扣除各项成本费用后的余额课征。在以所得税为主体的税制结构中，个人所得税和社会保险税得以普遍征收并占主导地位，企业（法人）所得税也是重要税种，通过所得税筹集的税收收入占全部税收收入的主要部分。社会保险税的普遍征收使社会保险制度得以建立，体现纳税人义务与权利对等原则。不少学者认为，所得税采用累进税率可进一步调节国民收入分配，配合其他杠杆实现宏观经济均衡，但也有研究表明，累进税率的所得税起不了这个作用，见案例5-1。设置选择性流转税、关税和财产税等可使国家的产业政策、社会政策在税收领域得到体现，起补充作用。以下仍从效率、公平、财政三个方面概述这一类型税制结构的主要特点。

第一，税收效率与以所得税为主体的税制结构

所得税课征对象是纯收入，其中作了必要扣除和照顾，从理论上讲，一方面，不会影响纳税人的生产、生活，不会触及营业资本，不会侵蚀纳税人的财产，因此不影响社会再生产；另一方面，在实行累进税率条件下，所得税制度富有弹性，税收收入随国民收入增加而增加、随国民收入减少而减少，因此是一种能自动稳定经济的理想税制结构。需求过旺、经济增长过热时，国民收入增加，所得税收入也增加，并且增长速度高于国民收入增长速度，产生一种自动的拉力，可在一定程度上减缓经济过热局面，保持总供给和总需求的平衡；反之，需求不足、经济衰退时，所得税能产生自动减税、刺激需求的效应。所得税制度具有一定程度的稳定器功能，也便于通过税率的调整、减免扣除项目及其数额的变动，对宏观经济中的总供给和总需求进行调节，有利于在市场机制无法合理配置资源时促进经济协调发展。在辅以差别税率的选择性流转税、关税等税种的情况下，以所得税为主体的税制结构对宏观经济稳定和产业结构优化的作用会得到增强。

但是，所得税计算复杂，管理相对困难，征税成本居各税之首。所得税特别是个人所

得税的普遍征收以市场经济发达为前提，在生产的社会化、商品化、货币化程度低的国家中，以所得税为主体特别是以个人所得税为主体的税制结构很难有效实行。即使在发达国家，税率高、档次多的累进所得税制也可能因为会对纳税人消费和储蓄、投资之间的选择，劳动和休闲之间的选择产生非中性影响，使人们愿意选择消费而不愿选择储蓄和投资，愿意选择休闲而不愿选择劳动，而使经济效率遭受损失。因为税率高且档次多的所得税会使人劳动越多、投资越多、收入越高，税收负担越重，从而挫伤劳动者的劳动积极性和投资者的投资热情。不过，通过减少税率档次、降低最高边际税率，上述矛盾可以缓和。

第二，税收公平与以所得税为主体的税制结构

以所得税作为测度纳税能力标准是一个较好的选择：所得税作为对人税不易转嫁，纳税人与负税人比较一致；征税时进行了必要的费用扣除，所得少纳税少，无所得或所得达不到标准不纳税，所得多纳税多，能较好地实现按能力征税。因此，不少学者认为，在实行累进税率的情况下，所得税可改善收入分配格局、调节社会贫富差别、实现税收的社会公平目标，而且一般说来，累进税率档次越多、边际税率越高，越能体现社会公平。但也有研究表明，这种所得税模式会起反作用，进一步分析见案例5-1。征收社会保险税（费），建立社会保障制度，使人老有所养、病有所医、难有所帮，对社会公平和社会稳定具有促进作用，但也有研究表明对当代人征收社会保险税（费）实行现收现付制的养老保险，会发生财富跨代转移现象，产生诸多负面效应，包括不利于社会公平的效应，见本书3.8节的论述。

因其来源不同而有勤劳所得与剥削所得之别，因其表现形式不同而有货币所得和非货币所得之分，税收公平原则必然要求对不同来源所得区别对待，把不同形式的所得均纳入征税范围。这在征收管理上不具有可行性，实际工作中很难对非货币所得实施征税，很难区分勤劳所得和非勤劳所得，因而需要用财产税和选择性流转税（包括消费税）予以补充，对某些非货币所得（如自有自用房屋所得、遗产继承所得、赠与所得）进行课征，对高收入者消费奢侈品课以较高税率，从而使以所得税为主体的税制结构具有更明显的公平性。

第三，财政原则与以所得税为主体的税制结构

所得的增加反映社会净财富的增加。社会净财富是劳动者通过生产经营活动，利用劳动资料，把劳动作用于劳动对象的净成果。只要生产经营活动不停止，经济效益不断提高，所得税的源泉就日益充盈。只要具备普遍征收所得税的客观经济条件且税率合理，所得税在筹集财政收入上也是稳定可靠的，而且可以根据国家财政需要的缓急，通过提高或降低税率使收入适应支出，弹性很大。以所得税为主体税辅以关税和对烟、酒等大宗税源征收的选择性流转税，其聚财功能不亚于其他税制结构。

总之，以所得税为主体的税制结构的聚财功能是较强的，可以足额稳定地达到财政收入目标，而在实现公平和效率目标方面则存在着矛盾，矛盾的关键点在于所得税税率结构的选择及其长期、短期效应不同。从短期或局部均衡角度看，选择高税率、多档次的累进税制结构，整个税制的公平性比较明显，但从长期或一般均衡角度，可能会因为损害经济效率，减少总产出，而导致更加不公平的结果。选择比例税率制或接近比例税率的累进档次少的累进税率制，从短期角度看，整个税制结构的公平程度会降低，经济效率则会提高。如果能设置一种较高起征点从而使低收入者免于纳税，累进档次不多、边际税率不高但仍有一定累进性的所得税，使税收公平和税收效率得以兼顾，那么，从理论上讲，以其为主体的税制结构就是一种比较好的税制结构。

④以财产税为主体的税制结构

与流转税、所得税相比，财产税是对收入的存量征税，它以财产的存在为前提，以财产的数量或价值为征税对象或计税依据。在以财产税为主体的税制结构中，财产税充当筹集国家税收收入和调节社会经济生活的主要手段，而流转税（如“关市之征”、选择性货物税等）、所得税只起补充辅助作用。但是，随着社会的进步和市场经济的发展，财产税在整个税收体系中的地位逐渐降低。当今世界各国一般只把财产税当作辅助税种，以财产税为主体的税制结构实际上已不存在。这是由财产税的自身局限性决定的。

第一，财产税的局限性分析

首先，就效率方面而言，财产税对收入存量征税会鼓励个人消费、限制财产积累和储蓄，不利于资本增长，从而对经济效率的提高产生不利影响。在财产种类繁多的条件下，财产税征收的行政管理十分复杂，所能课征者只有有形的不动产和家具之类的动产，其他动产如债券、股票、贵重物品等价值巨大的财产很难查实。硬要对这些很难查实的动产课税必须翻箱倒柜，不仅要增加征收费用、妨碍人民的生产和生活，而且会助长随意估断、徇私舞弊、贪污违法行为，使税收制度的效率性和规范性受到巨大侵害。

其次，就公平方面而言，在经济不发达而以土地私有制为主体的社会，财产的主要形态是土地，拥有土地较多，意味着拥有的收益较多从而纳税能力较强，因而按财产多寡征税可以达到公平目标。但随着社会进步、经济发展，个人纳税能力主要表现于所得，因而以财产为税基不如以所得为税基更能体现纳税能力原则。而且财产多寡与收益所得多寡并非绝对一致，财产所有者勤奋努力的程度不同、经营方法和能力不同、市场机会等外部经济条件不同都可能使二者不一致。如丧失劳动能力的残疾人或老年人拥有过去积累的房产供居住生存，这种财产不反映纳税能力，对之征税有失公平。现代社会财产形态多样，出于税务行政上的效率考虑，不可能对所有财产形态都征税，这样普遍征收原则在财产税下无法贯彻。

最后，从财政收入角度看财产税也不是良税。在现代社会，财产税弹性小，不宜随财政需要的多寡、缓急筹集资金；受征收管理可行性限制不可能普遍征收，而只能对土地、房屋等有形不动产或遗产、赠与征收，所能获得的税收收入很有限，不可能满足国家财政的基本需要。

综上，财产税本身固有的局限性决定了它必然被其他税种所取代而退出主体税种地位，但财产税在某些方面对流转税和所得税具有补充作用，在有限范围内对公平和效率目标的实现有用，也可以取得一定数量的税收收入，这决定财产税仍有必要作为辅助性税种而存在。

第二，财产税作为辅助性税种的必要性

在以所得税为主体税种的税收制度下，之所以需要财产税，是因为所得税的征税范围是有选择的，一般只就货币交易所得课征；非货币交易所得，如拥有土地、房屋等财产供自己使用发生的所得，因查实困难不列入所得税征收范围。这就需要以财产税作为补充，对所得税未能触及的领域即未被所得税课及的资本财产课税，从而使税收公平原则得到更为普遍的贯彻。

在市场经济不发达的国家，财产税可以作为所得税的替代加以利用；在不动产构成人民主要财产状态的情况下，财产税可在相当大程度上实现税收公平。不发达的国家生产的社会化、商品化、现代化程度低，存在大量的自给自足经济，特别是农业生产领域，产品的商品率不高而自给自足的物物交换程度高，以商品生产和交换为前提的流转税无法普遍征收，普遍征收所得税的客观条件更不存在，在这种情况下，以个人所有或占有、使用的土地数量和质量为标准，对土地收益征收财产税性质的税收恐怕是比较现实的选择。

财产税还被认为可充当实现社会政策的工具。许多学者认为，财产税对财产的价值、数量征税，限制人们对财产的占有数量，驱使财产所有人仅保有生活所需要的财产，促进财产的公平分配，防止或减少贫富悬殊现象，保证社会稳定。收入分配不公平是由许多因素造成的，个人能力的差别和个人占有财富的不同是主要因素。个人能力不同造成的收入差别，比占有财富（特别是那种不是因当事人自身努力而占有的财富）不同造成的收入差别，更能为社会所接受。对生产能力不同或努力勤奋程度不同造成的贫富差别应予保护，对不劳而获造成的贫富差别应予限制。因此应当通过征收遗产税、赠与税等在财产转移环节的财产税，限制财产所有者处理其遗产的权利，限制人们代代相传遗产的权利，限制人们非因自身努力而由受赠或继承获得财富的权利，以在一定程度上防止财富过度集中，促使社会成员在机会平等的基础上展开竞争、促进社会进步。但近来也有学者考察了遗产赠与税的更多效应，包括减少储蓄、减少捐赠、减少富裕父母对收入能力较低的新一代财富转移等，发现遗产赠与税不仅不能作为削弱财富过度集中的工具，而且会适得其反，使收入分配更不公平①。有的学者从一般均衡角度分析遗产赠与税，认为对遗产不仅不应该征税，还必须给予补贴，以促进当代人适度消费，增加储蓄②。

把财产税当作补充性、辅助性税种加以运用，还有财政上的考虑。例如，在美国分级财政体系中，财产税是地方政府的主要收入来源。财产税在现代社会已不构成大宗财政收入。但财产税历史悠久，人们对财产税有较强的适应性，因而开征财产税用以充实地方财源、满足某项特殊需要是可行的。

从各种类型税制结构比较中可以看到，并不存在十全十美的税制结构。任何一种税制结构都有其好的方面也有其不良的方面，只不过在程度上存在差异。以所得税为主体的税制结构在贯彻按能力负担原则方面占有优势；以增值税为主体的税制结构在实现税收效率目标方面占有优势；除以财产税为主体的税制结构外，其他类型的税制结构都有较强的聚财功能，不过在个人所得税、社会保险税或增值税难以普遍征收的情况下，以全值型流转税为主体的税制结构的聚财功能最强。一个国家对于税制结构的选择，取决于对社会经济发展中公平和效率的权衡，更取决于生产力发展水平及与之相适应的生产的社会化、商品化、货币化程度的高低。

5.1.4 发达国家与发展中国家税制结构比较

每个主权国家都是根据本国国情，即本国经济发展水平、社会文化状况和财政需要选择合适的税制结构，很难找到税制结构完全相同的两个国家。由于定义上的困难，即不同性质的税种在不同的国家中可能使用相同的名称，性质相同的税种却使用不同的名称；由于各国中央和地方财力分配体制不同，特别是在实行联邦制国家中地方税制结构很不相同；以及缺少数据，详细地比较各国的税收格局是困难的。本节仅根据世界银行提供的中央政府收入数据，从经济发展水平方面分析世界各国中央税收的税制结构。由于中央税收

① 罗森 H S，盖亚 T. 财政学［M］. 郭庆旺，译. 10版. 北京：中国人民大学出版社，2015：405.

② 科彻拉科塔 N R. 新动态财政学［M］. 金戈，译. 上海：格致出版社，上海人民出版社，2013：112.

在各国的全部税收中一般占主要或重要部分，因此仍然能勾勒出世界各国税制结构大致的趋势和总体格局。

1）世界各国税制结构的总体格局

国际货币基金组织在其《政府财政统计年鉴》中把税收分为所得、利润和资本利得税，工薪税，财产税，货物和劳务税，国际贸易税，其他税收，社会保险税费单列。由于工薪税和国际贸易税数额很小，可以用所得、利润和资本利得税反映所得税情况（以下就称为所得税），用货物和劳务税可反映流转税情况（以下称为流转税），其余归入其他税。这样可根据《政府财政统计年鉴》提供的数据，分别勾勒出发达国家和发展中国家的税制结构。

（1）发达国家的税制结构

从表5-1看出，在不考虑社会保险税（费）的情况下，法国、德国、荷兰、葡萄牙、圣马力诺等国家流转税比重大于所得税，奥地利、西班牙等国家所得税和流转税比重几乎相当，其余国家所得税比重都超过流转税，多数国家超过比较多。由于在发达国家具有所得税性质的社会保险税（费）一般占税收总额的25%，因此，如果再将社会保险税（费）计入所得税，那么发达国家的税制结构就明显地表现为以所得税为主体的特征。

表5-1 发达国家税制结构表（%）

国家	年份	所得税比重	流转税比重	其他税比重
美国	2016	63.15	21.24	15.61
澳大利亚	2016	56.99	29.25	13.76
新西兰	2016	57.47	32.76	9.77
奥地利	2016	44.32	44.87	10.81
比利时	2016	52.34	40.25	7.41
芬兰	2016	49.12	47.64	3.24
法国	2016	39.12	40.40	20.48
德国	2016	51.69	42.76	5.55
意大利	2016	47.78	40.73	11.49
卢森堡	2016	51.61	43.63	4.76
荷兰	2016	44.94	45.62	9.44
葡萄牙	2016	39.42	53.46	7.12
西班牙	2016	43.50	48.37	8.13
丹麦	2016	61.68	31.31	7.01
冰岛	2016	36.67	24.28	39.05
挪威	2016	52.95	43.42	3.63
圣马力诺	2016	39.37	53.85	6.78
瑞典	2016	44.93	30.65	24.42
瑞士	2016	61.55	28.55	9.90
英国	2016	43.82	43.45	12.73

资料来源 根据IFM，Government Finance Statistics Yearbook（2018）有关数据计算。

（2）发展中国家的税制结构

表5-2抽样选取了世界五大地区25个国家，考察它们的税制结构，发现除少数国家外，绝大多数发展中国家均以流转税为第一大税种，即实行以流转税为主体的税制结构。

表5-2 世界五大地区25个国家税制结构表（%）

国家		年份	所得税比重	流转税比重	其他税比重
非洲	莱索托	2016	27.32	21.30	51.38
	毛里求斯	2016	24.24	70.57	5.19
	塞舌尔	2016	35.02	57.26	7.72
	南非	2016	53.20	37.20	9.60
亚洲	韩国	2016	42.68	42.06	15.26
	印度尼西亚	2016	46.28	47.67	6.05
	蒙古国	2016	29.66	56.29	14.05
	泰国	2016	36.33	57.62	6.05
欧洲	阿尔巴尼亚	2016	16.07	79.26	4.67
	亚美尼亚	2016	43.06	40.89	16.05
	白俄罗斯	2016	29.17	50.00	20.83
	乌克兰	2016	33.18	58.81	8.01
	斯洛文尼亚	2016	30.79	66.40	2.81
	拉脱维亚	2016	35.55	60.53	3.92
	立陶宛	2016	32.32	65.41	2.27
	马耳他	2016	49.74	49.66	0.60
	摩尔多瓦	2016	22.39	71.27	6.34
	俄罗斯	2016	35.04	41.44	23.52
	波兰	2016	32.62	59.90	7.48
	捷克	2016	36.92	61.71	1.37
	保加利亚	2016	24.66	71.50	3.84
中东	以色列	2016	39.50	47.19	13.31
拉美	智利	2016	37.11	59.11	3.78
	哥斯达黎加	2016	27.71	55.03	17.26
	秘鲁	2016	40.35	45.98	13.67

资料来源　根据IFM，Government Finance Statistics Yearbook（2018）有关数据计算。

为更详细地加以说明，我们曾经抽样选取27个低收入国家、30个中下等收入国家、17个中上等收入国家和24个高收入国家，考察它们的税制结构，发现多数国家人均GDP越低，流转税比重越高。其中，对低收入国家而言，国际贸易税（主要指关税）为第一大税种，占全部税收收入比重超过30%；其次是销售税、周转税或增值税，其比重为19.23%；选择征收的国内货物税和劳务税约占税收总额的35%，全部流转税合计比重高达税收总额的2/3，明显呈现流转税为主体的税制结构格局；所得税中主要依赖企业所得税，从比重看，企业所得税为第三大税种，个人所得税、财产税等其他税种比重比较低，社会保险税占比为5%左右。中等收入国家的税制结构则表现为各税种并重，关税、企业所得税、销售税（周转税）或增值税、社会保险税、个人所得税都有自己的财政地位，反映出流转税和所得税并重的结构格局，流转税和所得税（包括社会保险税（费））这两大类税收比重几乎各占一半。

2）发达国家实行以个人所得税（含社会保险税）为主体的税制结构的原因

所得税在18世纪就建立了，之所以20世纪上半叶才成为各个西方发达国家的主体税种，是因为第一次世界大战特别是第二次世界大战后，西方发达国家的生产力进一步发展，个人所得税和社会保险税成为主体税种的经济、社会、文化和管理条件进一步完善，将个人所得税和社会保险税作为主体税种的必要性也凸显。

（1）推行个人所得税为主体税制结构的客观条件

形成以所得税为主体的税制结构的前提是个人所得税成为普遍征收的主体税种，而个人所得税要成为普遍征收的主体税种，需要一系列客观条件。

第一个条件是市场经济发达，人均收入水平较高，经济商品化、货币化、社会化程度很高。首先，个人所得税是对个人纯收入征税，市场经济发达情况下人均收入水平高，大部分人的收入作了必要扣除后还有较多剩余。这是普遍征收个人所得税的基本条件。其次，社会城市化、职工就业公司化，大部分人口在公司或企业工作，从而能够有效地进行个人收入水平的查核和各项费用的扣除，也便于采用源泉扣缴的简便征税办法。最后，经济货币化程度高。个人所得主要表现为货币所得，非货币所得或货币工资收入以外的实物性收入或享受（即所谓福利性或公款消费）不占很大比重，这样才能较为准确地计算个人所得，在个人所得税普遍征收的前提下实现税收公平。

第二个条件是法治的社会治理方式。标准的个人所得税模式以普遍征收、家庭或个人收入综合课征为特点，纳税人众多，不可能采用流转税那样的征管模式，即对大宗税源和大型纳税户设置专门机构，进行专人管理，而只能实行个人申报、税务局抽样稽查的办法，这样个人申报的信息是否准确就十分关键。要使申报和披露的信息完整准确，除了靠自觉外，还得靠法治。只有在法治成为社会治理的基本方式，社会成员违法被处罚的预期成本很高，违法很难通过面子、人情、关系而逃脱处罚的社会中，个人申报和披露的信息才能较为完整准确，税务行政当局稽查对象的范围才会处于有限状态，从而才不会出现法不责众或管理成本过高的两难局面，个人所得税有效管理才具备基础。此外具备税收法定、预算法定和公开透明的条件也很重要，因为纳税人了解纳税及其税款取向，会减少纳税人缴纳直接税的抵触情绪，降低推行个人所得税造成的福利损失。

第三个条件是管理手段和方法先进。发达国家在经济管理、会计核算、税收征管上比较先进，有可能在保证效率的情况下对众多的纳税申报表进行处理。只有人民的文化程度普遍较高，税收服务网络齐全，纳税人能亲自或委托专业人员正确填报较为复杂的申报表，才能建立起行之有效的自觉自愿申报和税务当局抽样审计的征管制度，大大降低个人所得税的征税成本。

（2）实行以个人所得税为主体的税制结构的必要性

即使具备了实行个人所得税为主体税制结构的客观条件，要不要推行个人所得税为主体的税制结构还要看一国的社会经济发展状态。

首先，转变税制结构要看原来的税制结构是否造成比较大的额外负担和福利损失，采用新的税制结构是否能够降低福利损失。西方发达国家过去一般实行以消费税、周转税或关税为主体的税制结构。这些税种有的因重复征税造成税负不公平，妨碍部门产业之间的竞争；有的影响自由贸易，对经济发展有很大的阻碍作用，造成比较大的福利损失，因此生产力和市场经济的进一步发展要求用所得税代替传统的流转税，以建立平等竞争的环境。从历史事实看，建立个人所得税为主体的税制结构促进了西方经济发展和社会稳定。

其次，有无必要通过个人所得税和社会保险税解决社会矛盾，保持社会稳定。市场经济发展到一定程度就不可避免地出现贫富两极分化、分配不公问题，从而影响社会和谐，也最终影响经济发展。发达国家为了保持社会的长治久安，第一、第二次世界大战期间，特别是第二次世界大战后，纷纷推行以收入均等化为目标的社会政策或福利国家政策。这在客观上要求通过征收累进个人所得税和社会保险税并建立社会保险体系，以及通过转移支付实现一定程度的收入再分配，缓和阶级对立，维护社会秩序，促进社会和谐。

最后，实行以个人所得税为主体的税制结构还要看宏观经济运行状态。20世纪二三十年代经济大危机后，西方国家出现宏观经济失衡，西方发达国家痛感市场机制不是万能的，靠自由放任政策已无法解决市场经济的运行矛盾，因而推崇凯恩斯主义的经济政策主张。各国纷纷加强以实现总供给和总需求为目标的政府干预。这在客观上需要采用个人所得税起自动稳定功能作用和作为相机抉择的政策工具，在其他政策工具的配合下实现以总供给和总需求为目标的宏观经济均衡。发达的市场体系也为实施这样的宏观经济政策提供了可能性。但近年来，不少学者发现凯恩斯主义的政策从较长期看不仅没有效果而且还经常适得其反，从理论和实践两个方面都不再推崇政府干预。

3）发展中国家（特别是低收入国家）实行以流转税为主体税制结构的原因

总的说来，发展中国家（特别是低收入国家）没有出现发达国家那样用个人所得税和社会保险税代替流转税的社会历史条件。

（1）发展中国家（特别是低收入国家）没有普遍征收个人所得税的基本条件

首先，从总体上看，低收入国家人均收入水平低，只够甚至还难以维持基本生活需要。即使以很低的起征点普遍征收个人所得税，财政利益不大而征税成本很高，会引起人民的反感甚至反抗。总的来说，发展中国家应着眼于建立平等竞争的环境，形成市场经济发展格局。即使在某一个时期出现分配不公，也往往表现出与发达国家不同的特性，如地区差异、行业差异和城乡差异，通过普遍征收个人所得税也不可能解决。此外，低收入国家没有国力建立普遍的社会保险体系，也就没有普遍开征社会保险税的可能性和必要性。

其次，经济的商品化、社会化、货币化程度很低，存在大量的自给自足经济、分散经营和实物经济。在自给自足、实物经济中，所得不主要表现为货币所得，而个人所得税一般只能将货币所得纳入征税范围，这样个人所得税就不能做到按能力负担，公平征税。生产社会化、就业公司化程度低，公司（企业）的就业人口不占主要比重，大部分人口从事个体或小规模经营，所得难以查实，无法实施源泉扣缴制度，偷漏税十分容易。低收入国家有的刚刚脱胎于封建专制社会，法律观念淡薄，人治色彩浓厚，政治不民主、不廉洁，人民纳税的主动性、自觉性很低，无法建立自动申报制度，个人所得税普遍征收没有管理上的可行性。

（2）发展中国家更依赖于通过流转税实现其税制结构的财政功能和效率目标

虽然从理论上讲，个人所得税为主体的税制结构优于全值型流转税为主体的税制结构，但在个人所得税不可能普遍征收的情况下，只能作出次优的选择，即选择以流转税为主体的税制结构。

首先，发展中国家都面临着发展本国经济的历史任务，需要雄厚的财力作后盾。个人所得税无法普遍征收，因而就不可能通过征收个人所得税达到财政目标。低收入国家的公司（企业）一般技术装备落后、效益不高、亏损面大，企业所得税的税收源泉并不稳定可靠；即使经营好的公司（企业），由于处于发展阶段，企业所得税税率不宜太高，否则会影响其再生产和发展后劲，因此通过企业所得税获取的财政收入比较有限。但流转税（包括关税）征收管理上的要求低，只要有流转额、有销售收入或进出口贸易，就可以从价或从量征税。流转税是可转嫁税种，对纳税人而言纳税阻力小；此外，流转税还具有取得收入稳定可靠和及时等突出优点，能保证国家财政需要。传统全值型流转税虽然具有损害经济效率的弊端，但可通过对中间产品免税等办法在一定程度上予以消除；若用标准增值税取而代之，则可以从根本上解决流转税对经济效率的影响问题。

其次，发展中国家虽然也存在宏观经济上的总供给和总需求不平衡问题，但没有必要也不可能动用个人所得税等宏观政策工具起自动稳定器和相机抉择工具的作用。因为宏观上的财政金融政策发生作用的前提之一是有一个发达的市场体系，从而才能通过财政金融政策上的参数变动调节市场，并经过连锁反应波及整个经济过程，达到预期的目的。而发展中国家特别是低收入国家一般生产力落后、市场经济不发达、市场体系不健全，宏观财政金融政策因难以引起连锁反应，所能波及的范围十分有限，宏观经济不均衡一般更依赖于通过行政手段加以解决。况且低收入国家经济发展中的主要问题不在于总量失衡，而在于结构失衡，即产业结构不合理、不协调，要么原材料、能源、交通生产不足，要么加工业落后。在市场机制不健全的条件下，对产业结构的调节作用，流转税要比个人所得税作用大，例如关税通过差别税率可保护本国民族工业的发展，国内流转税通过差别税率可配合国家产业政策的实施，最终使整个经济效率提高。

总而言之，确定主体税种，选择税制结构，不能只考虑税种本身学理上的优缺点，更应充分考虑经济发展水平、社会文化等国情因素。发展中国家不能不顾本国的实际情况，超越经济发展阶段，盲目照抄照搬发达国家的税制结构。优良的税制结构首先要建立在可行性基础之上。

5.2 税收制度设计原则

5.2.1 公平和效率原则

1）税收效率原则的概念和演变

（1）税收效率原则的概念

政府通过税收形式获得一部分剩余产品价值的过程，既是一个可以使政府、社会得到利益（税收收益）的过程，又是一个需要付出一定代价（税收成本）的过程。在进行有关税收的工作时，首先要进行利益和代价的权衡，即进行税收效率的判断，看所进行的税收工作是否“合算”。

税收效率指的是以尽量低的税收成本取得尽量高的税收收益。税收收益不仅包括取得的财政收入，还包括因税收的调节优化了产业结构、提高了资源配置效率、促进了社会经济稳定发展和生态平衡而产生的正效应，即“间接收益”。税收成本不仅包括税收的征收和管理费用，还包括因税收对社会经济进行调节而产生的负效应（不良影响）即“间接成本”。税收效率一般通过税收成本与税收收益的比率衡量。比值越小意味着税收效率越高，反之则相反。税收效率归根到底是税收与经济的相互关系问题。税收效率的提高，表现为征收管理费用的节省、好的税收效应的产生，表现为征税过程对社会经济阻碍小、促进大，其结果是纳税人可以投入更多的精力、时间、资金发展生产、创造财富或改善生活，人们对税收效率的认识不是一蹴而就的，而是经历了一个逐渐深化和全面的认识过程。

（2）中国古代思想家关于税收效率的思想

中国古代思想家关于税收效率的思想可以概括为两点。

一是税收与经济的关系。中国古代思想家很早就对经济决定税收、税收影响经济这一辩证关系有相当深刻的理解。他们强调的治税模式大多是以财政职能力主、经济职能为辅的财政型治税模式，其特点是主张在发展经济的基础上增加财政收入。周公提出“勤政裕民”，即统治者不能只顾自己的安逸和享受，应当体察民情，考虑如何发展生产，安定人民生活；管仲则进一步阐明“治国必先富民”的思想；刘晏有“理财当以养民为先”的主张；丘浚提出“盖理财之道，以生财之道为本”的看法；魏源也极力主张理财首先要考虑培养税源。传统治税观的核心思想是不能就财政论财政、就税收论税收，而应当首先鼓励人民发展生产。只有生产发展、收入增加，人民生活水平才能提高，政府收入才有可靠保证。在发展经济的基础上增加财政收入，这是正确的，今天我们仍要遵循，这是一方面。另一方面也应看到，中国传统治税观的出发点和归宿点都是财政收入，表现为一种财政-经济-财政或税收-经济-税收的思维模式，发展经济仅仅被看作是增加财政收入的手段，以取得尽可能多的财政收入为中心考虑经济发展问题。在中国古代，治税观是建立在小农经济基础之上的。发展经济仅仅局限在发展农业，农业是本，其他各行各业都是末，税收政策“重农抑商”，遏制了商品经济的发展，成为封建社会长期停滞不前的一个因素。为了适应市场经济的历史趋势，今天的治税模式不应当是古代的财政型治税模式，而应当是经济型治税模式，即要遵循经济-税收-经济的思维方式，以促进经济发展、满足人们的物质文化需要、提高人们的生活水平为出发点和归宿点考虑税收制度设计和政策选择。

二是税收的确实和便利。税收对经济的关系不仅涉及怎样在发展经济的基础上增加财政收入，而且要考虑怎样尽量降低征税对经济发展的消极影响。要做到这一点就要提高征税本身的效率，减轻人民在征税以外的其他负担。中国古代理财家注意到税收制度必须确实和便利，通过税收的确实和便利减轻征税对经济的消极影响。西晋傅玄提出"至平""积俭而趣公""有常"三条税收原则（这样完整地提出税收原则早于西方千余年）。其中，"有常"论及税收制度要确实，要有一个可以遵照执行的定制，使百姓在纳税时心中有数，减少增税减税的任意性，减少征税官吏在征税过程中滥用职权坑害百姓的行为。这对发展经济有利。杨炎的"两税法"也内含便利征收的思想。"两税法"把"租庸调"、地税、户税和青苗钱等杂税合并建立统一税制，分夏秋两次征收，减少了纳税项目，简化了纳税手续，对纳税时间和纳税办法都作了明确的规定，改变了过去那种"旬输月送无休息"的状况，省去了许多缴纳催索的纷扰，方便了农民缴纳税款，也对政府提高税收的征管水平提供了制度上的有利条件。提高征税效率还有一个重要问题，即如何尽量减少直接的征税费用，这一点在中国古代税收思想中是一个空白。这一空白直到《国富论》被介绍到中国才得以填补。直到今天，节省直接征税费用的观念在实际税收工作中仍十分淡薄。树立税收效率思想，形成对税收效率的共识，还要付出努力。

（3）西方学者的税收效率思想

自亚当·斯密以来，西方学者的税收效率思想大致经历了以下四个发展阶段。

第一个阶段是亚当·斯密本人的税收效率思想。亚当·斯密税收效率思想体现在他的中性税收政策主张以及确实、便利、最少征收费用3个原则[①]中。亚当·斯密治税观的基本出发点是促进国民财富的增长。他把激励个人主动性的经济自由，把国家（政府）采取不干预立场、实行保护或有利于自由竞争的经济税收政策当作实现国民财富增长的重要条件。他主张在限制国家（政府）职能的同时，限制税收的职能作用。他把企图通过税收的作用左右产业发展看作破坏经济增长自然秩序的行为。他主张中性的税收政策，其目标是为自由竞争创造环境。亚当·斯密的治税观，对税收效率的考虑占据最重要的地位，他不仅主张税收决策者在政策意向上保持中性，并且主张在税收政策的执行过程中只为国家（政府）提供充足的收入，而尽量避免征税对纳税人造成除了税收以外的其他损失（额外负担）。在亚当·斯密所处的时代，实行中性的税收政策具有一定的必要性和合理性，市场机制的作用在导致资源合理配置、促进财富增长的同时，使政府的任何政策包括税收政策保持中性。但市场机制不是万能的，而是有缺陷的。如果市场机制的缺陷足以导致国民经济发展受阻、严重损害社会效益和生态效益，并且事实证明国家（政府）干预的代价确实小于市场解决办法时，就要选择国家（政府）干预。当然国家（政府）干预不是代替市场，而是在市场作用的基础上进行调节。

为了减轻纳税人的额外负担，亚当·斯密极力主张税收的管理费用和执行费用要尽量节省。为取得同样的财政收入，人民除税款外的费用支付越少，税务机构为征税而支付的费用越少，意味着税收效率越高。亚当·斯密提出的课税四原则，后三个讲的就是这个问题。无论是确实、便利或最少征收费用，实质性的内容都是尽量避免纳税人除正税外的额

① 亚当·斯密提出的税收四原则是平等、确实、便利和最少征收费用，参见斯密 A.国民财富的性质和原因的研究［M］.郭大力，王亚南，译.下卷.北京：商务印书馆，1974：384-386.

外负担。确实原则要求建立统一、简明、确实、清晰的税收制度，尽量避免征税人员斟酌使用权力的可能性，也尽量避免纳税人钻税法的空子避税和逃脱纳税义务的可能性。提高税收效率不仅要有完备、确实的税收制度，且各种税收完纳的日期及完纳的办法须予纳税者以最大便利，不使纳税人感到繁难，还要求税务机关通过采取科学的管理办法降低费用，通过精简机构、减少冗员而建立精干有力的税务机构，提高税收工作效能。斯密的税收效率思想可以用他自己的一句话加以概括，即"一切赋税的征收，须设法使人民所付出的，尽可能等于国家所收入的"①。今天看来这仍然十分正确。

西方税收效率思想的第二个阶段是额外负担理论。政府征税不仅导致纳税人（负税人）付出税款而造成损失，而且由于征税过程影响了纳税人的决策和行为，如果结果使其境况或福利不如税前，那么就产生了超过已缴纳税款的福利损失，我们就把这种福利损失称为额外负担。额外负担大，说明税收效率低。在亚当·斯密的思想中就已经包含如何减少税收额外负担的内容，而杜普伊特（Dupuit，1844）已经明确提出消费税造成的福利损失与消费量及税率高低有关②。马歇尔运用消费者剩余、供求弹性等工具，详尽地分析了间接税可能引起的福利损失，提供了对税收额外负担问题进行分析的系统工具。此后，不少经济学家参与了这一理论的研究，研究重点是如何估计额外负担并设计税收制度使额外负担减轻。比较著名的有：拉姆塞（Ramsey，1927）提出了逆弹性规则，证明在严格假定下对需求弹性低的商品课税可减少额外负担③；哈伯格（Harberger，1964）在《公司所得税的归宿》中提出了"三角形"额外负担理论④，并进行数理推导，得出了在线性需求曲线条件下测定额外负担的计算公式（5.1）。该公式表明，税收的额外负担与税率的平方和需求弹性成正比。即：

$$EB\text{（excess burden）}=\frac{1}{2}\times t^2\times\eta\times P\times Q \tag{5.1}$$

其中，t——税率；η——需求弹性绝对值；P——价格；Q——数量；P×Q——对某一商品的税前消费支出总额。

上述公式是不考虑供给曲线情况下计算流转税额外负担的公式，后来的学者进一步推导出加入供给弹性以后的流转税额外负担计算公式以及所得税的额外负担计算公式，具体如下：

成本递增的供给曲线下的额外负担计算公式（5.2）：

$$EB=\frac{1}{2}\times t^2\times\left(\frac{\eta_d\times\eta_s}{\eta_s-\eta_d}\right)\times P\times Q \tag{5.2}$$

其中，η_d——需求弹性绝对值；η_s——供给弹性绝对值。

以劳动力供给曲线为基础的个人所得税的额外负担计算公式（5.3）：

$$EB=\frac{1}{2}\times t^2\times\eta_L\times w\times L \tag{5.3}$$

其中，η_L——劳动力供给弹性；w——税前工资率；L——劳动供给量。

上述公式都是在非常严格的假定下成立的，如假定不存在收入效应，只考虑替代效

① 斯密 A. 国民财富的性质和原因的研究［M］. 郭大力，王亚南，译. 下卷.北京：商务印书馆，1974：385.
② 奥尔巴克 A J，费尔德斯坦 M. 公共经济学手册［M］. 匡小平，黄毅，译. 北京：经济科学出版社，2005：54.
③ RAMSEY F P. A Contribution to the Theory of Taxation［J］. The Economic Journal，1927，37（145）：47-61.
④ HARBERGER A C. The incidence of the corporation income tax［J］. Journal of Political Economy，1962，70（3）：215-240.

应；税前和税后消费总额或收入不变；相对价格变化不会产生福利影响；一项消费或供给不会波及影响其他人的行为和自己以后的行为（局部均衡）等。显然这样的假定一方面使问题简单化，另一方面也使计算结果与实际情况有距离。此外，应用时数据来源和弹性估计也比较困难。但是，上述公式以及西方学者其他方面的论述还是给人以重要启发：

第一，只有收入效应而没有替代效应的税收，如一次总付税（lump sum tax，典型形态如人头税），不会影响人们的选择且没有额外负担，但从公平考虑一次总付税极端不公平，因此不可行。这样一来，可行的税收总是有替代效应的，我们的目标不是消除额外负担，而是使额外负担尽可能小。

第二，要从影响额外负担的主要因素入手，设计好的税制使税收的效率损失减小。首先是税率，额外负担与税率的平方成正比，无论什么税种，税率越高其额外负担就越大，税率提高所造成的效率损失可能几倍于税率提高的速度，因此税率定得适度与否不仅仅是税负问题，也是效率问题。其次是供给的价格弹性和劳动力的供给弹性等商品和要素的市场反应灵敏度，反应越敏感，改变行为的可能性越大，额外负担会随之多倍增加。在符合公平原则和能够保证财政收入的情况下，尽可能选择弹性低的商品或要素收入课税，有利于增进效率。实际上，最优税收理论整体上就是研究如何设计税收制度让税收的额外负担最小，我们将在下一章给予全面阐述。

建立在福利经济学基础上的税收效率思想是西方税收效率原则的第三个阶段。福利经济学主张最适度地配置生产资源，使生产出来的国民收入达到最大值，也就是使经济福利达到最大值。福利经济学的创始人——庇古，把资源的配置能使国民收入极大化的情况，称为资源配置的最优状态。为了说明这一问题，他提出“边际私人净产量”（marginal private net product，又译为边际私人纯产品）和“边际社会净产量”（marginal social net product，又译为边际社会纯产品）两个概念[①]。边际私人净产量是指企业每增加一个单位生产要素所增加的纯产品，边际社会净产量是指社会每增加一个单位生产要素所增加的纯产品。他认为，由于自由竞争和利己心的作用，边际私人净产量与边际社会净产量在大多数场合是一致的，会使资源实现最适度配置，使国民收入总量或社会经济福利总量达到最大值，但也会有许多不一致的情况。例如，科学技术的发明创造给社会带来的利益超过科学家个人得到的利益，意味着边际社会净产量大于边际私人净产量；反之，酿酒对酒商有利，但酗酒对饮者有害，而且给社会带来其他损失，这就意味着边际社会净产量小于边际私人净产量。庇古主张，如果一个经济单位边际私人净产量超过边际社会净产量时政府课以较高税收，则会使该部门缩小；反之则给予补助，以刺激其扩张，那么社会经济福利会增加。庇古还提出可用税收的办法来防止污染，就是征收一种税，使其税额等于污染造成的外部成本，这样就能实现外部成本内在化，污染制造者为了获得利润就必须像控制其他成本开支一样控制污染。

新制度经济学家科斯提出了不同的看法，他认为在市场充分竞争、信息完全、产权明确、交易无成本的假定下，市场主体之间可通过谈判自动地解决外部不经济问题，从而达到经济的最优状态和实现经济福利的最大化，不需要政府介入。此外，即使不考虑这些问题，获得污染造成的实际损失的数据很困难，从而准确决定税率或税额也是很困难的[②]。

① 庇古. 福利经济学［M］. 金镝，译. 北京：华夏出版社，2007：104.
② 盛洪. 现代制度经济学［M］. 北京：北京大学出版社，2003：4-37.

但科斯的结论并不能完全否定政府在处理诸如污染等外部效应问题上的作用，如产权界定就需要政府介入。另外，在市场不能充分竞争、交易双方信息获取能力不对称、产权界定不明确或产权界定了但无法实施、交易成本（交易各方为达成补偿协议而耗费的时间和财富）过高等各种情况下，也需要政府介入。

第四个阶段是以实现宏观经济均衡为目标的税收效率思想。凯恩斯主义者认为，资本主义经济通过市场机制并不会达到充分就业的均衡状态。总供给与总需求之间会经常发生不一致，这种宏观经济失衡局面是无法通过市场机制消除的，必须引入国家（政府）力量，通过运用税收在内的经济杠杆，调节投资和消费，才能实现宏观经济均衡，从而保证经济有效率地稳定发展。因而，他们把税收制度和政策是否能对宏观经济均衡起调节作用，作为判断税收是否有效率的标准。

凯恩斯主义治税思想正是这样一种以实现宏观经济均衡为目标的治税思想。其基本特点是：系统阐述税收的经济职能，把税收政策的制定、运用放在宏观经济均衡的高度；强调税收的需求效应，力图在其他经济杠杆的配合下运用税收手段，通过对总需求的刺激熨平经济波动，实现宏观经济均衡和经济增长。凯恩斯主义者提出一个需求管理型的治税模式，要点是自动稳定器的作用。在所得税普遍征收条件下，税收的需求效应可以通过税收制度本身自动地波及经济过程。经济衰退时，个人和企业的收入都减少，于是税收自动减少，使消费和投资相应增加，总需求曲线向上移动，经济波动变小；反之，繁荣到来时，个人和企业的收入都增加，于是税收自动增加，自动产生一种延缓消费支出和投资支出的拉力，一定程度上抑制消费和投资的扩大，使总需求曲线向下移动，从而缩小总供给和总需求的缺口。

税收的自动需求效应在比例税率下就会产生，但不如累进税率那样强烈。在自动稳定器不足以消除宏观经济失衡时，就需要选择相机抉择的需求管理型治税模式。税收管理主体要根据不同时期的经济活动情况制定相应的税收措施，并使之与其他财政政策工具和货币政策工具相配合，控制总需求水平，保持经济稳定。当需求不足即出现投资不足和消费不足时，采用减免税、亏损结转、加速折旧等减免手段增加投资需求和消费需求；反之，需求过旺、产生通货膨胀时则通过增税压缩需求规模。判断税收是否有效率必须着眼于宏观经济是否均衡，不能就税收论税收。这样一种经济-税收-经济的思维模式是可以借鉴的。凯恩斯主义为实现宏观经济均衡而提出的具体的税收政策，是建立在市场经济发达、生产力进步和一定社会制度、税收制度基础之上的，借鉴时务必考虑中国的生产力发展水平、社会经济发展状况、税制特点，不能照搬照抄。

2）公平原则的提出和发展

设计税制结构，判断税制结构的好坏，除考虑税收效率方面，即以最小征税成本取得最大征税收益，还要考虑税收的公平方面。公平对于税收十分重要，它是税收本质的客观要求。税收是以政府为主体的剩余产品价值分配关系，征税过程是经济利益由个人、单位转向政府的过程。如果把税款的使用考虑进去，那么税收是一种再分配的机制。既然牵涉到利益关系，就有多与少的问题，有各阶层人民向政府纳税是否平衡的问题，有纳税人从政府分享到的利益是否平衡的问题。怎样解决这些问题，就面临一个公平原则。不考虑公平的税制必定是难以实行的税制。税收公平是与税收相伴随的世界性的普遍问题，也是税收理论研究的传统课题。古今中外许多思想家进行了不断的探索，留下许多论述，其中的合理内核对我们进行税制改革和理论建设仍有启发和借鉴意义。

(1) 中国古代税收公平思想

中国古代税收公平思想经历了三个发展阶段。

第一阶段是按土地等级或其所处地理条件课征不同数额的税。这一思想最早出现在《禹贡》中。《禹贡》记载的古代土地税制度，其主要特点是根据土壤肥度以及距离帝都的远近、水陆交通、产品种类等因素，将土地分为若干等级，在此基础上确定税负水平。土质优良、所处地理条件优越的土地多纳税；反之少纳税，使税收负担公平合理。后来管仲提出“相地而衰征”，即按土地肥沃程度定赋税轻重的主张，与《禹贡》体现的税收公平思想类似。

第二阶段是按纳税人劳动能力的强弱制定不同的征税等级。西晋占田制已鲜明地体现以劳动能力强弱作为课税标准的思想。在占田制下，劳动力有正丁和次丁之别，正、次丁还有男女之别，其实质性内涵是按劳动能力强弱规定接受土地和负担田税的数量。这一思想在北朝及隋唐的“均田制”里得到进一步体现，规定上也更为具体——接受土地和负担税收的数量不仅考虑劳动生产能力的高低，而且考虑使用耕牛的多与少、役使奴婢的多与少等因素。“均田制”将税收与劳动生产能力条件更紧密地联系在一起。这一公平思想较“计田而税”只考虑土地等级、地理位置是巨大的历史性进步；但是，按劳动力强弱确定税收负担的轻重，由于没有考虑贫富差别，如建立在“均田制”基础上的“租庸调”制度在思想上是不承认贫富差别的，不论贫富按人丁统一征收定额税，税收负担仍然是不合理、不公平的。

第三阶段即杨炎“两税法”体现的以占有财产的数量为标准课税。“两税法”明确规定“人无丁中，以贫富为差”，即不分丁男、中男，按贫富也就是拥有土地和财产的多少纳税，鳏寡孤独不济者免税。以每户的财产多寡为纳税标准，远比以年龄、性别为标准“计丁而税”更符合按能力负担原则。封建的小农经济时代，财产的主要形态是土地和房屋，中国古代则以拥有土地为主。按拥有财产多寡纳不同的税，在封建社会其税收公平达到最高程度。“两税法”提出者杨炎所处时代正值欧洲的中世纪，罗马帝国时代建立的较为完善的税收制度因中世纪的动乱而瓦解，欧洲的税收制度支离破碎，没有税收公平思想可言。中国古代税收公平理论与实践远远早于西方，但由于封建社会停滞不前，税收公平思想没有得到进一步深化，而且在封建时代，所谓的税收公平以重农抑商为前提，只有土地税领域才有公平可言，商业税收是不讲税收公平和按能力负担的。此外，封建时代的税收公平是以封建土地所有制、以封建地主对人民的压迫剥削为前提的，是社会经济环境极不公正条件下的税收公平。因此，封建时代的税收公平只不过是一种理想。

(2) 西方税收公平思想

西方税收公平思想集中体现在受益原则、支付能力原则和社会公平原则3个方面。

①受益原则

受益原则理论认为，国家（政府）必须合理使用人民缴纳的税款，应当在某个时候、以某种方式使纳税人获得好处，以补偿纳税人缴纳税款造成的损失和牺牲，而人民应按个人从国家（政府）公务活动中所享利益多寡缴纳税款，以资交换。这也是所谓的“交换说”。这一理论的价值观基础是社会契约论。社会契约论发端于古希腊时期的先哲伊壁鸠鲁。他将商品契约交换规则引入政治领域，认定人们转让自己的权利如同售出商品，应当获得相应的等价补偿——国家（政府）对人民生命财产安全的保障。

英国近代思想家霍布斯把社会契约论引入税收领域，认为人民为公共事业缴纳税款，无非是为换取和平而付出代价[①]。税收公平表现为各纳税人承担的税收与其享受到的政府提供的利益成比例。霍布斯还主张用人们的消费水平来表示他们从政府获得的保护利益，即消费水平越高的人从政府获得的保护利益也越高，从而应当缴纳更多的税。洛克发展了霍布斯的思想，认为税收是政府为人民提供利益而获得的报偿；人民纳税，是因为从政府提供的服务中得到利益的一种代价。孟德斯鸠以自然法观念为基础，提出建立在封建土地所有制基础上的专制国家（政府），其国王的收入源泉是把人民束缚于土地上的封建贡赋，与此相反，在消灭了农奴关系的共和民主制度中，每个人都是市民，拥有各自的私有财产。国家（政府）税收是公民付出的自己财产的一部分，以确保其所余财产的安全或快乐地享用这些财产[②]。孟德斯鸠深入分析了纳税与拥有财产及经营自由的关系，认为纳税人缴纳赋税的数额通常与其享有的自由程度成正比。在孟德斯鸠看来，税收相当于财产所有者享有国家保护而必须缴纳的"保险费"。

亚当·斯密的税收公平思想也倾向于受益原则，但倾向于按收入而不是财产来确定税收，主张人民应按各自在国家（政府）保护下享得的收入的比例缴纳税金，维持政府财政需要。受益原则包含税收应当取之于民用之于民的进步思想，从总体趋势上揭示了政府不能随意课税，人民所付出的税收应当在总体上与其所获得利益相一致。但将这个原则应用于微观领域，试图通过确定个别人获得的政府利益来确定其应当缴纳的税款，则存在实行中的技术难题，即国家（政府）使用税款到底给每一个纳税人提供多少利益难以准确计量。此外，人际之间的比较也比较困难，正如J.S.穆勒在1848年出版的《政治经济学原理》中所阐述的那样，一个人拥有的财产数量10倍于另一个人，但不能证明其享有的保护利益也是另一个人的10倍；现代经济学已经说明了政府服务具有非竞争性和非排他性，一个警察保护一个人的同时也保护了其他人，其保护的利益很难分割；收入多的人并不意味着需要更多的保护，那些收入低并且体力和脑力的弱者更需要政府保护，按照上述保护多、纳税多的受益原则，岂不是弱势群体要缴纳更多的税？这显然违反社会公正。因此，在税收思想史上曾经一度出现用支付能力原则代替受益原则的倾向，但支付能力原则也存在难以克服的问题。以维克塞尔为代表的经济学家着力复兴利益原则，建立所谓自愿交换模型，试图解决利益原则的缺陷。

意大利经济学家雨果·马佐拉（Ugo Mazzola）给维克塞尔以很大的影响。马佐拉提出公共产品的支付价格（纳税）与公共产品的边际效用相等，以实现在个人消费公共产品时，所有的人都同样得到欲望满足的目标。但马佐拉企图像私人物品的买卖一样，让公共产品的提供者（政府）与消费者（纳税人）之间进行等价交换[③]。由于公共产品的非竞争性和非排他性特点，这种从单个人出发进行评价的直接方法是行不通的。维克塞尔提出一个间接方法，总的思路是利用议会民主这个中介，通过投票手段达到各个利益集团的利益均衡，让赞成票说明每个人能肯定他或者他所代表的利益集团不会负担超过可以接受的份额，进而大致地表明政府提供的公共产品的边际效用与纳税人因此而纳税失去的边际效用

---

① 霍布斯. 利维坦［M］. 黎思复，黎廷弼，译. 北京：商务印书馆，1986：22.

② 孟德斯鸠. 论法的精神［M］. 张雁深，译. 上册.北京：商务印书馆，1962：213.

③ MAZZOLA U. The Formation of the Prices of Public Goods［M］//MUSGRAVE R A，PEACOK A T. Classics in the Theory of Public Finance. New York：The Macmillan Company，1958：37-47.

均等。也就是说，通过议会协商达到一致自愿同意的结果，让所有参与税收决策的“代表”都感觉其得益与所费是相一致的，从而使税收达到公平[①]。如果在协商过程中“代表”感到所费高于受益，就会有负担过重之感，针对不公平，“代表”会投票否决，使该征税方案通不过，直到所有阶层人民的“代表”均感到可能支付的税收与其将获得的公共产品利益一致为止[②]。但在现实生活中，很难找到一个全体均赞同的方案，能设计出多数人满意的方案就不错了。多数人赞同的方案如果牺牲了少数人的利益，公平就不可能实现。后来布坎南和图洛克（Buchanan & Tullock）沿着维克塞尔的思路深入研究了“同意的计算”问题，认为只要符合一定条件即待决策方案的决策成本和外部成本[③]小于该决策所可能带来的收益，原来不赞同的少数“代表”也将接受这种来自多数人的“强制”，从而一致自愿同意仍然会发生；否则少数人就会投否决票，必须更改方案，进行新一轮的磋商，讨价还价直到满足上述条件，达成一致同意为止。这正像市场上的商品交换一样最终能够达到帕累托均衡。显然，维克塞尔等人的逻辑前提与完全自由竞争达到帕累托效率的假设相类似，他们始终假定议会中的成员能完全地、自主地代表其所属阶层的利益，并且对利益的表达完全是自愿的，而且决策的信息充分。但是现实生活中“代表”同样具有“经济人”性质，有可能会选择能为自己带来更大满足（物质上的或纯粹心理上的如权力、威望、职业成就等）的决策，而牺牲其所代表的公众利益。即使“代表”能够真实地代表公众利益，但他们能否掌握足够多的信息来自主地作出判断和选择也成问题。我们还要注意到，维克塞尔的税收公平实现过程是以社会收入、财产的初始分配公平为前提的。这一前提显然在现实社会中难以得到。这样，维克塞尔的税收公平的实现方法，难以有效地应用于实际决策过程。

林达尔（Lindahl）研究了两个人加公共部门的世界，假定消费对象只有公共产品和私人产品两个、组合效用对每一个人均相等（无差异）、每一个人的收入已定、公共产品和私人产品的价格不变、决策过程无成本且没有时间限制、每一个人的投票均建立在诚实基础上，投票决定对象是公共产品的提供数量，竞争价格是甲乙两人对公共产品成本的分担比例（纳税份额），那么通过一个类似拍卖的过程，即不断提出价格（纳税份额）让甲乙两人投票决定，最终会出现一组纳税份额即均衡价格，在这个均衡价格下，出现两人均赞同的公共产品提供数量，表明一致自愿原则得以实现。这就是所谓林达尔模型或林达尔均衡。出现这种均衡意味着甲乙认为其所费（纳税）与所得（公共产品利益）均等，既出现帕累托效率状态，也实现了税收分担的公平。但林达尔模型的假定条件很严格，如果出现投票不诚实，有人采取策略将税负加于他人，那么林达尔均衡会出现囚徒困境[④]；如果推广到现实中多人世界、多个公共产品和私人产品的情况下，由于决策成本高，决策过程存在时间限制，在限定的决策时间里，如果找不到大家都同意的均衡价格（纳税份额），决策就会流产，一致性同意就实现不了。这说明林达尔模型还难以应用于实践。尽管此后还有不少学者对通过民主决策实现利益原则作了大量研究，提出了不少思路，构成了当代

① WICKSELL K. Studies in the Theory of Public Finance ［M］// MUSGRAVE R A, PEACOK A T.Classics in the Theory of Public Finance. New York: The Macmillan Company, 1958: 72-117.

② 进一步阐述参见杨斌.治税的效率与公平［M］. 北京：经济科学出版社，1999：42-59；杨斌.利益原则：政治民主和税收公平——维克塞尔治税观的研究［J］. 经济研究参考资料，1989（81）.

③ 所谓决策成本是指作出决策的花费，包括可用货币衡量的信息费、资料费、调研费、人工费等，还包括时间、精力等消耗。所谓外部成本是指待定决策可能给反对这一决策的人带来的损害。这两项成本的人均分担水平会随着参与决策的人数增加而降低。

④ 刘宇飞. 当代西方财政学［M］. 北京：北京大学出版社，2000：149.

公共选择理论，乃至在财政学基本原理中已占有一席之地，但仍无法解决利益原则的实现问题。

尽管如此，从维克塞尔开始的复兴利益原则的研究仍值得重视。维克塞尔关于税收公平必须建立在有效的个人价值评价基础上的思想有指导意义。税收公平不只是征税者主观判断的结果。优良的税制，总是使人民在相当大的程度上，认为他们付出的税款能在某个时候以某种使自己的利益增加的方式返还。遵循维克塞尔的思路，从政策形成规则方面，通过有中国特色的民主政治民主建设，真实地提高人民参政议政程度，建立人民及其代表关于税收公平的合理有效的表达制度，通过人民代表对税收政策的形成进行表决，至少可以增加税收公平的程度，使人民感觉到社会主义税收真正是“取之于民、用之于民”的。

②支付能力原则

西方税收思想史上，支付能力有两种衡量办法：一种是主观的，另一种是客观的。主观的按能力负担学说就是牺牲说。约翰·穆勒提出均等牺牲说，穆勒认为：“作为一项政治原则，课税平等就意味着所作出的牺牲平等。这意味着，在分配每个人应为政府支出作出的贡献时，应使每个人因支付自己的份额而感到的不便，既不比别人多也不比别人少。”[①]后来的经济学家将牺牲归结为效用损失，认为人们向国家（政府）纳税造成的牺牲也是一种效用损失，只要这种效用损失在主观评价上对所有纳税人都是一样的，即牺牲均等，税收公平就实现了。约翰·穆勒的均等牺牲说在边际效用价值论兴起后，逐渐由萨克斯、科恩·斯图亚特、埃斯沃杰等人发展成为绝对均等牺牲（纳税人因纳税而失去的总效用相等）、比例均等牺牲（纳税人因纳税而失去的总效用量与纳税前全部收入的总效用量之比人人相等）、边际均等牺牲（纳税人因纳税而造成的最后一个单位效用损失人人相等，或者说纳税人因缴纳最后一个单位税收而失去的效用量人人相等，也可以理解为增加最后一个单位税收而对纳税人造成的效用减少人人均等）。由于直到目前为止还没有找到准确地计算或衡量收入的效用以及损失（牺牲）的办法，效用和牺牲等概念仍属于心理范畴，因此均等牺牲的税收公平思想具有理论意义，却没有实践意义。

其他经济学家从两个方面对牺牲说进行了挑战：一方面是维克塞尔等人以复兴利益原则为目标，从民主政治过程寻找税收公平的实现机制。另一方面是塞利格曼等人提出的以所得为标准衡量纳税能力的学说，即支付能力原则的客观说。塞利格曼比较研究了历史上出现过的人丁、财产、消费或产品、所得4个征税标准，认为按所得征税相对地最能做到按能力支付税收。所得多的多纳税，所得少的少纳税，税收负担公平合理[②]。

当代西方经济学家进一步指出，税收公平从按能力负担角度看，有横向公平和纵向公平两方面。所谓横向公平，就是境况相同的人应当缴纳相同的税收，或者说条件相同的人应当得到同等对待，也可以说具有相同纳税能力的人应当一视同仁。但是如何衡量“境况相同”“条件相同”“纳税能力相同”却是悬而未决的问题。经济学家曾经用收入或所得来衡量纳税能力，那么横向公平就是有同量收入的人缴纳同量税收，但是，经常的情况是，获得相同收入的人付出的代价不同，或者获得不同收入的人付出的代价可能相同。例如，

① 穆勒J. 政治经济学原理［M］. 胡企林，朱泱，译. 下卷.北京：商务印书馆，1991：376.

② 塞利格曼. 所得税论［M］. 王官鼎，译. 北京：商务印书馆，1935：3-15.关于塞利格曼税收思想的系统分析参见杨斌.客观能力标准极其制度结果——塞利格曼治税观的研究［J］. 社会科学探索，1989（4）；杨斌. 治税的效率和公平［M］. 北京：中国财政经济出版社，1999：第4章.

同样月收入1 600元的甲乙两人，甲要花费32小时，而乙只要使用16个小时，此外他们的工作条件也存在很大的不同，甲工作于深山老林、乙工作于都市大厦。这样对甲乙同样1 600元收入按同等税率课税就不能做到横向公平。因此就有经济学家提出按小时工资率而不是按收入总额来确定纳税能力，但这仍然存在问题：首先，对工作环境差异同样没有加以考虑；其次，人力资本投资多寡也没有区分，一个学历高与一个没有学历的人获得相同的小时工资率，但学历高的人预先进行了教育投资、承担了教育成本，对他们同等对待也难以实现横向公平；最后，从管理角度看，工资率的计算需要总收入和工时数两个指标，对可能出现的雇主和雇员合谋虚报工时数以降低工资率，从而少交税的情况难以有效控制。

有鉴于此，费尔德斯坦于1976年提出用序数效用作为衡量境况变化或纳税能力的标准①，认为征税前后纳税人效用相同，或者效用排序没有变化，这样的税收才是达到了横向公平。按照费尔德斯坦的观点，只要纳税人的偏好不同，同样所得纳同样税收不会实现横向公平。获得同样所得的甲乙两人，如果甲对某种消费品偏好高，而乙没有偏好（选择闲暇），那么让他们按相同税率纳税不公平，因为甲要失去更多的效用，或者这两人因为纳税偏好顺序改变了。相反，只要纳税人的偏好相同，同样所得的人或消费相同商品的人，缴纳同样税收就可以达到横向公平。还可以进一步推论，只要竞争充分、拥有的信息和能力相同、每一个人都可以自由选择其职业（职业市场不存在准入限制），那么只要原先的税收制度不变，竞争的结果会导致税后净收益相等，最终总是会出现横向公平，反而税制的变化可能造成横向不公平。这表明建立在效用基础上的横向公平包含了十分保守的含义，即任何税制改革从横向公平角度看，都应当是谨慎的。其有用的启示在于，要实现税制的公平，应当选择具有普遍性的征税对象，减少不必要的区别对待，并且税制要保持相对稳定，要避免课征变化无常的苛捐杂税②。但这种观点在一定程度上回到了穆勒均等牺牲那里去了，同样存在效用无法准确计量或进行排序的问题，其严格的假定如充分竞争、信息和能力完全显示、偏好一样等与现实存在距离。此外，所有这些理论的论述都建立在社会已经公平的基础上，而实际上西方国家的收入、财产分配存在不公平，在不公平的大环境中，税收本身的局部公平很难实现。因此，就有学者着眼于社会公平的探索。

③社会公平原则

19世纪中下叶，西方世界出现分配不公、贫富两极分化过于严重的问题，阻碍了西方社会的稳定协调发展。瓦格纳从维护资产阶级的根本利益出发，首次把税收分为财政意义上的税收和社会政策意义上的税收。在他所阐述的著名的4大项、9小项税收原则③中，具有创造性和发展意义的正在于主张利用税收手段实施社会政策，调节分配关系，实现社会公平，缓和社会矛盾。具体措施是采用累进税制，对最低生活费免税等。

西方学者对如何通过收入再分配来实现社会公平，存在不同的学术观点。

一派观点主张过程公平，认为只要在获得收入过程中具有相等的机会，那么可以不在乎结果公平与否。过程公平是指人们在市场交易过程中机会的均等，具体包括市场准入条

---

① FELDSTEIN M. On the Theory of Tax Reform [J]. Journal of Public Economics, 1976 (6): 77-104.
② 罗森 H S. 财政学 [M]. 郭庆旺，赵志耘，译. 8版. 北京：中国人民大学出版社，2009：351-354.
③ 瓦格纳提出的税收原则为：(1) 财政收入原则，包括收入充分与弹性原则；(2) 国民经济原则，包括慎选税源与税种原则；(3) 社会正义原则，包括普遍与平等原则；(4) 税务行政原则，包括确实、便利与节省原则。坂入长太郎.欧美财政思想史 [M]. 张淳，译. 北京：中国财政经济出版社，1987：306-307.

件，获得资金、土地、信息、人力资源等生产要素，就业机会和工资待遇，竞争，司法诉讼，公共服务等方面的机会均等。但是如何实现过程公平？一种看法认为，完全的市场化、扩大竞争范围是实现过程公平的最佳办法。另一种看法认为，即使通过完全的市场化也难以保证过程公平，如果出现垄断，那么市场就不能实现公平，就需要反垄断。还有的观点认为，仅仅反垄断还不够，如果存在起点不公平，即在初始地位不同的情况下，就做不到过程公平，因此就需要反对财产世袭、解决教育机会不公平问题，所以他们认为要先解决起点公平问题。起点公平是人们在进入市场交易前的机会均等，包括天赋、健康、心理等先天素质，出身和拥有的初始财富禀赋，教育机会等方面的均等。此外还有人认为只有通过劳动获得收入才具有过程公平的特征，通过拥有资本获得收入不能列入过程公平的范畴。

另一派主张结果平等，认为包括起点和过程公平在内的机会公平的理念很难在实践中实现，比较可行的办法还是对收入进行再分配，以效用最大化为目标，让人们均等地获得收入，这就是所谓的结果公平。但怎样的均等才是公平的并且可增加总效用呢？一种观点基于功利主义，认为社会的总效用（总福利）是每一个人效用的加总，而收入的边际效用递减，均等分配就是让每一个人的边际效用相等，那么就要从富人那里获得更多的税收，补贴给穷人。如果具备下列三项假设条件，那么增加总效用的办法就是实行对收入的平均分配。这三项假设是：每一个人具有相同的效用函数；收入的边际效用递减；收入的再分配不会影响总效用。然而，这些前提在现实生活中不是普遍存在或不是确定无疑的，人们不一定具有相同的效用函数。也就是说，同样的一项消费对人所产生的满足程度可能因人而异；任何物品的效用会随着消费的增加而减少，即边际效用递减，但收入的情况是否也是如此不确定；收入的再分配对收入总量会产生影响，旨在进行收入再分配的税收和补贴政策往往会改变人们的工作决策，如果出现减少工作、增加闲暇（工作积极性被打击）的情况，总收入会减少，“蛋糕”会缩小，平等分配的结果可能是可分配的收入总量减少，不仅不会提高穷人的福利反而降低了他们的福利。因此，如果放宽假设，例如人们的效用函数不相同，那么从功利主义的逻辑中就无法得出应当平均分配收入的结论，而是应当将更多的收入分配给那些收入边际效用高的人。社会公平是收入的边际效用相等，但由于效用的实际计量不可行，采取序数办法进行偏好排序也不可能（所谓阿罗不可能定理），目前还没有办法通过实际制度设计实现边际效用相等。

还有一种观点基于罗尔斯主义，认为社会总福利取决于社会中境况最差的人的福利状况，只要增加境况最差的人的福利，社会福利就会增进，此即所谓“极大极小”原则。其政策含义在于要对最低收入阶层给予补贴（或采取负所得税办法），但从总效用变化角度，批评者认为如果推行这样的办法，一旦出现总效用减少就不可取，而为了保证总效用不减少，甚至还会得出在稍微改善穷人状况的同时极大地改善富人状况的政策主张。这似乎与公认的公平观念背道而驰。

尽管理论上有上述许多说法，但是否需要通过政府财政收入的途径实施收入再分配，往往依据公众的普遍意识和公平观念。公众的公平观念是：富人应当多赋税，穷人应当获得补助和优惠，唯有如此才能构建稳定和谐的社会。因此，在现实生活中，西方国家在进入20世纪的时候，纷纷仿效瓦格纳社会政策主张，并逐渐将其扩充为“福利国家”政策。福利国家政策在各国实施的情况各异，但共同特点是：实施比较全面的社会保险使人们病有所医、老有所养；职工普遍持股，使劳动者参与财产增值分享，最低工资制度防止雇主对劳工的过度剥削，最低贫困线以下的社会救济措施保障低收入家庭的基本生活；反垄断法的实施限制垄断、支持竞争，不仅有利于提高效率，也有益于社会公平。福利国家政策的推行尽管未能解决西方世界出现的所有社会问题，但多少缓和了生产与消费的矛盾、低收入阶层和高收入阶层的矛盾，使西方国家的收入分配呈现完全不同于资本主义早期的格局，资本主义早期的两极分化主要表现为资本与劳动的两极分化，而现在尽管收入差距还很大，但劳动者内部复杂劳动者和简单劳动者的收入差异成为主流。例如在美国，2006年20%收入最高的家庭仍然占有全部货币收入的50.5%，20%最低收入家庭只占有收入总额的3.4%[①]。20世纪60年代以来，不公平程度呈微小加剧趋势，但“在美国以及西方国家，家庭收入不公平的最主要原因是户主的工资差异。财产收入（利息、股息等）的差异，只是造成收入不公平的微小因素”[②]。这种情况的出现，说明起点和过程的机会均等程度提高了，有利于促进社会发展。

总之，税收的效率和公平包含丰富的内容。上述分析还只是提供简略性、概要的思路，还只是表明应该怎样，并没有阐述在制度设计层面实现效率、公平的具体安排，而这正是财政学方面一系列难题的根源。在税收方面，这一问题表现为如何通过制度安排让税收的额外负担最小化，即找到福利损失最小化的治税方法。从20世纪20年代开始，在财政学的学术界就有不少经济学家对此进行了大量研究。其代表性的成果包括由英国经济学家拉姆塞发展起来的最优商品税理论和以莫里斯为代表的最优所得税理论，合称最优税收理论。他们提出的最优税收理论，并没有实际设计出一套最优的税收制度，而是提出了以严格的假定为前提，实现额外负担最小化的制度安排的基本思路。

5.2.2 最优商品税理论

1）最优商品税的提出

1927年拉姆塞在其论文《对税收理论的贡献》中提出最优商品税[③]。拉姆塞的目标是如何设置商品税税率使“效用减少最小”，即额外负担最小。他假定，货币的边际效用是常数（忽略分配问题），经济体系为没有对外贸易时的完全竞争状态并且生产总是等于消费，私人和社会的纯产品总是相等（不存在外部性问题，不考虑政府干预），税收只是取得一定的财政收入而不考虑用税收进行财政支出所产生的影响。在这些假定下，拉姆塞经过数学推导，得出被后来学者称为等比例减少规则和逆弹性规则两个结论。

所谓等比例减少规则，是指要使税收的额外负担最小，税率的设置应当使各种商品的生产数量以相等的百分比减少。而要达到这样的局面，就必须使税收课征于预期需求不受价格变动影响的商品，即在有两种商品的情况下，应当对需求弹性小的商品征税。这就是逆弹性规则。鲍莫尔和布莱德福德（Baumol and Bradford，1970）在拉姆塞成果的基础上对逆弹性规则作了更加明确的研究，研究表明，在最优商品税体系中，对各种商品征税的税率应与应税商品的需求弹性成反比，即应对需求弹性大的商品征低税，而对需求弹性小

① http：//www.census.gov/prod/2007pubs/p60-233.pdf.
② 罗森 H S. 财政学［M］. 郭庆旺，赵志耘，译. 8版. 北京：中国人民大学出版社，2009：246-247.
③ RAMSEY F P. A Contribution to the Theory of Taxation［J］. The Economic Journal，1927，37（145）：47-61.

的商品征高税，因此可以进一步推论，完全需求无弹性的商品应当承担无穷大的税收[①]。

上述两个规则的结论是建立在非常严格的假定之下的。这些假定包括：一个没有对外贸易的完全竞争的封闭型经济体系，不存在外部性问题，仅考虑单一消费者或者把所有消费者看成是同一的情况，即单人经济情况；货币的边际效用对所有消费者都是相同的，也就是说，不考虑分配状况和收入状况，从而可以仅仅关注效率问题；只有两种商品，课税商品之间并不存在交叉价格效应，从而每种商品的需求只取决于自身的价格和消费者工资率的高低。

另外，拉姆塞在研究最优商品税时还有一个重要假定，即货币的边际效用对所有个人都是一样的，就是不考虑现实社会中由于存在收入差别，货币的边际效用对不同收入水平的人是不同的情况。这就是不考虑公平问题。如果不考虑公平问题，那么使用人头税反而更有效率，因为它不产生任何扭曲性效应。如果考虑到公平问题，那么按照拉姆塞规则来设计的税制将是非常不公平的税制。因为需求弹性小的商品通常都是生活必需品，而对穷人来说，生活必需品方面的开支占其收入的比重远远高于富人，如果对生活必需品以高税率课税，穷人负担的税收也就远远高于富人，这样的税制是一种极端不公平的税制。

2）最优商品税理论的发展

后来的学者对拉姆塞的假定作了放宽，放弃了单一消费者经济和商品间不存在交叉效应的假定。但一旦放宽条件，结论就难以成立甚至自相矛盾。例如，科利特和黑格（Corlett and Hague，1953）沿着拉姆塞的思路研究了包括闲暇品在内的三种商品的情况，指出：在不能对闲暇品直接征税的情况下，可以对另外两种与闲暇品存在替代关系的商品（如工作服等劳动的互补品）征收较低税率的税收，对与闲暇品存在互补关系的商品（如游艇）征收较高税率的税收，同样能让超额负担最小化。这样的结论并不能严格遵守逆弹性命题，变成了要对消费弹性高的奢侈品征高税，而对弹性低的必需品征低税。

针对拉姆塞最优商品税不考虑公平的问题，戴蒙德和莫里斯（Diamond and Mirrlees，1971）、费尔德斯坦（1972）、阿特金森和斯蒂格利茨（1976）、莫里斯（1976）相继将收入分配问题纳入考察视野，提出了最优商品税的基本公式，表明商品税的效率性目标和公平性目标难以兼得，在具体税制设计时需要进行权衡。斯特恩（Stern，1987）考虑公平问题时，指出即使对需求弹性大的商品课税会产生较大的额外负担，但为达到社会公平，也应当对需求弹性低的商品征收较低的税收，而对需求弹性高的商品征收较高的税收。一些学者通过对某一国家的相关数值计算，对最优商品税的税率作了估计，结果表明要使商品税具有再分配功能以实现公平目标，税率必须是差别税率，并且税率的设计常常要违反等比例规则和逆弹性规则。戴蒙德和莫里斯（1971）也通过对不平等的经济分析，证明收入分配问题的引进实际上改变了等比例减少原则。这表明经典的最优商品税理论现实意义较差，“推导的税收规则表明了最优税收结构的一般情形，但它们并没有准确的指导意义”。

3）最优商品税理论的前沿问题

由于上述原因，一些学者放弃了通过商品税体系本身来解决公平问题的思路，希望商品税只解决效率问题，公平问题通过其他途径来解决。其主要设想是，在征收统一税率商

---

① BAUMOL W J, BRADFORD D F. Optimal departures from marginal cost pricing [J]. The American Economic Review, 1970, 60 (3): 265-283.

品税的同时，通过转移支付，以适当的总额补助达到公平目标。迪顿（Deaton）和斯特恩（1986）认为实现公平目标可以采用总额补助形式，而实现效率目标则可以采用征收商品税的方法，两种方法相结合，就可以有效实现具有不同偏好的家庭之间的再分配目标。埃拉希米和黑迪（Ebrahimi and Heady，1988）进一步发展了这一理论。但是，总额补助不可行，从现实生活来看，由于政治和管理上的原因，很难实行这种转移，因为要实行总额补助，就需要根据每一个人收入边际效用的具体情况，而要获得这样的统计数据，即便在目前的科技水平下也难以做到。

公共选择学派的学者陶利森（Tollison，1987）引入税制运行过程中的寻租问题，认为由于寻租现象的存在，差别税率种类越多的税制（等比例规则和逆弹性规则均要求根据不同商品的生产和消费弹性决定不同的税率），越容易导致通过寻租获得对纳税人最有利的结果（例如模糊弹性低和弹性高的商品的界限，使低弹性的商品不一定要缴纳较高的税收）。当寻租保护成为全社会偏好时，其造成的福利损失，可能要大大超过最优商品税引起的额外负担的减少水平。詹姆斯（James，1996）考虑了公平、效率、奉行成本、管理成本、非奉行成本和实施成本等因素后，认为由拉姆塞发展起来的最优商品税没有可行性。商品税应当广泛地实行单一比例税率。单一比例税率由于减少了区分商品种类的必要，会大大地减少奉行成本和管理成本，也会降低政府施行成本。

总之，最优商品税理论虽然经过几十年的研究，但与能够在实际中应用以指导一个国家的税制改革还有很大的差距。

5.2.3 最优所得税理论

西方最优税收理论的另一个经典是以斯特恩、莫里斯等为代表的最优所得税理论。

19世纪末，埃奇沃思以边沁主义社会福利学说为基础，认为最优税收的目标就是使社会福利即个人效用之和达到最大[①]。他假定：每个人的效用函数完全相同；效用的大小仅仅取决于人们的收入水平；收入的边际效用是递减的，效用递减的比例超过收入增加的比例；可获得的收入总额是固定的，即使税率达到100%，对产出也没有影响。在这些假定下，要使社会福利最大，则应使每个人的收入边际效用相同。由于个人的效用函数完全相同，所以，只有当收入水平也完全相同时，收入的边际效用才会相同。这就要求所设计的税制能够使税后收入完全相等。这样就应当对富人的所得课以高税，因为富人损失的边际效用比穷人的小；如果收入分配已达到完全平等，那么，政府如果要增加税收收入，增加的税款应该平均分配到每个人。埃奇沃思的研究表明，所得税要实行多级次、高税率的累进税率，高所得者的边际税率应为100%。

埃奇沃思的结论是建立在所得税不会影响产出的假定之下的，而实际上由于闲暇的存在，所得税会对劳动和闲暇之间的选择造成影响，高税率的所得税会对劳动供给产生抑制性效应，从而造成额外负担。个人效用函数完全相同的假定也不符合实际。此外设计一种所得税能够让税后个人收入的边际效用完全相等也没有现实性，因为个人的收入边际效用无法用数据表示。

斯特恩将所得税对劳动供给的影响加以考虑，并结合负所得税设想，提出了一种线性

① EDGEWORTH F Y. The pure theory of taxation [J]. The Economic Journal，1897，7（25）：46-70.

所得税模型[①]。这是一种具有固定的边际税率和固定的截距的线性税收模型，见公式5.4：

$$T=-G+tY \tag{5.4}$$

其中，G为政府对个人的总额补助；T为税收收入；t为税率；Y为个人的全部所得。

公式5.4表明，当Y=0时，税收为负值，即可以从政府那里得到G元的补助；当$\frac{G}{t}\geqslant Y>0$时，纳税人每获得1元所得，必须向政府缴纳t元的税收。因此，t是边际税率，即最后1元所得中应纳税额的比例。它是一个固定不变的常数。斯特恩经过研究认为，劳动的供给弹性越大，边际税率t的值应当越小。他还在一些假定下，计算出要实现社会福利最大化的目标，即边际税率t值应为19%。斯特恩的研究否定了累进税率应当随收入递增最后达到100%的结论，但是斯特恩提出的税率为19%的主张是否具有可行性？回答是不确定的，因为斯特恩这一结论是以严格的假定为前提的，即所得（劳动）与闲暇间的替代弹性为0.6，社会福利函数选择以罗尔斯主义为标准，即着眼于社会中境况最差者福利水平的增进。由于现实生活中，出现劳动与闲暇替代弹性为0.6的情况是特殊的，如果这一数值发生了变化，最优所得税边际税率为19%就是不成立的。人们判断社会福利的标准不相同，在采用其他福利函数作为基础时，这一结论也不成立。此外，线性所得税还基于一次总额补助，而进行这样的总额补助难有可行性[②]。

有学者着眼于非线性所得税的研究。与线性所得税不同，它有多个边际税率，对不同的收入水平，适用不同的税率，也就是说税率是累进的（或者累退的）。最优非线性所得税的核心问题是，应该如何确定所得税的累进（累退）程度。换句话说，应该如何设定所得税的边际税率？莫里斯在研究最优非线性所得税方面作出了重要贡献。他假定：不考虑跨时期问题，即假定经济是静态的；税收对储蓄没有影响，税收仅对劳动供给产生影响；只考虑劳动收入，不考虑财产收入；个人偏好没有差异，个人通过理性来决定所提供的劳动的数量和类型，每个人的效用函数都相同，适当地选择了个人效用函数后，福利可表示为个人效用之和；个人提供的劳动量不会对其价格产生影响，个人仅在他们的税前工资或生产率（就业技能水平）上有区别；只存在一种劳动，因此劳动的类别没有差异，一个人的劳动完全可以替代其他人的劳动，劳动的供给是连续的；移民不可能发生；政府对经济中的个人效用及其行动具有完美信息；实施最优税收方案的成本可忽略不计[③]。

在上述假定条件下，莫里斯经过研究，得出如下结论：

第一，一个具有行政管理方面优点的近似线性所得税方案是合意的。所谓近似线性所得税，其性质是边际税率近似不变，所得低于免税水平的人应当获得政府补助。

第二，所得税并不像我们通常所想象的那样，是一项缩小不平等程度的有效工具。因为税率低不一定导致多工作，在消费水平和技能水平处于最优的情况下，即在这一技能水平上，整日劳动会使人得到与消费水平相等的工资，低于这一技能水平的人不会选择工作。即使低税率也不会鼓励工作，因此找不出证据证明，对低收入者应当征收较低税金。同样，由于技能的差异，为了效率起见，我们应该让劳动技能最差的人少工作，而让劳动技能较高的人多工作。具有较高技能的人的劳动供给可能是相当稀缺的（假设中排除了移

---

① STERN N H. On the specification of models of optimum income taxation [J]. Journal of Public Economics, 1976, 6 (1-2): 123-162.
② 杨斌. 税收学 [M]. 北京：科学出版社，2003：720-721.
③ 莫里斯. 最优所得税理论探索 [M] //张维迎.詹姆斯·莫里斯论文精选.北京：商务印书馆，1998.

民的可能性），为了贫困集团的利益，对具有较高劳动技能并且具有较高收入的人征收高的边际税率，可能牺牲更多的产出。

第三，我们要设计与所得税互补的税收，从而避免所得税所面临的困难。如引入一种既依赖于工作时间又依赖于劳动所得的税收方案，还要考虑如何抵消我们中的某些人从基因和家庭背景中得到的先天优势。[①]

斯特恩将莫里斯以及后来的相关研究取得的成果概括为以下三个观点，并通称为莫里斯模型的结论：（1）边际税率处在0和1之间；（2）最高收入的个人的边际税率应为0；（3）如果具有最低工资率的人正在最优状态下工作，那么他们的边际税率也应为0[②]。

上述第一个结论概述了全部可能，最大多数的情况下税率不会低于0（除非采用负所得税），如果边际税率为0，政府没有增加的收入来源。边际税率也不会高于100%，如果边际税率为100%，那么，额外劳动的所得全部用于缴纳税款，对理性的个人而言，将减少劳动供给，而增加对闲暇的消费，从而使全社会的福利降低。第二个结论表明，在天赋或劳动技能高的人收入也高的假定下，由于具有较高技能的人的劳动供给具有较大的弹性，按照拉姆塞逆弹性规则，为了提高效率应当对他们征收较低的所得税，达到最高收入时边际税率应当为零，即具有最高天赋或技能的人获得的边际收入其边际税率应当为零，从而鼓励他们作出更大的贡献，同时不影响财政收入和他人的效率（这里显然需要假定这种类型的劳动供给没有生理极限，即所谓劳动供给是连续的）。

假定一个具有最高技能的人挣有最高的税前收入Y美元，在给定的税率表中边际税率是正的。现在对税率表进行修改，对达到Y以前的收入，边际税率为正数；而对超过Y的收入，边际税率为零。再假定其供给的劳动没有生理极限（劳动供给是连续的），那么，由于边际劳动小时的报酬提高了，这个人会选择多工作。这样，对政府而言，税收收入没有减少，因为对Y收入的征税数量没有改变；对其他人而言，其效用没有降低；但对这个获得最高收入的人而言，其效用却提高了。从帕累托效率的角度来看，整个社会的福利提高了，而没有任何人的福利降低，从而是一种帕累托改善。由此可见，原来的税率表不是最优的，对最高收入的边际税率应当改为0[③]。第三个结论说明对天赋或能力比较低的人而言，由于其已经尽力了（已经处于最优状态），即使降低税率，他们也不能作出更大贡献，其边际税率也要为0。因此收入越高、税率越高的累进税率从效率角度看不具有合理性。

莫里斯在学术上的重要贡献，在于他沿着拉姆塞的思路，试图找出一个办法让个人所得税只对个人的天赋（技能）课税，而不对个人的努力程度课税。由于天赋（技能）不会随着税收的变化而变化（类似于无弹性的商品），因此只对天赋（技能）课税不会影响产出，从而使税收的额外负担降到最低，最终达到最优税收的目的。但由于实际生活中，很难对每一个人的能力或天赋作出准确计量，能够观察到的事实只能是所得（就是信息不对称问题），而所得是个人努力程度和技能的共同作用的结果[④]。此外，收入与能力和天赋之间是否一定完全正相关也不确定，在很多情况下具有很高天赋的人只能获得比较低的收

① 莫里斯. 最优所得税理论探索［M］//张维迎.詹姆斯·莫里斯论文精选.北京：商务印书馆，1998.

② 斯特恩N. 最优商品税和所得税理论入门［M］//纽伯里D，斯特恩N.发展中国家的税收理论.许善达，等，译. 北京：中国财政经济出版社，1992：54.

③ 斯特恩N. 最优商品税和所得税理论入门［M］//纽伯里D，斯特恩N.发展中国家的税收理论.许善达，等，译. 北京：中国财政经济出版社，1992：54-56.

④ 罗森H S. 财政学［M］. 平新乔，译. 4版. 北京：中国人民大学出版社，2000：599-605.

入（就是说社会存在收入分配的不平等），而不具有很高天赋的人甚至技能低下的人也能依靠财产或通过其他途径获得很高的收入，因此即使假定可以仅仅对技能课税，也会产生不公平。这样，在取得一定财政收入的条件的约束下，所得税效率和公平问题仍然无法得到兼顾。尽管莫里斯在研究上述信息不对称问题过程中，给人们以巨大启发，而且这种启发还远远超越了税收领域（例如他的思路被广泛用于激励相容、机制设计等分析中），但难题仍在，无法对实际税制设计发挥作用。

莫里斯（包括斯特恩）的研究有意义的地方还在于否定了一个传统观点的普遍性，这一传统观点是：为了达到公平的目的，应当设计边际税率表，边际税率随收入的上升而上升。他们指出，在他们所分析的特殊情况下，边际税率随收入的上升而上升这一观点不成立，所得税不会在任何情况下都是一项缩小不平等程度的有效工具。但是，我们同样不能将莫里斯（或斯特恩）的结论视为具有普遍意义的原则，不能简单地按照他们提出的观点进行税制改革。科学的思维方式应当是全面考察结论的假定。如果在现实社会中，这些假定不存在或极其特殊，那么结论的实际意义就不是很大了。显然不论是最优商品税还是最优所得税，其假定在现实生活中只是特殊现象，不是普遍现象，因此所得出的结论也仅仅具有特殊性，而非普遍性。此外，即使结论有意义，还要看实行的可能性，实行的可能性取决于一国政府的税收政策的政治目标、社会的福利函数取向、税收成本、经济发展水平和文化特征所决定的制度运行效率等①。

【案例5-1】

个人所得税能够有效调节收入差距吗？

近年来，收入分配不公是中国社会各界普遍关注的热点问题，通过改革个人所得税制、对富有人群多征税以调节收入分配逐渐成为舆论界和税收学界相当流行的一种观点。在实践中，要发挥个人所得税对收入分配不公的调节作用，必须解决以下三个问题：一是能否设计一个能够调节收入分配不公的所得税制度；二是即使能够设计出对收入分配不公起调节作用的个人所得税制度，但在运行上能否尽量减少对社会福利的负面影响，即实现额外负担的最小化；三是这样的个人所得税制度能否起到对收入分配不公的调节作用，即不考虑财政支出的方向，个人所得税本身能否做到“劫富济贫”？

应该说，在西方国家，不论是理论家还是实践的税制“工程师”，都未能设计出一个对收入分配起有效调节作用的个人所得税制度。他们着重从支付能力方面来研究和实践这一课题。作为这方面的先驱之一的美国经济学家塞利格曼，比较研究了历史上出现过的人丁、财产、消费或产品、所得4个征税标准，认为按所得征税相对地最能做到按能力纳税，因此，他提出所得多的人因为其纳税能力强，要多纳税，所得少的人因其支付能力弱，要少纳税或不纳税，或者不仅不纳税还要获得补助（实行负所得税），从而政府不仅可以取得税收收入，还可以实现对收入分配不公现状的调节。当代西方经济学家进一步指出，从能力负担角度看，税收公平有横向公平和纵向公平两方面。所谓横向公平，就是境况相同的人应当缴纳相同的税收，或者说条件相同的人应当得到同等对待，也可以说具有相同纳税能力的人应当一视同仁。但是如何衡量“境况相同”“条件相同”“纳税能力相同”，在制度设计上却是悬而未决的问题。

① 进一步阐述参见杨斌．中国税改论辩［M］．北京：中国财政经济出版社，2007：第1章．

在实践中为了使个人所得税尽可能做到公平合理，结果只能使制度规定日益复杂、冗长。2005年，美国有关个人所得税的《国内收入法典》加上实施条例的字数已经达到706.40万字，比1995年增加了23.4%，几乎是1955年的10倍。规章复杂的结果就是大大增加了所得税的额外负担，纳税人不仅要支付税收，还要承担巨额的奉行费用，这是纳税人支付税收以外的额外负担的一部分。

实际上，在西方国家，自从哈伯格（Harberger，1962）关于税收政策效应一般均衡分析、莫里斯（1971）最优所得税理论得到推广，并成为财政学教科书不可或缺的内容以后，那种认为可以通过所得税、财产税调节收入分配不公的看法就不再流行了。J.R. Pillarisetti（2003）认为，税收对收入分配不平等影响不显著。Wolff和Zacharias（2007）基于美国1989年和2000年的数据，认为在降低收入分配不均的作用方面，政府支出的作用要大于税收。Ramos & Roca-Sagales（2008）运用向量自回归模型，以英国1970—2005年数据为样本研究财政政策与收入分配的影响，他们发现增加政府公共支出能明显降低收入分配的不平等，加征税收（无论直接税、间接税）则会加剧收入分配的不平等。OECD（2008）发表的报告中，实证研究了24个OECD国家过去20年的收入分配状况，得出不平等和相对贫困正在加剧的结论，并指出所得税和公共支出对收入分配不公和相对贫困都只能起到短期临时的作用，长期都走向反面，即不仅加剧收入分配不公而且还引发财政危机。Carlo Declich & Felice Russo（2009）研究了2000—2005年意大利的案例，表明个人所得税对收入分配几乎没有影响。Cecilia García-Penalosa & Stephen J.Turnovsky（2011）采用新的方法对美国、德国和法国1990—2000年的所得税收入分配效应作了实证研究，也表明所得税的再分配效应不大，甚至与目标相反。近期也有少数学者针对中国情况，阐述现行税收制度对收入分配调节的无效性或再分配没有缩小收入差距。杨斌（2002a、2005、2008、2011a、2012、2013）阐述了采用个人所得税、房产税调节中国收入分配不公在理论和制度设计上的无效性。李绍荣、耿莹（2005）的实证研究表明，在中国现阶段的经济制度和税收结构下，流转税类、所得税类、资源税类和财产税类份额的增加会扩大资本所有者和劳动所有者市场收入的分配差距。白重恩、钱震杰（2009）以2004年经济普查后修订的资金流量表为基础，通过分析认为再分配不仅没有纠正初次分配的不合理问题，而且提高了政府占有财富的比重。白彦锋、许嫚嫚（2011）对呼声甚高的提高个人所得税综合费用扣除标准的收入分配影响进行了实证分析，也表明这一措施对调节居民收入分配的效果不明显。

总而言之，目前在中国，尽管个人所得税增长速度快、管理工作进步显著，但由于货币化、市场化程度不够高，经济多元化，工资性收入并不能完全反映个人或家庭的实际纳税能力，也缺乏自愿准确申报收入的社会文化基础，一时还难以实行以家庭为申报单位的综合课税模式。因此，目前的个人所得税制度本身对收入分配调节作用很有限，甚至局部产生相反的效应。即使将来人均收入水平有了较大的提高、社会文化条件发生了变化、个人所得税实行综合课征的办法，个人所得税的征收仍然要以巨大的税收成本为代价。

资料来源　杨斌. 西方模式个人所得税的不可行性和中国式个人所得税的制度设计［J］. 管理世界，2002（7）：11-23. 杨斌. 个人所得税对收入分配不公能起到有效的调节作用吗？［J］. 涉外税务，2012（6）：5-9.

5.2.4 发展中国家税制设计原则

1）中国社会经济文化条件下的税收公平原则

从前面的叙述中我们看到，即使在市场经济高度发达并且存在代议制民主的西方国家，即使经过无数杰出经济学家的创新，税收公平问题还是没有得到全面的说明。而在中国，市场经济还很不发达，多元化的社会结构、收入分配的不公平、非代议制民主体制、不同于西方国家的税制结构，以及不同于西方的特殊社会文化的存在，使税收公平问题既有其共性的一面，更有其特殊的一面，中国的税收学要研究并说明这种特殊性，阐明达到可能的而不是应该的税收公平的现实思路和途径，即中国社会经济文化条件下的税收公平原则。

（1）无差别待遇原则

主观的支付能力原则给了人们启发，但由于效用还无法计量或排序，无法在制度设计中加以体现；而支付能力原则的客观说从公平角度对税基的优劣排序是，所得、消费或支出、财产。从理论上讲，所得标准比消费或支出更能体现纳税能力，而消费或支出对比财产更能体现纳税能力（其中的道理将在下一章研究税制结构时进一步阐述）。但是在中国当前国情下，所得税，特别是个人所得税和社会保险税，还难以普遍开征而成为主体税（其中的理由将分别在本章研究合情原则和下一章研究税制结构时加以阐述），这是我们研究实现税收公平的现实条件。那么从这样的现实条件出发，我们的主要着眼点只能放在消费或支出上。由于经济发展不平衡，多数人仍从事家庭经营，加上社会诚信程度不高，家庭消费和支出与家庭收入一样存在信息披露不完全或根本就没有披露家庭经济信息的途径，家庭消费和支出直接信息难以获得，因而直接的家庭支出税或消费税都不可行，那么可行的途径只能是对间接消费或支出的征收，即避开家庭消费或支出汇总程序，而对无数个消费环节间接征税。如此一来，问题就变成如何让无数个消费环节的税基和税率设计与纳税人的支付能力相联系，以及通过所得税和财产税加以补充，通过税制整体设计来体现按能力负担的原则。那么，可行的且又符合社会普遍价值观念的公平原则就是，同样条件纳同样税原则，或者普遍课税原则，或者税制的无差别待遇原则，通俗地讲就是一视同仁；但是，“一视同仁”往往会忽视不同纳税人的纳税能力，在一般规则之外还应有一些例外和税种间的协调，具体来说包括以下五个方面：

第一，同样条件纳同样税原则。在消费税（流转税）制度设计上，要保证生产经营同样项目或实质相同的企业和个人一视同仁。但是如果纳税人为残疾人，或处于灾难时期，他们的纳税能力低，应通过减免给予扶持。此外，政府对某些高新技术产业、需要优先发展或优先保护的区域给予优惠待遇，在界定和管理严格的情况下，可视为对一般原则的例外。

第二，尽可能普遍课税原则。税法所规定的内容应当尽可能遍及应纳税的所有单位和个人，以及消费品。除了对生活必需品和根据国家产业政策对某些行业实行免税低税、对出现困难的纳税人实行减免外，不因特权、关系、所有者性质而免税或给予低税待遇。

第三，对企业组织方式无差异原则。不因属于全能厂而降低纳税水平，不因属于专业化企业而承受税收歧视，在管理可行、征税成本低的情况下，流转税尽可能采用对增值额课税的办法。

第四，税种相互配合原则。流转税和财产税实际上也是要用所得加以完纳的，如果流转税税率较高、普遍征收，那么所得税、财产税税率就不能太高；在所得税作为辅助税种的情况下，重点应当针对消费税基还不能反映纳税能力的领域。例如，流转税为了征收便利、节约征税成本而采用单一税率或接近单一税率时，所得税可对超过一定免税额的所得额征收较高税率，财产税应主要针对收入不低而日常消费不多偏好财产积累的纳税人。

第五，避免累进课征原则。由于目前在中国无法计算、汇总以家庭为单位的所得或消费、财产，个别收入和财产、消费、支付项目，无法综合全面地反映家庭状况，如赡养人口、健康状况、生活和营业开销、教育成本等，因此，分别对个别项目征收累进税，不能做到按能力负担，故累进税率应当避免。

（2）税款缴纳与财政利益整体对称原则

就社会整体而言，纳税人或负税人因付出税款而减少的价值应当尽可能地与其获得的因税款使用而增加的价值相一致，这是对征税规模和税款使用合理性的一种制约。国家（政府）不能随意对纳税人征税，税款的开征和使用须经他们同意并受其监督，保证其用在有利于社会经济发展、造福全体社会成员方面。因此税收公平不能仅仅看税制本身是否做到按能力负担，还要观察被征收的税款使用是否合理，是否用于让税收实际缴纳者得益的场合。这是从社会整体而言的，但对个别纳税人（负税人）、某个社会阶层而言，在按能力纳税的情况下，所纳的税收与其获得的财政利益（指用税款提供的公共产品利益）就必然不一致，要通过局部的、个体的不一致达到全局的一致。因此，有些规则被视为不仅没有违背公平原则而且符合公平原则，包括：

第一，较穷的阶层和较不发达的区域所缴纳的税收与获得的财政利益至少应当对称。目前，中国至少有三种情况不能保证这一基本对称原则的实现。首先，城市新居民在创造财富、消费时与其他市民一样缴纳税收，但不能享有同等的公共产品利益，如不能享有义务教育、社会保险、社会保障住房。其次，农民所贡献的正税、杂税和暗税远远大于其获得的公共产品利益[①]。最后，由于中国推行以增值税为主体的税制体系，企业所得税实行法人为纳税单位，法律上的纳税人多是位于发达的工商业中心的工商企业，而实际的税款支付人为分布于各地的消费者或没有法人资格的工厂、分公司等，后者所在地才是税收的实际创造地（或称税源地），从而产生纳税地和税源地的不一致。

上述这些问题不能解决，那么税制本身就存在导致严重不公平的内在机制。这需要进行以平等的公民权、平等的物权（包括土地权）、科学的财政分权为目标的改革。要真正推行这些改革，达到纳税与财政利益的均衡，还需要建立纳税人对财政利益的表达、制约、决定机制。为此，在目前还没有条件推行以个人所得税为主体的税制结构的情况下，一方面，应当设法改革流转税（包括增值税、消费税和关税），探索从生产地课税转变为消费地课税的可行途径，从而从税制本身解决税源地与用税地不一致所造成的税制严重不公平问题；另一方面，应当改革分税制，将流转税作为中央税，由中央按各地人口和消费水平等因素实行转移支付，先将较不发达地区居民实际负担的流转税返还给居住地，然后根据公共服务适度均等化原则再进行另一层面的转移支付。

第二，更多地实施税款专用的原则。建立以中国特色的有效的民主宪政为基础的纳税人权利保障和税收的人民决定机制是一个复杂过程，需要长期探索和实践。在目前还不存在这种机制的情况下，需要一些过渡性的简便易行的办法让纳税人获得实在的财政利益，从而也

---

① 具体分析参见杨斌．中国农民广义税收负担走向［J］．税务研究，2007（10）：15-21．

避免政府将过多的税款用于自身的享受（如豪华办公场所、车辆、公款宴请和旅游等）。扩大税款专用范围是一条途径。采取类似于社会保险基金那样，个别缴纳，专款专用，统筹使用。例如，可以将个人所得税收入专门用于解决贫困地区基础教育落后、贫困家庭孩子读大学、看病难等民生问题；将一部分土地收入（暗税）专门用于新农村建设，以及城市新居民也有权利分享的社会保障住房建设。建立具有大物业费性质的房地产税为主的基础政府（街道、村一级）地方税体系也有利于实现纳税人的所税与所益一致。各级政府财政收入增量应重点用于农村扶贫、教育开支，扩大特殊的财政转移支付机制实施范围，如结对子帮扶、党政机关下派干部进村等，也有利于将人民实际负担的流转税返还给农民。

（3）有效的收入和财产再分配原则

只要税收所依存的大环境存在不公平现象，那么税收的自身小环境无论怎样都无法实现真正的公平。当前，中国社会大环境不公平表现为以下两个方面：一是收入分配差距大；二是机会平等方面，无论是起点和还是过程都存在严重的不平等。在这种情况下，社会舆论必然出现希望政府通过税收手段或其他手段实施收入再分配的诉求。在中国现行的社会经济环境和税制结构条件下，税收手段能否对收入分配起调节作用？其代价如何？在能够发生调节作用并且代价可承受的情况下，调节的对象是什么？这需要税收学加以回答。要回答这样的问题，需要一套价值判断规则，其具体内容如下：

第一，机会平等下的中性原则。机会平等标准的核心在于，不承认天赋能力差别、劳动数量和质量差别以外的其他差别，而消除因为地位、权力、贿赂、关系、走私、倒卖、掠夺、垄断等不正常、非正义手段而产生的差别。在市场竞争过程中，如果出发点相同，处于同一起跑线上，并且过程平等，那么人们按要素素质，通过自身努力即增加劳动数量、提高劳动质量而形成的收入差别，有的人收入高，有的人收入低，有的人没有收入甚至亏损，都应当被认为是合理正常的。因此，对竞争充分的领域，税收制度和政策应当保持中性，如果要对收入征税，应当采取比例税，并且在政策上一视同仁，从而保护天赋较高的人的创造积极性，以及其他人通过努力劳动而增加经济收入、提高社会地位的积极性。

第二，机会不平等下有效干预原则。在分析除了天赋能力、劳动质量和数量以外产生机会不公平的原因的基础上，判别税收对哪些原因能起调节作用，对能起调节作用的领域，其代价如何。由于纳税人与负税人经常不一致，流转税、企业所得税对收入分配的调节没有确定的结果，一般不把流转税和企业所得税作为调节收入分配的手段。因此，在实行收入再分配政策时，所使用的手段一般是个人所得税和财产税。对于起点不公平，一般的方法是通过对巨额财富拥有者在死后征收遗产税、生前征收赠与税来调节。但是，首先，遗产税和赠与税的征税成本很高，财产登记管理的基础尚不具备，查核、评估财产不容易；其次，目前中国的富有者年龄不大，资本性财产比重大，如果征税其扭曲效应不小；最后，多数富有者拥有外籍身份，财产往国外迁移容易，遗产和赠与税的实际效果有限。因此，目前解决起点不公平问题主要应着眼于城乡居民权利的平等、贫困家庭子女教育机会的均等、社会保险的普及，以及加强反垄断和反腐败。对于过程不平等，在市场竞争不公平的场合，要通过完善市场来解决，特别是要完善产权配置和合作制度，例如建立有中国特色的农地产权制度和农业合作组织，防止对人民征收“暗税”，让有组织（但没有组织腐败）的农民能够公平地参与市场竞争，参与社会经济发展成果的分配；在市场失灵的场合，着眼于反垄断。在政府失灵的场合，要着眼于反腐败，消除政治权力对市场竞争的影响，改革社会经济管理办法，消除行政许可、审批、审判、信息披露与关系和财富的挂钩；普及社会保险，消除对城市新居民的歧视待遇；建立更有效的弱势群体利益表达机制，消除政策决策过程中强势集团实际话语权过强所导致的政治参与能力的不平等。

2）中国社会经济文化条件下的效率原则

目前在税收效率领域出现的最突出问题是：首先，直接征税成本、奉行成本高，且没有有效的控制机制；其次，在税制涉及层面，税收的额外负担往往被忽视，在制定税收政策时往往只注意税收的调节作用，而较少对福利损失和福利增进进行比较；再次，在纳税人层面，对额外负担的规避方法比较特殊；最后，近几年随着科学发展观的倡导，对长期的宏观经济均衡和生态日益关注，但还没有形成具体施行和落实的机制。因此，有必要系统阐述中国社会经济条件下税收效率原则的含义及实施路径。

（1）节约直接征税成本，提高税收行政效率原则

税收效率的第一层次内涵是税收的行政效率。税收的行政效率是通过一定时期直接的征税成本与入库的税收收入的对比进行衡量的。这里，入库的税收收入就是税收的直接收益；而直接的征税成本，主要是税务机关为获得一定数量税收收入的耗费，包括用于建造税务机关办公大楼、宿舍楼的费用，相应占用土地资源的机会成本，购买必要设备的费用，印刷各种文件、票据的费用，税务人员的工资津贴、培训教育费用以及其他日常管理所必需的各种经费开支。直接征税成本是一种非生产性费用，是社会劳动的虚耗，总体上属于社会总福利扣减。它仅仅是政府为了获得人民手中的财富而进行的开支，既减少了私人部门的利益，也减少了公共产品提供量。一般来说，直接的征税成本与入库的国家（政府）财政收入之间的比率越小，税收行政效率就越高。更严格地说，一个预算年度内，直接征税成本的增量与入库的税收收入的增量之间比率越小，税收行政效率就越高，即税收对社会福利造成的损失就越小。

我们将全国一般公共预算支出决算表中提供的税务支出和海关支出当成直接征税成本，将其合计数除以当年征收的税收总额，得出征税成本比率。2015—2019年中国的征税成本比率都维持在1.3%~1.5%之间，见表5-3。我们将当年直接征税成本增量除以同年税收增量，得出各年增量征税成本比率。发现各年存在较大差异，如2015年为-0.64%，2016年为2.26%，2017年为0.83%，2018年回到2.26%，2019年高达14.69%，见表5-4。说明征税成本绝对数上升，并没有带来税收收入的同比上升。

表5-3 2015—2019年直接征税成本比率表

年份	税收收入（亿元）	直接征税成本（亿元）			征税成本比率（%）
		税务支出	海关支出	合计	
2015	124 922.2	1 548.61	162.43	1711.04	1.37
2016	130 360.7	1 671.74	160.6	1832.34	1.41
2017	144 369.9	1 788.93	159.78	1948.71	1.35
2018	156 402.9	2 027.44	193.27	2220.71	1.42
2019	158 000.5	2 190.35	265.05	2455.40	1.55

资料来源　财政部预算司．2015—2019年各年全国一般公共预算收入决算表、全国一般公共预算支出决算表，其中2019年海关经费为扣除检验检疫支出后的数额．

表5-4 2015—2019年增量征税成本比率

年份	税收增量（亿元）	直接征税成本增量（亿元）	增量征税成本比率（%）
2015	5 746.89	-36.66	-0.64
2016	5 438.53	123.13	2.26
2017	14 009.14	116.37	0.83
2018	12 032.99	272.00	2.26
2019	1 597.6	234.69	14.69

资料来源 财政部预算司.2014全国一般公共预算收入决算表、2014年全国一般公共预算支出决算表和表5-3数据计算.

为了有所比较，表5-5列举了2015—2019年美国国内收入署运营费用（征税成本）与其征收的税收（为未扣除退税的收入总额）的比率。从表5-5可以看出，美国征税成本比率近几年在0.33%~0.35%之间，而1993年最高水平为0.6%，2003年为0.48%，2013年为0.41%，可见近几年呈现下降趋势。中国的征税成本比率则比较高，且呈现上升趋势。如果考虑社会保险费和杂税的征收成本，中国税收的实际征税成本及其比率还要更高一些。

表5-5 美国国内收入署征税成本比率表

年份	税收收入（亿美元）	征收成本（亿美元）	征税成本比率（%）
2015	33 026.77	113.96	0.35
2016	33 334.49	117.07	0.35
2017	34 167.14	115.26	0.34
2018	34 654.67	117.46	0.34
2019	35 645.84	118.25	0.33

资料来源 Internal Revenue Service Data Book，2019，Publication 55-B，Washington，DC，June 2020，https：//www.irs.gov/pub/irs-pdf/p55b.pdf.

当前直接征税成本高是由多种原因造成的。征税成本与生产力水平有关，纳税人的规模越大、税源越集中，直接征税成本越低；否则，小生产者、小规模企业越多，税源越分散，就越需要雇用大量人力从事征收管理，而单位税额不高，这样征税成本率就高。因此，发达国家的征税成本率总是低于发展中国家。直接征税成本与税制复杂程度有关，在其他条件不变的情况下，税制越复杂，征税成本越高。直接征税成本与一个国家民众守法自觉性有关，在自觉守法程度高的情况下，由于不需要较多的稽查人员和监督行动，直接征税成本也会相对较低。直接征税成本与是否存在有效的政府治理成本控制机制也有关，这个控制机制的核心是纳税人对征税人的有效制约。在缺乏这样的机制下，征收机关很容易为了自身工作方便和利益（例如有更多的职位和更好的待遇）而过多设置机构，为了攀比、面子而建设豪华办公场所，不顾实际需要而配置信息设备、交通设备，牟取征收机关小团体工资外的其他福利等。合理配置税务人员，防止办公场所豪华化，以实用为着眼点配置信息设备、交通设备，实行成本核算、控制运行费用等都是节约直接税收成本的重要途径。

此外，直接征税成本与奉行成本之间还存在此消彼长的关系。在美国虽然直接征税成本比率不高，但奉行成本比率却相当高，有学者估计，美国税收的奉行费用相当于GDP的1.2%[①]。

（2）控制纳税人的奉行费用

纳税人为遵守税法、完纳税收还必须付出奉行费用。奉行费用包括办理税务登记的费用和时间耗费、填写申报表的劳动耗费、聘请税务顾问和律师的酬金以及税务人员稽查给纳税人带来的心理影响。奉行费用除心理损失（是客观存在的）不可计量外，其他方面都可表现在纳税人的成本账户上。其他条件不变的情况下，税收的奉行费用越大，纳税人的生产经营成本越高，经济效益值就越低。

奉行费用的多少也是由许多因素引起的。首先，一个因素就是税制的复杂和精细程度，税制越复杂、法律条文越多、管理越精细，越需要专业人员理税或专用设备控税（如税控机的普及），就要增加专业人员的人工费（自己聘请的话）或者增加咨询费用或者增加专用设备的支出。其次，税务机关服务面越窄、功能越少，奉行费用就越高，从这个角度看，直接征税成本与奉行费用此消彼长。有时为了节约直接征税成本而压缩税务机构和人员，减少服务功能，推行商业性的税务代理，实际上是将由纳税人全体负担的直接征税成本转嫁给个别纳税人，这种转嫁是否合理还有待进一步研究。科学的思维方式和改革方案，应当是综合考虑直接征税成本和奉行费用，找到成本费用最小的方案。最后，不同的社会状态会影响奉行费用的开支结构。在法治社会，律师费和诉讼费在奉行费用中占相当大的比重；而在面子、人情和关系的社会中，接待、送礼、沟通的费用要占很大比重。

因此，控制纳税人奉行费用的途径在于：尽可能简化税制，能够实行单一税制的地方，就不实行复合税制，能实行源泉扣缴的地方，就不实行综合申报；专用设备成本要低廉，税务代理制度要简便易行，设备的采购和推行、管理制度的改革要公开、透明，非有纳税人及其代表参与不得随意指定税务专用设备、随意推行税务代理或其他一切需要纳税人负担费用的税务管理措施；税法和管理规章制度要明确、稳定，推行政府一条龙服务和确实可节约成本的电子服务，规定办理的时限等。

（3）降低税收额外负担，追求额外收益

如果征税过程干扰了经济主体的经济决策并且使有效率的选择发生变形，或由于对信息的把握不全面、不准确，制定的宏观税收政策未反映客观实际，不是起有效的调节作用而是起副作用，造成经济运行的紊乱和低效，这就产生额外负担。额外负担不通过个别纳税人的账户表现出来，其衡量标准和计量方法有待进一步研究，但毕竟是客观存在的。忽视了额外负担，税收成本就不能得到全面、准确的说明。额外负担主要是从宏观角度进行衡量，它说明把纳税人当作一个整体时，纳税人除税款和奉行费用外，还为税收政策的执行付出了一笔代价。在其他条件不变情况下，额外负担意味着，征税活动使全社会生产同样数量和质量的产品以及获得同等的消费满足，多支付了一笔费用。造成额外负担的因素，除了应税商品或服务的供给和需求的价格弹性、税率高低因素外，

① BENZARTI Y. How taxing is tax filing? Using revealed preferences to estimate compliance costs [J]. American Economic Journal: Economic Policy, 2020, 12 (4): 38-57.

与税制模式是价内税还是价外税、税率是单一还是多档、优惠政策的多与少有关，还与民众对税收政策引起的价格变化的信息获得途径以及敏感性等因素有关。在应税商品供给和需求弹性不变的情况下，税率越高，档次越多，税收优惠政策越复杂，额外负担越大；在税率和弹性不变的情况下，价外税模式更容易导致民众对价格变化中税收因素的敏感性。

税收征收过程不一定只导致额外负担或经济成本增加，也可能对经济过程产生积极影响，也就是说会产生额外收益，即政府除了获得税收收入外，还因为征税过程特别是税收政策的运用提高了资源配置效率和宏观经济效益，那么税收就产生使经济收益增加的效应。例如，在市场机制不健全的国家，通过课税机制，积极地引导产业结构的优化，对提高宏观经济效益有利；运用鼓励投资的税收政策，对投资不足的国家更快地发展经济有积极作用；保护关税政策运用得当，对一国产业自主发展意义重大。总之，如果征税过程可以变人们无效率的选择为有效率的选择，从宏观看，税收就会产生取得财政收入以外的经济收益。对额外收益的考察还需要进一步研究，需要建立一种特别的绩效评估办法，来估计税收政策的正面效应。一般来说，一项税收政策或一定时期内全部税收活动产生的额外负担（经济成本）和额外收益（经济收益）之间的比率越小，税收的经济效率就越高，反之则相反。

具体来说，要提高税收的经济效率，要着眼于如下两点：

第一，尽可能降低额外负担。任何税制都不免存在额外负担，由于中国采用以间接税为主的税制结构，且推行价内税模式和单一税率（或近乎单一税率），民众对税收政策和负担差异引起的价格变化相对不敏感，人们不主要根据税收负担的高低选择商品和服务，总体上额外负担有限。但某些领域额外负担比较重。例如小规模纳税人与一般纳税人待遇不同，小规模纳税人名义税率低，但由于进项税额不能抵扣，其销售的商品的价格中含有增值税，在同样条件下，处于竞争的不利地位；此外，小规模纳税人不能使用增值税专用票，这影响了其与一般纳税人的交易。这种不公平待遇迫使小规模纳税人想方设法变为一般纳税人，造成了额外负担。出口退税、关税实行多档差别税率，对消费者和生产者决策产生选择性影响，也产生额外负担。在企业所得税方面，优惠政策多，差别大，额外负担也大。降低额外负担的根本办法是在认真调查研究基础上完善税制，保持稳定的税收制度和政策并尽可能使之简明、单一和确定。其具体内容将在研究税制完善的有关章节进一步展开阐述。

第二，通过外部收益和外部成本内在化，尽可能地提高额外收益。减少污染物排放，充分回收利用废气、废渣、废水，推行循环经济，不仅生产了社会需要的产品，而且净化了的环境给人带来的愉悦是一种正外部效应。造纸厂随意排放污水，污染江河；林场滥砍森林，引起气候变化、水土流失、土地沙化等，这些是生产过程中产生的负外部效应。抽烟者抽烟给不抽烟者带来不愉快，这是消费上产生负外部效应的典型例子。外部效应独立于市场机制之外。一种活动使别人得到附带的收益，而受益者不必支付相应的报酬，这就产生正外部效应，即外部收益；一种活动使别人受到附带的损害，而没有给被害者以相应的补偿，这就产生负外部效应，即外部成本。在保护生态环境、促进人与自然和谐方面，税收工具的作用不能低估，也不能任意扩大。在市场机制健全、产权明确、交易无成本的情况下，市场主体可通过谈判找到使他们福利最大化的办法，无须政府干预和税收介入。

而在市场机制不健全、产权不明确、市场主体之间交易成本高（如使交易达成的信息无法获取或获取的成本很高）等各种情况下，可利用税收手段，形成系统的生态税收或绿色税收政策体系，对产生外部收益的经济行为给予优惠，使其利润体现外部效益，从而鼓励发展；而对产生外部成本的经济行为或产品征收环境保护税，使其经营成本体现生态环境和社会损害，当包含进行了外部成本核算的情况下，如果没有利润或利润达不到其他投资的水平，它们或退出或减产或采用新技术，从而缩减污染物排放和资源滥用。在利用税收工具时，同样存在信息获取困难的问题，即如何计量一项经济活动的外部收益和成本仍然很不容易。如何设计税基、确定税率，使其等于外部成本，或给予多大优惠才能反映外部收益？这些都是需要进一步探索的问题。

3）中国社会经济文化条件下的合情原则

公平和效率构成税制设计的普遍原则，但每一个国家国情不同，政府在不同的历史阶段所面临的任务各异，因此一国的税制设计还要考虑本国国情；同样，在当代中国，设计税收制度不仅要贯彻公平和效率原则，而且还要顾及当代中国国情，遵循合情原则。

合情原则不仅要求以中国还处在社会主义初级阶段为基本依据，从国情现实中把握税收方面面临的主要矛盾和要解决的主要问题，而且还要关注中国现实文化和西方文化的差异，制度设计和管理办法的选择都要与现实文化兼容。

（1）社会主义初级阶段的现实是税制设计和税制改革的基本依据

决定经济制度（包括税收制度）的最终因素当然是生产力的发展水平。中国的生产力发展水平与西方发达国家的生产力发展水平存在巨大差距。中国还处在社会主义初级阶段，虽然新中国成立以来特别是实行改革开放40多年来，中国的面貌发生了日新月异的变化，中国的经济发展已经取得举世瞩目的巨大成就，已经成为世界第二大经济体，2020年也是全面建成小康社会收官之年，中国特色社会主义进入新时代。但总的说来，中国人口多、底子薄、地区发展不平衡、生产力不发达的状况没有根本改变。根据IMF的统计，2019年中国人均GDP为10 098美元，相当于全球人均数的90%，在全球被统计的186个国家和地区中排第65名，位于中等偏上国家行列，因此，中国仍处于并将长期处于社会主义初级阶段的基本国情没有变。

社会主义初级阶段的首要特征是生产力尚不发达，一方面发展还不充分，另一方面发展不平衡。就平均而言，中国在2020年全面建成小康社会，按目前的贫困线（以2011年2 300元不变价为基准，2019年为人均纯收入3 747元，2020年为4 000元），到2020年底中国实现全民脱贫。但收入差距、区域差别、城乡差别仍然很大。城乡之间、不同省份之间在居民收入以及教育、社保、居住、环保等社会资源方面存在巨大差异。到2019年，占总人口约39.4%的农村居民全年人均可支配收入只有16 021元，只是城镇居民人均可支配收入42 359元的37.82%[①]。

社会主义初级阶段的基本国情是我们设计税收制度、进行税制改革的基本出发点。离开这样的出发点盲目照搬西方国家的税制模式很难取得预期的成效。

（2）从国情现实中把握税收方面要处理的主要矛盾和主要问题

税收除了为政府机器运行和必要的公共产品供给提供财力外，作为重要的政策工具，

① 国家统计局. 2019年国民经济和社会发展统计公报［EB/OL］.［2020-02-28］. http: //www.stats.gov.cn/tjsj/zxfb/202002/t202002-28_1728913.html.

还承担着调控社会经济的职责。所谓以国情原则为第一原则，自然包含税收政策安排要与国家现阶段整体的发展政策体系相一致，并作为其中的一个重要部分，参与社会经济发展中突出矛盾和问题的化解。当前和今后一段相当长的时期里，中国在经历经济高速增长之后，进入高质量发展的新阶段，进入全面建成小康社会、进而全面建设社会主义现代化强国的新时代。中国社会生产力水平总体上显著提高，社会生产能力在很多方面进入世界前列，更加突出的问题是发展不平衡不充分。国际形势进入百年不遇之大变局，中华民族伟大复兴，绝不是轻轻松松、敲锣打鼓就能实现的，必须有效应对重大挑战、抵御重大风险、克服重大阻力、解决重大矛盾。

首先，要强化国家战略科技力量，着力解决制约国家发展和安全的重大难题和挑战。

其次，增强产业链供应链自主可控能力，针对产业薄弱环节，实施好关键核心技术攻关工程，尽快解决一批“卡脖子”问题。

再次，坚持扩大内需这个战略基点，促进就业，完善社保，巩固拓展脱贫攻坚成果，坚决防止发生规模性返贫现象，优化收入分配结构，扩大中等收入群体，扎实推进共同富裕。

第四，激发各类市场主体活力，完善统一市场，营造市场化、法治化、国际化营商环境。

第五，保障粮食安全，落实“藏粮于地、藏粮于技”战略，守住18亿亩耕地红线，规范耕地占补平衡，加强高标准农田建设，加强农田水利建设；加强种质资源保护和利用，开展种源“卡脖子”技术攻关。

第六，继续打好污染防治攻坚战，实现减污降碳协同效应，通过加快调整优化产业结构、能源结构，减少二氧化碳排放，力争2030年前达到峰值，力争2060年前实现碳中和；加强生态保护，加强农业面源污染治理。

税收制度安排和税制的进一步改革应当有利于这些根本性、全局性问题的解决，而不是扩大矛盾。

首先，要科学把握合理的税收负担水平。目前中国法定正税不重，但由于征税权和征费权分散，实际税费负担不轻，靠财政供养的机构庞大、人员过多。税制的进一步改革要着眼于规范财政收入形式，在实施有效的政府机构改革和严格预算管理的前提下，降低负担水平。在宏观上，税制改革就不能再坚持原税负不变原则，应当根据宏观经济总体运行状况，有增有减。如果不考虑宏观经济运行状况，财政收入总是要高速增长，且增长速度还要超过经济增长速度，就会导致公共开支过大，企业创新和竞争能力降低的局面[①]。在不影响企业创新能力的情况下，开辟财源，根据中国是社会主义国家，政府拥有法定归全民所有的大量国有资产的特定国情，从整个政府收入体系角度，增强国家财力，以应对发展不充分、分配不公问题和严峻的国际风险。

其次，制定鼓励企业和其他团体进行科技创新的税制和政策体系。要提高企业的创新和竞争能力，除了降低总体税负外，还要采取下述政策措施：采用加速折旧、机器设备的购进增值税准予抵扣、研发费用标准扣除、允许提取一定比例的技术开发准备金并在所得税前列支等鼓励企业进行风险投资和创新的活动，以提高企业竞争力。

① 许善达. 税制改革的原则：鼓励企业创新并提高竞争能力 [J]. 税务研究，2004 (3)：3-4.

最后，制定促进国内循环为主国内国际双循环发展格局的税收机制。建立促进以就业优先、技术创新、资源节约、生态保护为主要内容的社会经济协调发展的税收政策机制。建立扶植战略产业的税收政策机制，进一步规范增值税制度，对农业和粮食生产实行“进项税额补偿”，消除对农产品的税收歧视（具体参见有关增值税原理的章节）；对经营国家确定的战略产业的企业，实行特殊优惠政策。梳理优化税收优惠政策体系，防止国内税收竞争，从而统筹对外开放和国内发展，支持统一市场的形成，消除对市场公平竞争的税收政策障碍。针对目前转让定价避税、资本弱化避税、避税港避税等主要国际逃避税问题，完善反国际逃避税规则和实行体系①，在经济全球化过程中维护国家利益，减轻全球化带来的负面影响。

（3）设计与现实文化相容的税收制度

国情这个概念既包括生产力水平、经济政治制度，还包括文化特点和由其决定的人与人关系处理规则、政治家的行为、基层征收人员的行为、纳税人的行为。除了生产力发展水平以及由其决定的生产关系是决定税收制度模式的重要因素之外，文化也是制度选择必须考虑的基本要素。制度是社会的制度，是人与人关系的安排，一个社会实际存在的主流价值观念和处理人与人关系的基本准则及机制（我们称之为现实文化）在一定条件下对制度的选择也会起决定性作用。任何一项制度均有其存在并进化的文化基础，当制度与其文化基础相适应时，制度就能生存和进化；而当制度与文化不相适应时，制度就会被文化所肢解，文化就会创造出与其相适应的制度（我们称之为实际运行的制度）。

当前，中国财税制度建设中突出的问题是税制设计过于追求西方模式，没有更多地考虑中国国情，特别是中国文化的特点。引入一项现代制度只是一个开端，而要培育起使该现代制度有效运作的社会文化，是一项极为艰难的任务②。

西方财税制度是建立在西方特有的文化基础之上的，只有在这样的基础之上运行的制度才具有其应有的特征和效果。如果引进的制度与中国特有的文化系统不相容，即使制度规定得很理想，实际实行中必然会在很大程度上走样，统一的制度会被肢解，字面上的规定与实际运行结果会日益不同，从西方引进的制度就只剩下形式而无实质了。在还不存在可使西方税制模式有效运行的社会文化的前提下，完善税制的方向不是所谓国际接轨，而是着眼于税法规定与实际执行相一致，在最小征收成本条件下完整实行。要做到这一点，在进行制度设计时，就不能简单地学习西方做法。许多在西方行之有效的先进制度、办法，在中国未必可行。即使是公认科学合理的管理办法，也要根据中国国情进行改造。结合国情特别是中国独特的现实文化的创新是解决问题的根本途径。文化反映了人们对税法规则的态度，是采取遵守的态度、部分遵守的态度还是漠视的态度。态度又取决于负担水平和违法被处罚预期成本之间的权衡。如果负担水平不高，人们缴纳税款不感到十分心疼，同时又能知晓税款的用途（受益明确）时，遵守税法的态度就会占上风；如果负担很重，偷漏税的利益很大，被处罚的预期成本不大，人们就愿意选择违反税法。因此，适应国情的对策是低负担、宽税基和受益明确相结合。

中国现实文化随着经济发展、生产方式变化、城市化加速、居住方式和交流方式的现

① 具体论述参见杨斌. 国际税收制度规则和管理办法的比较研究［M］. 北京：中国税务出版社，2002：229-245.

② 曹锦清. 黄河边的中国［M］. 上海：上海文艺出版社，2000：76-77.

代化以及法治社会的形成，发生了巨大改变。但面子、人情、关系的现实文化特点还在不少阶层和人群中存在，在这种文化下执法很难不被人情、关系所左右，人们违法被查处往往可通过亲戚朋友或关系网络进行疏通，从而大事化小、小事化了，最终形成了违法被处罚的预期成本比较低的社会心理。

在这种违法被处罚的预期成本低的社会心理作用下，应当采取低税率、低负担、宽税基、严管理、易征收的办法，尽量减少对偷漏税的利益诱惑，使偷漏税意义不大，缴税也不心疼。因为在违法被处罚的预期成本低的情况下，高税率必然诱致偷税；越自动的机制（如凭发票就得到税额抵扣或退税）必然导致越严重的骗税、欺诈；越细致的差别政策、越严格的审批制度必然产生越多的寻租行为和越严重的腐败，从而使政策越偏离初衷。相当多的人认为，税率低了，就达不到调节的目的。这种说法看起来有道理，但具体结合中国的情况就不一定正确。调节作用不能只停留在制度设计上，最关键的是要能执行，税率定得高，且不说影响效率，首先是偷漏税的诱惑大，在中国偷漏税被处罚的预期成本低的情况下，结果不仅不能按高税率征税，就连基本的税收也收不到，何谈调节作用。这里有征管上的问题，但也有制度设计上的问题。

税制设计的国情原则还意味着，在选择或设计税收制度或具体规则、办法时，要顾及一部分人群还很在乎面子、人情和关系的现实文化。顾及不是迎合，而是要设计出使面子、人情和关系无法起作用的制度，即反面子、人情和关系的制度，即使这种制度对比西方的制度较不先进，但能够避开面子、人情和关系的影响而确实运行，从而使制度中体现的效率和公平的理想得到实现。这实际上就是要求税法规定要明确具体，规则要详细，避免含糊不清，让执法者没有权力灵活变通，从而抵制面子、人情、关系的影响①。

税制被设计并付诸实践后，即造成对经济活动主体的负担，因此我们在研究了税收的特征和税制设计原则后，还必须探索税收规模和负担水平的计量方法，以及负担的运动规律（税负转嫁与归属）。

5.3 税收规模和负担水平

5.3.1 税收合理规模的决定

一国税收规模的大小，一方面要看政府所获得的税收是否能满足政府职能的基本需要，另一方面要看政府所获得的税收是否超过同时期劳动者所创造的剩余价值的总量，前者可以理解为税收规模的必要量，而后者可以看作是税收规模的最高限额。

按照本书第1章和第3章的界定，一国政府履行其资源配置、收入分配和经济稳定职能必须进行相应的各项支出，而税收规模的必要量则必须满足这部分开支的需要，因此，税收收入规模一般由下面三个方面的具体需要决定：

第一，非生产部门的维持性项目。政府及其隶属单位属于非生产部门，因此为了维持其正常的运作必须由财政提供必要的支出。具体来看，包括非生产性的基本建设、更新改

① 进一步阐述参见杨斌．中西文化差异和税制改革［J］．税务研究，2003（5），14-22.

造项目和经常费用项目。前者包括政府和机关的建设，公用事业、居民服务和咨询服务业建设，教育、文化、艺术和广播、电视、电影事业建设，医疗、卫生、体育和社会福利事业建设，科学研究事业建设以及社会团体的建设等；后者则包括上述非生产部门的日常管理性、维持性经费以及职工的报酬。由于上述部门的非生产性，其进行的必要收费只能限制在弥补基本材料工本费的范围内，其提供的服务则是公民纳税后理应获得的公共服务。这些项目的支出只有通过税收筹集，才会从根本上杜绝各部门的各种不规范、不合理的收费。

第二，保障经济运行的投资性项目。混合经济下的政府不仅仅要提供维持社会正常运转的公共服务，还要履行保障经济稳定运行、弥补市场失灵的经济职能。这就需要政府进行必要的投资，具体来看，包括交通、供水、能源等基础设施支出、国有企业资本支出以及农业生产补助支出等。与前述维持性项目不同的是，投资性项目的规模不确定，它是与一国经济发展的程度以及经济运行的阶段相联系的。投资性支出既是政府保证经济发展的必要条件，同时又是调控经济运行的重要手段。

第三，维护社会公平和稳定的保险性项目。保险性项目主要包括两个方面：一方面是给予社会公众基本的养老、失业、医疗、工伤、生育保险；另一方面是给予退伍军人、儿童、老人、残疾人、受灾和生活困难群众的社会优抚、社会福利、社会救济、社会救助等。对于前者，许多国家通过开征社会保险税来筹集相应的经费，而后者则与维持性项目、投资性项目一样，属于税收应该提供的基本支出。尽管中国目前还没有开征社会保险税，但是通过收缴社会保险费的办法来筹集各种保险收入同样具有社会保险税的基本性质，因此在考察税收规模时可以根据需要决定是否将其纳入到考察范围之内。

5.3.2 税收负担水平的计量方法

1）宏观税负水平的计量

宏观税收负担（简称宏观税负）是指政府征集的税额与社会产出总量或总经济规模的对比关系，因而衡量宏观税负要正确选择反映全社会产出量或经济活动总量的指标。其选择原则是：①能正确、科学地反映经济活动总量；②能有利于进行纵向历史比较和横向国际比较；③取得资料容易，计算简便。

中国在过去的一段时间里借鉴苏联宏观统计体系，即物质产品平衡表体系（the system of material product balances，MPS），采用社会总产值这一指标反映经济活动总量。社会总产值由于存在对物化劳动转移价值的重复计算，以及只计算物质生产部门的价值而不计算服务价值等问题，加上不能进行国际比较，因而在宏观税负水平衡量中只能作为参考性指标。

目前衡量全社会经济活动总量比较通行并可进行国际比较的指标有两个：一是国民生产总值（gross national product，GNP）或国内生产总值（gross domestic produce，GDP），二是国民收入（national income，NI）。因而衡量宏观税收负担状况的主要指标也有两个：国民生产总值（或国内生产总值）税收负担率，简称GNP（或GDP）税负率；国民收入税收负担率，简称NI税负率。其计算公式见公式5.5、公式5.6。

$$\text{国民生产总值（或国内生产总值）税负率}=\frac{\text{税收总额}}{\text{国民生产总值（或国内生产总值）}} \tag{5.5}$$

$$国民收入税负率=\frac{税收总额}{国民收入} \tag{5.6}$$

准确计算各时期的宏观税负率是研究宏观税负的前提，而要准确计算宏观税负率，有必要弄清GNP、GDP、NI以及税收总额的具体含义。在第1章的阐述中，我们已经指出在中国存在不少名称不为税，但实质上就是税的财政收入形式，如社会保险费，以及以政府性基金和收费名义出现的各种杂税，在计算宏观税负时应当将这些财政收入项目算入税收总额中，否则宏观税负水平就是不准确的。同样，在中国各个不同的历史时期存在不同的“暗税”，如果没有将暗税算入税收总额中，税收总额就不能反映政府无偿、强制获得的“税收”。在进行国际比较时，特别要注意从实质而不是名称来准确计算税收总额，否则比较口径就存在很大差别，比较的结果就不能说明问题，甚至产生误导。

2）微观税负水平的测算

由于对个别纳税人而言，流转税存在税负转嫁问题（详见5.4节），因此衡量微观税负比衡量宏观税负复杂。简单地把企业或个人缴纳的全部税收除以其毛收入总额，有时并不能真实地反映其税收负担水平。

衡量企业和个人税负水平首先要考虑不转嫁税（直接税）的负担情况。既然是不转嫁税，纳税人与负税人是一致的，纳税人实际缴纳的税款占其获得的收入的比重可以反映其直接税负担水平。直接税（主要是所得税和财产税）负担率，可用企业或个人纯收入直接税负担率和企业净产值直接税负担率两个指标衡量，见公式5.7、公式5.8。

（1）纯收入直接税负担率

$$企业或个人纯收入直接税负担率=\frac{一定时期实纳的所得税和财产税}{企业或个人一定时期获得的纯收入} \tag{5.7}$$

式中的纯收入，对企业而言就是利润总额：

利润总额=产品销售利润+其他销售利润+营业外收支净额

在流转税为价内税的情况下：

产品销售利润=产品销售收入-产品销售成本-产品销售税金

在流转税为价外税的情况下：

产品销售利润=产品销售收入-产品销售成本

个人的纯收入在独立个人劳务场合，是指个人获得的劳务总收入扣除各项成本费用后的余额，以及财产转让纯收入；在非独立个人劳务场合，是指个人因受雇而获得的工资薪金收入和其他来源收入。

纯收入直接税负担率说明企业或个人拥有的纯收入中有多大份额以直接税形式贡献于政府。这一指标可用于进行不同企业、不同个人税负轻重的对比；可用于说明同一微观经济主体不同历史时期的税负变化；可用于说明法定或名义税负水平（税率）与纳税人实纳税款的差距，这一差距反映政府给予纳税人的各种税收优惠以及非法的税收漏洞。如果名义税负与实际税负差别过大，就需要对各种优惠项目进行清理，看是否存在税基被不合理侵蚀问题，加强税收管理，堵塞漏洞。

（2）企业净产值直接税负担率

$$企业净产值直接税负担率=\frac{企业一定时期实纳的各种直接税}{企业一定时期净产值} \tag{5.8}$$

长期以来，中国统计工作中一般只计算工业净产值，因此上述指标只适用于工业企业。工业净产值是工业企业一定时期内进行工业生产活动新创造的价值，也就是工业总产值扣除生产资料转移价值后的余额。它是中国计算国民收入（MPS体系下）的统计基础，体现资金积累的可能程度和扩大再生产的发展潜力，也是反映企业经济效益的重要指标。计算企业净产值直接税负担率，说明企业新创造的价值中有多大份额以直接税的形式贡献给政府。这一指标可用于进行同一企业不同历史时期的比较，但用于进行横向比较时要注意可比性。因为净产值的大小受价格政策、税收制度和政策的影响，如卷烟税率高、价格高，因此卷烟企业有较高的净产值。净产值的大小还受企业固定资产折旧办法的影响，固定资产折旧是企业物耗价值的重要组成部分，工业净产值是工业总产值扣除物耗价值后的余额，因此固定资产折旧偏低或偏高都会影响净产值。

（3）全部税负率

除上述直接税负率指标外，学术研究中往往还用总产值（或毛收入）全部税负率、增加值全部税负率、净产值全部税负率作为参考性指标，见公式5.9、公式5.10、公式5.11。

$$\text{总产值（毛收入）全部税负率}=\frac{\text{企业（或个人）缴纳的各项税收}}{\text{企业总产值（或个人毛收入）}} \tag{5.9}$$

$$\text{增加值全部税负率}=\frac{\text{企业缴纳的各项税收}}{\text{企业增加值}} \tag{5.10}$$

$$\text{净产值全部税负率}=\frac{\text{企业缴纳的各项税收}}{\text{企业净产值}} \tag{5.11}$$

增加值=总产值-原材料等一次性物耗价值-向非物质生产部门支付的劳务费用

如果把总产值按C+V+M分解，再把其中生产资料转移价值C分解为劳动手段（固定资产）折旧价值C_1和原材料（一次性物耗）转移价值C_2，并以S表示向非物质生产部门支付的劳动费用，那么总产值、净产值和增加值存在以下关系[①]：

总产值$=C_1+C_2+V+M$

增加值$=C_1+V+M-S$

净产值$=V+M$

增加值为国内生产总值的统计基础，在微观税负指标中增加值各项税收负担率与宏观上的国内生产总值税负率有可比性。净产值是中国国民收入统计的基础，净产值各项税收负担率与MPS体系下国民收入税负率有可比性。

上述这些指标可用于考察两个方面的问题：①企业缴纳的各项税收与其总产值、增加值、净产值的比率的变化情况。如果从趋势上看这些比率上升，意味着政府与企业、个人分配关系中政府占有份额提高，否则就相反。②微观税负率与宏观税负率的差异程度。微观的直接税负担率没有对应的宏观税负率指标，要分析宏观税负率与微观税负率有什么差异，只能利用总产值、增加值或净产值全部税收负担率。而通过这一差异的分析，可以看出税负在各行业、企业的分布状况，了解税负的公平程度，以及税收政策的实施状态，进而揭示差异的原因，为税制进一步完善提供决策依据。但是，这些指标只能作为衡量微观税负的参考性指标，这是因为微观上存在间接税转嫁问题。总产值、增加值、净产值全部税收负担率只是名义负担率而非实际负担率。个别纳税人到底负担多少间接税要看间接税转嫁或被转嫁的程度，因此需要进一步考察税负的转嫁与归宿。

① 黄沂木，等. 统计原理与经济统计学［M］. 厦门：厦门大学出版社，1990：218-219.

5.4　税负转嫁与归宿

5.4.1　税负转嫁和税负归宿

1）税负转嫁与税负归宿的概念

为了说明税负转嫁与归宿，有必要区分纳税人和负税人。纳税人是依照税法规定必须缴纳税款的经济主体，但他们不一定就是实际承担税收的主体，对某些税种并且在一定的条件下，纳税人可以将税负转嫁给他人，而最终实际承担税负的人才是负税人。负税人就是在税负转嫁行为结束后，最后真正承担税收的经济主体。

所谓税负转嫁就是纳税人在缴纳税款之后，通过种种方式将税收负担转移给他人的过程。所谓税负归宿，是指税负转嫁的最后结果或税收负担的最终落脚点。税负转嫁并不是无休止的，总存在一个不可能再转嫁而要自己负担税款的经济主体，当某个或某些经济主体最终被确定为最终负税人时，也就形成了税负的归宿。

2）税负转嫁的方式

按照经济交易过程中税负转嫁的不同途径，大致可以把税负转嫁归纳为如下五种形式：

（1）前转

前转，也被称为“顺转”，即纳税人将其所纳税款通过提高其所提供的商品或生产要素的价格的方法，向前转移给商品或生产要素的购买者或最终消费者负担的一种形式。一般认为，前转是税负转嫁的最典型和最普遍的形式，多发生在商品和劳务课税上。例如，对原材料生产者课征税款，原材料生产者可以通过提高原材料售价把税款转嫁给制造业者，制造业者再把税负转嫁给批发商，批发商又可以把税负转嫁给零售商，最后零售商向消费者出售商品时，又把税负转嫁给了消费者。其过程如下：

（2）后转

后转，也被称为“逆转”，往往在纳税人前转税负存在困难时，纳税人通过压低购入商品或生产要素进价的方式，将其缴纳的税款转给商品或生产要素供给者的一种税负转嫁方式。比如，在供给大于需求的汽车消费市场上，汽车销售商很难把税负转嫁给消费者，为了保证一定数量的销售额，只好通过压低汽车制造商的供给价格转嫁部分税负，其转嫁程度的大小要依据销售商和供给商之间的供求关系或通过协商的方式来决定。其过程如下：

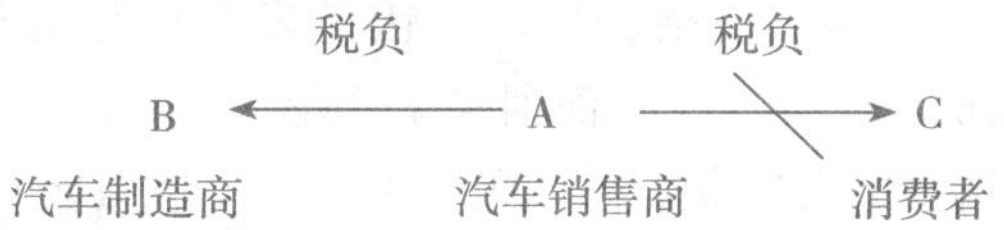

（3）混转

在这种税负转嫁方式中，纳税人既可以把税负转嫁给供给商，又可以同时把税负转嫁给购买者，实际上是前转和后转的混合方式，在日常经济活动中最为常见。其过程如下：

税负　　　　税负
B ←——— A ———→ C
汽车制造商　汽车销售商　消费者

（4）税收资本化

这是税负转嫁的一种特殊形式，即应税物品（主要是土地和其收益来源较具永久性的政府债券等资本品）交易时，买主将物品可预见的未来应纳税款从所购物品价格中作一次性扣除，此后虽由买主按期缴税，实际上税款由卖主负担。例如，A向B购买房屋，房屋价值50万元，预计使用10年，根据税法规定每年应纳房产税1万元。A在购买之际将该房屋今后10年应纳房产税10万元从房屋购价中一次性扣除，实际支付40万元。A得了B预付的税款10万元。实际上A在第一年只需缴纳1万元的房产税，其余的9万元可作创业资本，这就是所谓的税收资本化。

5.4.2　税负归宿的经济分析

税负归宿的经济分析一般是在局部均衡和一般均衡两个基本框架下展开，而且由于不同种类的税收以及不同的征收方式会造成税负不同的归宿，因此税负归宿的问题一直是税收理论中的难点。我们首先分析局部均衡条件的商品税和所得税的税负归宿情况，然后再对一般均衡条件下的税负归宿问题加以讨论。

1）局部均衡框架下的商品税税负归宿分析

（1）对单位商品征收从量税的税负归宿分析

如图5-1所示，假定一国政府对某商品的生产者从量计征商品税，市场为完全竞争的市场，税前的均衡点是E，均衡价格是P，征收的从量税额为t。由于对生产者征税，因此生产者势必将价格提高t后出售产品，这将使消费者面对的供给曲线变为S'（也可称为有效供给曲线），由此决定了税后的均衡点为E'，消费者支付的价格从P上升到P'，而生产者在产量为B的情况下，面对自己的供给曲线只能得到P''的价格，二者之间的距离（$P'-P''$）就是税收t。我们不难发现，生产者通过提高价格的方式并没有将税负全部转嫁到消费者身上，事实是二者共同分担了新增加的税收。究其原因，税收造成了消费者支付的价格和生产者收到的价格产生了差额，即价格P'和P''之间的差额，称为税收楔子。最终，生产者负担的税收是（$P-P''$）乘以OB，消费者负担的税收是（$P'-P$）乘以OB，二者之和在图形中恰好是矩形$P'P''CE'$的面积。

（2）无关性定律

在前面的讨论中，我们假设从量税的纳税人是生产者，如果对消费者征税,那么情况会发生变化吗？在图5-2中，我们假设一国政府对某商品的消费者从量计征商品税，市场为完全竞争的市场，税前的均衡点是E，均衡价格是P_1，征收的从量税额为t。现在，由于征税并不能改变消费者对于商品价格的判断，因此发生变化的只能是生产者面对的需求曲线（也可称为有效需求曲线）。生产者面对的新的需求曲线为D'，新的均衡价格是E'，生产者面对的价格为按照新的需求曲线得到的价格P_1''，消费者面对的价格为新的均衡产量B和原来需求曲线共同决定的P_1'。同样，在消费者支付的价格和生产者收到的价格之间产生了税收楔子t。我们将图5-1中移动后的供给曲线S'放在图5-2中后可以发现，税后

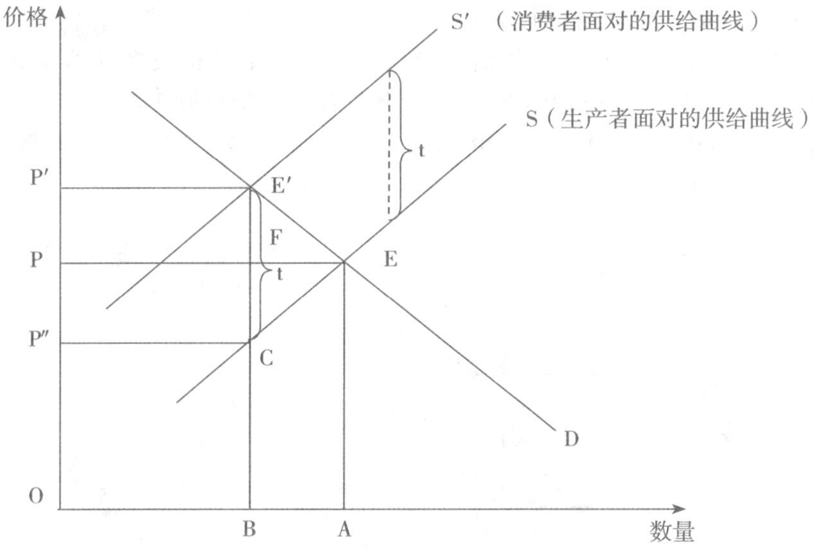

图5-1　对生产者征收从量税税负归宿的局部均衡分析

的价格存在 $P'=P_1'$，$P''=P_1''$，也就是说，无论对生产者征税还是对消费者征税，消费者和生产者的税收负担是一样的，这种情况被称为无关性定律。那么，生产者和消费者究竟各自负担了多少税收，其负担的大小又受到什么因素的影响呢？通过考察商品供求弹性的情况，我们能够得到问题的答案。

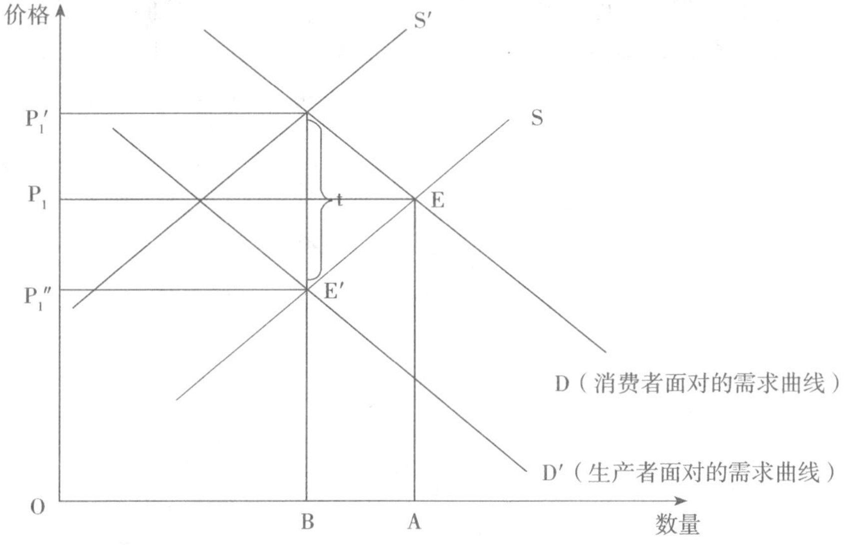

图5-2　对消费者征收从量税税负归宿的局部均衡分析

（3）商品供求弹性的作用

我们首先分析商品供给弹性的作用。如图5-3所示，设供给曲线为 S_h 和 S_l，前者的供给弹性高于后者；税前的均衡点均为E，税前均衡价格为P。现在对生产者课征从量税t，使两条供给曲线都上升t个单位，税后供给曲线为 S_h' 和 S_l'，税后的均衡点分别为 E_h 和 E_l。从供给弹性较高的情况来看，税后生产者的负担为矩形 PPs_hsCF 的面积，消费者的税收负担为矩形 PPs_hdE_hF 的面积；而在供给弹性较低的条件下，生产者的税收负担为矩形

PPs_lsKG的面积，消费者的税收负担为矩形PPs_ldE_lG的面积。显然，在需求弹性不变的情况下，供给弹性较大的商品在税后使消费者面对的价格上升得较多（Ps_hd-P），因此税收负担较大（面积PPs_hdE_hF>面积PPs_ldE_lG）；而生产者的净价格则下降得较少（$P-Ps_hs$），因此税收负担较小（面积PPs_hsCF<面积PPs_lsKG），反之则相反。

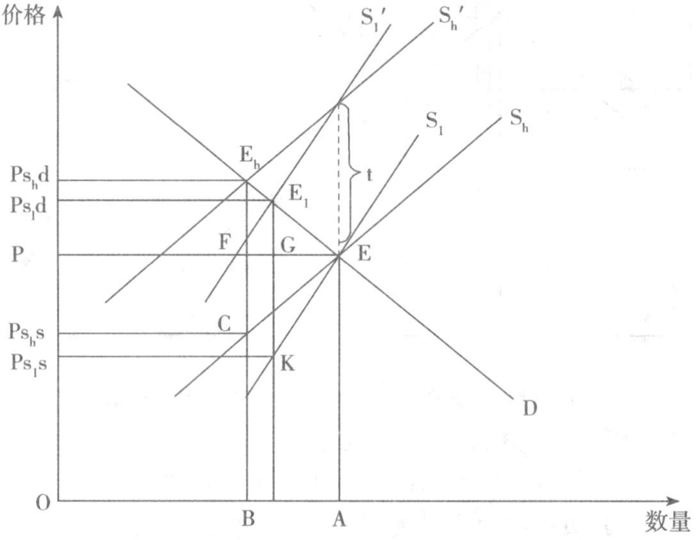

图5-3　商品供给弹性对税负归宿影响

我们再来分析商品需求弹性的作用。如图5-4所示，设有需求曲线D_h和D_l，前者的需求弹性高于后者，税前的均衡点为E，税前均衡价格为P。现在对生产者课征从量税t，使供给曲线上升t个单位，税后供给曲线为S′，税后的均衡点分别为E_h和E_l。

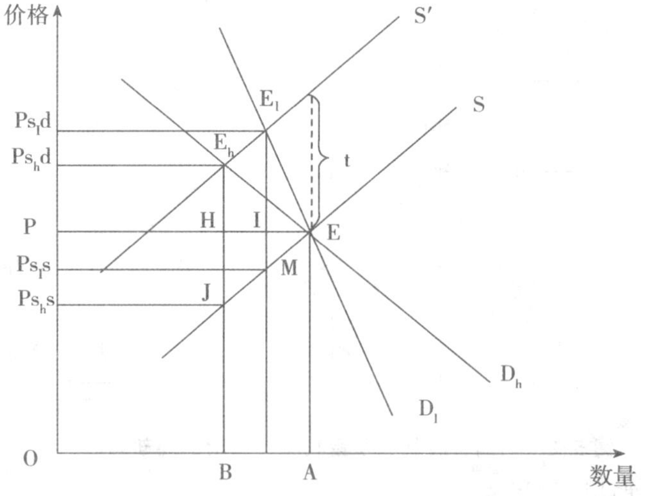

图5-4　商品需求弹性对税负归宿影响

从需求弹性较高的情况来看，税后消费者的税收负担为矩形PPs_hdE_hH的面积，生产者的负担为矩形PPs_hsJH的面积；而在供给弹性较低的条件下，消费者的税收负担为矩形PPs_ldE_lI的面积，生产者的税收负担为矩形PPs_lsMI的面积。显然，在供给弹性不变的情况下，需求弹性较大的商品在税后使消费者面对的价格上升得较小（Ps_hd-P），因此税收负担较小（面积PPs_hdE_hH<面积PPs_ldE_lI）；而生产者的净价格则下降得较大（$P-Ps_hs$），因此

税收负担较大（面积$PP_{s_h}sJH$>面积$PP_{s_l}sMI$），反之则相反。

总的来看，完全竞争条件下，商品供求弹性和税负归宿的基本关系见表5-6。

表5-6　商品供求弹性和税负归宿的基本关系

供给弹性高	生产者净价格下降小	消费者价格上升大	生产者税收负担小	消费者税收负担大
供给弹性低	生产者净价格下降大	消费者价格上升小	生产者税收负担大	消费者税收负担小
需求弹性高	消费者价格上升小	生产者净价格下降大	消费者税收负担小	生产者税收负担大
需求弹性低	消费者价格上升大	生产者净价格下降小	消费者税收负担大	生产者税收负担小

（4）征收从价税的情况

所谓从价税是税额为按照价格的一定比例确定征收的一种税。现实中所征收的税大多是从价税。尽管税额的确定方式和从量税不同，但是税负归宿的分析原理却是一样的。所不同的是，从价税将使有效供给曲线和有效需求曲线按照价格的比例发生移动，而不是像从量税那样使它们发生平行移动，接下来的分析就和从量税完全一致了，税收负担的大小同样取决于供求弹性的大小。具体情况，我们将结合工薪税的情况加以说明。

2）局部均衡框架下所得税的归宿分析

（1）个人所得税（工薪税）的情况

对个人所得税征税的情况相当于对劳动要素征收的一种税。在局部均衡的框架下，实际上是分析劳动力要素市场的工人和雇主之间的税负归宿。随着中国人口增速放缓和老龄化程度不断加深，中国多地出现用工荒的情形，高层次人才更是供不应求，不少地区纷纷展开“抢人大战”。因此本书假定当前中国市场普通劳动供给弹性大于零，而高层次劳动力供给弹性接近于完全供给弹性，那么在完全竞争的条件下，如图5-5（a）所示，劳动供给曲线为S，劳动需求曲线为D，均衡点为E，均衡的工资率为W，对工薪课征税率为t的所得税（这相当于征收一种从价税）。现在，在征收了工薪税后，雇主面对的需求曲线为D′。由于需求曲线按比例移动，因此在工资率较高的情况下移动幅度大，工资率较低的情况下移动幅度小，新的需求曲线和原有的需求曲线不是平行的，而它们之间的距离就是税收楔子。新的均衡点为E′，此时W为未收税时均衡价格，W′为工人工资，W″为企业招募工人的工人支出，税收（F-E）由企业和工人共同承担，其中工人承担W-W′部分，企业承担W″-W部分。

对于高层次人才，其供给弹性更大，供给曲线更加平坦。由图5-5（b）可知，此时税收（F-E）由企业和工人共同承担，但企业承担较大份额。对于高层次人才中的拔尖人才，由图5-5（c）可知，其供给具有完全弹性，供给曲线平行于水平轴，此时所得税完全由企业承担，符合当前高端人才在应聘时要求税收净工资的现状。

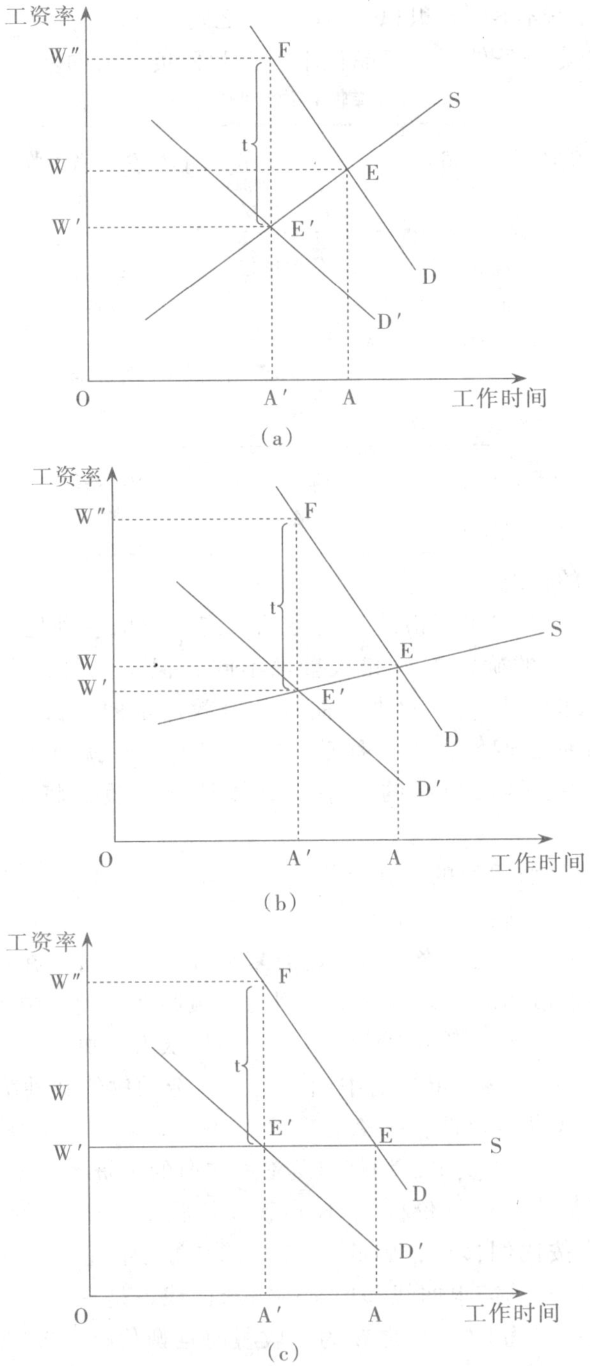

图 5-5　局部均衡框架下个人所得税的归宿分析

（2）企业所得税的情况

为了分析问题方便，假定企业所得税是对企业的经济利润课税。所谓企业经济利润是指企业的收入减去企业的所有经营成本（包括所有者权益的机会成本）。所谓所有者权益的机会成本，是指所有者或股东如果不将资金投资于该企业而可能得到的其他投资收益。如果企业所得税是针对这样的经济利润课税，那么在完全竞争的条件下，其转嫁与归属，要分为短期均衡和长期均衡来考虑。

在短期均衡的条件下，企业追求超额利润最大化。企业已经处于资源配置的最优状态，对企业经济利润的课税，不会对边际成本和边际收益产生影响，只是让企业将一定比例的超额利润交给政府，不会改变企业的决策，因此企业不会改变其产量和价格，最终企业将完全承担税收。而在长期均衡的条件下，市场竞争的结果，使企业不再获得超额利润，企业的经济利润为0，因此不会产生税收收入，也不会对企业的决策产生影响[①]。

尽管对企业经济利润课税不会对企业的经济决策产生影响，但是现实中由于经济利润的核算较为困难，因此企业所得税往往不允许扣除所有者权益的机会成本。这样，企业所得税就具有了对资本要素课税的性质。其效应如何，将在7.1.7目具体展开论述。

3）一般均衡框架下的税负归宿分析

前面的局部均衡分析是针对单一的产品市场或者要素市场的，但是由于税收归宿并不仅仅局限在单一市场中，因此局部均衡分析是不全面的；而一般均衡分析就是要将多个市场联系起来加以分析，从而考察整个经济运行中的税收归宿状况。

由于税负归宿问题的复杂性，一般均衡分析也需要对问题进行简化。现有的分析对模型的基本设定如下：

第一，仅包含商品市场和要素市场，且两个市场均处于完全竞争的情况下，商品市场包括x、y两种商品生产部门，要素市场包括劳动L和资本K两类要素。

第二，两类商品的生产者均保持规模收益不变。

第三，要素可以自由在生产两类商品的部门间流动，要素的所有者为商品的消费者，且偏好相同。

第四，两种商品具有可替代性。

现在按照罗森的分类[②]分别考察四种情况的税负归宿。

（1）对某部门的某种要素征税（以对商品x部门的资本K征收从价税为例）

当对生产商品x部门的资本要素所有者所拥有的资本征收从价税后，x部门的资本要素所有者一方面将通过提高资本要素的价格来转嫁税收，另一方面还会通过将资本转向y部门而逃避税收。这样，一方面，商品x的生产者面对资本价格的升高，将减少资本的使用量；另一方面，由于资本流入的增多，y部门的资本价格将会下降，资本的使用量将增多。最终的结果是，转移到y部门的资本虽然逃避了税收，但是却承担了价格下降的损失，x部门提高价格转嫁的税收也不会完全转嫁给商品x的生产者。税收最后将由x部门的资本要素所有者和商品x的生产者共同负担。

接下来我们考察产品市场的情况。首先，由于x部门的资本价格上升，导致其成本曲线发生旋转，最终导致生产者降低x的产量，同样由于资本流入到y部门，导致y部门的资本价格下降，最终导致生产者提高y的产量。其次，对于两种产品的消费而言，由于商品x产量的下降，将导致商品x的价格上升，需求下降；相反，由于商品y产量的上升，将导致y价格的下降，需求上升。最后，考察消费者中的资本要素所有者，其收入由于实际负担了税收而发生了下降，因而他对两种商品的消费都将减少，而劳动要素的所有者的

① 罗森H S. 财政学［M］. 郭庆旺，赵志耘，译. 8版. 北京：中国人民大学出版社，2009：304-305.
② 罗森H S. 财政学［M］. 郭庆旺，赵志耘，译. 8版. 北京：中国人民大学出版社，2009：294-306.

收入变化则不能确定，因为他对x的消费减少了，而对y的消费却增加了[①]。

（2）对各部门的某种要素征税（以对商品x、y部门的资本要素K征收从价税为例）

如果对两个部门的资本要素征收同样的税，由于两个部门资本要素的价格同时上升同样的幅度，因而不会发生要素在两个部门间的流动，因此资本要素的所有者无法通过转移要素而逃避税收。那么，如果资本要素的供给弹性为0时，则税负将完全由资本要素的所有者负担；如果资本要素的供给可以改变，即供给弹性不为0，则要素所有者将减少资本的供给，从而改变原有的资本和劳动的供给情况。这样，一方面会造成商品产量的改变，另一方面也会改变资本和劳动的相对价格，进而使劳动的价格下降，最终税负将在资本要素所有者、生产者以及劳动要素的所有者之间分担。

（3）对某种商品课征商品税（以对x商品的消费课征商品税为例）

我们首先分析产品市场的变化，对x的课税会使其价格上升，因此人们会减少对该商品的消费转而购买其替代品y，这样替代品y的价格会上升，从而y的需求也会下降。再来看要素市场的情况，由于商品x的价格上升导致产量下降，因此生产x所用的资本和劳动就要向y部门转移，而如果生产x需要使用大量的资本要素，那么转移出来的资本要素就要多于劳动要素，结果在y部门，资本的相对价格就要下降，从而资本所有者的收益将会减少。而如果商品x的需求弹性较大，那么商品x的需求量将大幅下降，从而引起资本转移增多，因此资本所有者的损失更大。

总的来看，对某一商品课税后的归宿将会由商品x、y的生产者和消费者，以及生产x大量使用的要素的所有者共同负担，负担的大小将取决于x的需求弹性。

（4）对全部要素共同课税（以对资本K和劳动L课税为例）

首先，对全部要素的课税，相当于对资本和劳动的所有者共同课征所得税，由于课税范围涉及所有部门，因此不会导致要素的跨部门流动。其次，假设要素的供给是不变的，即要素供给无弹性，那么要素的所有者不能通过提高要素价格而转嫁税负，因此税负将由要素的所有者负担。如果要素的供给可以改变，那么要素的所有者则可以通过改变要素的价格来转嫁税负，而最终的税负归宿问题则要根据要素供给的弹性来具体考察了。

综上所述，我们对税负归宿的一般均衡问题作了简单的定性分析，其基本思路是充分考察税收对要素市场和产品市场的连续影响，从而最终确定不同税种的税负归宿。其中，要素的可流动性、要素供给的弹性、商品的供需弹性都是影响最终税负归宿的因素，必须综合地加以考察。

本章小结

• 税收是最主要的财政收入形式，与其他财政收入形式相比具有强制性、无偿性、确定性（或固定性）、均一性四个基本特征。

• 税收要素也可以称为税制要素，它是构成税收制度的基本因素，同时也是税收理论分析的基本着眼点。按照不同的分类标准可以将税收划分为不同的类型。

• 税制结构按照税种的数量划分可以分为单一税制和复合税制，复合税制又可以按照

① 详细的论述参见刘宇飞. 当代西方财政学［M］. 北京：北京大学出版社，2003：307.

主体税种的不同进一步划分为以全值流转税为主的税制结构、以增值税为主的税制结构、以所得税为主的税制结构、以财产税为主体的税制结构。

• 衡量一种税制结构的标准主要是效率、公平、财政三个方面，以所得税为主体的税制结构在贯彻公平原则、实现税收公平目标方面占有优势；以增值税为主体的税制结构在实现税收效率目标方面占有优势；除以财产税为主体的税制结构外，其他类型的税制结构都有较强的聚财功能，不过在个人所得税、社会保险税或增值税难以普遍征收的情况下，以全值型流转税为主体的税制结构的聚财功能最强。

• 从世界各国的实践来看，发达国家一般实行以个人所得税为主体的税制结构，而发展中国家则往往以流转税作为主体税种，这是由不同的历史和国情决定的。

• 税收效率可通过税收成本和税收收益的比率衡量，这种对比关系不是单一的，而是多层次的。

• 税收公平的含义不是一元的，而是多元的；不是单一的，而是多层次的。它包含三个层次的内容，三个层次的公平目标都达到了，税收公平才能实现。

• 最优商品税的提出者拉姆塞研究了在假定货币的边际效用是常数（忽略分配问题），经济体系为没有对外贸易时的完全竞争状态并且生产总是等于消费，私人和社会纯产品总是相等（不存在外部性问题，不考虑政府干预）的条件下，要使税收的额外负担最小，税率的设置应当使各种商品的生产数量以相等的百分比减少。因此，对各种商品征税的税率应与应税商品的需求弹性成反比，即应对需求弹性大的商品征低税，而对需求弹性小的商品征高税。

• 斯特恩将所得税对劳动供给的影响加以考虑，并结合负所得税设想，提出了一种线性所得税模型。在假定社会福利函数选择以罗尔斯主义为标准，即着眼于社会中境况最差者福利水平增进的条件下，他得出的结论是：劳动的供给弹性越大，边际税率t的值应当越小。

• 莫里斯在学术上的重要贡献，在于他沿着拉姆塞的思路，试图找出一个办法让个人所得税只对个人的天赋（技能）课税，而不对个人的努力程度课税，但他的理论没有实践价值。

• 中国的经济改革（包括税制改革）只有从中国的具体国情出发，以国情原则作为重要原则才能取得成功。

• 税收规模的必要量一般由三个方面的具体需要决定。

• 宏观税收负担是指政府征收的税额与社会产出总量或总经济规模的对比关系，因而衡量宏观税负要正确选择反映全社会产出量或经济活动总量的指标。选择原则主要有三个。

• 纯收入直接税负担率说明企业或个人拥有的纯收入中有多大份额以直接税形式贡献于政府。这一指标可用于进行不同企业、不同个人税负轻重的对比；可用于说明同一微观经济主体不同历史时期的税负变化；可用于说明法定或名义税负水平（税率）与纳税人实纳税款的差距，这一差距反映了政府给予纳税人的各种税收优惠以及非法的税收漏洞。

• 税负转嫁并不是无休止的，总存在一个不可能再转嫁而要自己负担税款的经济主体，当某个或某些经济主体最终被确定为负税人时，也就形成了税负的归宿。

• 税负转嫁的方式包括前转、后转、混转和税收资本化。

• 一般来说，在需求弹性不变的条件下，供给弹性越大，也就是供给曲线越平坦，税后消费者支付的价格就越高，因此消费者负担的税就多，反之则相反。在供给弹性不变的情况下，需求弹性越大，也就是需求曲线越平坦，税收消费者支付的价格就越低，因此消费者负担的税负就少，反之则相反。

• 在完全竞争条件下，无论对生产者还是对消费者征收从量商品税都不会影响其各自的税收负担，这一规律叫作税收的无关性定律。

• 税负归宿的一般均衡分析的基本思路是充分考察税收对要素市场和产品市场的连续影响，从而最终确定不同税种的税负归宿。

本章综合训练

第 6 章 流转税

☞ 学习目标

- 掌握全值流转税的概念、特点以及类别；
- 掌握增值税的概念、性质和经济效应；
- 掌握关税的类型和经济效应；
- 了解关税税率和税目的有关规定；
- 了解关税估价制度的基本内容和原则。

☞ 导语

流转税（也称商品税或商品劳务税）是现代税收制度中的主要税种之一，包括全值流转税（消费税、营业税和关税）和增值流转税（增值税）。在全世界范围来看，流转税也是各国税收收入的主要来源之一。在中国，流转税收入占税收收入的最大部分，流转税是名副其实的主体税种。与所得税相比较，流转税的征收方式和筹集财政收入的功能是各国尤其是发展中国家选择其作为主要税种的直接原因。但是，流转税具有明显的累退性，在调节公平方面作用有限。

6.1 节首先介绍全值流转税的基本特点，包括筹集收入功能强、征收流程简便的优点和重复课税、具有较强累退性的缺点；然后介绍全值流转税的主要类别。

6.2 节重点分析流转税的一大类别——增值税，首先分析增值税的一般理论，包括增值税作为一种净产值税的性质，理想增值税所具备的消费型、全面型、单一税率和少减免的基本特点以及由此造成的经济效应。

6.3 节介绍关税的主要类型并分析关税的一般经济效应，主要包括消费者剩余的损失、财政收入的增加、再分配的形成以及保护的作用等；介绍关税制度中的关键问题——关税税则中的税目、税率和估价制度。

6.1 全值流转税原理

6.1.1 全值流转税的特点和类别

1）全值流转税的概念

所谓全值流转税，是以商品和劳务流转额的全部价值为征税对象的一种税收形式，也称周转税。与财产税相比，是对商品或劳务的收入流量征税；与所得税相比，是对毛收入征税；与增值税相比，是就商品或劳务的流转额全值而非其增值额征税。

2）全值流转税的特点

（1）稽征容易、管理简单

全值流转税无论是普遍征收的还是选择征收的，都因为以商品或劳务流转额全值为征税对象，所以不必进行费用扣除或购进扣除，稽征容易、手续便利、管理简单、征收费用低。全值流转税可以通过产品或行业差别税率，对某些不宜继续发展的产品、企业、行业实行高税限制，对高科技产品或优先发展的产品、企业、行业实行低税扶植，从而有利于实现国家产业政策目标、优化国民经济结构、提高宏观经济效益。在以全值流转税为主体的税制结构中，设置一些起补充作用的税种，如选择性流转税，还能使整个税制结构的社会功能得到强化。例如，设置对奢侈品、烟、酒产品征收的消费税，可限制社会成员对这些产品的消费。

（2）重复课税、限制分工

多阶段、多环节普遍征收的全值流转税会使每一种商品的税负受商品流转交易次数多少的影响。一种商品经历的交易次数越少，税负越轻；经历的交易次数越多，税负越重。这样，全能厂的产品，因中间产品在企业内生产、不发生交易，其整体税负就轻；而专业化分工协作企业因中间产品要外购、与协作企业之间发生的交易次数多，其出厂产品的整体税负就重，在价格相同情况下获利就少。这样就使该税制结构产生对专业化分工协作这一市场经济发展总趋势的阻碍效应，增加征税的经济成本，阻碍宏观经济效益的提高。这一缺点对市场经济发展规律是根本性的违反，比较而言，有限征税范围和单阶段课征的选择性流转税则没有这一缺点。因此，流转税改革的基本趋势是：用增值税取代全值流转税的主体地位，起普遍调节作用；保留选择性流转税（如有限征税范围的消费税、产品税），起特殊调节作用。

（3）税基较大、聚财能力强

充当主体税种的全值流转税以多阶段、多环节普遍征收为特征，征税对象范围大、税基宽，只要税率定得适当合理就能筹集到足够的税收收入来满足政府的财政需要；如再辅以公司（法人）所得税等税种，则税源更丰富、收入更多，足以达到财政目标。全值流转税主要以商品或劳务销售或营业收入为计税依据，税金随商品或劳务销售的实现而实现，有销售收入、营业收入，就会有政府的税收收入，具有取得收入及时的优点。前面谈到，全值流转税不问纳税人经营商品或劳务是否盈利和盈利多少，只要发生应税流转额，就要以流转额全值为对象课税，同纳税人的实际负担能力相脱离，不符合公平原则。这从公平方面来看是缺点，而从财政角度来看则是优点。全值流转税按纳税人的毛收入征税，与纳税人经营商品、劳务的成本高低无关，与其盈亏无关，在税率水平一定情况下，税收收入随商品与劳务收入的增减而同步增减，因此，这种类型的税制结构具有取得财政收入稳定可靠的优点。

（4）产生累退、有失公平

我们在5.1.3目已论述过，全值流转税不问纳税人经营商品或劳务是否盈利、盈利多少，只要发生应纳税流转额，就要以流转额全值为对象课税，同纳税人的实际负担能力相脱离，因为只有扣除成本费用和损失后的纯收入才能反映一个人的纳税能力。全值流转税一般只适用于采取比例税率（有时也采取定额税率）的情况，不像累进所得税那样更能体现按能力征税的原则。在以所有或绝大部分消费品流转额为征税对象的消费税制下，其税收不公平的特征更为明显。这种不公平的缺陷并非没有办法弥补。只对奢侈品选择征收的消费税不仅没有这种缺陷，反而有利于提高整个税制结构的公平程度。

3）全值流转税的类别

（1）消费税

一般说来，消费税是以消费品销售额或消费支出额作为课税对象的各种税收的统称，它包括直接消费税和间接消费税两种类型。前者是对个人的实际消费支出额的征税，直接向消费者课征，纳税人和负税人都是消费者个人，也叫综合消费税或支出税；后者是对消费品的课征，税收可实行价外税，明确由购买者或消费者负担，销售者是间接的纳税人，因此也叫销售税或者零售税。流转税类别中的消费税主要指后者，而综合消费税则相当于对个人储蓄之外的收入征收的一种税，征收的方式也和所得税类似，并不属于流转税的讨论范围[①]。

消费税按其课征范围的不同，可分为无选择的消费税（对全部消费品课税）和有选择的消费税（选择部分消费品课税）；按其具体对象，可分为一般消费税（主要指对生活必需品和日用品的课税）和特种消费税（主要指对特定消费品如奢侈品等的课税）。现今各国消费税课征范围一般并不涉及全部消费品，个别国家虽然形式上对全部消费品课税，但又对若干消费品规定免税，因此，从课征范围看，消费税通常是选择性消费税。

在普遍执行增值税的国家中，选择性消费税往往起着对增值税的补充作用。标准的增值税以单一或接近单一税率制为其特点，对产品或产业结构调节效应较弱。为了充分发挥税收的调节作用，增强税制对社会经济的控制功能，往往在增值税普遍开征、起普遍调节作用的情况下，选择部分消费品（主要是高档消费品，奢侈品，被认为危害健康、环境及社会文明的消费品）再征收一道消费税。

（2）营业税

营业税是一个古老的税种，外国和中国历史上的营业税往往指的就是全值流转税或周转税，有时也泛指流转税。在中国，营业税特指对纳税人应税劳务产生的营业额征收的一种税收。中国政府于1950年1月开征营业税，2016年5月1日，随着“营改增”试点全面推行，营业税全面并入增值税。

在“营改增”之前，营业税与增值税是并行课征的两个流转税税种，纳入增值税征税对象范围的不征营业税。营业税的征税对象范围包括两大部分：一是销售劳务收入；二是销售财产（包括无形资产、不动产）收入。它具体包括：交通运输业、建筑业、金融保险业、邮电通信业、文化体育业、娱乐业、服务业、转让无形资产、销售不动产。凡在中国境内从事上述经营行为的企业、单位和个人，不论是固定业户，还是临时经营，也不论是在城市经营，还是在农村经营，都是营业税的纳税人，都必须在取得营业收入后按有关规定缴纳营业税。

（3）关税

关税是由海关代表政府，按照政府制定的关税政策和公布实施的税法和进出口税则，对进出关境的货物和物品征收的一种流转税。具体将在6.3节介绍。

6.2 增值税原理

6.2.1 增值税概念、性质和经济效应

1）增值税的概念和分类

增值税这一概念是1917年由美国耶鲁大学的亚当斯（T.Adams）首先提出的。当时的

① 关于综合消费税的讨论可以参见海曼D. 公共财政：现代理论在政策中的应用［M］. 章彤，译. 北京：中国财政经济出版社，2001：第16章.

名称不叫增值税，而叫营业毛利税，营业毛利就是销货额减进货额后的余额，与现在的增值额概念相近。1921年德国资本家西蒙斯（C.F.V.Siemens）正式提出增值税的名称，并详细阐述这一税制的内容。增值税的提出并没有得到政府的重视。增值税的实践活动是从20世纪50年代的法国开始的。

一般来说，增值税是以增值额为课税对象的一种税，也就是对商品流转各个环节的增值额课征的一种税。

增值税的类型可按不同的标准划分。以确定增值税计税依据所涉非增值性项目范围大小为标准，增值税可分为生产型、收入型、消费型三大类型。以增值税抵扣税额确定依据为标准，增值税可分为发票抵扣模式和按账计征模式。以增值税在不同地区运用的特点为标准，可把增值税划分为EEC（欧共体）模式、南美模式、日本模式、中国模式等。此处只讨论生产型、收入型和消费型增值税。

生产型增值税以销售收入减除原材料、辅助材料、燃料、动力等投入生产的中间性产品价值（法定非增值性项目）后的余额为课税额。其计税依据（税基）相当于工资、租金、利息、利润和折旧之和。其特点是折旧不从税基中扣除。从国民经济整体看，这一类型增值税的课税基础与国民生产总值的统计口径一致，故称为生产型增值税。

收入型增值税以销售收入减除原材料、辅助材料、燃料、动力等投入生产的中间性产品价值和资本品折旧后的余额为课税额。其计税依据（税基）相当于工资、租金、利息、利润之和。其特点是税基中不包含折旧。从国民经济整体看，这一类型增值税的税基相当于国民净产值或国民收入，故称为收入型增值税。这一最严格意义上的增值税与前面讨论的增值额概念相一致。

消费型增值税以销售收入减除投入生产的中间性产品价值和同期购入的固定资产全部价值为课税额。其特点是固定资产价值从税基中扣除。从国民经济整体看，这一类型增值税的税基相当于全部消费品的价值，而不包括原材料、固定资产等一切投资品价值，故称消费型增值税。

2）增值税的性质

增值税是以增值额为课税对象的一种税，进一步说，是对商品流转各个环节的增值额课征的一种税。理解增值税的性质，关键是理解增值额这个概念。增值额的一般概念可以从三个方面理解。

首先，从理论上讲，增值额相当于商品价值（C+V+M）中的（V+M）部分，就是商品价值扣除在商品生产过程中消耗掉的生产资料的转移价值C后的余额，即由企业劳动者创造的新价值。V是工资，是劳动力为自己创造的价值；M即剩余产品价值或盈利，具体可分解为利息、租金、利润等项目，因此增值额从内容上讲可称为净产值，即工资、利息、租金、利润之和。就全社会来说，增值税是一种净产值税，是介于全值流转税（以（C+V+M）全值为征税对象）和所得税（以M为征税对象）之间的一种税。

其次，从商品生产的全过程而言，一件商品最终实现消费时的最后销售额，相当于该商品从生产到流通各个经营环节的增值额之和。表6-1反映某一个商品简化的生产销售过程。假定采矿是其第一阶段，靠手工劳动，购入生产资料价值忽略不计，增值税税率为10%，该商品最终售价为480元，与5个产销阶段的增值额之和相等。对每一个阶段增值额征10%的税，相当于对每一个阶段销售额增收10%的税金（销售税金）减去购入品在上一阶段已付税金的余额。

表6-1 增值税的流转环节 单位：元

产销阶段	销售金额	购入品金额	增加值	销售税金	税额（税率10%）购入品已付税金	应缴税金
采矿	40	0	40	4	0	4
冶炼	100	40	60	10	4	6
机械制造	300	100	200	30	10	20
批发	400	300	100	40	30	10
零售	480	400	80	48	40	8
合计	—	—	480	—	—	48

最后，就个别生产单位而言，增值额可以看作是商品购销价差，即因提供应税的商品和劳务而取得的收入价格（不包括商品或劳务的购买者应付的增值税）与该商品或劳务外购成本价格（不包括为这些外购项目所支付的增值税）之间的差额。商品价格的基本组成部分包括：

（1）外购的主要材料费用。其主要包括在生产经营过程中将全部或部分进入到最终产品中去的外购原材料、半成品等材料。就批发商和零售商来说，外购材料费用是他们为转卖而取得最终产品的费用。

（2）外购辅助材料费用。外购辅助材料是指在生产经营过程中，有助于产品的形成或便于生产的进行，但不构成产品主要实体的各种外购材料，如清洁液、煤气、油、酸等低值易耗品和包装物。

（3）非折旧资产支出。它通常是指在征收所得税时被归类为管理费用的那部分支出，如办公用品支出、广告费、技术杂志订阅费等。

（4）其他企业或人员向纳税人提供的劳务费用，即外购劳务支出。

（5）在生产销售过程中使用的计提折旧的机器、设备购买费用。

（6）不动产费用，如厂房和办公用建筑物及土地购买方面的支出。

（7）付给纳税人或全体雇员的工资、社会保险费以及其他各种价内税收。

（8）利润。

从理论上讲，上述①~⑥项费用构成纳税人购入商品或劳务的成本价格，即所谓的非增值性项目（非增值性项目主要是转移到商品价值中去的原材料、辅助材料、燃料、动力和固定资产折旧等），因此，纳税人提供应税商品或劳务取得的收入价格总额扣除（1）~（6）项费用后的余额即为增值额。在现实生活中，政府基于特定的社会经济财政状况及税收政策考虑，所规定的非增值性项目可以与理论概念一致，也可以略有差别，这导致增值税类型多样化。

3）增值税的经济效应

不同类型的增值税，具体做法和政策不同，对经济的影响不同；相同的增值税在不同的宏观、微观经济环境中的作用也是有差别的。分析增值税的经济影响，有必要对增值税和经济环境作一些假定式的描述。对增值税，假定是广泛征收的，征税范围包括农业、工业、商业零售等各行业，实行单一比例税率，出口实行零税率，购进投入品税额抵扣采用发票法；对经济环境，假定是一种政府干预和市场调节相结合的经济，所有纳税人都是独立的经济利益主体，按市场信号安排生产经营和投资消费，政府则通过经济工具的参数变动指导市场。在这样的前提下，增值税对经济的影响表现在以下方面：

（1）对企业组织结构的选择的影响

一般说来，在征收多阶段全值流转税的条件下，税负随交易次数的增加而增加，通过纵向联合可以减少交易次数从而减轻税负，这对企业组织形态的选择产生干扰，促使企业放弃横向的专业化分工协作而搞纵向全能组合。在征收消费型增值税情况下，纳税人全部购进投入品（包括购入的固定资产）的已纳税额可以抵扣，一个产品只要最终销售价格相同，税负就相同，同样的产品不会因为企业组织形态不同、经历的交易次数不等而税负不公平，这使企业在决定企业组织形态上不受税收政策的影响，客观上会促进专业化分工协作的企业组织形式的发展。

在征收生产型增值税的情况下，增值税的这一影响仍然是非中性的，因为在生产型增值税情形下，购入固定资产的已纳税款不予抵扣，固定资产折旧这一部分仍然存在重复征税问题，同样产品经过的交易次数越多，税负越重。对劳动密集型企业而言，固定资产所占比重较小，产品价值中所含的折旧额比较小，购进的投入品主要是原材料、辅助材料等流动资产，因此购进投入品已纳税款基本上可得到抵扣，重复征税程度相对较低。而资本和技术密集型企业，由于其产品产值中固定资产折旧所占比重较大，如果搞专业化协作生产，经过的交易次数多，重复课税程度就高。因此生产型增值税仍然存在一定程度的有利于全能厂而不利于专业化分工协作企业的非中性影响，尤其是资本、技术密集型企业。当然，从整体来看，对比传统全值流转税，这种非中性影响已大大减轻。

（2）增值税对经济稳定的影响

这里从财政收入的稳定、物价稳定、反经济周期等方面分析。

增值税对财政收入目标的达到是有益的。在采用发票法进行税额抵扣情况下，增值税的征收过程会产生纳税人自动勾稽效果，防止偷漏税和随意减免税。增值税对增值额课税，从整体税负看，是对商品的最后销售额征税，只要销售额不变，无论商品的中间环节有多少，在税率一定的情况下增值税税额不变。经济增长，财政收入也会同步增长。

增值税的采用不会导致通货膨胀。税制改革转换时期增值税对物价的影响，取决于财政目标和被替代的税种，以及财政货币政策等因素。如果以保持总税负不变为目标而用增值税代替传统的全值流转税，那么专业化分工企业的税负会降低，全能厂的税负会上升。全能厂税负上升对价格是否产生影响，要看该企业产品的需求弹性或供给弹性，需求弹性小或供给弹性大，税负就易于通过提高价格转嫁给消费者，使价格水平上升。这显然只是局部的、暂时的。如果改革的目标是增加税收收入，即提高税负总水平，那么物价可能上升，但不至于引起物价水平的持续上涨，即通货膨胀；在货币供给量一定情况下，增值税的增加只会抑制居民消费水平，而不会导致通货膨胀。考虑到宏观经济政策，如果政府实行紧缩的财政货币政策（增加税收、减少财政支出、压缩信贷规模等），居民手中可支配的收入就减少，此时提高价格只会使物品滞销，这就限制供应商或生产者提高物价，即使加价，税负也难以向前转嫁给消费者，从而税制改革对物价的影响受到限制。

生产型增值税税基较广，不采用高税率就能获得既定的财政收入。假定采取单一比例税率，那么经济繁荣时增值额增大，税收成比例增加，税收增加可阻止经济增长过旺；反之，经济萧条时生产衰退，国民生产总值减少，税收成比例降低，税收减少可增加居民手中可支配的货币资金并刺激投资和消费，从而防止过度衰退。因此，这一类型增值税具有一定的自动稳定功能。调整税率同样可以抑制经济周期波动。

（3）增值税对价格改革的影响

实行增值税有利于价格调整和经济改革。在计划经济向市场经济过渡过程中，有的国家（如中国）采取价格双轨制，即计划固定价格与市场调节价格并存的做法，原先存在的生产资料价格偏低现象在价格改革中被加以着手调整。全值流转税与价格联动，高价配高税，低价配低税，用税收代替价格的作用，形成规范化的税收与不断变化的价格之间的矛盾。价格与税收以及财政收入捆绑在一起，价格改革难以进行。增值税的推行可在一定程度上解决这一问题，促进价格改革，如在原材料提价而产品销价未作调整的情况下，增值额减少，增值税税负随之下降，有助于企业消化原材料提价的影响。这是一个自动的过程，不需要变动税法和调整税率。增值税对双轨制价格体制的适应性也比全值流转税强。全值流转税按实际销售收入全额征税，同一产品因平价和议价差别税收负担不同，价高税高。价格与财政收入相联系，在财政困难的情况下，价格调整不易全面推行。实行增值税，按增值额征税，税收对价格体系调整的阻碍作用至少在一定程度上得以减轻。在实行增值税的情况下，以平价购进原材料生产的产品按平价销售，以议价购进原材料生产的产品按议价销售，增值额相近，税负较为均衡；以平价购进原材料生产的产品按议价销售，其增值额就大，税负相应增加；而高价进货、平价出售产品，增值额就小，税负也小。这两种税负相对于对流转额全值征税形成的税负合理。

6.2.2 增值税的纳税人

1）纳税人的范围和基本定义

各国关于纳税人的范围和基本定义，与各国增值税的征税对象范围有较大关系。在欧盟国家和一些发达国家，由于一般实行全面型增值税（征税对象范围涉及所有交易活动），因此一般采用企业主作为增值税纳税人定义的基础，也就是说无论是自然人还是法人，只要其符合企业主的条件，那么就是增值税的纳税人。而在那些没有实行全面型增值税的发展中国家，则不能像发达国家那样作出一般性的规定，往往以那些属于增值税规定范围内交易和劳务活动的当事人作为增值税的纳税人。例如中国规定，在中国境内一切经营销售、进口列入增值税征税范围的货物、提供应税劳务的单位和个人都是增值税的纳税人。

尽管纳税人的范围和基本定义有所区别，但是各国在增值税纳税人的判断上都涉及下列一些具体问题：

第一，居民或非居民、自然人或法人。无论个人（自然人）、个人团体、法人、法人联合机构，以及任何其他经济实体，只要其发生销售商品、提供劳务、进口货物的活动（征税范围内），那么就可以认定其为增值税的纳税人。同样，无论是征税国居民或者非居民，认定的标准均为其具体的涉税活动，而不是其身份的差异。总的来说，居民或非居民、自然人或法人均不构成判断增值税纳税人的必要条件。

第二，经常、持续的交易与偶然、孤立的交易。大多数国家的增值税均规定，只有持续地或者经常地进行涉税活动，才被认定为增值税的纳税人。如中国税法规定个人（自然人）销售自己使用过的物品（游艇、摩托车、汽车除外）免征增值税，就是考虑个人的销售行为不具备持续性的特点。但是，对于交易金额较大、劳务活动较为特殊的情况，往往可以不考虑其是否具备持续性或者经常性的特点。如挪威规定，如果交易金额大于规定的最低限额，单项交易也要登记纳税。

第三，盈利与非盈利。一般来说，由于增值税具有商品税转嫁的基本性质，消费者才是最终的税收负担者（具体分析参见6.2.4目“增值税征收链条的基本原理”），所以盈利与否并不能构成判断其是否成为纳税人的必要条件。

上面介绍了对于增值税纳税人的一般规定，但是各国的增值税制中对于其纳税人的重点规定却是在于两类具有特殊情况的纳税人方面，即对于小企业主和农民的规定。

2）对小企业主的规定

小企业主（在中国税法中一般称小规模纳税人）主要包括大量的个体职业者、个体工商户，他们的经营领域大量地涉及小规模制造、零售和劳务提供，因此是否作为增值税纳税人对待是一个重要论题。无论在发达国家还是发展中国家，小企业主都具有数量众多、营业额较小、会计记录不全的问题，因此，如果完全按照规范的程序对其进行征税，那么征收成本将很高。

原则上，各国对于小企业主的征税都要权衡税收收入和征税成本两个方面的因素。一般来说，发达国家由于工业化程度高，大企业多，是纳税的主体，相对地，小企业提供的税额所占比重较低，如果对其免税，税收损失较小，而征收成本却可以得到较大节约。而不发达国家，特别是以小型手工业为主的农业国，小企业的规模较大，因此对其免税会造成财政收入的减少，而将其纳入到增值税体系又会使征税成本大幅上升，因此往往采取简易征收的办法。从目前各国的做法来看，欧盟国家实行不列入增值税征税范围的办法，而发展中国家一般实行简易征收的办法。

在欧盟，由各国自行规定一定年营业额以下的企业主为小企业主，他们不需要缴纳增值税，即他们不是增值税纳税人。他们的进项税额相应地得不到抵扣，也不需要向货物或服务购买方开具增值税发票。因此，欧盟增值税的纳税人具有单一性特征，只要是增值税纳税人就适用标准增值税的制度，不存在一般纳税人和小规模纳税人的区别。

实行简易征收办法的国家，其具体做法一般是对年营业额达到一定水平以上未达到一般纳税人营业额水准的纳税人，定为小规模纳税人，按一个较低比率的税率课税，进项税额不予抵扣，实际上保留传统全值流转税的办法，因此，所谓增值税不是单纯的标准增值税而是增值税与传统全值流转税（如营业税、周转税、工商税）的混合体。例如，在中国，小规模纳税人的标准是：从事货物生产或者提供应税劳务的纳税人，以及以从事货物生产或者提供应税劳务为主，兼营货物批发或者零售的纳税人，年应征增值税销售额在50万元以下（含本数，下同）的；除前款规定以外的纳税人，年应税销售额在80万元以下的（《中华人民共和国增值税暂行条例实施细则》第28条）。但小规模纳税人月应税销售额10万元、季度销售额30万元以下的免征增值税。[①]因此，中国税法意义上的企业主，

① 2021年第十三届全国人民代表大会第四次会议政府报告宣布，将小规模纳税人增值税起征点从月销售额10万元提高到15万元。对小微企业和个体工商户年应纳税所得额不到100万元的部分，在现行优惠政策基础上，再减半征收所得税。

分为三类：一是一般企业主，又称一般纳税人，适用真正意义上的增值税制度；二是大部分纳税人，即小规模纳税人按简易征税办法对销售额或营业额全值课税，实质上还是传统意义上的全值流转税（营业税或工商税）；三是免税企业主。

3）对农业生产者——农民纳税的规定

农民是农产品的生产者，当农民销售其生产的农产品时，每个农民个体就成为增值税的纳税人。但是农民往往也存在着和小企业主同样的问题，人数众多，无法建立会计账簿，使得规范的征收程序同样发挥不出应有的作用。面对这种情况，关于对农民要不要征税和如何征税成为增值税实践中的一个重要问题。

目前各国的做法主要包括免税、统一补偿制两种办法。采取免税的办法是为了减轻农民的负担，同时将其排除在增值税的体系之外，从而节省对其的征税成本，但是，实际上却没有达到减轻农民负担的效果，反而增加了农民的负担。而后一种办法，则能够基本上做到不增加农民的负担，但是需要一定的执行成本。由于对农民减免税问题较多地涉及增值税征收链条的基本原理问题，因此本书将对上述两种方法的比较和分析同样放在6.2.4目中详细分析。

6.2.3 增值税的征税对象范围和税率结构

1）增值税的征税对象范围

从横向上来看，增值税的征税对象范围说明了应征增值税的具体行业范围；从纵向来看，则是指应征增值税的生产经营流通或者消费过程中的各个环节。欧盟等发达国家增值税的征税范围比较广，基本涉及了农业、工业、服务业的生产制造、批发、零售、服务提供、进口等所有行业和环节，可以称为全面型增值税。反观不发达国家，则往往出于征收管理方面的考虑，实行非全面型的增值税。具体来看，各国的做法主要包括：第一，对农业采取免税而不包括在征收范围内；第二，对部分服务业另行征收其他的流转税；第三，对制造业除零售以外的其他流转环节课税；第四，对制造业的部分行业的各个流转环节均课税；第五，对制造业的全部行业的各个流转环节均课税。

通常，部分行业和环节不排除在增值税的征收体系之外，均会影响增值税利用发票而运转的征收链条的连贯性，从而影响增值税纳税人之间的税负公平和增值税的交叉稽核机制。尽管全面型增值税具有保证增值税征收链条连贯的优点，但是实践中却很难实现。金融业就是其中一个重要的行业，下面对其进行简要的分析。

所谓金融业包括银行等经营存贷款的组织、保险公司、经纪人和证券交易所等。将其排除在增值税的范围之外，主要是因为对其难以采用凭发票抵扣进项税额的征收办法。由于金融业主要从事中间性的货币转手交易，因此营业收入和其他行业有较大不同。银行等经营存贷款业务的金融组织主要收入是存贷利差，保险公司的收入是保险费及其利息和理赔费之间的差额，证券公司则以代理费和发行差价作为主要收入来源，这些收入的计算过程均较为复杂，加上金融业的顾客多为个人客户，因此凭借发票作进项抵扣困难较大。另外，银行和其他金融机构在谈判贷款合同、确定贷款利率时，并不知道当期要支付多少税金，更难以将这笔税收分配于每一笔交易上，因此也无法通过逐笔交易的进项抵扣进行课税。

鉴于此，对于金融业的课税可以考虑按账征收和发票抵扣相结合的办法。具体设想是，金融业的销项税额按照营业收入的账面值乘以增值税的税率计算，进项税额可以凭金融机构购进的和业务相关的投入品发票核定，然后最终确定其增值税税额。而接受金融机构服务的单位和个人则可以凭借金融机构开出的发票，确定其进项税额并予以抵扣。这样的设想虽然在理论上来说能够最大限度地将金融业的活动纳入增值税的体系中，但是从目前各国的实践来看，往往从征收管理角度来考虑，大多采用的是对金融业免税，或在统一的增值税制度里对金融业采用特殊的征税办法。而究竟何种方式才是最为有效的办法，还有待进一步研究和实践检验。

2）增值税的税率结构

一般税种的税率往往反映应纳税额与计税基础的比例关系，在不考虑税负转嫁的情况下，税率表明了纳税人的税收负担水平。由于增值税实行的是税额抵扣制度，因此增值税的税率并不反映单个纳税人对增值税的负担水平，而是反映本阶段参与生产经营周转的纳税人对增值税的整体缴付水平。对于最终消费者来说，其缴纳的税额=其消费支出额（不含税）×增值税税率，因此增值税税率反映了消费者对其购买的商品或劳务的实际负担水平。

在增值税的实践中，各国增值税的档次多少不一，有的国家实行多档税率，有的国家实行单一税率。

所谓单一税率，就是增值税只有一个比例税率。也就是说，不管征税对象是什么，纳税环节位于什么阶段，一律按照一个税率征税。实行单一税率会大大简化增值税的计算，提高征管效率。所谓复式税率，则是指有两个以上税率组成的税率，一般包括一个基本税率和一个低税率。基本税率体现增值税的基本课征水平，适用于一般商品和劳务；而低税率则一般适用于生活必需品以及一些基本劳务。

一般来说，在不考虑税负转嫁的情况下，单一税率使得各个环节的纳税人缴纳的单位产品税负相同，符合横向公平的原则；而复式税率则会使适用低税率环节的纳税人缴纳的税额相对较少。如果可以进行税负转嫁，那么各个中间环节的纳税人都只是代政府收付税款，实际上不承担税负，因此低税率的运用会最终影响到消费者的税收负担。具体的分析我们仍然在征收链条的原理中进行详细分析。总的来看，增值税的税率档次不宜过多，而对于需要进行限制或鼓励的生产和消费，则可以通过征收特种流转税（如消费税）来加以调节。

最后的问题是增值税的零税率。增值税的零税率和免税是有区别的，二者的最大不同在于前者可以对进项税额进行抵免，而后者不可以。增值税的零税率一般适用于出口的商品和劳务，由于各国均对进口产品和劳务征收进口环节的增值税，因此为了避免重复征税，出口国往往对其销项税额免税；为了使商品以不含税的价格进入国际市场，出口国政府还会退还其以前环节缴纳的进项税额，最终提高产品的竞争力。在各国的税收实践中，零税率一般在最终出口阶段采用，而如果在出口阶段之前实行，则不会达到期望效果。（具体分析参见6.2.4目）

6.2.4 增值税征收链条的基本原理

增值税的最大特点在于其通过销项税额抵扣进项税额的征收方式实现了对增值额的课税，从而从根本上避免了其他流转税重复征税的弊端。保证其征收方式顺利实行的必要条件则是征收链条的连贯性，即上一个环节的销项税额必须作为下一个环节的进项税额，并予以抵扣。现实中有许多种情况均会导致征收链条的中断，从而影响增值税的运行效果。具体来说包括：不同类别的纳税人征收方式不同、免税、征收对象范围不全面、复式税率、零税率。下面我们将一一进行分析。

1）理想型增值税的情况

所谓理想型增值税是指实行全范围、无减免、单一税率、统一纳税人的增值税，无任何链条中断，各环节所纳税额相同，税负最终由消费者负担的增值税。

在表6-2中，我们假定最终消费品的流转过程中包括原材料供应商、中间产品制造商、最终产品制造商、零售商以及消费者五个环节的纳税人，增值税的税率和抵扣率均为17%，销售收入额按照1 000个单位的数量递增，那么理想型增值税具有以下基本特点：第一，各个环节单位增值额实际缴纳的税款相同；第二，如果税负完全转嫁，各个环节纳税人只是代替政府收付税款；第三，消费者是最终负税人，负担的税款为以前各个环节缴纳税款的总和；第四，政府共获得税款680个单位。

表6-2 **理想型增值税各环节纳税情况**

阶段	税率（%）	销售收入额	销项税额	进项税额	应纳税额
原材料供应商	17	1 000	170	0	170
中间产品制造商	17	2 000	340	170	170
最终产品制造商	17	3 000	510	340	170
零售商	17	4 000	680	510	170
消费者		—	—	—	680

2）两类纳税人的情况

现在理想型的增值税发生了改变，由于小企业纳税人的存在，纳税人被分为一般纳税人和小规模纳税人两类（如中国的情况），并规定对于小规模纳税人不实行销项税额减进项税额的抵扣制度，直接对其营业额按照一定的征收率征收税款。这样，我们假定表6-2中的零售商为小规模纳税人，征收率为4%，那么按照表6-3的分析，我们发现：第一，链条在最终产品制造商和零售商之间中断了；第二，小规模纳税人如果不能改变销售价格（最终从消费者那里获得的收入不变），那么他将承担不能抵扣的进项税额510个单位，而消费者的税收负担减少为166.67个单位；第三，征税的税收总收入为676.67个单位，仍然是各个环节的纳税人缴纳税款的总和。

可见，由于对小规模纳税人不实行抵扣制度造成的链条中断，最终将导致小规模纳税人存在不能抵扣的进项税额，而进项税额的最终归宿则取决于小规模纳税人能否将进项税额转嫁出去。

表6-3 **假定零售商为小规模纳税人，各环节的纳税情况**

阶段	税率（%）	销售收入额	销项税额	进项税额	应纳税额
原材料供应商	17	1 000	170	0	170
中间产品制造商	17	2 000	340	170	170
最终产品制造商	17	3 000	510	340	170
零售商（小规模）	4	4 166.67（含税）	0	510	166.67
消费者		—	—	—	166.67

3）免税的情况

在前面对于增值税纳税人的介绍中，本书曾经介绍各国出于征收方便以及减轻农民分担的目的，往往对农民实行增值税免税。正如上文对于免税和零税率的区分中指出的，免税的实际意思是销项税额免税，进项税额不能抵扣，因此这同样会造成征收链条的中断，下面我们就对免税的效果进行分析。

见表6-4，农民作为农产品的生产者往往处于农业投入品供应者和农产品批发采购者等中间环节，现在假定对其实行免税，并对批发采购商允许进项税额抵扣（尽管他并没有进项税额），其他具体设定与表6-2相同。通过表6-4我们可以发现：第一，对于农民的免税造成了链条的中断；第二，同没有免税的情况相比，消费者的最终税负没有改变；第三，政府的税收收入减少了170个单位；第四，农民由于免税产生了170个单位的进项税额不能抵扣，在农民不能提高销售价格的情况下，则只能负担这部分进项税额；第五，如果允许批发采购商按照购进额抵扣340个单位的税款（恰好是政府减少的税收和农民不能抵扣进项税额的和），说明他才是免税的最终受益者。

表6-4　**对农民免税，各环节的纳税情况**

阶段	税率（%）	销售收入额	销项税额	进项税额	应纳税额
农业投入品供应商	17	1 000	170	0	170
农业生产者	17	2 000	0	170	0
农产品批发采购商（允许抵扣）	17	3 000	510	340	170
零售商	17	4 000	680	510	170
消费者		—	—	—	680

如果我们不允许批发采购商抵扣进项税额，那么情况见表6-5。与上一种情况不同的是，政府多收了170个单位的税收收入，而这正是农民不能抵扣的进项税额。

表6-5　**不允许批发采购商抵扣进项税额，各环节的纳税情况（对农民免税）**

阶段	税率（%）	销售收入额	销项税额	进项税额	应纳税额
农业投入品供应商	17	1 000	170	0	170
农业生产者	17	2 000	0	170	0
农产品批发采购商（允许抵扣）	17	3 000	510	0	510
零售商	17	4 000	680	510	170
消费者		—	—	—	680

总的来看，由于实行免税造成的链条中断的直接后果是，免税环节的纳税人不能够抵扣进项税额，而如果他不能通过提高价格将其转嫁的话，那么免税反而增加了他的负担。

正是由于这种情况，欧盟的一些发达国家，如法国、比利时、荷兰等国对农民采用了统一补偿进项税额的制度，该制度的核心内容是通过规定一个“统一的补偿百分比”作为农民购进农业投入品的进项税额的计算比率，这样在农民免税的情况下，就可以从政府或者获得农产品的纳税人那里获得按照“统一补偿比率”计算的补偿金额。如果补偿金额由农产品的获得者支付，该支付金额可以从其应纳增值税中扣除。

4）多档次税率

理想的增值税要求实行单一税率，其目的有两个方面：其一是简化增值税的计算；其二是保证各个纳税人缴纳的单位增值额税款相同。但是现实中，各国往往对那些生活必需品和劳务实行低税率，目的是减轻低收入消费者对于这部分产品的税负，但是分析表明，高收入者同样享受了低税率的利益。

例如，我们假定对生产面包的各个环节均实行低税率，见表6-6。从原材料小麦的供应开始，到面包的零售商都实行13%的低税率。这时我们能够发现，如果税负能够完全转嫁，第一，消费者最终负担的税款为520个单位，比实行17%税率时低，所有消费面包的人的负担都减轻了；第二，消费者之前环节的生产者和销售者实际缴纳的单位增值额的税款仍相同。因此，我们可以断定，实行低税率虽然能够降低消费者的负担，但是对于收入之间的再分配并没有明显的调节作用。

表6-6　假定对生产面包的各个环节均实行低税率，各环节纳税情况

阶段	税率（%）	销售收入额	销项税额	进项税额	应纳税额
小麦的供应商	13	1 000	130	0	130
面粉的制造商	13	2 000	260	130	130
面包的制造商	13	3 000	390	260	130
面包的零售商	13	4 000	520	390	130
消费者		—	—	—	520

上面的情况是对某一产品的整个流转过程实行统一的低税率，而现实中却很难保证每个环节的税率相同。我们假定改为对面粉和面包的制造商实行正常税率，情况见表6-7。我们发现，在税负完全转嫁的基础上，第一，消费者的负担仍然不变，政府收到的税款也不变，仍然是520个单位；第二，各个环节代替政府征收的税款分配发生了变化，面粉和面包的制造商缴纳的税款增加了，分别为210个单位和170个单位，而面包的零售商缴纳的税款减少到10个单位，尽管如此，各环节代缴税款总和仍然是520个单位。

表6-7　假定改为对面粉和面包的制造商实行正常税率，各环节纳税情况

阶段	税率（%）	销售收入额	销项税额	进项税额	应纳税额
小麦的供应商	13	1 000	130	0	130
面粉的制造商	17	2 000	340	130	210
面包的制造商	17	3 000	510	340	170
面包的零售商	13	4 000	520	510	10
消费者		—	—	—	520

总的来看，只有在零售环节实行低税率，那么消费者的负担才会降低；政府收入的情况也不会因为零售环节前的多档税率而改变，改变的仅仅是税款在各个环节的分配。但是，现实中实行多档税率的主要问题却出现在实行低税率产品的范围确定以及政府财政的

承受能力。一般来说，同类产品制造商生产的产品仍然可以分出不同的层次，如面包制造商制造的高级面包显然不属于必需品的范围，因此不应该实行低税率，但是究竟什么样的面包才是必需品，这需要政府花费一定的成本加以界定。另外，一旦实行低税率，政府面临的首先是税收收入的减少，而这部分减少的税收收入是否会最终转化为消费者的利益，实际上是很难确定的，其政策效果远没有对低收入群体的直接补贴明显。鉴于以上原因，从目前各国的实践来看，往往仅实行档次较少的税率制度，而且低税率范围有限。

5）零税率的情况

前文指出，在各国的税收实践中，零税率一般在最终出口阶段采用，而如果在出口阶段之前实行则不会达到作用效果。我们可以通过两种情况来分析。对出口商实行零税率（见表6-8），除了销项税额为0之外，还要退还其进项税额，因此它的应纳税额为-510个单位，表示政府的退税额。而对于国外消费者来说，负担为850个单位，归外国政府。如果在出口之前的环节实行零税率（见表6-9），对最终产品制造商实行，那么政府在前两个阶段征收的税款统一退还给了最终产品制造商，前三个阶段政府没有税收，三个企业也没有负担。但是，在出口阶段，出口商则要一次性将前面阶段的税收统一代缴给政府，最后政府仍然收到了680个单位的税款，而出口商则必须将这部分税款转嫁给进口商，从而增加了出口的难度，可见零税率的实施并没有起到促进出口的作用。因此，我们可以得出结论，零税率必须在出口环节使用，才能提高出口产品的竞争力。

表6-8 对出口商实行零税率的情况

阶段	税率（%）	销售收入额	销项税额	进项税额	应纳税额
原材料供应商	17	1 000	170	0	170
中间产品制造商	17	2 000	340	170	170
最终产品制造商	17	3 000	510	340	170
出口商	0	4 000	0	510	-510

表6-9 对最终产品制造商实行零税率的情况

阶段	税率（%）	销售收入额	销项税额	进项税额	应纳税额
原材料供应商	17	1 000	170	0	170
中间产品制造商	17	2 000	340	170	170
最终产品制造商	0	3 000	0	340	-340
出口商	17	4 000	680	0	680

6.2.5 中国现行增值税的特点、问题和改革方向

1）中国现行增值税的特点

在1994年的税制改革中，中国确立了增值税作为流转税的主体地位，进一步完善了增值税制度。经过“营改增”，中国至少在名义上已经实现了全面型的增值税，即增值税涵盖了货物和服务销售的所有行业，但与欧洲发达国家的增值税制比较，中国现行的增值税仍有其显著特点：

（1）全值流转税和增值税混合型

中国目前实行按销售额大小和财务会计制度是否健全将增值税纳税人划分为一般纳税人和小规模纳税人。对小规模纳税人实际上是按照全值流转税课征办法征税，其进项税额不予抵扣。因此小规模纳税人的所谓“增值税”本质上不是增值税，而是全值流转税，本质上仍然是“工商税”“营业税”。只有对一般纳税人课征的才是标准的增值税。

（2）专用发票抵扣法

实行凭全国统一票样的增值税专用发票注明的税款抵扣购进投入品已纳税款、据以办理出口退税的办法，并且建立覆盖全体一般纳税人的增值税征管信息系统，实现专用发票从开票、认证、交叉稽核，一直到协查的计算机网络化。

（3）实行多档税率

“营改增”前，增值税实行基本税率17%，低税率13%，“营改增”试点过程中增加了11%、6%两档低税率，自2017年7月1日起增值税税率由四档变为三档，调整为17%、11%和6%三档，自2018年5月1日起增值税税率下调一个点，税率为16%、10%和6%。随后为了进一步落实减税降费政策，又调整了增值税税率。目前一般纳税人的普通税率为13%，适用于规定了特别税率以外的销售货物、劳务和有形动产租赁服务；低税率有两档，即9%和6%，适用于特别规定的领域。销售粮食等农产品，饲料等农业投入品，图书等出版物（包括电子出版物），自来水、燃气、煤炭等居民必需品，销售交通运输服务、不动产、不动产租赁服务、转让土地使用权、建筑服务、邮政服务、基础电信服务等服务，适用税率为9%；销售金融服务、无形资产、增值电信服务、现代服务（包括研发和技术服务、信息技术服务、文化创意服务、物流辅助服务、鉴证咨询服务、广播影视服务、商务辅助服务等）、生活服务（包括文化、教育、旅游娱乐、餐饮住宿、居民日常服务等），适用税率为6%；出口货物继续实行零税率。

对小规模纳税人也规定了多档税率。一般税率为3%，销售不动产、某些涉及人力资源劳务的税率为5%，个人出租住房减按1.5%，一定期限销售二手车减按0.5%，出口货物和符合条件的跨境服务免税。

2）中国现行增值税的主要问题

从中国现行增值税的特点来看，中国目前实行的增值税仍然存在一些问题，包括进项税额抵扣制度以及骗税问题、小规模纳税人的问题、农民减免税和农产品收购单位税收抵扣的问题等。

（1）进项税额抵扣制度以及骗税问题

对纳税人购进的投入品已纳增值税准予抵扣（进项税额抵扣）是增值税的最基本特征，也是增值税克服传统全值型流转税各种弊端的基本机制。进项税额抵扣制度运行状况如何是决定增值税改革成败的最关键因素。在1994年税改中，中国完全摒弃了账簿法而全面引进西方国家的发票法，并且设置了增值税专用发票制度。把增值税专用发票摆在增值税的计算和管理的决定性位置，在发票管理上规定了比西方国家更为严格的办法。实行全国范围内统一印刷、统一纸型、统一格式，甚至由造币厂来负责印刷，采用先进的防伪技术。规定严格领用、保管措施，设置严密的监控系统。但增值税专用发票的犯罪行为并没有得到有效遏制，到2002年止，先后约有百人因虚开增值税专用发票违法行为被判处极刑，这在世界税收史上独一无二。自2002年起中国全面推行增值税征管信息系统二期

（即所谓“金税工程”二期），形成了增值税专用发票管理的完全计算机化，并在2004年升级为网络版，实现了开票、认证、稽核、协查全过程网络化控管和对一般纳税人（约140万户）的全覆盖，虚开增值税专用发票犯罪一度十分猖獗的局面得到有效遏制①。由于这是一种基于现代信息手段的制度安排，为在中国按合情原则提高税收征管水平、按法定原则增强税收法律实行力度提供了经验，也为约束税务人员执法随意性，提高纳税人违法被处罚的预期成本找到了一个有效途径。

但是增值税发票虚开、骗税特别是出口骗取退税问题日益严重。近年，税务当局查处了一批重大骗税案件，如通过借货出口、配货配票骗税4.5亿元的河北“7·15”专案（2015年），全国利用低价手机冒充高档手机出口骗税金额高达7.6亿元的镇江“8·29”特大骗税案（2016年），通过冒用海关缴款书虚抵进项税额、虚构资金流转、低值高报涉案税额达13.95亿元的深圳“铁锹1号”虚开骗税案（2017年），都说明出口骗税问题十分严重。出口骗税与增值税制度（特别是专用发票制度）存在漏洞有关。增值税专用发票是记载货物在国内流转环节纳税情况的凭证，也是办理出口退税的主要依据。一方面，增值税即征即退、先征后退等税收优惠政策和农产品收购存在，给虚开增值税专用发票提供了空间；另一方面，小规模纳税人、个人（包括个体工商户）购买货物不需要增值税发票，形成了大量“沉淀票”，也为增值税专用发票的虚开提供了便利②。

此外为达到上述遏制增值税专用发票犯罪目的的成本也是巨大的，光金税二期工程政府投入（包括财政部支出和地方配套）就达60亿元，如果将纳税人为配合网络管理的奉行成本计算在内，其福利损失更巨大。我们也要提出这样的问题：如何能够找到其他办法（包括用其他税收制度），可以获得同样的税收收入、一样消除对专业化分工合作生产方式的歧视，而直接征税成本却不高，税收奉行成本更低，提高福利水平？以尽量小的税收成本实现尽可能好的税收管理才是改革之正途。

在增值税抵扣制度方面，除了增值税专用发票问题外，还面临利用“四小票”抵扣进项税额如何实现法定、公平问题。“四小票”就是指废旧物资发票、货运发票、收购发票和海关完税凭证。在增值税征税范围限于生产和流通行业情况下，增值税一般纳税人如果从非增值税一般纳税人购买货物、劳务或进口货物，由于供应商没有也无权开具增值税专用发票，按常规其进项税额就得不到抵扣，就要面临税收负担加重问题，增值税制度就很不公平。增值税进项税额抵扣制度为非一般纳税人开了一些口子，如果一般纳税人购入废旧物资、购买运输劳务、收购农产品或进口货物，可用获得废旧物资发票、货运发票、收购发票和海关完税凭证作为抵扣凭证。但由此产生了虚开、代开“四小票”问题，到目前还没有有效的控制办法。

（2）小规模纳税人的问题

在标准的增值税下，增值税纳税人在身份上是统一的，即所有纳入增值税体系的纳税人均是中国税法意义上的一般纳税人，他们均享有抵扣进项税额、使用增值税发票的权利。但在中国，只有所谓一般纳税人才是真正按增值税原理课税，小规模纳税人实际上征收的是全值流转税，且小规模纳税人的户数，占增值税纳税人总户数的比例已经达到80%~90%，这样使得中国增值税成为混合型税收。一方面，此种情况造成增值税抵扣链

① 荆万军，周华伟．流转税理论与实践［M］．北京：经济科学出版社，2007：188．
② 谭泽湘．新形势下治理出口骗税的实践与思考［J］．税务研究，2018（9）：112-115．

条在增值税体系内不连续，使一般纳税人和小规模纳税人之间的交易无法按增值税原理课税，出现征管问题，导致增值税复杂化；另一方面，由于事实上对小规模纳税人实行的是全值流转税，其进项税额不能被抵扣，看上去税率低，而实际税率比一般纳税人高，出现不公平问题。

（3）农民减免税和农产品收购单位税收抵扣的问题

正如前文在征收链条的基本原理中分析的那样，中国对于农民实行的是不具有“统一补偿”的免税政策，因此农民不能抵扣购进投入品中的进项税额，从而造成了税收负担的增加。研究表明，如果不包括购进固定资产中所包含的进项税款，农民在购置农业生产资料（种子、化肥、农药、电力、燃料等）时不能抵扣的进项税额占农产品销售收入的19.5%①。

按现行中国增值税政策，农业生产者的自产农产品免征增值税，但农产品收购加工企业购进免税农产品，可凭自行开具的农产品收购凭证按照收购金额乘以13%的扣除率计算可抵扣的进项税额。按欧洲标准增值税的规则，农业生产者不需要缴纳增值税，他们的投入品中所含增值税可以在销售农产品时按法律规定的统一加价比例（统一补偿比率）向农产品购买者（包括农产品采购商）收取补偿金。这个补偿金可以作为农产品采购商的进项税额给予抵扣。而在中国，在没有给予农民补偿的情况下，却给予农产品采购商进项税额抵扣，在农民仍然为个体经营者，缺乏通过代表进行有效及时的利益表达，而采购商多为公司的社会环境下，即使规定了给予农民补偿，也往往由于农民处于弱势而不能得到落实，更何况没有任何规定要给予农民进项税收补偿。在这种情况下，给予农产品采购商凭收购凭证获得所谓“进项税额”抵扣是不正确的，实际上是无进项而得到抵扣。由此使农产品采购环节的税收征收管理出现比较困难的局面。

3）中国增值税的改革方向

学术界对中国增值税改革方向存在两种截然不同的意见：一种是以标准型增值税为目标继续完善增值税；另一种是基于中国国情推行中国式增值税。

（1）以标准型增值税为目标的改革思路

①扩大增值税征税范围（“营改增”）②

改革建议者普遍认为应该首先将物流业、交通运输业、建筑业、租赁业、邮电通信业等和生产联系比较紧密的行业从征收营业税改为征收增值税（即“营改增”），然后再将代理、广告、仓储、不动产转让、无形资产销售等逐步改征增值税，但是，从中国目前情况来看，仍有几大难题制约着增值税的扩围改革。

首先是如何协调中央和地方政府的财政分配体制问题。由于营业税是地方税种中最重要的税种之一，因此扩大增值税征收范围，缩小营业税征收范围，必然造成中央收入的相对增加和地方收入的相对减少。有鉴于此，有学者建议，为了满足地方财力的需要，除了加强地方财源建设、强化征收管理外，还必须在扩大增值税征收范围的同时，将目前的划分比例调整为中央占70%，地方占30%③。

---

① 许善达，杨元伟，王道树，等. 取消农业税 改征增值税——关于进一步深化农村税费改革的思考［J］. 宏观经济研究，2003（7）：3-10.

② “营改增”已在2016年完成，并于2017年11月19日废除了营业税暂行条例，相应修改了增值税暂行条例，为了帮助读者了解“营改增”过程中学术界的思考和研究，对这一部分内容本书第四版暂不予修改。

③ 袁春明. 论我国增值税征收范围的择定及其对经济的预期影响［J］. 煤炭经济研究，2001（1）：45-47.

其次是税收负担的变化。"营改增"前，服务业一般实行5%、交通运输业实行3%的营业税税率。改征增值税后，如果对交通运输业、服务业简单地采用17%的税率，由于这些行业可抵扣的进项税额往往比一般工业要少，扩大增值税的范围将导致一些行业税负急剧增加；但如果为了保持原税负不变，必须增设若干档低税率，那么就失去增值税的优势，前面我们已经分析优良的增值税以实行单一或接近单一税率为前提。比如对于交通运输业来说，根据邵瑞庆等人的研究，如果执行17%的一般增值税税率，包括公路运输、内河运输、沿海运输、港口装卸在内的被调查的交通运输企业的平均实际税负会高达6.86%，远远高于改革前3%的水平[①]。如果为了保持交通运输行业改征增值税后总体税负水平不变，就必须选择12%的低税率。这会造成增值税多税率的情况，使增值税效应难以确定，也造成征收管理困难。此外，还会造成固定资产购买当年，进项税额超过销项税额，必须退税的情况（因为购进投入品按17%的税率征税，而销售收入按12%征收）。此外，在改制初期，如果允许存量固定资产进项税额抵扣，财政需要付出较大的改革成本；如果不允许抵扣，新旧企业就难以平等竞争，新企业处于有利地位，会产生一系列社会问题。

最后是征收能力的制约。从中国目前的情况来看，大量从事第三产业的纳税人生产规模较小，对其改征增值税以后将会导致小规模纳税人范围过大，必然会产生不少征管上的困难[②]。以建筑业和交通运输业为例，由于这两个行业是特许行业，许多小企业无法取得建筑安装或运输许可证，在实际工作中出现了大量挂靠经营、分包经营现象，这些挂靠户、分包户均属于临时户性质，根本无账可查，无法达到增值税一般纳税人要求，只能按小规模纳税人征收管理[③]，而按照小规模纳税人进行管理与原来的税制相比则没有根本性的变化。

②完善进项税额抵扣制度

有观点认为增值税专用发票管理已基本步入正常轨道，应当通过完善增值税申报管理，实行"以票控税、网络比对、税源监控、综合管理"，特别是强化发票全过程比对，还提出推行金税工程三期，进一步提高中国税收管理的电子化和网络化水平。但是这些思路仍然没有考虑征税成本提高，特别是企业奉行成本迅速提高所造成的福利损失，没有顾及如果扩大增值税征收范围，纳税人激增的情况下如何既能解决对增值税发票的控管又能节约税收成本的问题；也没有分析为什么在西方国家实行得相当成功（成本不大）的凭发票抵扣进项税额制度，在中国推行却需要投入巨大并借助电子计算机网络系统才能有效运行的原因。任何政府管理措施，如果可以不惜代价，都可以达到相当完美的程度，但尽可能减少福利损失是选择具体的政府管理措施的基本前提。

对"四小票"管理问题，有基层税务工作者提出，可以实行购进货物实耗法进行抵扣税款，即对取得"四小票"购进的货物，通过全面调查、分析和测算，科学计算原料实耗率，按照实耗法来确定进项税，并据实抵扣其税款。具体的计算公式为：纳税人当月"四小票"计提进项税=当月产品销售收入×实耗率×适用税率。这种方法既有利于促进企业加强管理，提高生产效率，又能堵塞目前"四小票"抵扣中存在的漏洞；同时，还不会出现

---

① 邵瑞庆，巫珊玲，劳知．对交通运输业实施增值税的税型税率分析［G］//于川，等．金桥新世纪第二届中国交通运输业财务与会计学术研讨会论文选［M］．北京：中国财政经济出版社，2004.

② 毕见行．扩大增值税征收范围要解决的几个问题［J］．税务，2001（10）：10-11.

③ 李林根．扩大增值税征收范围应注意的若干问题［J］．税务研究，2001（11）：72-74.

因企业“四小票”抵扣造成进项税忽高忽低和应纳税额大起大落的现象，有利于增值税均衡入库[①]。

③消除对小规模纳税人的税收歧视

如前面对小规模纳税人的问题分析中指出的，小规模纳税人的主要问题是与增值税一般纳税人身份的不一致，实际上是“一税两制”，从而使小规模纳税人存在税负偏重问题。理想的措施当然是将小规模纳税人也纳入增值税的正常机制中，即消除增值税体系内的身份差异，但小规模纳税人文化程度相对较低、经营分散，难以建立规范化的会计制度。如果将它们纳入增值税的范围，由于很难推行凭发票抵扣增值税进项税额的机制，要么会出现抵扣机制的不规范，要么为了保证抵扣机制的正常运行，要组建很庞大的稽查组织，使税收征收成本大增，税收效率降低。

还有一种办法就是将小规模纳税人排除在增值税体系之外，即不征税（像很多西方国家的做法那样）。但由于小规模纳税人是中国基层政府财政收入的主要提供者，如果对小规模纳税人免税，基层政府的财政收入来源则成为难以解决的问题。如此看来，实现全面型增值税有很大难度，改变的成本可能要大于不改的成本。

有的学者提出渐进的办法和区别对待的思路，比较有参考价值。渐进的办法是指逐步降低认定一般纳税人的销售额标准，最终使得60%以上的小规模纳税人能够达到新的标准以上[②]。关于分行业区别对待的问题，有的学者[③]从基本原理角度出发，认为对于处于征收链条末端的企业以及处于链条开始的企业，由于不需要发票进行进项抵扣，因此将其认定为小规模纳税人不会引起链条的中断。而处于链条中间的企业，主要是小规模的生产批发企业，如果认定为小规模纳税人则会造成链条中断，影响增值税作用的发挥，因此不宜作为小规模纳税人管理。对于大量直接面向消费者个人的小型商业企业以及面向消费者个人的小型制造业（如食品、日用消费品等行业）应该仍然按照小规模纳税人的办法管理；而与制造业以及商业批发企业、较大型商业零售企业有较密切交易关系的中小制造企业、商业批发企业应纳入一般纳税人的范围[④]。

对于小规模纳税人税负较重的问题，大多数研究者提出进一步降低小规模纳税人的征收率的建议，目前的测算结果普遍认为中国工业小规模企业的征收率应为3%~4%，商业小规模纳税人应为1%~2%[⑤]。

2009年修订后的增值税暂行条例及其实施细则基本上按照上述思路，对小规模纳税人的相关规定进行了调整。首先是逐步放宽了小规模纳税人的认定标准，将现行工业和商业小规模纳税人的销售额标准分别从100万元和180万元降为50万元和80万元；其次，将现行年应税销售额超过小规模纳税人标准的个人、非企业性单位、不经常发生应税行为的企业统一按小规模纳税人纳税的规定，调整为年应税销售超过小规模纳税人标准的其他个人（自然人）继续按小规模纳税人纳税，而非企业性单位和不经常发生应税行为的企业可以自行选择是否按小规模纳税人纳税；最后，对小规模纳税人的征收率则继续下调至3%。

---

① 黄志鹏，刘智利．“四小票”抵扣税款存在的问题与管理对策［EB/OL］．［2007-03-12］．http：//www.hb-n-tax.gov.cn/UserFiles/News//2007/03/12/20198.html.

② 夏文丽．论增值税纳税人的管理［J］．财经问题研究，1999（2）：34-35.

③ 岳树民，张耀贵．改进增值税小规模纳税人管理制度的探讨［J］．当代经济研究，2003（5）：45-48.

④ 王小平，姚稼强．完善增值税小规模纳税人的征税规定和管理办法［J］．税务研究，2002（10）：66-68.

⑤ 岳树民，张耀贵．改进增值税小规模纳税人管理制度的探讨［J］．当代经济研究，2003（5）：45-48.

④对农业生产者免税并给予进项税收补偿

如前所述，由于中国对农业生产者实行免税后，造成农业生产者不能抵扣购进投入品中的进项税额，从而增加了他们的负担。有鉴于此，本书主编杨斌曾经提出借鉴欧盟的办法实行统一比率加价补偿制度[①]，具体设想是：在保持对农民免税以及农产品价格不因实行增值税而提高的情况下，将农民购进投入品已付增值税以一定形式加以补偿，补偿的金额等于农民农产品销售额的一定百分比。全国平均的补偿率可按农业投入品增值税税额除以农业产值计算，或者按农业投入品增值税归属到农产品销售额的部分除以农副产品收购总额计算。补偿金由农产品收购批发商支付，也就是农民在购买农业投入品时，向农产品收购批发商收取一个按统一补偿率计算的加价额而获得补偿，而收购批发商支付的这一笔补偿金可作为进项税额从其销项税额中抵扣。也有学者提出[②]，对农业生产者销售自产的农产品恢复征收增值税。具体做法是，按照销售额乘以税率17%来确定其增值税销项税额，再按销售额乘以税法确定的计算扣除率来确定其进项增值税，得出其应缴增值税，而税款的征收由农产品收购单位代扣代缴。具体的计算扣除率由政府根据财力水平和农民承受能力确定，最高可达17%，即实际上对农民销售农产品不征增值税。上述两种方案虽然从不同的角度提出了解决农民进项税额负担问题的方案，但是，两种方案都涉及农产品收购单位的代理问题，而如何进一步设计代扣代缴的具体方法则还要进一步研究。

⑤金融业的交易的特殊性使之不能适应凭发票抵扣进项税额的制度。具体阐述参见本章案例“如何对金融业征收增值税”。

（2）中国式增值税的制度设计

如果上述思路只是完善之策，即在大框架不变的情况下对现行制度进行修补，那么另一种改革思路就是要对中国增值税作否定之否定的根本性改革，谓之为中国式增值税制度设计。中国式增值税应包含如下基本要点[③]：

①收入型增值税

生产型增值税不适应社会主义市场经济发展的总趋势，需要进行模式替换。较为理想的消费型增值税实行条件不具备，增值税类型的选择也只能走次优选择之路，也就是选择收入型增值税作为今后增值税进一步改革的目标模式。收入型增值税主要特征是购进固定资产所含已纳增值税实行分期抵扣，也就是以当期计提折旧额中所含增值税作为进项税额予以抵扣。其结果是，增值税税基不含折旧，为工资、利息、利润等增加值之和。因此，这一类型的增值税最接近理论意义上的增值税。但这一类型增值税在发票法下难以行之有效，这主要是因为折旧所含税款无法凭发票抵扣，会使发票链条中断。收入型增值税在账簿法下就可实行：首先，要按账计算当期固定资产折旧额，根据税法作适当调整，作为折旧中所含进项税额的计算依据；其次，与其他可抵扣项目进项税额一并从销项税额中抵扣。收入型增值税会产生如下几个方面的次优效应：首先，收入型增值税能达到比较彻底地消除重复征税弊端的目的，实现中性化的增值税改革目标。其次，收入型增值税的投资效应符合中国现阶段的投资格局。最后，收入型增值税的财政收入效应也在可控制范围之内。

---

① 杨斌．增值税制度设计及运行中若干重大问题的研究［J］．财贸经济，1995（12）：39-44.

② 农村税费改革研究课题组．取消农业税 改征增值税——关于进一步深化农村税费改革的思考［J］．宏观经济研究，2003（7）：3-10.

③ 杨斌．西方模式增值税的不可行性和中国式增值税的制度设计［J］．管理世界，2001（3）：110-120.

②账簿法为主的进项税额抵扣制度

增值税制度和管理的核心是进项税额抵扣的管理。实践证明，在进项税额抵扣制度及管理办法上，完全照搬西方的做法虽然理想，却难以行得通。适应中国国情的进项税额抵扣制度只能从发票法和账簿法结合点上去寻找一种次优的方法。笔者认为这一方法有如下几个基本要点：保留增值税专用发票，但不作为抵扣的唯一凭证和根据，而是作为使用账簿法计算可抵扣进项税额的原始凭证。可抵扣的进项税额按照实耗扣税法进行计算。实耗扣税法是在中国增值税试点过程中由我们自己发明创造的进项税额抵扣计算方法，就是按扣除项目当期耗用数计算扣除税额。按照增值税的原理，对纳税人销项税额中所包含的非增值项目已纳增值税予以抵扣，而非增值项目是纳税人成本的重要组成部分，成本费用中除了人工费用和福利费用以外基本上均可归入非增值项目。

1994年税制改革以前实行的实耗法的主要缺点是计算极其复杂。其主要原因不在于方法本身，而在于增值税制度本身。首先，当时的增值税是一种部分制造业增值税，征税范围仅限于某些工业产品，整个流转税以增值税、产品税、营业税三税并存、互不交叉为特点，并且增值税实行多档税率。这样一来，并不是所有的非增值项目已纳税额均可抵扣，政府只好规定了准予抵扣的法定抵扣项目。而要将属于法定抵扣项目的金额从各个非增值项目的会计核算科目中归集计算，这一过程相当复杂且不很确定。其次，要将非增值项目特别是通用的原材料、燃料、动力等在应纳增值税产品和非增值税产品之间进行分配，划分出扣除项目金额和非扣除项目金额，这一划分过程也是很复杂的。最后，由于实行多档税率制，非增值项目已纳增值税的适用税率很不相同，要分别按各自税率计算抵扣额，后来实行综合的“扣税率”，又造成征扣不一致[①]。上述弊端可通过全面推行增值税并且实行单一税率或接近单一税率制而得到根本克服。在会计制度中嵌入计算增值额的子系统，使增值税核算税务处理与财务会计处理一张皮、一体化，可大大简化计算程序。实行账簿法为主的进项税额抵扣制度，尽管也会有计算相对复杂的问题，但会在保证财政收入、消除对专业化分工经济组织形式歧视的前提下，减少税收直接成本和奉行成本，从而使增值税福利损失最小化。

③全面型增值税

全面型增值税，即增值税覆盖所有生产经营活动领域。相当多的人认为，从目前增值税实施情况和管理水平看，要将增值税全部扩大到营业税征税范围，难以一步到位，需要一个逐步扩大的过程。在不改变增值税的类型和管理办法情况下，即仍然实行生产型增值税和凭增值税专用发票抵扣进项税额的情况下，这种观点是正确的。因为在现行的制度框架下，扩大增值税征税范围会遇到很大的困难。首先，对金融保险业课征增值税，很难确定其进项税额，也无法使用增值税专用发票，这个行业与增值税进项税额抵扣制度是不相容的。其次，对农民来说，由于其文化水平低，很难让他们使用增值税专用发票。最后，对交通运输、邮电通信、建筑、各种服务业、销售不动产和转让无形资产来说，由于这些行业主要靠劳务或固定资产获得收入，购进项目金额占销售额的比重较低，在现行增值税制度下，固定资产所含的税收不能抵扣，因此，如果将上述行业纳入增值税范围，税率由目前的3%~5%提高到13%或17%，会大大提高它们的税收负担，使其在竞争中处于不利

① 杨斌. 比较税收制度［M］. 福州：福建人民出版社，1993：203-216.

地位。

综上，要扩大增值税征税范围也要着眼于实行收入型增值税，以及实行账簿法为主的进项税额抵扣制度。因为在这种制度安排下，专用发票不作为抵扣进项税额的唯一凭据，不必担心发票链条中断问题，对上述较大规模的被列为标准纳税人（约占总户数10%左右）的企业，按增值税标准税率（17%或调整后的税率）征收，允许按账簿记录抵扣进项税额，从而克服传统流转税重复课税的弊端；对非标准纳税人（约占总纳税人户数的90%）按照营业税的办法即全值征收，不能抵扣进项税额。纳税人可以选择其中一种征税办法。对小规模纳税人和农民都给予选择权。如果小规模纳税人和农民愿意建立完整的账簿制度，符合成为标准纳税人条件的，允许抵扣进项税额。

【案例6-1】

如何对金融业征收增值税

金融保险是服务业的“大腕”，如何对金融业课征增值税却是世界级的难题。从理论上讲，金融保险业应当像其他产业一样缴纳增值税并抵扣进项税额，向金融保险服务对象开出增值税发票，使金融保险业与其他产业一样只是增值税的代收代付者，获得金融保险服务的纳税人能够抵扣其在金融保险服务上支付的增值税，增值税最终均落到消费者身上，这样的税制才是公平的。但在实际运行中，金融保险业的销项税基和进项抵扣税基都有其特殊性，难以按适用于生产企业的一般规则来确定。

首先，金融业不仅包含真实资源使用而获得的收入，还包括因承担风险而获得的风险酬金（risk premiums），一般而言流转税只能对真实资源使用获得的收入征税，对风险报酬是不应当征税的[①]，因为风险报酬可能要在以后遇到风险时偿付出去，但是在现实生活中无法区分这两种报酬。正如爱伦·A.泰特所说的“由于金融服务使用者所支付的价格（利率、保险费等等），既代表了服务本身的价格，也包含者其他一些价格因素，因此它不能作为计算增值税的基础”。

其次，无法像普通商品交易那样按一个时点（如所有权转移、收到货款当日等）确定销项税额和进项税额。例如，一笔按年息率计算利息的贷款，可因为贷款期限不同，存在很多种收取利息的时间点，支付方式多种多样，很难统一规定纳税时点，无法像普通商品交易那样通过开出发票向金融服务对象收取税款。如果一定要这样做，法规将过于复杂冗长，征收成本会很高。因此，增值税标准化的销项税额和进项税额计算方法无法用于金融保险业。各国从理论和实践角度对在金融保险业推行增值税作了许多研究和尝试。例如，以色列就采用“加法”把金融保险业的工资薪金、利润等增值额相加，然后乘以税率，计算应纳增值税。这一方法以现收现付为基础，而不是采用权责发生制。这一做法使金融保险业被公平对待，但实际上仍然是一个单独的税种，并没有进入标准增值税体系，从而无法实现抵扣链条普及全行业的理想型增值税目标。法国采用确定日期估算税基的做法，让银行业选择按0.21%税率缴纳利息差额税或按0.14%缴纳增值税（其进项税额可抵扣）。但在一年中确定一个日期作为税基，产生了银行为节税而进行人为季度安排的扭曲性效应。

---

① AUERBACH A J, GORDON R H. Taxation of Financial Services under a VAT [J]. American Economic Review, 2002, 92 (2): 411-416.

也有一些学者提出其他方法[①]，但实践的可行性较差。新西兰从2005年开始不再对金融服务免税，而是分别处理。对向私人提供的金融服务部分继续实行免税；企业对企业（business to business）之间的金融服务符合一定条件实行零税率，该项金融服务的进项税额可得到抵扣。这一定的条件是任意的12个月内接受金融服务的顾客，其应纳GST（增值税）的供应等于或超过全部供应的75%[②]。这意味着金融机构要对每一笔收入确认其是否符合实行零税率的正常要求，还需要将进项税收在符合条件的交易和不符合条件的交易间不断地进行划分。可以想象其征收管理上的复杂性。此外，新西兰国家小，金融业集中，全国只有18家银行，且其中5家最大银行占业务量的87%。新西兰的做法很难借鉴。因此，在当今各国推行增值税的国家里，对金融业采用免税的办法占统治地位[③]。

不过免税也存在问题，一是在一般人眼里对金融保险业免税不符合公平要求。二是对经济学家而言，免税不符合效率和公平要求，因为经济学认为只有对可能代替闲暇的货物或服务征税，才不会因征税导致用闲暇代替劳务或货物消费的现象，从而避免扭曲和福利损失；只有对生活必需品免税才符合公平原则。而金融保险业均不符合免税的经济学条件。三是对税务当局而言，免税可能导致收入减少，征管信息缺失。四是对税务专家而言，对金融保险业免征增值税，因其进项税额得不到抵扣，不仅不会降低其负担，而且可能会提高其负担，使之在竞争中处于不利地位。

爱伦·A.泰特说，对金融这个行业"并不存在一个令人完全满意的既课征增值税又允许客户抵扣税款的方法。要精确地计算金融行业的增值，即使以年度为基础也是很困难的。基于现有的这些问题，对金融行业不征增值税而实行单独征税所失甚少，却可以收到简化税制带来的莫大优越性。同时单独征税也同样能够获得与增值税一样多的税收"[④]。

资料来源　杨斌. 中国增值税扩展到服务业的特殊难题和选择［D］. 福州：中国增值税改革国际学术会议，2011年6月8日—9日.

6.3　关税原理

6.3.1　关税类型和效应

1）关税的概念

关税（customs duty）是由海关代表政府，按照政府制定的关税政策和公布实施的税法、进出口税则，对进出关境的货物和物品征收的一种流转税。

上述关境的概念与国境既有联系也有差别。国境是一个主权国家的领土范围，关境是指一个国家的海关法得以全部实施的区域。一般情况下，国境与关境是一致的，即海关法适用的范围和国家主权行使的范围是一致的。但在某些特殊情况下，国境和关境会出现不

① EDGAR T. Exempt treatment of financial intermediation services under a value-added tax: an assessment of alternatives [J]. Canadian Tax Journal, 2001, 49 (5): 1132-1219.

② DINEEN M, TROMBITAS E, JOHNSON R. New GST rules affecting financial service providers in New Zealand: How there changes will affect the financial services sector and how to ensure you are prepared when the new rules come into effect [J/OL]. Journal of Banking and Financial Services, 2004, August-September, issue, http: //moneywatch.bnet.com.

③ EDGAR T. Exempt treatment of financial intermediation services under a value-added tax: an assessment of alternatives [J]. Canadian Tax Journal, 2001, 49 (5): 1132-1219.

④ 泰特E A.增值税国际实践和问题［M］. 国家税务总局税收科学研究所，译. 北京：中国财政经济出版社，1992：102-103.

一致的情况：(1) 关境大于国境，如果几个国家组成关税联盟，各成员国领土边境即成为统一关境，海关只对来自或运往非成员国的货物进出统一关境时征收关税，那么对各成员国而言，关境大于国境；(2) 关境小于国境，如果一个国家在本国领土内设有免征关税的自由港或自由贸易区，那么就出现关境小于国境的情况。

2) 关税的基本分类

(1) 以国际贸易中商品的流向为标准，关税可分为进口关税、出口关税和过境税

进口关税（import duty）是海关对从境外入境的货物和物品课征的关税。一般在外国货物进入国境或关境时征收，或在外国货物从自由贸易区和海关保税仓库或保税区中转出、投入国内市场时征收。自由贸易区是指两个或两个以上的国家通过达成某种协定或条约取消相互之间的关税和与关税具有同等效力的其他措施的国际经济一体化区域，或一个国家单方面取消关税实行境内关外管理的区域。保税仓库指由海关设立或经海关批准注册建立并由海关监督，用于存放暂不缴纳进口税①的进口货物的储存场所。存入保税仓库的进口货物可暂不缴纳进口税，以后经改装、分类、加工复运出口的不纳税，销往国内市场则照章纳税。存入保税仓库暂缓征税的货物称保税货物，对保税货物进行改装、分类、加工的工厂称保税工厂，保税工厂的作业受海关监督。保税仓库一般有存放期限规定，有的半年，有的一年，有的两三年，逾期不运走以放弃货物论处。设立保税仓库是为了简化海关手续，方便企业，以利于发展转口贸易，增加手续费、加工费收入。保税区是指由海关监管的免征关税的特定区域。保税区与非保税区分界线设置完善的隔离设施。进出自由贸易区和保税区的货物、运输工具和个人携带物品，必须经由设有海关的出入口进出，并如实向海关申报，接受海关检查。保税区企业、单位从境外进口符合法定条件的货物，海关免征进口税；自由贸易区和保税区内企业出口保税区产品免征出口关税（如果有出口关税）和出口环节国内流转税。从非自由贸易区和保税区运入自由贸易区和保税区的货物视同出口，从自由贸易区和保税区运入非自由贸易区和保税区的货物视同进口，照章纳税。

进口关税是最基本的关税类型。现在，许多国家已不征收过境税，出口关税也较少使用，因此，通常所说的关税以及有关的国际协定中的关税一般都是指进口关税。

出口关税（export duty）是一国海关对本国出口的货物或物品运出关境时，出于一定目的向本国出口商征收的关税。一般说来，征收出口关税不利于扩大出口，因此，为了鼓励本国产品出口创汇，不宜征收出口关税，要征也只能选择那些能垄断国际市场或需要关税保护的物品作为征税品目。也就是说，征收出口税要遵循两项原则：一是征税货物具有垄断性，二是出于保护的目的。所谓货物具有垄断性，是指这些货物只有本国能生产，或者本国生产的货物质量最好，从而可以垄断世界市场。对具有垄断性的货物征出口关税不会妨碍其出口，还会因其处于垄断独占地位，出口厂商可将出口关税内含于价格之中转嫁给国外购买者，并给出口国带来财政利益，垄断性货物若有新的竞争性替代品出现，致使其垄断地位发生动摇，或供过于求，就要停止征收出口关税，否则本国产品会在竞争中失败。除垄断性货物外，还可以从保护目的考虑对某些货物征收出口关税。中国现行出口关税也体现这一精神，只对能垄断世界市场或中国生产的品种质量最好、竞争力强的少数货

① 包括进口关税和进口环节国内流转税，下同。

物，以及出于保护国内产业目的、需要限制出口的少数原材料、矿产品征收出口关税。

过境关税（transit duty）是指一国对通过其关境的外国货物征收的一种关税。过境关税是关税的一种较早的形式。过境货物对本国生产和市场没有影响，所以征税率也很低，财政意义不大。第二次世界大战后，大多数国家都不征收过境关税。

（2）从关税的征收目的看，可分为财政关税（revenue tariff）和保护关税（protective tariff）两大类

财政关税指主要为发挥关税的财政职能，以取得一部分财政收入为目的而开征的关税。财政关税的一般征收原则是：①把税源大即进口商品数量多、消费量大的商品列入征税对象范围，从而使收入充足可靠；②为了不致过多地影响本国生产和人民生活，选择非生活必需品以及奢侈品征税比较合适；③为了不至于因税负太重而使价格上升，消费减少，影响进口数量，从而最终影响关税收入，要合理制定税率，税率不宜定得太高。

保护关税主要指以保护本国工农业生产或经济长期稳定发展为目的而开征的关税。保护关税一般把那些本国需要发展但尚不具备国际竞争力的产品列入征税范围，通过设置合理的关税税率，使关税税额等于或略高于进口商品成本与本国同类商品成本之间的差额。不同的商品需要保护的程度不同，往往要采用差别税率，对需要增加保护程度的商品征比较高的关税，而对本国紧缺的工业原料、生活必需品、本国尚不能生产又急需的技术先进产品还可通过低税率或免税办法鼓励进口。差别税率也可针对国别制定，对订有互惠贸易协定的国家适用优惠税率，对歧视本国出口货物的国家、实行倾销的国家或出口补贴的国家征高额关税。

为了保护国内产业的发展，过去中国一直维持着较高的关税水平。为适应对外经济贸易合作和加入世贸组织的需要，从1992年起中国多次大幅度降低关税总水平，1992年12月以前，中国关税的算数平均税率为43.2%，加权平均税率为32.7%；至2002年1月，中国关税算数平均税率已降至12%，加权平均税率已降至5.6%，降幅分别为72.2%和82.9%。2002年加入世界贸易组织以后，中国继续逐年调低进口关税税率，2019年关税加权平均税率为4.4%，不仅远低于其他发展中国家，也接近欧美发达经济体标准。

其中，1992年12月31日，调低3 371个品目的税率，关税算数平均税率从43.2%降为39.9%；1993年12月31日，降低2 898个品目的税率，关税算数平均税率降至35.9%；1996年4月1日，降低4 898个品目的税率，关税算数平均税率降至23%；1997年10月1日，降低4 874个品目的税率，关税算数平均税率降至17%；1999年1月1日，降低1 013个品目的税率，关税算数平均税率降至16.73%；2000年1月1日，降低819个品目的税率，关税算数平均税率降至16.44%；2001年1月1日，降低3 462个品目的税率，关税算数平均税率降至15.3%。

2002年加入世界贸易组织以后，中国继续逐年调低进口关税税率。2008年中国已兑现“入世”承诺，将进口关税平均税率由“入世”前的15.3%降至9.8%。为了更好地融入国际市场，使世界人民共享全球化机遇、共谋发展以及更好地满足国内民众对外国消费品的多样化需求，近些年进行了多次大规模降税。2015年6月1日起，降低部分服装、鞋靴、护肤品、纸尿裤等日用消费品的进口关税税率，平均降幅超过50%。2017年12月1日起降低消费品进口关税，范围涵盖食品、保健品、药品、日化用品、衣着鞋帽、家用设

备、文化娱乐、日杂百货等各类消费品，共涉及187个8位税号，平均税率由17.3%降至7.7%。2018年7月1日起，降低汽车整车及零部件进口关税，并在较大范围下调日用消费品进口关税。2018年7月1日起，服装鞋帽、厨房和体育健身用品等进口关税平均税率由15.9%降至7.1%；洗衣机、冰箱等家用电器进口关税平均税率由20.5%降至8%；养殖类、捕捞类水产品和矿泉水等加工食品进口关税平均税率由15.2%降至6.9%；洗涤用品和护肤、美发等化妆品及部分医药健康类产品进口关税平均税率由8.4%降至2.9%。2018年中国关税总体水平降至7.5%。同时为了应对美国不公平对外贸易的做法，自2019年6月1日起，中国对来自美国的部分进口商品加征关税税率。

（3）从关税的课税标准看，可以分为从价税（advalorem duty）、从量税（specific duty）、复合税（compound duty）、选择税（alternative duty）、差价税、滑准税、季节税等几种计税方法

从价税是以课税对象的价格或金额为课税标准，从价税的税额表现为课税对象的价格或金额的百分比，这是最常用的一种课税标准，在从价关税的征收中必须以合理的货物、物品估价为基础。

从量税以课税对象的数量作为课税标准，课税对象的数量通常由进口国根据商业惯例中使用的重量、长度、面积、体积、容积、功率或产品的件数等单位予以规定。

复合税是兼以课税对象的价格或金额和数量为课税标准的一种税，即从价从量并用，可以分为以从价税为主的复合税和以从量税为主的复合税。

选择税是或以课税对象的价格或金额为课税标准，或以课税对象的数量为课税标准的一种税，即从价或从量征收，征收国可以根据不同情况规定从高计征或规定从低计征。

差价税是对设立的标准价格与进口价格的差额征收的税收。如欧洲共同体以“门槛价格”与进口价格差数的金额作为征税标准，目的是保护欧共体各国的农牧业。

滑准税是指随商品价格变动而设置不同档次关税税率的计征方法。如进口商品价格越高，适用的关税税率越低，而进口商品价格越低，适用的关税税率越高。滑准税可以保持该种进口商品国内市场价格的稳定，减少国际市场价格波动的影响。

季节税是指在税则中对有季节性的鲜货制定两种税率，采收季节征高税，其他季节征低税，以保证市场的平衡。

3）关税的经济效应的简要分析

一般来说，分析关税的经济效应可以从两个方面分析：一是从部分均衡角度，考察关税对某一特定商品的价格与产量的确定以及供求均衡过程的影响；二是从一般均衡角度，即考察多种商品、多个市场相互影响下，关税对商品供求均衡过程的影响。由于这两种分析得出的结论基本一致，本书只分析关税的部分均衡效应。

我们首先假定征收关税产业的产量和价格方面的变动对其他产业不发生影响，即假定其波及效果为零（这是部分均衡分析的假定）；其次假定征收关税的国家市场规模较小，这样其关税政策的运用不会对国际市场价格发生影响，即假定外国的供给具有完全弹性，那么关税对于生产和消费的影响如图6-1所示。

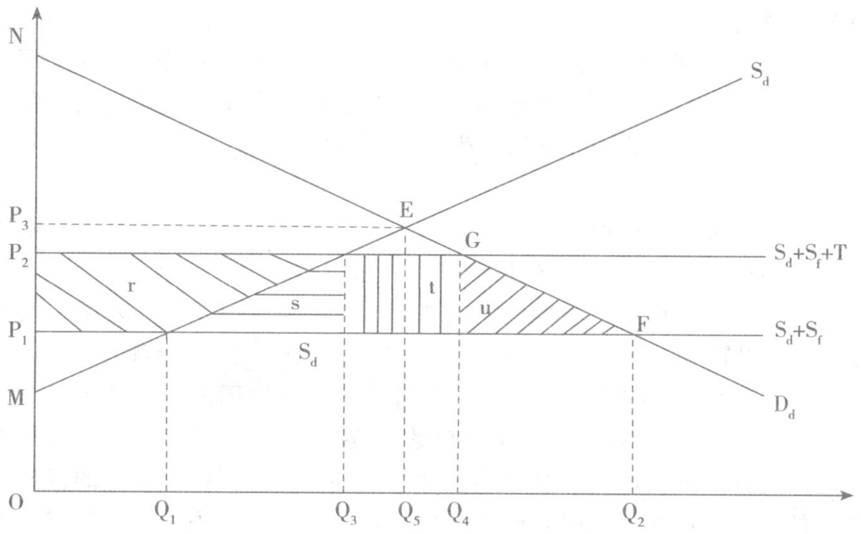

图6-1　关税对于生产和消费的影响

图6-1中D_d和S_d分别为本国对X商品的需求曲线和供给曲线。在封闭经济下，X商品的价格为P_3，销售量为Q_5，即X商品的生产、销售及价格均由供需曲线的交点E决定。在自由贸易并且外国供给具有完全弹性的情况下，由于外国供给加入国内的供给中，使其综合供给曲线S_d+S_f也具有完全弹性，并且供给的加入使X商品价格从P_3降至P_1，消费数量随之从Q_5增至Q_2。其中，OQ_1是国内生产数量，Q_1Q_2是进口数量，新的均衡点为F。假设课征从价关税T，那么供给曲线上升为S_d+S_f+T，增加的部分即关税，均衡点随之移至G，说明开征关税以后，国内价格升至P_2，国内消费降至Q_4。同时，由于价格提高，国内生产由Q_1增至Q_3，进口则由Q_1Q_2减至Q_3Q_4。其结果将导致如下经济效应：

（1）消费者剩余的损失

图6-1中的需求曲线表明，按照P_1的自由贸易价格，人们只愿意在F点购买最后1单位X商品而支付P_1的价格；在G点，人们愿意以P_2价格购买最后1单位X商品，使购买总量达到Q_4；如果由于某种原因很难买到X商品，那么显然有人愿意支付高价。但在完全竞争条件下，消费者遇到的只有一种价格，即均衡价格（未征关税时为P_1），对于那些本来愿意支付高达N价格而现在只需按P_1就能够买1单位X商品的消费者而言，每增加购买1单位便会带来$N-P_1$的净利益。对任何一个愿意以N至P_1之间不等价格购买X商品的消费者而言，每增加1单位的购买，都会得到一笔等于愿意支付的价格与实际支付之间差额的利益。经济学上，称消费者作为个人愿意支付的价格超过其最终支付的价格的数额为“消费者剩余”。图6-1中，在没有关税的情况下，总消费者剩余为NP_1F的面积，但在课征关税以后，总消费者剩余减为NP_2G的面积，损失为P_1P_2GF的面积。

（2）保护效应

关税的征收提高了X商品的价格，国内生产者会因价格上升而增加生产。价格为P_1时，国内生产者只愿供给Q_1单位的X商品。征收关税后，价格从P_1升至P_2，国内生产者就愿意生产Q_3单位的X商品。关税的课征导致国内X行业扩大，生产者利润上升，就业人数增加，这就是关税的保护效应。

（3）重分配效应

消费者剩余也有一部分（图6-1中r部分）以货币形式转移至X商品的国内生产者，即消费者通过支付较高的价格、获得较少的X商品补贴X产业，也就是把消费者的收入再分配给X商品的生产者及其雇员，从而发生再分配效应。

（4）财政效应

政府可通过课征进口关税而获得财政收入。关税收入等于单位商品关税税额乘以进口商品数量，就是图6-1中t的面积，这是消费者剩余以货币形式转移给政府的部分。

总的来看，在征收关税后，原本应由消费者获得的剩余（福利）发生了转移，具体来讲，图6-1中分别以r、s、u、t表示的消费者剩余损失中，r由生产者获得，t由政府获得，s和u是净损失。r是由于征收关税使国内产品价格上升而给国内生产者带来的生产者剩余的增加，t是政府增加的关税收入，等于进口数量Q_3Q_4乘以关税税率。s是与某些消费者的需求从进口产品转移到国内产品这个事实相联系的福利损失。由于关税的保护，消费者增加了国内产品的购买，使X商品国内产量增加了Q_1Q_3，但却失去了以较低成本购买进口产品的机会，因此失去了一部分消费者剩余，一般称为生产损失。u是由于征收关税后导致消费者的总需求减少了Q_4Q_2，由此产生的消费者剩余减少，一般称为消费损失。

可见，将关税作为保护幼稚产业的手段，一方面能够增加国内企业的收益以及政府的税收收入，另一方面又会造成消费者的福利损失，因此，要达到保护目的并且让福利损失尽可能低，还应当认真设计关税税率及其相关制度，选择更为客观公平的估价方法。

6.3.2 关税税则及估价制度

1）关税税则

关税税则（tariff schedule），也称为海关税则（customs tariff），是根据政府关税政策及其他经济政策，通过一定的政府立法程序制定和公布实施的，对进出口的应税和免税商品加以分类的一览表。海关税则通常包括两个部分：关税税率表和适用关税税率表的说明与规则。关税税率表（schedule of duty rates）是海关税则的主要内容，分为商品目录和税率栏目两部分。商品分类目录是以商品不同的性质、用途、功能或加工程度等为依据，对各种商品进行系统分类和编排的完整、准确的商品分类体系。税率栏目（column of duty rates）是根据商品分类目录逐项定出的相应关税税率。各国海关税则中通常都包括实施关税税率表的有关规则、说明和注释。这些说明、规则和注释与税率表具有相同的法律效力。

（1）关税税则中的商品分类目录

关税税则中的商品分类目录是根据进出口货物的自然属性、用途、组成成分、加工程度或制造阶段分门划类，由粗到细简化而成的商品类目。早期的商品分类目录比较简单，而且各国各行其是。随着国际贸易的不断发展，各国关税税则商品分类目录不一致的问题越来越严重，给各国间的贸易谈判和关税谈判带来了较大的困难。因此，国际社会开始着手建立一个统一的关税税则商品分类目录。1983年6月，经过60多个国家、20多个国际组织的共同努力，海关合作理事会（1995年更名为世界海关组织）第61、62届会议通过了《商品名称与编码协调制度的国际公约》及其附件《商品名称与编码协调制度》（以下简称《协调制度》）。《协调制度》是在《海关合作理事会税则商品分类目录》（CCCN）和联合国的《国际贸易标准分类》（SITC）的基础上，参照国际上主要国家的税则、统计、运输等分类目录而制定的一个多用途的国际贸易商品分类目录。中国早在1985年就采用了《海关合作理事会税则商品分类目录》制定关税税则，1992年后改为实行以《协调制度》为基础制定新的关税税则。

《协调制度》一般每4~6年修订一次，目前最新的版本是2017年版（第六版）①。前几个版本为1988年版、1996年版、2002年版、2007年版和2012年版。其主要内容是品目和子目，即各种各样的货物名称及规格，2017年版的《协调制度》共有5 000多个六位数码品目，分布于21类97章中②。每一个项目用四位数码表示，前两位数字表示项目所在的章，后两位数字表示项目在有关章的排列序号。四位数号列的项目下再分一级子目（用五位数码表示）和二级子目（用六位数码表示）。

从类的划分来看，基本上按社会生产部类分类，属于同一生产部类的产品归在同一类，如农业在第1、2类，化学工业在第6类，纺织工业在第11类，冶金工业在第15类，机电制造业在第16类等。

从章的划分来看，首先是按商品的自然属性分章。之所以按自然属性分类是因为其种类、成分或原料比较容易区分，也因为商品价值的高低往往取决于构成商品本身的原材料。其次是按照货物的用途或功能分章，如第64章是鞋、第65章是帽、第84章是机械设备、第85章是电气设备、第87章是汽车、第89章是船舶。这样分类的原因主要有两个：一是这些物品由不同材料或多种材料构成，难以将这些物品作为某种材料制成的物品来分类。例如鞋、帽，有可能是皮的，也可能是布的或塑料的，有些可能是由几种材料构成的。如运动鞋的外底是橡胶的，内底是泡沫塑料的，鞋面是帆布的等。二是因为商品的价值主要体现在生产该物品的社会必要劳动时间上。如一台机器，其价值一般主要看生产这台机器所耗费的社会必要劳动时间，而不是看机器用了多少贱金属等。

从章内的税目排列来看，按照产品加工程度从原料到成品的顺序排列。如52章棉花，按原棉-已梳棉-棉纱-棉布排列。

尽管《协调制度》规定了5 000余种税目，但是实践中仍然有一些商品难以直接确定其具体归属。原因在于，这些商品同时由几种原料组成或者具备多种用途，或同时具备两个特征，因而可以同时归入到不同的税目之中。有鉴于此，《协调制度》专门规定了归类总规则，用以解释类、章、目之间的关系；处理一种列名商品的非完整品、未制成品、拆散件、零配件的归类；明确一种物质或物品和另外一种物质或物品的混合物、组合物的归类；指明一种商品具有多种分类特征，可以归入几个税目的归类准则。具体来说，《协调制度》共制定了6项归类总规则：

规则一：类、章及分章的标题，仅为查找方便而设；具有法律效力的归类，应按税目条文和有关类注或章注确定，如税目、类注或章注无其他规定，按以下规则确定。

规则二：（一）税目所列货品，应视为包括该项货品的不完整品或未制成品，条件是在进口或出口时该项不完整品或未制成品具有完整品或制成品的基本特征；还应视为包括该项货品的完整品或制成品（或按本款可作为完整品或制成品归类的货品）在进口或出口

---

① 2022年版本现已修订完毕，预计于2022年1月1日起施行，由于全球新型冠状肺炎疫情的原因，原计划于2020年3月份召开的HSC会议被取消，因此有关协调2017年和2022年版本之间相关表的制订计划也被搁置。

② 其中第77章是留作备用的空章。

时的未组装件或拆散件。(二）税目中所列材料或物质，应视为包括该种材料或物质与其他材料或物质混合或组合的物品。税目所列某种材料或物质构成的货品，应视为包括全部或部分由该种材料或物质构成的货品。由一种以上材料或物质构成的货品，应按规则三归类。

规则三：当货品按规则二（二）或由于其他原因看起来可归入两个或两个以上税目时，应按以下规则归类：(一）列名比较具体的税目，优先于列名一般的税目。但是，如果两个或两个以上税目都仅述及混合或组合货品所含的某部分材料或物质，或零售的成套货品中的某些货品，即使其中某个税目对该货品描述得更为全面、详细，这些货品在有关税目的列名应视为同样具体。(二）混合物、不同材料构成或不同部件组成的组合物以及零售的成套货品，如果不能按照规则三（一）归类时，在本款可适用的条件下，应按构成货品基本特征的材料或部件归类。(三）货品不能按照规则三（一）或（二）归类时，应按号列顺序归入其可归入的最末一个税目。

规则四：根据上述规则无法归类的货品，应归入与其最相类似的货品的税目。

规则五：除上述规则外，本规则适用于下列货品的归类：(一）制成特殊形状仅适用于盛装某个或某套物品并适合长期使用的照相机套、乐器盒、枪套、绘图仪器盒、项链盒及类似容器，如果与所装物品同时进口或出口，并通常与所装物品一同出售的，应与所装物品一并归类。但本款不适用于本身构成整个货品基本特征的容器。(二）除规则五（一）规定的以外，与所装货品同时进口或出口的包装材料或包装容器，如果通常是用来包装这类货品的，应与所装货品一并归类。但明显可重复使用的包装材料和包装容器可不受本款限制。

规则六：货品在某一税目项下各子目的法定归类，应按子目条文或有关的子目注释以及以上各条规则来确定，但子目的比较只能在同一数级上进行。除本税则目录条文另有规定的以外，有关的类注、章注也适用于本规则。

(2）关税税则中的税率制度

从税率角度来看，关税税则制度大的方面可分为单式税则制和复式税则制。凡每种税目仅规定有一个税率的称为单式税则制；如果一个税目同时列有两个甚至两个以上不同税率，则称复式税则制。单一税则制又称为国定税则制（自主税则制），复式税则制可分为国定税则制、协定税则制、国定协定税则制、最高最低税则制、三种税则制。

所谓国定税则制是一个国家根据本国财政经济状况，对进口货物采用单一税率制进行征课，即每一个税目只适用一个单一税率的关税税则制度。这种制度是关税税则制度中最简单的一种，适用税率由本国决定，税负的轻重只考虑本国的情况，不顾及贸易伙伴，没有对进口国差别对待的规定。其优点是，国家在制定关税税率时可以只考虑本国利益，根据本国情况决定，不受其他国家和对外条约的约束。国家可以根据经济形势和财政形势的变化随时修改税目税率，主动性、自主性强。每一种货物只有一个税率，征收管理也相对便利。其缺点是，国家在关税税目税率的设计、制定上自主权力过大，如果出于保护目的，税率定得过高，会阻碍他国货物进入本国，引起国际关税报复，损害贸易发展。由于上述缺点，这一税则制度只适用于竞争力很强的自由贸易国家和完全的贸易保护主义国家两种极端情况。

协定税则制是不完全根据本国的意见和要求，与他国协商后制定的关税税则制度。协定税则可分为两种：一是双方协定税则，也就是税则中的税率都是通过与他国协商制定的。在这样的税则下，本国在国际贸易中能与签约国建立互惠关系，但由于完全不考虑本国的经济状况，而且在条约有效期内不能自主变更税率，本国灵活运用关税政策的权力受到约束。因此，这种完全的协定税则制并未在实践中被采用过。二是片面协定税则。在这个税则下协定双方的权利和义务是不平等的，强大的一方强迫弱小的一方实行较低的关税税率政策，但弱小的一方不能从对方得到对等的优惠待遇。协定税则的优点在于调和国际利害关系，使外交关系变得和睦，降低关税税率，促进贸易发展，而且固定关税税率可起到稳定国际贸易的作用。其缺点在于，只适用于协议签约国和享受最惠国待遇的国家，对其他国家和协议外的进口货物还得制定国定税率进行征税，这使完全协定税则制不可能存在。

国定协定税则制是一种既有国定税率又有协定税率的税则制。先由立法当局对所有税目规定税率，这是国定税率，然后由政府根据国定税率与他国进行关税谈判，在双方平等互利的基础上，对与双方贸易有利害关系的若干税目进行协商并制定较低税率。在一般情况下，协定税率制定后，其他国家均可根据最惠国待遇和互惠条约享受同等待遇。协定税率的建立有两种方法：一是就各个税目逐项协定其税率，二是仅协定不提高现行税率。这种税则制度取国定和协定两制的长处，舍弃其短处，是比较好的税则制度。其优点是，对签订有互惠协定的国家采用较低的协定税率、对非协定国和非最惠国征收较高的国定税率，一方面保证国家在制定关税税率方面具有自主权和根据财经状况变动税率的灵活性；另一方面可以根据国际贸易的情况，与协定国建立互惠关系，保证本国在关税谈判中的灵活性，从而使保护本国产业和促进国贸发展得到兼顾。其缺点是，在这个税则制实行过程中，由于国际贸易协定无论是多边的还是双边的，一般都订立有最惠国条款，因而与一个国家签订协定税率，其他国家可享受同等待遇，国定税率的范围会缩小，税则制度会变为以协定税率为主，这样导致税率降低，本国产业会受到外国进口货物的冲击，在同样贸易规模下，本国财政收入也会受到影响，对发展中国家不利。

最高最低税则制是同一税目订立有最高和最低两种税率的一种税则制度，其中最低税率适用于有互惠协定的国家，最高税率适用于其他一般国家。这种税则从实践结果看，与国定协定税则制相类似，不过它们之间也有区别，表现为：第一，从订立的主体权力看，最高最低税则中的两种税率均由本国自主制定，也可由本国随时更改；而国定协定税则中的协定税率是与外国协商制定的，在条约有效期内，一国不能随意变更。第二，从税率的适用范围看，国定协定税则除自主制定国定税率外，只对一些经过协商的货物制定协定优惠税率；而最高最低税则可对多数税目甚至全部税目事先以法律的形式订立两种税率。第三，从关税谈判、签订关税协定看，国定协定税则中的协定税率，是在国定税率的范围内，与他国协商制定，可以因为签约国的不同而有不同税率；而最高最低税则以规定的最低税率为标准，用其与他国订立协议，各国同等对待。最高最低税则制的优点是：由于最高最低税率均由本国制定，无论什么国家，就什么物品签订关税协定，其关税税率均不能超出最高最低税率限度，而且税率的高低不受对外条约的束缚，可根据本国经济状况和国际贸易形势，自主地变动税率；在与他国签订关税协定时，以最低税率为优惠税率，征收手续趋于简便。但由于在关税谈判中，对方国家为了防止协约国随意变更最低税率，损害输出国利益，往往要求其固定最低税率，这样会使上述优点无法得到发挥。如果税率被固定，最高最低税率就同协定税率相似，就具有协定税率的缺点。

三种税则制是指税则中对全部税目或部分税目订立有三种高低不等的税率，即普遍税率、互惠税率、特惠税率，以适用于关系不同的国家的一种税则制度。其中，普遍税率最高，适用于与本国无关税减让互惠协定的国家；互惠税率比普遍税率低，适用于与本国签有关税互惠的国家；特惠税率最低，适用于与本国有特殊关系的国家。此种税则的基本特点和最高最低税则是一致的。其主要优点是规定三种税率，比较能适应复杂的经济情况与国际环境。缺点同最高最低税则相似，另外此种税则比较烦琐，执行中不够便利。

2）关税的估价制度

从世界各国关税的执行情况看，各国一般以从价关税为主要的关税征收方式。从价关税首先要确定作为课税基础的“价格”才能计算应纳税额。国际贸易中货物的价格多种多样，为了使关税的征收做到公平合理，海关在从价征收进口税时，必须就进口货物的价格核定建立一种标准或规则，并把这种标准或规则无差别地应用于任何交易，不论交易双方关系如何，也不论交易形态如何，这就是关税的估价制度。简言之，关税估价制度就是确定关税计税基础的规则、程序和办法的总称。

关税估价制度的立论基础有抽象价格概念和实证价格概念两种。所谓抽象价格概念是基于经济学上的完全自由竞争市场价格的假定，以货物交易双方在没有任何特殊关系（相互独立）和完全自由竞争的条件下，以公开市场达成的价格为估价依据。这种估价概念适用性比较强，不论进口是以销售形式进行还是以租赁、赠送、寄售等非销售形式进行均可采用。海关可根据有关资料推定进口货物在假定情况下的出售价格，作为计算完税价格的基础，以避免国外查价和相似货物的认定问题。但按这一概念建立的关税估价制度毕竟建立在假定基础上，不免武断、主观，与实际不符，并且会给海关官员以过大的权力，有可能损害纳税人利益。

所谓实证价格概念着眼点在于实际成交价格，也就是以进口货物的实际成交价格为关税的估计依据。货物成交价格受特殊关系影响时，则以相似货物的成交价格为准。按实证价格概念建立的关税估价制度比较符合国际商务实际，可避免海关官员的主观、武断对国际贸易产生的阻碍作用，但这一概念的实际采用必然涉及国外查价问题，征税成本很高。当没有或无法确定货物的正常成交价格时，需以相似货物的成交价格为准，但什么是相似货物，在当今科技发达、新产品层出不穷的年代，很难用文字加以明确，实际认定时容易引起争议。如果相似货物无法确定或其价格无法确定，就得依据进口货物的成本价格，但核定货物的成本价格又涉及国外查价工作。因此，关税估价制度的两种立法基础各有利弊。原来各国的关税估价制度是不统一的，有的国家的关税估价制度基于抽象价格概念，有的国家采用实证价格概念，有的国家两者混合采用。各国关税估价制度不统一、不规范、不完善，不仅有损于国际贸易，而且对各国关税政策的制定与实施不利。国际社会为了建立一套统一、公平、符合国际商务习惯的关税估价制度，作了长期的努力。

国际关税估价制度的形成和发展经历了一段较长的时期。第二次世界大战以前，各国海关都按照自己的估价制度进行关税估价，由于估价的方法和准则差别较大，因此严重地限制了国际贸易的发展。有鉴于此，第二次世界大战之后，在1947年召开的世界贸易和就业大会第二次筹委会会议上，美国分别与各国进行关税减让谈判，签订了123项双边减让关税协定，汇总成为一个单一的文件，即《关税及贸易总协定》。《关税及贸易总协定》

第7条对建立关税估价制度提出了概要性规范，这便是最早的国际性关税估价规定。其主要规定包括：

第一，进口货物的关税估价，应根据进口货物或相似货物的实际价格，不得根据进口国生产货物的价格或专断或臆想的价格计征关税；

第二，实际价格是指按照进口国法律决定的时间、地点，经由通常交易过程，在充分竞争的条件下，进口货物或相似货物被出售或被提供销售的价格；

第三，对任何进口货物的估价，应不包括该货物在生产国或出口国已经豁免，或已经或可以退还的任何国内税收；

第四，如果在估价时需要将他国货币表示的价格折算为本国货币，所采用的兑换汇率，应当是符合国际货币基金协定要求或被其认可的汇率。

但是，由于上述规定比较原则化，没有给出具体的实施办法，《关税及贸易总协定》第7条无法被各国遵循，于是在布鲁塞尔成立欧洲关税同盟研究组，开始根据《关税及贸易总协定》第7条的规定进一步研究适用于同盟的关税估价制度，并于1950年制定出了更为具体的关税估价制度——《海关商品估价公约》，其附件1“价格定义”就被称为布鲁塞尔价格定义（Brussell Definition of Value，BDV）。BDV估价制度采用的是抽象价格概念。它规定，为课征从价关税，进口供国内需要的任何货物，应采用正常价格，也就是以进口货物行将缴税时彼此独立的买卖双方在公开市场上可能成交的价格作为估价依据。由于BDV估价制度规定得过于抽象与简单（总共只有3条），许多具体问题均未涉及，各国在参照运用时出现很大差异。虽然监督该制度执行的海关合作理事会从1953年起就开始对该制度加以补充解释，但仍不能消除征纳双方之间的争议，而且该制度对跨国公司内部转让定价应如何处理也不明确。此外，BDV估价制度虽然被不少欧洲国家采用，但美国等贸易大国没有采用。这就使得国际关税估价制度还有进一步发展完善的必要。

鉴于以上情况，尤其是美国、加拿大等国和欧洲国家的估价制度不统一，欧洲共同体国家、日本等国于（1973—1979年）东京回合多边贸易谈判中，就建立国际统一的关税估价制度提出讨论。起初欧共体国家试图说服美国、加拿大等国加入BDV，认为BDV虽有缺点但行之多年，为一般厂商所熟悉，美国出于自身利益考虑不予接受。最后双方相互妥协，形成融合BDV估价制度和美国估价制度的估价方案，签订《关税与贸易总协定第7条施行协定》，简称《海关估价协定》，1994年世界贸易组织（WTO）成立以后，该协定相应改称为“WTO海关估价协定”。这一协定分序言、正文以及3个附件，其中正文分为4部分，共有24个条款。最重要的是第1篇《关税估价规则》，包括第1至第17条。该协定采用实证价格概念，以进出口商双方实际成交的价格（交易价格）为估价依据。因此，这一协定所阐明的关税估价制度一般称为成交价格或交易价格（transaction value，TV）关税估价制度。欧共体国家和美国于1980年7月1日起采用，其他发达国家于1981年1月1日开始使用，中国1992年以后实施的《进出口关税条例》中的估价制度也参照了该制度。下面对其内容进行简要介绍。

（1）建立估价基准的因素

第一，价格因素。成交价格估价制度采用实证的估价概念，以成交价格（或交易价格）为主，但非唯一估价基准。所谓成交价格也就是买卖双方成交的已付或应付价格。TV制度没有明确说明这种成交价格是否在买卖双方彼此相互独立、公平竞争、充分竞争的条件下形成，但在具体实务中完全体现了这一精神，因为TV制度规定下列四种情况中不适合于运用成交价格作为估价基准：①存在对价格有实质影响的各项限制。一般指进口国当局出于保护本国汽车工业，对进口产品实行的某些限制直接影响产品公平竞争进而影响其成交价格的情况。②存在使价格无法决定的各种因素。如买方必须同时购买其他货物，买方必须销售其他货物给卖方等。③存在将转售、使用及处分进口货物的收益支付给卖方。④买卖双方有特殊关系，并且影响成交价格。TV制度规定，出现上述情况时，就要运用同样或类似货物成交价格估价方式（协定对什么是同样货物、类似货物以及如何估价作了详细规定）；不能适用同样（或类似）货物成交价格估价方式时，待估货物应按扣减法（即国内销售价格扣减某些项目逆算出进口货物的CIF价或FOB价）估价方式核估，以及计算价格（成本费用加合理利润）估价方式核估（这两种估价方法没有不变的顺序性，可经进口商申请变更，因为进口商有时可能认为计算价格估价方式较为有利）。

第二，时间因素。在以成交价格为估价基准的情况下，TV制度并未规定以某一时点的价格为核定完税价格的根据。其原因有二：一是成交价格的接受与否，只与该价格是否为买卖双方实际成交价有关，而与价格何时建立无关。因此只要申报价格确系成交价格，海关就应当接受。二是完税价格的核估既然以成交价格为根据，那么成交时至估价时发生的价格波动就没有必要在关税估价时加以考虑。除成交价格估价方式外，其余估价方式仍定有时间标准，其目的在于从众多的价格资料中节选出适合作为核定待估货物完税价格的价格。

第三，地点因素。TV制度也未规定以到岸时交运买方的市场价格为核估的根据，从而对估价准则中应用的CIF价或FOB价也没有明确规定，而留给各国自行决定。也就是说，进口地点不同，其货物成交价也可不同，这更体现了TV制度的实证精神。

第四，数量因素。TV制度对交易数量未规定标准，如与以前的交易不发生关联就可以接受。至于追溯性折扣，因为是代表对以往交易的优惠，不得接受成交价格以外的估价方式，如相同或类似货物成交价格估价方式及计算价格估价方式，以待估货物本身数量为核估标准；但采用国内销售价格（扣减法）为核估标准时，则以进口货物本身及其同样或类似进口货物进口后在第一次交易阶段转售最大数量的价格为准。

第五，商业形式。TV制度在一般情况下不考虑商业形式对价格的影响。但在待估货物不存在交易事实（例如寄售）或不被承认为正常交易（例如买卖双方存在特殊关系），需要采用同样及类似货物的价格为核估标准时，就有必要对待估货物的商业形式加以考虑，以利于价格调整，使核定的价格符合实际。

（2）实付或应付价格的调整

从理论上讲，关税的完税价格是买方对卖方实付或应付的价格，包括所有由买方对卖方，或为履行卖方义务，由买方代向第三者实际支付的款项，以及成为交易的一项条件应予支付的款项。TV制度规定，此一实付或应付价格均以具体成交的合同价格或发票价格为准，但是，经确定或核定的合同价格或发票价格还只是完税价格的基本部分，对这一价格进行增加或减少的调整后形成完税价格。要增加或减少的项目包括：

①佣金和经纪费。佣金是买方或卖方支付其代理商的报酬。经纪费是买方或卖方支付促使交易达成的经纪人的报酬，但该经纪人究竟代表买方抑或卖方不易认定。TV制度规

定，买方支付的佣金和经纪费如未列入实付或应付价格中，应予计入完税价格课税。此外，TV制度还明确规定，完税价格中不能包括采购佣金（又称买方佣金）。所谓采购佣金是进口商付给其代理商在国外采购待估货物的劳务费用。采购佣金不计入完税价格课税的原因在于，如果进口商不通过代理商，而自派职员进行采购活动，其职员薪金是不被计入完税价格中课税的，为公平起见，完税价格也不应包括进口商付给代理人的佣金。如果发票价格或合同价格中包括此项佣金，应予剔除。

②容器及包装费。TV制度规定，容器与包装成本未列入价格内且无法分离课税的应予加计。例如一瓶香水的瓶子及其包装的价值均应计入完税价格课税。如果容器并非随待估货物一并售予买方，由于此等容器卖方可能收回使用，则仅将待估货物装入该容器的包装费用计入完税价格中。不论人工或物料，属于包装所需的费用均可列入。

③协助的价值。所谓协助就是买方向卖方免费或减价提供物品或劳务以协助进口货物生产或销售。此种情况在买方直接向生产者订购所需的某种特殊设计或规格的货物时会发生。协助一般可分为四类：第一类，材料、配件、零件及其他并入进口货物的类似项目；第二类，用于生产进口货物的工具、铸模及类似项目；第三类，用于生产进口货物时的消耗性物料；第四类，为待估货物生产所必需的工程、开发、工艺、设计、平面图与草图等。TV制度规定上述协助项目的费用，若未计入价格中应予加计。

④特许权使用费。TV制度对未包括在实付或应付价格内，但符合下列条件的特许权使用费，规定应予计入完税价格：条件之一是，必须与待估货物相关联；条件之二是，权利的使用构成购买待估货物的一项条件。

⑤进口后处分、转售、使用获得的收益。TV制度规定，货物进口后经转售、处分或使用所得的任何收益，有属于支付卖方者，应计入完税价格中征税。

⑥运输及相关费用。此处所谓运输及相关费用，具体包括三项内容：一是进口货物运至输入口岸的运费；二是进口货物运至输入口岸的装卸及手续等费用；三是保险费。在TV制度下，以CIF价还是以FOB价为估价基准留待各国自行决定。若采用CIF价，那么进口货物完税价格应包括上述各项内容；若采用FOB价，进口货物的完税价格不包括上述各项费用。

（3）其他相关规定

第一，关于买卖双方的特殊关系。TV制度对于买卖双方是否有特殊关系，提出三种判断方法：一是买卖双方的交易是否按照待估货物所属产业的正常售价加以决定；二是卖方对待估货物成交价格的订立，是否与将它们出售给无特殊关系的其他买主的情况相同；三是成交价格是否已完全包括卖方的全部成本及利润，此处所指利润应能代表一定期间内（以年度为基础）销售同样或同类货物可赚得的合理利润。同时，TV还规定三种判断价格：一是售给无特殊关系的买者的成交价格；二是扣减价格；三是成本价格。如能举证说明成交价格与上述三种判断价格之一种相接近，此一成交价格海关即可接受并作为确定完税价格的依据。

第二，货币折算。TV制度规定缴税的外币应按进口国的官定汇率折算。

总的来看，这一估价制度体现了GATT第7条的精神，融合了BDV和美国关税估价制度，是目前国际上最系统完整的关税估价制度。

本章小结

全值流转税是以商品和劳务流转额的全部价值为征税对象的一种税收形式，也称周转税。全值流转税与财产税相比，是对商品或劳务的收入流量征税；与所得税相比，是对毛收入征税；与增值税相比，是就商品或劳务的流转额全值而非其增值额征税。

• 全值流转税的优点包括稽征容易、管理简单、税基较大、聚财力强；缺点是重复课税、限制分工、产生累退、缺乏公平。

• 一般说来，消费税是以消费品销售额或消费支出额作为课税对象的各种税收的统称，它包括直接消费税和间接消费税两种类型。按不同标准消费税可分为不同类型。

• 中国目前的消费税为单环节课征的选择性货物（商品）税，是在对货物普遍征收增值税基础上，再对少数消费品课征的税收。其主要特点：有限型消费税、单一环节生产税和零售税混合、差别税率、价内税。

• 消费税应尽可能设在最终消费环节，成为名副其实的消费税而不是简单的消费品周转税。在没有习惯过多地计较利益得失、税收法治不完善、预算透明度比较低的文化氛围中，采用价内税会减轻人民缴纳税收的心理负担。

• 增值税的类型可按不同的标准划分。一般来说，在假定增值税是广泛征收的、实行单一比例税率、出口实行零税率、购进投入品税额抵扣采用发票法的前提下，增值税对经济的影响表现在以下方面：①促进专业化分工协作的企业组织形式的发展；②保证财政收入的稳定增长；③有利于价格调整和经济改革。

• 一般来说，居民或非居民、自然人或法人的身份以及盈利性均不构成判断其成为纳税人的标准，而那些进行偶然、孤立的交易的个人往往不被认定为增值税的纳税人。

• 由于小企业纳税人和农民往往存在人数众多、无法建立会计账簿的特点，使得规范的征收程序不能适用于这两类纳税人，一般各国均采用简易征收和免税的办法进行处理。

• 欧盟等发达国家增值税的征税范围比较广，基本涉及了农业、工业、大多数服务业的生产制造、批发、零售、服务提供、进口等行业和环节，可以称为全面型增值税。反观不发达国家，则往往出于征收管理方面的考虑，实行非全面型的增值税。

• 在增值税的实践中，各国增值税的档次多少不一，增值税实行成功的国家多实行单一或接近单一税率。

• 增值税零税率和免税是有区别的，二者的最大不同在于前者可以对进项税额进行抵免，而后者不可以。

• 保证增值税征收方式顺利实行的必要条件是征收链条的连贯性，即上一个环节的销项税额必须作为下一个环节的进项税额，并予以抵扣。现实中有许多种情况均会导致征收链条的中断，从而影响增值税的运行效果。

• 由于实行免税造成的链条中断的直接后果是免税环节的纳税人不能够抵扣进项税额，而如果其不能通过提高价格将进项税额转嫁的话，那么免税反而增加了纳税人的负担。“统一加价补偿制度”就是针对这一问题设计的。

• 经过“营改增”已经将营业税最终并入增值税，但现行增值税仍存在不少问题。基于中国国情，推行中国式增值税也是一个路径。

• 从不同角度看，关税可分为不同的种类。

• 在征收关税后，原本应由消费者获得的剩余（福利）发生了转移。将关税作为保护幼稚产业的手段，一方面能够增加国内企业的收益以及政府的税收收入，另一方面又会造成消费者的福利损失。

• 海关税则通常包括两个部分：关税税率表和适用关税税率表的说明与规则。

• 关税税则中的商品分类目录是根据进出口货物的自然属性、用途、组成成分、加工程度或制造阶段分门划类，由粗到细简化而成的商品类目。目前国际普遍采用的是海关合作理事会（1995年更名为世界海关组织）第61、62届会议通过的《商品名称与编码协调制度的国际公约》及其附件《商品名称与编码协调制度》。

• 从税率角度来看，关税税则制度大的方面可分为单式税则制和复式税则制。复式税则制可分为国定税则制、协定税则制、国定协定税则制、最高最低税则制、三种税则制。

• 关税估价制度是确定关税计税基础的规则、程序和办法的总称。一般来说，关税估价制度的立论基础有抽象价格概念和实证价格概念两种。目前世界各国普遍采用的估价制度是融合BDV估价制度和美国估价制度的估价方案。

本章综合训练

第 7 章 所得税和社会保险税

☞ 学习目标

- 掌握企业所得税纳税人的范围界定；
- 了解企业所得税存在的理论争议；
- 掌握企业所得税的基本类型；
- 掌握企业所得税计税基础中相关项目的基本规定；
- 掌握企业所得税的税率类型和结构；
- 掌握企业所得税的国际避税方法及其防止措施；
- 掌握企业所得税的经济效应分析；
- 掌握个人所得税纳税人的认定规则；
- 掌握个人所得税征税范围的确定规则；
- 掌握个人所得税综合费用扣除规则；
- 了解中国个人所得税综合费用扣除标准的确定原则；
- 掌握个人所得税的税率规定和申报规则；
- 掌握个人所得税的经济效应分析；
- 了解社会保险税的性质、类型以及负担水平的确定；
- 了解中国社会保险税的设计原则。

☞ 导语

一般来说，越是经济发达的国家，所得税、社会保险税（费）占整个税收收入的比重越高。限于目前中国的现实国情，中国仍需逐步完善所得税制，加强对社会保险税制度的研究和探索，在现有的社会保险制度基础上进一步扩大社会保险范围，建立社会保险税。

7.1 节分析企业所得税制度，内容包括企业所得税纳税人的确定规则，居民纳税人和非居民纳税人的征税对象问题，企业所得税应纳税额的确定规则以及计税基础中关于资本利得、亏损结转、存货和折旧处理、工资扣除标准、税收优惠等的规定，企业所得税的长期经济影响以及对企业投资规模、企业融资方式、企业股利政策选择的影响。

7.2 节阐述个人所得税的有关问题。个人所得税是对自然人纯收入或净收益课征的一种税，在经济日益国际化的情况下，自然人存在居民和非居民之别，收益来源有国内（境内）和国外（境外）之分；既然是对净收益课税，就存在总收益的确定、成本费用的扣除问题，因此纳税人身份的确定、应纳税所得额的确定（包括征税范围的界定和费用扣除规则）构成个人所得税的基本问题。此外，税率制度、征收管理方式方法、个人所得税的经济影响、中国个人所得税的功能定位也是必须给予关注的课题。

7.3 节阐述社会保险税的不同类型、负担水平的确定和中国社会保险税制度的设计原则。

7.1 企业所得税原理

7.1.1 企业所得税纳税人的界定

界定企业所得税纳税人是协调企业所得税和个人所得税的重要步骤之一。要界定企业所得税纳税人，有必要从企业概念说起。

虽然从企业所得税的名称看，企业所得税的纳税人应该是指“企业”，但是，从世界各国的实践来看，企业所得税的纳税人并非包括所有的企业形式，也不仅仅局限在企业的范围内。要界定企业所得税的纳税人必然涉及“企业”“公司”“法人”“非营利组织”等概念。对此，各国的法律规定很不相同，要梳理清楚需要不少篇幅，超出了本书的研究范围。这里仅以中国法律规定为依据来分析。

企业一般被定义为以营利为目的，并以一定的法律形式存在的独立从事商品生产经营活动和商业服务的经济组织。其主要特征是营利性、集合性、具有管理中心、持续存在、所有者权益可自由转让。企业的法律形式一般包括三种：第一种就是公司（corporation），包括有限责任公司和股份公司，每个股东共同出资作为公司的资本，各股东仅就其出资额承担有限责任；第二种是有两个或两个以上自然人根据有关协议共同出资经营，共同承担无限责任的合伙企业，有的国家也称公司但属于无限责任公司；第三种是所有权属于业主个人的个人独资企业，企业主对企业负有无限责任，也可以叫公司（即个人独资公司）。可见，公司往往与企业是一回事，但在美国corporation（公司）仅仅指有限责任公司或企业。

法人是具有民事权利能力和民事行为能力，依法独立享有民事权利和承担民事义务的组织。法人与自然人不同，是种无生命的社会组织体。法人的实质，是一定社会组织在法律上的人格化。在上述三种企业形式中，公司则由于所有权和经营权的分离而被赋予独立的人格，因而被认定为法人组织；个人独资企业和合伙企业由于经济实体和出资人承担无限责任而不能独立地承担民事责任，因而被认定为非法人企业组织。除了公司法人之外，不同的法律体系还会规定其他类型的法人，如中国民法规定的其他法人包括：机关法人、事业单位法人和社团法人。

综上所述，企业、公司、法人这三个概念，从营利事业角度看，它们的涵盖面大部分是相同的，公司、营利性法人都属于企业，三者往往不加区别地加以使用。但企业包括非法人商业组织（如合伙、独资公司，即非法人企业），这时企业涵盖面要大于法人；法人包括非营利性组织（即非企业法人），这时法人的涵盖面要大于企业。从广义上公司可等同于企业，但如果公司特指有限责任实体，那么仅包括法人企业。因此，如果只对法人的营利事业所得课税，最好确定公司作为纳税人，这也是多数国家采用公司所得税名称的缘故。在中国，由于企业（enterprise）仅指营利性事业，且长期以独立经济核算单位作为纳税主体，习惯成自然，叫企业所得税也无妨。本书对公司所得税和企业所得税的名称一般也不加区别。

根据上述分析，公司作为企业所得税纳税人已经没有问题，而合伙企业、个人独资公司等非法人形态的企业或营利事业是否也要列入企业所得税纳税人范围？这取决于企业所得税与个人所得税的分工。下面对此进行分析。

在与个人所得税的分工上，世界各国的企业所得税的处理方式各式各样，主要有如下两种处理模式：

1）法人税模式

法人税模式就是企业所得税仅对法人企业、有盈利的非公司法人课征。对合伙企业和其他非法人企业或组织（包括个人独资公司、个体经营者、无限责任公司、英美法系中的信托等）则不作为独立的纳税人看待，其所得分别归属到所有人（个人投资者）、合伙人、受益人名下，征收个人所得税。

其中对合伙企业处理办法大体上又可分为两种：

第一种是将合伙企业完全不视为纳税实体。此种办法就是直接将合伙企业的成本费用、收入在各合伙人之间进行分配，就像合伙人直接收到收入或直接发生费用，然后由各合伙人计算盈亏，缴纳个人所得税。在这一模式里合伙企业只是合伙人的集合体，在税收上采取先分后税的办法。中国目前对律师事务所、会计师事务所等合伙性质的中介机构，均采用这种先分后税的办法，合伙企业阶段不缴纳所得税，而由各合伙人缴纳个人所得税。英国、德国、荷兰、挪威、奥地利、波兰、瑞士、丹麦等国也对所有类型的合伙企业实行按合伙人课税的办法。法国、芬兰、卢森堡、瑞典、新西兰等国规定，虽然合伙企业为非纳税实体，但在合伙企业阶段要进行税收申报。斯洛伐克、捷克、加拿大、土耳其、澳大利亚等国不将普通合伙企业视为纳税实体[①]。

第二种是将合伙企业视为准实体。此种办法就是在合伙企业阶段，以合伙企业为单位进行申报，计算所得和成本费用扣除项目，确定利润或亏损，然后再分给合伙人，并保持原有的所得性质不变，如营业利润、股息、利息、租金，由各股东或合伙人按照自身性质、各项所得的不同扣除规则和税率向税务当局纳税。美国、加拿大就采用这种模式对合伙企业征收所得税。美国《国内收入法典》第702节规定，合伙企业不必作为实体课税。第703节规定，应当将合伙企业的各项所得、利得、扣除、损失和抵免分给各合伙人，由各合伙人据以纳税。但第6221~6231节却规定，合伙企业要作为实体，选择会计方法、提交税务申报表并接受审计。美国还制定了一套十分复杂的规章，详细规定了合伙企业的所得分配、税前列支、亏损处理等事项[②]。加拿大《所得税法案》详细规定了对合伙企业的征税规则，内容涉及合伙企业层次的净所得的确定、各项费用扣除（包括工资、利息、折旧、准备金、慈善捐款等）、亏损处理、会计期限等[③]。实行这种税制的国家还有英国、德国、法国、荷兰等发达国家。

不论对合伙企业处理方法如何不同，上述类型的企业所得税都可以称为“法人”所得税。出于税收的“实质性”原则，非企业法人尽管不具有企业形式，但其营利行为在本质上和企业法人是相同的，为了税收公平也将其视同企业看待。在中国，2007年通过的《企业所得税法》也属于法人税模式。

2）营利组织模式

营利组织模式就是不论经济实体的法律身份，凡是获得生产经营所得的组织都作为企

① OECD. The Application of the OECD Model Tax Convention to Partnerships （sixth in the series “Issues in International Taxation”）. OECD，1999-01-20：71-163.

② 图若尼 V. 税法的起草与设计：第二卷［M］. 国家税务总局政策法规司，译. 北京：中国税务出版社，2004：951.

③ Easson A. Taxation of partnerships in Canada ［J］. Bulletin for International Fiscal Documentation，2000，54（4）：157-172.

业所得税的纳税人。这种模式的企业所得税细分起来又可有下列两种：

第一种情况，将非组织形式的生产经营所得，即个人包括采用个人独资公司获得的非劳务形式所得作为个人所得税的征税对象，但将合伙企业作为独立纳税主体看待。对合伙企业的征税和对法人企业（公司）的征税没有区别。在合伙企业环节，计算总收入、成本费用扣除额，从而确定应纳税所得额。合伙企业缴纳税收以后，合伙人获得分红，就像股东从公司获得股息一样，适用对股息的征税规则。尽管有的国家在法律地位上将合伙企业当作法人，但并不将合伙企业当作独立纳税实体。而有些国家不将合伙企业视为法人，但却将它们当作独立的纳税实体。目前将合伙企业当征税实体的国家有西班牙、比利时、匈牙利、墨西哥等。有的国家如斯洛伐克、捷克、加拿大、土耳其、澳大利亚等将有限合伙企业当作征税实体。爱尔兰则规定合伙企业（不论普通还是有限合伙企业）均可依照法律规定选择作为或不作为企业所得税的纳税实体①。

第二种情况，将所有企业形式的组织以及有营利行为的非企业法人组织都作为个人所得税以外的所得税的纳税人，其典型代表是中国台湾地区实行的营利事业所得税。该所得税的纳税人包括独资、合伙、公司以及其他获得营利所得的组织。

上述各种处理方式有利有弊。其焦点实际上是对合伙企业如何处理。就税收征收管理的便利而言，准实体模式先将合伙企业当作实体看待，然后再考虑合伙企业与合伙人的不可分割性，虽然兼顾了合伙企业的非法人性质和合伙企业又必须区别于单纯的个人独资的特点，但个人所得税的制度规定必定十分复杂，不仅要规定与企业所得税相同的一些内容，诸如有关资产处理、成本费用扣除的规定，而且还要就合伙人分得的所得如何计算应纳税所得额作出规定。这样，在征收管理中会遇到许多界限不清问题，从而降低税收效率。非实体模式，虽然在分配所得方面较为简便，但合伙人如何计算其应纳税所得额，却很难简便地加以确定。偷漏税的可能性加大了，因为这样的制度很大程度上依赖于合伙人自觉遵守税法规定，申报的内容变得相当复杂，稽查的力度要加大。营利事业所得税模式单纯以征税对象划分所得税税种，应该说其在税法制定和征收管理上比较便利，但是适合于分类所得税的情况，而不适合于综合所得税的情况。

不管采取怎样的模式，企业所得税纳税人的主体都是法人企业，然而，对于是否应该对法人单独课征所得税却存在不同看法，这实际上涉及企业所得税存在的依据问题。

7.1.2 企业所得税存在的理论依据

关于企业所得税存在的依据，在法学上有“法人实在说”和“法人虚拟说”的对立，在经济学和税收学上则表现为“独立公司税派”和“单一个人税派”的对立。

1）法人虚拟说

法人虚拟说或单一个人税派认为，企业所得税不应该同个人所得税并存，如果要征收企业所得税也只能当作是个人所得税的预征。他们认为，公司被称为法人是法律上的虚拟。实际上公司仅是股东的集合体，并无独立人格。对公司课税，就是对股东课税，因此企业所得税和个人所得税一并征收，会造成对股息的经济性重复征税（又称重叠征税），会造成税收不公平和效率损失。

① OECD. The Application of the OECD Model Tax Convention to Partnerships （sixth in the series “Issues in International Taxation”）. OECD，1999-01-20：71-163.

首先，从公平方面看，一是就非法人企业进行对比，由于非法人企业的纯收入不管是否实际分配了，都不必缴纳企业所得税，只对企业所有者的纯收入征收个人所得税。而公司或法人企业除总的纯收入（包括保留利润和分配利润）要缴纳企业所得税外，其分配利润在个人股东阶段还要缴纳个人所得税。公司纯收入中用于分配的数额越大，公司和股东所承担的总税负也越重。这造成税负不公平。有的学者可能会认为，分配利润的税负重于保留利润，可能有利于企业增加保留利润以扩大企业资本；但相反的观点也是有力的，就是如果企业分配利润增加，股东又能把所得到的公司分配利润投资于经济效益更好的公司（企业），则对经济效率的提高有利。资本规模的扩大并不意味着公司处于最佳经营状况。二是征收企业所得税仅就分配利润而言，意味着所有的公司股东都按同样的税率纳税，并没有真正同公司个人股东的不同状况联系起来，从而加重税收负担的不公平性。

其次，从效率方面看，在存在企业所得税和个人所得税对分配利润的重叠征税的情况下，会鼓励公司增加保留利润以增加投资，或通过举债筹资以减少股息分配，这会产生限制股票筹资方式的应用机制，干扰资本市场，损害经济效率，造成福利损失。

2）法人实在说

法人实在说或独立公司税派学者则认为，在普遍征收个人所得税的同时，之所以还要征收法人所得税，在理论上主要依据以下原则：

（1）同等纳税义务原则

他们认为，公司一经依法成立就具有独立的人格。现代股份有限公司在资产的所有权和经营权上是分离的，股东购买公司股票后拥有股票所有权，但放弃实际资产的支配权。股东一般不能介入公司内部的具体经营业务。对公司的巨额资本作出管理决策的是一批公司的专业人员，大部分股东对公司的管理决策影响很小，也不可能随意将公司财产移作个人用途。股东的变动对公司的存在全无影响。公司可以以本身的名义拥有财产，对外举债、签订契约，并成为诉讼的当事人，而独资和合伙企业的一切活动须以业主或合伙人名义进行。因而公司具有独立的人格和独立的利益，对公司课税不能认为将完全由股东负担，如果企业所得税可以转嫁，情况更是如此。既然公司有独立的人格和利益，而且与自然人一样享有受国家保护的权利，那么公司就应当独立负有纳税义务。

（2）特权报偿原则

他们认为，股份有限公司等具有法人资格的企业享有有限责任、股票流动性等特权，要按特权报偿原则向政府纳税。股份公司的有限责任制度和股票流动性，使得股份公司能够比较容易地通过资本证券化和股票小额化吸收不能在社会上独立参加企业活动的零散游资，从而克服集资的空间限制，实现技术进步和规模经济对资本数额的要求，因此有限责任的特权会产生巨大的利益。此外，股票流动性使长期投资收益回收长期化、企业资本固定化与投资者尽快回收资本的意愿之间的矛盾得到解决，因为投资者可以按照自己的意愿在证券市场上出卖股票、收回资本，而投放于企业的资本及其功能形态——机械设备和设施仍可继续发挥效用，使股份公司具有永恒生命的特权。这些给股份公司及其投资者带来巨大利益的特权，是在政府保护之下才得以享有的，公司理应向政府纳税作为报偿。

（3）财政和税收效率原则

由于具有法人资格的公司（企业）一般有比较完善的财务会计制度，各项经营所得的确定比个人所得税容易和便利，因而，征收企业所得税能给政府带来一笔可观的财政收入，征税成本却较个人所得税低。公司是所得特别是经营所得的主要源泉。公司经营纯收入一般不全部分配给股东作为股东个人收入，而要留存一部分作为生产发展基金用于再投资、转化为资本。而资本收益要到实现之时才能征收所得税，因此如果不征收企业所得税，可能导致公司通过增加保留利润形式逃避或推迟纳税。在股息所得来源之处征收企业所得税，还可起一种源泉控制作用，对保证财政收入比较有利。尽管企业所得税对经济的影响有其不利的一面，但它对居民劳动和储蓄的影响比个人所得税特别是高税率、多档次的个人所得税小。因而企业所得税是一种相对有利于效率又能取得必要财政收入的税种，当然有其存在的必要。特别是在发展中国家，由于没有普遍征收个人所得税的社会经济和管理条件，对公司（企业）征收所得税是保证财政收入的重要途径。

总的来看，尽管理论界存在着巨大的争议，但是各国政府仍然倾向于个人所得税和企业所得税并存的税收制度。对两税并存产生的消极影响，各国政府并没有坐视不理，而是提出了不同的解决办法。这些解决的办法在各国实施情况不一，导致企业所得税具有多种不同类型。

7.1.3　企业所得税的基本类型

从各国对股息重叠征税的态度及处置办法角度区分，企业所得税可分为古典制、两率制、免税制、归集抵免制4个基本类型。

1）古典制（classical method）

古典制是根据法人实在说，实行对公司所得征收公司所得税，公司分配的股息不能扣除，股东取得的股息还必须作为投资收入缴纳个人所得税的企业所得税类型。这一类型历史悠久，因而称为古典制。这种类型的企业所得税正如上文分析的，虽然对保证财政收入有利，但由于对股息的重叠征税没有相应的免除办法，会造成法人企业和非法人企业之间、保留利润和分配利润之间的税负不公平，还会对企业筹资方式产生非中性影响。

2）两率制或双轨税率制（two-rates or split-rate method）

所谓两率制就是对公司分配利润按较低税率课征，对保留利润按较高税率课征。这一方法可减轻股息重叠征税的程度，但重叠征税仍然存在，因此一般还要与其他方法配合。如日本采用的双率制就与个人所得税的股息红利抵免办法相配合。在法人阶段通过双率制排除重叠征税的1/4，其余3/4在个人阶段排除。具体办法是从个人所得税应纳税额中按领取的股息红利的一定比例或一定金额给予抵免[①]。

3）免税制（deduction method）

免税制又可分公司阶段免税制和个人阶段免税制两种。公司阶段免税制是只对保留利润征收公司所得税，而对分配利润免税。公司阶段对支付股息红利完全免税，可彻底消除重叠征税现象；而且使股息变成类似于利息的一种支出，并在税前完全扣除，因而可消除股息和利息在税收待遇上存在差别的问题。从这一点看，有利于消除公司所得税对股票筹资与借债筹资方式的非中性影响，但这一方法会起到一种降低保留利润的政策效果，被认为对企业发展不利。

个人阶段免税制，就是个人（或股东）可以把收到的股息红利的全部或部分从个人所

① 金子宏. 日本税法［M］. 战宪斌，郑林根，等译. 北京：法律出版社，2004：200-201.

得税应纳税所得额中减除。美国1986年税制改革前，曾允许每人股息所得的第一个200美元从应税所得中减除，夫妇联合申报允许免除400美元，但是这一办法并没有完全解决重叠征税问题，反而在实行高税率多档次累进税率的条件下产生了高额所得者实际减税金额比较大的不公平问题，因此美国1986年税制改革后不再采用。

4）归集抵免制（imputation method）

归集抵免制就是在股东计算缴纳个人所得税时，将获得的已纳公司所得税的股息算作股东个人所得，也就是将获得的股息还原为税前股息，然后与其他所得项目合计算出个人所得税应纳税额，准予股东从应纳税额中抵免获得的已纳公司所得税的全部或部分股息。准予部分归集抵免的称为部分抵免制，英国、法国、比利时、丹麦和爱尔兰等国家采用这一制度。准予全部归集抵免的称为完全抵免制，德国采取这一办法。虽然归集抵免法对保留利润仍存在税收歧视，但在完全合并个人所得税和公司所得税尚不可能的情况下，是解决重叠征税的较好办法，因而得到较广泛的推广。

此外还有尚处在设想阶段未付诸实施的两种模式：一是合伙模式（partnership method），就是采用类似合伙企业先分后税的办法，这实际上废除了企业所得税，但是对大公司而言股东众多，进行所得的分配在实际操作上很困难；二是所谓卡特模式（Carter method），1967年由加拿大卡特委员会提出，其做法是先税、后分、抵扣，就是在公司阶段先对所得按个人所得税最高税率课税，然后将公司所得全部（税前）按股份计算到股东名下，股东将其与其他个人所得合计计算应纳个人所得税税额，再从中扣除公司阶段的应归属本人的所得税额。实际上也是使公司阶段的所得税具有预征性质。由于存在与合伙模式相同的问题，该模式无法实际推行。

7.1.4 企业所得税居民和非居民纳税人的认定

前面的讨论最终确定了企业所得税的纳税人范围，但是为了进一步明确企业所得税纳税人的纳税义务，还有必要区分居民纳税人和非居民纳税人（关于居民和非居民的概念及其纳税义务的讨论参见7.2节中的论述）。从目前世界各国的实践来看，企业法人的居民身份认定标准主要有三个：

（1）登记注册地标准

按照这一标准，只要一个公司（企业）在本国注册登记，即为本国居民，政府有权要求该居民就来源于世界范围内的收入纳税。目前，美国采用的就是该标准。登记注册地标准的最大优点在于对居民身份比较容易确认和识别，也可有效地防止公司采用某些行为变更自己的居民纳税人身份，因为要变更须经一定的法定变更程序、办理有关手续。但这一标准也有缺陷，主要表现为某些公司的注册登记地和实际经营管理地可能不一致，公司可以脱离注册国而在别国从事生产经营活动，从而很难对这类公司实施有效的税务管理。另一个缺陷在于，纳税人容易通过选择注册登记地达到避税目的。

（2）实际管理控制中心所在地标准

按照这一标准，公司的实际管理和控制中心设在哪一国，便视为哪一国居民公司。公司的实际管理和控制中心有不同的识别标准，主要从以下几个方面进行判断：公司董事会开会的地点、公布分红的地点、公司进行营业活动的场所、公司的各种账簿的保管地、股东大会召开的地点等。英国是采用这一标准的典型国家。英国判例法认为，公司的注册地虽然是决定公司控制地的一个重要因素，但不是决定因素，公司注册地犹如自然人的出生地一样，不能将该地视为自然人一生的居住中心所在。当注册成立地与实际管理控制中心所在地不一致时，英国税法认定以实际管理控制中心所在地作为公司居民身份的判断标准；当实际经营地与主要决策所在地不一致时，则以主要决策地作为依据确定公司的居民身份。

（3）总机构所在地标准

根据这一标准，公司的总机构设在哪一国，公司就为哪一国的居民。中国和日本采用这一标准。日本税法规定，在日本设有总店或主要事务所的法人为本国法人，既然是法人，意味着它们是在日本按日本法律登记注册的，因此，日本实际上兼用总机构或主要机构所在地和登记注册地两项标准。已废止的《中华人民共和国外商投资企业和外国企业所得税法》（以下简称《外商投资企业和外国企业所得税法》）及其实施细则也是按总机构所在地标准确定企业居民身份。这一税法及其实施细则规定，外商投资企业的总机构设在中国境内，就来源于中国境内、境外的所得缴纳所得税，其在中国境内或者境外分支机构的生产、经营所得和其他所得，由总机构汇总缴纳所得税。与日本的税法类似，在中国税法中，对企业居民身份的认定，注册登记地标准起很大的作用。上面所称的总机构在中国税法中是指依照中国法律组成企业法人的外商投资企业，在中国境内设立的负责该企业经营管理与控制的中心机构。中国税法并不把外国公司、企业和其他经济组织在中国境内设立的从事实际生产经营业务的各种经营机构视为居民。总之，总机构标准往往与登记注册地标准相结合。

7.1.5 企业所得税计税基础的确定

一般来讲，企业所得税的征税对象为企业投资经营的纯收入，而计算企业经营纯收入的过程实际上就是确定企业所得税计税基础的过程。从各国的企业所得税制规定看，应纳税所得额的计算过程主要涉及企业收入、支出范围确定和计算方法问题。不同的收支范围和计算方法将会对企业所得税的计税基础产生不同的影响，因此我们有必要对这些问题进行重点研究。

1）应纳税所得额收支范围的确定

从理论上讲，企业所得税是对企业生产经营的纯收入征税的，也就是说，应纳税所得额是企业的各种营业所得和非营业所得扣除生产经营中的必要支出后的纯利润。在实际工作中，确定利润过程一般是按照各国的会计准则进行的。尽管由于企业性质不同，会计核算也有差异，但是其核算的基本过程却一般遵循下列程序：

①销货净额（净收入）=销货毛收入-（销货退回及折让+销货折扣）

②产品销售成本=期初存货成本+本期产品制造成本-期末存货成本

③产品销售毛利=销货净额-产品销售成本

④营业净利=产品销售毛利-营业费用

⑤净收益=营业净利±利得和损失

那么，按照上述程序计算出来的净收益是否就是公司所得税的应税所得额呢？一般来说，按照会计准则和按照税法规定计算的所得是不完全一致的。从各国的情况来看，二者之间一般存在两种差异：第一种是暂记性差异。这是由于税法与公认会计准则关于确认收入与费用的期间及方法不同而产生的差异。例如，由于确认时间不同，会计上的暂收款可能是税法规定的当期收入，而会计上的支出项目可能是税法上的预付款，这样会计所得就小于应税所得；由于会计上采用收付实现制计算所得，而税法上采用现收现付制来计算应税所得，因此税法上确认的某项支出，会计上则在下期确认，由此也会造成二者的差异。为了反映这种差异，企业会在会计上设置“递延所得税”账户加以记录。第二种差异是永久性差异，它是由税法规定的应税收入项目或应扣除费用项目与公认会计准则的收益、费用项目不同引起的差异。例如，政府出于经济原因，对于某些会计上的所得实行免税的政策，而对于一些费用扣除项目直接规定不准税前列支等。永久性差异各国都存在，不受会计模式的影响，具体情况如何取决于所得税政策作何规定。

除了上述差异外，总的来看，税法上对于企业收入和支出的确定基本上同会计上的规定还是一致的。一般来说，除了政府出于特定政策考虑规定的减免外（如国债利息免税），企业的所有收入均属于企业所得税的应税收入，具体来说，包括销货收入（营业收入）、权利金、佣金、奖励金、不需偿还的债务收入、保险收入、财产租赁收入、财产变价收入、其他收入等。相对于收入项目来说，企业销售成本以及营业费用的具体项目就比较多了，例如原材料、工资、租金、运输费、广告费、差旅费、利息支出、折旧支出、间接税支出、特许权使用费、科研费等。与收入项目不同的是，成本支出的项目并不是都能扣除的，各国税法一般都仅允许扣除那些与取得收入直接相关的支出项目。总的来看，可以扣除的项目一般包括原材料、燃料等和产品（存货）制造的直接相关支出，折旧支出，工薪支出，利息支出，特许权使用费支出，捐赠支出，研究开发支出，亏损等。

2）关于资本利得的处理

企业的资本利得是企业房屋、土地、证券以及无形资产等资本性资产增值或者出售所获取的收益。从会计核算的角度来看，资产的增值一般作为所有者权益的增加加以反映，而对出售资产的收益则确认为非经营收入，纳入到利润核算体系之中。这样，从企业所得税的征收目标来看，由于出售资产而获得的资本利得应该纳入到征税的范围。有鉴于此，从目前各国的实践来看，各国均对出售或者交换资本性资产实现的收益征收所得税；另外，不对尚未实现的资产增值征税，也考虑了公平、估价等方面的问题。总的来看，目前关于资本利得的课税问题主要存在于资本利得的课税方式、计税基础的计算方法、税率的选择、税收优惠等几个方面。

从对资本利得的课税方式看，有些国家将资本利得同公司的其他所得合并计税，如瑞典、荷兰以及中国目前的情况。也有些国家除了对资本利得征收一般公司税外，还加征一些特别税，如日本对于出售土地、租赁或出售其持有的1992年1月1日以后的代表土地价值的股票取得的资本利得还要征收附加税①。而大多数发达国家均按照对资本利得单独处理的方式对其征税，如美国对公司资本利得和经营所得分别适用不同的税率、计价方法和优惠。英国虽然在1987年后规定资本利得并入公司所得纳税，但是却规定了资本利得可以从新增固定资产成本中扣除的办法②。加拿大就采取部分课税制，即将资本利得的3/4计入到公司所得中。采用合并计税的国家往往从征收管理便利的角度出发，而单独计征的国家往往会通过特殊的处理方式减少资本利得税对于投资的影响。

① 林恩焕．对资本利得课税的国际比较及我国的政策选择［J］．涉外税务，1999（7）：41-44.
② 国外税制——英国．中税网，http：//www.taxchina.cn/StatuteLib_statuteDetail.asp？StatuteId=9354.

单独计征资本利得税的国家对于资本利得的计算方法往往都会将通货膨胀的因素考虑在内，如美国对于资产成本的计算不是按照原始成本而是按照通货膨胀调整后的成本计算的；英国则对资本利得实行指数化宽免。这样的做法比较科学，但是计算方法较复杂，因此多为发达国家采用。

最后是税率的选择和优惠的问题，实际上这与各国对资本利得对于投资影响的态度有关。从理论上看：第一，资本利得税通过影响投资项目的收益率进而影响到经济发展中资本的形成；第二，资本利得税还会通过影响企业的股权收益进而影响企业融资模式的选择；第三，资本利得税还将大大地影响企业的风险投资进而影响到依靠风险投资获得发展的中小企业。鉴于以上三点原因，各国普遍采取低税率和优惠的方式减少资本利得税的影响。具体来看，为了鼓励长期投资，各国普遍对长期资本收益实行低税率，如法国规定对于持有期2年以上的资本利得按照19%的低税率纳税；美国规定持有期1年以上的资本利得按照28%的税率纳税，均低于正常的公司所得税税率①。另外，大多数国家还规定，对于用于再投资的资本利得一般实行免税，这样做的国家有英国、德国等②。

3）关于亏损结转的处理

亏损结转是指企业某一年度的亏损可以用其他应税年度（包括以前年度和以后年度）的利润进行抵补的特别制度。从具体的结转方法来看主要有三种：第一种是当年发生的亏损可以从以前年度利润中扣除加以弥补，以前年度缴纳的税款可以得到相应的退回，叫作亏损转回。这实际上是政府放弃了企业以前年度的应纳税额，给企业提供一定的帮助。第二种做法是当年发生的亏损可以用以后年度的利润弥补，称为亏损向后结转。这是政府放弃以后年度的部分应收税款，为企业提供必要的支持。第三种办法是同时实行向前和向后结转，一般来说是先允许企业向前结转，以前年度利润不足弥补的，再向后结转。一国政府之所以规定亏损结转制度，主要是考虑企业的生产经营是连续不断的，因此对企业纳税能力的判断也应有比较长期的观念，出现盈利时，企业要履行纳税义务，以维持政府支出；出现亏损时，政府要履行退还或结转税款的义务，帮助企业渡过难关。这项制度也起着保护再生产、降低投资风险、鼓励投资的作用。同时，各国政府都会根据本国财政承受能力以及从企业扭亏增盈的要求出发，规定一定的结转期限，也有少数国家允许无限向后结转。表7-1列出了部分国家的具体期限。

表7-1 **部分国家结转年限的规定**

国家	向前结转年限	向后结转年限
英国	1	无限期
美国	3	15
法国	3	5
德国	2	无限期
荷兰	3	8
日本	1	5
韩国	不允许	5
中国	不允许	5

① 国外税制——美国．中税网，http://www.taxchina.cn/StatuteLib_statuteDetail.asp?StatuteId=350 561.
② 林恩焕．对资本利得课税的国际比较及我国的政策选择［J］．涉外税务，1999（7）：41-44.

4）关于存货的处理

所得税是对利润课税，利润是销货收入扣除销货成本后的余额，而销货成本=期初存货+本期购货-期末存货，因此存货的价格将直接影响企业的本期利润。由于存货发生的时间、地点不同，价格也就各异。例如原材料采购渠道不同，运输里程不同，那么各批购进的价格不会相同，自制的各批成本也不会相同。实践中，确定存货价格的方法很多，主要包括：具体辨认法、加权平均法、移动平均法、先进先出法（first-in first-out method，简称FIFO）、后进先出法（last-in first-out method，简称LIFO）、成本与市价孰低法（lower of cost or market，简称LCM）。用不同的计价方法计算出来的存货成本不同，因此选择存货计价方法就成为企业所得税必须规定的问题之一。

从世界各国的实践来看，一般都规定会计和税收采用的存货计价方法应保持一致。资料可查的绝大多数国家都允许企业在计税时采用成本与市价孰低法。对存货原始成本的计价，只要是符合一般商业惯例和公认会计准则，且与税法没有抵触的方法，企业均可采用，不过一经选用，未经批准不得变更，因为只要在较长时间内计价方法保持不变，存货成本从平均看就是与实际价值一致的。

5）关于折旧的计算方法

厂房、设备等固定资产支出与原材料等流动资产支出在性质上不同，原材料等流动资产的价值可以一次性转移到产品价值中去，在费用扣除时作一次性实扣，而固定资产的支出，在通常情况下不得作为费用开支一次扣除。因为固定资产的价值在其使用年限内是逐步、分次地转移到产品价值中的，所以有一个提取折旧费用问题。理论上讲，折旧就是固定资产磨损和损耗的补偿价值，本期提取的折旧费构成本期产品的转移价值，在计算公司所得税时，应从毛收入中扣除，以避免税收课及固定资本，维持再生产的继续进行。在实际工作中，折旧的方法有多种，有直线法（平均法）、余额递减法、年数总和法等。

在上述方法中，后两者由于允许在固定资产使用年限前期可以比后期提取更多的折旧，因而被称为加速折旧。普通折旧和加速折旧既有相同点也有不同之处，下面我们来做一比较。

首先，无论是普通折旧还是加速折旧都存在不能真实反映固定资产经济折旧的问题。所谓固定资产的经济折旧，是指按照固定资产每年实际消耗程度提取的折旧。由于现实中，衡量固定资产的实际消耗比较困难，因而税法大多直接规定不同资产的使用年限，而这些规定的使用年限不一定就是固定资产的实际使用年限。其次，无论是什么方法，对固定资产购进成本的计价都存在选择历史成本还是重置成本的问题。在通货膨胀的情况下，采用历史成本计价估算的折旧会低于采用重置成本估计的数额，从而使企业的利润增加，所得税也增加。

再来看普通折旧和加速折旧的区别。加速折旧法使企业在折旧期的头几年内，由于折旧额的增加而使净利润减少，公司所得税的税基也相应地暂时缩小。这给公司（企业）提供了延期纳税的机会，公司（企业）可以占用原应上交政府的税金作为自己的固定资本，这实质上是由政府提供一笔无息贷款，企业可获得利息好处，政府财政收入尽管在折旧期的头几年会减少，但从整个折旧期看不会减少（除非企业发生亏损），而且会因这些措施加速产业结构调整、促进企业产品结构的更新换代。但是，加速折旧的作用效果如何，还取决于企业能否产生较好的经济效益以及其他一些税收优惠政策。例如，已废止的《外商投资企业和外国企业所得税法》规定，对生产性外商投资企业，经营期10年以上的，从开始获利的年度起，第1年和第2年免征企业所得税，第3年至第5年减半征收企业所得税。在此种税收优惠规定下，就不宜采用加速折旧法。在免税或减半征税的经营前期，实行加速折旧增加折旧额、减少应纳税所得额意义不大；而到减免税期结束后，减少折旧额，增大应纳税所得额，税负会加重。在这种情况下，对企业而言，加速折旧法不如直线法来得有利。因此，加速折旧政策的采用还要与税收政策的其他方面一起通盘考虑。

6）关于工资扣除的处理

企业所得税中的工资支出是指企业支付给雇员的全部报酬的总和，包括了按照劳动力市场价格支付给雇员的劳动报酬，各种激励性质的奖金、红利、补贴支出，以及法定的各种福利支出。按照企业所得税的基本原理，这些支出均属于企业产品成本的一部分，理应据实进行税前扣除。从世界各国的实践来看，一般也是按照各国的会计制度进行核算，并实行据实扣除的。而从中国的情况来看，一直以来，外资企业可以据实扣除工资，内资企业则实行按照计税工资进行扣除的规定[①]，即超过计税工资标准的工资成本不允许税前扣除。1999年以前，计税工资的标准是人均每月800元，1999年以后规定允许各省、自治区、直辖市人民政府在不高于20%的幅度内调整计税工资扣除限额，2006年7月1日后再次调整为人均每月1 600元，同时取消了地方政府的调整权限。

中国之所以实行按照计税工资进行限额扣除，主要是因为中国的征管手段不够完善，如果是据实扣除，那么那些生产经营不规范、账簿不健全的企业就会利用多扣工资而逃避所得税。但是，随着中国经济的不断发展和企业生产经济状况的改变，原有的扣除标准已经不能补偿企业正常的工资支出成本，同时内外资企业不同的扣除标准也造成了严重的税负不公平。有鉴于此，各界关于取消内资企业的计税工资扣除限制的呼声也越来越高。2007年通过《企业所得税法》，实现内外资企业所得税法规的统一，不再按内资和外资区别对待，也不再规定按照计税工资进行限额扣除的办法。但有关部门仍然规定“对属于国有性质的企业，其工资薪金，不得超过政府有关部门给予的限定数额；超过部分，不得计入企业工资薪金总额，也不得在计算企业应纳税所得额时扣除”[②]。这主要配合企业主管部门，针对国有企业特别是一些垄断企业过度提高职工工资福利待遇，特别是其中高管人员享受过高工资待遇问题，规定工资限额而采取的措施。

7）关于税收优惠的规定

税收优惠是指政府为实现特定的社会、经济政策目标，在法定基准纳税义务的基础上，通过一定方式免除或减少纳税人部分应纳税收的做法的总称。从政府支出的角度来看，对纳税人的税收优惠实际上也可以看作是政府为了实行特定的政策目标而进行的一项支出，由于这项支出是放弃应得的税收收入而实现的，所以被称为税式支出（tax expenditures），税式支出实际上是从支出角度对于税收优惠的表达。

在企业所得税制中，税收优惠往往作为引导企业经济行为的重要手段。按照其作用对象划分，可以分为两类：第一类是作用于应纳税额的优惠，包括减免税、再投资退税、投资抵免等；第二类是作用于应纳税所得额的优惠，包括加成费用扣除、亏损结转、加速折旧等。其中，第一类优惠由于能够直接减少企业的税收负担，也被称为直接税收优惠；第

① 除了按照计税工资扣除的规定外，中国还规定了对部分国有控股企业和金融保险企业实行工效挂钩的办法，对软件开发企业、集成电路生产企业实行据实扣除的办法。

② 国家税务总局，关于企业工资薪金及职工福利费扣除问题的通知，国税函［2009］3号。

二类优惠方式则通过扩大企业的可抵扣成本和费用从而间接影响企业的最终税负，所以被称为间接税收优惠。

（1）减免税

减免税是指对纳税人按税法规定应纳的税额减少征收和不予征收的做法，按照政策实行的时间限制可以分为永久减免和定期减免；按照减征的方式则可以分为比例减征和减率减征。例如，中国原企业所得税法中对于经营期10年以上的外资生产性企业实行的“两免三减半”政策，就是按照比例减征法实行的定期减免税；而对在特定区域内的外资企业减按15%的税率征收企业所得税的政策，则属于减率减税优惠。由于减免税直接作用于应纳税所得额，所以具有作用效果快、影响程度大的特点，往往应用于需要政府大力支持的区域、行业和项目上，以达到短期内迅速吸引资金流入的目的。但是，从长期来看，减免税政策是以政府牺牲一定的财政收入为代价的，而且容易造成企业的过度投资，从而引起区域和行业发展的不平衡。

（2）再投资退税

再投资退税是指对于利用利润进行再投资的企业，允许全额或者部分退还其再投资部分已纳的税额。再投资退税的目的是鼓励纳税人利用未分配利润对企业进行追加投资，从而扩大企业的再生产，防止企业经营行为短期化，对于那些处于创业初期的企业来说，还能够有效地缓解企业经营资金短缺的困难。但是，对于外国投资者来说，如果东道国（被投资国）和外国投资者母国间不存在税收饶让①协定，那么再投资的退税部分则必须在投资者的母国补税，从而降低了再投资退税的作用效果。

（3）投资抵免

投资抵免是指对纳税人在特定项目的固定资产投资，允许按照投资额的一定比例直接冲减应纳税额的做法。由于它能够较快较大程度地降低企业的投资成本，因此往往是一国在投资紧缩情况下刺激投资的重要手段。从各国的实践来看，投资抵免政策往往针对不同类别的固定资产制定不同的抵扣比例，从而在刺激投资的同时也能够起到引导企业投资方向的作用。

（4）加成费用扣除

加成费用扣除是指对于某些费用扣除项目，除了允许纳税人按照法定扣除标准扣除外，还允许其再增加一定比例的扣除额。一般来说，加成费用扣除能够提高那些需要政府鼓励的企业的可列支成本，进而降低了企业的应纳税所得额，并最终达到降低其税收负担、促进其发展的目的。

（5）亏损结转

亏损结转是指企业某一年度的亏损可以用其他应税年度（包括以前年度和以后年度）的利润进行抵补的特别制度，其目的是降低企业一定时期内的总体税负。按照前面的分析，亏损结转的年限越长，企业享受的优惠力度也就越大，因此各国均会根据财政承受能力和企业扭亏增盈的实际情况来设置不同的亏损结转年限。

（6）加速折旧

加速折旧是指采用余额递减法、年数总和法等加速折旧的方法对固定资产进行折旧的做法。如前所述，加速折旧实际上起到了延迟企业纳税的效果，从而能够起到促进和引导

① 税收饶让是指，在外国投资的企业，母国对其在东道国因享受税收优惠而获得的税收减免视同已缴纳税收而准予抵免的做法。

企业投资的目的。

总的来看，各国政府均会结合本国发展的实际情况，利用上述税收优惠手段调节和促进本国经济的发展。从中国的情况来看，长期以来，针对外资企业中国政府实行了力度较大的区域减免税政策。之所以采取这样的做法，一方面是考虑到改革开放初期中国急需外国资本的进入，从而带动中国经济发展；另一方面是考虑到外资企业在进入中国的早期阶段，为适应中国国情和当地要求，可能增加其实际运行的成本，因此税收优惠在一定程度上也体现了对其的补偿。但是，随着中国经济发展水平的提高，以及外资企业对中国实际情况认识程度的加深，上述两个方面的问题已经不再存在。因此，2007年通过的《企业所得税法》对原有的“区域为主，行业为辅”且内外资企业有别的税收优惠政策体系作出了较大的调整，一方面取消了外资企业享受的大部分区域优惠政策，另一方面重新构建了以环境保护、高新技术、基础设施建设为主的产业优惠体系。但必须指出的是，《企业所得税法》仍然存在税收优惠手段单一的问题，未来中国税收优惠体系还要向着综合利用各种优惠方式、全方位调节经济运行的方向发展。

7.1.6 企业所得税的税率和税率结构

公司所得税税率反映公司所得税负担水平。公司所得税税率制度往往还体现一个政府税收政策取向。由于各国公司所得税的财政地位不同，政策考虑不同，各国公司所得税的税率制度也是不相同的，而且不断变化。但是，总的来看，仍可大体上归入两大类型，即超额累进税率类型和差别比例税率类型。

1）超额累进税率

从世界范围来看，实行超额累进税率的国家只有印度尼西亚、卡塔尔等极少数国家[①]，2018年以前美国联邦公司所得税采用超额累进税率，2018年美国税改将15%、25%、34%、39%、34%、35%、38%、35%八档超额混合累进税率降低至21%的单一税率，我们以美国为例对超额累进税率进行考察。美国2018年以前的超额累进税率见表7-2。

表7-2 2018年以前美国联邦公司所得税税率表

级数	全年应纳税所得额	税率（%）
1	不超过50 000美元的部分	15
2	超过50 000美元至75 000美元的部分	25
3	超过75 000美元至100 000美元的部分	34
4	超过100 000美元至335 000美元的部分	39
5	超过335 000美元至10 000 000美元的部分	34
6	超过10 000 000美元至15 000 000美元的部分	35
7	超过15 000 000美元至18 333 333美元的部分	38
8	超过18 333 333美元的部分	35

资料来源 the balance small business：Corporate tax rates and what you owe. http：//biztaxlaw.about.com/od/businesstaxes/a/corptaxrate.htm

表7-2中，在超过100 000至335 000美元时适用的税率是39%，是因为美国联邦税法

① 国家税务总局网站.国外税收政策管理——165个国家和地区的公司所得税税率和亏损处理情况表.http://www.chinatax.gov.cn/n480462/n4273674/n4273774/n4691423/4951301.html?https://www.gov.uk/corporation-tax-rates.

规定对应纳税所得额在10万~33.5万美元的，加征5个百分点的附加税；在超过15 000 000至18 333 333美元时适用的税率是38%，是因为美国联邦税法规定应纳税所得额超过1 500万美元的公司，要缴纳的附加税是超过1 500万美元的应纳税所得的3%或10万美元的应纳税所得的3%，二者取较小者。另外，为了防止具有所得的纳税人通过不予计列（免税）、扣除抵免等办法逃避必要的纳税责任，美国还设计了一种替代性最低限度税（alternative minimum tax），即按照正常公司所得税应税所得±特定的调整项目+所有优惠项目-40 000美元，得到替代性最低限度税应税所得（AMTI），然后再乘以其税率20%，得到最低限度税额。税法规定，对于正常所得税的应纳税额低于最低限度税的纳税人要征收最低限度税。最后对于小型企业（如公司股东不超过35人，且全部为居民个人的企业），则一般规定不征收公司阶段所得税，只征收股东个人所得税。

总的来看，超额累进税率虽然能够按照企业的实际纳税能力征收税款，但是这种税率制度比较复杂，美国在2018年将超额累进税改为21%的单一比例税率，说明当前简化税制和减轻税负是当前国际的潮流。

2）差别比例税率

目前绝大多数西方国家对公司所得税都实行比例税率制。有的国家采用单一比例税率，大部分国家实行差别比例税率，但差别对象因国家而异，主要有以下几种类型：

（1）“大小”差别比例税率制

例如，法国根据公司大小规定差别税率，2018年公司所得税一般税率是33.3%，年应税所得额低于5万欧元的小企业按28%税率征税，而对大企业其应税所得额超过76.3万欧元部分征收3.3%附加税，实际最大有效税率为34.43%。[1]中国对于一般企业实行25%的统一税率，而对于小型微利企业则实行优惠税率。这种差别税率的特点是只考虑公司利润的大小，而不考虑所得的来源。

（2）规模与行业兼顾的差别比例税率制

加拿大的公司所得税，按照非制造加工公司、制造加工公司和小型商业公司分别制定不同的税率，其中一般对制造加工公司和小型商业公司实行低税率。表7-3反映了2020年度加拿大各省公司所得税税率情况。

表7-3　2020年度加拿大各省公司所得税税率（%）

省份	非制造加工公司	制造加工公司	小型商业公司
Alberta	10	10	2（50）
British Columbia	12	12	2（50）
Saskatchewan	12	10	2（60）
Manitoba	12	12	0（50）
Ontario	11.5	10	3.2（50）
Quebec	11.5	11.5	5（50）
New Brunswick	14	14	2.5（50）
Nova Scotia	16	16	3（50）
Prince Edward Island	16	16	3（50）
Newfoundland and Labrador	15	15	3（50）
Northwest Territories		11.5	4（50）
Nunavut		12	4（50）
Yukon		12	2（50）

注：最后一栏括号内为小企业的应税所得额标准（单位：万加元）。

资料来源　加拿大财政部网站http：//www.finance.alberta.ca/publications/budget/budget2020/-index.html.

① http：//www.worldwide-tax.com/france/french-tax.asp.

（3）未分配利润与已分配利润区别征税的税率制

2008年1月1日以前，德国的公司所得税采取对未分配利润与已分配利润按不同税率征税的策略，以与归集抵免制相配合，免除对股息的重叠征税。例如2005年度，对公司应税所得先按适用税率35%征收，如公司将税后利润分配给股东，则可退还部分公司所得税，使得公司分配利润实际承担25%的公司所得税。这笔税收将在收取股息的股东的所得税中抵免。从2008年1月1日开始，直到目前（2020年），无论是保留利润还是分配利润，德国的公司所得税联邦税率均为15%，加上为帮助德国公司合并而对应纳公司所得税额征收的5.5%的团结税（solidarity tax）——一种附加税，联邦层面公司所得税的实际税率为15.83%，此外公司所在城市还要征收名为营业税或交易税的城市地方所得税，税率14%~17%不等，综合起来德国公司所得税有效税率为30%~33%[①]。

从上面的介绍来看，各国公司所得税税率制度大多实行比例税率，即使实行累进税率，档次也比较少。无论是何种税率类型，各国公司所得税税率一般均不是单一的而是有差别的。这给我们一个重要启示，就是公司所得税税率制度不仅是着眼于财政目标，同时也是重要的经济政策工具。通过有差别的税率制度，实际上形成对不同类型企业的不同政策取向：其一是，对中小企业的保护和照顾；其二是，和个人所得税的配合，避免重复征税。另外，近年来，世界各国普遍实行了以降低公司所得税税率为主要方法的减税政策，例如，2015年日本推出“成长型法人税改革”方案，分阶段下调公司所得税税率，到2020年日本公司所得税一般税率为23.5%，所得额低于800万日元的中小企业的税率为15%，但日本除了国家层面的所得税外还有地方所得税，综合起来有效税率高于23.5%，如京东地区实际有效税率为33.06%[②]。2018年，美国通过税改将15%、25%、34%、39%、34%、35%、38%、35%八档超额混合累进税率降低至21%的单一比率税率。法国通过立法计划在2018至2020年间，将公司所得税税率从33.3%降至25%，2018年10月，澳大利亚通过《中小企业减税法案》，从2021—2022纳税年度起，年收入低于5 000万澳元的中小企业税率由27.5%下调至25%，阿根廷2018年将公司所得税税率从35%降至30%，并宣布到2020年进一步降至25%。比利时2018年将公司所得税法定税率从34%降至29%，到2020年将进一步降至25%，卢森堡、挪威和瑞典等国均小幅度下调公司所得税税率[③]。

总而言之，税率的高低以及税率制度的选择，一方面要考虑各国的财政功能，另一方面还要根据各国经济发展的各种政策目标加以调整。

7.1.7　企业所得税的国际避税与反避税措施

随着经济全球化的不断发展，跨国公司（企业）逐渐成为重要的经济主体之一，企业的跨国经济活动也越来越多。由于各国的税收制度在一定程度上有差异，就给跨国纳税人通过国际避税的方式减轻和消除其税收负担提供了机会。为了保证正常的税收收入，各国政府也出台了一系列的反避税措施，下面我们重点介绍转让定价、资本弱化、在避税港设立受控公司等比较常见的避税方法及防止措施。

---

① http: //www.worldwide-tax.com/germany/germany-taxes.asp.
② http: //www.worldwide-tax.com/japan/japan_tax.asp.
③ 孙红梅，燕晓春. 全球减税降费面面观［N］. 中国税务报，2019-04-09.

1）转让定价及其防止措施

转让定价（transfer pricing）也称转移定价，是指关联企业之间在转让货物、无形资产或提供劳务、资金信贷等活动中，为了一定的目的所确定的不同于一般市场价格的一种内部价格，具体来讲，转让定价主要发生在有形财产的销售、无形财产的转让、服务的提供、金融交易等领域。在跨国经济活动中，利用关联企业之间的转让定价是国际避税中一种常见的方法，其一般做法是：高税国企业向其低税国关联企业销售货物、提供劳务、转让无形资产时制定低价，从而减少高税国企业的盈利甚至使之出现亏损，将利润转移到低税国的企业；相反，低税国企业向其高税国关联企业销售货物、提供劳务、转让无形资产时也可以制定高价，同样能够使利润从高税国转移到低税国，从而达到最大限度减轻其税负的目的。

由于关联企业采用转让定价会导致企业的账面利润和实际利润脱节，影响相关国家的税收利益，因此各国均会实行一系列针对转让定价的调整方法，从而使企业所在国家能够征收到应征的所得税。目前，各国转让定价调整方法的基本样本为美国《国内收入法典》第482节及其实施规则和OECD的《跨国公司和税务局的转让定价指南》。按照这两个蓝本的规定，在转让定价的调整过程中必须遵循正常交易的原则，也就是说一项关联交易的价格是否合理，要以非关联企业从事相同交易的价格作为判断标准，如果不一致就违反正常交易的原则，要对其进行适当的调整。但是，由于各种交易之间总是存在一定的差异，因此往往要通过可比性分析的方法确定一项非关联交易是否可以作为参照的对象。具体来说，可比性分析主要涉及功能、合同条款、风险、经济环境、财产或劳务特性、商务策略六个方面的比较。最后，在确定了作为参照对象的非关联交易后，还要按照一定的转让定价的调整方法确定最终的交易价格。按照两个蓝本的规定，在确定调整方法时，必须依据实际情况，选择最能对交易结果作出最可靠判断的方法，这一原则被称为“最优法”原则。目前常用的转让定价的调整方法包括：可比受控价格法、转售价格法、成本加成法、可比利润法、利润分割法、交易净利法。必须指出的是，具体方法的选择同样要根据可比性分析的结果来进行最终的确定。

从中国的情况看，2007年通过的《企业所得税法》将以往散见于各个行政法规中的针对转让定价的条款上升到了法律的层级，并从原则、方法、程序上作出了一般规定。具体来说，第一，确立了转让定价的税务调整和成本分摊的基本原则为关联企业间的独立交易原则，并明确规定对于不符合独立交易原则而减少企业或者其关联方应纳税收入或所得额的做法，税务机关可以按照合理方法进行调整。第二，明确肯定预约定价安排可以作为转让定价调整的重要方法，亦即企业可以向主管税务机关提出与其关联方之间业务往来的定价原则和计算方法，主管税务机关与企业协商、确认后，达成预约定价安排。第三，明确规定了企业及其关联方、与关联业务调查有关的其他企业，有提供相关资料的义务，如企业不提供与其关联方之间的业务往来资料，或者提供虚假、不完整的资料，未能真实反映其关联业务往来情况的，税务机关可以核定其应纳税所得额。

2）资本弱化及其防止措施

资本弱化（thin capitalization）又称资本隐藏、股份隐藏或收益抽取，是指企业投资者为了达到避税的目的，在企业融资方式的选择上，采用降低股本的比重，提高贷款的比重，以贷款方式替代募股方式进行融资，从而使企业的债务资本超过权益资本[①]。资本弱化实际上是利用企业所得税中允许利息税前扣除的规定，从而通过降低企业应税所得额来达到减轻企业税负的目的，目前这种方法已经成为跨国公司进行国际避税的重要方法之一。其一般做法是，本国公司在为投资经营而筹集资金时，往往采用向其处于低税国的国外关联公司借贷的方式进行，这样一方面本国公司可以通过较多的利息支出降低应纳税所得额，同时也避免了对其股息分配的重复课税；另一方面由于国外关联公司所在国税率较低，从而又降低了利息收入的应纳税额。

由此可见，资本弱化的结果是增加利息扣除的同时减少了对股息的课税，因此防止利用资本弱化进行避税的重点自然在于对利息扣除的限定措施上。从世界各国的实践来看，目前主要采用安全港规则和正常交易规则两种处理方式。安全港规则（safe harbor or safe haven）也称为固定债务与股本比率法（fixed debt/equity ratio approach），即在税收上对债务资本和权益资本的比例进行限制，如果公司债务对股本的比率在税法规定的固定比率之内，则债务的利息支出允许在税前扣除；如果公司债务对股本的比率超过税法规定的固定比率，则超过固定比率部分的债务利息支出不允许在税前扣除，并将超过固定比率部分的债务利息视同股息征收所得税。目前，包括加拿大、澳大利亚、日本、美国、德国、韩国、西班牙、法国和南非在内的多数发达（发展中）国家均采用这种办法，所不同的是，各国在固定比率的标准、贷款类型及贷款资本金的税收确认时间、贷款提供人的身份认定及安全港规则的适用对象上均有各自的规定[②]。第二是正常交易规则，即臂距原则（arm's length principle），也称为独立企业法（independent enterprise approach），即在确定贷款或募股资本的特征时，要看关联方的贷款条件是否与非关联方的贷款条件相同，如果不同，则关联方的贷款可能被视为隐蔽的募股，要按有关法规对利息征税。具体规定一般为，企业向关联方收支的利息，应按照没有关联关系、非受控和独立的企业间的正常利率水平支付利息。凡不按照独立企业原则而提高利率、多支付利息、转移利润的，税务机关有权把利息视为股息，按照股息的规定征收所得税。目前采用这一规则的代表性国家是英国、新西兰等国。采用这一方法的前提条件是关联企业的确定标准、正常交易中利息的确定以及对关联企业非正常交易的利息支出的处理三个方面。

从中国的实践来看，一直以来并没有明确的防止资本弱化的措施，其中针对外资企业，规定其向国外关联企业支付的不高于一般商业银行贷款利率计算的利息，允许在税前全额扣除，从而使得外资企业可以轻而易举地利用资本弱化进行避税；针对内资企业，则规定纳税人从关联企业取得的借款金额超过其注册资本50%的，超过部分的利息支出，不得在税前抵扣，这实际上相当于实行了0.5：1的固定债务与股本的比率，而这一比率远超过国际的平均水平[③]。有鉴于此，《企业所得税法》第51条对资本弱化问题作出了新的一般性规定，规定指出，企业从其关联方接受的债权性投资与权益性投资的比例超过规定标准而发生的利息支出，不得在计算应纳税所得额时扣除。从这一规定我们可以看出，安全港规则将作为中国防止资本弱化问题的基本原则，至于债权性投资和权益性投资的比例标准，则还要根据中国国情和国际惯例进一步展开研究。

---

① 按照OECD的解释，企业的权益资本与债务资本的比例应为1：1，当权益资本小于债务资本时即为资本弱化。
② 详细论述参见杨斌．国际税收［M］．上海：复旦大学出版社，2003：106-108.
③ 刘磊．论资本弱化税制［J］．涉外税务，2005（10）：8-13.

3）在避税港设立受控公司避税及其防止措施

所谓避税港，是指完全或实际上不征收所得税，或虽然征收所得税但税率很低，或对离岸业务或境外收入给予减免税优惠，从而使纳税人可通过其避免或减轻居住国所得税的国家和地区。除了具有无所得税或所得税税率较低或存在特别的税收优惠等特征外，作为避税港的国家往往还具有政局稳定、交通便利、经济自由、有严格的商业和金融保密制度、法律或管理规章缺乏透明度等特征，这些特征也在一定程度上妨碍税务当局稽查活动的展开，给企业开展以避税为目的无实质经济活动提供了便利。一般来说，跨国纳税人利用避税港进行避税的主要形式是通过在避税港建立各种类型的“受控外国公司”（controlled foreign company，CFC），并通过离岸经济活动将避税港境外的财产和所得汇集到受控公司的账下，从而减轻或逃避财产或所得真实所有人居住国的所得税或财产税[①]。所谓受控外国公司，是指那些在避税港设立的并实际上由避税港以外国家股东控制的公司。受控外国公司的概念最早是美国1962年通过的《肯尼迪法案》提出的，并载入美国《国内收入法典》副标题A第1章第N分章第Ⅲ部第F分部中，由于该法案的目的是限制纳税人通过在避税港设立受控公司的方式逃避税收，因此其后也将防止利用避税港避税的法律措施统称为CFC法律。虽然各国的CFC法律规定有所不同，但是均包括以下几个方面：

第一，对于受控外国企业的界定。从世界各国的实践看，多数国家采用的是权力控制标准，如按照美国的做法，居民拥有表决权的股票超过50%的避税港外国公司为CFC；另外还有少数国家实行实际利益标准，如法国规定以外国公司财政年度最后一天的数字为准，被法国居民持有的股本超过10%或150万法郎，那么就是CFC。除此之外，有的国家在上述标准之外还规定了股权集中程度的条件，如澳大利亚规定，CFC不是指所有居民股东共同拥有股权达到50%的外国公司，而是5个或5个以下居民股东直接或间接持股超过50%的公司；美国也规定，除了本国居民持股总数达到50%以上外，还要有单个股东控股10%以上的条件。这样就能够将那些由于股东众多而较难控制的企业排除在外，从而集中力量对付重点避税的问题。

第二，对于避税港的认定。一般来说，各国都会在CFC法律中按照低税国的标准，通过列举的办法确定避税港的范围。常见的确定低税国的标准有：实际缴纳所得税与本国应纳税额比较法，如法国规定如果CFC在所在国缴纳税收低于按照法国税法计算应纳税额的2/3，那么该国为低税国；与本国实际税率相比较的办法，如德国规定CFC所在国实际税率低于德国25%，那么该CFC所在国为低税国；固定税率的办法，如日本规定CFC适用的实际税率等于或低于25%，那么该CFC所在国为低税国；采用OECD对于避税港的定义。

第三，污染所得的认定及其调整。所谓“污染所得”，是指CFC归属于本国股东的非正常经营的消极投资所得。从各个国家的实践来看，区分消极所得和积极所得的标准各不相同，而且极为复杂，有些国家根据企业营业的性质来进行区分，有些国家则根据具体情况和事实来进行判断，但是一般都将那些关联企业之间的非正常交易纳入到污染所得的范围之内。在确定了污染所得之后，按照CFC法律，对于那些按股权比例归属于本国居民

① 具体的受控公司类型包括国际商务公司、离岸金融公司、持股公司、信托公司、自保险公司等，其中利用各种类型公司逃避税收的方式各有不同，详细分析可以参见杨斌. 国际税收［M］. 上海：复旦大学出版社，2003：150-152.

的所得，无论是否分配或汇回本国均要视同已分配所得向本国政府承担纳税义务。具体来说，有些国家规定只要受控外国公司的污染所得占其总所得超过一定的比例，那么对于CFC的总所得均实行CFC法律，而有些国家则规定仅对受控外国公司的污染所得部分实行CFC法律。

1962年，美国实行了CFC法律后，欧美发达国家也相继实行了CFC法律，进入20世纪90年代以后，澳大利亚、瑞典等国也建立或实行了CFC法律，到2000年底，已经有23个国家采用了CFC法律，其中大部分国家是OECD成员国，而且多是资本输出国[①]。从中国的情况来看，2007年通过的新《企业所得税法》第6章第45条规定，由居民企业，或者由居民企业和中国居民控制的设立在实际税负明显低于本法第4条第1款规定税率水平（25%）的国家（地区）的企业，并非由于合理的经营需要而对利润不作分配或者减少分配的，上述利润中应归属于该居民企业的部分，应当计入该居民企业的当期收入。从该项规定我们可以看出，中国对于避税港的认定采用的是固定税率的办法，即那些实际税负低于25%的国家均被认定为低税负国家，中国对于设立在避税港公司的所得则仅就非合理经营部分采用CFC法律。总的来看，本次企业所得税改革是第一次明确提出了针对避税港的反避税措施，填补了中国在这方面的法律空白，并表明借鉴CFC法律将成为中国防范避税地避税的发展方向。

7.1.8 企业所得税的经济效应分析

1）企业所得税的长期影响

如前面第5章分析的，如果企业所得税是针对经济利润的（收入减去包括所有者权益机会成本在内所有成本后的余额），那么税收最终将完全由企业负担，而且由于这种企业所得税并不会改变企业的边际成本，因此企业的最终生产行为不会改变。但是，从目前世界各国税制的实践来看，企业所得税一般都不允许扣除所有者权益机会成本，从而实际上形成了对资本要素的课税。从长期来看，这将导致资本和劳动要素在公司部门和非公司部门间的流动。哈伯格在20世纪60年代初的文章中分析了这种效应[②]。

哈伯格首先将产品生产部门划分为公司部门和非公司部门，每个部门生产不同的产品，企业所得税仅对公司部分的要素课税。假定生产要素K（资本）和L（劳动力）可以在两部门间流动，那么在一般均衡的分析框架下，最终要素的收益将在两部门间达到均衡。哈伯格首先假定社会上的储蓄总能转化为投资，且用于投资的总储蓄是不变的，如图7-1所示，横轴的长度等于经济中可以利用的总储蓄额。由于公司部门的用左边的原点Oc表示，非公司部门的用右边的原点Onc表示，公司部门和非公司部门最初的资本需求曲线分别是Dc和Dnc，均衡点为E_0，均衡收益率为R_0，公司部门使用了OcK_0单位的资本，其余的被非公司部门使用。现在，对公司部门资本的课税使得公司部门的资本需求下降，税收的需求曲线下降到Dtc，因此新的均衡收益率为Dtc和Dnc的交点决定的R_1，公司部门的资本使用减少了K_0K_1，被非公司部门利用了这部分资本。这是由于公司部门的劳动力要素成本相对价格下降，从而产生了劳动力要素对资本要素的替代，哈伯格把这种效应称为

① 杨斌．国际税收［M］．上海：复旦大学出版社，2003：175．
② Harberger A C. The incidence of the corporation income tax［J］. Journal of Political Economy，1962，70（3）：215-240.

要素替代效应。

哈伯格又进一步将分析扩展到产品市场，他认为由于公司部门的资本成本上升导致其产品价格相对非公司产品价格提高，从而导致消费者对公司部门产品需求的减少，进而使得公司部门由于产出下降而进一步减少资本要素的投入，而非公司部门则恰好相反，这种效应是产出的替代效应，在图中表现为公司部门的资本需求曲线Dtc下降到Dtc_2，而非公司部门的资本需求曲线上升到Dnc_2，最终公司部门的资本要素投入进一步减少为OcK_2，而最终均衡收益率则由于非公司部门资本需求的增加而上升至R_2。

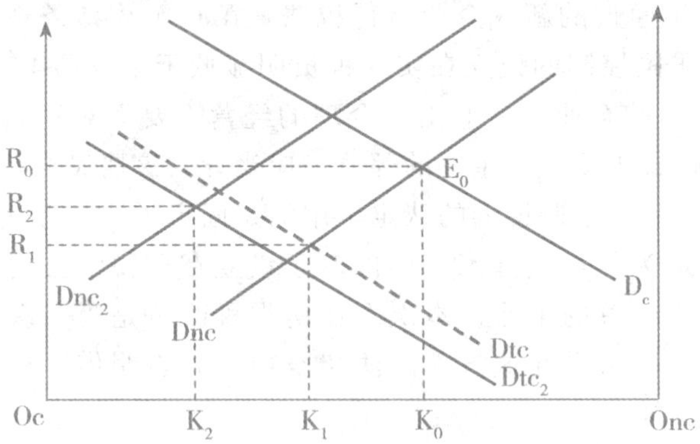

图7-1 企业所得税对资本要素的影响分析

进一步分析，无论储蓄最终投向了公司部门还是非公司部门，其最终收益率都会小于最初的均衡收益率R_0，因此如果我们放松前面关于储蓄总供给不变的假定，那么收益率的减少将使得储蓄的供给减少，从而降低全社会的总投资，这将造成整个社会超额负担的增加。如图7-2所示，由于税收投资收益率的下降导致总投资由I_0降低到I_1，而在没有税收情况下I_1对应的收益率本应该为r_3，但是由于税收的存在变为了r_1，由此造成的超额负担可以用图中三角形ABC的面积来表示。资本要素在两部门间的流动以及总投资的减少，共同导致了这样的结果。

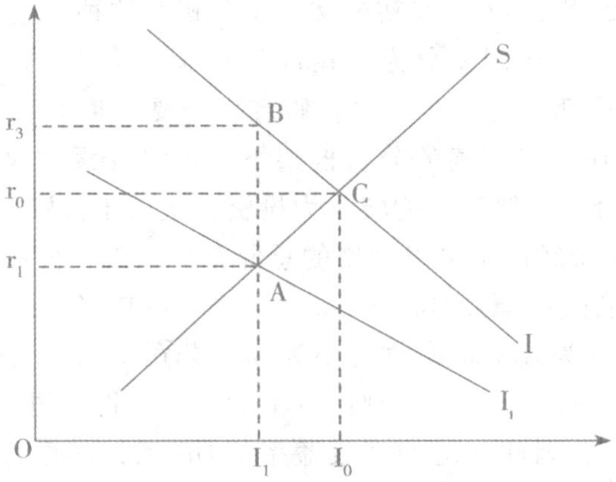

图7-2 企业所得税造成的超额负担

2）企业所得税对企业资本使用者成本的影响

上面分析指出，企业所得税会降低企业的投资收益，那么到底企业所得税对投资收益的作用程度是多少呢？理论上一般通过税收对资本使用者成本的影响来考察。

所谓资本使用者成本，是从资本品使用的角度来核算企业资本的实际成本，它包括企业投资所产生的机会成本以及由于税收、折旧等因素引起的直接成本。我们首先假定企业投资于一项单位价格为q的资本品，企业的资金来源为股权融资、债权融资或者自有资金，其中，股权融资成本为ρ（表示股东投资于其他项目的单位机会成本，也可以理解为股息支出），债权融资的成本为企业面对的贷款利率i，而自有资金的成本则是企业放弃将这笔资金用于借贷而获得的利息收入，因此也可以用贷款利率i来表示。这样，自有资金和债权融资可以加以合并，我们设它在总融资中的比例是α，那么股权融资的比重则是1-α。另外，假定该资本品的经济折旧率为δ。这样，在不存在税收的情况下，该资本品的使用者成本为（见公式7.1）：

$$C_0=q\left[\alpha i+(1-\alpha)\rho+\delta\right] \tag{7.1}$$

只有当该资本品产生的收益大于其资本使用成本，即R>C时，企业才能投资。

现在，引入税收的因素。由于企业所得税要对资产取得的收益按照税率τ课税，因此企业必须满足税后收益大于资本使用成本才能投资，即（1-τ）R>C。这样，企业在决策时就要将税收的因素考虑到资本使用者成本中，这实际上提高了企业面对的资本使用成本，也就是说该资产的收益R只有大于$\frac{c}{1-\tau}$时，企业才会投资。因此，我们有公式7.2：

$$C_1=\frac{q\left[\alpha i+(1-\alpha)\rho+\delta\right]}{1-\tau} \tag{7.2}$$

接下来，我们加入税制中的其他规定。

第一项是关于利息和股息税前扣除的规定。各国税制一般规定利息可以税前扣除，而股息不能。这样，由于利息的税前扣除，实际上降低了债权融资的成本，因此资本使用者成本减少为（见公式7.3）：

$$C_2=\frac{q\left[\alpha i(1-\tau)+(1-\alpha)\rho+\delta\right]}{1-\tau} \tag{7.3}$$

第二项具体规定是关于折旧的规定。假定税法规定企业可以按照直线折旧法或者加速折旧法对该项资本品进行折旧，那么由于折旧可以税前扣除，实际上降低了该项资本品的购置成本，我们称为“折旧优惠”。考虑到折旧是在不同时期扣除的，因此当期获得折旧优惠是未来各期折旧优惠现值的加总①，我们设为φ，这样资本使用者成本进一步降低为（见公式7.4）：

$$C_3=\frac{q\left[\alpha i(1-\tau)+(1-\alpha)\rho+\delta\right]}{1-\tau}(1-\varphi) \tag{7.4}$$

第三项具体规定是关于投资抵免的规定。各国税法往往对企业投资于特定项目或行业进行一定的鼓励，具体做法是将投资额的一部分直接从应纳税所得额中扣除。这样，企业投资于一项资本品的购置成本就会得到较大的降低，我们设投资抵免的比率为k，这样资本使用者成本最终就降低为（见公式7.5）：

$$C_K=\frac{q\left[\alpha i(1-\tau)+(1-\alpha)\rho+\delta\right]}{1-\tau}(1-\varphi-k) \tag{7.5}$$

现在，我们了解到企业所得税的税率会增加资本使用者成本，从而抑制企业的投资，而利息的税前扣除以及折旧和投资抵免的政策则会降低企业的资本使用者成本，从而促进企业的投资。

---

① 关于折旧现值的计算方法请参见刘宇飞．当代西方财政学［M］．2版．北京：北京大学出版社，2000：396.

3）企业所得税对于融资方式选择的效应分析

在税收对资本使用者成本的影响分析中，我们知道了企业的股权融资的成本（一般指企业年终实际发放的红利）是不能扣除的，而各国企业所得税制一般规定企业因投资而发生的借款利息支出是可以全部或者部分扣除的，这样，利用股权融资和债权融资就会对企业的收益产生不同的影响。简单来看，假设企业目前准备购买一台价格为10万元的机器，该机器将为企业带来R万元的收益，且没有折旧，使用后可以原价出售。如果企业采用股权融资，10万元的融资成本为1万元的红利发放，那么在没有税收的情况下，只要R-1>0，企业就会投资。现在考虑税收的影响，假设按10%对利润征税，那么企业只有在税后收益（1-10%）R-1>0，即R>1.11时，企业才会投资。同样是这个例子，假设债权融资10万元的成本也是1万元，那么由于企业可以税前扣除利息支出，因此只要（1-10%）（R-1）>0，即R>1企业就可以投资。显然，由于税法规定不允许股权融资成本的扣除，企业将更加倾向于利用债权融资的手段进行融资。

但是，就发达国家的研究表明，企业并没有过多地利用债权融资的方式。许多经济学家认为债权融资的扩大将增加企业利息支付的义务，从而给企业带来到期无法清偿债务的压力，进一步来说，则意味着企业破产的可能性增大，同时也会导致股东和经理人投资高风险项目的可能性，从而增加债权人的代理成本。另外，还有人认为，股东希望公司可以通过再投资或者回购公司股票的方式减少红利的发放，从而减少因获得红利而缴纳的资本利得税，而这种逃避资本利得税的做法多少能够抵销债务利息免税的作用①。而关于公司的股利分配政策，我们则必须专门加以讨论。

4）企业所得税对于股息分配政策的效应分析

一般来说，企业既可以选择将利润通过红利的方式发放给股东，也可以保留下来进行再投资或者回购股票。如果在没有税收、交易成本以及信息完全的情况下，那么企业一定数额的利润留存将会导致企业股票价值上升同样的额度，因此对于股东来说红利是否发放并没有什么区别。

然而在引入税收后，情况就发生了改变。首先，由于企业所得税不允许税前扣除股东的红利，因此股东的实际收益已经被课征了一道税收；其次，如果股东直接取得红利收入，那么他将按照个人收入缴纳个人所得税；最后，如果企业选择保留收益的做法，那么会导致股东持有股票的升值，而当股东出售股票时，其获得的收益则要缴纳资本利得税。

因此，从这个角度来看，股东会反对企业发放红利，从而逃避个人所得税，并且通过长期持有股票来延缓缴纳资本利得税，但是，实际情况是企业并没有将利润全都保留下来，而是几乎将60%的公司利润派发给了股东②。有几种观点对这一现象进行了解释，第一种观点是米勒和斯科尔斯提出的红利“漂洗”观点，他们认为如果个人收到100万（单位，下略）红利收入，同时从银行借款1 000万进行新项目的投资，假设利息支出为100万，那么当利息支出可以冲减应税所得时，他此时的应税所得额就是（100万-100万）=0，从而避免了为红利收入纳税。接下来，假设他从新项目获得投资收益为100万，那么他同时也将不负担任何利息支出，即使收益没有抵掉全部利息支出，但是只要他最后的支出小于为红利缴纳的个人所得税，那么他就能够将红利收入进行一定程度的“漂洗”。第

① 刘宇飞．当代西方财政学［M］．2版．北京：北京大学出版社，2000：398.

② 罗森 H S.财政学［M］．郭庆旺，赵志耘，译．8版．北京：中国人民大学出版社，2009：433.

二种观点认为，企业往往将发放红利作为企业业绩良好的信号，另外有些顾客由于面对较低的所得税税率或者免税，因而更看重红利的发放，这些因素都使得企业要进行必要的红利发放[①]。但是，究竟这些情况是否能够有效地解释理论和实际的差别，还需要进一步的证据。

7.2　个人所得税原理

7.2.1　个人所得税的纳税人

个人所得税的纳税人可以概括为所有具有应税所得的自然人，但是对于合伙人、独资公司、个体经营者获得的经营性所得是征收个人所得税还是企业所得税，个人股东从公司获得的股息红利在公司缴纳企业所得税后是否还要缴纳个人所得税，在个人所得税和企业所得税分别立法的情况下，还必须加以明确。一般规则是合伙人、独资公司、个体经营者获得的经营性所得纳入个人所得税的征税范围，对股东分红收益要本着不重复课税原则加以处理。其具体内容，已经在企业所得税一节阐述过。

个人所得税纳税人设计方面还有一个问题，就是在自然人有国际所得时，如何明确纳税责任和纳税人身份。由于一个自然人是基于从政府获得公共产品而向政府纳税的，因此一个自然人对一个政府的归属程度就影响了其纳税责任。人们一般以成为某个国家的公民（拥有其国籍）或居住在该国（居民）而产生对该国政府的归属关系。在绝大多数情况下国籍身份和居民身份是一致的，即既拥有某国国籍也居住在该国，但在经济国际化的情况下，一个国家的公民有可能在另一个国家居住，这就造成国籍所在国和居住国的不一致。那么，应该以公民还是以居民作为个人所得税的纳税主体？在个人所得税的实践中，这两种方法均存在。

1）采用居民为纳税主体的做法

多数国家采用居民为纳税主体的做法，即居民纳税人要向其所在国承担无限纳税义务，而非居民纳税人仅就其来源于本国境内的所得承担纳税义务。其主要理由是，因为在国籍国和居住国分离的情况下，自然人的生活、工作以及个人所得都是发生在其所在的居住国，同时自然人所享受的公共产品也是由居住国政府所提供的，因此居住国和自然人的经济关系更为紧密，自然人作为居民理应向居住国政府承担广泛的纳税义务，即就其任何地方（包括居住国外）的所得缴纳所得税。那么接下来的问题就是如何确定一个自然人的居民身份了。世界上实行不同法系的国家，在自然人居民身份的认定上采用不同的规则，主要有如下两个标准：

（1）住所标准

一个人只要在行使居民税收管辖权的国家内拥有永久性住所，那么这个人就是该国居民，要履行无限纳税义务。法国、瑞士、德国等一些欧洲国家采用这个标准。其优点在于易于确定纳税人居民身份，因为住所具有永久性和固定性，是由法律规定的个人从事政治、经济活动的主要地点，拥有永久住所的个人在该国拥有受国家保护的权利，也有履行

---

① 罗森 H S.财政学［M］. 郭庆旺，赵志耘，译. 8版. 北京：中国人民大学出版社，2009：433.

纳税的义务，以住所为标准可以体现上述权利义务关系。但是随着经济的国际化，不可避免地会出现个人永久居住场所与实际经济活动场所不一致的情况，此时单纯按照住所标准确认纳税人居民身份，显然就产生纳税义务发生地与实际经济活动地（所得创造地）脱节的缺点。因此，需要探索别的标准或运用别的标准加以补充。

（2）居所标准

按照这一标准，一个人是否为本国居民纳税人，主要看他是否在本国拥有经常居住的场所。采用这一标准的国家主要有英国、加拿大、澳大利亚等。其主要优点是居民身份的确认与纳税人实际经济活动地的联系更为紧密。在税务实践中，单纯地按照有无居所很难判断一个人的身份，因而为了使居所标准易于实施，往往要加上时间因素，就是从居所与居留时间的结合上判断一个人的居民身份：一个人在本国居留一定时间以上才算居民，否则不算居民。作为居民身份标准的时间界限，各国有不同的规定。英国、印度、印度尼西亚等国家规定在本国居留满半年就算居民，中国、巴西、新西兰、日本和菲律宾等国家规定在本国境内居住满1年的个人为居民，不满1年的为非居民。

2）采用公民为纳税主体的做法

有少数国家采用公民作为纳税主体，即凡是具有本国国籍，不论与本国是否存在实际的经济利益关系，都是个人所得税的纳税人。其主要理由是：只要你成为某国公民，即使目前没有居住在该国，但仍然享受该国政府提供的领事保护和给予公民的全部社会福利，你理应向该国政府承担完全的纳税义务。

此外，还必须指出的是，一国政府可以要求居民或公民承担完全纳税义务，并不表示不能对非居民或非公民征收个人所得税。一国政府仍然可以对非居民或非公民从该国境内获得的所得课征个人所得税。其理由是任何所得均不单纯是个人努力的结果，而总是与该国政府提供的公共产品有关。只不过由于非居民不属该国居民或居住的时间短，因而只能要求他们承担有限的纳税责任。

7.2.2 个人所得税的征税对象和征税范围

个人所得税是以所得为征税对象的，作为税基的所得，其含义是什么，征税所得的范围有多大，这是建立个人所得税所必须考虑的。从各国的实践来看，征税对象的范围确定不仅受到征税所得学说的影响，还受一国经济发展水平、征管能力、法律制度、伦理道德等多方面的制约。

1）关于征税所得的不同学说

（1）周期说或所得的源泉说

该学说认为征税所得应该具有循环性、反复性、周期性，一时的、偶然的所得不属于征税所得的范围。他们主张征税对象的范围应该是工资、薪金、利息、利润等具有反复出现特点的所得项目。

（2）净值说或纯资产增加说

该学说由德国学者熊滋（G.V.Schanz）提出。这一学说认为，所得等于某人的经济力量在两个时点之间净增长的货币价值。这一学说纯粹从货币增加值的角度着眼，不问来源是否具有规则性，不仅反复发生的所得包括在征税的范围内，临时的、偶然的也记入征税所得，这一学说更加注重公平性，但是如果按此设计个人所得税，制度可能比较复杂。

（3）净值加消费说

此学说是由美国学者海格（R.M.Haig）和西蒙斯（H.C.Simons）在净值说的基础上提出的。西方税收学称以这一学说为基础的所得的概念为“S-H-S”所得概念。他们认为所得是个人财富的增加量，凡能增加一个人享受满足的东西就应该认为是所得。各种来源的所得，无论是经常的还是偶然的，规则的还是不规则的，已实现的还是未实现的都要列入所得范围。根据这一学说，征税所得不仅包括工资、薪金、利息、利润等周期性货币所得，还包括房地产、机器设备、无形资产等升值的重估溢价即资本利得；不仅包括商品劳务交换过程中发生的所得即交易所得，而且包括不经交易产生的所得，如自己生产供自用的产品、自己的家庭劳务。这一学说的优点在于注重税收公平，使征税所得接近真实所得，但是这一学说忽视了征税的可行性，按这一学说设计的所得税会过于复杂而无法实行。

（4）交易说

这一学说是会计学家的观点，认为所得是与交易有关的，所得就是某一时期一切在交易基础上实现的收入减去为取得这些收入而耗费的成本费用，再减去同期亏损后的余额。按照这一学说设计的所得税比较简单，征收管理也比较便利，但征税范围限于交易所得，不能完全反映一个人的纳税能力。

2）征税对象范围的确定规则

在各国的实践中，并没有一个国家固守一个学说，不同的国家在对待上述学说上表现出不同的倾向性。实质上，这是各国对于公平和效率的选择。要是个人所得税按纳税能力征收，最好采用S-H-S的方法，但是非货币的推算所得很难有一个统一的标准加以计量，于是征税成本会大大增加，税收效率会受到损害。按照周期说和交易说设计的个人所得税比较简单，税收效率高，但由于征税所得的范围不能反映一个人的纳税能力，税收公平程度不高。目前，过去采用周期说的发达国家已逐步转为“纯资产增加说”，但是征税所得的范围仍然远远小于S-H-S所得概念下的征税所得范围。而许多发展中国家鉴于本国经济发展水平和社会化、货币化程度不高的国情，设计个人所得税税基基本上仍然倾向于周期说和交易说，从而力求征收上的简便性和取得一定的财政收入。确定个人所得税征税所得范围的一般规则是：

（1）通过交换并能以货币衡量的所得为征税所得

一般来说，商品经济越发达，能够用货币衡量的所得占全部所得的比重就越大，在高度发达的商品经济社会里，通过交换而发生的货币所得在全部所得中占主导地位，以通过交换并能以货币衡量的所得为征税所得，较符合按能力负担原则。因此，目前世界各国的个人所得税法中均将可以通过货币衡量的各项所得作为最主要的征税对象。自己或配偶在自己的家中从事家务劳动，自己居住自己拥有的房屋，由于没有通过交易，难以确定价格，无法课税。

从公平角度讲，如果对所有物物交易都不考虑征税，会大大地鼓励人们以实物形式获取所得而逃避税收。通过劳动之间或劳动和财产之间的交换、物物交易而产生的所得，例如甲到乙家帮助油漆房屋，而以后乙到甲家帮助修理车库，税法可以规定要视同货币交易所得课税；但是除非纳税人自觉申报，实际上无法进行征管，此外作价评估确定所得数额也不易。因此，比较可行的规定是：可以用货币衡量却不用货币衡量而以实物形式或有价证券形式出现的某些特定所得项目，应当视同货币所得予以征税。如现金以外的资产分红应当同现金分红一样对待，资产分红应以分配当时该资产的市场公正价格计入所得。个人以特殊方式获得实物所得也不以交换发生的货币所得为限。例如员工以显著低于市场价格的价格或免费获得本公司生产销售的货物、提供的劳务、拥有的资产，其与合理公正的工资或价格之间的差额部分应视为征税所得。

雇主提供的某些与职业有关的附加福利（也称“花边红利”），包括免费医疗、享受津贴的小卖部、午餐津贴、孩子照顾和法律服务、提供车辆和制服及住房、生产保险和健康保险等等，是否列入征税所得范围，各国的规则不一。比如，美国1986年税改以前，上述附加福利所得是作为不予计列项目处理。但是，1986年税改后，则把附加福利并入工资、薪金列为征税项目。其原因是，美国政府认为，对于附加福利不征税将会影响到税制的公平性，会促使人们通过减少工资、薪金而增加附加福利的办法逃避个人所得税，而且附加福利的增加使雇主和雇员之间建立起非市场的特殊关系，对劳动力的流动产生干扰作用。英国则通过判例法确定了对雇主提供的某些附加福利的征税原则，即雇员收到的实际利益必须能够转换为现金。假设一个雇主花15英镑买了一套衣服赠送给一个雇员，只有在雇员将衣服变卖的时候才能征税，计税依据是其变现的收益，而不是雇主购买衣服的原始支出金额，这就是所谓的现金转化原则。

总之，没有经过交易而获得的非货币所得是否列入征税对象范围取决于能否变现或对价值进行评估。

（2）已变现的所得为征税所得

个人的资本性资产的增值构成个人的资本利得，但是，对资本利得是否征税，如何征收，以及征收重税还是轻税，也同企业所得税一样存在较多的争论。依照所得源泉说，由于资本利得不属于周期性、连续性、规则性的收入，因此20世纪60年代以前，许多英联邦国家并不把资本利得税作为征税所得，而美国对资本利得税的态度则依据S-H-S的所得概念，出于公平社会分配的考虑于1913年开始与个人所得税同时征收。1965年以后，英国也认同了征收资本利得税有助于社会公平的主张，开始征收资本利得税。目前的普遍看法是，资本利得并非生产经营所得，如果不对其征税，不仅不利于社会公平的实现，而且会促使社会富有阶层将其他形式的所得转化为资本收益形式，从而大量逃避国家税收。因此，各国出于财政和公平的角度大多开征了资本利得税。在资本利得税的具体征收问题上，遵循已变现原则，即仅对纳税人实际出售或交换的资本财产的收益征税。这是考虑到，尽管未实现的资本利得也意味着资本所有人经济实力的增强，但是对资产每年进行评估看其是否溢价增值，在技术上存在极大的困难；对尚未实现的所得征税也不尽合理，因为资本所有人在不出售资本财产时并没有纳税能力，如果对其征税则会迫使资本财产所有人为纳税而出售资本财产，这就对人们的经济生活产生不必要的干扰。

对个人资本利得征重税还是轻税则取决于一定历史时期公平和效率的均衡。从公平方面讲，因资本利得不是勤劳所得，资本利得几乎全部集中于高所得阶层，只有重税才能区别于劳动所得，才能提高税收的累进程度，减缓贫富不均，提高税收公平。从效率方面讲，在累进税率下，个人在资本利得实现的年份，其税负会有剧增现象，这就是所谓的聚集效果。在征收重税的情况下，投资者为了节省税负或逃避税负，可能不愿意出售或推迟出售其资本财产，结果会阻碍资产流通，打击资产结构的改进，干扰资源合理配置，对经济发展产生不良影响，这就是所谓的锁住效应（也称紧锁效果）。总的来说，相对于公平而言，资本利得税对于投资的影响更为巨大。因此，从各发达国资本利得税制的演变来看，普遍经历了税制由繁到简，税率由高到低的过程。其根本目的还是希望通过改革和完善资本利得税制，促进资本的形成，提高本国的全球竞争力。

一国个人所得税征税对象范围的确定往往还要考虑与其他税种的协调，首先是与企业所得税的协调，两个所得税征税对象范围应当一致，例如对资本利得、股息红利、劳务所得、财产收益等应当一视同仁，如果规定有差别就会扭曲纳税人行为；其次与增值税等流转税的协调，增值税最终也是由个人用所得支付的，因此当流转税没有对生活必需品免税减税时，个人所得税税基可以比较窄。

3）中国个人所得税征税对象范围的确定

目前中国个人所得税征税对象范围包括工资薪金所得，个体工商户生产经营所得，个人从独资企业、合伙企业获得的生产经营所得，个人对企事业单位的承包经营、承租经营所得，劳务报酬所得，稿酬所得，特许权使用费所得，利息、股息、红利所得，财产租赁、财产转让所得，偶然所得和经国务院财政主管部门确定征税的其他所得。

当前中国个人所得税征税对象范围基本上是合理的，但也有一种改革方案认为中国个人所得税应是个人非营利所得税，就是征税所得范围应限定在工资薪金所得、各种劳务所得、投资所得（包括利息、股息、特许权使用费所得等）、财产租赁和转让所得等非营利性质的所得，也就是将合伙企业、个体工商业户的所得税并入企业所得税或营利事业所得税中。这样，可使个人所得税法律简明，避免用大量的篇幅规定有关成本费用（包括存货计价、折旧计算、财务费用和管理费用摊销等）的规则，避免与企业所得税的内容重复，也避免个人所得税和企业所得税对同一笔所得的重复征税。当然为了解决这一问题，也可将个人所得税法和企业所得税法合并立法。

为了保证中国的个人所得税易于征管，目前列入征税所得范围的主要是规则性、周期性、以货币表现（包括有价证券）的所得，某些原可以用货币表现的实物收入要折算为货币所得。但对于可以转化为现金的福利性收入（包括与职务挂钩的“待遇”性收入，如专车、住房低价低租、医疗保险的特殊待遇，广义上还应当包括公费国际国内旅游、宴请等）是否应当列入征税所得范围，有不同的看法。如果列入征税范围，价值评估作价比较困难。如果不列入，就会造成有福利性或待遇性收入，实际所得高但货币所得低的人少缴税；有货币所得而无福利性收入的人要多缴税，税制就出现严重的不公平。

一方面，对多数与职务或所在单位有关的“待遇”性实际所得，应着眼于深化市场取向改革，逐步将“暗补”即隐性收入转化为“明补”即显性、账面收入，如取消福利性分房、专车制度改为车费补贴制度等。改革以后，这些所得也属于规则性所得，应列入征税所得范围。另一方面，对某些容易计价的福利性、待遇性所得可通过规定分地区、分等级计入所得标准，让各地实行，待条件成熟按实际申报纳税。

此外，对某些所谓非法收入、“灰色”收入，应摒弃只能将合法性所得纳入征税所得范围和征了税的收入即为合法收入的旧观念，在确定征税所得范围上应遵循所得税法独立原则，不管所得是否合法（在进入法律诉讼程序并作出判决前，有时很难确知一项所得来源合法与否），凡能增加一个人负担能力的所得都可以是应税所得，只要其符合税法规定。

免税所得应严格限制，以使个人所得税尽可能普遍课征，从而实现税收公平，必要的免税应遵守以下这些一般原则：①节省管理成本原则。对于从政府预算中列支的政府奖励性所得、抚恤费和救济金，免税可以反映政府奖励的实际水平，避免一手进、一手出，徒增管理成本。由于国债和国家发行的金融债券利息是由国家确定的，对此免税，也体现节约管理成本原则。②遵守国际条约原则。按国际公约、条约规定对某些所得免税，例如对外交代表收入免税。③避免重复课税原则。以工资薪金为课税对象的社会保险税（费），应当从所得中扣减。④符合国家战略和宏观经济政策要求原则。其他方面的免税，都要在不影响公平并能促进效率的情况下，按国家战略和宏观经济政策的需要确定。

7.2.3 个人所得税综合费用扣除规则

1）综合费用扣除的基本内容和方法

所得税的最显著特点就是对纯收入征税，既然是对纯收入征税，就必须从列入征税所得范围的各种毛收入中作必要的费用扣除，排除掉不反映其纳税能力部分，而保留反映其纳税能力部分，然后据以征税。我们称这样的扣除为综合费用扣除，具体包括两个方面的内容：一是为获得应税收入而支付的必要的成本费用（以下称费用扣除）；二是赡养纳税人本人及其家庭成员的最低生活费用（以下称生计扣除）。综合费用扣除的办法从大的方面讲有两个：一是综合法，综合起来不分费用扣除还是生计扣除，按一定标准数额的法定扣除。中国目前就采用这个方法。二是分别法，根据一定的原则，将费用扣除和生计扣除分开，从毛收入中分别加以扣除。这是西方国家征收个人所得税的普遍做法。后一种方法适应性强，可以考虑各种具体情况，能更好地做到按能力征税，但计算比较复杂。

2）费用扣除的基本内容和方法

费用扣除的项目不仅包括与获取应税收入直接有关的费用，如工商经营活动、事业活动和劳务活动中花费的成本，而且包括与获取应税收入没有直接联系但又是进行收入获取活动所必需的各项生活开支。对一些从事工商经营和劳动服务的个体劳动者或合伙企业所有者，允许他们从毛收入中扣除为取得这些收入而支付的成本费用及损失，所遵循的原则就是保证纳税人的简单再生产，使他们至少可以在原有资本的基础上继续经营，其费用扣除和损益计算与公司所得税的费用扣除和损益计算存在相似之处。对个人所得税而言，比较特殊的是一般企事业雇员获得工薪收入的费用开支的确定和扣除。在这一点上，各国的做法差异较大。

在英国，对E表类所得（工薪所得），通过判例法详细具体地规定了扣除规则，即“在执行应税业务中”实行必要、全部、唯一的规则。首先，收入必须是发生在应税业务中的。比如，关于雇员的旅行费用，只有当雇员受雇于一个雇主而在不同工作地点工作时，其旅行费用才可以扣除；而雇员受雇于所在地不同的雇主或者由于家庭所在地和工作地点不同而发生的旅行费用则由于不是在执行业务中发生的，因此不允许扣除。其次，所谓“必要”原则，是指不发生此项费用则相关业务无法开展，征税所得无从发生。例如，一个公司实验室的学生助理，不允许扣除其去伦敦大学听课以获得更高一级学位的费用，因为此项费用不是他作为实际助理所必要的。最后，“全部和唯一”的准则是指为经营业务而发生的费用，仅仅是为业务而发生的，其中不掺杂其他因素，与导致别的偶然结果及效应无关。比如，一个银行经理不允许扣除其为预订伦敦夜总会座位而支付的费用，因为该银行经理从夜总会中可分享到个人利益，因此，此项费用不是全部、唯一的为业务目的而发生的费用。

美国是实行典型的综合所得税的国家，对工薪所得费用扣除的限制不像英国那样严格。具体来看，第一，扣除的内容十分广泛，包含有州、地方税收（不包括销售税），不作抵免处理的外国税收，个人利息支出，慈善机构捐款（不超过调整后总所得的一定部分），医药费（超过调整总所得的一定比例以上部分），意外事故和被偷窃损失等。这些在英国E表中几乎不能扣除。第二，一笔费用同时掺杂业务因素和个人消费因素时，允许进行分配，就其中为业务目的而支付的部分扣除。也就是说，在美国费用扣除不讲究唯一性规则。例如差旅费，如果出差不仅仅有业务目的，还兼有个人浏览观光、走亲访友等目的，旅行费用不能全部扣除，要在个人目的和业务目的之间进行分配，业务目的的部分才能扣除。第三，美国把与获取所得有关的费用分为业务费用和非业务费用。在美国税法中，非业务费用有特定含义，它并不是指与应税所得的获取毫不相干的费用，而是指与获取所得有关的费用。实际获得收入而支付的费用，除业务费用外均可列入非业务费用。最典型的非业务费用是管理、保存或保持产生所得的财产而支付的费用。而业务费用是直接与获取征税收入的业务或职务活动有关的费用。在美国，这部分费用扣除的规则有两条：其一，直接与纳税人的交易业务或职务有联系；其二，数量合理。以旅行费用和交通费用为例，从家庭到工作地点的交通费用不可扣除，因为这不是与交易或业务有关的费用。

最后，我们看看日本的情况，日本个人所得税的费用扣除规则与英美不同。日本采用的累退比例扣除法规定，工薪收入越高，扣除比例越低，每一档次收入都有一个最低扣除额，这一方法避免了对各项费用是否应该扣除进行确认的烦琐手续和可能引起的争议、诉讼。但此种办法只考虑到收入大小的差别，对费用扣除中的具体问题无法做到具体分析和解决，不能照顾到各种具体情况，从而与按能力负担税收的原则具有一定距离。

总的来看，在个人所得税费用扣除规则上，找不到一个具有绝对优势的方法，但其基本原则是要和本国经济发展水平、法律体系的完善程度以及税收征管水平相适应。

3）生计扣除的基本内容和方法

生计扣除或称个人宽免、免税额，就是从个人计税净收入中减除维持纳税人本人及其家庭成员的最低生活费用。生计扣除的程度，一般遵循两个基本原则：其一是保证人民（包括纳税人及其赡养者）具有最基本的生活水平。各个时代各有其不同的最低生活水平，取决于当时生产力发展的状况。最低生活费用免税额须能保证人民依当时的物价，购买到当时生产力水平所决定的维持最低生活所必需的生活资料。一般情况下，政府不仅不能影响人民最低生活需要，而且要随生产力水平的提高和社会进步，不断增进人民的福利，提高人民的生活水平，在财政力量许可的情况下，提高生计扣除数额。为了避免通货膨胀对生计扣除的影响，最好采取生计扣除指数化办法。不过，在非常时期，为政府正义的公共需要，人民也应该节衣缩食，以维护国家和民族利益。其二是现行流转税或其他税的征收数量。流转税归根到底也是由人民的所得支付的，如果流转税只限于对奢侈品课征，则一般民众对所得税的承受能力会大些，最低生活费用的免税额也可小些；如果流转税的税基已涉及基本生活必需品，那么对广大民众而言，所得税的负担就要轻些，生计扣除的数额也应大些。

从各国个人所得税实践看，个人所得税生计扣除有几种方法：一是所得减除法，就是从所得额中进行生计扣除，一般称标准扣除。大多数国家采取这种办法。如美国，2019

年，单身或已婚人士单独申报的标准扣除额为12 200美元，夫妇两个申报的标准扣除额为24 400美元[①]。英国2020—2021年的标准扣除额为12 500英镑，老龄人分两档（65岁至74岁和75岁以上）分别给予追加的生计扣除，但对高收入者根据收入高低减少扣除额，直到零，对调整后的所得超过10 000英镑部分，每2英镑所得减少1英镑扣除额，这意味着所得达到125 000英镑及以上的个人，其标准扣除额为零[②]。二是税额抵扣法（抵免法），纳税人先不从所得额中减除生计扣除额，而是在计算出税额后，再从税额中减除一定数额的生计费用。意大利就采取这种办法，一般生计费用根据所得水平有不同抵免，最多可抵免1 880欧元。此外还有专项抵免，如无所得的配偶可抵免800欧元，抚养的每个孩子可抵免900欧元。丧葬费、住房抵押贷款利息、医疗费用、人寿保险、慈善捐款等开支也可得到一定比例的抵免，但均有抵免最大限额的规定，如抵押贷款利息可抵扣19%，最大可抵扣额为4 000欧元[③]。三是家庭系数法。法国采用此法，就是将应税所得额除以家庭系数，得出一个金额，以此额为基础找出一个适用税率，将二者相乘，然后将其得数与家庭系数相乘计算出应纳税额。这样不采用系数时的应纳税额和采用系数后的应纳税额之间有一个差额，就是生计扣除额。这实际上就是通过对某类纳税人减轻所得税结构中的累进效应的方法来确定生计扣除额。例如，某夫妇抚养两个孩子，家庭系数是3，当年获得净应税收入额30 000欧元。不考虑家庭系数时，应纳税额为6 661.62欧元；考虑家庭系数后，则该收入额要除以3得到10 000欧元的应税所得额，然后适用相应的税率，税额为636.14欧元，这一税额再乘以3就得到应纳税额1 908.42欧元。两个应纳税额之间的差额4 753.2欧元就是这个家庭该年度获得的生计扣除额[④]。法国的家庭系数法是很有特色的，不但可以照顾不同的家庭情况，而且计算也简便。负担能力强的多纳税，抚养人数多、纳税能力弱的少纳税。对比前两种方法，家庭系数法只在累进税率档次比较多且最高一级边际税率较高的情况下才有效，而且只有在采取以家庭为申报单位的申报制度下才适用。在当今世界各国采用低税率、少级距的所得税制趋势中，生计扣除的方法一般在前两种方法中选择。

4）确定中国工薪所得综合费用扣除的原则和标准

由于中国目前征收管理水平还比较有限，因此中国目前采用综合法对于个人所得税工薪所得的综合费用进行扣除。根据上述个人所得税的基本原理，确定综合费用扣除的标准应该从费用扣除和生计扣除两个方面来考察。具体来说，就是要确定费用扣除中的直接费用、间接费用的具体内容和定额以及生计扣除额，然后加总最终确定综合费用扣除额。尽管西方发达国家在这些方面有较多的经验可以吸取，但是中国在具体确定综合费用扣除的标准时却要考虑更多的因素，其中，以城乡差别为主要特征的多元经济状态、个人所得税的功能定位和模式的选择，是我们必须特别加以注意的问题。有鉴于此，我们提出了确定中国综合费用扣除标准的基本原则。

（1）间接费用扣除的基本原则和标准

首先，在中国目前的情况下，对费用扣除中的直接费用是可以不予考虑的。中国获得工薪收入的直接成本主要是从家庭到工作地点的交通费用，但是中国的实际情况是，不少单位采用包车，多数个人骑车或乘坐公交车，少数人乘坐私家车。由于难以区分个人目的

---

① https://www.irs.gov/publications/p501#en_US_2019_publink100033487.
② https://www.gov.uk/income-tax-rates.
③ http://www.worldwide-tax.com/italy/ita_reduc.asp.
④ https://www.impots.gouv.fr/portail/files/media/1_metier/5_international/french_tax_system.pdf.

还是工作目的，因而可以按英国的做法，全部作为个人目的，统一在生计扣除中加以考虑。对于进修、培训、出差等费用在不少单位则完全由公费开支，已经在企业的成本中列支，如果再作为个人所得税扣除，则会产生重复扣除的问题。这样，费用扣除的重点是间接费用的内容和定额问题。从中国的国情出发，间接费用扣除要体现两个基本原则。

第一，以人为本的原则，即间接费用的扣除要从关怀纳税人健康、保证其进行自身再生产以及体现国家人文关怀的立场出发。具体来说，必要的医疗费用扣除、教育费用、住房贷款的部分利息、超过保险补偿额的灾害损失要从其中扣除。其中，医疗费用扣除的额度可以按医药费用超过社会保险支付部分的一定比例确定，并以中等发展水平地区中等收入水准的工薪所得纳税人及其平均赡养人员的平均医疗费用开支为依据。教育费用扣除额应包括为家人义务教育自己支付的学杂费的一定比例、纳税人培训费超过公费支付部分一定比例，与从事职业无关的教育培训费用不能扣除，可扣除额依据通过抽样调查统计获得的全国数据确定。住房贷款利息和超过保险赔偿额损失则同样可以参照全国的平均值来确定。这里需要指出的是，这些间接费用的扣除与全额报销概念是不同的。在扣除的制度安排中，纳税人获得的实际好处只是与税率相对应的一定比例，而不是扣除额的全部。假定可扣除额为100元（已经是实际开支的一定比例），适用税率为10%，那么纳税人获得的实际利益只是10元。

第二，促进公益的原则，即间接费用扣除要体现鼓励公益事业发展的政策导向，应允许纳税人对公益事业捐赠的一定比例在税前扣除。如果纳税人缴纳税收也是维持政府、支持公共利益的话，并假定个人所得税作为中央税，地方税体系中又包括对个人课征的房地产税（物业税）、个人所得税附征（或地方个人所得税），那么这些地方直接税应当允许在税前扣除，一方面减少重复课税，另一方面也建立起中央税和地方税之间的联动机制，有利于税收管理。目前个人所得税还是中央和地方共享税，对个人自有自住房屋不征房地产税（物业税），因此还不存在地方直接税作为扣除项目的问题。

（2）生计费用扣除的基本原则和标准

生计费用扣除的目的是让纳税人在缴纳个人所得税前留足维持本人及家庭成员基本生活需要的收入，理论上讲是为了维持纳税人简单再生产，而超过基本需要的收入部分均视为具有纳税能力，可根据能力大小贡献一部分收入给社会用于公共产品的提供。因此，综合费用扣除中生计扣除额的确定的第一个基本原则就是最低生活费用不纳税原则。也就是说，应当以维持纳税人本人及家庭成员的最低生活费用为基础依据，而不能以平均收入、某一阶层的最高收入、平均消费支出为依据。

那么，中国的最低生活费用标准是多少呢？回答这个问题就必须考虑到中国特有的城乡收入和消费差距问题。《中国统计年鉴》按照收入水平将中国农村家庭分成了五个类别，即低收入家庭、中等偏下收入家庭、中等收入家庭、中等偏上收入家庭、高收入家庭；将中国城镇家庭分成了七个类别，即最低收入家庭、较低收入家庭、中等偏下收入家庭、中等收入家庭、中等偏上收入家庭、较高收入家庭、最高收入家庭。按照这个分类，从原则上就要考虑12种情况。但是中国城乡差别很大，在消费支出水平上农村高收入家庭与城市低收入家庭差不多；在农村还有大量群众温饱不能保证，还需要国家通过“低保”解决他们的生存需要问题，因此农村最低收入家庭或低收入家庭的消费水平是很低的，位于生存性保障水平，不应当作为确定生计扣除的依据。因此，确定最低生活费用标准时，应当以农村中等收入户的生活消费支出以上的情况作为扣除标准的依据，具体来说共有10种选择：农村中等收入户（序号1）、农村中高收入户（序号2）、城镇最低收入户（序号3）、城镇低收入户（序号4）、农村高收入户（序号5）、城镇中等偏下收入户（序号6）、城镇中等收入户（序号7）、城镇中等偏上收入户（序号8）、城镇高收入户（序号9）、城镇最高收入户（序号10）。表7-4中计算了这10种情况的具体扣除标准。

通过表7-4我们可以看出，生计扣除标准不同，纳入到征税范围的纳税人也不同。那么，如何在上述10种情况中进行选择呢？我们认为，必须从个人所得税的财政功能和调节收入功能出发，综合加以考虑。具体来说，可以有以下几种选择：

表7-4　**中国个人所得税生计扣除标准的计算**　单位：元

序号	依据类别	年人均生活消费支出	可取得农村人均月生计扣除标准（年人均生活消费支出×3÷12，按单个劳动力赡养3人计算）	可取得城镇人均月生计扣除标准（年人均生活消费支出×2÷12，按单个劳动力赡养2人计算）	纳税人范围
1	农村中等收入户	5 430.30	1 357.58	905.05	农村2、5 城镇3、4、6、7、8、9、10
2	农村中高收入户	6 924.20	1 731.05	1 154.03	农村5 城镇3、4、6、7、8、9、10
3	城镇最低收入户	7 301.40	1 825.35	1 216.9	农村5 城镇4、6、7、8、9、10
4	城镇低收入户	9 610.40	2 402.6	1 601.73	农村5 城镇6、7、8、9、10
5	农村高收入户	10 275.30	2 568.83	1 712.55	城镇6、7、8、9、10
6	城镇中等偏下收入户	12 280.80		2 046.8	城镇7、8、9、10
7	城镇中等收入户	15 719.90		2 619.98	城镇8、9、10
8	城镇中等偏上收入户	19 830.20		3 305.03	城镇9、10
9	城镇高收入户	25 796.90		4 299.48	城镇10
10	城镇最高收入户	37 661.70		6 276.95	

资料来源　根据《中国统计年鉴（2012）》的数据计算得出。

第一种选择，个人所得税定位于以筹集财政收入功能为主，那么可以考虑前四种情况。以第3种情况为例，将农村高收入以下、城镇最低收入居民排除，那么可以实行对农村高收入户人均1 900元（按表格1 825.35元取整数），城镇居民1 300元（按表格1 216.9元取整数）的扣除标准。这样，除了城镇最低收入户以外绝大多数城镇居民和农村部分富裕居民将被纳入征税范围，从而实现了在较大范围筹集财政收入的目的。

第二种选择，个人所得税定位于履行筹集财政收入和调节收入双重职能，筹集收入为主。那么可以选择上述第7种情况，将城镇中等收入以下居民和农村所有居民都排除在征税范围之外，对城镇居民实行2 700元（按表格2 619.98元取整数）的生计费用扣除标准。

第三种选择，个人所得税仍定位于履行筹集财政收入和调节收入双重职能，但以调节收入为主。那么可以选择第8种情况，即针对城镇中等偏上收入以上居民征收个人所得税，扣除标准可以设定为3 400元（按表格3 305.03元取整数）。

第四种选择，个人所得税以调节收入功能为主，适当兼顾财政职能。那么可以选择第9种情况，这样个人所得税主要针对城镇高收入以上家庭和居民，生计费用扣除标准可设定为4 300元（按表格4 299.48元取整数）。

第五种选择，个人所得税定位为特别税种，主要针对少数收入特高的阶层，那么可以选择第10种情况，将城镇最高收入以下居民均排除在外，生计费用扣除可以定为6 300元（按表格6 276.95取整数）。

综上，不同的功能定位将会有不同的标准选择。另外，还必须指出的是，为了适应物价水平和社会经济发展变化情况，必要时可执行费用扣除指数化，并于每年在国家预算案中公布。

（3）关于中国个人所得税功能定位的设想

从中国个人所得税的实践来看，20世纪80年代创设个人所得税初始，主要针对外籍在华工作的高薪人士，属于第五种选择。但随着中国经济社会的快速发展和工资水平的普遍提高，个人所得税虽然占国家全部财政收入的比例还不是很高，但已经成为地方第二大税种，财政功能越来越重要。随着人民逐步富裕，纳税能力提高，个人所得税功能应当从第五种选择，先转变为第三种选择，然后经过相当长的时间转变为第二种选择，最终转变为第一种选择，使个人所得税成为承担财政功能为主的税种，同时通过税率制度的合理安排和税款的定向使用，让个人所得税发挥更大的调节作用。这是因为通过收入和支出联动的制度安排（个人所得税税款的定向使用），通过对相当多有负担能力的纳税人课征税负不重的个人所得税（广税基低税率，例如扩大5%这一档税率的适用范围），积少成多，然后通过专项支出或提供必要公共产品的办法，转移给低收入家庭，可以在更大范围内调节收入分配，实现福利增进的目标；同时也有利于培养人民纳税（承担义务）、关心税款使用（履行民主职责）的现代民主意识；便于税制的进一步改革，逐步提高所得税比重，降低间接税比重，减少以间接税为主体的税制结构的效率损失，同时有利于增加财政透明度。

总之，个人所得税的公平根本上还不是税率高低或征税与否的问题，而是征税以后税款用在何处的问题，如果税款真正体现取之于民用之于民，只要税率适度，征税广一点不会有大碍，而且还会因为调节了收入分配、改善了公共设施和社会环境，从而对促进和谐社会的构建起到有益作用。

7.2.4 个人所得税税率制度

1）个人所得税税率制度

个人所得税税率制度主要是指个人所得税税率类型的选择，以及累进税率下税率档次的设计。

(1) 比例税率和累进税率

就公平方面来说，比例税率下，纳税人无论应税所得多寡，均按照一个比例纳税，实际结果是纳税能力强的人负担轻，纳税能力弱的人负担重；而在累进税率下，根据所得多少，适用高低不等的税率，则相对公平。就效率方面来讲，比例税率简便易行，税收行政效率较高，同时有利于税源控制，适于采用预先扣除的办法；累进税率计算较为复杂，影响税收的行政便利程度。从收入的筹集能力来看，比例税率下，财政收入的增长和所得的增长是同比例的；而在累进税率下，财政收入的增长速度则会超过所得的增长速度。

(2) 超额累进税率的档次设计

在累进税率的两个类型中，全额累进税率会产生临近级次之间的税负剧增问题，因此不够公平，大多数国家都不采用全额累进税率。我们通常所说的累进税率一般都是指超额累进税率。超额累进税率的档次设定涉及三个问题：

①累进程度

累进程度即税率随着收入增加而提高的程度，体现在最高边际税率的制定上。最高边际税率规定得比较高，可以限制高收入者进一步富裕，有利于纠正所得分配不均，但也有研究表明最高边际税率定得高会损害高收入者的积极性，造成福利损失。

②累进速度

累进速度也就是税率档次多少的确定问题。当最高边际税率规定得较高的时候，累进的档次就会比较多，而在基本税率线不长的情况下，累进的速度就比较慢，有利于贯彻按能力负担的原则，但很容易影响人们增加劳动从而增加收入的积极性，存在降低效率的风险。

③基本税率线的长短

基本税率线的长短问题，也就是适用于初始税率的金额问题。在税率结构中安排较长的基本税率线有利于对大多数纳税人采用源泉扣缴的征管办法，不过按能力负担原则的实行广度就缩小了。

2) 中国个人所得税税率制度的设计

2018年税改以前，中国个人所得税的税率制度呈多样化特点。对工资薪金按月扣除3 500元综合费用后使用3%～45%七级超额累进税率；对个体、合伙、独资企业生产经营所得按年适用5%～35%超额累进税率；对稿酬所得按次适用14%税率，对劳务报酬所得实际按次适用20%～40%超额累进税率；对其余所得适用20%比例税率。

这样的税率制度存在的主要问题，是各类所得差别对待的依据不充分，例如为什么一定数额以上劳动报酬要比生产经营所得、投资所得缴纳更多的税？过多的区别对待很容易促使纳税人为节税而进行人为的经济和财务安排，干扰经济活动，造成福利损失。此外，法定税负不低，加上税款使用不够透明，人民参与税法制定和税款使用决策的机制不完善，纳税人依法纳税仍有压迫感，易于产生逃税动机。

个人所得税税率制度改革的方向应当是低税率、少差别。

在违法被处罚的预期成本不高的社会环境中，低税率、低负担、少差别，会尽量减少对偷漏税的利益诱惑，使偷漏税意义不大，缴税也不心疼，从而达到宽税基、易征收、多征收的良性境界；而高税率必然诱惑偷税，越细致的差别政策必然产生越多偏离效率最优化的人为安排和寻租行为，反而使政策越偏离初衷。

在中国特色社会主义初级阶段的历史时期里，各种收入的货币化、账面化程度不高，即使加快改革步伐这种状况也难以在短时间内立即彻底改观，而目前个人所得税又只能主要针对账面上的货币收入者。在这种情况下，如果税率定得过高，会使纳税人感到牺牲过大而且很不公平，往往会促使他们选择收入隐性化（如不要求过高工资而要求较高的实际福利）或者在契约中要求税后净收入。在当前的社会中，能获得高的账面货币收入的人一般具有一技之长，在市场交易中处于“卖方市场”的地位，将个人所得税转嫁于雇主往往成功。这种情况的出现，意味着高税率特别是高的边际税率对高收入进行调节的政策目标难以达到。传统观点认为，个人所得税要承担调节收入分配的职责，就必然要求实行高税率、多档次的累进税率制。实践证明这种观点不一定正确。高税率、多档次税率制往往难以实施到位，也就无法实现其既定的调节目标。纳税人对税制的普遍看法是决定税制运行成功与否的重要因素，一旦纳税人普遍感到诚实依法纳税牺牲过重，这样的税制就不可能长期存在。因此，实施个人所得税的收入分配职能，在负担政策选择上也要遵循低税率、宽税基的治税思路。低税率使纳税人纳税时不感到牺牲过大，这有利于自觉申报纳税，减少对收入的隐瞒，为建立个人所得税的档案和统计信息基础铺平道路，经过十几年甚至更长时间的不断积累，就能形成关于个人收入的详细、真实、全面的信息库。个人所得税的公平目标和征管效率的提高均以全面、系统、真实的信息为基础。也就是说个人所得税改革要着眼长远，目前实行过高的税率，纳税人觉得诚实纳税牺牲过大或不公平，就必然乐于偷漏税，税务当局就无法获得真实全面的信息，即使加强征管力量，也难以掌握全面信息和偷漏税面过大所产生的法不责众效应，只能发现和处理极少数案件。低税率不仅易于扩大税基，也利于提高征管效率。

因此，个人所得税税率制度改革方向应该是走中国特色的个人所得税征管模式架构：对周期性所得实行按年纳税，按月扣缴，纳税人可以选择以家庭或自然人为单位综合计算收入和扣除，提高综合费用数额，拉长低税率级距，减轻低收入者负担。对非周期性所得实行按次征税，实际适用10%的比例税率，如此，对多数纳税人而言个人所得税是单一比例税，对高收入者而言是综合所得税。

2018年中国进行了个人所得税改革，在征收模式上实行综合与分类相结合的征收方式，将纳税人取得的工资薪金、劳务报酬、稿酬、特许权使用费收入合并为“综合所得”，以月为单位进行预扣预缴，以年为周期进行汇算清缴。在进一步提高免征额的基础上增加六项专项附加扣除（子女教育、继续教育、大病医疗、住房贷款利息、住房租金以及赡养老人）后适用3%~45%七级超额累进税率；对个体、合伙、独资企业生产经营所得按年适用5%~35%超额累进税率，并且在税率和级距上，降低中低收入者税率，扩大低税率的级距。

7.2.5　个人所得税的申报征收制度

1）个人所得税申报制度

从严格意义上来讲，个人所得税是对取得应税收入的自然人征收的税种，因此以自然人作为申报单位是顺理成章的。但是，现代社会是以家庭作为社会的细胞，有的国家法律规定夫妻关系存续期间的财产甚至收入共有。于是，从个人所得税的征收管理方面来看，个人所得税的申报单位就不是唯一的了。在各国的实践中，主要包括以纳税人个人为申报单位（具体又分为未婚者单独申报、已婚者单独申报）、以一对夫妻为一个申报单位（又称联合申报）、以一个家庭为一个申报单位（又称户主申报）。

（1）个人制

中国和日本都是以个人为申报单位。个人申报制的优点在于对结婚不惩罚也不鼓励，缺点是容易出现家庭成员通过分散资产、分计收入的办法分割所得逃避税收或避免进入较高档次的税率。另外，个人制还会使得具有同样收入但是赡养人口较多的纳税人负担加重，不能很好地达到按能力负担的原则。

（2）家庭制

家庭制的主要特点在于必须将夫妻或者全部家庭成员的收入汇总，然后申报纳税。以家庭为单位申报，充分考虑到了家庭成员的收支情况，有利于税收负担的公平、合理，但是，家庭制破坏了夫妻间的隐私权；在高税率、多档次的累进税率下，可能会降低妇女的工作意愿；还可能由于婚前和婚后的税负不同，造成对婚姻的税收干扰，鼓励收入差距较大的男女结婚，收入接近的不结婚。必须指出的是，家庭制的弊端是在高税率、多档次的累进税率下才会出现的。如果降低最高边际税率，减少累进档次，上述缺点会减轻甚至消除。

2）个人所得税的征收制度

个人所得税按其征收方式可分为分类所得税、综合所得税、分类综合所得税三种类型。

（1）分类所得税

英国原来的个人所得税、新中国成立前的个人所得税以及目前中国香港的个人所得税都是分类所得税。分类所得税基于周期说，对各种不同性质的所得（主要是工资薪得、利息所得等经常性、周期性所得）分别按不同的税率征税。换句话说，税基是法律所明确规定的各项所得，并非个人的总所得；而税率多为比例税率，有时也采用较低的累进税率。分类所得税的优点在于征收简单，易于进行源泉控制即从源扣缴，而且可按所得性质的不同采取差别税率，有利于实现特定的政策目标。其缺点是不能按纳税人真正的纳税能力征税，有欠公平。

（2）综合所得税

美国等发达国家的个人所得税属于这一类型。这一类型所得税的共同特点在于从纳税申报单位的总计毛所得中扣除费用和个人宽免额，就其余额衡量纳税能力，适用于累进税率进行征税。这种类型的所得税比较符合按能力负担的公平原则，但征收手续较为复杂，征税成本和奉行成本均比较高，并且还要求纳税人有较高的纳税意识，要求有较健全的财务会计和先进的税收管理制度，多数人能够自觉申报，否则很难实施。

（3）分类综合所得税

其特点是个人不同来源的所得，要按性质分为不同项目，对不同项目的所得先进行费用扣除，然后将全部或部分所得项目加总进行个人宽免，运用累进税率征税。其优点在于，便于对不同来源和性质的所得分别适用不同税率，有利于实现国家特定的政策目标，也有利于从源扣缴，防止偷漏税；全部或部分所得项目最终又要合并申报，符合按能力纳税的原则。

3）个人所得税的征收方法

个人所得税的征收方法主要有三种，即申报法、课源法、测定法。在个人所得税实践中，各国都是综合运用这三种方法，但有所侧重，具体做法也不一样，形成不同的风格。

（1）申报法

如果个人所得税要普遍推行并且成为主体税种，由于纳税人众多，就不可能像管理流转税那样实行专户管理的办法，而必须实行纳税人自觉申报、税务局抽样稽查的办法。该办法就是，纳税人于纳税年度终了的一定期间内，按税法规定填写所得税申报表，自行或委托专业机构、专门人员申报各项所得额，自行计算其总所得额、允许扣除的费用以及个人宽免额、应纳税所得额、应纳税金；征收机关负责咨询，并对申报表进行调查或审核，通常是抽查。可以说普遍推行的个人所得税天然地以纳税人主动申报为基础。如果无法建立或无法推行纳税人主动自觉的申报办法，个人所得税就不可能成为普遍征收的税种。这种申报法并不是在任何国家都能有效推行。

直到目前为止，申报法只有在以美国为代表的西方国家才得到有效推行。在西方国家没有卖面子、讲人情、拉关系习惯的文化中[①]，可以较高程度地形成法律面前人人平等、法律得到严格执行的氛围，造成违法被处罚的预期成本很高的社会心理。这是因为，一旦偷逃税被发现可能被罚得倾家荡产并无人情可讲，还会成为舆论界的众矢之的。这样，加上其他原因，与整个社会的诚信程度相关联，纳税人的纳税义务意识、普遍守法观念和偷逃税耻辱观念就树立起来了。在西方国家中，个人所得税的偷漏税问题也存在，但就大多数纳税人而言还是能够依法自行申报，故意偷逃税仅限于少数纳税人，远没有成为普遍现象。在个人所得税领域，绝大多数的纳税人能够自觉申报，违法不申报或申报严重不实的仅限于少数人，这样税务当局就有可能集中力量对付少数偷漏税者，使重点稽查得以实现，并通过对偷漏税的严厉处罚，造成震慑，又促进纳税人守法，从而使自行申报制度的运行得以有效控制，个人所得税成为一种在税务审计控制下的自核自报制度。尽管奉行成本巨大，但总体上个人所得税的征税成本处于可接受的程度内。由于文化的差异，在后面的分析中，我们将看到这种自觉申报制度要在中国这样有独特历史文化传统的发展中国家有效地普遍推行存在较大难度，个人所得税还主要依靠课源法和测定法。

（2）课源法

课源法又称从源扣缴法，即在所得发生的当时由给付者——扣缴义务人按规定的比例税率扣缴税款，直接缴纳到国库。此法的优点在于税务机关只与所得给付者发生联系，给付者只是替税务机关扣缴所得者所纳税款，较能做到按实扣缴，可免除税务机关查核手续，征收简便，征收费用低。在时效上，所得一经发生即行征纳，符合所得税对财富流量征税的本质，也使政府及时获得税款，便利国库资金调度，从源扣缴还可使税源得到及时、严格的控制，防止逃漏、滞欠之弊的发生。此外，税款在所得者得到收入前就已缴纳，可减轻纳税人因纳税而产生的痛苦感。这个办法的缺点在于只适用于一部分所得，无法适用于全部所得，特别是对于营利所得无法进行源泉扣缴。许多国家对无法进行从源扣缴的非雇用性所得如营利所得等，采取暂付或预缴的办法。该办法一般以上一年度取得的所得为基数，确定本年度应预付的税款，分次预缴，如果本纳税年度内纳税人所得变化大，可重新调整确定基数这一办法来补充税源的不足。

① 详细论述参见杨斌. 中国税改论辩［M］. 北京：中国财政经济出版社，2007：21-38.

（3）测定法

测定法又称推定法、定额法，即根据纳税人表现的外部标志，推定其所得。在具体的税务实践中，测定法又可分为三种：一是净值法，根据纳税人财产净值的多寡，如住宅大小、交通工具的新旧等，推定其所得额大小；二是消费支出法，根据纳税人平时生活水平与各种消费支出的数额，推测其所得，决定其应纳税额；三是银行账户法，根据纳税人银行往来账户的往来情形，决定所得额和应纳税额。测定法对申报法和课源法等征纳程序上难以掌握的所得，可起重要的补充作用，尤其是对逃漏严重、顽劣不堪的纳税人，测定法的运用具有惩罚的意味，但是从外部标志推定所得不免臆测和武断，只能作为补充的征税办法。

4）中国个人所得税申报和征收制度设计

（1）西方模式申报法的不可行性

要在中国推行西方模式申报法即让纳税人主动申报必须解决相关的三个问题：一是纳税人不愿意申报怎么办？二是纳税人申报了，但申报不实怎么办？三是申报量太大怎么办？

解决纳税人不愿意申报和申报不实问题，逻辑上有两个途径。其一，申报者会获得好处，其办法是将申报与社会福利挂钩，申报缴纳的个人所得税越多将来获得的福利待遇越多，但这是以建立了普遍的社会保险制度为前提，这一前提目前以至今后相当长的时间里都难以做到，因为中国还未建立普遍的社会保险制度。即使在某些局部地区有了较为普遍的社会保险制度，纳税人还会在不申报的得益与获得更多的社会保险利益之间进行权衡，对比较富裕的人而言选择不申报可能更有利。其二，就是让不申报者有麻烦，也就是让纳税人不敢不申报，要建立起违法被处罚的预期成本很高的普遍社会心理意识。但是，中国还没有脱离面子、人情、关系的社会文化氛围，正如前面章节已经分析的那样，还存在违法被处罚的预期成本很低的普遍社会心理。在这样的文化氛围中，一般不会出现自觉自愿普遍申报的情况，面对大多数人的不申报或申报不实，就出现法不责众现象，如果只是少量抽样审计（像西方发达国家那样），会助长偷漏税的侥幸心理，因此抽样审计、重点稽查就无法进行，而普遍稽查非税务当局人力物力所能为，强制推行将使征税成本畸高，造成巨大福利损失。

如果申报量太大，特别是其中小额收入申报的数量太大不仅达不到个人所得税的收入或调节目的，而且会大量增加税收成本，使税务局做许多无用功，甚至无法应付，因此从税收成本考虑，对申报量又必须加以限制，理想的状态是高收入者申报、低收入者不申报，但要分别掌握足够的高收入者和低收入者的信息不是件容易的事情。

（2）中国现阶段实行完全综合所得税模式的不可行性

中国现行的个人所得税严格意义上属于综合与分类相结合的所得税。中国个人所得税要按西方综合所得税的方向进行改革，但笔者认为完全的综合征收模式在中国现阶段不可行。综合所得税制最大的优势是能反映纳税人的综合负担能力，较好地体现量能负担原则，但是，其优势的发挥隐含了一定的前提条件。下面的因素使得综合所得税模式难以建立：

第一，综合所得税制要求个人收入完全货币化、个人所得要全部纳入税基。由于体制的原因，中国个人所得还有大量的非货币化成分的收入，最典型的就是在政府机关、事业单位和国有企业就业的个人的福利待遇，这部分收入在现阶段无法货币化或难以计入税基。

第二，综合所得税制缺乏有效的个人收入汇总工具。综合所得税制是建立在纳税人申报纳税基础上的，尽管各项收入在支付环节也可以由支付人代缴代扣所得税，但年终仍需要纳税人汇算清缴，多退少补。前面已经说明自行申报、抽样稽查管理的方式在中国现阶段很难有效推行。

第三，综合所得税制必须建立在对纳税人各种类型和来源的所得能比较好地掌握和监控的基础上。如果对纳税人的各种所得不能清楚地掌握和监控，纳税人隐匿、少报或不报某些项目所得的现象大量存在，那么以综合所得税制度实现量能负担只能是一种理想化的设想。目前中国个人信息体系极不完善，缺乏便利的个人收入核查手段，无法获得个人收入的整体情况，这使得除工薪收入外，个人的其他种类所得都还处于难以掌握和监控的状态，偷、漏报某项所得的现象普遍存在，造成中国目前个人所得税与个人负担能力相背离。

第四，综合所得税以纳税人有较高的纳税意识为前提。要形成较高的自觉纳税意识需要多数个人具有较高文化素质，政府活动包括财政活动要在民主的有效制约下，具备法制健全、执法公正、违法必究的社会环境。只有当纳税人能通过有效的民主途径获得他们所缴纳的税款使用情况，参与税款使用的决策，并确信税款的使用确实增进了他们的公共利益时；只有当纳税人知道他们支付了与他们的纳税能力相当的税款，而且别人也这样做，税收是公平合理（这又是以执法公正、违法必究为前提）的时候，纳税人的自觉纳税意识才可能得以形成。没有这样的社会环境和由之决定的普遍自觉纳税意识的形成，个人所得税的推行必然与严重的偷漏税相伴随，不可能倒过来通过征收个人所得税达到培养纳税人的自觉纳税意识。要形成这样的社会环境还要经过长期的艰苦努力。

（3）中国式征收方式的设计

中国今后个人所得税的征收方式，也应当是中国式的，以源泉扣缴为主，模式既非分类也非综合，也不是传统意义上的混合制。大多数纳税人适用不分类课征，按单一税率源泉扣缴。考虑到中国经济发展的不平衡，应当允许多元征收方式的存在，允许标准征收方式和简易征收方式并存。要对基层实际征收方式进行认真研究，按去粗存精的原则，将其合理有效的内核吸收到税法规定中来，不能一概地贬斥它们为非标准做法并加以统统取缔。不过税法要明确各种方法的适用条件。例如，较发达地方的个人所得税征收可与社会保险支付联动：第一种办法，对已由企业代扣代缴的员工个人所得税和社会保险税的工资才能在成本列支，取消标准工资扣除办法；第二种办法，社会保险利益的享受不仅与社会保险税挂钩，而且与个人所得税缴纳情况挂钩，单位源泉扣缴时也要向纳税人开出税单，并按个人社会保险账户号码，在其账户中记录个人所得税缴纳情况。原则上个人所得税缴纳越多，其享受的保险利益也越多。不发达地区可实行定率或定额扣除的办法或其他在实践中总结出来的更有效的办法。

为了解决对工薪收入者以外的高收入者（如明星、商人、高级政府官员、知名教授）等征管困难问题，可推行具有中国特色的最低限度税制度或管理办法，就是按一定的标准，如私营企业家按其全年营业额或支付的职工工资额或流动资本数量，并根据行业盈利情况，分地区确定最低限度税税基；演员、运动员等按抽样调查的年收入划分等级，确定不同最低限度税税基，他们选择纳税后，向社会公布，一等的演员，如果选择二等以下的纳税等级，就会自我贬值，这会形成约束；政府官员可按级别，综合考虑工资收入和为官的福利收入，确定最低限度税税基；知名教授和其他社会名流同样通过抽样调查其全部收入，确定若干税基等级。等级确定后由其自行选择，按最低税率征收。如果纳税人觉得按此办法纳税多于按申报的规范办法，可选择申报办法，多缴的税收可予退还。这是一种反面子、人情、关系的制度安排。

7.2.6 个人所得税的经济效应分析

1）个人所得税对劳动供给的效应分析

个人所得税对于劳动供给的效应分析是建立在闲暇属于正常商品，并且是工作的互补商品这一基本假设前提下的。在这个假设前提下，对个人的工资薪金课征所得税会产生两个效应：其一是由于税收减少了人们单位时间的收入，从而降低了个人的支付能力，因而个人会倾向于增加工作时间，以维持原来的收入水平，这种效应被称为收入效应；其二是由于税收的出现，降低了个人单位时间的工资收入，实际上也降低了其替代品闲暇的机会成本，因此人们会减少工作时间，增加对闲暇的需求，这种效应被称为替代效应。由于这两种效应的作用方向相反，因此最终作用的效果如何，取决于两种效应的大小。

（1）收入效应大于替代效应的情况

假设李明将其拥有的时间在工作和闲暇之间分配，且其工资率为每小时w美元。如图7-3所示，纵轴表示他的工作收入，横轴表示他的闲暇时间。当他将全部时间用于工作时，他可以得到的收入是图上纵轴的A点，当他完全不工作时，他可以获得的闲暇时间是横轴的B点，这样他的预算约束线就是以w为斜率的直线AB。那么，他将选择预算约束线的哪一点来分配他的工作和闲暇，取决于他的工作和闲暇的无差异曲线U。显然，在没有税收的情况下，李明会选择无差异曲线和预算约束线相切的点a，此时工作时间为FB，闲暇时间为OF，这时他的效用达到最大。

现在考虑税收的影响，假设对李明的工资收入课征比例所得税，税率为t，那么其税后工资率将变为w（1-t），因此预算约束线绕B点旋转至BD，这时李明的最优选择是无差异曲线和新预算约束线的切点b，工作时间增加了FG，闲暇时间减少了FG，说明收入效应大于替代效应。在图中作AB的平行线CE，即仅考虑收入的减少而不考虑闲暇的替代，那么CE和无差异曲线相切于c点，可见收入效应带来的工作时间的增加是FH，因此最终的效应是收入效应FH和替代效应HG的和，为FG。

（2）收入效应小于替代效应的情况

如上分析，对于李明来说，他偏好于在征税的情况下增加工作，但是也有些人偏好于增加闲暇，这完全取决于个人的效用函数。同样，我们假设王强所拥有的时间以及工资率都和李明一样。现在，对其征收同样的比例所得税，我们发现王强在税后的工作时间减少了FG，闲暇的时间增多了。同样，通过做AB的平行线CE，我们可以看出收入效应FH小于替代效应HG，因此最终的总效应是增加闲暇FG（如图7-4所示）。

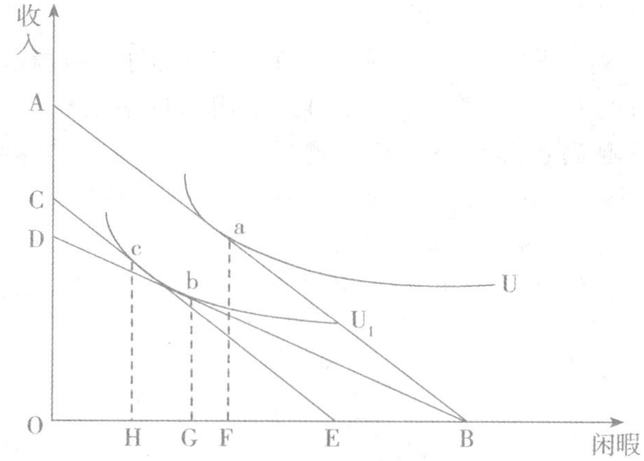

图7-3　收入效应大于替代效应的情况

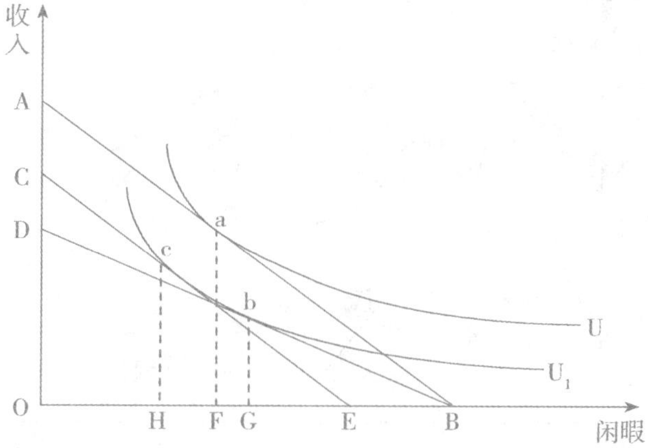

图7-4　收入效应小于替代效应的情况

（3）收入效应等于替代效应的情况

从上面的分析我们能够看出，由于李明和王强的偏好差异，导致所得税的效应既有可能收入效应较大，也有可能替代效应较大。当然也有可能二者相同。图7-5就是这种情况。在图中，工作时间和闲暇时间都没有改变，其原因是收入效应FH恰好被替代效应HF抵消了。所以最终的总效应为0。总的来看，个人所得税对于劳动供给的效应是不确定的，收入效应和替代效应的大小取决于个人的偏好。

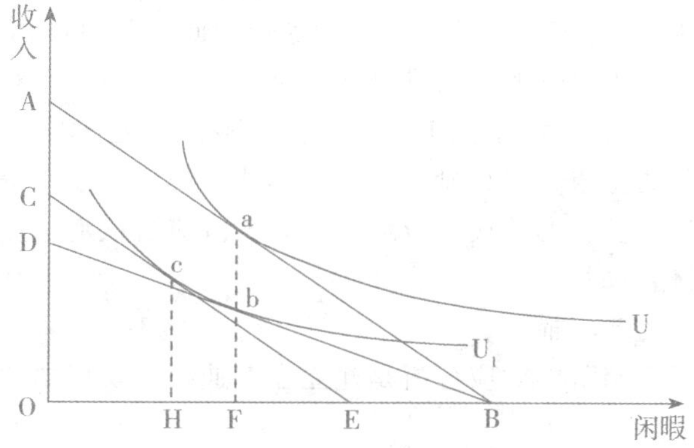

图7-5　收入效应等于替代效应的情况

（4）累进所得税条件下的效应分析

前面的分析均假定对工资征收比例税，现在我们分析按累进税率征收的情况。假定第一个1 000元适用的税率是t_1，第二个1 000元适用的税率是t_2，超过2 000元以上适用的税率是t_3，而且收入越高边际税率越高。这样，我们面对的预算约束线将变为一个分段的折线，如图7-6所示。BL段的斜率是（$1-t_1$）w，LM段的斜率是（$1-t_2$）w，MN段的斜率是（$1-t_3$）w。同样，税后无差异曲线和LM段相切于d点，那么做平行线DE和无差异曲线相切于f点，我们能够得出收入效应为FJ，替代效应为JI，小于收入效应，总效应为FI。

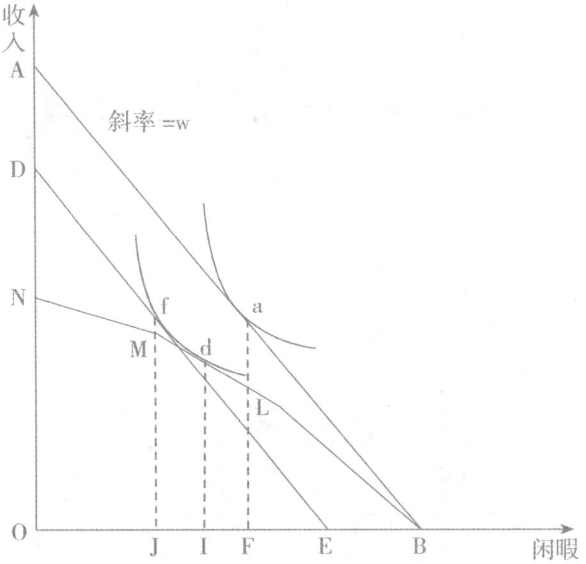

图7-6　累进税率下的效应分析

上述分析给出了理论上的简单结论，但是现实中的情况却远比理论分析复杂。首先，问题主要来自人们工作时间的相对固定，也就是说，现行的工作制已经将每天的工作时间固定了。对于这种情况，经济学家认为，人们一方面可以通过诸如放弃工作（如选择做全职家庭主妇）、选择假期较多的工作（如教师）、推迟进入工作时间（如攻读较高的学位）等方式来变相地改变工作时间；另一方面还可以通过选择工作强度较低的工作来降低税收的影响。因为工作强度较低的工作相对于强度较高的工作来说可以获得一笔“非货币收益”，而这部分“收益”是不用缴纳税收的①。尽管如此，从目前西方发达国家经验研究的结果来看，税收对于成年男子的劳动供给几乎是没有影响的，而对于已婚妇女则能够促使其在“外出工作”和“全职家庭主妇”之间进行选择②。这表明，尽管大多数人面对税收有减少“工作时间”的愿望，但是显然有各种其他方面的原因使得人们必须保持现有的工作。因此我们可以说，税收的替代效应最终被收入效应所抵消了。

2）个人所得税对储蓄的效应分析

（1）生命周期模型的基本描述

有关个人所得税对于储蓄的效应分析是建立在莫迪格里安尼的“生命周期模型”基础

① 刘宇飞．当代西方财政学［M］．2版．北京：北京大学出版社，2003：316．
② 罗森 H S.财政学［M］．郭庆旺，赵志耘，译．8版．北京：中国人民大学出版社，2009：403-404．

上的。该模型假定个人都是有远见的，因而当期的消费和储蓄（借款）决策是根据其一生的收入状况决定的。具体来说，我们假定李明将生命分为两个时期：当期（工作时期）和未来（退休时期）。如图7-7所示，纵轴表示李明未来的消费，横轴表示当期的消费。图中的a点表示李明的当期收入I_0和未来的收入I_1的组合，称为禀赋点。现在李明在其一生的收入约束下将有几种不同的消费和储蓄选择。

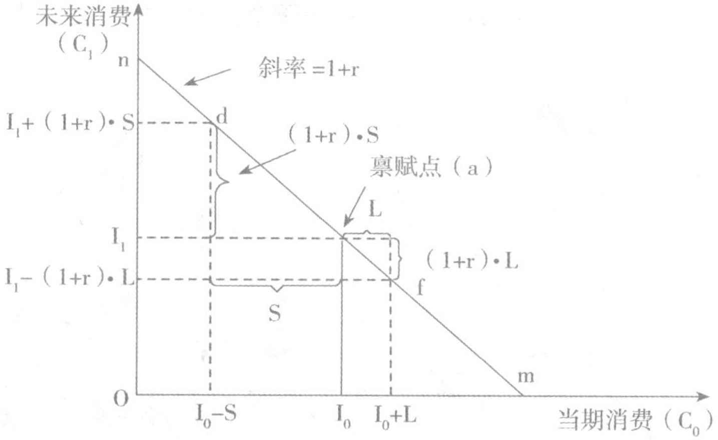

图7-7 生命周期模型的预算约束线

第一种情况，李明在当期消费I_0，在未来消费I_1，没有储蓄和借款，如图中的a点。

第二种情况，如图中d点所示，李明在当期并没有将全部收入消费掉，而是储蓄了S。假定利率为r，这样李明将在未来得到这笔利息收入rS，从而使他在未来可以用于消费的收入达到了I_1+（1+r）·S。

第三种情况，如图中f点所示，李明在当期不仅消费掉了收入I_0，还借贷了L，这样他就必须用未来的收入偿还这笔借贷支出及其利息（1+r）·L，从而使未来的消费减少为I_1-（1+r）·L。

我们将a点、d点、f点连接起来，就得到了个人当期和未来消费的预算约束线，它是一条穿过禀赋点并以（1+r）为斜率的直线，也被称为跨期预算约束线。

（2）对储蓄利息收入征税，并允许扣除借款利息时所产生的影响

个人面对跨期预算约束线时到底如何确定当期和未来的消费呢？这取决于个人对当期消费和未来消费的偏好，也就是取决于个人关于储蓄和借贷的无差异曲线。如图7-8所示，征税之前，李明的无差异曲线和跨期预算约束线相切于E_1点，税前的储蓄为（I_0-C_0）。现在假设对于利息所得开征税率为t的比例税，且借款利息可以在税前扣除。首先我们考察跨期预算约束线的变动。和劳动供给的情况不同，预算约束线是围绕禀赋点旋转的。在禀赋点由于不存在利息的收入和支出，所以税收是没有影响的。接下来，我们可以发现税收降低了利息的实际收益，1元钱的利息收益变为了（1-t）·r，另外，由于借款利息可以从税前扣除，借贷1元钱实际上所支付的利息也变为了（1-t）·r。这样，当期储蓄1元钱最终将使得未来的消费增加为1+（1-t）·r，当期借贷1元钱最终将减少未来的消费支出为1+（1-t）·r，由此可得，税后的跨期预算约束线的斜率为1+（1-t）·r。这时，李明的无差异曲线和新的预算约束线相切于E_1点，税后的储蓄小于税前的储蓄，表明税收促

进了他的当期消费。进一步分析，李明的最终选择实际上也可以看成是收入效应和替代效应相互作用的结果：一方面，由于税收的作用，降低了人们未来的利息收益，那么个人为了使未来消费不会减少太多或者不减少，则会增加储蓄，这是收入效应；而另一方面，由于税收的存在，当期消费的机会成本变小了，因此能够促进人们更多地消费，这就是替代效应。在李明的例子中，替代效应大于收入效应，因此最终表现为当期消费的增加。同样，也有收入效应大于替代效应的情况，这取决于个人的偏好。这里我们就不加以列举了，留给读者自己分析。

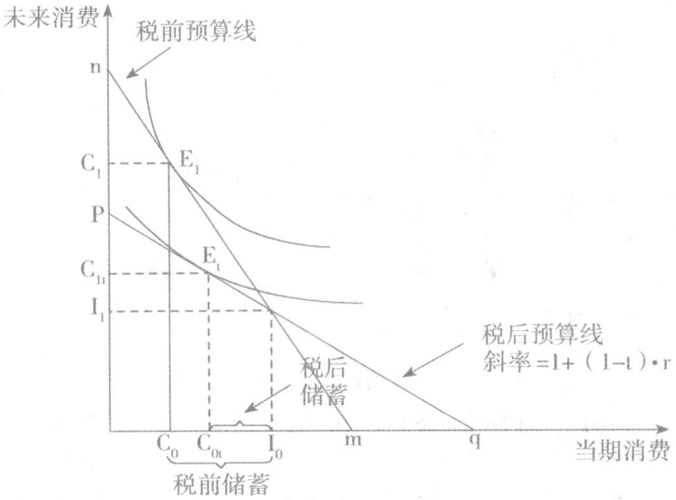

图 7-8 税收对储蓄的影响

上述分析的是当期消费小于当期收入的个人，也就是储蓄者的情况。那么对于当期消费大于当期收入的个人，也就是借贷者来说，情况如何呢？同储蓄者的情况不同，由于借贷利息可以在税前扣除，降低了借贷者未来利息的支出，因此会鼓励借贷者增加贷款数量，也就是说对于借贷者来说只要允许其税前扣除利息支出，那么他一定会进一步增加当期消费，这时税收仅存在替代效应，而没有收入效应。

（3）对储蓄利息收入征税，但不允许扣除借款利息时所产生的影响

这种情况和前一种情况的根本区别在于预算约束线的不同。首先，在存在储蓄的情况下，税收的存在仍然降低消费者未来的收益，因此情况和前面相同，预算约束线将绕禀赋点旋转到斜率等于 $1+(1-t)\cdot r$。而在存在负储蓄，也就是借贷的情况下，由于借款利息不允许税前抵扣，因此借款的利息支出没有变化，预算约束线也没有变化。这时，税收对于储蓄者的效应分析和上一种情况完全相同，而税收对于借贷者则不会产生影响。

上述分析从理论上证明了税收对于储蓄的作用取决于收入效应和替代效应的比较，但是现实中情况并不完全如模型中所描述的那样。罗森总结了上述分析的一些局限性①，主要包括两个方面：第一个方面是关于对生命周期模型的质疑，有学者认为人们在进行当期的消费和储蓄时，未必仅考虑其未来的收益，还有一些其他的因素也会影响人们的储蓄行为，这样那些旨在通过降低（提高）税率增加（减少）储蓄的政策并不一定能够产生效

① 罗森 H S. 财政学［M］. 郭庆旺，赵志耘，译. 8版. 北京：中国人民大学出版社，2009：413.

果。如在中国，未来收入的不确定性对于人们的储蓄有着较大的影响，因此在重新对储蓄利息所得征税后，并没有明显地影响人们的储蓄行为。第二个方面是该模型中仅设定了一种储蓄工具，即取得利息收益的存款。但是，在现实中人们除了把货币存入银行以外，还可以选择其他方式储存财富，如购买房产等，这实际上也是一种“储蓄”。这样，如果考虑对不同储蓄工具课征不同税率的税收，那么上面的分析就显得有些简单了。总之，尽管上述理论给我们提供了有益的思路和基本的分析框架，但是税收对于储蓄的效应分析还有待进一步深入。

3）个人所得税对个人投资（资产组合）选择的效应分析

现代经济学理论中关于个人投资的讨论大多集中于个人对于资产组合的选择问题。一般来说，个人选择一项资产进行投资时，往往希望获得预期收益率高而风险较低的资产。但是，资产的性质告诉我们，收益率较高的资产往往也存在较大的风险。因此，人们必须在资产的收益率和风险的程度之间进行选择。

一般情况下，人们往往会根据其对收益率和风险的偏好将其资金投资于风险程度不同的资产组合上，从而达到预期收益最大。例如，将一部分资金存入银行获取较安全的利息，另一部分资金用于购买股票或债券进行风险投资。现在，假设我们对个人的资产收益征收比例税，同时也允许个人将投资风险资产的损失在税前抵扣。例如，某人投资100万元用于购买债券，如果获得了正的收益10万元，那么政府要按照33%的税率征收3.3万元的税款。如果损失了10万元，那么该损失额可以从其应税所得中扣除，因此纳税人可以少缴纳3.3万元的税款。这样，他的这项风险投资的实际损失为6.7万元。

那么在引入这样的所得税后，个人对于资产组合的选择将受到影响。我们也可以将其分为收入效应和替代效应。假设人们只投资于两类资产，一类是低风险资产，一类是高风险资产，那么在盈利情况下，收入效应是指由于税收减少了人们投资的实际收益，为了获得和原来同样的收益，人们会倾向于将资金投资于高风险的资产以获得较多收益；替代效应则是指由于税收的存在，和原来比，冒相同的风险获得收益却减少了，相当于提高风险资产的机会成本，因此人们会减少高风险资产的投资。而在损失的情况下，同原来相比，由于损失可以在税前抵免，因而使得损失减小了，这相当于降低了资产的风险程度，因此只会产生使人们倾向于投资到高风险资产的效应。由于政府在这种情况下实际上成为个人投资者的“隐匿合伙人”①，因此我们不妨称这种效应为“合伙效应”。如果不存在投资损失抵免，则不存在这种“合伙效应”，那么发生损失的时候税收就没有影响了。

总的来看，理论研究仅仅证明了税收产生效应的作用方向，而现有的经验研究还没有能够提供足够的证据表明上述收入效应和替代效应的实际大小。尽管如此，从实践中来看，在存在投资损失抵免的所得税下，人们的确会倾向于投资高风险的资产，但是关于较高的资本利得税率的实际影响则还没有得出统一的结论②。

---

① “隐匿合伙人”的提法参见罗森 H S.财政学［M］. 郭庆旺，赵志耘，译. 8版. 北京：中国人民大学出版社，2009：419.

② 罗森 H S. 财政学［M］. 郭庆旺，赵志耘，译. 8版. 北京：中国人民大学出版社，2009：419.

7.3 社会保险税

7.3.1 社会保险税的性质、基本特点和类型

1）社会保险税的性质

社会保险税又称工资税、工薪税，它是为筹集社会保险基金而形成的一个税种。有的国家不把筹集社会保险基金的手段称为税，而称为社会保险费或社会保险捐款，这是基于其具有有偿性利益对等关系的考虑。不管名称如何，其性质和用途都是筹集社会保险基金。同时，由于返还性比较明显，纳税人乐于缴纳，管理成本比较低，因此社会保险税是一个简单的富有效率的税种。19世纪末，法国首创从工薪中扣除一定比率用于建立社会保险基金的做法，目前几乎所有的发达国家和一些发展中国家均开征社会保险税（或社会保险捐款、社会保险基金）。这一税种在第二次世界大战以后随着社会保险事业的发展而日益重要，在许多发达国家，社会保险税的征税规模已属各税之首，成为引人注目的税种，在财政体系中占有越来越重要的地位。

2）社会保险税的基本特点

社会保险税是为筹集基金而开设的，有明确的特定目的，全部税款用于社会保险，作为社会保险收益返还给纳税人。各国社会保险制度有如下共同特点：其一，社会保险税的纳税人一般为雇员和雇主。有些国家特定的社会保险项目缴款全部由雇主缴纳，有些国家还把自营业主（或个体业主）纳入社会保险税范围。其二，社会保险税的征税对象是工资或薪金，工薪以外的投资所得、资本利得等所得项目都不需缴纳社会保险税。作为税基的工资薪金不仅包括由雇主支付的现金，还包括具有工薪性质的实物性收入和其他等价物收入。其三，征税工资薪金有最高限额规定，其具体数额因国家而异。如2019年美国一般社会保险税即退休、遗属、伤残保险（OASDI，Old Age，Survivor Disability Insurance）征税的工资薪金最高限额为137 700美元，超过137 700美元部分的工薪不必缴纳OASDI社会保险税[①]。这一规定使高薪收入雇员的社会保险税平均税率低于低薪雇员，反映出社会保险税具有累退性。不过美国另一个一般社会保险项目即健康保险（Medicare）没有限额规定。其四，社会保险税实行由雇主源泉扣缴的征收办法。其五，税率的高低结合承保项目确定，进一步体现专款专用的原则。

3）社会保险税的类型

税收制度的制定是一国的自主权，各国社会保险税尽管有上述共同点，但具体的税制设置仍有很大差别，概括起来有三大类型。

第一种是从承保对象和承保项目相结合角度设置的一般社会保险税和特定社会保险税并存的模式，这种类型以美国为代表。美国社会保险税不是一个单一税种的结构，而是由一个针对大多数承保对象和覆盖大部分承保项目的一般社会保险税与针对失业这一特定承保项目的失业保险税，以及针对特定承保对象而设置的铁路员工社会保险税组成的税收体系，其中，满足老年、遗属、伤残保险以及健康保险项目需要的社会保险税被称为一般社

① 数据来源：Investopedia. Social security tax.JuliaKagan.Nov 16,2019https：//www.investopedia.com-/terms/s/social-security-tax.asp.

会保险税。美国模式的主要优点是具有较强的适应性，可在适应一般社会保险需要的基础上针对某个或某几个特定行业实行与行业工作特点相联系的加强式社会保险，还可让特定的承保项目在保险费收支上自成体系。缺点是统一性较差，管理不够便利，返还性的表现不够具体。社会保险税的征税具有累退性，再分配的效应受到抑制，其社会公平功能趋于减弱。

第二种是单纯以承保对象为标准而分类设置社会保险税的模式，这种模式以英国为代表。英国的社会保险税在设置上以承保对象为标准，建立起由四大类社会保险税组成的社会保险税体系：第一类主要针对一般雇员，实行全额累进征收，但对雇员的工薪收入有最高限征额；第二类针对全体经营者征收，实行定额税率；第三类针对自愿投保者征收（包括无业者，也包括前两类中想增加保险金权益的人），同样为定额税率；第四类针对营业利润达到一定水平以上的个体或独立经营者征收，实行比例税率。英国模式的主要优点是针对不同就业人员或非就业人员的特点，采用不同的税率，便于执行。一般雇员受雇于公司（企业），收入账簿容易核实，实行累进税率具有可行性，且较符合税制公平法则。对不适于实行累进税率的个体经营者和自愿投保人实行定额税率，征管不会遇到麻烦，对个体或独立经营的营业利润按一个比例税率征收也十分便利。这一模式主要缺点是实行全额累进，会出现税率临界点税负剧增现象，且社会保险税的征收与承保项目没有明确挂钩，社会保险税的返还性也未能得到更具体的体现。

第三种是单纯以承保项目为标准而分项设置社会保险税的模式。这种模式以瑞典和德国为代表。瑞典的社会保险税按不同用途分为19项，分别确定一定的比率，从工资或薪金中提取。德国的社会保险捐献由健康保险捐献、老年和长期伤残保险捐献、失业保险捐献、工业事故和职业病保险捐献4个部分组成。所有工人、职员、家庭手工业者及从事其他职业的人均有义务参加健康保险，捐献率（社会保险税税率）为7.3%~8.8%，所有雇员都要参加退休保险（个体经营者及家庭妇女可自愿参加）和失业保险，保险费捐献率分别为9.35%和1.5%。上述3项保险捐款均由雇员雇主各付一半。此外，所有的雇主还有责任替其雇员缴纳工业事故和职业病保险捐款，每年的捐献率根据各个行业事故风险程度及全部职工年工资总额等因素决定。这一模式的最大优点在于社会保险税的征收与承保项目之间建立起一一对应的关系，专税专用，返还性特别明显，哪个承保项目对财力的需要量大，哪个项目的社会保险税（费）税（费）率就提高。缺点是各个项目之间财力调剂余地较小。

7.3.2　社会保险税负担水平的确定

通过社会保险税筹集上来的社会保险基金为社会保险制度奠定了物质基础，社会保险基金的使用、保险受益额的给付在宏观上一般不能超过社会保险税征收总额，就是要以收定支、收付平衡。实践中有三种平衡方式，即近期横向平衡、远期纵向平衡以及近期远期相结合的平衡方式。

1）近期横向平衡

近期横向平衡就是当期提取的社会保险税总额以同期所需支付的社会保险费用总额为依据，当期筹集当期使用，现收现付，收付平衡。以养老金为例，就是根据当期退休养老保险的承保对象的人数、单位保险受益数额、所有参保人员的工资总额、物价指数等因素，确定一个宏观提取比率，向在职的承保对象征收社会保险税，用以向退休职工发放退休金，一般要做到略有结余。

以近期横向平衡为基础的社会保险税宏观税率的确定方式称为现收现付式。其优点是简便易行，可按照社会保险需求的增长及时调整征税比例，保持社会保险基金收支平衡，防止基金因通货膨胀而贬值；缺点是现收现付，没有储备积累，在社会保险需求增长迅速的时期，社会保险税的宏观税率要定得很高，在税率难以提高的情况下会导致基金赤字、支付危机。在老年退休承保项目上，遇人口老龄化高峰期时极易出现这种情况。在退休保险基金筹集上采取现收现付的办法，意味着从相对年轻的在职职工手中获得一定基金并立即转付到年老的退休者手中，形成国民收入跨代转移，在退休人员占总人口比例很高时，在职职工就要负担沉重的社会保险税。因此，这一收付平衡方式在工业伤害、生育、短期病假等费用开支比较稳定、基金的收付必须同期进行的承保项目中采用比较合适，而在老年退休保险等保险受益取决于投保纳税期间长短的承保项目中使用就不怎么合适。

2）远期纵向平衡

远期纵向平衡即就一个比较长的计划期或每个承保对象的整个承保期考虑社会保险基金收付平衡，整体上是一种滚动式平衡。其具体方法叫预筹积累，又称储蓄积累式或全基金式。具体来说，就是首先对人口、工资、物价、利息等多种因素进行宏观预测，然后在此基础上预计社会保险的承保对象在享受保险待遇期间所需开支的保险基金总量，并按比例均匀地分摊到承保对象的整个就业或投保期间，从承保对象就业的第一天起就依法由本人和雇主向国家缴纳社会保险税，形成基金，由政府专门机构管理、使用，使其增值，到需要支付社会保险受益额时再逐期或一次性给付。对每个承保对象而言是先提后用，对社会保险制度整体而言，形成一种在长期内逐渐提高、逐期使用、不断增减、纵向循环的滚动式平衡关系，实现分散风险的目标。这种平衡方式使社会保险制度有了一定的储备功能，提取比率稳定，个人和企业负担均衡，既使社会保险有稳定的经济来源，又减少现收现付方式下可能出现社会保险基金提取比率（社会保险税宏观税率）不断提高的被动性。

但此种方式要求每个企业和承保对象分别立账、分别核算，使基金互助调剂的成分小，保险受益与缴纳社会保险税挂钩，收入再分配功能减弱。测算社会保险税宏观税率过于复杂，难以实行。在通货膨胀情况下，社会保险基金面临贬值的危险。特别是，这种方式对已建立退休保险制度而没有预留积累的国家来说实行起来难度更大，例如在中国，如果采用这一平衡方式，既要为已经退休的人员支付退休金，又要为在职职工进行预先积累，双重压力使政府与企业都难以承受。

3）近期远期相结合的平衡方式

近期远期相结合的平衡方式，即综合了近期横向平衡和远期纵向平衡的优点，按照当前的实际需要加上一定的储备因素来保持基金收支的平衡，一般称以此种平衡方式为基础的社会保险筹集方式为部分积累式。其主要优点是可以避免可能出现的社会保险税（费）税（费）率不断升高或支付困难的局面，这是因为此种方式在现收现付中包含了储备因素，可以用储备调剂补充现收现付额。二者的互相调剂和补充，还会使社会保险基金产生一种稳定功能。在经济景气时期，工资水平高，可多提积累，或将现收现付的节余部分存入积累；在萧条时期，工资水平降低，可降低提取比例（社会保险税宏观税率），或从积累款中划出一部分补充现收现付款，用以支付保险受益额。但是，由于部分积累式仍以存在先收未用的积累基金为其特点，仍然存在通货膨胀使基金贬值的问题。因此，如果能有效地营运积累基金，在安全可靠的前提下，使基金尽可能地获得增值，最大限度地减少贬值风险，那么这一社会保险基金收付平衡方式就是比较好的。目前这一平衡方式已经为越来越多的国家所认识和采用。

7.3.3　改革社会保险制度，开征社会保险税制度的设想

中国社会保险制度的发展方向应坚持需要与可能、理想与现实相结合的原则，既要满足社会化大生产和商品经济的发展对社会保险的需要，发挥社会保险的作用，又要从中国现阶段国情出发，不追求理想化的普遍的社会保险模式，而是要抓住主要矛盾，解决主要问题，实行承保项目有限、承保对象比原有体制扩大但不是无限扩大的社会保险模式。中国社会保险模式的发展方向还是要坚持公平与效率相结合的原则，改革后的社会保险制度要面对当前情况，解决业已存在的问题，同时着眼未来。2010年以后，中国进入人口老龄化的高峰期，退休职工剧增，养老保险基金的筹集模式要实行部分积累制。由于中国经济发展不平衡，各地区各企业情况千差万别，只有坚持统一与灵活相结合的原则才能使社会保险制度具有较强的适应性。为满足这一要求，可在国家统一的社会保险制度之外，建立独立的区域社会保险制度、行业性加强式社会保险制度和企业式或职工个人补充性社会保险制度。

根据这些基本原则和总体设想，改革社会保险制度的基本框架如下：

（1）承保对象范围

改革后的社会保险制度在其承保对象范围上有较明显的扩大。

（2）承保项目

新的统一的社会保险制度在承保项目上应有所限制，以养老保险、医疗保险和失业保险为主。其他项目如生育、工伤、死亡等不纳入全国统一制度中，基本上在原有办法基础上通过完善、改革继续实行。在需要全国统一的三个项目中，又以养老保险为重点项目。政府应解决基本养老金，保证承保对象退休后的基本生活需要；鼓励企业在完成上缴政府的利税之后，为职工建立补充养老金，避免绝对平均主义，促进职工关心企业发展，增强企业凝聚力。统一的养老保险制度的关键问题是养老金计发基数。过去按标准工资计发，随着标准工资占全部工资总额的比例越来越不显著，以及非全民所有制企业没有统一的标准工资制度，新的养老保险受益额给付已不可能再按标准工资计算。我们主张采用与保险受益额给付当期社会平均工资部分关联的办法，实现养老金计发基数的科学化、合理化。所谓与保险受益额给付当期社会平均工资部分关联的办法，就是投保人退休后领取的养老金，一部分以当期社会平均工资为基数计算，这可消除物价上涨影响，保证基本生活需要，也就是说无论职工的工龄长短和缴费多少，退休后都能获得一个数量上基本相同的退休金，使社会公平与社会保障原则得以贯彻；另一部分则与投保人退休前的工龄、缴纳社会保险税的情况挂钩，工龄长、缴纳社会保险税多，获得的保险受益额也多，其目的是鼓励投保人在退休前勤奋工作，多做贡献。

医疗保险方面，主要应解决费用增长过快、浪费严重的问题。这一问题即使在医疗保险社会统筹以后还会存在。国外也没有成功的经验。建议实行投保人看病个人负担一部分医药费制度，比如自己负担20%的药费，建立约束机制，防止一人投保，全家受益。此

外，应加强管理，完善医药费报销办法，杜绝“人情方”，坚持滋补药品不准列入保险受益范围的原则。

对失业保险，要在目前实行的失业保险的基础上，扩大承保对象范围，凡是依靠工作生活，并有劳动能力和从业意愿的，因社会或经济原因受环境所迫而失业的职工，都应列入承保对象范围，享受失业保险待遇。失业保险受益的给付数额和期限要与投保期限长短、缴纳社会保险税的时间长短挂钩，受益数额可按最近一个期限（如半年）缴纳失业社会保险税的平均税基的一定比例按月发放，缴纳社会保险税时间长的，受益给付期限可适当延长，但仍然要规定一个最长的享受期限（如一年），超过这一期限还未重新就业就转入社会救济。

（3）建立社会保险税

国家统一的社会保险制度的重要特征之一，是在社会保险费用筹集上以按统一标准征收社会保险税这一规范化办法代替企业自行提留保险费用打入成本的非规范办法。社会保险税作为税收，同样要由纳税人、税基、税目、税率四个基本要素组成。社会保险税的纳税人为参加国家统一的社会保险制度的投保人及其所在工作单位，具体包括：设在中国境内的国有企业、事业单位及其职工（包括固定职工、合同工、临时工，下同），城镇集体企业、乡镇企业、私营企业、三资企业职工（不论是否为中国居民），政府公务人员，设在中国境外的中国居民企业及其被雇用的中国个人居民、城镇个体劳动者。社会保险税的课税对象为工资薪金，其具体计税依据为纳税人发给职工的各项账面工资总额与发给职工的具有工资薪金性质的各种补贴、实物津贴和有价证券之和扣除一个征税限额后的余额。在税目、税率设置上，我们主张设置养老保险、医疗保险和失业保险三个税目，分别制定税率。应采取定额税率和比例税率相结合的办法，对个体劳动者可按定额税率征税以减少征税费用，对其他各类职工可按比例税率征税。养老保险税率应按部分积累式确定，即通过社会保险税筹集上来的社会保险基金既要满足目前的养老金支付需要，又要有所积累，为中国人口老龄化高峰的到来做好准备。医疗保险税率和失业保险税率应根据目前需要按现收现付办法确定。

本章小结

- 从目前世界各国所得税制的实践来看，不同国家的企业所得税纳税人的范围不尽相同，划分标准也有较大差异。
- 企业所得税理论中最具争议性的问题是企业所得税存在的理论基础问题。长期以来，针对这一问题在法律上形成了“法人实在说”和“法人虚拟说”的对立，在经济学和税收学上则表现为“独立公司税派”和“单一个人税派”的对立。
- 从各国对股息重叠征税的态度及处置办法角度区分，企业所得税可分为古典制、两率制、免税制、归集抵免制四个基本类型。
- 从目前世界各国的实践来看，企业法人的居民身份认定标准主要有三个。
- 从理论上讲，企业所得税是对企业生产经营的纯收入征税的，也就是说，应纳税所得额是企业的各种营业所得和非营业所得扣除生产经营中的必要支出后的纯利润，但是，由于会计准则和税法规定的差异，会产生会计利润和税法核定利润的差别。

• 关于资本利得处理一般包括三个方面，即资本利得的课税方式、计税基础的计算方法、税率和税收优惠的选择。

• 从各国的实践来看，亏损结转一般包括亏损转回、亏损向后结转、同时实行向前和向后结转三种办法。

• 企业会计成本的核算规定，销货成本=期初存货+本期购货-期末存货，因此存货的价格将直接影响企业的本期净收益。实践中，确定存货价格的方法很多。

• 在实际工作中，折旧的方法有多种，灵活地选用折旧方法，可以使折旧成为重要的投资激励工具。

• 企业所得税的税率大体上可归入两大类型，即超额累进税率和差别比例税率，其中，差别比例税率还可划分为“大小”差别比例税率、规模与行业兼顾的差别比例税率、未分配利润与已分配利润区别征税的税率。

• 转让定价、资本弱化、在避税港建立受控公司，是跨国公司进行国际避税比较常见的方法。

• 资本弱化实际上是利用企业所得税中允许利息税前扣除的规定从而通过降低企业应税所得额来达到减轻企业税负的目的，目前这种方法已经成为跨国公司进行国际避税的重要方法之一。

• 世界上许多国家实行CFC法律，即对于建立在避税港的受控企业的非正常经营利润，按股权比例归属于本国居民的部分，无论是否分配或汇回本国均要视同已分配所得对本国政府承担纳税义务。

• 从目前世界各国税制的实践来看，企业所得税一般都不允许扣除所有者权益的机会成本，从而实际上形成了对资本要素的课税。从长期来看，这将导致资本和劳动要素在公司部门和非公司部门间的流动，并最终降低资本要素的实际收益率，产生超额负担。

• 企业所得税对于企业投资的影响一般通过影响企业的资本使用者成本来实现。

• 理论研究表明，由于债权融资的成本可以在税前扣除，因此从税收的角度看，债权融资优于股权融资，但是实证研究却表明企业并没有过多地利用债权融资的方式。

• 综合考虑企业所得税和个人所得税的情况，股东为了逃避个人所得税和延迟缴纳资本利得税，会促使公司不采用发放红利的政策，但是现实中利用红利“漂洗”的方式，却可以逃避个人所得税和资本利得税，再加上企业出于显示经营业绩的需要，发放红利仍然是多数企业的首选。

• 个人所得税纳税人的认定包括居民原则和公民原则，大多数国家采用的是前者。居民纳税人的认定包括两个标准，即住所标准和居所标准。

• 关于个人所得税征税范围的确定有多种学说和主张。

• 综合费用扣除的办法有两个：一是综合法，二是分别法。

• 从中国的国情出发，间接费用扣除主要体现两个基本原则：第一，以人为本的原则；第二，促进公益的原则。

• 综合费用扣除中生计扣除额的确定，一个基本原则就是最低生活费用不纳税。

• 个人所得税的税率制度一般包括比例税率和累进税率的选择以及累进税率档次的设定问题。

• 在各国纳税申报的实践中，主要包括以纳税人个人为申报单位；以一对夫妻为一个申报单位，又称联合申报；以一个家庭为一个申报单位，又称户主申报。

● 个人所得税按其征收方式可分为分类所得税、综合所得税、分类综合所得税三种类型。

● 个人所得税的征收方法主要有三种，即申报法、课源法、测定法。

● 在目前中国还没有推行西方模式个人所得税（个人申报的综合所得税）的社会经济文化条件，个人所得税的改革完善要基于中国国情。为了解决对工薪收入者以外的高收入者（如明星、商人等）征管困难的问题，可推行一种具有中国特色的最低限度税制度或管理办法。

● 个人所得税对于劳动供给的效应分析是建立在闲暇属于正常商品，并且是工作的互补商品这一基本假设前提下的。人们是选择收入效应还是替代效应，取决于两种效应的大小。

● 在生命周期模型的框架下，由于税收的作用，降低了人们未来的利息收益，人们是选择收入效应还是替代效应，最终取决于两种效应的大小。

● 在投资损失允许扣除的所得税制度下，税收对于资产组合的效应同样可以分为收入效应和替代效应。在损失的情况下，由于允许税前扣除损失，因此将鼓励人们进一步投资到高风险资产，这种效应被称为“合伙效应”。

● 各国社会保险税的具体设置有很大差别。

● 通过社会保险税筹集上来的社会保险基金为社会保险制度奠定了物质基础，社会保险基金的使用、保险受益的给付金额在宏观上一般不能超过社会保险税的征收总额，就是要以收定支、收付平衡。实践中有三种平衡方式。

本章综合训练

第 8 章 财产税和行为目的税

☞ 学习目标

- 掌握房产税的基本原理；
- 了解征收遗产税的主要依据及其主要类型；
- 掌握资源税和绝对地租、级差地租的关系；
- 了解中国资源税的改革方向。

☞ 导语

财产税是对纳税人所有或者占有的财产就其数量或价值额课征的一类税收的总称，主要形态包括对所有类别财产课征的一般财产税（也称为财富税）、对房屋土地等不动产课征的房地产税或不动产税、对财产所有人死亡后遗留或生前赠与的财产课征的遗产和赠与税。由于财产种类广泛，且金银财宝等动产很难查实，股票债券等有价证券难以对其存量价值计税，对专利商标等各类无形资产估价困难，一般财产税仍然停留在设想阶段。现实中的财产税多是选择性财产税，主要有房地产税和遗产赠与税。因此本章着重就这两种税的基本理论和制度设计原则等问题进行阐述，并结合中国学术界关于这两种税收的讨论展开辨析。

学术界一般将不属于流转税、所得税和财产税类别的税收列为目的行为税，顾名思义，这类税收主要是针对某种特殊行为或为达到某种特定政策目的而设立的。本章除了阐述财产税外，还对中国学术界和相关业务部门所关心的资源税问题展开讨论。

8.1 财产税概述

8.1.1 财产税的概念和性质

财产税是对纳税人所有或占有的财产就其数量或价值额（例如价值总额、价值净额或收益额）征收的一类税收。财产税的最终源泉也是一定时期劳动者创造的剩余产品价值，这一点与其他种类税收是相同的，但在征收方式和直接征税对象上又与别的税收种类有区别。所得税和流转税都是以商品或劳务交易为前提，流转税以商品和劳务交易过程中发生的毛收入为征税对象，所得税以纯收入为征税对象，它们都是对收入流量征收的税。财产税则以财产的存在为前提，与财产交易无关，只要财产存在，无论财产是否发生转移（指非交易性转移）都要征税，是对纯收入存量征收的税。财产税以财产的数量和价值为计税依据，即便没有出卖财产，纳税人也要用财产收益或其他收益支付税款，因此从支付的价值源泉而言，财产税与所得税类似。可见税收分类的依据不是绝对的。

8.1.2 财产税的类型

1）财产分类

随着生产力的进步和市场经济的发展，财产的种类日益增多，从大的方面可分为不动产和动产。其具体内容见表 8-1。

表 8-1 财产的分类

不动产	动产
A.土地	A.有形动产
①农地	①厂房、机器设备
②住宅地	②家具
③商业用地	③车辆等交通工具
④森林地	④其他商品
B.土地改良物	B.无形财产
①农地建筑物	①股票、债券
②住宅	②特许权
③商业大楼	③抵押权
④篱笆、人行道等	④银行存款

2）财产税的类型

由于财产种类很多，因此在财产税制度设计与征收上，首先要解决的问题是选择财产税征税范围，即确定哪些财产项目要征财产税，哪些不征。确定要征收财产税的财产项目后，还要确定计税依据，也就是要选择以财产的数量为计税依据还是以财产收益为计税依据。此外，还要确定征税时点或环节，可在一个年度内确定一个或几个时点对财产所有人静态的财产存量或净值征税，也可选择在财产转移、变动时征税。这样依据不同标准、不同角度就可把财产税分为不同类型。

（1）从征税的时点或环节看，可把财产税分为静态财产税和动态财产税。静态财产税是对财产所有者或占用者依其财产数量或净值进行定期课征，不问财产来源和去向。动态财产税是在财产转移、变动时，对转移、变动的财产的数量或净值征税。

（2）静态财产税依其征税范围大小不同，可分为一般财产税和选择性财产税。选择性财产税中，又可依其计税的不同，有数量财产税（即从量征收）、价值（或净值）财产税（从价征税）、收益财产税之别。

（3）就动态财产税而言，依财产转移、变动时是以有偿（等价交换）还是以无偿方式进行，分为财产转让税和遗产税、赠与税。就财产转让税而言，如果以毛收入为计税依据可归属于流转税，如果以纯收入为计税依据可归属于资本利得税（所得税类）。因而，典型意义的动态财产税即遗产税、赠与税，它们均以无偿转让为前提。

3）一般财产税和选择性财产税

（1）一般财产税

一般财产税的典型形态是财富税。这是对个人、公司（企业）及其他经济实体所拥有的除特定免税项目外的所有财产总价值减去债务和个人宽免额后的净值征收的一种税。不少欧洲国家和拉美国家均有此税。

财富税纳税人既包括本国居民（含法人和自然人，下同）也包括外国居民。本国居民要就其来源于全世界范围的财产净值纳税，不过，有的国家（如挪威、瑞典）规定位于境外的不动产不在财富税征收之列。非居民仅就来源于本国境内的财产净值纳税。

征税财产的范围各国不一，主要包括不动产，营业用动产（如机器设备、原材料、库存品、农林产品等），户外使用的家用动产（如汽车、摩托车、汽艇、游船等），无形动产中的资源开采权、营业性专利权、股权、公司债权等。凡查实过于困难、征收费用过高或不易作价的财产种类一般不列入征税范围中。例如，家庭室内使用的家具、器具、珠宝、首饰、艺术珍藏品，非营业性专利权，著作权，商标商誉权等一般不作为财富税征税项目。人寿保险单所享有的权利、食品和生活必需品、领取抚恤金的权利等，基于社会道德、社会公平考虑一般也不列入财富税征税范围。

财富税的征税依据是应税财产总价值减去负债和个人宽免额后的净值。个人宽免额又称标准的基础扣除额，纳税人、配偶和所抚养的子女每人都有一定的宽免额。其具体数额均由各国依据本国的生产力发展水平、国家财政需要和个人生活水平等因素确定。税率形式也因各国而异，有的实行超额累进税率，有的实行比例税率。近几年，各国税率都有降低趋势，目前实行比例税率的多数国家税率不超过1%，如荷兰为0.8%，德国对个人为0.5%、对公司为0.6%，奥地利为1%，卢森堡为0.5%等。实行累进税率的多数国家累进级次不超过4级，最高税率为3%，如芬兰、挪威财富税超额累进税率均为3级，最高税率分别为1.7%和1.3%；瑞典累进税率级次为4级，最高税率为3%。西班牙自1977年以来虽一直采用9级超额累进税率，但最高税率也只有2%。财富税的征税期限各国也不一样，有的国家如德国规定3年查征一次，多数国家是1年征一次。

（2）选择性财产税

选择性财产税是政府选择特定的财产项目对其数量、价值或收益额征税的税种，又称特种财产税或个别财产税。美国的财产税虽然冠以一般财产税之名，实际上是一种选择性财产税。选择性财产税的征税项目主要是土地和房屋等不动产。土地税、房屋税或者土地与房屋并征的不动产税或房地产税是其基本形态。

①土地税

土地税以其计税依据的差别有地亩税、地价税、土地收益税、土地所得税、土地增值税之别。

地亩税以土地单位面积为计税依据，按单位土地面积规定税额，从量计征，土地面积越大，缴纳的税越多。此种税征税简单，但土地由于肥沃瘠薄不一、所处位置不同，价值相差很大，仅按面积征税显然很不合理，因而此种税已被淘汰不用。

地价税是以土地单位市场价格或评估价值为计税依据的一种税。这是最常见的土地课税方式。由于土地市场价格涨落不定，不同地段的土地价格千差万别，况且只有在发生土地买卖时才有市价问题，因而各国在地价税征收时均采取按照合理方法经一定程序估价课征的办法。

以土地收益（包括毛收益、净收益、租金收益或自有自用土地推算租金收益）为计税依据的土地税为土地收益税。其中以土地净收益（包括土地使用权转让净收益、土地租赁净收益和来自土地生产物的净收益）为计税依据的又可称为土地所得税，各国一般把它纳入个人或企业所得税的征税范围，一并课征。

以土地所有权转让时土地增加价值（即溢价）为计税依据的税为土地增值税。此税在理论上讲可以把社会经济发达特别是社会城市化导致的土地增值收益（纯属不劳而获）的一部分收归国有，抑制土地投机，拓展国家财源，但需要建立长期跟踪的丈量估价登记管理制度，难度极大，不容易成功。

有关土地税计税依据的选择实际上是在土地价格和土地收益之间进行。从效率角度论，按土地价格计税的地价税虽有估价困难的问题，但仍有适当的解决办法，还算便利；而按收益计税不仅涉及土地面积丈量、估价，还涉及收入计算、费用扣除，比较不便。从公平角度而言，土地价值（价格）表示纳税人在长时间里的纳税能力，而土地收益表示每年的财产负税能力。收益各年不同，若要做到真正按收益征税，每年都要进行收益测定，实际上过于烦琐复杂，难以做到。在土地收益税征收历史上，往往是某一年测定收益数，几年、几十年不变，使之成为常年课税依据，收益税名不副实。收益税下，用于投机的空地因无收益不必纳税，生产用地却要纳税，显然既不公平也不利于提高土地利用率。地价则可反映社会发展引起的土地价值升高，反映所有者纳税能力增强。因而在土地税领域按土地价格征税比按土地收益征税更能反映纳税能力。综合公平与效率，土地税以地价税方式征收更有可行性。

②房屋税

房屋置于土地之上，与土地难以分离，因此房屋税一般与土地税合征，但也有少数国家单独征收房屋税。早期的房屋税通常以户税、炉税形式出现，或以房屋的外部标志如窗户多少、房间多少为计税依据。这些税收形式十分简便，纳税人无法逃漏税收，但全然不顾及纳税人负担能力，很不公平，因此不再成为现代税收体系的组成部分。目前，各国的房屋税均以房屋价值（价格）或房屋租金收益为计税依据，多数是按房屋价值（价格）计征；也有的从税务行政便利出发，规定既可按房屋价值征收也可按租金收入征收，如中国现行的房产税。

以房价为标准和以租金为标准征税各有利弊。就税收行政效率而言，从租征税比较便利，因为房屋租赁一般均基于契约，契约中订明租金数量，以此为征税依据确实明了，可以免去调查、估价等烦琐手续；从价征税则首先要进行估价，而房屋估价比土地估价要困难得多。土地估价除考虑供需因素及面积外，主要看土地本身的质量和所处地理位置；而房屋估价要考虑许多因素，如房基面积、房屋层数及各层的面积、房屋间数、建筑材料、装修情况、房屋用途、所处位置、建成时间、市场供需及由社会经济发展所决定的房价上涨或下跌的预期、租金、建筑价格等等。在中国城市，多数房屋为多层或高层公寓建筑，高低不同的各层、不同朝向的同层价值均不同。要准确地对房屋进行估价、做到征税合理不是一件容易的事。从反映纳税能力、公平征税方面看，从价征税优于从租征税，虽然租金也能反映房屋价值进而反映房屋所有人的纳税能力，但房屋价值（或价格）高低已经包含房租高低的因素，因而更能反映纳税能力；仅以租金征税，未出租自用房屋不必纳税，造成对房屋出租行为的歧视，而无论出租房屋还是自用房屋一律从价征税则可平衡税负。不过，若能对自有自用房屋推算租金课税，从租征税的不公平性会大大减轻。在此种情况下，从租征税就优于从价征税。

③不动产税或房地产税

基于房屋和土地的不可分割，不少国家设立以土地和房屋为主要征税对象的不动产税或房地产税。我们将在下一节作详细阐述。

综上所述，一般财产税和选择性财产税的分类不是绝对的。即使是一般财产税，其征税范围也并非覆盖所有类型的财产，某些无形的难以查实的财产也不包括在征税范围中。

实际上一般财产税仅以个人不动产和某些有形的动产以及企业资产为征税对象，只不过其征税对象范围比选择性财产税广泛一些而已。由于其征税范围广，在公平方面、在弥补主体税种不足方面均优于选择性财产税，不过在征收管理上比选择性财产税复杂得多。在个人所得税无法普遍征收的国家中，一般财产税也很难取得成功，而在这些国家中以对主体税种起补充作用为出发点，对某些易于征收的不动产课税更为合适。不论是一般财产税还是选择性财产税或动态财产税，征税的基本前提是对财产进行合理估价。

8.1.3 财产价值的评估方法

财产税是对财产存量价值课税，不像流转税和所得税那样可依据财富流量的账簿记录，所以只能依靠评估。由于房地产等财产与其他货物不同，其极具个性特点，房屋的设计施工、建设时间、所用材料、质量好坏、所处位置、楼层高低、朝向何方、内部装饰、产权归属、配套环境等等都对房屋实际价值有较大影响，如何客观准确地评估财产价值，一直都是选择性财产税特别是房地产税能否成功的关键环节。不动产价值评估的基本方法有收益现值法、重置成本法和现行市场价格法三种。

1）收益现值法

收益现值法又称资本还原法，就是通过估算被评估财产的未来预期收益，折现成财产价值的评估方法。这一方法在理论上是基于财产购买者的愿望。投资者的愿望是其所购买的财产能产生一个合理收益使资本在一个合理期限内回收，并且尽量增值。一般说来，财产的购买者或投资者购置财产所获得的预期收益不应小于此项投资存在银行而获得的预期利息收益。一般采用银行利率加一定幅度的风险利率估算投资者所期待的年收益率即折现率。明确了折现率和预期收益，就能逆算出财产价值。

2）重置成本法

重置成本法就是根据待估财产在全新情况下的重置成本，减去按重置成本计算的已使用年限的累计折旧额，考虑财产功能变化、成新率等因素，评定财产价值。

3）现行市场价格法

现行市场价格法又称市场价格类比法。就是以市场上类似财产的交易价格为参照物，充分考虑影响价格的各种因素，评估应税待估财产的价值。

目前，基于电子计算机信息系统的批量评估方法越来越被重视。所谓批量评估方法就是先按照上述基本方法评出标准不动产（房地产）的价格，然后通过对影响房地产价格的因素进行调整，整批地而不是单宗地确定应税不动产的价格。这一方法一般是借助于计算机信息系统，对不动产评估进行程序化运作，最大限度地减少评估舞弊。无论采取哪个方法，要做到评估价值与实际价值的吻合，都很困难。一般来说，合理、公正的不动产评估基于如下条件：市场经济发达、房地产市场稳定、人们的诚信度高、价格等信息完整、产权归属单一。在不具备这些条件的地方推行不动产或房地产税，将面对评估舞弊和估价不公正、不合理问题。如果问题不能有效解决，不动产税很可能成为很恶劣的税种。

尽管财产税可以划分为多种类型，但是从各国财产税制的实践来看，主要实行的还是房地产税（不动产税）、遗产税和赠与税。下面对此作详细讨论。

8.2 房地产税原理和制度设计

8.2.1 房地产税税制要素

房地产税或房产税，又称不动产税，前几年在中国也称为物业税，是对保有土地与其上定着物（主要是房屋建筑物）的课税。下面我们将主要介绍该税种几个主要的税制要素。

1）纳税人

房地产税的纳税义务人为不动产的保有人，包括不动产的所有人和使用人。各国对房地产税纳税义务人的规定大致存在三种做法：一是仅规定不动产的所有人负有纳税义务；二是仅规定不动产的使用人负有纳税义务；三是规定不动产的所有人和使用人均负有纳税义务。从理论上讲，财产所有权代表了所有人的纳税能力，对财产课税可弥补只对所得课税的不足，符合量能支付原则。从另一个角度看，不动产的使用人享有了地方政府提供的公共服务，如供排水、卫生、治安等，因此规定不动产的使用人负有纳税义务更符合税收的受益原则，并有利于改进和增强地方政府责任。

2）计税依据

计税依据虽然只是税制的一个要素，但对于房地产税而言，它却决定着房地产税制度的主要特征。根据其计税依据的不同可将房地产税制度大致划分为资本价值制度和年值制度。从各国现行的房地产税实践来看，其计税依据还可进一步细分为四类，即不动产的改良资本价值、不动产的未改良资本价值、不动产的年度租金收益以及不动产的某些物理特征。

房地产税如果以改良资本价值为计税依据，则一般囊括土地和房屋建筑物的评估价值。在这种计税依据下，可以对土地和房屋建筑物统一进行评估并适用同一税率，如荷兰等国；也可以对土地和房屋建筑物分别进行评估并适用差别税率，如泰国、南非和津巴布韦等国[①]。从多数国家的税制实践来看，目前实行以改良资本价值为计税依据的国家，大多采用市场价值的概念，因此我们一般将这种计税依据理解为不动产的市场价值，且一般意味着是其最广泛、最佳的用途，即不动产的市场价值应反映不动产的所有潜在用途中价值最大的一种。

以未改良资本价值为计税依据也属于资本价值制度。这种计税依据仅包括土地的价值而不包括房屋建筑物的价值。未改良资本价值还可以进一步细分为土地价值和位置价值。前者是将诸如卫生、排水、土地平整和周边基础设施等少许改良反映在土地价值中，后者则不将其反映在土地价值中。由于这些改良细小且不易辨认，因此目前采用未改良资本价值为计税依据的国家基本上不对这两者做具体区分。

以租金收益为计税依据起源于英国的差饷，目前仍广泛地应用于原英国殖民地地区。在年值制度下，租金收益是指不动产的名义租金或预期租金，而并非指实际租金收益，而

① 按照国家税务总局网站上的解释，所谓物业，是指已建成并投入使用的各类房屋及与之配套的设备、设施和场地。通常情况下，物业是房地产（不动产）的别称，物业税即指房地产税或不动产税。但是，在中国内地使用物业税的名称却存在着不当之处：第一，中国内地物业税的概念是从中国香港引入的，但中国香港的物业税是对出租房屋收取的租金课征的一种税，严格意义上是房屋租金所得税，而不是对不动产存量价值课征的财产税，而且国际上也不使用这种叫法；第二，由于中国内地商品住宅物业管理企业收取“物业费”的概念已经在居民中普及，使用“物业税”的名称，容易引起概念混乱。鉴于此，我们认为在讨论房地产税时还是不用物业税为好。

且一般包括不动产的总体租金，即包括地租和房租。例如，新加坡、英国的财产税，以及中国香港地区的差饷。

上述房地产税的三种计税依据基本都是围绕着不动产的价值，因此，均属于从价计征方式。此外，房地产税还可以采用不动产的某些物理特征作为计税依据从而实现从量计征，如一些国家历史上早期的房屋税就曾以房屋的窗户、烟囱、阳台或房间的数目作为计税依据。早期的土地税也多以土地面积作为计税依据。目前，世界上对房屋建筑物课税采用物理特征作为计税依据的做法已非常罕见，而依据土地面积对土地课征财产税的国家还有不少，主要有俄罗斯、波兰、匈牙利、斯洛文尼亚和捷克等。

3）税率

从税率形式上看，各国房地产税的税率有比例税率、累进税率和定额税率之分。由于比例税率比较简单且易于管理，所以目前为大多数国家所采用。累进税率虽符合量能支付原则，但稍显复杂，目前仅为极少数国家（如巴西和巴基斯坦）所采用[①]。定额税率则主要应用于以不动产的物理特征（主要是土地面积）为计税依据的国家。

根据不动产的地点、用途和性质的不同，房地产税可实行差别税率。从地点方面看，在分级财政体制下，不同辖区的不动产通常适用不同的税率。即使在同一辖区内，由于不动产具体位置的不同，也通常适用不同的税率。从用途方面看，根据不动产的用途（居住用、商业用和工业用）不同而设置差别税率的现象也很常见。在大多数国家，工商业不动产要比居住用不动产适用更高的税率。从性质方面看，许多国家对土地和房屋建筑物也实行不同的税率。各国较为普遍的做法是对土地适用比房屋建筑物更高的税率。其实，以未改良资本价值为计税依据，就是对房屋建筑物适用零税率。当然，也有少数国家对房屋建筑物征收比土地更高的税率。具体来说，各国根据不动产性质设置的差别税率分为四类：一是完全单一税率制度。在这种制度下，对未改良土地、已改良土地及其上房屋建筑物都适用同一税率征收房地产税。二是已改良不动产的单一税率制度。在这种制度下，未改良土地适用零税率（免征房地产税），而已改良土地及其上房屋建筑物适用同一税率征收房地产税。三是土地单一税率制度。在这种制度下，未改良土地和已改良土地适用同一税率征收房地产税，而房屋建筑物适用零税率（免征房地产税）。四是差别税率制度。在这种制度下，对未改良土地和已改良土地适用同一税率征收房地产税，而对房屋建筑物适用更低税率征收房地产税。

8.2.2 房地产税的税负归宿理论

关于房地产税的税负归宿，经济学界至今仍然存在很多争论，但主要的观点有两种，即“货物税观点”和“资本税观点”。下面我们分别进行论述。

1）货物税观点

“货物税观点”是传统观点。该观点认为，房地产税是对土地和房屋建筑物课征的一种货物税，其税负归宿取决于相关的供求曲线的形状。

按照经济学基本理论，由于土地供给的机会成本为零，其供给曲线就是完全垂直的。一种生产要素的供给曲线若是这样的形状，那它就要承担全部税负。直观地看，由于土地

① 漆亮亮．财产税体系研究［D］．厦门：厦门大学，2003.

供给数量基本不变，所以土地作为生产要素无法规避税负。

图8-1中，S为土地的供给，D为课征土地保有税前的需求曲线，P_0为土地的均衡市场租金。对土地保有课征从价税使需求曲线旋转移动。税后需求曲线为D′。土地所有人得到的租金由供给曲线与D′的交点决定，为P_1。土地使用人支付的租金P_1，加上每亩土地的税款，恰好等于土地使用人原来支付的租金P_0。因此，税收使得土地所有人得到的租金下降了，下降数额等于全部税额。由于土地的供给曲线无弹性，因此土地所有人承担了全部税负。

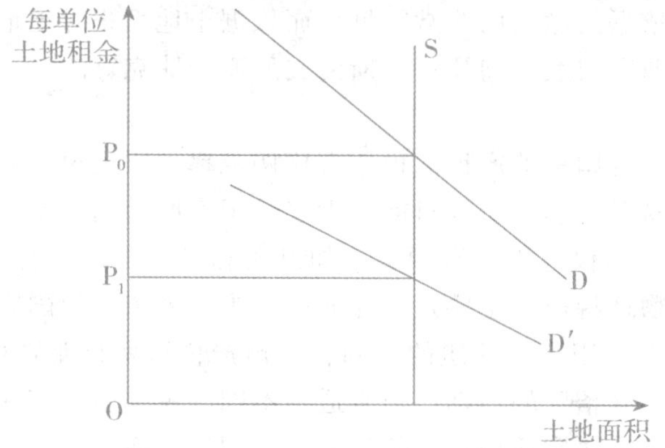

图8-1 “货物税观点”下短期税负归宿分析

我们再来看对房产的课税。按照税负归宿的“货物税观点”，从长期看，建筑行业能够以资本的市场价格获得其所需的任何数量的资本，因此，房屋建筑物的长期供给曲线是完全水平的，即不需要以更高的价格来获得更多的房屋建筑物。

图8-2中，D是课税前租房人对房屋建筑物的需求曲线，供给曲线S是通过当时市场价格的一条水平线。价格为P_0时，交易量为B_0，课征房屋建筑物保有税后，需求曲线旋转移动到D′。房屋建筑物供给人得到的价格P′和课税前的价格一样（$P'=P_0$）。房屋建筑物需求人支付的价格P_1却超过了原来的价格P_0，超过部分恰好等于税额，因而税负全部转嫁给租房人。当然，这是假设供给曲线呈水平形状的结果。直观地看，水平供给曲线意味着，如果资本得不到至少为P_0的收益，那么，它就会流出建筑行业。但是，如果资本供给人得到的价格不能降低，税负就必须全部由租房人承担。

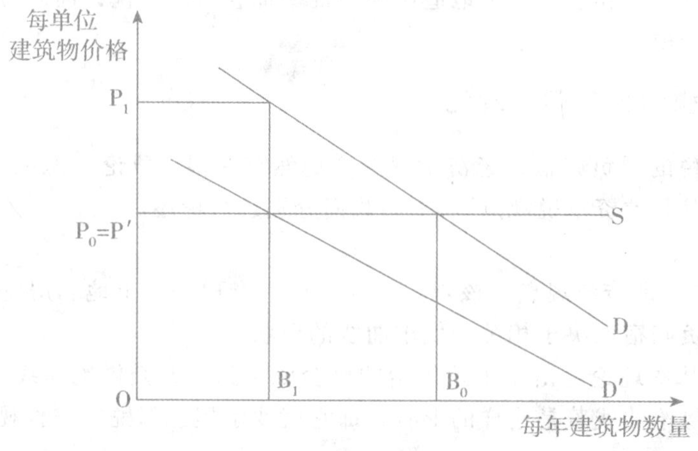

图8-2 “货物税观点”下长期税负归宿分析

2）资本税观点

“货物税观点”所使用的是标准的局部均衡分析框架。虽然局部均衡分析往往是有用的，但是以此对宏观经济中相对重要的税收进行分析则可能产生错误的结论。由Mieszkowski（1972）提出的房地产税税负归宿的“资本税观点”采用了一般均衡分析，得出了一些惊人的结论[①]。按照“资本税观点”，最好把房地产税视为一般财富税，其中某些不动产的课税低于平均税率，而另一些不动产的课税则高于平均水平。因此，我们对税收的“平均水平”以及对“平均水平”的偏差都必须加以分析。

第一，假设房地产税是对所有不动产都课征的一种统一税。这样，房地产税就是对不动产课征的一般要素税了。再进一步假设整个经济中的不动产供给是固定的，当一项生产要素的供给固定时，它必须承担对其课征的一般税的全部负担，因此，房地产税全部由不动产所有人承担。因为不动产收入的比例会随着总收入的增加而上升，所以，房地产税具有累进性。这一点恰好与传统的“货物税观点”相反。

第二，假设房地产税的税率依不动产类型和不动产所处地区而有所不同。由于某些税率高于平均水平，某些税率低于平均水平，因此，房地产税是一组资本货物税。按照这一新观点，资本倾向于从高税率地区迁移到低税率地区。在Tiebout（1956）模型中[②]，当资本流入低税率地区时，该地区的税前收益率会被压下去；同时，高税率地区的税前收益率会随着资本的流出而上升。这一过程将继续下去，直到整个经济体系中所有地区的税后收益率相等为止。一般而言，随着资本的流动，其他生产要素的收益也会变化。课税对其他生产要素收益率的影响，部分地取决于它们的流动性。土地是固定的，所以它不能转嫁税负（至少在这一点上，“货物税观点”和“资本税观点”达成一致结论）；同样，最不易流动的资本类型最可能承担税负。和通常一般均衡模型中的情形一样，税负的最终归宿取决于生产组织方式、消费者需求结构以及各种生产要素的流动程度。

8.2.3 房地产税作为地方税种的利弊分析

从世界各国的实践来看，房地产税一般是作为地方性税种而存在的，但是，一个不容忽视的问题是，地方政府的具体范围是什么？美国的经验表明，以房产税为主要形态的财产税比较适合于作为州以下（县镇乡、特别区）地方政府的税种[③]。虽然美国州政府曾经将财产税作为主体税，但早在19世纪就纷纷转向以征收消费税和所得税为主[④]。从实践经验来看，州一级主体税种不能选择财产税。从理论上来看，房地产税不宜作为州（省）一级的主体税种主要原因则在于：其一，征收难度大，管理成本高。正规的财产税的税基以课税对象的市场价值为准，而要获得房屋土地的市场价值很困难，因此在较大范围征收会导致评估价值的客观标准较难得到统一，从而产生了征税的不确定性和不公平性，加之评估舞弊的存在，最终使得征收管理的要求提高。其二，人们跨州（省）迁移的难度较大，因此各州（省）发展的差异将导致税收负担水平的不平等。

那么将房地产税作为州（省）以下地方政府的税种是否就是合理的呢？这在西方财产

① Mieszkowski P. The Property Tax：An Excise Tax or a Profits Tax［J］. Journal of Public Economics,1972（1）：73-96.
② Tiebout C . A Pure Theory of Local Expenditures［J］. Journal of Political Economy, 1956, 64（5）：416-424.
③ 美国政府的分级是州（states），郡（县）政府（county governments），市政府（municipalities），镇政府（townships governments），学区政府（school district governments），特别区政府（special district governments）。
④ 奥茨W E. 财产税与地方政府财政［M］. 丁成日，译. 北京：中国税务出版社，2005，113-129.

税（房地产税）理论界一直存在两种对立的观点。

1）房地产税是受益税，是有效的地方税种

房产税是受益税的观点也被称为受益论，它认为作为地方税种的房地产税是按照受益原则实施的有效税种，不会产生资本配置的扭曲，也不会产生不公平的效应，但是，要实现这一理论是需要比较严格的假定作为前提的。其一，财产税必须是社区税或适用的区域范围足够小，以至于纳税人拥有近乎相同的能力和足够的信息了解用财产税所提供的公共产品的成本和效益，特别是纳税人知道税收和服务将影响他们拥有的房屋的价值。其二，存在“用脚投票”即自由迁移的条件。一旦某社区的居民（财产税的纳税人）发现所费与所得不相称，他们就会选择迁移到其他地方，这种“公共产品自愿市场交换”的机制最终会导致公共产品供给和需求的均衡，而使“价格”（财产税）趋于合理水平，从而造成对地方政府的约束。其三，政府会采用诸如“分区制”（zoning）的办法保证房产资本的不可流动性。所谓“分区制”，是指地方政府通过制定诸如限定房屋使用的最小土地面积等多种建筑规定以及特殊的物业保障条件等方式来保护现有住房、限制建造新住房的制度。这种“分区制”的做法，最终效果是通过限制房屋的供给而保证本地区的最低房价不会改变。

这样，按照受益论的假设，地方政府通过房地产税的征收可以提高当地的财政支出水平，从而通过提供适当的公共基础设施和服务促进当地房地产价格的升值，这样房屋所有者缴纳的税收就产生了资本化的效应，即最终体现为房屋价值的增加。而由于房屋的所有者掌握的信息充分，并且能够自由迁移，因此，一旦他们发现其缴纳的财产税超过了所获的收益，那么他们将选择到其他房屋价格较低或者财产税税率较低，但是公共服务类似的地区购买新的住房。最终，人们将按照自己对房屋价格和公共服务的偏好分别进入不同的社区，而这些分类社区的财产税将会趋同，并且地方政府的支出完全资本化，此时财产税就会转化为一种受益税，而不会产生资源配置的扭曲。

2）财产税不是一个有益税种，将会导致资本配置的无效率

与受益税理论不同，有一种观点认为，地方财产税不是有效的一次性税收，而是对资本的课税，并会对资本的有效配置产生扭曲。同受益论一样，这种理论的成立同样有自己的假定作为前提。首先，该理论是建立在一般均衡的分析框架之下的，区别于房产资本完全充分弹性的假设，认为房产资本在长期来看是具有弹性的，也就是说，房产资本可以通过减少计划中的新建房屋或者减少对现有房屋的维修等方式被投入到非房屋产业。其次，该理论假定全国的资本供给是完全无弹性的。在这两个最基本的假定下，最终各个地区对于房地产的课税将会带来双重“负担”：第一是通过降低资本的收益率，导致全国的资本所有者平均负担其税负；第二是由于资本从该地区的流出导致工资和土地价格的上升，从而导致商品和房屋价格的上升而使当地负担更多的消费税和财产税。该理论还认为，地方政府为了防止资本过多地流入到其他地区，会降低财产税的税率，从而降低地方公共服务支出的水平。

于是，从全国范围来看，地方财产税降低了资本的平均收益率，从而扭曲了资本的有效配置，产生福利损失；从地方范围来看，地区居民将因此负担土地和商品价格上升而带来的实际负担，并且由于地区竞争的存在，各地实际的公共服务水平将会下降。

3）对两种观点的简要评价

由于这两种理论在假定和分析框架上有着较大的区别，因此很难直接否定其中任何一

个的合理性。受益论假定房产资本是不具有流动性的，前提是地方政府广泛的"分区"政策实际上有效地限制了房产资本在地区间的流动；而反对的观点则是在一般均衡的分析框架下，从长期的角度提出房产资本是可以流动的。从西方国家（尤其是美国）的现实情况来看，前者更加适用于揭示居民住宅财产税的情况，因为毕竟居民的住宅是相对固定的；而后者在解释商业建筑财产税方面则更为贴切。相对于两种理论在学术界的争论来看，两种理论带来的政策选择上的争议则是我们更为关注的。如果按照受益论，那么财产税能够依赖较强的"分区制"达到提供地方公共产品的目的，因此我们要关注的实际上是各个社区的横向公平问题，而这可以依靠财政转移支付机制来完成。如果按照第二种观点，那么我们要关注的焦点则是财产税是否会导致资本收益的下降，进而影响到一国的储蓄和投资，最终导致经济增长的衰退。总的来看，对于这两个财产税理论的研究还需要根据现实作出更为合理的假定，从而提出更令人信服的观点。

8.2.4　关于中国房地产税改革和房地产市场调控方法的辨析

1）房地产税改革背景

中国的房地产税制度在改革中不断地朝着房地产税立法的方向稳步迈进。1950年《全国税政实施要则》中分别设立房产税和地产税，此时的房产税征税依据仅为房屋价值，不包括地产价值；1951颁布的《中华人民共和国城市房地产税暂行条例》将房产税和地产税合并为房地产税，依据房屋和土地的标准价格对城市房地产所有人按年计征房产税和地产税，对标准房价与标准地价不易划分的城市，暂依标准房地价合并按年计征，并对房地产税实行过程中诸如标准房价、地价评估，税收减免以及具体征缴方式进行了详尽的规定；1986年《中华人民共和国房产税暂行条例》正式提出中国征收房产税，对房屋原值扣除一定比例后的余值进行征税，此时房屋原值不仅仅包括房屋价值，还包括地产价值（取得土地使用权所支付的费用、开发土地费用等等），但外商投资企业、外国企业和外国人仍适用于1951年颁布的《中华人民共和国城市房地产税暂行条例》；2003年十六届三中全会通过《中共中央关于完善社会主义市场经济体制若干问题的决定》，提出"物业税"这一概念，"物业税"作为房产税的另一种表述在随后的有关房地产税立法的文件中再也没有出现过；在随后若干年中，政府不断推动完善房地产税改革，例如进行扩大房产税征收范围试点等举措；直至2013年十八届三中全会首次正式提出要加快房地产税立法工作，对房地产税这一概念进行了重新界定。当前阶段的房地产税指的是房地产税收体系，包括房地产业增值税、企业所得税、个人所得税、房产税、城镇土地使用税、城市房地产税、印花税、土地增值税、投资方向调节税、契税、耕地占用税等一系列税收。

2）房地产税改革与地方财政收入体系规范的关系

目前中国理论界的一些观点认为，中国各地方政府对于房地产开发经营的收费项目过多，而房地产税的规模则相对较小，进而认为较多的收费导致了地方财政收入体系的不规范，主张采用以税代费的方法来达到规范地方财政收入体系的目的。分析这一问题的关键在于确定收费本身在地方政府财政收入体系中的作用。从理论上来看，尽管税收能够通过立法达到执行过程中的透明性和确定性，但是在一定条件下，为特定公共产品的提供而征收"费"要优于税。原因如下：

其一，民众所提供的某种公共产品限于特定区域或类型的人享有，进行成本分担制度安排的信息可获得，并有足够的手段限制“搭便车”者，此时收费在成本和收益之间建立密切联系，符合受益原则，可增进福利、提高效率，也比较公平。如对教育支出的筹集，就可采用财产税、消费税（流转税）的教育附加。

其二，在那些习惯于间接收税且此种文化氛围浓厚的国家，人们对税率以及其他税收政策变化往往很敏感，因此通常不习惯于放在明处的“税”（虽然其符合公平、确定原则）。这时，用“费”的办法也是一种理财治税的智慧，因为这种做法照顾了纳税人的面子、人情，没有反抗，便于实施。如通过拍卖土地，政府获得土地出让金收益，将地价加到商品房的价格上，由购买者支付，变成市场行为，政府的收益实际上也是从消费者手中获得，但如果变为税收，即压低土地价格，降低房屋价格，然后通过房产税集中一部分收入到国库，情况就不同了，可能产生很大的抵触。事实上，发达国家的地方政府采用费的方式获取财政收入的比例并不低，而且存在上升趋势。如美国，2010—2011年，地方政府的收费和杂项收入占其一般性财政总收入的22.43%，财产税比重为29.40%，联邦和州转移支付占37.96%[①]。2002—2003年，以上三项数据分别为24.43%、27.53%、40.06%[②]。从近十年的趋势看，三项收入的比例变化不大。以2002—2003财政年度普查数据为依据，再做具体分析，该年度，市（municipalities）政府的收费和杂项收入占总财政收入的比例平均达到22%，财产税占21%；有的州的市级地方政府收费和杂项收入占总财政收入的比例高达30%；在郡县（counties）财政收入中，收费和杂项收入占财政收入的平均比例为26%，财产税的比例为24%，联邦和州政府转移支付比例占23%，而1992年这三项比例分别为25%、28%、37%，1977年这三项比例分别为16%、31%、45%。可见，郡县一级地方政府对收费和杂项收入的依赖一直比较大。2002—2003年度特别区（special district）对收费和杂项收入的依赖更大，平均达到61%，而这一比例较1977年的47%和1992年的55%有所增长。财产税只占9%，这一比例较1977年的14%和1992年的11%有所降低[③]。可见，不存在税规范一定就好，而费不规范一定不好的问题。收费问题主要应当通过预算管理和明确收费用途、收费权限来解决，目的是让收费切实地与相应的公共服务相联系，无服务不收费。而不是主要通过以税代费来解决。一切取决于是否增进社会福利，而不是仅仅为了“规范”。

3）财产税能否作为中国的地方税体系的主体税种

对于房地产税讨论的第二个问题是，中国是否应该实行美国和英国的模式而将房地产税作为地方税的主体税种。从世界各国的实践来看，将房地产税作为地方税体系的主体税种（主要税种）是英联邦国家的传统。北欧国家主要依赖所得税，南欧国家则是混合使用财产税、所得税和消费税[④]。就是说，将地方税征收环节主要放在开发和交易环节的模式多有采用，将地方税主要放在保有环节，即采用财产税作为地方主体税种并不是国际性惯例。即使在采用财产税很多年的美国，学术界和公众对财产税的评价也不是一致看好，定期的民意测验表明，人们厌恶财产税的程度甚至超过了联邦所得税。近年的趋势是财产税日益受到攻击并被施以严格限制（税率、评估价值和方法等），以至于在美国许多地方政

① http：//www.census.gov/govs/local/.
② http：//www.census.gov//govs/local/03sl00us.html.
③ http：//www2.census.gov/govs/cog/2002COGprelim_report.pdf.
④ Melville L. A Local Perspective on Fiscal Federalism： Practices, Experiences and Lessons from Developed Countries. Washington D C： The World Bank,1995（Processed）,2001（updated）.

府中，财产税在财政收入中的比重都有下降趋势，要依靠转移支付或增加税外收费。另外，如前文所述，从理论上来看，也不能确定财产税的最终福利影响。即使按照上述受益论的观点，在中国要实行美英模式的财产税，在实际运行中也还存在问题，主要包括以下几点：

（1）地方政府规模较大，且区域之间发展不均衡

按照上述理论分析，只有保证实施财产税的区域相对较小，才能保证纳税人获得必要的信息。相比之下，美国地方政府规模平均要比中国小一半左右。要达到美国目前的地方财产税的效应（实际上是不太成功的、有缺陷的、已经广受限制的），仅仅从区域足够小的条件出发，中国只能将财产税设置为市辖区和乡镇政府税，而这对于中国的税收征管水平来说，困难较大。

（2）民主决策机制不健全和“用脚投票”即自由迁移的条件不具备

理论分析表明，健全的民主机制保证地方政府财产税的收入能够合理使用在地方公共产品的提供中，从而使其资本化于当地房屋的价值中。如果地方政府不能够很好地按照民意进行支出，那么地方居民可以选择“用脚投票”的方式加以反对。中国的实际情况与美国不同。在中国，目前实际上还不存在民众参与预算和地方公共产品决定的机制，预算和公共产品提供的规模、结构还主要由领导决定，而领导偏好和公众偏好并不总是一致的；再有，在中国由于户籍制度、经济发展不平衡以及受传统习惯的影响，人口流动自由度很低，即使有流动也存在单向性，即人口流向发达地区；加上税制结构以间接税为主，人口流动与税负关系不直接，因此就个人而言不存在“用脚投票”的机制；企业对税负差异较为敏感，往往选择税负轻的地区，但更愿意流向投资环境特别是软环境好的地区。总之，在经济发展很不平衡的情况下，“用脚投票”的机制不一定导致公共产品提供和成本分担的全国均衡，从而无法促进福利的改进。

（3）历史背景和文化差异较大

美国等国家之所以选择财产税作为地方财政的主体税种，是与其特有的历史和文化背景相联系的，要研究财产税能否成为中国地方财政的主体税种，不了解财产税作为美国地方财政主体税的原因、发展趋势，就简单地主张实施美国式的地方税体系就很可能产生严重的误导。

首先，美国属于联邦制国家，实行多样化的、完全自治、高度分权的体制，各类政府自治独立，不存在隶属关系，甚至不少在地理上也不存在包容关系。美国地方政府以满足不同利益团体的特定需要而形成。美国各州不仅仅设置市、县、乡镇一类的一般目的政府，还存在许多为特定目的行使特定功能的地方政府。县和镇这一类传统形式的地方政府是一定区域内居民自我治理的基本单位。市“通常是为服务于其居民的特殊需求而设计的自主治理机构，并且，通常是由那些有意合并成为自治市的部分当地人发起创立的”[①]。而特别区政府，更是一部分团体和居民因某种共同利益而发起组建而成，可分为两类：一类是承担公立教育体系运作管理的地方政府，称为学区（school districts），主要负责辖区内的公立义务教育，为本区内的基础教育筹集资金，维持公立学校系统的正常运转。目前美国有学区12 754个，由于存在合并趋势，已经比1952年的67 355个大为减少。另一类

① 奥斯特洛姆V. 美国地方政府［M］. 井敏，陈幽泓，译. 北京：北京大学出版社，2004：6.

为特别区（special districts）。除了学区以外，承担特定功能的政府组织均归入特别区政府行列，承担诸如自然资源管理（包括排水、防洪、灌溉、水土保持）、消防、城市供水、住房与社区发展、机场或高速公路建设、医院、图书馆等的一个或多个功能。目前承担单一功能的特别区占91%，多功能区占9%。这种形态的地方政府自1952年以来的50多年间一直呈增长趋势，已经由当时的12 340个增加到38 542个[①]。

这种看上去“杂乱无章”的地方政府体系，使地方政府依赖财产税和税外收费成为别无选择的安排。从三大课税对象看，“所得”不适合于作为美国意义上的地方政府的收入来源。理由很简单，联邦和州已经课征所得税，如果地方政府再加课，要么税源有限，要么税率过高，导致纳税人迁移。此外，无法有效处理居住地课税和来源地课税的冲突。从消费税基或销售税基角度看，不能保证税源与纳税人居住地的一致性，商业往往较为集中，非商业集中的社区很难征收到合理规模的税收。在美国目前的政府体制下，由于联邦、州和地方各类政府都是自治和相对独立的，不存在像中国那样可通过上级政府对商业集中区课税后再进行政府间层层分割的机制，因此地方政府只能选择财产税。此外，财产税能够相对容易地解决公共产品的“搭便车”问题。

其次，非政府组织的作用。美国非政府组织共有100万个左右，大约有800万人在社区从事各类服务工作，占全国就业人数的10%。此外，每年还有9 000万人次的志愿者，从事社区服务工作。[②]非政府组织的服务范围十分广泛，涉及“老有所养、幼有所托、孤有所扶、残有所助、贫有所济、难有所帮、学有所教、需有所供”的方方面面，给居民生活带来了极大的方便和保障。在这种情况下，政府管理处于一个相对超脱的状态。

非政府组织的大量存在和有效运作是美国社会的独特现象，是美国文化的重要体现。其背后的文化环境是美国人的团结意识和公共意识，以及在信息不对称下确保“付费”或“缴税”取得最大利益（最大限度地避免官吏侵害纳税人利益）的“经济人”意识共同作用下的制度安排。其结果就是没有了乱收费或税外收费泛滥的情况，不少公共产品由非政府组织或居民自愿提供，就不涉及政府收税、收费问题。但在中国文化下，由于组织领导人的“异化”程度高（如假公济私）和公共意识的普遍缺乏，合作、信任程度低（其中的原因又是“位置”摆不正），越位和吝守规则（不乐意遵守自己也同意的规则），以及人情和关系的存在，真正意义的非政府组织很难普遍发展、可持续发展。能够有所作为的非政府组织往往依靠具有大公无私品质的领导人，一旦这样的领导人离开，组织就不能维系。这样在中国，很多事情还得由政府来做，就不可避免地出现大政府、小社会的现象，就不可避免地存在很多税外收费的现象。要解决这些问题，还得通过反面子人情关系的制度安排，而这样的制度往往表现为一刀切，不能具体问题具体处理，虽然保证了效率和廉政，却失去了公平和公正。

综上所述，我们可以得到这样清晰的认识，在理论上还没有对财产税作出明确定性的情况下，即使实行也需要许多在美国才有的条件。如果在中国推行这样的地方财产税，由于不存在这样的条件，这个税就不可能被认为是良性的。因此，要十分谨慎地对待将财产税列为地方财政主体税的说法和做法。

---

① http://www.census.gov/data/tables/2017/econ/gus/2017-governments.html.
② 谢玲丽．美国社区中的非政府组织［J］．探索与争鸣，1998（6）．

4）房地产税能否有效调节收入分配

税收是调节社会收入分配的重要手段，其中以居民收入或财产为征税对象的直接税更是政府进行再分配的重要政策工具。在当前中国个人所得税对社会收入差距调节作用小的情况下，财产税尤其是房地产税在调节居民收入差距中重要性更加凸显，但就房地产税能否调节社会收入分配，研究存在着较大的分歧。

一类研究认为房地产税能够有效调节居民收入分配，缩小社会收入差距，首先，从房地产特性来看，其具有拥有率高、流动性差、隐蔽性弱以及不易转嫁等特点，因此，人们一般认为房地产税具有调节居民收入分配功能[①]；其次，房地产税作为一种资本税，对资本收益本身课征税收，直接影响资本所有者收入数量和结构，其本身具有累进性，因此能够起到很好的调节收入差距的作用[②]。最后，房地产税配套的优惠政策（如美国低收入住房税收抵免计划）以及合理的房地产税制度设计都有助于减少低收入人群税收负担率，从而缓和社会收入差距[③]。另一类研究表明房地产税的开征会加剧社会收入不平等。首先以房产税实施较久的美国为例。房产税作为美国地方政府的主体税种，深刻影响了地方政府公共品的供给水平，导致富人与穷人在不同区域聚集，从而引起区域间的收入不平等[④,⑤]，并且与房产税相配套的优惠政策在给予低收入群体基本生活保障的同时，也将受保障群体集中于某一特定区域，从而进一步加剧了区域间收入差距[⑥,⑦]。其次，从房地产税税收性质、政治经济环境、整体税收体系、房地产税制度设计以及资源配置等五个方面讨论房地产税的开征可能会扩大收入差距的可能性。其一，中国房地产税定位是地方主体税种，而调节居民收入差距则是属于全国性公共产品，两者收支主体不一致，因此房地产税并不具有也不应当承担调节居民收入差距的职能[⑧]；其二，房地产税所带来的缩小收入分配差距的效果好坏和为达到这一效果所产生的征管成本高低与一个社会政治经济制度有着较大关联，具体包括居民的流动性，直接参与的民主决策机制，区域间发展的平衡性以及地方政府规模大小。中国当前阶段的社会经济环境会弱化房地产税带来的缩小收入差距的效果，并且增加达到这一效果所产生的社会成本，从而导致社会总福利的无谓损失[⑨]；其三，一方面，单个税收对收入分配的调节能力有限，并且可能会导致新的不公平，另一方面，房地产税对税收调节属于二次分配调节，二次分配调节能力本身就弱于首次分配调节，因此需要建立完善的直接税税收体系才有较好的调节收入分配作用[⑩]；其四，税基过窄、计税依据不合理、房产估价等配套措施不成熟将会是制约中国房地产税有效调节收入分配的主要因素[⑪]；其五，房地产税扭曲了资本和劳动力的相对价格，使得劳动在要素投

---

① 何辉，樊丽卓. 房产税的收入再分配效应研究［J］. 税务研究，2016（12）：48-52.

② Mieszkowski, Peter. The property tax：An excise tax or a profits tax?［J］. Journal of Public Economics, 1972, 1（1）：73-96.

③ Ellen I G, Horn K M, O´Regan K M. Poverty concentration and the Low Income Housing Tax Credit：Effects of siting and tenant composition［J］. Journal of Housing Economics, 2016, 34：49-59.

④ Tiebout C. A Pure Theory of Local Expenditures［J］. Journal of Political Economy, 1956, 64（5）：416-424.

⑤ Hamilton B W. Zoning and property taxation in a system of local governments［J］. Urban studies, 1975, 12（2）：205-211.

⑥ Jones B A. Essays in housing, education and taxation［M］. Los Angeles:University of California, Santa Barbara, 2010.

⑦ Freedman M, McGavock T. Low-income housing development, poverty concentration, and neighborhood inequality［J］. Journal of Policy Analysis and Management, 2015, 34（4）：805-834.

⑧ 郭宏宝. 房产税改革目标三种主流观点的评述——以沪渝试点为例［J］. 经济理论与经济管理，2011（8）：53-61.

⑨ 杨斌. 关于房地产税费改革方向和地方财政收入模式的论辩［J］. 税务研究，2007（3）：43-48.

⑩ 陈小安. 房产税的功能、作用与制度设计框架［J］. 税务研究，2011（4）：30-35.

⑪ 杜莉，郭玮琳. 如何征收房产税更有利于调节收入分配——基于城镇住户调查数据的模拟分析［J］. 河北大学学报（哲学社会科学版），2019（5）：82-89.

入中比重上升，从而进一步降低了劳动边际产出，扩大地区之间人均GDP差距①。

5）房地产税是否会影响中国的房地产市场价格

（1）房地产价格的决定机制

在房产税改革和房地产市场调控的讨论中，最受关注的一个问题就是能否通过开征统一的房地产税促使房价下跌。有研究者提出了将土地出让金从一次性收取变为按土地使用年限分年收取并且并入房地产税的建议。他们认为，这样的做法一方面可以降低开发成本，另一方面在统一的房地产税推行以后，住户每年要额外向政府缴纳一定的税收，房屋需求曲线下降，因此房地产税费改革将使房价下跌（参见北京大学中国经济研究中心课题组，2006）。

这一方案的设计基础在于认为中国房地产市场价格过高的原因是房地产开发的成本较高，其中地价的上升是房地产价格过高的主要原因。而关于地价上升的原因又有两种说法：一种说法认为土地供应减少，当然引起地价上升，而土地供应减少的原因又是政府实施宏观调控，缩小“地根”；另一种说法是地价上升是因为实行挂牌拍卖，如果不用此种方式供应土地，仍然按过去协议出售的方法，地价就不高。

对于第一种说法，实际上并没有得到具体证据的支持，全国房地产开发投资统计资料显示，根本不存在“地根”缩小问题②。而第二种说法虽然指出了土地供应方式的改变对土地价格的影响，但是目前也没有实证研究论证其影响的程度。实际上，招标拍卖出让土地的平均价格是协议出让土地平均价格的4~6倍，显现了土地的真实价格。其进步意义在于使真正的开发商直接获得土地，而不需要像过去那样转手获得土地，理论上这种方法不仅有利于抑制暗箱操作，减少土地交易环节，使开发商更理性地选择开发项目、更合理地安排资金，而且这种透明化的土地供应方式应该使土地价格趋于合理而不是不断上涨。

我们认为，土地供应成本的增加仅仅是导致房产价格上升的表面原因，因为按常理，如果货物成本上升，随之价格上升，需求就要减少，需求减少，价格就要下跌。但事实是房价上升，需求不减反而增加。房价持续上升，只能归结为消费者需求过旺。包括实际需求增加、对房价预期看涨的影响所造成的需求增加、投资或投机需求的增加等。

那为什么在价格相当高的情况下，仍然出现需求过旺？在房价很高的情况下，有居住需求的人仍然要购买房屋，属于刚性需求，实际上属于一种被迫需求，之所以存在这种被迫需求，因为预期房屋价格还会上升。之所以有这种预期，是因为房产供给方面存在双重垄断：一是政府对土地供给的垄断；二是房地产开发商对房屋供给的垄断。对前一个垄断，显而易见，在中国，土地国有，但实际上是城市政府所有，加上中国人多地少，特别是大城市更是如此，土地供应总是有限，且存在唯一供应者，土地招拍挂以相邻地块前一次拍卖价为底价，土地供应价格只能是节节上升，土地市场属于完全垄断市场。但为什么开发商不惧怕高土地价格带来的风险？又因为开发楼盘加大、土地的招标挂牌以及一系列对房地产开发企业的资质限制，导致房地产开发项目向资本雄厚有实力的开发商集中，淘汰了中小开发商，房地产开发市场特别是一线城市市场已经成为寡头或准寡头垄断性的市场。在这种垄断格局下，招拍挂过程的实力较量，又将土地价格人为提高。其中根本原因在于对房屋价格上升的预期看好。并且只要开发商能够以市场价格获得所需要的任意数量

① 张顺明，王彦一，王晖．房产税政策模拟分析——基于CGE视角［J］．管理科学学报，2018，21（8）：1-20.
② 王蕾．从房价地价关系探讨房价上涨问题［J］．国土资源，2005（8）：59-62.

资本，市场对房地产开发的资金供应就十分充足，就具备扩张的资金条件。

因此，只要房地产市场垄断的存在，以及房地产开发资金的供应充足，房屋供给曲线就是完全水平的，对房价上涨的预期就会长期存在。

在这种情况下，降低土地出让金不会降低房价，只会增加开发商利润。

（2）征收户主房地产税（或称物业税）能否让房价下降？

征收统一的住户房地产税不一定就会抑制房价，存在多种可能效应，短期效应和长期效应可能相反。以下通过假定试分析几种可能出现的情况：

第一种情况：假定按评估价课税；税率足够高，如达到2%以上（查美国各州州府房产税税率，只有极少数州的州府达到1.7%，多数州府的房地产税率为0.4%~1%）；没有限购和限价；其他情况不变，如刚性需求不变，市场整体求过于供，对经济发展趋势的预期不变，多数房屋为毛坯房，不发生向国外迁移等，那么可能出现如下情况：

①二手房房屋大量出售。其进一步的后果可能是：

A.短期房价下跌，但由于期待更低价格，房屋市场萧条。投资减少，远期房屋供应减少，长期看，房屋价格上涨。经过一段时间后，由于税收限制，一般民众购房积极性低，较高收入者会购买较多房屋，导致二手房地产向高收入者集中，直至出现垄断，长期房屋价格上涨。

B.短期房价下跌，房屋销售旺盛。但较低收入者受保有环节房地产税（即住户房地产税）阻止，需求量不大，还可能由于无法承受房产税，出现较低收入者销售房屋，较高收入者购买房屋的情况，同样会导致二手房屋市场集中，最终出现上述同样后果，即长期房屋价格上涨。

在上述两种情况下，都出现原房屋所有者福利下降，较低收入甚至中等收入者照样买不起房屋，但出现房地产向高收入者集中的后果。如果出现这些情况，房产税不仅不利于房屋所有者，而且不利于整个宏观经济。

②一手房销售受阻。进一步的可能后果是：

A.一手房房价下跌。中低收入者受到税收阻挡，仍然没有购房需求，会出现一手房集中到较高收入者的情景。房产税会资本化，成为价格组成部分，导致远期房价提高。

B.一手房市场萧条。由于开征住户房地产税，房屋需求减少，房地产市场出现萧条局面，除了导致关联产业萧条以外，由于房地产商无法及时收回投资，中小房地产商首先出现资金链条中断，需要出售在建楼盘，导致资金雄厚的大房地产商并购中小房地产商，房地产市场出现进一步垄断，最终房地产供应减少，长期房价上涨。

第二种情况：假定按评估价值课税，税率较低，比如0.4%左右或以下；没有限购和限价；其他情况不变，如刚性需求不变，市场整体求过于供，对经济发展趋势的预期不变，多数房屋为毛坯房，不发生向国外迁移等，那么可能出现的情况是：

①对多数房屋所有者而言，只要预期房价上涨或房屋升值幅度超过应承担房地产税负，那么会选择继续保有房屋不急于出售，即使出售也会要求将已交的房地产税加入房价中由买者承担，如果出现这种情况，房价实际上因为征收房地产税而上升了。目前在房地产市场中，经常是卖者采取所谓“实收”的办法进行交易，即不管国家定的税费是多少，均由买者支付，卖者按照出价实收。

②虽然对房地产市场格局影响不是很大，但会使临界收入家庭买不起房子，导致其福

利降低，实际是打击了中低收入者。

第三种情况：假定按套或面积课税，税率较高，采取第一套或一定面积以内的不征税的政策。其他情况不变，如刚性需求不变，市场整体求过于供，对经济发展趋势的预期不变，多数房屋为毛坯房，不发生向国外迁移等，那么可能出现情况是：

①拥有第二套房屋的中等收入者，可能不堪税负，会出售多余房屋，进一步的后果可能是：

A.二手房短期内房价下跌，但由于买者期待更低价格，房屋市场萧条。房地产投资减少，远期房屋供应减少，长期看，房屋价格上涨。

B.短期房价下跌，买者比较理性，房屋销售旺盛。买者对房屋需求增加，最终达到市场均衡，房价回升到原点或更高。

②有利于高收入者，不利于较低收入者，不公平。因为房屋是比较特殊的商品，同样面积的房屋，位置不同、交通状况不同、质量不同、建筑风格不同、装修水准不同、楼层不同、采光情况不同、设备设施不同（如是否有电梯）、周边环境（如学校、商场、绿化、安全等）不同，价格天差地别，仅按照面积课税极不公平。一般情况是高收入者购买的房屋价值高，如处于城市中心地段，较低收入者购买的房屋价值低（如处于城市边缘地段），一律按面积多少课税，只能有利于高收入者。按套课税更不合理。有的一套面积很大，居住有余甚至属于豪华型的；有的一套面积很小，仅仅满足最低居住需求，如果前者不买第二套，不需要缴税；后者为改善居住条件，购买第二套要缴税，显然很不公平，本质上也是有利于高收入者。

③扭曲社会关系。如果一个家庭第一套房屋不要课税，第二套以上要课税，那么人们为了避税，必然选择假离婚增加“家庭”数量，或通过假交易等方式将第二套及更多房屋转移到不需要缴税的家庭以外关联人身上，将导致婚姻状况和产权状况混乱局面，引起不必要的纠纷，不仅不能影响价格，还会造成社会问题。

由于上述原因，人们达成共识即房地产税只能依据评估价值课税。

综上所述，房地产税对房地产价格的影响是不确定的，认为房地产税的开征必定会降低房地产价格的认识是不对的。房地产税只能在公平和效率有保证的情况下承担获得财政收入的职能，房地产税不具备调控房地产价格的职能，如果硬要如此，必定造成公平或效率的扭曲。

（3）在中国征收住户房地产税的社会和政治后果

在中国，征收住户房地产税并实行一般的课征方法即按评估价课税，除了可能出现上述各种可能的经济影响外，还可能出现如下社会政治和管理方面的问题：

①增加大量评估成本。中国属于发展中国家，房地产市场迅速发展的时间还比较短，不同时期的房屋质量差异很大、城乡产权双轨（农村房屋无产权或所谓“小产权”）、城市房产产权获得途径各异（有商品房、福利房、福利租赁房、经济适用房等等）、违章建房搭盖房屋现象严重，要进行规范的清查、登记、评估，成本会很高；如果评估不规范，评估机构和人员权力就会很大，容易引起腐败和由此产生征税的不公平。

②全国统一的合理税率难以确定。中国区域发展很不平衡，大中小城市房价差异极大，评估价值也差异极大，很难确定合理的税率或税率区间。

③加重人民的税收负担，影响居民消费。在现行房地产税费（包括土地出让金）负担

不轻的情况下，开征住户房地产税就是增加民众税收负担，实际上就是减少居民可支配收入、增加政府收入，减少居民消费，加剧中国政府消费和居民消费比例结构不合理的局面。

④房地产税作为直接税不符合人民纳税的传统习惯，可能导致社会不稳定。特别地，当一些家庭因为经营困难、收入减少、天灾人祸、疾病开支或其他必要开支增加导致入不敷出时，会出现没有现金流或暂时没有现金流及时支付房地产税的情况，进而要么拖欠税款，要么被迫出售房屋，产生额外福利损失。住户房地产税只能作为一种代替物业费的办法，由居民决定税率和征收方法并与实际受益挂钩才可避免可能出现的社会不稳定问题。

6）政府应该做什么？

世界范围的经济史表明，房地产价格有升有降，但在通货膨胀、居住条件不断升级等因素作用下总体呈上升趋势，只有在出现经济危机、区域环境危机、产业迁移导致失业率高企、居民收入急剧下降等萧条情况下，或者房地产供应大大超过需求，房地产价格才会下降。因此，以降低房地产价格为目标来进行所谓房地产市场调控本身就是不合理的。政府应该做的事情不是直接调控房地产市场，不是通过利率变化、财政税收政策变化，更不是通过限价、限购等行政手段让其价格下降或上升，而是建立让房地产价格相对稳定（避免大起大落）的机制和让高房价变坏为好的机制。其主要内容如下：

（1）逐步消除双重“垄断”。通过建立多家竞争性全国国有土地和集体土地经营公司，使土地供应具有一定竞争性，减轻土地供应垄断程度，改变土地价格只升不降的机制。通过统一规划、集中设计、分散建设、楼盘分割等办法，减少房地产供应垄断，让更多的中小资本进入房地产市场，使房地产价格从垄断价格变为竞争价格。

（2）通过建筑标准的合理化让房地产回归本来性质。房地产既是投资品也是消费品。当房屋以毛坯房出售时，“房地产”只是投资品，因为无法消费或无法出租让别人消费。投资性毛坯房交易很容易造成空置，导致资源浪费。因此，政府应该做一个简单的事情，就是规定毛坯房不得作为商品房出售，所有出售的房屋均要装修过（根据房屋档次定装修标准）。假定房屋购买者都是经济人，在投资待售期间总是会先出租以获得租金收益，那么房屋销售越多，租金越便宜，只要租金回报低于一般投资回报，房屋所有者、投资者就在自动、自愿地创造廉租房。在房价中包含的国有土地出让金、各种税费相当高（据不完全统计约占房价 70%）情况下，房价越高，就意味着房屋投资者自愿向政府缴纳了高比例的税费。只要政府把这些税费通过提供廉租房、补贴低收入者的社会保险给付、资助贫困家庭子女上学等方式让低收入群众受益，那么房价高企的房地产市场就会成为自愿的无痛苦的收入再分配渠道。

总之，我们要善于跳开房价问题来解决房价问题，善于把不好的事情（如高房价）变为好事情（如有利于低收入家庭的收入分配）。

8.3　遗产赠与税原理

8.3.1　征收遗产赠与税的理论探索

征收遗产税的主要目的是对继承权进行一定的限制。之所以要进行限制，一般出于以下考虑：

首先，是出于促进社会经济进步的考虑。财产所有人生前通过各种途径和方法积累了一定数量和价值的财产，死亡时遗留给亲属朋友，如果对此不加限制，遗产继承人不需要通过任何努力就获得巨额财富，这种不劳而获极易使遗产继承人饱食终日、无所作为，过着寄生虫般的生活，埋没其投身实业活动、创造物质财富或精神财富的能力与才华，不利于社会进步和发展。通过在财产所有人死亡（或生前赠与）时征收遗产税（或赠与税），对遗产赠与作适当限制，将部分遗产通过税收方式收归国有，当税率适当时，就能促使有生产经营、创造能力的遗产继承人不主要依靠遗产生活，而是靠自身努力，改善、提高自身生活水平，同时也贡献于社会，促进社会进步。

其次，是出于社会公平和社会稳定的考虑。遗产继承权若不加以限制，极易出现财富向少数人集中的后果。虽然一个人终身积累的财产有限，但若是世代相承，那么积聚起来的财产数额就会很大。少数人越来越富，必然导致多数人越来越穷。贫富两极分化、分配不公是社会不稳定的根源。政府在财产所有人死亡（经济活动停止）时课以遗产税，可对财产无休止地积聚于少数人手中形成一种制约，这对促进分配公平和社会稳定有利。

再次，是出于税收制度和税收政策方面的考虑。遗产税和赠与税可以补充税制结构中主体税种的不足。所得税和流转税的征收主要与货币交易有关，某些财产项目因难以查实或不参加货币交易，无论征收所得税还是流转税都无法课及，有的因主客观原因少缴、偷漏所得税和流转税。在财产所有者死亡时征收遗产税，可起一种最终的补充调节作用，为政府带来一定的财政收入，也有利于同样条件应纳同样的税这一税制公平原则的贯彻。

最后，遗产税和赠与税还可充当遗产分配的“闸门”，鼓励遗产按政府政策意图“分流”，如各国遗产税和赠与税制度一般都有这样的规定，即财产所有人或继承人若将财产捐赠给公共团体、学校、慈善机构等，可获得免税待遇。这会鼓励财产所有人以其所有的财产贡献于社会慈善和公益事业。

但学术界也存在截然相反的观点。有学者认为，开征遗产税会导致消费提前，降低储蓄率，其结果将降低资本积累，导致资本对劳动占比下降，如果资本和劳动之间替代率小于1，资本边际回报将会大于劳动边际回报，这会进一步加剧收入差距[①]。有的学者认为，遗产赠与税虽然可能促进继承者的工作积极性，但会抑制被继承人的工作积极性，一旦他们知道生前努力工作积累的财产在身后会被课以重税，也有可能降低工作积极性。此外遗产赠与税的征管也会遇到困难，纳税人很容易通过信托等方式避税，因此实际上只有那些疏于税收筹划的人才需要纳税，对进行税收筹划的人实际上也产生了超额负担和遵从成本[②]。

8.3.2 遗产赠与税的主要类型

就各国遗产税的实践看，遗产税主要有总遗产税、分遗产税、混合遗产税三种模式。另外，还有遗产税与赠与税配合模式。

1）总遗产税模式

总遗产税是对遗嘱执行人或遗产管理人就被继承人死亡时所遗留的财产净额课征的一

① Joseph E. Stiglitz. Notes on Estate Taxes, Redistribution, and the Concept of Balanced Growth Path Incidence. Journal of Political Economy, 1978, 86（2）：S137-S150.

② 罗森 H S，盖亚 T. 财政学［M］，郭庆旺，译. 10版. 北京：中国人民大学出版社，2015：404-407.

种遗产税。在总遗产税制度下，征收遗产税之后才能把遗产分配给法定继承人，因此在遗产处理上表现为先税后分。目前，美国、英国、印度尼西亚等国家和地区采用这一模式。其基本要点和主要特点如下：总遗产税的纳税人为遗嘱执行人或遗产管理人。一般说来，被继承人为本国居民（美国还包括本国公民）时，要就其全世界范围的遗产征税，当被继承人为非本国居民时，仅就位于本国境内的遗产征税。也有一些国家规定，被继承人在国外的不动产不征遗产税，遗产税征收管辖权奉行属地主义原则。遗产税的征税对象是遗产净值。遗产净值是应税总遗产额减去各项扣除宽免后的余额。应税总遗产包括除少数由税法规定免于征收遗产税外的全部遗产（包括不动产、有形动产和股票债券、特许权、人寿保险权益等各种类型的无形财产）。遗产总价值一般按公平的市场价格法估定。

（1）免征额

各国遗产税都是针对少数富人征收的税种，因此并不是所有的遗产继承都要缴纳遗产税，只有遗产净额超过免征额的时候，才就超过部分缴纳遗产税。在美国，由于不少人主张取消该税种，因此免征额逐年增加，1997年遗产税的单身申报免征额为60万美元，到2002年增加到100万美元，2010年为500万美元，2012年增加到512万美元，2018年起成倍提高，达到1 118万美元，2019年达到1 140万美元，2020年升至1 158万美元，2021年达到1 170万美元，已婚夫妇能获得2 340万美元的免征额[①]。但在2026年将回到2017年以500万美元为基数加通货膨胀调整的水平。目前英国遗产税的免征额为32.5万英镑。[②]

（2）免税扣除

各国遗产税从应税总遗产中扣除的共同项目有丧葬费、遗产管理费、未支付的抵押财产或债务、至死亡之时已经发生但尚未缴纳的税款（死亡后产生的应支付的遗产税、所得税、资本利得税等不得扣除）、婚姻扣除和基础宽免额（美国有婚姻扣除，即遗赠给死者未亡配偶的全部财产均可从应税遗产额中予以扣除，却没有满足继承人基本生活需要的基础宽免，美国用抵免法解决这一问题），以及对慈善机构、教育等公共利益机构和共同团体（包括政党）的捐赠。有的国家对某些扣除项目（如对政党）规定限额。除这些扣除项目外，各国均根据本国特定历史时期的税收政策目标和税制结构增加一些免税扣除项目。

（3）税率

遗产税的税率一般为超额累进税率，不过各国税率结构很不一样。英国1987—1988财政年度，遗产税税率为5级超额累进税率，最高税率60%。目前实行40%比例税率。美国联邦遗产税税率2013年以后实行12级超额累进税率，最低税率为18%，最高税率为40%。

（4）抵免

在遗产税税收管辖权上奉行“属人主义”和“属地主义”相结合的国家，一般允许从本国应纳遗产税额中抵免位于外国境内已向外国政府缴纳的遗产税或继承税税额。实行联邦制的国家，地方开征遗产税、继承税的，税额可从联邦税应纳税额中抵免。如美国税法原来规定，已缴纳的州和地方遗产税可以抵免联邦遗产与赠与税，但从2005年起，由于大幅度提高了免税额，州和地方的遗产税全部不许抵免。

---

① https：//www.irs.gov/businesses/small-businesses-self-employed/estate-tax，https：//www.irs.gov/new-sroom/estate-and-gift-tax-faqs.

② https：//www.gov.uk/inheritance-tax.

（5）对营业性遗产（企业资产）分期纳税

为了防止因缴纳遗产税而迫使纳税人出售营业用资产，以致干扰经济活动，征收遗产税的国家一般都规定营业性遗产的遗产税可分期缴纳，但对应付未付的税款加征利息。英国规定的期限为10年，美国为15年①。

2）分遗产税模式

分遗产税制又称继承税制，它是在被继承人死亡之后，对遗产继承人或遗产受赠人就其分得的那一部分遗产净值课征的一种遗产税。在分遗产税制下，遗产的处理程序是先分后税。目前有日本、法国、德国、韩国、保加利亚、波兰等国家实行这种遗产税模式。其基本要点或主要特点如下：

（1）纳税人和征税对象

分遗产税制的纳税人为遗产继承人或遗产的受赠人。正因如此，分遗产税制在征税范围的规定上与总遗产税制不同，总遗产税制考虑被继承人的居民身份和财产所在地，而分遗产税制考虑继承人、被继承人的居民身份以及财产所在地。各国的规定不很一致，有的国家（如日本）以继承人为中心考虑问题，有的国家则以被继承人（死亡者）为中心考虑问题。日本税法规定，遗产继承人或受赠人为本国居民时，要就其取得的全部财产净值承担纳税义务，而不问财产位于何处，也不问被继承人是否为本国居民，遗产继承人或受赠人为非居民时仅就其取得的位于本国境内的财产负纳税义务，不论被继承人是否为本国居民。

德国则规定，被继承人在死亡时如为德国居民，则应就其全部遗产征收继承税，而不论继承人或受赠人是否为本国居民，也不论遗产位于何处。另外，对于那些死亡前5年以内放弃德国居所的被继承人，具体规定是，如果被继承人在死亡时不是德国居民，但没有在其死亡前5年以内放弃德国居所的，那么仅就其转移给居民继承人或受赠人的遗产部分征收继承税；而对位于德国境内的遗产，即使被继承人、继承人或受赠人都不是德国居民，也要征收继承税。

相比之下，以继承人为中心考虑问题更合适一些，因为这更接近继承税的理论定义，在有来源于国外的遗产时，只要采取外国税收抵免制度，就能消除国际重复征税，税收管理也能落到实处；而以被继承人为中心确定纳税人，对继承人为非居民且遗产也位于国外的情况，实际上是很难实施税收管理的。

就征税对象而言，分遗产税制一般是对继承人分得的应税遗产份额扣除应承担的被继承人债务、丧葬费用、适当的基础宽免额后的余额课征。各国有关的计算程序是有差别的。从理论上讲，继承税的计算以各继承人和受赠人的资产增加为基础分别进行，但这可能致使继承人受赠者串通一气假装平均分配遗产，以降低累进税率的适用档次，减轻税负。为解决这一问题，一些国家建立了比较复杂的计算程序（如日本），总的精神是在计算归属于各继承人的应课税遗产转移额（扣除费用、债务和宽免后的遗产净值）时，不采用实际的继承份额比例（指遗嘱订明的比例），而采用法律固定（依照民法的继承顺序）的继承份额比例（如配偶1/2、孩子1/2，若两个孩子各1/4等），以由此计算出来的各继承人应课税遗产转移额来确定适用税率，算出法定的应纳税额，将各继承人法定的应纳税额

① 刘隆亨. 财产税法［M］. 北京：北京大学出版社，2006：292.

加总，然后按各继承人受赠人实际得到的遗产份额比例（各人实际得到的应税转移额÷应税转移额总和）分摊到各继承人、受赠人，再从中作必要的税收抵免，以其余额上缴国库。通过这一办法可以解决可能存在的假装平均分配遗产而逃税的问题。

（2）扣除

分遗产税制可以从各继承人分得的遗产总价值中扣除的项目也主要包括费用（丧葬费、处理遗产所发生的费用等）、债务和基础宽免额三个部分。基础宽免额因纳税人与被继承人或受赠人的亲疏关系而不同，越亲密的扣除额越大。如法国规定，继承人配偶或直系亲属个人可以免征30万法郎，而其他继承人只能免征1万法郎①。

（3）税率

分遗产税制一般根据被继承人与继承人、受赠人亲疏远近设置高低不等的税率，关系越亲密和直接，税率越低；越疏远和间接，税率越高。例如在法国，如果纳税人是被继承人的未亡配偶（一等）、父母或孩子（二等），适用5%~40%的7级超额累进税率；如果是兄弟姐妹（三等），适用35%~45%两级累进税率；如果是四等亲戚，适用55%的比例税率；其他人则适用60%的比例税率。

（4）抵免

遗产税可根据纳税人的不同情况，通过抵免措施体现国家的税收政策，消除国际重复征税。外国税收抵免是各国遗产税的共同抵免项目，就是对本国居民从国外取得的遗产在国外已纳的类似税收给予抵免。同所得税一样，遗产税的外国税收抵免也有一个抵免限额，抵免限额是从国外取得的遗产价值额按本国税率计算的应纳遗产税额。除此之外，有的国家还安排未成年继承人或受赠人抵免、残疾继承人或受赠人抵免、继续继承抵免（在若干较短的年限内发生两次继承条件下，前一次继承时已纳继承税可在第二次继承时作适当抵免）。

3）混合遗产税模式

混合遗产税制，就是先对遗嘱执行人或遗产管理人就被继承人所留的遗产总价值扣除债务、丧葬费用等项目后的净值课征一道总遗产税，遗产分配给各继承人时，再对各继承人就其获得的继承份额课征一道继承税，其实质就是将总遗产税制和分遗产税制综合起来。在遗产处理上，按先税后分再税的程序进行。伊朗、意大利等国家采用这一模式。伊朗先对遗产净值（总遗产额减去债务及葬仪费后的余额）中超过总遗产税起征点部分按一个比例税率征税，而后，对继承人取得的财产额根据被继承人与继承人关系亲疏远近按不同的累进税率征税，其基本做法与分遗产税模式相同，即关系越密切直接的税率越低，起征点也高。意大利的做法是，在混合遗产税制中，总遗产税部分和继承税部分均按累进税率课征。遗产税部分的税率层级也是按被继承人与继承人关系的亲疏远近设置的。

4）遗产税和赠与税配合模式

遗产税要行之有效，需要赠与税相配合，否则财产所有人如果通过生前将财产无偿转移给其继承人，死亡时无多少遗产可供征税，那么遗产税就会落空。有鉴于此，遗产税一定要有赠与税配合补充。各国在遗产税和赠与税配合方式上有所不同，主要有四种模式：

① 刘隆亨．财产税法［M］．北京：北京大学出版社，2006：289.

（1）“无”赠与税模式

“无”赠与税模式就是将“死亡预谋赠与”归入遗产税税基中征收遗产税，使赠与税有实无名。英国和其前殖民地国家多采用这一模式。英国规定，财产所有人死亡前7年内赠与的财产价额要全部或部分并入遗产税税基征税。赠与财产的价额计入遗产税税基的比例是死亡前3年内按100%，死亡前第4年按80%，第5年按60%，第6年按40%，第7年按20%。第8年以前赠与的财产免于征税。

（2）并行征税模式

并行征税模式就是在遗产税之外另设赠与税，对赠与人就所有赠与财产价额或受赠人就所有受赠财产价额征税，与遗产税并行，作为遗产税的补充。一般情况是，实行总遗产税的国家采用总赠与税形式，即对赠与人就年内所有赠与他人的财产价额减去一定的宽减扣除后的余额征税，又称赠与人税，赠与政府、公益、慈善、教育文化等机构的财产一般免于征税。而实行继承税或混合遗产税制的国家，则实行分赠与税，即对受赠人年内获得的受赠财产总价值额减去一定的宽减扣除后余额征税，又叫受赠人税。从抚养义务人取得的财产，从慈善、宗教等以公益为目的机构获得的赠与一般免于征税。多数国家采用这一模式。

（3）交叉征税模式

交叉征税模式仍设有赠与税、遗产税两种，即财产所有人生前赠与要课征赠与税；财产所有人死亡时征收遗产税，不过遗产税的税基中包括死者生前累次的赠与财产价额，也就是在征收遗产税时必须将死者累次的赠与财产价额并入遗产总额中，计算应纳遗产税，同时将生前已纳的赠与税从中抵免。1977年，美国由并行征税模式改为交叉征税模式。目前实行这一模式的还有意大利、哥伦比亚等少数国家。

（4）相继税制模式

相继税制模式就是对受转移人（继承人和受赠人）就其一生（或某一时期）因继承、受赠而取得的一切财产征税。具体征税办法是，受转移人在每一次取得受赠或继承财产时，均应按其价额与以前各次受赠或继承财产价额累计，就其总额征税，以前已纳的税额予以抵扣。这个模式与第三种模式相类似，只不过第三种模式站在总遗产税立场上，以财产转移人（即所有人或被继承人）为纳税主体，而这种模式站在继承税立场上，以财产受转移人（即受赠人或继承人）为纳税主体。1950—1953年，日本在美国税务专家肖普的建议下采用过这一模式。

第一种模式下，赠与税对遗产税的补充功能受到很大限制，使超过“死亡预谋赠与”年限的赠与财产不必纳税，这对于生前赠与起一种鼓励作用，使遗产税的作用受到影响，甚至形同虚设。不过有的学者认为，鼓励生前赠与（特别是在距离财产所有人死亡时间比较长的条件下赠与）能促进社会财富的分散平均，这也正是遗产税的目的。另外，财产自年老的一代转移至年轻一代，对提高财产利用率、促进财产增值、刺激经济进步也有利。

第三、四种模式管理起来均比较困难，涉及对纳税人长时期甚至一辈子的跟踪问题，要把纳税人一生中每次赠与或受赠及纳税情况登记在案，费时费力，对流动性比较大的纳税人很难实施税务管理，而且财产价值额会随着时点变化而变化，累计计算很难找出合理标准。不过这两种模式对防止通过生前多次分散赠与以逃避遗产税，倒都是有效的办法。

相比之下，第二种模式最为简便易行，因而为大多数国家所采用。这一模式下发生赠与时单独征收赠与税，什么时候发生就什么时候征课，不需要长期跟踪管理，但在赠与税税率低于甚至等于遗产税税率时，财产所有人可通过生前多次分散赠与，使财产价额因适用较低档次的赠与税累进税率，而逃避税负较重的遗产税。堵塞这一漏洞而又不采用第三、四种模式的唯一途径是安排一个赠与税税率略高于遗产税税率的结构，从而使财产所有人不论以赠与方式还是以遗产继承方式转移财产，其所负担的税收趋于均等，使纳税人无法避重就轻，逃避税负，达到遗产税征税目的，也使遗产税的征收对财产的处理方式保持中性。

近几年遗产税的征收备受争议。赞成征收的人认为遗产税对缓和分配不公，补充所得税的不足，促进创造、上进、自立自强的社会风气有一定作用。不赞成征收的人认为遗产税是对努力奋斗的成功人士的处罚，也是对节俭没有挥霍浪费的人的处罚。从世界各国的实践看，遗产税是一种偷漏严重、征税成本高的税种，由于遗产税的应税财产项目涉及面广，某些财产查实困难，估价不易准确，易于逃漏。各国还没有找到防止偷漏、堵塞漏洞的有效办法。遗产税所取得的财产利益很小，相对征税成本却比较大，比如日本，所征遗产税仅占税收收入总额的3.5%，投入的征税力量却占全国税务人员总数的6.5%①。在新加坡，遗产税也一直备受争议，终于在2008年2月16日被取消②。美国联邦政府于1797年首次开征遗产税。在之后的时间段里，美国联邦政府在征与停征之间几度徘徊，这种徘徊局面一直持续至今。2001年布什政府将遗产税免税额从2000年的67.5万美元逐步增至2009年的350万美元，并且在2010年完全取消该税（仅2010年取消），随后奥巴马政府于2011年后再次征收遗产税，但将免税额提高至800万美元。2017年12月，特朗普政府签署减税与就业法（TCJA），自2018年1月1日起，将遗产税标准免税额提高至1 000万美元（每年按通货膨胀率调整），持续至2025年，2026年起恢复到2017年水平。

8.4 资源税分析和改革方向

8.4.1 资源税与绝对地租

马克思认为，土地或矿山的私有权垄断是绝对地租存在的原因，但绝对地租的存在还有一个经济前提，即由于农业或矿业的资本有机构成比社会资本的有机构成来得低，它们所创造的剩余价值会高于归它占有的平均利润。它的剩余价值和平均利润之间形成的差额，就是农业或矿业中的超额利润。由于土地或矿山所有权的存在，对其他部分的资本向农业部门的转移形成一个障碍，这种超额利润不再参加利润的平均化过程，而被留在本部门内作为绝对地租。因此，要说明绝对地租的存在，必须先说明：一是有没有土地所有权问题；二是农业部门或矿业部门不存在普遍的超额利润。

在社会主义商品经济或市场经济条件下，尽管消灭了土地私有权，实现了土地、矿山、油田等自然资源的公有制，但自然资源的所有权仍然存在，除农村土地归集体经济所有外，其余自然资源均属于全民所有。在现阶段这种全民所有又表现为政府所有，政府拥有自然资源的所有权、垄断权。商品经济和市场经济是社会经济发展不可逾越的阶段。商

① 国家税务总局遗产税考察组．赴新加坡、日本遗产税制考察报告［R］．税收研究资料，1991（12）．
② http：//www.zaobao.com/special/singapore/pages4/budget2008080216p.shtml.

品经济关系的存在，使得企业即使是国有企业也是独立的商品生产者、经营者，具有自身特殊的物质利益，因此，自然资源的所有权仍需要有独立经济利益的表现形式，这一独立的经济利益表现形式便是绝对地租。长期以来中国初级矿产品、油、气等产品价格偏低，矿山、油田的经营者不仅不能按价值出卖产品，而且不能按其生产价格出卖产品；不仅不能获得超额利润，而且连平均利润也得不到，某些行业还出现全行业亏损。在这种价格体系下，绝对地租的经济源泉是不存在的。绝对地租有存在的原因，而没有存在的条件。在这种情况下何以谈得上用税收（资源税）收取绝对地租问题？因此，资源的所有权利益还无从体现，资源的有偿使用问题并未解决。要解决这一问题，需要按社会主义市场经济的原则，全面调整改革价格体系，使自然资源产品的出售价格按市场经济的规律反映其价值。

为了建立社会主义的市场经济，全面理顺价格关系是必然趋势。在价格体系合理化以后，绝对地租不仅有其存在的原因，也有其存在的经济基础。此时，就会遇到用什么方式收取绝对地租的问题。作者认为，不应当用税收的办法向企业提取绝对地租。租、税性质不同，租、税分流具有客观必然性。在社会主义现阶段，国家的性质是双重的，它不仅行使政治权力，而且要行使财产所有权，要建立一般的生产条件，参与国有经济的生产和再生产活动。权力总是通过一定的物质利益加以表现的，既然存在两种权力，就有两种不同的物质利益表现形式。

政治权力的行使和所有权的行使都要求通过与之相适应的方式参与社会纯收入的分配，从中获得一部分经济利益，以作为它们各自运行的物质基础。不过，政治权力本身不会创造物质财富，它要获得一部分经济利益或物质财富，只能以强制、无偿为特征的形式（税收）来获取，因而税收也就成为政府政治权力的物质利益表现形式。所有权则是内在于生产，是生产活动的起点。所有权意味着他人要使用或经营、开发所有者的所有物就要付出一定的经济利益作为代价。农民要使用、耕种地主的土地，要向地主交租，地租就成为土地所有权的经济利益表现形式。同样，自然资源的经营者要使用、经营或开发国有自然资源，包括国有土地、矿山、油田等，也要向国有资产的所有者（现阶段是政府）以一定的形式上缴一部分利润（绝对地租）作为报酬。也就是说，政府要凭借全民资产所有权参与社会收入分配，这种分配是建立在政府与社会纯收入实际创造者之间利益等价交换基础上的契约关系。政府具有两种权力和两种职能，并以两种方式参与自然资源开发经营与企业纯收入分配的客观状况，说明了“租税分流”或“税利分流”的内在根据。

因此，在社会主义市场经济条件下，不应以资源税作为体现政府资源的有偿使用或经营开发的报酬形式。资源的有偿使用属于所有权经济利益范畴，政府要求国有资源经营使用单位向政府交租、付费，依据的是所有权而不是政治权力，体现的是所有权的让渡与承让之间的等价交换的契约关系。而税收（包括资源税）是政治权力的经济利益表现形式，依据的是政治权力，体现了政府与其居民之间的权利义务关系，二者不能混为一谈。

按照马克思的说法，矿山、土地等自然资源的绝对地租在量上取决于经营自然资源的企业能获得多少超额利润，这种超额利润要受到产品供求关系的影响。而供求关系的变化受多种因素制约，其结果使得绝对地租也因企业及经营的自然资源种类以及经营状况的不同而不同，很难找出一个价格比例合适或产品数量划一的绝对地租上缴数。例如，同样条件的两块土地产生同样的利润，但由于经营的优劣差异，将导致其绝对地租的价格产生差异，而究竟如何衡量这种差异，则没有一个标准。这说明，不仅在理论上，而且在实际制度与政策的操作中都难以用规范性、统一性、公平性（同样条件纳同样税）去体现资源的有偿使用或收取绝对地租。如果硬要采取征税的形式去收取绝对地租，就必然要根据每一个企业获得超额利润的数量，一户一定额或一户一定率，这就违反了同样条件（如同样的产品销售收入或销售量）要缴纳同样同量税的税收公平原则，出现资源税有偿使用的不规范性与税收统一性之间不可调和的矛盾，使资源税最终走向似税非税。那么，能不能用资源税去调节级差地租呢？回答也是否定的。

8.4.2 资源税与级差地租

级差地租的产生不同于绝对地租。不同土地、矿山、油田等自然资源的差别，是产生级差地租的条件和基础。有了这一条件和基础不等于就有了级差地租。级差地租产生的原因，完全在于农业、矿业中存在着对土地、矿山等自然资源的垄断，从而使农产品和矿产品的生产价格由劣等地或劣等矿山的生产条件来决定，经营优等地和中等地的经营者就能获得超额利润。这一超额利润不同于绝对地租情况下的超额利润。绝对地租情况下的超额利润是农产品和矿产品的市场价格与生产价格的差额，在价格体系合理的条件下，劣等地或劣等矿山也要支付绝对地租。而级差地租情况下的超额利润是优、中等地或矿山产品的生产价格的差额，这个差额有两个表现形式，即所谓的级差地租Ⅰ和级差地租Ⅱ，构成级差地租Ⅰ的超额利润，通常都是全部转化为地租，归自然资源的所有者所有；而构成级差地租Ⅱ的超额利润，则可能在租约有效期间内全部地留在自然资源的经营者手中，只是在缔结新租约时才部分地或全部地转归所有者所有。这就是马克思关于级差地租的基本原理。

联系中国实际，虽然也存在着级差地租的自然条件与前提，即土地、矿山、油田等有用物质的蕴藏丰度不一致，矿层的深浅不同从而开采的难易不一致，距离销售市场的远近不一致等各种情况，但却不存在产生级差地租的社会经济条件。在现行价格体系下，矿产品等自然资源初级产品价格普遍偏低，其出售价格并不是由劣等条件的自然资源产品生产企业的生产价格决定的，而是在这个生产价格以下来出售产品。这样经营优、中等条件自然资源的企业只有微利，很少能达到社会平均利润的水平，甚至出现亏损。因此，在现阶段并不存在级差地租问题，从而也没有调节级差地租的问题可谈。这种情况随着以建立社会主义市场经济为目标的改革的深入会发生变化，从无级差地租变为有级差地租。

但即使如此，级差地租不应该也不可能通过税收手段加以调节。理由至少有以下两条：一条是级差地租要归所有权主体所有，而不能归政治权力主体所有。虽然土地所有权的存在不是优、中等土地或矿山的超额利润（级差地租）产生的原因，但它是这个超额利润在分配过程中转归土地或矿山所有者所有的原因。因此，级差地租同样也是土地所有权的经济利益表现，而不是政府政治权力的经济利益表现。在级差地租调节场合同样适用租税分流原则。另一条是用税收办法调节级差地租，在实际操作中会遇到比调节绝对地租大得多的困难，最终使调节级差地租的税收似税非税。级差地租的运行规律与税收的运行规律很不相同，不能互相代替。资源条件千差万别，级差收入的形成原因及其表现形式各异，级差地租大小各不相同，准确地确定每一矿井、油田的级差地租从而规定征税定额或定率过于困难。用资源税手段调节级差收入必然出现两种情况：一种是资源税按税收自身规律设计运行，也就是讲统一、讲规范、讲刚性、讲同样条件纳同样税。这样的资源税就不可能反映企业的级差收入情况，会出现一些企业调节过度，征收过分，而另一些企业调节不足这样一种苦乐不均的问题。资源税的目标并不能达到。另一种是资源税按级差收入的规律设计，这样必须是一矿一率、一企一率，资源税也就徒有其名，而且实际工作中会出现税企之间就资源税征收的数额、幅度讨价还价的现象，这种资源税不具备法律的权威性和刚性。

1992年1月1日开始征收的铁矿石资源税，却按综合经济技术的指标来确定资源税定额（1994年税制改革时推行于所有资源税征收项目），也就是先由专家选择若干个经济、技术指标，根据矿山实际情况，建立数学模型，给每一个指标打分，按总积分将全国铁矿山分为几个档次，然后按档次确定高低不等的税额。这一做法是一种比较先进、科学、合理的确定采矿企业等级的做法，但也有其明显的缺陷：其一，它仍然没有科学地按照马克思级差地租的基本理论，从合理定价出发，确定级差地租的数量水平，所确定的税额体现了差别，但却不符合由优、中等矿山的生产价格与由劣等矿山所决定的社会生产价格的差额的实际情况，所确定的税额仍是主观的，仍然不能与级差地租相吻合。其二，它只能一户一率，不仅违反税收的成本原则，而且如果扩大资源税征收范围，对所有征税资源都采取这一办法来确定税额，工作量很大，征税成本将是昂贵的。其三，确定指标与对指标打分仍可能被人为因素所左右，资源税的多少，实际上仍是通过讨价还价来确定的，税收的刚性与税法的权威性、确定性及强制性均不存在。总而言之，用规范化、统一的征税办法调节资源开采的级差地租必然事倍功半，名不副实，名税实租，只有租税分流才是完善资源税的正途。

8.4.3 租税分流：资源税改革方向①

首先，应当明确资源税是一种在资源领域体现国家产业政策、社会政策，并对资源产品（主要是原材料、初级产品）进行调解的流转税，是作为流转税的增值税在资源领域的延伸，不应以资源税体现政府对资源的有偿使用和级差地租的调解。

其次，在价格体系比较合理、流转税结构作重大改革的前提下，资源税可成为双层次流转税体系的一个辅助税种，在普遍征收增值税的基础上对初级资源产品进行再调节，对增值税起补充作用。其作用主要在于增加资源开采地区地方政府的财政来源。资源开采地区一般经济比较落后，财政收入有限，开征资源税可为这些地方增加一笔财政收入。

最后，改革后的资源税应采用价外税模式，税款由资源产品购买者、使用者支付。由于资源产品质量差别很大，采取从量征收会造成质高价贵与质低价廉的同类产品之间的税负不公平问题，所以一般应采取从价征收的办法。征税范围以大宗资源产品为主。具体项目的确定要从国家产业政策、资源产品的定价以及增值税的征税状况综合考虑。这样，资源税征收就比较便利，符合税收的基本要求，体现政府政治权力主体对国有资源经营权利益的征税关系。至于资源有偿使用（上缴绝对地租）、级差地租的调节可通过国有资产管理部门以所有者身份与资源经营开发企业根据资源及价格确定的具体情况进行谈判，通过

① 2016年5月10日财政部发布关于全面推进资源税改革的通知，此次资源税改革的主要内容，包括扩大资源税征收范围，开展水资源税改革试点工作；实施矿产资源税从价计征改革；全面清理涉及矿产资源的收费基金；合理确定资源税税率水平；加强矿产资源税收优惠政策管理，提高资源综合利用效率等，自2016年7月1日开始正式施行。2020年9月1日，《中华人民共和国资源税法》正式实施。

契约形式进行，从而实现租与税的分流。

本章小结

• 一般来说，依据不同的标准、从不同的角度可以将财产税划分为不同的类型。

• 房地产税的纳税义务人为不动产的保有人，包括不动产的所有人和使用人。各国对房地产税纳税义务人的规定大致存在三种做法。

• 从各国现行的房地产税的实践来看，其计税依据还可以进一步细分为四类。

• 从税率形式上看，各国房地产税的税率有比例税率、累进税率和定额税率之分。

• “货物税观点”是传统观点。

• “货物税观点”所使用的是标准的局部均衡分析框架。由 Mieszkowski（1972）提出的房地产税税负归宿的“资本税观点”采用了一般均衡分析，得出了一些惊人的结论。一般而言，随着资本的流动，其他生产要素的收益也会变化。课税对其他生产要素收益率的影响，部分地取决于它们的流动性。

• 从理论上来看，房地产税不宜作为州（省）一级的主体税种。

• 房产税是受益税的观点也被称为受益论，其基本思路是地区政府可以利用税收提供公共服务并使当地房地产增值，即通过税收“资本化”补偿居民缴纳的税收。但是，该理论要求纳税人必须能获得充分信息，有自由迁移的可能，能够实行“分区制”限制地方房地产价格下降等。

• 与受益论不同的一种理论认为，地方财产税不是有效的一次性税收，而是对资本的课税，并会对资本的有效配置产生扭曲。这种理论是在一般均衡的分析框架之下展开讨论的，认为房产资本在长期来看是具有弹性的，而全国的资本供给是完全无弹性的。

• 按照上述受益论的观点，在中国实行美英模式的财产税还存在问题。

• 征收遗产税的主要目的是对继承权进行一定的限制，但正负效应都存在，遗产税的征收备受争议。

• 遗产税主要有三种模式：总遗产税制、分遗产税制、混合遗产税制。

• 改革后的资源税应采用价外税模式，税款由资源产品购买者、使用者支付。由于资源产品质量差别很大，采取从量征收会造成质高价贵与质低价廉的同类产品之间的税负不公平问题，所以一般应采取从价征收的办法。征税范围以大宗资源产品为主。具体项目的确定要与国家产业政策、资源产品的定价以及增值税的征税状况一起综合考虑。

本章综合训练

第 9 章

非税收入和公债收入

☞ 学习目标

- 掌握非税收入的概念、特点和性质；
- 了解中国非税收入的主要类别；
- 了解中国非税收入的总体规模；
- 掌握中国国有资源有偿使用收入、国有资产有偿使用收入、国有资本经营收入的含义和性质；
- 掌握中国土地所有权和使用权制度的主要内容及其问题；
- 掌握中国土地征用制度的主要内容及其问题；
- 掌握中国土地使用权出让制度的主要内容及问题；
- 掌握中国政府性基金的概念、特点和主要类别；
- 掌握行政事业性收费和罚没收入的概念和分类；
- 了解彩票公益金和特许权收入的基本概念；
- 掌握公债的性质、类别；
- 掌握公债的发行和偿还以及规模的确定；
- 了解公债负担问题的基本分析；
- 了解公债的宏观经济效应。

☞ 导语

不以税收名义出现的政府收入在中国政府收入总量中占有相当大的比例，在阐述了税收原理和制度之后，有必要科学地界定非税收入的定义、性质、范围以及各个项目的具体情况，以便全面掌握中国财政运行的特点和规律。公债收入同样也是财政收入的重要形式。同其他收入形式相比，公债具有特殊的性质和特点，同时公债的负担问题及经济效应也一直是经济学理论中有争议的话题，因此有必要单独对其加以讨论和研究。

9.1 节中，我们首先介绍了中国非税收入的定义，从征收主体、征收依据、使用目的等方面对其进行了概括；之后我们重点分析了中国非税收入中以所有权为依托和以行政权为依托的两类不同性质的收入，分项指出了它们不同于税收收入的特点——公有性、服务性、特定性、补偿性。

9.2 节中，我们介绍了中国非税收入的具体项目并分析了中国非税收入的发展和总体规模。非税收入的主要项目包括国有资源、资产有偿使用收入，国有资本经营收入，政府性基金，行政事业性收费和罚没收入，彩票公益金和特许经营权收入。其中，我们重点讨论有关中国国有土地有偿使用收入的相关问题。

9.3 节中，我们开始分析公债的基本理论和相关实务内容。首先，我们指出了公债的性质在于其植根于国家的信用基础，其重要特点在于有偿性和灵活性。其次，我们具体介绍了与公债实务相关的规模确定问题、发行原则、发行方式、偿还资金的来源和偿还方式等问题。最后，我们集中讨论了公债负担的基本理论以及公债的经济效应。

9.1 非税收入概述

9.1.1 非税收入的概念和特点

1）非税收入的定义

按照财政部《通知》的定义，政府非税收入是指除税收以外，由各级政府及其所属部门、事业单位、代行政府职能的社会团体及其他组织依法利用或提供特定的公共服务、准公共服务取得并用于满足社会公共需要或准公共需要的财政资金，是政府财政收入的重要组成部分，是政府参与国民收入分配和再分配的一种形式。按照财政部制定的《2014年政府收支分类科目》，非税收入是中国财政预算收支体系中的一个科目，包括政府性基金收入、专项收入、行政事业性收费收入、罚没收入、国有资本经营收入、国有资源（资产）有偿使用收入和其他收入。

政府非税收入定义的要素包括：①征收主体，是各级政府及其所属部门（在中国，官方的事业单位和社会团体实际上也是政府的组成部分）；②征收依据，是政府的行政管理权、政府的信誉、政府的国有资源、资产所有权以及政府服务的报酬索取权；③使用的目的，是满足社会公共需要或准公共需要；④该收入的一般性质，是政府财政收入的重要组成部分，政府参与国民收入分配和再分配的一种形式。

2）非税收入的性质和特点

（1）非税收入的性质

按照政府非税收入的定义，非税收入的一般性质是与财政收入的性质相一致的，是政府参与国民收入分配和再分配的一种形式。但是关于非税收入的具体性质，国内学界没有一个统一明确的定位，其主要原因是非税收入是税收之外多种收入形式的集合，每一种收入形式具有不同的性质和特点，因此难以统一界定。按照非税收入的征收依据，可以将非税收入分为两类：一类是以所有权为依托的产权性收益收入；另一类是以政府行政权力为依托的各种强制性规费和基金收入。其中，产权性收益收入是由中国公有制体制决定的，它体现了全民和政府之间的委托-代理关系，其所有权和使用权应该由全国人民代表大会决定，而具体的经营权则授权给国务院，因此，它在本质上仍然是财政收入的一种形式。而强制性的规费和基金收入实际上具有和税收基本一致的本质特征，即都表现为政府为了提供公共产品或者服务而收取的资金，所以本书第1章将其作为杂税看待。除了上述两类外，还有彩票收入、捐赠收入等，这些收入体现了娱乐性、自愿性，也是补充中国财政资金的一种有效手段。

（2）非税收入的特点

与税收收入不同，非税收入是税收之外多种收入形式的集合，每一种收入形式都具有不同的特点，因此非税收入的基本特点就是这些特点的集合。具体来说，包括以下几点：

①公有性

政府代表全民通过掌握国有资源和资产的所有权、土地所有权以及特许经营权而获取相应的收益，这些收益本质上应归全民所有，因此具有公有性的特点。具体来说，该收入的取得是以全民的授权为依据的。在中国，全国人民代表大会授权国务院代表全民行使所有权，国务院对全民负责。再来看该收入的使用，由于其所有权属于全民，全民可以看作是该产权的股东，因此，该收入理应作为财政收入进入预算，由全民决定使用方向。综上，公有性决定了该收入的取得和使用是其基本的特点。

②服务性

这主要是针对政府提供相关服务取得的收入而言，如证照费、手续费等。服务性暗含着等价交换的特性，按照市场机制，政府在提供服务的同时有权按照等价交换的原则索取相关的报酬。

③特定性

这主要是针对各类政府专项基金收入而言。各类政府专项基金同样具有和税收一样的强制性的特点，它同样是以向公民提供基本的公共产品或服务为目的。而其最明显的特点就是资金使用的特定性，同时其征收权利也下放给各个专管部门以体现其专有性。

④补偿性[①]

这主要是针对行政收费和罚没收入而言。具体来说，行政收费的范围仅限于补偿行政管理的基本物资成本，它同时带有管理和服务的色彩。这种收入的存在是为了维护整个社会的正常秩序和国家行政管理的需要，是国家机器正常运行的资金保证之一。

9.1.2 非税收入的类别

（1）按照不同的征收依据和收入形式来划分，非税收入可以分为政府性基金收入，专项收入、行政事业性收费收入、罚没收入、国有资本经营收入、国有资源（资产）有偿使用收入、以政府名义接受的捐赠收入、政府住房基金收入、专项债券对应项目专项收入、彩票公益金、其他收入等。关于各种收入中的具体项目，将在本书后文详细分析。

（2）按照征收的隶属权限分类，非税收入可以分为中央非税收入、地方非税收入以及中央地方共享非税收入。一般来说，中央非税收入主要包括中央机关及其他组织单位取得的非税收入，以及中央驻地方的各部门或单位取得的收费、政府性基金收入，如中国海关、商检部门取得的非税收入，三峡水库库区基金收入等。地方非税收入主要是地方政府及其相关部门取得的非税收入，如公安、工商、城建、农业、林业部门的行政性事业收费、基金和罚没收入。中央地方共享非税收入的项目较多，如电力建设基金，分别在中央和地方预算中实收实支，地方基金一部分归政府用于电厂建设，另一部分归电网经营企业，专项用于输变电。此外，在罚没收入中，中国海关、外汇机构、铁路部门、银行的罚没收入50%上缴中央财政，50%上缴省财政。

（3）按照预算的方式分类，非税收入又可以分为一般公共预算管理的非税收入、纳入政府性基金预算管理的非税收入、纳入国有资本经营预算管理的非税收入。

---

① 王小利. 我国政府非税收入体系的基本特点［J］. 经济研究参考，2005（47）：42.

9.2 主要非税收入分析

9.2.1 国有资源（资产）有偿使用收入和国有资本经营收入

1）国有资源（资产）有偿使用收入

（1）国有资源有偿使用收入

国有资源（资产）有偿使用收入是指国家机关、实行公务员管理的事业单位、代行政府职能的社会团体以及其他组织有偿转让国有资源（资产）使用权而取得的收入，包括海域使用金收入、场地和矿区使用费收入、特种矿产品出售收入、专项储备物资出售收入、利息收入、非经营性国有资产收入、出租车经营权有偿出让和转让收入、无居民海岛使用金收入、转让政府还贷道路收费权收入、石油特别收益金专项收入、动用国家储备物资上缴财政收入、铁路资产变现收入、电力改革预留资产变现收入、矿产资源专项收入、排污权出让收入、航班时刻拍卖和使用费收入、农村集体经营性建设用地土地增值收益调节金收入、新增建设用地土地有偿使用费收入、水资源费收入、国家留成油上缴收入以及其他国有资源（资产）有偿使用收入。

总的来说，上述各类国有资源有偿使用收入的管理体制基本上是由中央有关部委制定具体的收费程序、标准，再由各级地方政府的专职部门组织征收，之后统一上缴中央和地方财政。目前，土地出让金收入、新增建设用地土地有偿使用费，由自然资源部会同财政部负责制订总的管理方案，再由地方各级政府的国土资源管理部门具体执行。目前，这两项收入均反映在各级政府预算的“土地出让金财政专户”中，已经纳入预算管理[①]。

海域使用金的收入是由国家环保总局会同财政部共同管理的，具体的收费程序、标准由各省、自治区、直辖市政府制定，同样其收入要上缴到各级政府财政部门[②]。

探矿权和采矿权使用费及价款收入、场地和矿区使用费收入由自然资源部会同财政部进行管理，属于中国一般公共预算的非税收入[③]，分别缴入“探矿权采矿权使用费和价款财政专户”以及“场地和矿区使用费收入”科目。

2）国有资本经营收入

国有资本经营收入是指政府以国有企业资本出资人身份获得的、与该资本运营和处置有关的净收益，包括国有资本分享的企业税后利润，国有股股利、红利、股息，企业国有产权（股权）出售、拍卖、转让收益和依法由国有资本享有的其他收益[④]。2007年9月，国务院公布《关于试行国有资本经营预算的意见》（国发〔2007〕26号），规定自2008年起单独编制国有资本经营预算，将各级人民政府及其部门、机构履行出资人职责的企业（即一级企业）上交的国有资本收益列为国有资本经营预算的收入，主要包括：利润收入、股利股息收入、产权转让收入、清算收入、国有资本经营收入退库、国有企业计划亏损补贴、烟草企业上缴专项收入以及其他国有资本经营收入[⑤]。

---

① 财政部：关于印发《用于农业土地开发的土地出让金使用管理办法》的通知，财建〔2004〕174号。
② 《中华人民共和国海域使用管理法》（2001年10月27日第九届全国人民代表大会常务委员会第二十四次会议通过）。
③ 财政部：关于印发《探矿权采矿权使用费和价款管理办法》的通知，财综字〔1999〕74号。
④ 财政部：《关于加强政府非税收入管理的通知》，财综字〔2004〕53号。
⑤ 《2020年政府收支分类科目》。

目前，中国国有企业按国有资本金的投资主体和产权管理主体的不同可分为两大类：第一类是有权代表国家投资并行使国有资本金所有权的各级政府部门或机构出资形成的企业，可称为政府出资的企业，也称为一级企业；另一类是以国有资产授权经营的国有控股公司和国有企业集团为主的国有企业出资形成的企业，可称为国有企业出资的企业。

根据财政部公布的《2020年政府收支分类科目》，纳入国有资本经营预算收支体系的国有资本经营收入主要包括：

（1）利润收入，反映国有独资企业等按规定上缴国家的利润，包括中国人民银行上缴收入、金融企业利润收入、烟草企业利润收入、石油石化企业利润收入、电力企业利润收入、电信企业利润收入、煤炭企业利润收入、有色冶金采掘企业利润收入、钢铁企业利润收入、化工企业利润收入、运输企业利润收入、电子企业利润收入、机械企业利润收入、投资服务企业利润收入、纺织轻工企业利润收入、贸易企业利润收入、建筑施工企业利润收入、房地产企业利润收入、建材企业利润收入、境外企业利润收入、对外合作企业利润收入、医药企业利润收入、农林牧渔企业利润收入、邮政企业利润收入、军工企业利润收入、转制科研院所利润收入、地质勘查企业利润收入、卫生体育福利企业利润收入、教育文化广播企业利润收入、科学研究企业利润收入、机关社团所属企业利润收入、金融企业利润收入（国资预算）、其他国有资本经营预算企业利润收入等33个科目；

（2）股利、股息收入，反映国有控股、参股企业国有股权（股份）上缴的股利、股息收入，包括金融企业股利、股息收入，国有控股公司股利、股息收入，国有参股公司股利、股息收入，金融企业股利、股息收入（国资预算），其他国有资本经营预算企业股利、股息收入5个科目；

（3）产权转让收入，反映国有资产（含国有股权）转让或出售收入，包括国有股减持收入，国有股权、股份转让收入，国有独资企业产权转让收入，金融企业产权转让收入，其他国有资本经营预算企业产权转让收入5个科目；

（4）清算收入，反映国有独资企业清算收入（扣除清算费用），以及国有控股、参股企业国有股权（股份）分享的公司清算收入（扣除清算费用），包括国有股权、股份清算收入，国有独资企业清算收入，其他国有资本经营预算企业清算收入3个科目；

（5）国有资本经营收入退库；

（6）国有企业计划亏损补贴；

（7）烟草企业上缴专项收入；

（8）其他国有资本经营预算收入。

9.2.2 国有土地有偿使用收入

随着房地产市场的迅速发展，政府（主要是市县政府）通过国有土地出售获得大量收入（即国有土地使用权出让收入，以下简称土地收入），扣除补偿和拆迁成本尚有大量结余，成为市县政府举办公共事业、进行基础设施建设、举借债务进行新一轮土地开发、支持企业等的重要资金来源。不少地方的土地收入超过同期本级财政公共预算收入。人们将这种以土地为核心进行的财政收支活动称为土地财政。目前土地收入和相关支付已成为政府性基金预算的主要部分。学术界多数人对土地财政持否定态度，不过也有学者（如本书主编）认为土地财政是中国政府作为资产公司应有之意，是经济发展的自然历史行为，具体阐述请参见案例9-1。这里介绍基本情况和遇到的主要问题，首先从中国的土地制度说起。

1）中国土地所有权和使用权制度

中国的土地所有权制度包括两个方面：第一是有关国有土地的制度，第二是有关农民集体所有土地的制度。国有土地包括城市市区的土地，国家依法没收、征收、征购、征用、转变的非城市市区土地，明确为集体所有以外的林地、草地、荒地、滩涂及其他土地。农民集体所有土地包括属于国家所有以外的农村和城市郊区的土地，包括宅基地和自留地、自留山。

由于城市土地属于国家所有，任何个人和企业对土地均无所有权，因此不存在与土地所有权有关的转让行为。而农村土地虽然归农民集体所有，但国家为了公共利益的需要可以征用。国有土地由各地方政府确定给单位或者个人使用，使用者拥有国有土地的使用权。农民集体所有的土地由本集体经济组织的成员承包经营，承包期限为30年，承包期内不得收回和调整。

法律中有关农用土地承包期限为30年，承包期内不得收回和调整的规定，与国家为公共利益的需要可以依法对集体所有的土地实行征用的规定存在冲突，成为近年来有关征地问题纠纷的一大根源。其焦点在于：对被征用的农村土地，补偿标准偏低①；被征用的土地被用于非公共利益，使少数人获得极大的利益，造成分配不公；由于土地被征用以后，成为国有土地，农民不能够参与土地增值收益的分配。除了这些法律本身的问题外，还存在如下情况，包括：违规操作，弄虚作假；不实行耕地动态平衡的保护耕地政策②，使耕地大量流失；标准已经很低的补偿也没有落实。这样，就造成农民的利益被多重侵犯。

2）中国土地使用权的出让制度和国有土地有偿收入

虽然国有土地归国家所有，但国家可以将一宗土地的为期若干年的使用权出让给土地使用者，由土地使用者一次性缴纳土地使用权出让金。这样，土地出让金就成为国有土地有偿收入的主要形式。目前除了将土地使用权出让外，还有将土地使用权租赁和作价入股制两种有偿使用形式。

土地使用权出让金本质上是土地所有者一次出租若干年的土地使用权，并按照固定的年租额一次收取整个出让年限中各个年度的年租的贴现值的总和。其基本的计算公式见(9.1)。

$$\text{土地使用权出让金}=\frac{a[(1+r)^n-1]}{r(1+r)^n} \tag{9.1}$$

式中，a——年地租额；n——出让年限；r——贴现率。

根据公式9.1，如果土地可以无限期地租用，也就是n等于无限，那么土地使用权出让金就应相当于土地的价格，那么土地的价格就等于a÷r。一般来说，如果土地的市场价

① 目前的征用土地补偿政策是按照被征用土地的原用途给予补偿。征用耕地的补偿费用包括土地补偿费、安置补助费以及地上附着物和青苗的补偿费。征用耕地的土地补偿费,为该耕地被征用前3年平均年产值的6至10倍。征用耕地的安置补助费,按照需要安置的农业人口数计算。需要安置的农业人口数,按照被征用的耕地数量除以征地前被征用单位平均每人占有耕地的数量计算。每一个需要安置的农业人口的安置补助费标准,为该耕地被征用前3年平均年产值的4至6倍。但是,每公顷被征用耕地的安置补助费,最高不得超过被征用前3年平均年产值的15倍。被征用土地上的附着物和青苗的补偿标准,由省、自治区、直辖市规定。现行的土地补偿制度是以土地耕种收益作为补偿的基础,而不是以土地的开发使用价值为基础,造成土地征用价格和出让价格相差过分悬殊,一般达到10倍以上,有的甚至达到几十倍,从而造成作为原有土地的所有者不仅不能从经济发展中获得利益,而且还要承受因离开土地却得不到相应补偿的损失。

② 即非农业建设经批准占用耕地的，按照“占多少，垦多少”的原则，由占用耕地的单位负责开垦与所占用耕地的数量和质量相当的耕地；没有条件开垦或者开垦的耕地不符合要求的，应当按照省、自治区、直辖市的规定缴纳耕地开垦费，专款用于开垦新的耕地。

格是p，那么我们就能够倒算出年租金a的数额，然后再根据上述公式最终确定土地使用权出让金的最后数额。

因此，利率和土地的市场价格是我们确定土地使用权出让金时必须考虑的问题。在土地市场价格基本固定的情况下，利率越高，年租就越高；在利率不变时，土地的市场价格越高，相应地就要制定较高的土地出让金。但是，由于土地市场价格一般由土地市场的供求关系决定，所以我们往往在估计基本价格的基础上，通过“招标、拍卖、挂牌、协议”四种方式确定最后的土地使用权出让金数额。

“招标、拍卖、挂牌”（简称“招拍挂”）三种方式的本质都是将市场竞争机制引入到土地使用权转让的过程中，从而使最终的出让价格更加符合土地的市场价格。区别在于三种方式侧重点不同，拍卖往往适用于那些营业性、竞争性较强的地块，在土地市场供不应求时能够使政府获得较高的价格，土地市场供大于求时，保证政府不会得到太低的价格；挂牌能够让竞买人有较长的时间在研究的基础上进行报价，出价更加合理，避免畸高、畸低价格的出现；招标则除了考虑价格因素外，还要综合考虑投标人的开发计划等其他因素，一般适用于特定项目的开发用地。与上述三种情况有本质不同的是协议出让方式，这种方式并没有体现市场竞争的因素，因此最终出让金数额也很难体现土地的市场价格，因此一般应用于非经营性和非竞争性用地上。根据中国《招标拍卖挂牌出让国有土地使用权规定》，商业、旅游、娱乐和商品住宅等各类经营性用地，必须以招标、拍卖或者挂牌方式出让，不得采用协议出让的方式。

目前的土地出让制度存在不少问题。首先，容易造成地方政府短期行为，一次性收回土地出让金，等于本届地方政府一次可以获得50年到70年的地租，这样必然造成地方政府出于政绩考虑，过多地在当前将土地消耗掉。其次，实际形成了土地供应垄断和价格不断上升的机制。土地招拍挂一般以相邻土地前一次拍卖价为底价，这意味土地价格是不断上升的，加上只有所在的市县政府一家供应土地，实质上形成了土地供应垄断；当出售的地块足够大，价格不断升高时，中小资本很难参与竞拍，容易导致房地产开发向大房地产商集中。这种双重垄断局面的形成是导致房价特别是大城市或城市中心地带房价不断上涨的一大原因。一方面增加群众负担，加大阶层分化而导致不和谐；另一方面加大房地产行业的风险，也加剧寻租腐败。

鉴于上述情况，有人主张实行“年租”制，但是实行“年租”制的前提是要完全改变现行土地使用权出让制度，使土地使用权具有可交易性（例如转租、抵押、转让），进而让土地租赁权物权化，还要保证土地租赁权的长期持续性；此外集中出售变为长时间向分散的住户收租，还要涉及租金确定、调整、收集，实施起来困难重重，管理成本剧增。

3）土地收益分配问题

一般我们所说的土地收益是狭义上的土地收益，指的就是地方政府取得的土地出让金收益，而从广义上来讲，土地收益是指土地出让金加上土地增值后收益的总和，也就是经过开发同地上附属物一同销售后取得的土地部分的收益。因此，实际参与广义上土地收益分配的主体就包括城市政府部门、县乡政府部门、房地产公司、外商投资公司和农民。按照规定，土地出让金的70%要以土地征用补偿费的形式补偿给农民，可是实际情况远非如此。根据国务院发展研究中心农村经济研究部韩俊领导的课题组的调查，在经济不发达地区，土地增值部分的收益分配是20%~30%留在乡以下，其中农民的补偿款占5%~10%；

城市政府拿走20%~30%，房地产公司等拿走40%~50%。[①]有学者研究认为，县级及以上政府拿走了约68%的土地出让金收益，而农民集体和农民只拿到32%，与韩俊的结论基本一致。[②]总的来说，农民在土地收益分配中获得的只是小头，而地方政府和房地产公司显然得到了较大的部分，即使这样还有一些地方政府与房地产公司合谋，滥征、强征农民集体土地，通过压低补偿标准，拖欠、截留、挪用土地补偿安置费等完成权力寻租，获得非法利益。

【案例9-1】

土地财政的制度变迁

1949年以后，国家通过多种方式逐步将城市土地收归国有，1982年的《中华人民共和国宪法》（以下简称《宪法》）明确将城市土地划定为国有，城市土地经历了部分有偿-无偿-有偿的巨大转变，土地市场的管理政策也随之不断调整与改变。我们可以以1979年《中华人民共和国中外合资经营企业法》、1987年首次出让土地和1988年《中华人民共和国宪法修正案》、1994年的分税制改革、1998年和2004年修订的《土地管理法》这几次关键性的重大政策调整为线索，将改革开放以来土地财政的制度变迁分为五个阶段：

（一）探索阶段（1979—1986年）

长期无偿使用的土地管理模式与改革开放形势格格不入，矛盾不断是这个阶段最主要特征：一方面开始向合营企业征收场地使用费，另一方面，1982的《宪法》规定“任何组织或者个人不得侵占、买卖、出租或者以其他形式非法转让土地”，1983年国务院还专门发出《关于制止买卖、租赁土地的通知》。征收土地使用费的制度实施范围小，旧的土地使用制度未有根本的转变，但是为土地市场建设打下了基础，也为城市建设开辟了新的财源，成为中国土地财政制度的开端。

（二）初步形成阶段（1987—1992年）

1987年，深圳特区出让了中国首幅国有土地使用权，同年11月，上海市人民政府出台了《上海市土地使用权有偿转让办法》，随后，广东省也通过了《深圳特区土地管理条例》。1988年，《中华人民共和国宪法修正案》和《土地管理法修正案》规定“土地使用权可以依照法律的规定转让”。1990年国务院发布《城镇国有土地使用权出让和转让暂行条例》，首次对土地使用权出让、转让、出租、抵押、终止及划拨等问题做了规定。土地市场收益开始成为财政收入的一部分，中央政府与地方政府关于此项收入的分配被提上议事日程，财政部于1989年财综字第94号文首次就土地出让收入的分成作出了规定：“取得收入的城市财政部门先留下20%作为城市土地开发费用，其余部分40%上缴中央财政，60%留归取得收入的城市财政部门。”1992年财综字第172号文随即又规定：“土地管理部门和房产管理部门应在规定的时间内将土地出让金（或土地增值费）上缴财政部门，其中土地出让金总额的5%应上缴中央财政。”

这一阶段的主要特征是：①以实践促进制度建设，许多政策的出台是在经济发达地区首先进行试点，再进一步规范化、制度化；②行政机制仍占主导地位，土地收益少；③土地财政相关政策执行力较差，由于各项政策法规对土地作价、收益分配、审批权限等问题没有统一规定，地方政府无所适从，中央政府实际分得的土地收益远远小于政策所规定的

① 王平．地根政治：全面解剖中国土地制度［J］．中国改革，2005（7）．
② 吕彦彬，王富河．落后地区土地征用利益分配——以B县为例［J］．中国农村经济，2004（2）：50-56.

比例。

（三）调整与发展阶段（1993—1997年）

土地市场交易日益增多而法治建设又相对滞后，出现了许多问题，该阶段政策重心就是解决问题与调和矛盾：①建设部于1993年发出了《关于加强房地产市场宏观管理促进房地产业健康持续发展的意见》，配套出台了如开征增值税、控制高档房地产开发等方面的政策，1994年的《城市房地产管理法》第一次以法律形式对土地使用权的出让和转让作出了明确规定；②1994年的分税制改革明确了土地有偿使用收入的归属，1993年底国务院发布了《关于实行分税制财政管理体制的决定》，将国有土地有偿使用收入全部划归地方固定收入；③1993年颁布了《城镇土地估价规程》，在全国范围内展开了土地资产的清产核资工作；④对国有企业的划拨用地处置作了一些调整，并开始在中外合资企业中推行以土地资产作价入股的新的用地方式；⑤1995年提出制定协议出让最低价，1997年以冻结耕地转用、县改市的审批等方式开始了对土地市场大整顿。

这一阶段政策特点如下：①对土地市场结构作了局部性调整，一级市场确立了土地作价入股等方式的地位；②明确了土地有偿使用收入归地方政府所有，土地有偿使用收入作为预算外收入正式成为地方政府的财源之一；③开始重视土地价格的管理，许多城市开始了土地定级估价工作；④政策的出台有一定的被动性，许多关键性政策是矛盾难以解决时出台的应对性政策，制度供给缺少前瞻性和全局性。

（四）规范阶段（1998—2003年）

1998年，原国家土地局进行了大规模的机构调整，成立了国土资源部，人大重新审议通过了《土地管理法》，土地管理的重心转移到以用途管制为核心的耕地保护上来。在土地收益的分配方面，1999年财政部、国土资源部联合颁发《新增建设用地土地有偿使用费收缴使用管理办法》，规定新增建设用地土地有偿使用费30%上缴中央财政，70%上缴地方财政。在国有企业的划拨用地处置方面，1998年的《国有企业改革中划拨土地使用权管理暂行规定》，1999年和2001年相继出台的《关于加强土地资产管理促进国有企业改革和发展的若干意见》和《关于加强国有土地资产管理的通知》，力图解决土地有偿使用与企业改制面临的失业、资金之间的矛盾。在规范市场秩序方面，2001年国土资源部发出《关于整顿和规范土地市场秩序的通知》，2002年出台《招标拍卖挂牌出让国有土地使用权规定》，开始推行土地招标拍卖挂牌制度，规范土地租赁行为，整顿与规范土地市场，2003年国务院又一次暂停审批农用地转用。

这一阶段土地财政收入的增长与耕地保护间的矛盾日益突出，政策主要有以下特点：①管理日趋规范，市场机制渐占上风。特别是经营性用地必须采用招标拍卖方式出让。②一级市场的供地方式更为丰富。新修订的《土地管理法》为土地租赁、作价入股、授权经营等多种供地方式留下了法律空间。③加强了对新增用地和供地总量的控制。在新增建设用地所获得的有偿收入的分配上，第一次与存量盘活土地的收益相区分，并成为中央政府控制的重点。

（五）监管与调控阶段（2004年以后）

2004年《土地管理法》将“对集体所有的土地实行征用”，修改为“对集体所有的土地实行征收或者征用并给予补偿”，随后的国发〔2004〕28号《关于深化改革严格土地管理的决定》，进一步加强了对土地供应，尤其是新增建设用地的监控与管理。在国有土地出让收入的管理方面，国务院办公厅于2007年发出《关于规范国有土地使用权出让收支管理的通知》，提出将土地出让收入纳入预算管理，意味着土地财政的监管方式和强度的重大转变，财政部、国土资源部等五部委于2009年发布了《关于进一步加强土地出让收支管理的通知》，加大了对土地出让收支的监管力度。同时，在2004年与2009年两次房地产价格上涨的背景下，关于加强土地市场管理的文件频频出台，国发〔2004〕28号《国务院关于加强土地调控有关问题的通知》提出了规范土地出让收入的管理、建立工业用地出让最低价标准公布制度，2007年国土资源部修订《招标拍卖挂牌出让国有建设用地使用权规定》，提出工业用地的公开出让，2010年上海、重庆等地开始房产税的改革试点与征收工作。

同样是加强土地财政收入监管，但管理重点发生改变：①强调保障弱势群体的利益，2004年修订的《土地管理法》、2006年《关于做好被征地农民就业培训和社会保障工作指导意见的通知》和2011年《国有土地上房屋征收与补偿条例》，都表明政府开始关注被征地农户和被拆迁居民的安置、保障工作；②土地出让收入成为地方财政重要的收入来源，土地出让收支管理成为中央政府监管的重中之重；③土地市场管理成为房地产市场宏观调控的重要手段。

资料来源　李涛.财政分权背景下的土地财政：制度变迁、收益分配和绩效评价［J］. 经济学动态，2012（10）：27-33.

9.2.3　政府性基金

1）政府性基金的概念

政府性基金是指各级政府及其所属部门依据国家的法律法规，向公民、法人和其他组织征收的为兴办、维持或发展某种事业而储备的资金款项。政府性基金是政府筹集资金的一种手段，是政府非税收入的重要组成部分。区别于其他收费项目，政府性基金具有如下特点：

第一，“税收”性。政府性基金的征收同税收一样具有无偿性、强制性的特点，由于其目的是为某些特定项目筹集资金，因此实际上相当于一种带有某种特殊目的的税。正如本书第1章所指出的，其属于杂税，因此本书统计税收收入时将其列为杂税收入。

第二，非补偿性。与诸如行政事业性收费等其他非税收入项目不同，政府性基金不具备补偿性和服务性的特点，无须为被征收主体提供相应的服务。

第三，特殊目的性。政府性基金的特殊目的性首先体现在基金名称、征收方式、征收范围、征收标准、征收环节的统一性上，其次体现在其使用范围的确定性上，最后体现在其征收年限的时效性上。

第四，筹集方式的多样性。从中国政府性基金的筹集方式来看，既有以税收、价格为载体征收，也有按照销售（营业）收入、固定资产原值、工资或预算外资金的一定比例提取，筹集方式较多、较灵活。①

2）政府性基金项目的分类

2019年全国政府性基金项目有21项，见表9-1，可作如下分类：

---

① 李志友. 政府非税收入管理［M］. 北京：人民出版社，2003：1.3节.

第一，按政府性基金的不同名称分类，可分为基金、资金、附加和专项收费等四种。按照财政部公布的《全国政府性基金项目目录》①，使用基金名称的项目包括铁路建设基金、港口建设费、民航发展基金、高等级公路车辆通行附加费、国家重大水利工程建设基金、水利建设基金、城市基础设施配套费、农网还贷资金、教育费附加、地方教育附加、文化事业建设费、国家电影事业发展专项资金、旅游发展基金、大中型水库移民后期扶持基金、跨省大中型水库库区基金、三峡水库库区基金、省级大中型水库库区基金、小型水库移民扶助基金、残疾人就业保障金、森林植被恢复费、可再生能源发展基金、船舶油污损害赔偿基金、核电站乏燃料处理处置基金、废弃电器电子产品处理基金。

第二，按政府性基金的使用行业划分，可分为工业发展基金、交通建设基金、教育事业基金、城市建设基金等。

第三，按政府性基金的筹集方式划分，可分为：附加在税收上征收的基金，如教育费附加；附加在产品或服务价格上征收的基金，如农网还贷资金、三峡工程建设基金等；以销售（营业）收入为对象征收的基金，如文化事业建设费等。

表9-1 2019年全国政府性基金项目目录

序号	项目名称	征收依据	资金管理方式
1	铁路建设基金	国发〔1992〕37号，财工字〔1996〕371号，财工〔1997〕543号，财综〔2007〕3号	缴入中央国库
2	港口建设费	国发〔1985〕124号，财综〔2011〕29号，财综〔2011〕100号，财综〔2012〕40号，财税〔2015〕131号	缴入中央和地方国库
3	民航发展基金	国发〔2012〕24号，财综〔2012〕17号，财税〔2015〕135号，财税〔2019〕46号，财政部 国家发展改革委公告2020年第11号	缴入中央国库
4	高等级公路车辆通行附加费	财综〔2008〕84号，《海南经济特区机动车辆通行附加费征收管理条例》（海南省人民代表大会常务委员会公告第54号）	缴入地方国库
5	国家重大水利工程建设基金	财综〔2009〕90号，财综〔2010〕97号，财税〔2010〕44号，财综〔2013〕103号，财税〔2015〕80号，财办税〔2015〕4号，财税〔2017〕51号，财办税〔2017〕60号，财税〔2018〕39号，财税〔2019〕46号	缴入中央和地方国库

① 财政部.《全国政府性基金目录清单》2020年4月13日更新，http://szs.mof.gov.cn/mlqd_8464/mlqd/zyzfxjj-mlqd/201706/t20170620_2626929.html.

续表

序号	项目名称	征收依据	资金管理方式
6	水利建设基金	财综字〔1998〕125号，财综〔2011〕2号，财综函〔2011〕33号，财办综〔2011〕111号，财税函〔2016〕291号，财税〔2016〕12号，财税〔2017〕18号	缴入中央和地方国库
7	城市基础设施配套费	国发〔1998〕34号，财综函〔2002〕3号，财税〔2019〕53号，财政部 税务总局 发展改革委 民政部 商务部 卫生健康委公告2019年第76号	缴入地方国库
8	农网还贷资金	财企〔2001〕820号，财企〔2002〕266号，财企〔2006〕347号，财综〔2007〕3号，财综〔2012〕7号，财综〔2013〕103号，财税〔2015〕59号	缴入中央和地方国库
9	教育费附加	《教育法》，国发〔1986〕50号（国务院令第60号修改发布），国发明电〔1994〕2号、23号，国发〔2010〕35号，财税〔2010〕103号，财税〔2016〕12号，财税〔2018〕70号，财税〔2019〕13号，财税〔2019〕21号，财税〔2019〕22号，财税〔2019〕46号	缴入中央和地方国库
10	地方教育附加	《教育法》，财综〔2001〕58号，财综函〔2003〕2号、9号、10号、12号、13号、14号、15号、16号、18号，财综〔2004〕73号，财综函〔2005〕33号，财综〔2006〕2号、61号，财综函〔2006〕9号，财综函〔2007〕45号，财综函〔2008〕7号，财综函〔2010〕2号、3号、7号、8号、11号、71号、72号、73号、75号、76号、78号、79号、80号，财综〔2010〕98号，财综函〔2011〕1号、2号、3号、4号、5号、6号、7号、8号、9号、10号、11号、12号、13号、15号、16号、17号、57号，财税〔2016〕12号，财税〔2018〕70号，财税〔2019〕13号，财税〔2019〕21号，财税〔2019〕22号，财税〔2019〕46号	缴入地方国库

续表

序号	项目名称		征收依据	资金管理方式
11	文化事业建设费		国发〔1996〕37号，国办发〔2006〕43号，财综〔2013〕102号，财文字〔1997〕243号，财预字〔1996〕469号，财税〔2016〕25号，财税〔2016〕60号，财税〔2019〕46号	缴入中央和地方国库
12	国家电影事业发展专项资金		《电影管理条例》，国办发〔2006〕43号，财税〔2015〕91号，财教〔2016〕4号，财税〔2018〕67号	缴入中央和地方国库
13	旅游发展基金		旅办发〔1991〕124号，财综〔2007〕3号，财综〔2010〕123号，财综〔2012〕17号，财税〔2015〕135号	缴入中央国库
14	中央水库移民扶持基金	大中型水库移民后期扶持基金	《大中型水利水电工程建设征地补偿和移民安置条例》，《长江三峡工程建设移民条例》，国发〔2006〕17号，财综〔2006〕29号，财监〔2006〕95号，监察部、人事部、财政部令第13号，财综〔2007〕26号，财综〔2007〕69号，财综〔2008〕17号，财综〔2008〕29号、30号、31号、32号、33号、35号、64号、65号、66号、67号、68号、85号、86号、87号、88号、89号、90号，财综〔2009〕51号、59号，财综〔2010〕15号、16号、43号、113号，财综函〔2010〕10号、39号，财综〔2013〕103号，财税〔2015〕80号，财税〔2016〕11号，财税〔2016〕13号，财税〔2017〕51号，财办税〔2017〕60号，财农〔2017〕128号	缴入中央国库
		跨省大中型水库库区基金		
		三峡水库库区基金		
15	地方水库移民扶持基金	省级大中型水库库区基金	国发〔2006〕17号，财综〔2007〕26号，财综〔2008〕17号，财综〔2008〕29号、30号、31号、32号、33号、35号、64号、65号、66号、67号、68号、85号、86号、87号、88号、89号、90号，财综〔2009〕51号、59号，财综〔2010〕15号、16号、43号、113号，财综函〔2010〕10号、39号，财税〔2016〕11号，财税〔2016〕13号，财税〔2017〕18号	缴入地方国库
		小型水库移民扶助基金		
16	残疾人就业保障金		《残疾人就业条例》，财税〔2015〕72号，财综〔2001〕16号，财税〔2017〕18号、财税〔2018〕39号	缴入地方国库

续表

序号	项目名称	征收依据	资金管理方式
17	森林植被恢复费	《森林法》,《森林法实施条例》,财综〔2002〕73号,财税〔2015〕122号	缴入中央和地方国库
18	可再生能源发展基金	《可再生能源法》,财综〔2011〕115号,财建〔2012〕102号,财综〔2013〕89号,财综〔2013〕103号,财税〔2016〕4号,财办税〔2015〕4号,财建〔2020〕4号,财建〔2020〕5号	缴入中央国库
19	船舶油污损害赔偿基金	《海洋环境保护法》,《防治船舶污染海洋环境管理条例》,财综〔2012〕33号,交财审发〔2014〕96号	缴入中央国库
20	核电站乏燃料处理处置基金	财综〔2010〕58号	缴入中央国库
21	废弃电器电子产品处理基金	《废弃电器电子产品回收处理管理条例》,财综〔2012〕34号,财综〔2012〕48号,财综〔2012〕80号,财综〔2013〕32号,财综〔2013〕109号,财综〔2013〕110号,财综〔2014〕45号、财税〔2015〕81号,财政部公告2014年第29号,财政部公告2015年第91号,国家税务总局公告2012年第41号,海关总署公告2012年第33号	缴入中央国库

资料来源 财政部.《全国政府性基金目录清单》,2020年4月13日更新,http://szs.mof.gov.cn/mlqd_8464/mlqd/zyzfxjjmlqd/201706/t20170620_2626929.html.

9.2.4 行政事业性收费和罚没收入

1)行政事业性收费的概念

按照2018年国家发展改革委、财政部联合下发的《行政事业性收费标准管理办法》第3条规定,行政事业性收费是指国家机关、事业单位、代行政府职能的社会团体及其他组织根据法律法规等有关规定,依照国务院规定程序批准,在实施社会公共管理,以及在向公民、法人和其他组织提供特定公共服务过程中,向特定对象收取的费用。

2)行政事业性收费分类

第一,按资金性质划分,可分为行政性收费与事业性收费。行政性收费是指国家行政机关或政府授权履行行政管理职能的单位,在实施特定的社会、经济管理职能时,依照法律、法规的规定,对公民、法人和其他组织收取的费用。行政性收费具有强制性和管理性的特点,同时纳入预算统一管理。事业性收费是指国家机关、事业单位为公民、法人和其他组织提供特定服务时,按照法律法规的规定所收取的费用。事业性收费具有补偿性和服务性的特点,一般纳入财政专户管理。

第二，按收费的性质来分，可以分为行政管理类收费、资源补偿类收费、鉴定类收费、考试类收费、培训类收费、其他类收费。行政管理类收费，即根据法律法规规定，在行使国家管理职能时，向被管理对象收取的费用，如企业注册登记费、工商管理费；资源补偿类收费，即根据法律法规规定向开采、利用自然和社会公共资源者收取的费用，如矿产资源使用费、林木使用费以及水资源使用费等；鉴定类收费，即根据法律法规规定，行使或代行政府职能强制实施检验、检测、鉴定、认证、检疫等收取的费用；考试类收费，即根据法律法规、国务院或省级政府文件规定组织考试收取的费用，以及组织经人力资源和社会保障部批准的专业技术资格、执业资格或职业资格考试收取的费用；培训类收费，即根据法律法规或国务院规定开展强制性培训收取的费用。

第三，按收费项目的审批管理权限划分，可分为中央收费项目和省级收费项目。按照中国《行政事业性收费项目审批管理办法》的规定，中央有关部门和单位（包括中央驻地方单位，下同），以及全国或者区域（跨省、自治区、直辖市）范围内实施收费的收费标准，由国务院价格、财政部门审批。其中，重要收费项目的收费标准应当由国务院价格、财政部门审核后报请国务院批准。除上款规定的其他收费标准，由省级政府价格、财政部门审批。其中，重要收费项目的收费标准应当由省级政府价格、财政部门审核后报请省级政府批准。

第四，按收入归属来分，行政事业性收费有中央收费项目、地方收费项目和中央与地方共享的收费项目。中央收费项目主要有商检部门的检疫收费、海关部门的收费、铁路系统的收费等；地方收费项目主要有土地闲置费、车辆通行费等；地方与中央共享的收费项目主要有考试收费、全国性证照收费等①。

3）罚没收入的概念和特点

罚没收入指国家行政执法机关依据国家法律、法规及规章规定，对当事人的违法违规行为收取的罚款、罚金，以及没收非法所得、没收非法财物、没收财产、没收赃款赃物、追回赃款赃物所形成的收入。罚没收入作为非税收入的重要组成部分，与税收收入既有联系又有区别。

第一，罚没收入同样具有强制性的特点。无论是根据《中华人民共和国行政处罚法》（以下简称《行政处罚法》）的规定取得的罚款、没收的非法所得和非法财物收入，还是根据《中华人民共和国刑法》（以下简称《刑法》）及其他法律法规规定取得的罚金、没收赃款赃物、追回赃款赃物所形成的收入都必须强制执行。

第二，罚没收入同样具有无偿性和惩罚性的特点。也就是说，取得罚没收入后不需要对当事人进行任何补偿，罚没收入是作为对当事人的经济和刑事处罚而存在的。

第三，罚没收入不具有税收收入那样的固定性。罚没收入的取得前提是当事人违法违规行为的出现，同时还会受到执法机关执法水平的限制。因此，罚没收入不可能像税收收入一样具有固定收入额，相反还具有一定的不稳定性。

4）罚没收入的种类

第一，按照罚没收入的形式划分，可以分为罚款、罚金、没收的非法所得、没收的非法财物、没收的财产、没收的赃款赃物和追回的赃款赃物等形式。罚款、没收的非法所

① 李志友. 政府非税收入管理［M］. 北京：人民出版社，2003：20.

得、没收非法财物取得的收入是中国《行政处罚法》规定的处罚的三种不同种类；罚金是中国刑法附加刑之一，是指由人民法院判决的、强制犯罪分子向国家缴纳一定数额的金钱；没收财产同样是刑法的附加刑之一，表现形式为将犯罪分子个人或所有财产的一部分或全部强制、无偿地收归国有。没收赃款赃物是指县以上人民法院、检察院和公安机关对那些应该退还失主但又找不到失主的赃款赃物无偿地收归公有；追回的赃款赃物是指依法查处、追回贪污盗窃、行贿受贿等违法犯罪案件的财物。

第二，按照罚没收入存在的形态划分，可以分为货币、证券和实物等。货币，包括执法者执法时收取的人民币、外汇和变价出售物资的现金收入。证券是指有价证券，有价证券包括国库券和重点建设债券等。实物是指执法者直接没收的违法者的财产、物品和违法者骗盗他人的赃物及收取罚款时违法者无现金支付能力而抵付罚款的物品。

第三，按照取得罚没收入的执法部门划分，可以分为政法部门罚没收入、行政执法机关罚没收入。政法部门罚没收入指公安机关、检察机关和人民法院取得的罚没收入，主要是罚金和没收财产、没收赃款赃物和追回赃款赃物取得的收入。行政执法机关罚没收入指行政执法机关按照《行政处罚法》进行罚款、没收非法所得、没收非法财物而取得的收入。

9.2.5　彩票公益金

彩票公益金是指彩票销售收入扣除返奖奖金、发行经费后的净收入，是国家筹集资金、发展社会公益事业的一种重要手段。

中国彩票管理条例规定：发行彩票的批准权在国务院，审查权在中国人民银行。中国人民银行是彩票市场的主管机构。民政部依据法律法规和国务院的有关规定，制定和发布福利彩票的具体操作方法。中国社会福利有奖募捐委员会（以下简称中募委）是民政部领导的全国福利彩票的管理机构，对全国福利彩票实施具体的日常管理。它又设省、地、县三级社会福利有奖募捐委员会（简称地方募委），受当地民政部门的领导。国家体育总局则是体育彩票的具体操作部门，下设体育彩票管理中心，为全国体育彩票的唯一发行组织。中国的福利彩票销售收入分解为奖金、社会福利资金和管理费。具体来说，福利彩票销售收入的50%应作为奖金返还给中奖者。福利彩票销售收入的30%作为社会福利资金，其中5%上缴中募委，其余归地方募委。社会福利资金必须专款专用，不得冲抵中央和地方安排的社会福利事业费。对彩票发行单位不再征收企业所得税。福利彩票销售收入的20%作为管理费，即发行费用。目前，其中的7%~8%作为代理费支付给各经销点，对其征收营业税或免税；其余为印刷费，电信费，设备的购置、还贷和折旧，彩票机构的人员工资和管理成本等。

9.2.6　特许权收入

特许权收入是指国家依法特许企业、组织或个人垄断经营某种产品或服务而获得的收入。该收入属于政府非税收入的组成部分，主要包括烟草专卖收入、酒类产品专卖收入、免税商品专营收入、货币发行收入、印钞造币收入、纪念邮票（纪念币）发行收入、食盐批发专营收入等。

9.2.7 以政府名义接受的捐赠收入

以政府名义接受的捐赠收入，是指以各级政府、国家机关、实行公务员管理的事业单位、代行政府职能的社会团体以及其他组织名义接受的非定向捐赠货币收入，不包括定向捐赠货币收入，实物捐赠收入以及以不实行公务员管理的事业单位、不代行政府职能的社会团体、企业、个人或者其他民间组织名义接受的捐赠收入。

9.3 公债收入

9.3.1 公债收入的性质、特点和类别

公债是政府以债务人的身份，以其信用为基础，以借贷的原则向国内外筹集资金而形成的财政收入。公债的债务人是政府部门，一般将中央政府举借的债务称为国债，地方政府举借的债务称为地方债。

1）公债的性质和特点

公债的基础是政府信用，具体表现为到期必须偿还本息。因此，从本质上来说，公债是具有政府信用性质的财政收入，这是其与税收的本质区别。公债的特点是与税收相对应的，具体来说包括几个方面：一是公债是自愿的，而税收是强制的，公债的认购者在是否认购、认购多少上都有决定权；二是公债的有偿性，而税收是无偿的，其原因是公债以政府信用为基础，而税收以政府的公共权力为基础；三是灵活性，公债发行与否，发行多少，以何种方式发行都由政府灵活决定。

2）公债的类别

（1）按债权人分类

按债权人的不同，公债可分为国内公债（内债）和国外公债（外债）。内债的债权人是本国的公民和法人，公债的发行与还本付息一般以本国货币为计量单位；外债的债权人是外国政府、国际金融组织、外国银行、外国企业和个人，公债的发行和还本付息基本上以外币计量。

（2）按经济用途分类

按照经济用途的不同，公债可以分为生产性公债和非生产性公债。生产性公债也称为建设公债，是指政府将公债收入用于生产建设方面，例如用于铁路等营利性企业。这种公债的还本付息能力较强，其原因是：一方面政府拥有与公债等值的资产；另一方面政府还可以获得公债投资的收益。非生产性公债是指政府将公债用于非生产性支出，如建设公用设施。这种公债的还本付息基本上要靠税收。

（3）按利率的确定方式分类

按照利率的确定方式不同，公债可以分为固定利率公债和浮动利率公债。固定利率公债在发行时就将利率确定下来了，无论今后银行利率和物价如何变动，公债利率都不变。浮动利率公债是指利率随银行利率和物价的变化而变化的公债。

（4）按偿还期限进行分类

按照偿还期限的不同，公债可以分为定期公债和不定期公债。定期公债是指明确规定

还本付息期限的公债，按照期限长短可以分为短期公债（偿还期在1年以内）、中期公债（偿还期在1年以上5年以下）、长期公债（偿还期在5年以上）。不定期公债又可以称为永久性公债，在发行时不规定还本付息期限，公债持有人可以定期获得利息，但没有要求偿还债务的权利，政府在财力充裕的时候可以随时在市场上购入而注销这种公债。

（5）按流动性进行分类

按流动性的强弱，公债可分为上市公债和非上市公债。上市公债可称为可出售公债、可流通公债，它能够在证券市场上自由地买卖和转让，这种公债的发行往往采用不记名的形式。非上市公债是指债券的持有人不能在证券市场上公开出售，只能持有至到期并获得本金和利息的公债，这种公债的发行往往采用记名的形式。

9.3.2 公债规模的确定规则以及发行、偿还

1）公债规模的确定规则

（1）经常性支出不能用公债筹资

经常性支出是指一定时期内的政府支出中直接形成当期消费利益的支出。这些支出直接形成了当年的公共产品的成本，应当由当期的消费者来承担。因此，应该由当代消费者的税收来筹资。如果以公债来为经常性支出筹资，就意味着让当代人无偿地享受公共产品的利益，而让后代人支付税收来偿还债务。公共产品的受益者和成本的承担者分离。

（2）资本性支出的部分支出可以用公债来筹资

资本性支出是指在一定时期内的政府支出中，部分支出所产生的利益不仅发生在当年，而且还同时在今后若干年内发生作用的支出。对于这部分支出，理应由当代人和后代人共同负担，但是由于后代人不能在当代缴纳税收，因此只能通过向当代人发行公债的方式替下一代人垫付，之后再由后代人以税收偿还给当代人。因此，资本性支出应该分为两个部分，一部分由当代人的税收支付，另一部分通过发行公债支付。后代人的税收应该建立偿债基金，用于偿还公债。

2）公债规模的评价指标

（1）财政偿债能力指标包括债务依存度和偿债率，其具体公式如下：

债务依存度=当年公债发行额/中央财政支出×100%

偿债率=当年还本付息额/中央财政收入×100%

债务依存度表明了一国政府财政支出依赖于债务收入的程度，债务依存度越高，表明一国财政失衡的风险越大，国际上一般以25%~30%为警戒线。而偿债率则用以反映公债发行主体每年的债务负担比率，国际上以10%为警戒线。债务依存度和公债偿债率都是从政府财政预算的平衡与否角度出发，进而考察财政赤字和债务规模的大小，决定政策走向，体现了早期财政理论关注财政预算本身平衡的财政准则。

（2）社会偿债能力指标包括公债负担率和居民偿债率，具体公式如下：

公债负担率=公债累积余额/GDP×100%

居民偿债率=当年公债发行额/居民储蓄存款余额×100%

公债负担率是国际组织关于各国财政状况比较文献中最常见的指标，按照欧盟国家加入单一货币联盟的条件来看，一般要求该指标要低于60%，而国际上还没有一般的界限标

准。居民偿债率则体现了实际应债主体对于债务的承受能力，目前也没有统一的国际标准。这两个指标都是从国民经济的总体和全局角度来考察公债的数量界限的，公债规模占GDP的比重较低，表明政府还有通过发行公债扩大资源控制程度、进行宏观调控的空间；同样，较低的居民偿债率也表明一国具有较好的扩大公债规模的基础，因为无论是政府利用公债筹资，还是私人通过银行贷款借贷，其最终来源都是国内的居民储蓄。

3）公债的发行和偿还

（1）公债的发行价格

公债的发行价格是指公债的出售价格或购买价格。在一般情况下，公债发行价格与公债利息率成正比，同市场利率成反比。依据发行价格与票面金额之间的关系，通常将公债发行价格分为平价发行、溢价发行和折价发行。平价发行以票面金额出售，到期也按票面金额还本；溢价发行以高于票面金额的价格出售，到期按票面金额还本；折价发行以低于票面金额的价格出售，到期按票面金额还本。

（2）公债的发行方式

公债的发行主要有四种方式，即固定收益出售、公募拍卖、连续经销和直接推销。

固定收益出售是一种在金融市场上按预先确定的发行条件推销公债的方式。其特点是认购期较短、发行条件固定、推销机构不限，主要适用于可以转让的中长期债券的推销。

公募拍卖是一种由发行人在金融市场上通过公开招标推销公债的方式。其特点是发行条件通过投标决定，拍卖过程由财政部门直接负责组织，即以它们为推销机构。其主要适用于中短期公债，特别是国库券的推销。根据竞标的不同，分为价格投标和利率投标。

连续经销是一种推销机构受发行人委托在金融市场上设专门柜台经销，并拥有较大灵活性的公债发行方式。其特点是经销期限不定，发行条件不定，主要通过金融机构和中央银行以及证券经纪人经销，随行就市。其主要适用于不可转让债券，特别是对居民个人发行的储蓄债券的推销。

直接推销是一种由财政部门直接与认购者通过谈判出售公债的发行方式。其特点是发行机构只限于财政部门，不通过任何中介或代理机构，认购者限于机构投资者，个人投资者不能以此种方式认购公债，发行条件通过直接谈判确定。其主要适用于某些特殊类型的公债的推销。

（3）公债的偿还资金来源

公债的偿债资金来源一般有三个。

第一，偿债基金，是指政府预算设置一种专项基金，专门用以偿还公债，即每年从财政收入中拨出一笔专款设立基金，交由特定机关管理，专作偿还之用。建立偿债基金的优点是能够保证公债的及时偿还，保证债权人的利益，提高公债信誉，减轻债务成本，使债务偿还具有计划性，从长远角度看还可以起到均匀偿还的作用；缺点是限制了公债的调控功能，基金容易被挪用而变得形同虚设。

第二，预算盈余，是指政府用上年预算收支的结余部分来偿还公债的本息。这种方法增大了政府还债的灵活性，可以增强政府预算的弹性。但是，综观当今世界各国，许多国家出现赤字，即使有盈余，数额也不多。所以，预算盈余只能作为偿还公债的部分来源，不能成为主要来源。

第三，举借新债，是指政府通过发行新的公债筹集资金偿还到期债务。采用这种方法，能够推迟政府实际偿还时间，延缓偿债负担，暂时渡过偿债高峰。缺点是很难减轻债务，同时还要有良好的信用和比较发达的金融市场等社会经济环境。

（4）公债的偿还方式

公债的偿还是政府根据发行条件的规定，对到期公债支付本金和利息的过程，它是公债运行的终点。尽管偿还公债时本金和利息都是公债发行时预先规定好的，但何时偿还，以何种方式偿还，政府有一定的选择余地。公债的偿还方式主要有以下几种：

第一，一次偿还法，即政府对发行的公债实行到期后按票面额一次全部兑付本息的方法。其优点是公债偿还管理工作简单易行。缺点是在缺乏保值措施的情况下，债券持有人容易受通货膨胀的影响；并且一次性还本付息，会造成政府支出的急剧膨胀，给财政造成很大压力。

第二，分次偿还法，即政府对所发行的公债采取分期分批的方式偿还本息。依据对偿还时间的决定方式不同，分次偿还法可以分为以下两种：一种是分期偿还法，即对一种公债规定几个偿还期，每年按一定比例分期偿还公债。其优点是有利于分散公债偿还对财政的压力，缺点是工作量大、管理费用高。另一种是抽签偿还法，政府控制每年公债还本付息的总额，但对具体债券的偿还则以公债债券号码抽签来确定，直到全部债券中签偿清为止。这种偿还方式的利弊与分期偿还法类似。

第三，市场劝销法，又称购销偿还法，指政府根据公债市场行情，适时购进公债券，使债券期满时，已全部或大部分为政府所持有的逐步清偿方式。通常，这种方式的优点是给投资者提供了中途变现的可能性，并有利于稳定证券市场，维护公债市场价格；缺点是对从业人员有较高的素质要求。此方式适用于可流通公债，尤其是短期公债。

9.3.3　公债负担的归宿

讨论了一系列公债发行和偿还的技术问题后，我们有必要就公债负担的归宿作一经济分析，而这恰恰也是公债理论中颇有争议的问题。

勒纳（Lerner，1948）利用世代交叠模型分析了公债负担的代际转移问题。[①]按照他的分析，每一代人由年轻人、中年人和老年人组成。在公债的发行期，公债只会被当时的年轻人和中年人认购，因为老年人不会活到公债的偿还期。接下来，当代的年轻人、中年人和老年人共同获得了政府公债支出带来的公共消费。而当公债的偿还期到来时，当代的老年人已经去世了，因此公债将通过增加税收的方式由下一代的年轻人和已经成为中年人和老年人的上一代的年轻人和中年人支付。

这样，上一代的年轻人和中年人增加的税收，只是在为以前获得的公共消费进行支付，而他们获得公债偿还则是他们个人消费在不同时期的转移。而对于下一代的年轻人来说，他们不但没有享受到发行公债带来的公共消费，反而承担了增税带来的负担，这实际上相当于代替上一代的老年人承担了公债的负担。[②]

---

① Lerner A P.The Burden of the National Debt［M］//Metzler L A,etal.Income，Employment，and Public Policy：Essays in Honor of Alvin H.Hansen.New York：Norton，1948.

② 罗森 H S.财政学［M］. 郭庆旺，赵志耘，译.8版.北京：中国人民大学出版社，2009：450-451.

必须指出的是，上述分析首先假定了公债的发行和偿还分别处于不同的时期（或时代）；其次还假定政府获得的公债收入完全用于上一代人的公共消费支出，如社会保障、老年医疗保障等；最后，该模型还隐含着公债的偿还必须采用一次总付税方式来进行的假定。但是，现实中的情况往往是不能满足这些假定的：第一，如果公债的发行和偿还处于同一时期，那么实际上公债的支出就仅仅是把当代人的税收负担向后推迟了一段时期而已，也就是说，在公债的发行、使用期间，人们并没有为其享受到的公共消费支付税收，而是在公债的偿还期才补偿了这部分税收。第二，如果一些公债支出被用于资本性项目的支出，那么下一代人同样会享受到公债支出带来的利益，从而使其税收负担体现了一定的受益原则。第三，一次总付税在现代税制中实际并不存在，因而公债的偿还也不可能完全依靠税收的方式。有鉴于此，世代交叠模型的观点只能在一定程度上表明，本应由上一代老年人承担的公债会有一部分转移给下一代的年轻人。

然而，问题并没有结束，巴罗（Barro，1974）提出了与世代交叠模型截然相反的观点。[①]他认为，上一代人会意识到下一代将会因为增税而代替自己承担公债，因此出于关心下一代的角度，老年人会通过增加他们的遗产而使下一代人获得应付增加税收的能力，这样就不存在年轻一代代替上一代老年人承担公债的问题了。实际上，巴罗的观点同样是建立在世代交叠模型的基础上，即假定个人的消费和储蓄存在一定的代际转移，并且也假定政府可以通过一次总付税的方式偿还公债，但是，相比世代交叠模型，巴罗的观点还有更加严格的假定条件：第一，个人必须能够完全从利他主义的角度出发，从而为后代进行储蓄；第二，个人必须能够准确地预期到当期债务增加将给下一代带来实际税收负担的增加量，这样才能保证下一代人的消费水平不会由于增税而发生变化。显然，现实的情况更是难以达到这样的假定，所以巴罗的观点只是从另一个侧面表明了公债的代际转移程度还受个人预期的影响。

总的来看，公债负担问题在本质上是一个代际背景中的税负最终归宿问题[②]，但是由于受到包括公债支出结构、公债偿还方式和时期、个人和家庭的经济决策等多方面因素的影响，我们很难对现实中公债负担的最终归宿给出定论。

9.3.4 公债的经济效应分析

20世纪30年代凯恩斯提出的宏观经济学理论颠覆了人们对于公债认识的传统观点。面对经济萧条、私人投资不足、社会总需求紧缩的情况，凯恩斯提出了利用发行公债的方式为政府支出筹集资金，进而通过扩大政府公共支出的规模拉动社会总需求，增加就业和国民收入水平，从而带动社会消费的增加，最终拉动私人投资，达到促进经济复苏的目的。在凯恩斯的基本理论中，发行公债作为增加政府支出的一种必要手段，成为扩张性财政政策的重要工具。客观地说，在经济萧条的背景下，以增发公债为主的财政政策确实起到了拉动经济增长、缓解经济危机的作用，但是在其他条件下，扩张性的财政政策却并不总是具有积极的作用，具体来说：

第一，总供给曲线和总需求曲线的价格弹性决定了扩张性财政政策的实际作用效果。古典经济学派认为，在长期中总供给曲线是由技术和资源共同决定的，而不会受到价格的

① Barro R J. 1974. Are Government Bonds Net Wealth? Journal of Political Economy，82（6）：1095-1117.
② 罗森 H S. 财政学［M］. 郭庆旺，赵志耘，译. 8版. 北京：中国人民大学出版社，2009：454.

影响，因而是一条垂线，这时扩张性的财政政策不但不会增加产出，反而会导致通货膨胀的发生。

第二，即使厂商会随着价格的提高而增加产出，但是产出增加的程度却在不同情况下有不同的表现：一般来说经济萧条时由于总供给曲线较为平坦，因此扩张性财政政策作用力度较大；而当经济情况正常时，总供给曲线则会变得相对陡峭，从而降低财政政策的作用水平（如图9-1所示）。

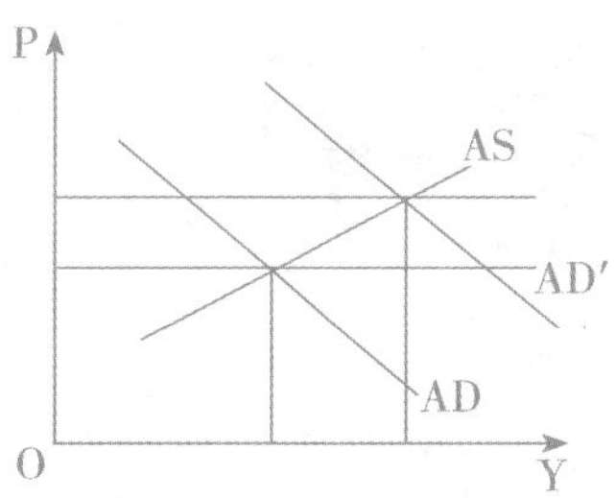

图9-1　总供给曲线倾斜程度的比较

总需求曲线的倾斜程度则取决于IS曲线和LM曲线的斜率。一般来说，IS曲线的斜率越小，LM曲线的斜率越大，总需求曲线就越平坦，从而财政政策的作用就越大；反之作用则较小（如图9-2所示）。可见，在现实情况下，并不是任何情况都适合使用扩张性的财政政策作为刺激经济增长的政策工具。

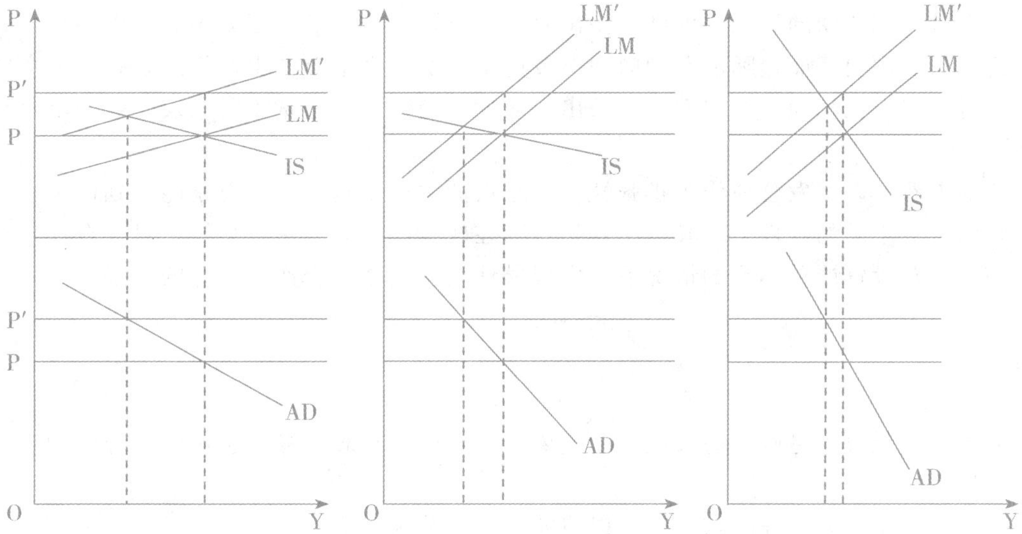

图9-2　总需求曲线倾斜程度的比较

对使用增发公债的扩张性财政政策的另一个反对声音就是关于私人投资的“挤出效应”。同样，按照宏观经济学的基本理论，通过发行公债增加的公共支出将会导致总需求增加，进而使货币的总需求同时增加，这样，在货币供给不变的情况下，将导致实际利率增加，而这将导致私人投资的减少，即“挤出效应”。如图9-3所示，总需求的增加导致IS曲线上升，在LM曲线不变的情况下，将导致实际利率由r_1上升到r_2，进而使得私人投资从I_1下降到I_2，最后又导致了产出从Y_1下降到Y_2，从而降低了财政政策的扩张效果。

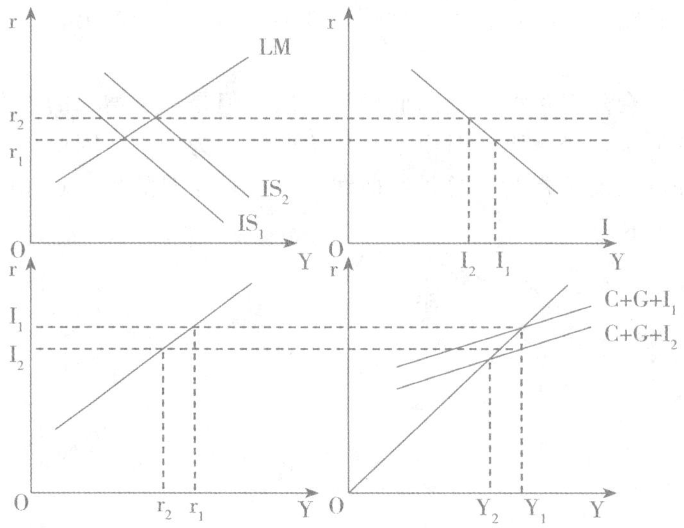

图 9-3 增发公债的“挤出效应”

进一步考察，影响挤出效应的因素有支出乘数的大小（消费函数的斜率的倒数）、投资需求对利率的敏感程度（投资函数的斜率）、货币需求对产出水平的敏感程度（IS曲线的斜率）以及货币需求对利率变动的敏感程度（LM曲线的斜率）等。其中，支出乘数、货币需求对产出水平的敏感程度及投资需求对利率变动的敏感程度与挤出效应成正比，而货币需求对利率变动的敏感程度则与挤出效应成反比。在这四个因素中，支出乘数主要决定于边际消费倾向，而边际消费倾向一般较稳定。货币需求对产出水平的敏感程度主要取决于支付习惯，也较稳定，因而影响挤出效应的决定性因素是货币需求及投资需求对利率的敏感程度。

总的来看，以增发公债作为扩张性财政政策的主要工具，并不总是能起到促进经济增长的目的。在不同的条件下，其作用效果也存在较大的差异，一般来说，只有在社会总需求紧缩、私营投资严重不足的情况下，大规模地增发公债才会产生较好的效果。

本章小结

- 政府非税收入是政府财政收入的重要组成部分，是政府参与国民收入分配和再分配的一种形式。
- 按照非税收入的征收依据，可以将非税收入分为两类。
- 与税收收入不同，非税收入是税收之外多种收入形式的集合，每一种收入形式都具有不同的特点，因此非税收入的基本特点就是这些特点的集合。
- 按照不同的标准和角度，非税收入可划分为不同的种类。
- 目前，中国国有企业（公司）按国有资本金的投资主体和产权管理主体的不同可分为两大类。国有资本经营收入是指政府以国有企业资本出资人身份获得的、与该资本运营和处置有关的净收益。
- 土地出让金是国有土地有偿收入的主要形式。目前中国除了土地使用权出让外，还有土地使用权租赁和作价入股制两种有偿使用形式。

• 利率和土地的市场价格是我们确定土地使用权出让金时必须考虑的问题。在土地价格基本固定的情况下，利率越高，年租越高；在利率不变时，土地的市场价格越高，那么相应地就要制定较高的土地出让金。但是，由于土地市场价格一般由土地市场的供求关系决定，所以我们往往采用在估计基本价格的基础上，通过"招标、拍卖、挂牌、协议"四种方式确定最后的土地使用权出让金数额。

• 政府性基金具有"准税收"（或"杂税"）性、非补偿性、特殊目的性、筹集方式多样性等特点。

• 行政事业性收费的主体是国家行政事业单位或国家法律法规授权单位，依据是国家法律、行政法规规定的项目和标准，收费对象是被管理的单位和公民，收费行为是发生在国家行政事业单位从事管理或提供服务的过程中，收费资金是国家财政性资金。

• 罚没收入具有强制性、无偿性和不稳定性的特点，不同于"乡规民约"的罚款，也不同于违反收费规定和国家税收规定而收取的一定数量的滞纳金。

• 公债的基础是政府信用，具体表现为到期必须偿还本息。从本质上来说，公债是具有政府信用性质的财政收入，这是其与税收的本质区别。

• 公债和税收的区别在于：一是公债是自愿的；二是公债的有偿性；三是灵活性。

• 公债规模的确定规则有两点：一是经常性支出不能用公债筹资，二是资本性支出的部分支出可以用公债来筹资。其核心问题是公债负担的代际转移问题。

• 公债规模的评价指标包括财政偿债能力指标和社会偿债能力指标，前者包括债务依存度和偿债率，后者包括公债负担率和居民偿债率。

• 公债的发行主要有四种方式，即固定收益出售、公募拍卖、连续经销和直接推销。

• 公债的偿债资金来源一般有三个：偿债基金、预算盈余、举借新债。其中建立偿债基金是最重要的资金来源。

• 公债的偿还方式包括一次偿还法、分次偿还法（有抽签偿还法和分期偿还法两种）、市场劝销法。

• 公债负担问题在本质上是一个代际背景中的税负最终归宿问题。

• 公债宏观经济效应包括两个方面的问题：第一，为政府实行扩张性的财政政策筹集资金；第二，由于公债导致的财政支出扩张会产生对私人投资的挤出效应。

本章综合训练

第 10 章

财政政策、财政管理和财政体制

☞ 学习目标

- 理解财政政策设计的基本原理，掌握财政政策对宏观经济平衡的基本原理，了解财政政策与货币政策的协调；
- 了解财政预算制度、财政规则、中期预算框架、财政风险控制等财政管理基本知识
- 了解零基预算的价值内涵和存在的缺陷，掌握在借鉴零基预算理念时应该遵循的原则
- 掌握处理中央和地方财政关系的基本理论（财政联邦主义、蒂布特模型、俱乐部模型），掌握转移支付的类型、目标及经济效应；
- 掌握中国地方税体系存在的依据，以及中国非对称型分税制加分益制构造的基本框架。

☞ 导语

市场经济本身并不能保持总供给和总需求的平衡，它会造成经济的波动，政府需要通过财政政策和其他政策工具加以调节，以保持经济稳定发展，这是现代政府的重要职能，其根本目的仍然是减少经济波动可能造成的社会福利损失。然而，任何包括财政政策在内的经济政策工具的运用，都会有副作用，即社会福利的减少。财政学要研究财政政策的内涵和表现方式、政策效应和作用的条件，这构成财政政策设计的基本原理；还要研究财政政策如何与其他政策工具特别是货币政策工具相协调。

前面的章节已经指出，现代社会中政府收入和支出规模均很庞大，如何通过有效的管理保证这些归政府支配的资金能够用于增进社会福利而不是减少社会福利，如何设计合理制度，处理好政府内部各个层次之间的资金分配关系，激励和约束各级政府，尽可能减少政府活动的社会福利损失，是财政学要研究的重要问题。本章将就这些问题进行具体阐述。

10.1 节介绍财政政策设计的基本原理，主要阐述财政政策的类型、目标和工具，分析财政乘数和财政政策的经济效应，说明财政政策与货币政策的配合模式，介绍中国和美国实行积极或扩张性财政政策的情况。

10.2 节介绍财政管理，主要介绍预算制度产生发展历程和主要类型，以及新近被关注的有关财政规则、中期预算框架、财政风险控制等财政管理知识。

10.3 节详细阐述零基预算产生和发展历程以及合理内涵和主要缺点，为实践中应该如何借鉴零基预算理念提供指南。

10.4 节阐述处理中央与地方财政关系的相关理论，分析协调政府间财政关系的工具——转移支付的原因、类型、效应，结合中国实际，阐述中国地方税收体系的建立依据，提出非对称型分税制加分益制的基本框架构想。

10.1 财政政策的设计原理

10.1.1 财政政策的类型、目标和工具

1）财政政策的类型

广义地讲，财政政策是指政府收支活动所产生的可影响人们经济活

动的所有制度变量，本章所研究的财政政策是宏观财政政策，是指为了实现总供给和总需求平衡而设计的政府收支制度变量。

某些财政制度，如普遍征收的实行多档累进税率的个人所得税，由于在经济高涨、收入增加时会适用较高税率纳税，而使税后可支配收入相对减少；相反在经济萧条、收入减少时会适用较低税率，而使税后可支配收入相对增加，这就自动形成了一定程度上“熨平”经济波动的功能，我们称这样的政策工具为“自动稳定器”。在现实生活中，调节经济活动的主要财政政策方式是所谓的相机抉择的财政政策。这种政策是政府根据当时的总供给和总需求平衡状态，通过改变一些财政变量，促使总需求和总供给发生改变，从而达到稳定经济的目的。

相机抉择的财政政策按照调节经济的力度可分为启动性财政政策和补偿性财政政策。

启动性财政政策一般在经济开始出现萧条迹象时采用，这时私人或企业投资积极性减弱，需求出现降低的势头，但经济仍然具有自动恢复能力。在这种情况下，政府通过适当地改变财政变量，启动企业或私人投资、鼓励消费，使经济恢复活力。这就像水泵里缺水就不能吸进地下水，需要注入少量的引水，以恢复抽出地下水的功能一样，因此这种财政政策也称为汲水政策（pump priming policy）。

补偿性财政政策一般在经济可能出现过热或衰退时采用，政府通过适当地改变财政变量，从总需求变化的反方向进行调节，以稳定经济。在经济繁荣可能出现过热势头时，为了减少通货膨胀因素，政府通过增收减支的方法，抑制和减少企业或私人的需求。在经济衰退时期，政府通过减收增支的方法来增加消费和投资需求，促进社会有效需求的增加。补偿性财政政策也称为需求管理的财政政策。根据财政政策在调节国民经济总量方面的目标不同，补偿性财政政策（需求管理的财政政策）可分为扩张性财政政策、紧缩性财政政策。

扩张性财政政策主要通过减税、增支，进而扩大赤字的方式实现。在经济萧条时期，总需求小于总供给，经济中存在失业，政府通过增加经济性支出、消费性支出、转移性支出，降低税率，扩大免税范围，提高抵扣强度等措施来增加总需求，实现总需求和总供给的平衡。

紧缩性财政政策主要通过增税、减支，进而压缩赤字或增加盈余的方式实现。在经济繁荣时期，总需求大于总供给，出现过热现象，经济中存在通货膨胀，政府通过减少经济性支出、消费性支出、转移性支出，提高税率，减少优惠，扩大税基等措施来减少总需求，实现总需求和总供给的平衡。

但是需求管理的财政政策作用程度有限，并且会产生很大的副作用（下一节将详细阐述这个问题）。实现总供给和总需求的平衡，既可以通过增加或减少总需求来达到，也可以通过调节总供给、增加或减少供给来进行。

2）财政政策的目标

宏观财政政策主要通过对总需求和总供给的调节，促进充分就业、物价稳定、经济增长和国际收支平衡，进而减少经济波动对社会福利的损失。

（1）充分就业

充分就业是指有能力工作的人，并在主观上愿意参加工作的人，都可以找到有报酬的工作。由于某些产业存在季节性，在不生产的季节，就有人不能就业，这就是所谓的季节性失业。此外，由于劳动力市场存在信息不对称，劳动力流动过程中总是会存在就业中断现象，这种失业一般叫作摩擦性失业。这两种失业是不可避免的，被称为自然失业。这样说来，现实生活中不存在100%就业的现象。因此，如果失业率不超过6%，仍然视为充分就业。

宏观经济政策要关注的是另外两种失业，即结构性失业和周期性失业。所谓结构性失业是指由于技术进步和产业结构调整，虽然存在就业岗位，但一部分劳动力由于不具备新兴产业所要求的知识和技能而造成的失业。对这种失业，主要通过教育和培训来解决。财政只能通过促进教育和培训起间接作用。所谓周期性失业是指由于社会总需求下降造成对劳动力需求的不足而引起的失业，这种失业与经济波动的周期相联系。在这种情况下，财政政策的主要目标之一就是通过增加有效需求创造就业机会，减少周期性失业。

（2）物价稳定

价格水平持续上涨的现象，叫作通货膨胀；反之，价格水平不断下降的现象，叫作通货紧缩。严重的通货膨胀会引起社会收入和国民财富的再分配，使工薪阶层和债权人深受其害，使价格上升快的行业趋于扩张，上升慢的行业趋于收缩，扰乱价格体系，扭曲资源配置，进而使整个分配秩序和经济秩序出现混乱。严重的通货紧缩会使资源无法有效利用，出现资源大量闲置浪费的现象，使失业人数增加，人民生活水平下降。这两种经济失衡现象都会导致社会福利下降，进而引发社会和政治问题。防止和消除通货膨胀和通货紧缩，实现价格稳定，就成为政府干预经济活动的主要职责和财政政策的主要目标之一。

（3）经济增长

社会进步和社会福利的改善、人民生活水平的提高、一国综合国力的增强均依赖于经济增长。保持经济均衡、促进充分就业的根本目的也是使经济更快、更好地增长。因此，经济增长是财政政策的重要目标。按照传统的发展观，促进经济增长就是促进GDP总量或人均收入水平的提高。按照新发展观，财政政策不仅仅是促进GDP的增长，而且要考虑资源损耗、环境变化的代价，要考虑生活质量、社会和谐等长远的或非物质因素的进步，着眼于最大多数人民真实福利的改善。

（4）国际收支平衡

国际收支是一个国家在一定时期内从外国收入的全部货币资金和对外国支付的全部货币资金的对比关系。国际收支不平衡，也反映宏观经济活动存在不均衡的问题。例如，经常项目存在持续高额顺差，说明出口增长过快。在中国目前的情况下，高投入、高消耗、高污染商品出口量增加过快，会加大国内资源和环境的压力，不利于经济增长方式的转变和结构调整，也反映出国内有效需求不足，对出口依赖性较强。在储蓄持续增长的情况下，金融项目顺差反映国内资金不能得到有效利用。持续顺差的结果导致外汇储备增加，虽然有利于增强国际清偿能力，提高综合国力和本国货币信誉，但也会使货币投放不断扩张，市场流动性过大，容易增加银行体系的脆弱性，同时增加了固定资产投资反弹和资产价格上涨过快的压力，制约宏观调控的主动性和有效性。同样，如果持续出现高额逆差，会导致对外支付能力不足，降低抵御外来金融冲击的能力，增大产生货币危机的可能性。总之，国际收支不平衡，本质上意味着在充分利用国际国内两个市场、两种资源方面存在着较大的改进余地。因此，维护国际收支平衡也是政府干预经济的重要方面，理应成为财政政策的目标之一。

3）财政政策的工具

财政政策工具是指财政政策主体所选择的用以达到政策目标的各种财政手段，主要有政府支出、税收、公债，以下分别介绍。

（1）政府支出

财政政策可采用的工具主要是政府支出中的经济性支出、消费性支出、转移性支出。政府扩大或减少经济性支出、消费性支出将会直接影响到个人收入的增减和总消费的增减，一般来说其影响的程度大小取决于财政支出乘数的大小。

转移性支出是政府将自身的财政收入通过社会救助、社会保险支出、财政补贴等方式转移给居民。

社会救助是政府将部分资金转移给低收入阶层，以确保其最低生活需要，社会救助支出的增加或减少会相应地使总需求增加或减少，但通常这部分开支在财政总开支中占的比重比较低，因此对总需求的影响比较微小。

在社会保险支出占政府总支出比重相当高的情况下，社会保险支出的增减对总需求的影响比较大。社会保险支出一般按法定标准或事先协约进行，如果人为地降低社会保险标准从而减少支出额，则有毁约之嫌，很容易引起社会公众的不满。由于社会保险福利具有刚性，一般只能提高不能降低，如果为了协调社会总供给和总需求平衡而人为提高，则经济周期过后，可能会出现社会保险基金的不平衡，往往需要通过增加税收或调减其他财政支出项目来平衡。因此，利用社会保险支出作为宏观调控的手段，一般来说是为保障人们的基本生活需要，是国家收入再分配的重要工具之一。

财政补贴可分生产性补贴和消费性补贴，前者是对生产者的特定生产投资活动的补贴，可以直接引导企业的生产决策行为，如果以增加生产者投资作为享受补贴的条件，则会刺激生产者增加投资。这个手段一般在经济还存在自动恢复潜力（企业仍有投资意愿）的情况下使用，可作为启动性财政政策工具。如果经济活动已经处于全面萧条阶段，那么这个政策工具的作用就很小甚至没有。消费性补贴则是给人们日常生活消费品的补贴，相当于增加消费者的个人可支配收入，可以诱导消费者的消费行为，在消费不足的时期采用可起到刺激总需求的作用，作用程度与补贴的范围和强度有关，如果补贴的范围有限或强度低，其作用就比较小。

（2）税收

作为宏观财政政策工具的税收，主要手段包括税率（税收负担总水平）、所得税（包括工薪税）、销售税等。在新古典经济学家看来，利率是实现宏观经济均衡最主要的手段。在不考虑政府收支的条件下，宏观经济均衡的条件是储蓄等于投资，当储蓄小于投资时，利率会上升，促使投资减少，储蓄增加；当投资小于储蓄时，利率会下降，促使投资增加，储蓄减少，从而达到宏观经济均衡。但在凯恩斯主义经济学家汉森看来，利率不是一个切实可行的政策手段，投资过旺的繁荣时期，高利率打击的正是国民经济中需要继续繁荣的部分，而对需要限制的投机冒险却无济于事。利率的变动对“囤货”现象的调节也是乏力的，囤货价格的看涨所预期获得的厚利，远远掩盖了利率上升所产生的制止性效果，而采取税率（税收负担总水平）措施可能会更好地解决这一问题（汉森，1953）。在投资不足的萧条时期，因资本边际收益率递减速度快于利息率的下降速度，在刺激投资上，降低利息率的办法，不如税率的变动那样直接有效；在刺激消费方面，税率的调节也极为灵便。

对采用什么样的税率来调节经济均衡存在不同的看法。在《财政政策和景气循环》（Fiscal Policy and Business Cycles）一书中，汉森提出应主要依靠工薪税、销售税以及特别累进的所得税三大税种来实现税收的总需求效应。“因为工薪税及销售税显然压迫消费，所以这种税收会削弱消费倾向。另外，异常累进的所得税，会改变所得的分配，有加强消费倾向的趋势。”[①]因此，在繁荣时期，通过提高工薪税和销售税来抑制消费，增加储蓄，这将使投资的资金供给更多地出于自发的储蓄，由此抑制银行信用的过度膨胀。在萧条时期，通过征收税率不变且异常累进的所得税改变收入再分配，提高消费倾向，同时停征工薪税和销售税，配合扩大财政支出等措施，增加全社会的总需求水平。但是，高度累进所得税会陷入两难境界，即高度累进的所得税，在政府转移支付增加的配合下，会降低高收入者的收入水平，提高低收入者的收入水平，提高边际消费倾向，从而间接地增加总需求；同时，由于存在对高税率减少资本边际收益的预期，高收入者会减少投资[②]。这样一增一减，使其对总供给和总需求的调节效果处于不确定状态。因此，汉森后来主张采用个人所得税的基准税率。个人所得税的基准税率也就是适用于最大多数纳税人的那一档税率。这一税率影响到所得税的最大多数纳税人，足以影响到广大人民的购买力[③]。因此，利用个人所得税基准税率的变动，可产生直接的需求效应，即需求过旺时，提高税率可立即减少个人手中可支配收入；需求不足时，降低税率可立即增加需求总量。但是基准税率对投资的刺激是乏力的。为刺激投资需求，可对企业留存利润给予区别对待，即对再投资于固定资本的部分给予税收优惠，对不投资于固定资本的部分征收较高的所得税[④]。此外，对风险投资实行加速折旧制度和亏损结转制度，对红利股息免除个人所得税和法人所得税的双重征税等等也都可刺激投资，使税收产生有利于鼓励投资的需求效应[⑤]。

从上面的分析中可以看到，采用减税或增税的办法，调节总供给和总需求平衡，需要一定的制度条件，例如个人所得税成为主体税种并且普遍征收。在实行以流转税为主体的税制结构下，提高总税率或降低总税率也不一定能产生紧缩或扩张的需求效应。减税即税率（税收负担总水平）降低，主要是降低流转税税率，会出现下列三种情况：第一种情况是税率降低导致了消费者价格降低，增加消费；第二种情况是税率降低没有导致价格降低，而使企业利润增加，企业利润增加的结果是增加了投资，从而增加投资需求，但是当期并没有直接导致需求增加；第三种情况是税率降低没有导致价格降低，而使企业利润增加，企业利润增加的结果是增加了对股东的分配，从而增加储蓄或消费，但即使增加消费，也不是当期的消费。不论出现哪一种情况，其对总需求的作用是间接的和不确定的。同样，在总需求大于总供给的过热时期，提高税率（税收负担总水平）主要就是提高流转税税率。但在提高流转税税率时，会出现两种情况：第一种情况，在税负可转嫁条件下，企业容易将税负转嫁给消费者，其办法是提高价格。如果是对上游产品增加流转税还会引起涨价的连锁反应，不仅起不到压缩总需求的目的，而且会进一步引发价格上涨。第二种情况，在税收不转嫁的条件下，流转税税率的提高可能会使某些接近亏损的企业产生亏损。税率提高的幅度越大，亏损面也越大。即使不发生亏损或不给补贴，流转税增加的结

① 汉森．财政政策和景气循环［M］．郭家麟，郑孝齐，译．台北：台湾中华书局，1968：228．
② 汉森．凯恩斯学说指南［M］．徐宗士，译．北京：商务印书馆，1963：187．
③ 汉森．财政政策和充分就业［M］．徐宗士，等译．上海：上海人民出版社，1959：147．
④ 汉森．财政政策和充分就业［M］．徐宗士，等译．上海：上海人民出版社，1959：241．
⑤ 详细阐述参见杨斌．治税的效率和公平［M］．北京：经济科学出版社，1999：234．

果也会减少企业利润水平，从而使所得税减少，尽管流转税的增加会大于所得税的减少，但对总需求的影响不会太大。如果考虑到政府税外收费规模的庞大，税收只占政府全部收入的一部分，则税收总量的变化对经济的调节更是有限的。

(3) 公债

在宏观财政政策体系中，公债是通过调节货币供求、协调财政与金融的关系而起作用的，其作用原理，主要体现在下述三种可能的效应上：

一是排挤效应。由于公债的发行，企业和居民的投资或消费资金减少。

二是货币效应。公债发行引起货币供求的一系列变动，主要情况可分为两种：一种是不增加整体的货币投放，只是改变货币使用主体，居民和企业手中的货币转为由政府使用；另一种是由于中央银行购买公债增加货币投放。对于第一种情况，又可能有不同的结果：第一种结果是，经济中确实出现了需求不足，存在闲置的或沉淀的货币，这时通过发行公债，将这部分货币转为政府使用，公债的效应是使闲置的货币变为现实流通的货币；第二种结果是，企业和居民仍然有投资和需求意愿，但国家通过发行公债，将可由企业和居民使用的货币转为政府集中使用，在其他条件（如信贷规模）不变的情况下，就发生了排挤效应。

三是收入效应。用于弥补财政赤字，从而用于公共需要的公债，其偿还一般是通过未来年度增加税收或减少开支，或借新债，最终来源仍然是税收。公债持有人在公债到期时，不仅收回本金而且得到利息补偿。这样在未来的一般纳税人与公债持有人之间就产生了收入的转移问题，不仅影响当代人，还存在“代际”负担的转移问题。

作用于当前总供给和总需求的效应主要是前两种。本来发行公债的目的是弥补财政赤字，而出现财政赤字有两个主要原因：一个是简单的入不敷出；另一个是人为安排，为了增加总需求。由于这里讨论的是宏观财政政策，因此设定出现的是后一种情况。在这种情况下，在不考虑公债的效应时，赤字引起的财政支出的增加会增加总需求，但是由于财政赤字又是通过发行公债而得到弥补，而公债会产生排挤效应和货币效应。如果出现排挤效应，由于公债会使企业和居民的消费减少，就抵消了扩张性财政政策增加总需求的作用；而不同的货币效应，公债的作用方向不同。如果出现的货币效应属于“将部分沉淀的闲置货币变为现实流通货币”，则公债的作用与扩张性财政政策的总目标一致，即会增加总需求。如果公债的发行导致货币增发，同样与调控方向一致。如果公债发行导致排挤性货币效应，则与宏观调控是反方向的。我们看到，加入公债因素后财政政策对宏观经济的影响变得相当不确定。这就需要认真考虑各种工具的作用效果，根据经济状态和调控目标，作出最优的组合和搭配。

10.1.2　财政政策对宏观经济平衡的调节机理

财政政策对宏观经济平衡的调节是通过固有的乘数效应和经济效应刺激总供给和总需求发生变化而起作用的。

1) 乘数效应

乘数（multiplier）是指投资、政府支出、税收、净出口等经济变量的变化使国民收入发生变化的倍数，一般用国民收入的增量对引起这一变化的某一经济变量的增量之比率来表示。假设K为乘数，ΔY为国民收入增量，ΔX为某一经济变量的增量，则乘数K可以表示为：$K=\frac{\Delta Y}{\Delta X}$。按经济变量的种类划分，包括投资乘数、政府消费支出乘数、税收乘数、对外贸易乘数等。以下我们分析的是财政方面的乘数，主要有政府消费支出乘数、转移支付乘数、税收乘数和平衡预算乘数。要分析财政领域的乘数效应，先要简单地复习一下三部门国民收入的决定条件。

（1）三部门经济中国民收入的决定条件

为便于分析财政乘数，我们来分析在封闭经济条件下含有家庭、厂商、政府三部门经济的国民收入的决定条件。图10-1是一个三部门经济的收入流量循环模型图，其中我们用G代表政府支出，C代表消费，I代表投资，T代表税收。

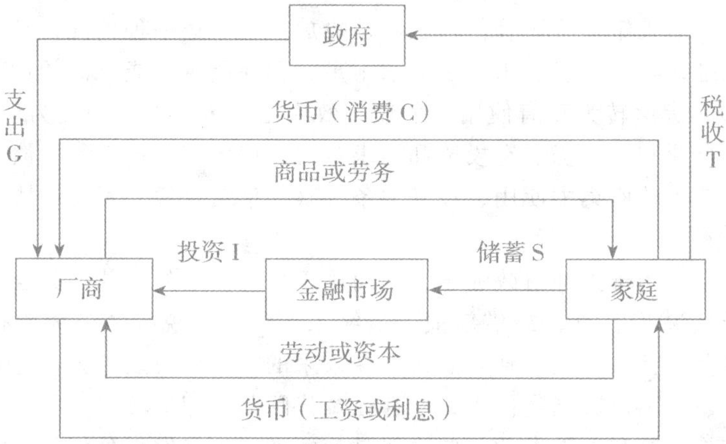

图10-1　三部门经济的收入流量循环模型图

三部门国民收入均衡的条件是总需求等于总供给，这里我们用AD表示总需求，AS表示总供给，则均衡条件为：

$$AD=AS \tag{10.1}$$

由于在三部门经济中总需求可以表示为：总需求=消费+投资+政府支出，即：

$$AD=C+I+G \tag{10.2}$$

在三部门经济中总需求可以表示为：总供给=消费+储蓄+税收，即：

$$AS=C+S+T \tag{10.3}$$

三部门若要达到均衡，则必须满足总需求=总供给，这里我们用Y表示国民收入，则均衡等式：

$$Y=C+S+T=C+I+G \tag{10.4}$$

$$\text{或 } S+T=I+G \tag{10.5}$$

为进一步分析三部门均衡的国民收入的决定条件，我们引入消费函数和税收函数。

首先，我们假设消费函数C为：

$$C=a+bY_d \tag{10.6}$$

式中，a——常数，表示即使消费者短期内没有收入也必须消费；b——边际消费倾向（$0<b<1$）；Y_d——个人可支配收入。

由于在三部门模型中，我们引入政府税收（用T表示），还有政府对家庭的转移支付（用R表示），那么，公式10.6中的可支配收入Y_d等于国民收入Y减去净税收T加上转移支付R，即：

$$Y_d=Y-T+R \tag{10.7}$$

为简化分析，引入税收函数，这里我们假定税收函数为线性函数：

$$T=T_0+tY\ (0<t<1) \tag{10.8}$$

公式10.8表示税收T由两部分组成，其中T_0是不随收入变化而变化的税收，t为边际税率，意思是指收入增量ΔY引起的税收增量ΔT的比率$\frac{\Delta T}{\Delta Y}$。

由以上均衡等式10.4总供给=总需求得到：

$$Y=C+I+G \tag{10.9}$$

将公式10.6、10.7、10.8代入公式10.9，我们可求得均衡国民收入水平。

这里用$\bar{Y}$表示均衡的国民收入Y，则：

$$\bar{Y}=\frac{[a+b(R-T_0)+I+G]}{1-b(1-t)} \tag{10.10}$$

（2）三部门经济中的财政政策乘数

①政府消费支出乘数

政府消费支出乘数是政府消费性支出（也称购买性支出）变化所引起的国民收入变化额与政府消费性支出变化额之间的比值。根据公式10.10，可求出政府消费支出乘数K_G为：

$$K_G=\frac{\Delta Y}{\Delta G}=\frac{1}{1-b(1-t)} \tag{10.11}$$

由于$0<b<1$且$0<t<1$，因此政府消费支出乘数$K_G>1$。这意味着一个单位的政府消费的增加（或减少）会以K_G的规模提高（或降低）国民收入水平。这一乘数的大小由边际消费倾向和边际税率决定。边际消费倾向提高，乘数就会增加。这是因为，边际消费倾向越大，由增加总支出所增加的收入中有更大的部分用作消费。同样，边际税率越高，则乘数越小。这是因为，边际税率越高，说明由增加总支出而增加的收入中税后可支配收入越小，因而可用作支出的部分也越小。

②政府转移支付乘数

政府转移支付乘数表示转移支付变化引起的国民收入变化额与转移支付变化额之间的比率。根据公式10.10，可求出政府转移支付乘数K_R为：

$$K_R=\frac{\Delta Y}{\Delta R}=\frac{b}{1-b(1-t)} \tag{10.12}$$

需要注意的是，政府转移支付乘数和税收乘数的绝对值虽然相等，但符号相反，因为增加转移支付与减少税收的效果相同，增加税收会使总需求下降，而增加政府转移支付，则使总需求上升。

③税收乘数

政府除了用增加或减少支出影响总需求，还可用增加或减少税收来影响总需求。若政府减税，就会增加个人可支配收入，随着可支配收入的增加，人们就会增加消费，进而会引起收入若干倍增加，所以税收同样存在乘数效应。

税收乘数表示税收变化引起的国民收入变化额与税收变化额之间的比率。根据公式10.10同样可求得：

$$K_T=\frac{\Delta Y}{\Delta T}=\frac{-b}{1-b(1-t)} \tag{10.13}$$

从公式10.13可知$K_T<0$，这意味着国民收入随税额的增加而减少，随税额的减少而增加。

我们需要注意的是，乘数发生作用是有一定条件的。这就是说，只有在社会上各种资源没有得到充分利用时，总需求的增加才会使各种资源得到利用，并产生乘数作用。如果社会上各种资源已经得到了充分利用，这时候乘数作用就无从发挥。从另一角度讲，如果整个社会某些关键部门，如能源、交通等部门发展滞后，则它们就可以制约其他部门资源的有效利用，从而产生一种“瓶颈状态”，这时乘数也无法发挥其应有的作用。此外，乘数的作用是双重的，一方面当投资增加时，所引起的国民收入的增加要大于自发总需求①（这里指投资）的增加；另一方面当投资减少时，所引起的国民收入的减少也要大于最初自发总需求（这里指投资）的减少。

④平衡预算乘数

平衡预算乘数（K_B）表示政府税收与政府购买同时以相等的数量增加或减少时（即$\Delta T=\Delta G$），国民收入变化额与政府购买（或税收）变化额的比率。当政府增加购买性支出和增加与这笔支出相同数额的税收时，预算仍处于平衡状态，此时国民收入是否会增加？如果增加，增加多少呢？且看具体推导：

此时，政府预算（以BS表示）等于税收减去政府购买（G）和转移支付（R），即：

$$BS=T-R-G$$

如果转移支付R不变，在预算平衡情况下，就有$\Delta BS=\Delta T-\Delta G=0$，即：$\Delta T=\Delta G$。

此时，均衡收入的变化是由总需求变化决定的，在三部门经济中，即：

$$\Delta Y=\Delta AD=\Delta C+\Delta I+\Delta G$$

在此，假定投资（I）不变，则收入的变化是由政府购买增加（ΔG）以及由此带来的消费增加（ΔC）而引起的，即：

$$\Delta Y=\Delta C+\Delta G$$

而消费的变化量等于边际消费倾向乘以可支配收入的变动量，即：

$$\Delta C=b\Delta Y_d$$

而可支配收入变动量等于收入变动量减去税收变动量，即：

$$\Delta Y_d=\Delta Y-\Delta T$$

综合以上各式，可得：

$$\begin{aligned}\Delta Y&=\Delta C+\Delta G\\&=b\Delta Y_d+\Delta G\\&=b(\Delta Y-\Delta T)+\Delta G\\&=b(\Delta Y-\Delta G)+\Delta G\end{aligned}$$

由于$\Delta T=\Delta G$，所以：

$\Delta Y-b\Delta Y=\Delta G-b\Delta G$，即：

$$\Delta Y(1-b)=\Delta G(1-b)$$

可见，

$\Delta Y=\Delta G=\Delta T$，或$\Delta Y/\Delta G=\Delta Y/\Delta T=(1-b)/(1-b)=1$

这表明平衡预算乘数等于1，即如果等额增加（减少）税收和政府消费支出，那么国

① 指的是与收入水平无关的需求，即不受收入水平的影响。

民收入增加（减少）的量刚好等于政府支出或税收额的增加（减少）量。

2）财政政策的经济效应

各种财政乘数是理想状态下对宏观经济作用的可能结果，现实生活中，各种经济因素包括作为调控手段的财政工具互相作用，有时还相互抵消。宏观调控工具也并不是一发动就起作用，政策总是存在时滞。在分析了乘数效应之后，我们还要分析财政政策对总供给和总需求调节的机理。

（1）财政政策的需求效应

财政收支要素的变动可以影响社会的总需求，并使之发生增减变化，产生总需求与总供给均衡的效果。假定其他条件不变，减少财政支出或增税时，总需求减少，即投资和消费减少，因此就业量和收入减少；增加财政支出或减税时，总需求增加，就业量和收入因而增加。如图10-2所示，纵轴P表示一般价格水平，横轴Y表示实际收入，AS为总供给曲线，AD为总需求曲线。

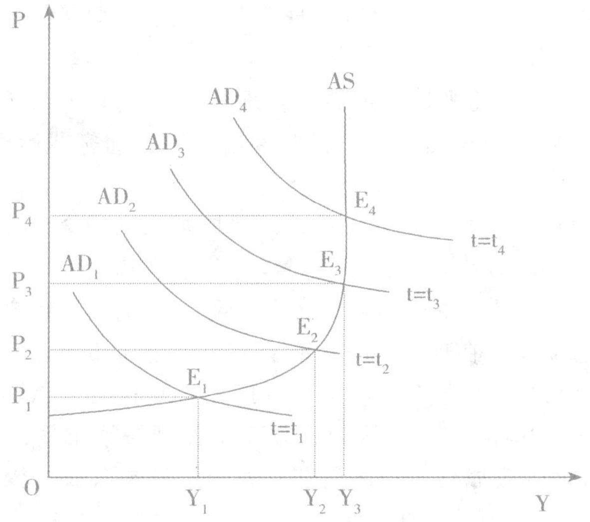

图10-2　财政政策的需求效应

经济学家（凯恩斯主义学派）在分析财政政策的需求效应时，假定财政收支总量和税率的变动不会引起总供给曲线的变动。在这样的假定下，他们认为减少财政支出或增税或两者同时进行一定会减少总需求，采用相反的措施会增加总需求。我们先分析增税的需求效应。当总税率t从t_3增加到t_2时，总需求曲线AD从AD_3向下移动到AD_2。均衡点由E_3降到E_2，收入水平由Y_3降到Y_2，而价格水平也从P_3降到P_2。这说明增税引起总需求缩减，降低了收入水平，同时也使价格水平下降，达到了抑制通货膨胀的目的。当增税引起的总需求水平下降达到AD_1时，增税的需求效应对价格的抑制作用就达到了极限。因为总需求水平降到AD_1时，生产资源出现了闲置，劳动力失业，如果继续增税只会减少国民收入，却不会使价格水平下降。相反，如果在总需求水平达到AD_1以前，即在原点至Y_1点这段区间内，采取减税办法，增加总需求水平，可以使闲置的资源得到利用，就业得以增加，促进经济增长。这一区间表示萧条时期，生产资源闲置较多，劳动力失业严重，通过减税引起的总需求增长，只会导致国民收入的增加，不会引起价格上涨。增长到AD_1水平以后不到AD_3时，尽管生产资源和劳动力还会闲置，但某些资源已稀缺，通过减税扩大总需求规模从而引起国民收入增长时，物价水平也随之上升。当总需求水平上升到AD_3时，减税的需求效应对经济增长的刺激作用就达到了极限。此时，生产资源已得到充分利用，社会经济实现了充分就业，再降低税率比如从t_3减为t_4，总需求水平会从AD_3上升到AD_4，但国民收入不会增加，仍然停留在Y_3水平上，然而价格水平却从P_3上升到P_4，出现了滞胀。

作为反周期的财政政策工具在其他政策的配合下，对第二次世界大战后减轻经济危机从而减轻失业和维持一定的经济增长速度起过一些作用，对减轻通货膨胀也起过一些作用，但由于现代科学技术的发展仍然不能提供足够可靠的手段帮助经济学家对经济运行的复杂内涵进行全面、系统、正确的认识，仍不能使人们在克服政策时滞上富有成效。我们知道从问题发生到被发现并获得数据（数据常常不够精确），其间会有一段时滞（time lag）；从问题被发现并获得数据再到庞大的决策机关作出决策，其间又有一段时滞；从决策实行到发生作用，其间还有一段时滞。这时如果经济波动已向周期的另一阶段变化，并且为解决前一阶段问题而制定的政策在这时发生效应，则会起到一种雪上加霜或火上浇油的相反作用。任何政策都是历史的，政策本身据以制定的历史条件发生了变化，政策实体也就失效了。

20世纪30年代的经济大危机是上述需求管理的财政政策学说（凯恩斯主义学说）赖以产生的环境基础。一般的说法是，采用扩张性财政政策的实践始于罗斯福新政[①]。但实际上，罗斯福及其当时财政主管在财政上仍坚持平衡预算的信念，新政中尝试借由公共工程、农业补贴以及其他种种方式来削减失业，但罗斯福从未完全放弃平衡预算的企图。对罗斯福新政，学术界的一般看法是，由于当时没有失业和通货膨胀并存的现象，危机时期物价暴跌，实施政府干预并推行扩张性宏观经济政策，作为“避免现行经济形态毁灭的唯一切实办法”来刺激总需求，在促使经济重新繁荣方面起了重要作用。但是也有学者，如哈洛德·柯尔（Harold L. Cole）与李·欧尼昂（Lee E. Ohanian）认为，罗斯福新政延长了经济萧条[②]。罗斯巴德（Rothbard）也认为，政府干预延缓了市场调节，导致复苏之路变得更加艰难[③]。第二次世界大战后，经济复苏、物价上涨是汉森补偿性税收政策理论的历史环境，通过实行以增税、减少政府支出为特征的紧缩性宏观经济政策，压缩过度的需求，对平稳物价起了一定的作用。凯恩斯主义的宏观经济政策是以失业和通货膨胀的交替为代价的，而且注重短期静态的需求效应。其长期实行的结果，使实行凯恩斯主义的西方国家的经济状况在20世纪六七十年代普遍陷入滞胀困境，即衰退伴随着价格水平上涨、严重的失业和严重的通货膨胀并存。在滞胀面前，凯恩斯主义的宏观经济政策（包括财政政策）失去了有效性。正如萨缪尔森所承认的那样：“混合经济现在反复地闹滞胀病，有利于滞胀中的‘滞’的部分的政策导致‘胀’的部分恶化，而有利于‘胀’的部分的政策导致‘滞’的部分恶化。因此，可以看出我们仍然处于进退维谷之中。”[④]“设法找到一种方法，以摆脱这种必须以高失业率来遏制通货膨胀的残酷的两难处境，仍然是现代宏观

① 罗斯福新政（The New Deal）是指1933年富兰克林·罗斯福就任美国总统后面对大萧条所实行的一系列经济政策,其核心是三个R：救济（Relief）、复兴（Recovery）和改革（Reform），因此有时也被称为3R新政。救济主要针对穷人与失业者，复兴则是将经济恢复到正常水平，改革是改革金融系统预防再次发生大萧条。见http：//zh.wikipedia.org/wiki/罗斯福新政.

② http：//zh.wikipedia.org/wiki/罗斯福新政.

③ Rothbard M N. America′s great depression［M］. Ludwig von Mises Institute，1972.

④ Paul A Samuelson. Economics, Eleven Edition, McGraw-Hill, Inc.，p.251，1980.

经济学最着力关注的问题之一。”①

之所以有上述结局，一个原因就是在分析财政政策的需求效应时，假定了财政政策对供给不发生影响。而在实际生活中，财政政策的供给效应不应当被忽视。

（2）财政政策的供给效应

在经济过热、出现通货膨胀的情况下，需求管理的财政政策的主要措施是减少政府支出、增加税收，抑制投资需求和消费需求的增加，使总需求曲线下降。但从长期看，这样的措施存在使总供给曲线向左移动的因素，如图10-3所示。

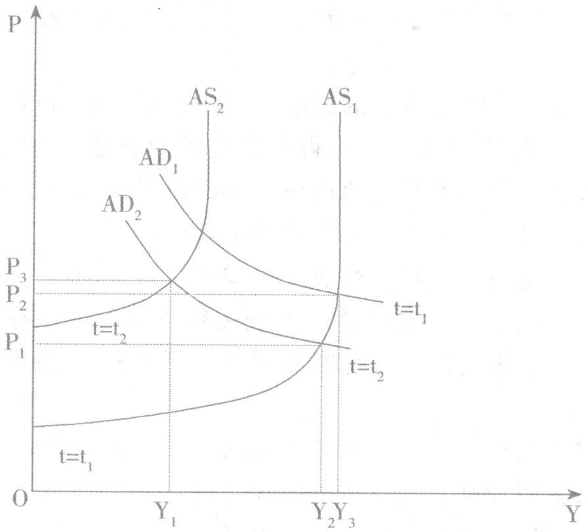

图10-3　财政政策的供给效应

在图10-3中，实行紧缩性财政政策，其需求效应使总需求从AD_1降为AD_2，从短期看价格水平从P_2降为P_1，确实起到了抑制通货膨胀的作用，但从长期看，会增加对劳动积极性的损害和对投资的抑制。

仅从税率和税收负担总水平角度看，高税率使人们在劳动和闲暇之间进行选择时会更多地选择闲暇，因多劳不能多得；高税率也使人们在消费和投资、储蓄之间进行选择时会更多地选择消费，因为投资者预期在高度累进的所得税制度下，投资边际收益呈递减状态。在利息征税的条件下，对储蓄收益的预期同样是递减的，这些是税收长期供给效应造成供给水平下降的重要因素。但高税率也有可能产生这种状况，即人们为了使纳税后能维持原有的生活水平或收入水平而选择增加劳动供给和投资或增加储蓄，这是长期可能提高供给水平的因素。我们看到，从长期看，税收的供给效应存在两种截然相反的可能结果，如果这两种结果互相抵消，那么增加税收的需求效应对通货膨胀的抑制会长期化。如果长期总供给减少数量大于短期总需求减少数量，即AS_1向AS_2移动的幅度大于AD_1向AD_2移动的幅度，那么则会使通货膨胀更为严重。如图10-3所示，增税前的价格水平为P_2，增税的需求效应使价格水平降到P_1。但长期税收供给效应使总供给水平发生从Y_3到Y_1的净变动，而价格水平不仅没有降低，反而由P_2升到P_3。如果出现这种情况，表明紧缩性的增税政策是用加深未来通货膨胀的办法来抑制眼前的通货膨胀。这就给我们一个重要启示，在

① 萨缪尔森 P A，诺德豪斯 W D.经济学［M］. 胡代光，等译. 14版. 北京：北京经济学院出版社，1996：1133.

实行紧缩性税收政策对付通货膨胀时，还必须充分考虑这个政策所产生的供给效应等因素，尽量避免采取绝对的、简单的、一刀切的紧缩总需求的办法。

中国实行社会主义市场经济的体制，既然是市场经济，就不可避免地存在经济周期波动问题，有的时期经济过热，出现通货膨胀；有的时期也会出现相对总需求不足的情况。由于中国还是发展中国家，因此不存在绝对的总需求不足问题。问题的起因在于收入分配不公，相当一部分人口因缺乏购买能力而需求不足；而少部分富裕人口要进入新的消费阶段，目前的产业结构和产品结构已不能适应他们的消费需求，从而出现相对过剩。在这种情况下，也不能采取一刀切的总需求扩张政策，仍要着力于产业结构调整和加大收入分配的调节力度。

具体的财政政策运用还要考虑特定的制度条件。例如，通过调整税率和税收负担总水平来实现宏观经济均衡，是建立在个人所得税普遍征收且成为主要税种的制度条件之上的。由于中国目前个人所得税还不是主体税种，征收范围还仅限于工薪高收入阶层，因而通过个人所得税基准税率的变动来直接压缩总需求规模的作用不明显，自动稳定器的作用机制也不存在。如果调整总税率，则主要表现为调整流转税的税率。由于流转税属于间接税，存在转嫁机制，从而使其对宏观经济的影响变得难以琢磨，存在多种可能性。因此，在中国就不能简单地认为，出现需求不足时要减税，出现需求过旺时要增税，更科学的思维方式是具体问题具体分析。

同样，通过政府支出调整作用于宏观经济活动，其作用的方向相对明确，但作用程度也与一般公共预算财力集中程度有关。在中国政府总收支中，除了一般公共预算外，还有社会保险基金预算、政府性基金预算和国有资本经营预算。在宏观经济不均衡时，如果调整一般公共预算开支，但同时没能相应调整其他类型的财政开支（经常的情况是一般公共预算开支压缩了，但其他类型的财政支出特别是政府性基金却增加了），同样也达不到宏观调控的目标。总之，我们必须根据中国特定的社会历史条件和财政税收制度条件，选择行之有效的财政政策，为实现宏观经济均衡的目标服务。

10.1.3 财政政策与货币政策的协调

货币政策是指为了实现充分就业、经济增长、经济稳定和国际收支平衡这四大宏观经济调控目标，利用信贷规模、利率、汇率等变量，使货币供应量与货币需要量之间形成一定的对比关系，进而调节社会的总需求与总供给的政策。从总量调节看货币政策，也可分为膨胀性、紧缩性和中性货币政策。膨胀性货币政策是指货币供应量超过货币的实际需要量，其主要功能是刺激社会总需求的增长；紧缩性货币政策是指货币供应量小于货币的实际需要量，其主要功能是抑制社会总需求的增长。

财政政策与货币政策组合的基本模式有：

一是“双松”政策，即松的财政政策和松的货币政策。松的财政政策是指通过减少税收和扩大政府支出规模来增加社会的总需求；松的货币政策是指通过降低法定准备金率、降低利息率来扩大货币供给规模。“双松”政策无疑会使社会总需求扩大，因此，当社会总需求严重不足、生产资源大量闲置、解决失业和刺激经济增长成为宏观调控的首要目标时，适宜采取以财政政策为主的“双松”政策配合模式。“双松”政策尽管可以刺激经济增长，扩大就业，但是也会带来通货膨胀的压力。

二是“双紧”政策，即紧的财政政策和紧的货币政策。紧的财政政策是指通过增加税收、削减政府开支来限制消费和投资，抑制社会总需求；紧的货币政策是指通过提高法定准备金率、提高利息率来压缩货币供给规模。当社会总需求极度膨胀、社会总供给严重不足、物价大幅度攀升、抑制通货膨胀成为首要调控目标时，适宜采取“双紧”政策，这种政策组合的风险可能会带来经济停滞的后果。

三是紧的财政政策和松的货币政策。紧的财政政策可以抑制社会总需求、防止经济过热和通货膨胀，松的货币政策有利于保持经济适度增长，当然过松的货币政策也会带来通货膨胀的危险。一般来说，当政府开支过大、物价基本稳定、经济结构合理，但企业投资并不十分旺盛、经济也非过度繁荣、促进经济较快增长成为经济运行的主要目标时，适宜采用此政策组合模式。

四是松的财政政策和紧的货币政策。当社会运行表现为通货膨胀与经济停滞并存、产业结构和产品结构失衡，治理“滞胀”、刺激经济成长成为政府调节经济的首要目标时，适宜采用此政策组合模式。

由上可知，两种政策组合的松与紧，实际上是指财政与信贷在资金供应上的松与紧，就是我们常说的银根的松与紧，凡是使银根松动的政策措施，如减税、增加财政支出、降低存款准备金率与利息率、扩大信贷规模等，都属于松的政策措施；凡是抽紧银根的措施，如增税、减少财政支出、提高存款准备金率和利息率、压缩信贷规模等，都属于紧的政策措施。采取何种政策组合模式取决于一个国家的宏观经济状况及所要达到的政策目标。一般来说，如果社会总需求明显小于总供给，就应该采取松的政策措施，以扩大社会总需求；而如果社会总需求明显大于总供给，就应该采取紧的政策措施，以抑制社会总需求的增长。

除紧缩和扩张这两种情况外，财政政策、货币政策还可以呈现中性状态。若将中性（稳健）财政政策与货币政策分别与上述松紧状况搭配，又可产生多种不同组合。

10.1.4　积极或扩张性财政政策的案例分析

积极财政政策又称扩张性财政政策，是政府通过减税、增加公共支出等途径来刺激、增加社会总需求，从而应对通货紧缩和经济下滑的一种政策行为。一些学者研究了扩张性财政政策的种种效应。有学者认为扩张性财政政策会在社会总需求和收入分配两个方面影响现实经济。在社会总需求方面，政府支出乘数和减税乘数在经济收缩期要明显大于在经济扩张期[①]，扩张性财政政策在经济收缩期对经济的稳定作用较为明显。在收入分配方面，政府购买的增加在发达国家有利于缩小收入差距[②]、在发展中国家却会扩大收入差距[③]，转移支付的增加有利于缩小收入差距[④]，扩张性财政政策对收入分配存在正反两方

---

① Corsetti G, Meier A, Müller G J. What determines government spending multipliers? [J]. Economic Policy, 2012, 27 (72): 521-565.Auerbach A J, Gorodnichenko Y. Fiscal multipliers in recession and expansion [M] //Fiscal policy after the financial crisis. University of Chicago Press, 2012: 63-98.

② Sylwester K. Can education expenditures reduce income inequality? [J]. Economics of education review, 2002, 21 (1): 43-52.Ramos X, Roca-Sagales O. Long-Term Effects of Fiscal Policy on the Size and Distribution of the Pie in the UK [J]. Fiscal Studies, 2008, 29 (3): 387-411.

③ Dollar D, Kraay A. Growth is Good for the Poor [J]. Journal of Economic Growth, 2002, 7 (3): 195-225.李永友，沈坤荣.财政支出结构、相对贫困与经济增长 [J]. 管理世界，2007 (11): 14-26.

④ Wolff E N, Zacharias A. The distributional consequences of government spending and taxation in the US, 1989 and 2000 [J]. Review of Income and Wealth, 2007, 53 (4): 692-715.Kim K, Lambert P J. Redistributive effect of US taxes and public transfers, 1994-2004 [J]. Public Finance Review, 2009, 37 (1): 3-26.

面的影响。

1）中国1998—2005年的积极财政政策

1998年7月份开始，中国宏观调控政策发生了重大转变，将原来实施适度从紧的财政政策转向实施积极财政政策，它是中国在特殊时期实施的一种特殊政策，是当时中国特殊的国内外环境所引起的。

（1）积极财政政策的出台背景

1997年7月2日，亚洲金融危机率先在泰国爆发，并迅速波及东南亚国家，继而冲击中国周边国家和地区。但整个1997年下半年，亚洲金融危机还未直接殃及中国，1997年中国整体经济形势良好，当年中国国内生产总值比上年增长8.8%，全国商品零售价格总水平比上年上涨0.8%。在当时较好的国内经济形势下，中国低估了亚洲金融危机的冲击对中国可能造成的负面影响，自1998年上半年开始，亚洲金融危机对中国的负面影响开始全面体现出来：

第一，外贸出口受到严重冲击，经济增长减缓。1998年上半年中国出口增速逐月放慢，一季度增长13.2%，4月份增长7.9%，5月份下降1.5%，6月份仅增长1.6%，整个上半年出口增长7.6%，与1997年同期相比增幅回落18.6个百分点。出口增速的减慢影响了经济增长速度的回升。据国家统计局的统计，1997年上半年由于出口交货值增幅减慢，使工业生产增长减慢2.1个百分点，由此影响GDP增长减慢1个百分点。1998年上半年国内生产总值增长7%，增速比上年同期回落2.5个百分点[①]。

第二，通货紧缩开始出现。随着经济增长速度的下滑，从1997年10月起，中国商品零售物价指数已连续9个月出现负增长，到1998年6月末下降了2.1%；居民价格指数从1998年3月开始出现下降；工业品价格指数自1996年6月出现下降，到1998年6月持续下降了25个月之久，表明中国出现了一定程度的通货紧缩趋势[②]。

第三，内需不足，国内供求矛盾结构性失衡。20世纪90年代中期，中国全面展开了医疗、住房、教育、社会保障等领域的改革，使得居民的预期支出增加，加上就业形势严峻和实际利率较高，这些因素使得居民的边际储蓄倾向上升，边际消费倾向相应下降。社会消费品零售额增幅持续下降，1996年为20.1%，1997年为10.2%，1998年上半年进一步下降到6.8%[③]。同时，中国的整个国民经济形势开始发生变化，国民经济已由原来的供给不足转向需求制约。中国经济总量开始出现供给大于需求，但是这种供大于求是低水平的、阶段性的和结构性的，低水平重复建设导致中国一般加工工业产品过剩，而广大人民群众真正需要的东西远未得到满足，深刻地暴露了中国经济结构严重失衡的矛盾，而亚洲金融危机的冲击使国外需求急剧减少，又进一步加剧了国内有效需求不足的矛盾。

正是在上述背景下，为了确保1998年初政府确定的实现经济增长8%的目标，中国政府决定实施积极财政政策和稳健的货币政策。

（2）积极财政政策的主要内容

①通过增发国债加强基础设施建设

1998—2002年累计发行6 600亿元长期建设国债，国债投资主要集中的领域包括农林

① 丛明．积极财政政策若干问题述评［J］．经济研究参考，2001（19）：2-11.
② 胡乐亭．财政学［M］．北京：经济科学出版社，2004：436.
③ 胡乐亭．财政学［M］．北京：经济科学出版社，2004：436.

水利和环境保护工程、天然林保护工程、交通通信建设、城市基础设施建设、城乡电网改造、经济适用房建设、科教基础设施建设等。总的来看，1998—2002年间增发长期建设国债筹措上来的资金主要用在了基础设施建设上，其中，用于农林水利和生态建设方面1 435.8亿元，用于交通设施建设方面1 140亿元，用于城市基础设施建设方面955亿元，用于农村电网改造方面520.72亿元，用于技术进步和产业升级方面398.9亿元，用于环保基础设施建设方面160亿元，用于教育基础设施方面119.5亿元①。

②增加社保支出，调整收入分配政策，扩大内需

首先，大幅度提高行政事业单位职工工资水平。从1999年起，不仅连续3次提高机关事业单位职工基本工资标准，还实施了年终一次性奖金制度，建立了边远地区津贴制度。到2002年底，机关事业单位职工人均月基本工资水平，比1998年翻了一番。其次，增加社会保障支出。经过连续几年的增加，到2002年，全国财政用于社会保障的支出，是1997年的9.5倍，是1998年的6.2倍，年均增长56.9%。②此外，为鼓励消费，中国政府于1999年11月1日起开始征收居民存款利息所得税，截至2002年底共征收730亿元左右。

③调整税收政策，扩大出口

为鼓励出口，中国在税收政策方面作了很多调整。1998年，中国政府分批提高了纺织原料及制品、纺织机械、煤炭、水泥、钢材船舶和部分机电、轻工产品的出口退税率；1999年中国两次提高出口退税率；2000年初停征固定资产投资方向调节税；对于国家鼓励的技术创新和高新技术产品出口给予税收优惠政策；为了鼓励引进国外先进技术设备，扩大利用外资，中国调整了进口设备的税收政策，降低关税税率；对国家鼓励发展的外商投资项目和国内投资项目，在规定的范围内免征关税和进口环节的增值税。

④加快税费改革，减轻企业和社会负担

为减轻企业负担，财政部会同有关部门制定了一系列的法律规章，治理乱收费，并加大资金支持力度，推动农村税费改革。1998—2000年，中国共取消不合法、不合理的收费和基金1 353项，减轻企业和社会负担约700亿元，将51项收费、基金项目纳入预算管理。2001年，中央财政安排33亿元支持安徽省和其他地区的农村税费改革。2002年，预算安排增加专项转移支付150亿元扩大农村税费改革的试点范围。

⑤促进产业结构调整，推动企业技术进步

为配合国家的产业结构政策，1998年以来，积极财政政策通过对高新技术产业给予税收优惠、对技术改造项目进行财政贴息等措施，改造传统产业，发展高新技术产业。从1998年起，国家财政共对880个民用技术改造项目贴息，调动了企业进行技术改造的积极性，增强了银行对重点技术改造项目支持的信心，加大了贷款力度，实施了一大批技术改造、高科技产业化、装备国产化的项目。截止到2000年底，建成投产高科技产业化项目68个。在技术改造项目方面，在以国债资金贴息的政策下，1999—2001年累计安排资金265.4亿元、1 218个项目，拉动投资2 810亿元，已建成投产项目288个③。

中国实施积极的财政政策与扩张性财政政策的理论依据相同，都是通过适时适度地扩大财政举债规模和财政支出，增加投资，刺激消费，扩大出口，增加总需求，达到总需求

① 何乘材. 积极财政政策的回顾与评价［J］. 经济研究参考，2003（81）：2-12.
② 何乘材. 积极财政政策的回顾与评价［J］. 经济研究参考，2003（81）：2-12.
③ 何乘材. 积极财政政策的回顾与评价［J］. 经济研究参考，2003（81）：2-12.

和总供给平衡的目的。但是，由于中国同西方国家所处的社会制度、面临的经济环境等不同，决定了中国实施的积极财政政策与西方的扩张性财政政策不仅名称上有所不同，而且在表现形式上也有不同之处：

第一，中国的积极财政政策只是特定时期的特殊政策。尽管中国积极财政政策具有扩张的内容，但不是一般意义上的扩张性财政政策，不像西方国家那样全面扩张，而只是适度扩张。西方的扩张性财政政策是为适应本国经济周期的波动、应付经济危机、刺激需求而采取的较为长期的财政政策，而积极财政政策是中国在经济启动时期针对经济生活中出现的新矛盾而采取的一种特定财政措施，是一种短期政策。

第二，中国积极财政策没有采取减税政策。在税收结构以所得税为主体尤其是个人所得税占据重要地位的发达国家里，其直接财政支出的增加和所得税（个人所得税）的增加或降低所产生的调控作用面宽，财政政策和税收政策同行业结构、产业结构、产品结构的对应关系没有以间接税为主体的发展中国家那么明显[①]。因此，西方国家实施的扩张性财政政策一般包括减税政策，而中国在采取积极财政政策、增加财政支出、刺激经济发展的同时，并没有相应地减少税收，而是加强税收的征管，增加的税收主要用于科技教育、社会保障和提高公职人员工资等公共需要上。

（3）积极财政政策的效果分析

前面说过财政政策的目标包括充分就业、经济增长、物价稳定、国际收支平衡。判断一项财政政策的实施效果，主要看这几项目标实现得如何。

第一，充分就业。积极财政政策（扩张性的财政政策）的特点是大规模发行国债，重点投向基础设施领域。相应的货币政策，就是与积极财政政策相配合，对政府经济性支出（主要利用国债），予以贷款配套。在1998—2002年实施积极财政政策的5年间，国债项目累计投资3.28万亿元，除财政增发国债6 600亿元外，其余大部分为银行贷款。资金主要投向农林水利、交通通信、环境保护、城乡电网改造、粮食仓库和城市公用事业等基础设施建设领域，而这些投资领域恰恰是吸纳就业能力较弱的行业，也就是说，扩张性政府投资具有逆就业倾向[②]。

以2002年为例，当年国债投资实际完成额约933亿元，按照投资比重由高到低排列，分别为农林牧渔业（25.5%）、交通运输邮电业（18.8%）、电力及水的生产和供应业（16.0%）、制造业（13.9%）、建筑业（8.7%），累计占全部国债投资的82.9%[③]。为了更好地观察这些行业的就业吸纳特点，蔡昉、都阳、高文书（2004）[④]构造了一个行业就业密集度指数。该指数系特定行业的劳动—资本比与平均劳动—资本比的比值。计算表明，交通运输邮电业、电力及水的生产和供应业、制造业、建筑业和商贸餐饮业的就业密集度指数依次大幅度提高，但在国债投资中的优先顺序却恰好相反，即积极财政政策所引导的重点投资领域，恰恰是就业密集程度低的行业（如图10-4所示）。

---

① 朱广俊．论积极财政政策与扩张型财政政策的异同［J］．税务与经济，2001（3）：50-52.

② 蔡昉，都阳，高文书．就业弹性、自然失业和宏观经济政策——为什么经济增长没有带来显性就业？［J］．经济研究，2004（9）：18-25.

③ 刘如海，张宏坤．国债项目投资的拉动效应分析［J］．投资研究，2003（9）：13-18.

④ 蔡昉，都阳，高文书．就业弹性、自然失业和宏观经济政策——为什么经济增长没有带来显性就业？［J］．经济研究，2004（9）：18-25.

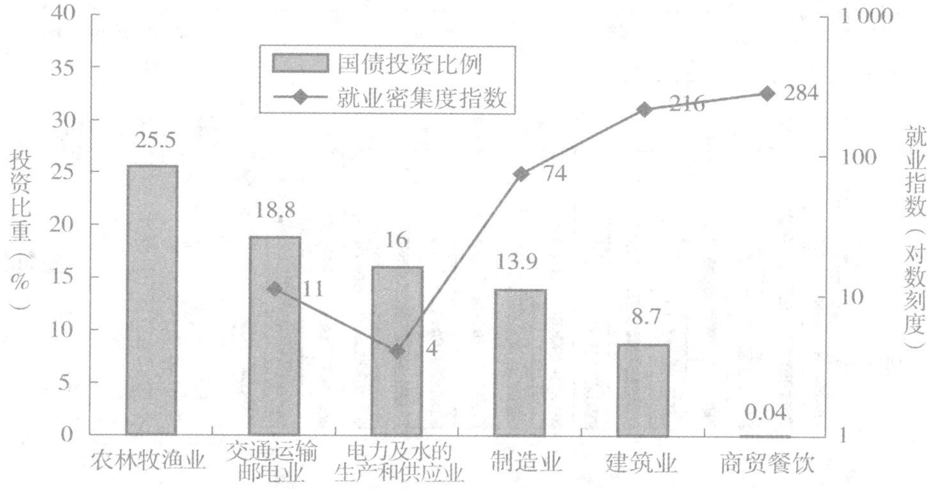

图 10-4 财政性投资逆就业倾向

资料来源 蔡昉，都阳，高文书.就业弹性、自然失业和宏观经济政策——为什么经济增长没有带来显性就业？[J]. 经济研究，2004（9）.

这一历史时期中国就业形势严峻，经济快速增长没有相应地带来就业率的提高。这种情况说明，积极财政政策在实现充分就业目标方面没有发挥作用，甚至起逆向作用。

第二，经济增长。在积极财政政策的直接拉动下，中国的投资需求和外贸出口呈现持续快速增长势头，全社会固定资产增速由1997年的8.8%逐年上升到2003年的27.7%；外贸出口增幅由1998年的0.5%上升到2002年的22.3%，2004年达到35%。在亚洲金融危机和全球经济普遍衰退的冲击下，积极财政政策的实施防止了中国经济下滑的趋势，维持了经济的高速增长，1998—2004年间中国GDP增长率分别为7.8%、7.1%、8%、7.3%、7.4%、9.1%、9.5%[①]。根据财政部公布的数字，积极财政政策对GDP增长率的贡献，1998—2001年分别为1.5个百分点、2个百分点、1.7个百分点、1.8个百分点。[②]总之，积极财政政策的实施，有效地拉动了投资、消费和出口的增长，使1998—2004年中国经济的年增长率保持在7%~9%之间，仍是世界经济增长率比较高的国家。

第三，物价稳定。1997年中国的居民消费价格指数，商品零售价格指数，工业品出厂价格指数，原材料、燃料、动力购进价格指数以及固定资产投资价格指数[③]分别为102.8、100.8、99.7、101.3、101.7，到1998年这5种价格指数全面下跌，分别降到99.2、97.4、95.9、95.8、99.8，表明中国经济有通货紧缩的趋势，如图10-5所示。1998年是中国这5种价格指数的谷底，1998年下半年中国开始实行积极财政政策，1999年中国这5种价格指数基本维持在1998年的水平上，止住了全面下滑的趋势，到2000年中国这5种价格指数开始回升，物价开始上涨。到2004年中国的居民消费价格指数、商品零售价格指数、工业品出厂价格指数，原材料、燃料、动力购进价格指数以及固定资产投资价格指数这5种价格指数分别达到了103.9、102.8、106.1、111.4、105.6。总的来说，经过积极财政政策的实施，中国物价水平开始逐步上涨，通货紧缩趋势得到了遏制，物价水平趋于稳定。

① 数据来源于中国统计局网站。
② 数据转引自陈共. 积极财政政策及其财政风险［M］. 北京：中国人民大学出版社，2003：38.
③ 上年=100，下同。

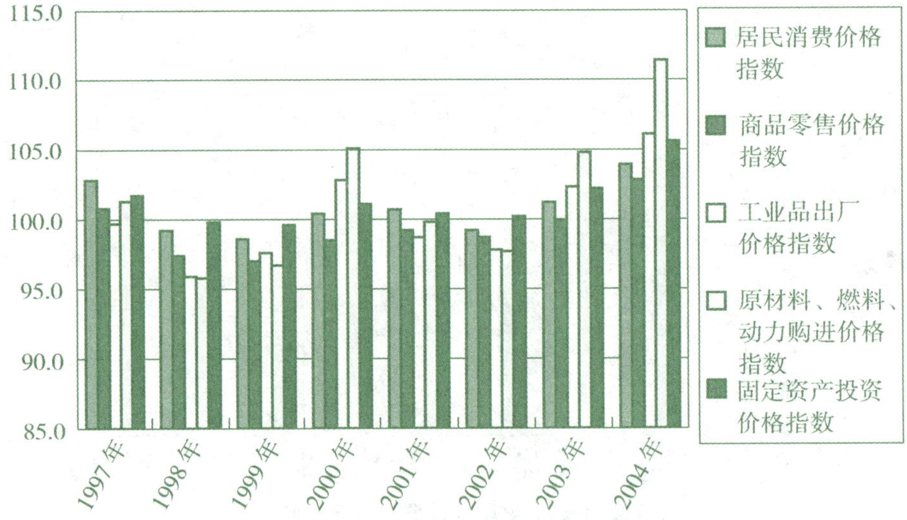

图10-5　1997—2004年中国各种物价指数图

数据来源　根据《中国统计年鉴（2005）》的数据制作。

第四，国际收支平衡。截止到2004年，中国积极财政政策已实施了近7年，我们可以从国家外汇管理局公布的2004年国际收支平衡表数据中看其对中国国际收支平衡是否有很大影响。

统计数据显示，2004年中国国际收支经常项目、资本项目呈现“双顺差”，国际储备保持快速增长。2004年，中国国际收支经常项目顺差686.59亿美元，同比增长50%。按国际收支统计口径计算，货物出口5 933.93亿美元，货物进口5 344.10亿美元，顺差589.83亿美元；服务项目收入624.34亿美元，支出721.33亿美元，逆差96.99亿美元；收益项目收入205.44亿美元，支出240.67亿美元，逆差35.23亿美元；经常转移收入243.26亿美元，支出14.28亿美元，顺差228.98亿美元。2004年，资本和金融项目顺差1 107.29亿美元，同比增长110%，其中，直接投资净流入531.31亿美元，证券投资净流入196.90亿美元，其他投资净流入379.08亿美元①。2005年，国际收支继续保持“双顺差”，其中，经常项目顺差1 608亿美元，资本和金融项目顺差630亿美元。2005年末，中国外汇储备余额为8 189亿美元。2005年中国国际收支的主要特点是：国际收支交易规模继续扩大；经常项目顺差明显上升，其中货物贸易顺差大幅增加；资本和金融项目顺差下降，其中证券投资和其他投资由顺差转为逆差，外商直接投资仍保持较大规模；外汇储备增长较快②。

这表明这一阶段积极财政政策的实施并没有改变中国国际收支顺差的局面，中国仍然保持着顺差国的地位，外汇储备进一步扩大，中国国际收支不平衡进一步加大。

总之，积极财政政策在促进经济增长和物价稳定方面的效果明显，但对充分就业和国际收支平衡两大目标没有作用，甚至起相反作用。这样，中国宏观经济活动中也隐含了一些不合理的因素。为此，在确定政府经济性支出方向时，要参照各行业的就业吸收能力确定重点投资领域的优先顺序，通过税收和财政补贴等手段加强对具有就业吸纳能力的小企

① 数据来源于国家外汇管理局公布的2004年国际收支平衡表。
② 国家外汇管理局国际收支分析小组：《2005年中国国际收支报告》。

业、非正规部门的政策扶持；要进一步通过收入分配调节，加大对不发达地区和农村地区的转移支付，刺激新兴消费领域，扩大内需；要改变经济增长方式，增大技术含量，进一步调整外贸出口结构，增加附加值，促进国际收支平衡，减少外汇储备风险。

2）中国2008—2012年的积极财政政策

（1）政策背景

2008年下半年，发端于美国的次贷危机（详见以下第3点关于美国扩张性财政政策的阐述）肆虐全球，中国虽然受到的直接冲击相对较小，但对经济增长带来的负面影响也已经开始显现，经济增速连续减缓，2008年GDP增速从一季度的10.6%下滑到三季度的9%，比上年同期回落2.3个百分点。2008年前三季度出口比上年同期增长22.3%，较上年同期27.1%的增速下降4.8个百分点。但考虑价格变化的差异，实际出口量增速要比前一年全年低7.4个百分点，实际增速下滑幅度显著。净出口对经济增长的拉动比上年同期减少1.2个百分点。

2007年7月以来CPI持续上涨，2008年一季度涨幅为8%。经济界普遍担忧通货膨胀，2008年3月份的政府工作报告指出“要把防止经济增长由偏快转为过热、防止价格由结构性上涨演变为明显通货膨胀作为宏观调控的首要任务”。但到了2008年9月居民消费价格指数（consumer price index，CPI）涨幅仅有4.6%，比上月回落0.3个百分点。因此，此前担忧的通货膨胀问题消除。

（2）政策主要内容

出于对经济继续下滑的担忧，为了防止经济增速进一步下滑，中国政府改变此前以防止通货膨胀为首要目标的“稳健型”财政政策，转而实施积极财政政策。其标志性开端是2008年11月5日，国务院召开常务会议决定实行进一步扩大内需促进经济平稳较快增长的十项措施：

一是加快建设保障性安居工程。加大对廉租住房建设支持力度，加快棚户区改造，实施游牧民定居工程，扩大农村危房改造试点。

二是加快农村基础设施建设。加大农村沼气、饮水安全工程和农村公路建设力度，完善农村电网，加快南水北调等重大水利工程建设和病险水库除险加固，加强大型灌溉区节水改造。加大扶贫开发力度。

三是加快铁路、公路和机场等重大基础设施建设。重点建设一批客运专线、煤运通道项目和西部干线铁路，完善高速公路网，安排中西部干线机场和支线机场建设，加快城市电网改造。

四是加快医疗卫生、文化教育事业发展。加强基层医疗卫生服务体系建设，加快中西部农村初中校舍改造，推进中西部地区特殊教育学校和乡镇综合文化站建设。

五是加强生态环境建设。加快城镇污水、垃圾处理设施建设和重点流域水污染防治，加强重点防护林和天然林资源保护工程建设，支持重点节能减排工程建设。

六是加快自主创新和结构调整。支持高技术产业化建设和产业技术进步，支持服务业发展。

七是加快地震灾区灾后重建各项工作。

八是提高城乡居民收入。提高来年粮食最低收购价格，提高农资综合直补、良种补贴、农机具补贴等标准，增加农民收入。提高低收入群体等社保对象待遇水平，增加城市和农村低保补助，继续提高企业退休人员基本养老金水平和优抚对象生活补助标准。

九是在全国所有地区、所有行业全面实施增值税转型改革，鼓励企业技术改造，减轻企业负担1 200亿元。

十是加大金融对经济增长的支持力度。取消对商业银行的信贷规模限制，合理扩大信贷规模，加大对重点工程、“三农”、中小企业和技术改造、兼并重组的信贷支持，有针对性地培育和巩固消费信贷增长点。

为了实施上述工程建设，到2010年底约需投资4万亿元。2008年四季度先增加安排中央投资1 000亿元，灾后重建基金提前安排200亿元，带动地方和社会投资，总规模达到4万亿元。对这样一个积极财政政策，史称“四万亿计划”或“四万亿刺激计划”。其中中央政府承担11 800亿元，其他资金从其他渠道筹措。其他资金来源渠道包括：第一，支持地方政府能够积极地筹措它们应该承担的资金，具体的办法就是中央财政代地方财政于2009年发行2 000亿元的国债。第二，发放一部分期限比较长，利率比较低的政策性的贷款，作为项目资本金。第三，扩大地方企业债券的发行。支出方面，4万亿元投资中，廉租住房、棚户区改造等保障性住房约4 000亿元，农村水电路气房等民生工程和基础设施约3 700亿元，铁路、公路、机场、水利等重大基础设施建设和城市电网改造约15 000亿元，医疗卫生、教育、文化等社会事业发展约1 500亿元，节能减排和生态工程约2 100亿元，自主创新和结构调整约3 700亿元，灾后恢复重建约10 000亿元。

（3）积极财政政策的效果分析

2008年实施的积极财政政策效果如何？以下同样列举政策实施后的几年经济增长、就业、经济稳定（物价）、国际收入等方面的经济数据来说明：

第一，经济增长。积极财政政策拉动作用明显，经济增长率逐渐回升。2009年谷底时期的真实GDP增长率仅为6.1%。积极财政政策对经济增长的拉动作用于2009年二季度开始显现，使2009年增长率高达8.7%，2010年增长率为10.45%，2011年增长9.3%，2012年增长7.65%，2013年增长7.7%。

第二，充分就业。总的来看，积极财政政策确保了充分就业。一方面，积极财政政策对就业的促进作用较为明显。2009年，中国共有就业人员75 828万人，2010年为76 105万人、2011年为76 420万人、2012年为76 704万人（其中，城镇就业人员总数2009年为33 322万人、2010年为34 687万人、2011年为35 914万人、2012年为37 102万人），积极财政政策创造了大量的就业机会。另一方面，积极财政政策对失业的抑制作用较为有效。2009年，中国的城镇登记失业率为4.3%，该指标在2010—2012年间一直保持在4.1%，积极财政政策对失业率的上升起到了明显的抑制作用。

第三，经济稳定。2008年，居民消费价格指数、商品零售价格指数、工业生产者出厂价格指数、工业生产者购进价格指数、固定资产投资价格指数分别为105.9、105.9、106.9、110.5、108.9。2009年，这五类价格指数分别跌至99.3、98.8、94.6、92.1、97.6，表明中国经济面临通货紧缩的压力，如图10-6所示。由于积极财政政策的实施，中国的这五类价格指数在2010年分别回升至103.3、103.1、105.5、109.6、103.6，在2011年继续上升至105.4、104.9、106.0、109.1、106.6，经济下滑的趋势得到了有效遏制。2012年，这五类价格指数分别为102.6、102.0、98.3、98.2、101.1。总的来看，积极财政政策有效遏制了通货紧缩的趋势，但没有造成严重的通货膨胀，确保了中国经济的稳定发展。

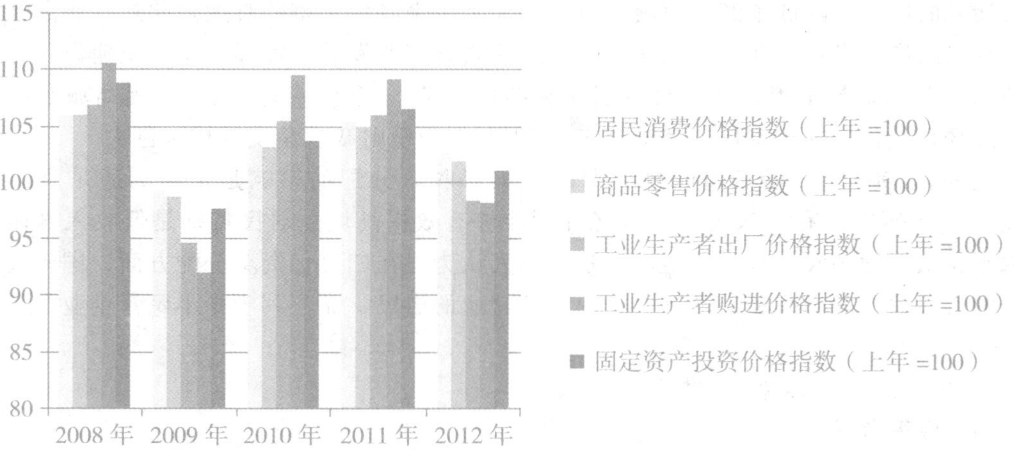

图10-6　2008—2012年中国各种物价指数图

资料来源　根据《中国统计年鉴（2012）》的数据制作。

第四，国际收支平衡。截至2013年，这一阶段的积极财政政策在中国已经连续实施了5年，在平衡国际收支方面发挥了重要作用。根据国家外汇管理局2014年4月4日公布的中国国际收支平衡表（时间序列数据），2013年中国国际收支经常项目、资本项目的“双顺差”特征非常明显，国际储备稳步增长。具体而言：2013年，中国国际收支经常项目顺差1 828.08亿美元（其中，货物出口22 189.77亿美元，货物进口18 590.87亿美元，顺差3 598.90亿美元；服务项目收入2 060.18亿美元，支出3 305.28亿美元，逆差1 245.10亿美元；收益项目收入1 855.05亿美元，支出2 293.44亿美元，逆差438.39亿美元；经常转移收入531.62亿美元，支出618.95亿美元，逆差87.33亿美元），资本和金融项目顺差3 262.03亿美元。虽然有国际经济危机影响的滞后因素，2008年中国的进出口贸易总额仍然维持了比较高速的增长势头；但到2009年，中国出口贸易出现负增长，比上年下降了16个百分点。经过两年多积极财政政策的调整，同时也伴随着世界经济的缓慢复苏，2010年中国的对外贸易形势逐步恢复到了危机之前的水平，出口总额同比增长30.47%，2011年出口增长15.15%，2012年出口增长4.96%[①]。

也有学者和专家从中国经济结构和发展质量角度对2008年积极财政政策持否定意见。认为“四万亿”计划中的第十条——取消对商业银行的信贷规模限制，合理扩大信贷规模，被过度使用，使2009年的M2增速超过27%，为近十几年之最，年均新增信贷从2007年以前的年均3万多亿元的常态激增至2012年的7万亿元以上。其中2009年一年新增近10万亿元。2011年末，M2总额较2007年末增长超过100%。很明显是货币扩张而不是四万亿元政府投资刺激了经济。从2010年起，物价开始上涨。由于经济政策主要着眼于拉动投资而非刺激居民消费，在资本品与生产要素价格全面上升的同时，产能扩张超过需求，尤其是钢铁、水泥、建材等相关行业纷纷出现产能过剩。如果调整产能过剩，又会出

① 根据《中国统计年鉴2012》有关数据计算。

现企业倒闭、工人失业问题，因此积极财政政策只是拖延了危机的时间，并没有解决危机。为了实施刺激计划，经济结构调整实际上被拖延，节能减排也不那么严格要求，造纸业、光伏等高污染行业的整顿全面停止，这些都加剧了结构调整的困难，延缓了经济发展方式转变的速度，降低了经济发展质量，增加了未来经济调整的难度。此外，刺激计划制订时提出的许多设想，如加快医疗卫生、文化教育事业发展，加强生态环境建设，如水污染防治、节能减排工程，加快自主创新和结构调整，支持服务业发展，提高城乡居民收入，减轻企业负担等没有得到完全落实。[①]因此，积极财政政策实施成本巨大。

此外，2008年开始实施的积极财政政策对收入分配的影响是正面的还是负面的也需要进一步研究。有人认为，四万亿计划能够有效提高城乡居民特别是低收入群体的收入水平，从而缩小收入分配差距。但是也有人认为，在四万亿资金分配方面，国有大型企业分的份儿大，因此有利于国有大企业及其就业的居民，而不利于中小民营企业及其就业的居民。

3）中国2013年以来的积极财政政策

（1）政策背景

2013年以来，全球经济持续低迷，"逆全球化"思潮和保护主义抬头，地缘政治风险上升，主要经济体政策走向及外溢效应变数较大，不稳定不确定因素明显增加，国际上关于中国经济"硬着陆"言论日趋增多。从国内来看，2008—2012年，中国GDP平均增速为9.42%，2013年中国GDP增速为7.77%，经济下行压力加大。中国正逐步转变经济发展方式、优化经济结构、转换增长动力，经济由高速增长逐渐转化为中高速高质量增长，建设现代化经济体系成为中国发展的战略目标。

（2）政策简介

2013年以来，为应对世界经济复苏困难、国内经济持续下行的形势，中国政府再次推行比较积极的财政政策，同时配合稳健的货币政策。一方面，增加财政赤字额，2013年达到12 000亿元，赤字率提高到2.02%；2014年赤字额13 500亿元，赤字率2.10%；2015年赤字额16 200亿元，赤字率2.35%；2016年赤字额21 800亿元，赤字率2.92%；2017年赤字额23 800亿元，赤字率2.86%；2018年赤字额23 800亿元，赤字率2.59%；2019年赤字额27 600亿元，赤字率2.79%，无论是赤字额还是赤字率，几乎都是直线上升，说明2013年以来，积极财政政策的"积极"程度有所提高，但财政赤字率一直控制在3%以内，属于适度的财政扩张。

在总量适度扩张的同时，这些年中国政府还注重优化财政支出结构，进一步加大企业税收优惠力度，实行定向减税和普遍性降费，激发包括小微企业在内的市场主体活力；发挥财政资金政策的导向作用，推广政府和社会资本合作（PPP）模式，采用特许经营、投资补助、运营补贴等方式，拉动民间资本进入公共服务领域。在调控方法上，实施积极财政政策，同时实施稳健中性的货币政策，坚持不搞"大水漫灌"式强刺激，保持宏观政策连续性稳定性，在区间调控基础上加强定向、相机调控，主动预调、微调，努力做到稳增长、促改革、调结构、惠民生、防风险。近期，为应对中美经贸摩擦、世界经济动荡和经济下行压力，着力稳就业、稳金融、稳外贸、稳外资、稳投资、稳预期（所谓"六

---

① 聂日明."四万亿"和"四万亿"计划［J］.新民周刊，2012（37），网络版。

稳”）[①]。

2020年，受新冠肺炎全球疫情冲击，世界经济严重衰退，产业链供应链循环受阻，国际贸易投资萎缩，大宗商品市场动荡。国内消费、投资、出口下滑，就业压力显著加大，企业特别是民营企业、中小微企业困难凸显，经贸形势不确定性很大，金融等领域风险有所积聚，基层财政收支矛盾加剧，发展面临一些难以预料的影响因素。面对前所未有的挑战，中国政府推出更加积极的财政政策[②]，推动形成以国内大循环为主体、国内国际双循环相互促进的新发展格局，支持打好三大攻坚战（防范化解重大风险、精准脱贫、污染防治），支持实施扩大内需战略，支持做好“六稳”工作，支持落实“六保”任务（保居民就业、保基本民生、保市场主体、保粮食能源安全、保产业链供应链稳定、保基层运转），支持城乡区域协调发展，支持国防、外交工作。2020年，赤字率拟按3.6%以上安排，财政赤字规模比去年增加1万亿元，同时发行1万亿元抗疫特别国债，安排地方政府新增专项债券3.75万亿元，比2019年增加1.6万亿元[③]。按有关单位预测的GDP数据，2020年估计债务率接近50%，但还没有超过《马斯特里赫特条约》主张的60%的警戒线。

（3）积极财政政策的效果分析

2013年实施的积极财政政策效果如何？以下同样列举政策实施后的几年经济增长、就业、经济稳定（物价）、国际收入等方面的经济数据来说明：

第一，经济增长。2013年以来，在积极财政政策作用下，坚持全面深化改革，着力破除体制机制弊端，发展动力不断增强，经济止住快速下滑的势头，整体上呈现稳中向好的趋势，2013—2018年中国GDP增长率为7.77%、7.42%、7.04%、6.85%、6.95%、6.75%。坚持以供给侧结构性改革为主线，鼓励创新，着力培育壮大新动能，经济结构加快优化升级，经济增长方式由高速增长转变为高质量增长，最终消费贡献率由50.2%提高到65.9%，服务业比重从46.9%上升到53.3%，成为经济增长主动力。高技术制造业年均增长11.7%。粮食生产能力达到1.32万亿斤。城镇化率从53.72%提高到59.6%，8 000多万农业转移人口成为城镇居民（如图10-7所示）。

第二，充分就业。积极财政政策始终将促就业保民生放在首要位置。2013—2018年，中国就业人口占劳动人口的比重始终维持在96%~97%的水平（97.07%、96.94%、96.70%、96.17%、96.22%、96.3%）。

第三，经济稳定。积极财政政策以人民为中心，重点着力于保障和改善民生。2013—2019年，居民消费价格指数（以前一年为基期）分别为：102.6、102、101.4、102、101.6、102.1、102.9，存在小范围波动，但整体稳定在101至103之间。商品零售价格指数（以前一年为基期）分别为：101.4、101、100、100.7、101.1、101.9、102，整体上略

① 国务院：《政府工作报告》，在中华人民共和国第十二届全国人民代表大会第二次会议上，2014年3月5日，http：//www.gov.cn/guowuyuan/2014-03/05/content_2629550.htm；国务院：《政府工作报告》，在中华人民共和国第十二届全国人民代表大会第三次会议上，2015年3月5日，http：//www.gov.cn/guowuyuan/2015-03/16/content_2835101.htm；国务院：《政府工作报告》，在中华人民共和国第十二届全国人民代表大会第四次会议上，2016年3月5日，http：//www.gov.cn/guowuyuan/2016-03/17/content_5054901.htm；国务院：《政府工作报告》，在中华人民共和国第十二届全国人民代表大会第五次会议上，2017年3月5日，http：//www.gov.cn/premier/2017-03/16/content_5177940.htm；国务院，《政府工作报告》，在中华人民共和国第十三届全国人民代表大会第一次会议上，2018年3月5日，http：//www.gov.cn/guowuyuan/2018zfgzbg.htm；国务院，《政府工作报告》，在中华人民共和国第十三届全国人民代表大会第二次会议上，2019年3月5日，http：//www.gov.cn/premier/2019-03/16/content_5374314.htm.

② 国务院：《政府工作报告》，在中华人民共和国第十三届全国人民代表大会第三次会议上.http：//www.gov.cn/guo-wuyuan/2020zfgzbg.htm.

③ 财政部，《关于2019年中央和地方预算执行情况与2020年中央和地方预算草案的报告》，在第十三届全国人民代表大会第三次会议上.http：//www.mof.gov.cn/gkml/caizhengshuju/202005/t20200530_3523307.htm.

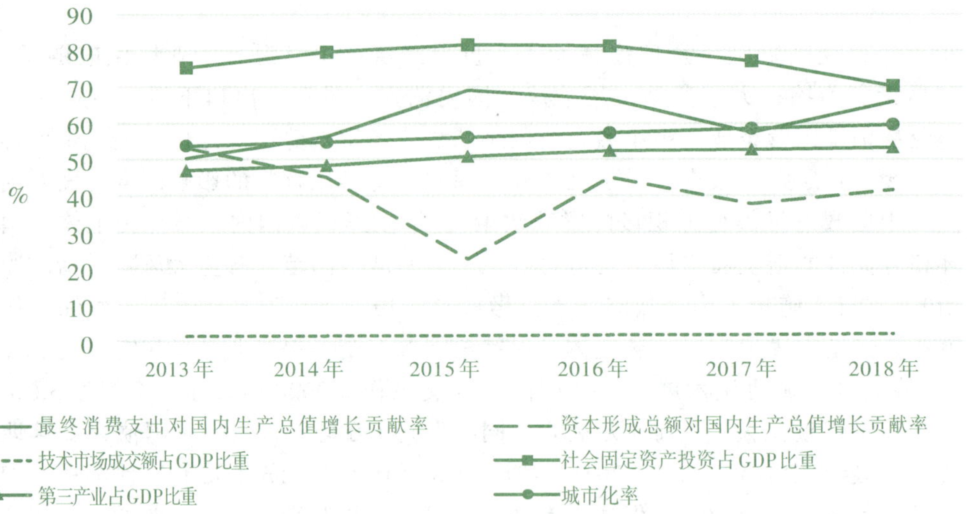

图10-7　2013—2018年经济增长各类指标图

资料来源　根据《中国统计年鉴（2019）》的数据制作。

微上升，但幅度较小，这表明2013—2019年间社会物价水平整体稳定，居民生活质量稳步提升。工业生产者出厂价格指数（以上一年为基期）分别为：98.1、98.1、94.8、98.6、106.3、103.5、99.7，早期工业生产者出厂价格指数下降，表明工业产品价格下降，生产企业盈利能力弱，社会生产发展较为缓慢，但在积极财政政策的作用下，2016年后工业生产者出厂价格指数逐渐回升，社会生产积极稳定增长。工业生产者购进价格指数（以上一年为基期）分别为：98、97.8、93.9、98、108.1、104.1、99.3，工业生产者出厂价格指数与工业生产者购进价格指数差额分别为：0.1、0.3、0.9、0.6、-1.8、-0.6、0.4，表明2013—2016年，企业经营压力小，利润空间在逐渐扩大，2017—2018年企业经营压力增加，利润空间被进一步压缩，随着减税降费等各项积极财政政策发力，2019年微观企业逐渐恢复活力①。固定资产投资价格指数（以上一年为基期）分别为98、97.8、93.9、98、108.1、104.1、99.3，随工业产品出厂价格指数同步变动（如图10-8所示）。

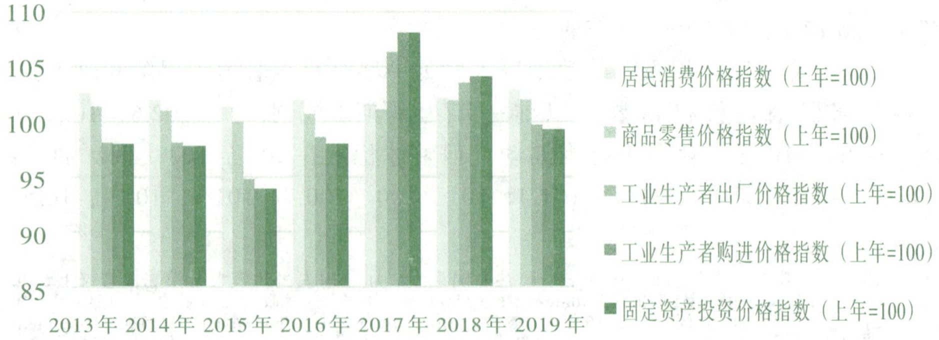

图10-8　2013—2019年中国各种物价指数图

资料来源　国家统计局，国家数据，https：//data.stats.gov.cn/easyquery.htm？ cn=C01.

① 2019年数据受中美贸易战和“新冠”肺炎疫情影响。

第四，国际收支平衡。中国进出口贸易总额呈现震荡上行走势，在经历了2015—2016年连续两年下滑之后，进出口贸易总值重回上升通道。早期，中国进出口总额增长呈上升趋势，但由于世界经济下行，国际竞争日益激烈，国际经贸摩擦增加以及国内需求强劲，2015—2016年，中国进出口总额呈下降趋势。在坚持对外开放的基本国策下，随着国内产业结构不断调整升级和改革出口退税负担机制、退税增量等外贸优惠政策效应持续释放，中国对外贸易逆势增长，外贸进出口实现了量的稳定增长和质的稳步提升。2013—2019年中国进出口贸易总值及增速如图10-9所示。

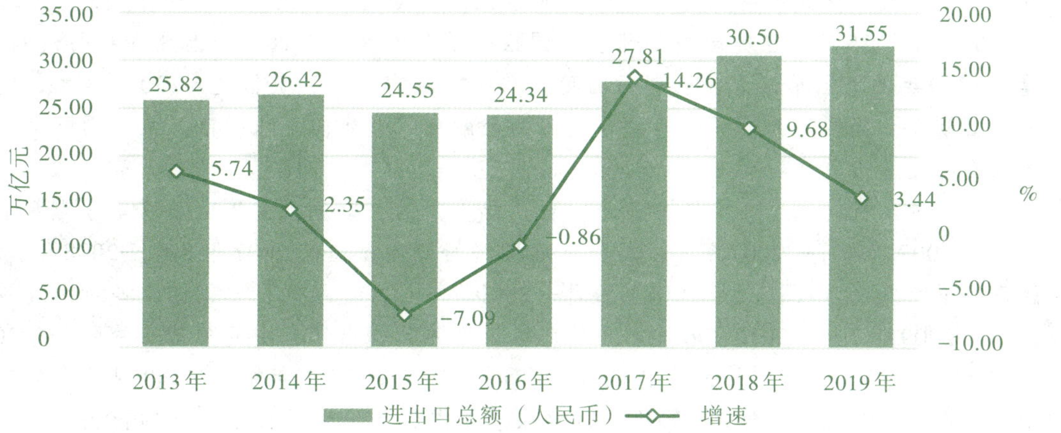

图10-9　2013—2019年中国进出口贸易总值及增速

资料来源　国家统计局，国家数据，https：//data.stats.gov.cn/easyquery.htm？cn=C01.

【案例10-1】

美国2007年到2014年的反危机的扩张性财政政策

（一）财政政策背景

2007年前的几年，由于受政府政策鼓励和对房地产市场乐观预期等因素影响，美国房地产市场迅速火爆，许多美国金融机构增加对次级贷款（简称次贷[①]）借款人的抵押贷款发放，并试图通过资产证券化规避风险。所谓资产证券化就是证券发行人（金融公司）将贷款人的抵押贷款权益作为证券在市场上向投资人（主要是政府赞助企业如下述房地美、房利美以及其他投资银行）发行获得资金，并用于购买贷款人的抵押贷款权益。由此产生的证券被称为住房抵押贷款证券（Mortgage-Backed Security，简称MBS）和债务担保证券（Collateralized Debt Obligations，简称CDO）。但次级贷款借款人按其能力不足以偿清贷款。美国房价在2006—2007年度开始下降，同时利率上升，抵押违约率上升，由法院拍卖的无法按期归还贷款的房屋数量急剧上升，普遍由金融公司持有的住房抵押贷款证券和债务担保证券迅速贬值，导致相关金融公司损失惨重。2007年4月2日，美国第二大次级贷款供应商——新世纪金融公司（New Century Financial Corporation）宣告破产，揭开了美国金融危机的序幕，史称次级房屋信贷危机（Subprime Mortgage Crisis，简称次贷危机）。

2008年3月25日，美国华尔街第五大投资银行贝尔斯登倒闭并被摩根大通收购，引

① 美国把消费者的信用等级分为优级、次优级和次级。那些能够按时付款的消费者的信用级别被定为优级,那些不能按时付款的消费者的信用级别被定为次级,介于两者之间的为次优级。所谓次级贷款是向信用评级较差、无法从正常渠道借贷的人提供的贷款。次级贷款的利率一般比正常贷款高,而且常常是可以随时间推移而大幅上调的浮动利率,因而对借款人有较大风险。

发了美国金融市场的第一波剧烈震荡。2008年6月5日，处于困境的美国最大商业抵押贷款机构——全国金融公司倒闭并被美国银行收购。2008年8月6日，美国住房抵押贷款投资公司正式向法院申请破产保护。两天后，美国华尔街第五大投资银行贝尔斯登宣布旗下两只基金——贝尔斯登基金和高级信贷策略杠杆基金倒闭，标准普尔下调其债信评级，美国金融市场震荡加剧。2008年9月7日美国政府宣布接管濒临破产的房利美（Fannie Mae，Federal National Mortgage Association，联邦国民按揭贷款协会的简称）和房地美（Freddie Mac， Federal Home Loan Mortgage Corporation，联邦住房抵押贷款公司的简称）。这两个政府赞助企业承接担保或持有住房抵押贷款证券、抵押贷款和其他债务的金额超过5万亿美元。2008年9月15日，在美国财政部、美国银行及英国巴克莱银行相继放弃收购谈判后，创建于1850年的美国第四大投资银行雷曼兄弟公司宣布破产，负债达6 130亿美元，创下美国史上最大金额的破产案。此时源自美国的金融危机开始向全球扩散，大量国际金融机构陷入困境或宣布破产。

根据金融危机的发生、发展与演变过程，此次美国金融危机大体上可以划分为四个阶段：一是2007年4月—2007年8月，金融危机起始阶段；二是2007年8月—2008年8月，金融危机不断加深阶段；三是2008年9月—2009年6月，金融危机急剧恶化并持续发展阶段；四是2009年7月—2010年6月，金融危机见底并开始出现自主复苏苗头的阶段。2008年和2009年美国经济负增长，分别是-0.3%和-3.5%，到2010年中，M1出现了比较明显的增长，而M2也表现出了增长的趋势，意味着美国经济出现了自主复苏的苗头，在各种经济刺激计划的外推下，2010年美国全年经济增长达到3%。面对空前的金融危机，美国政府吸取1929—1933年大萧条的经验教训，在采取宽松的货币政策的同时推行扩张性财政政策，在金融危机发展的不同阶段干预市场进行救市。

（二）扩张性财政政策的主要内容

美国政府实施扩张性财政政策主要是依据美国国会众议院、参议院通过的4个法案授权进行的：一是2008年7月22日布什政府实施的《住房和经济复苏法案》（The Housing and Economic Recovery Act），授权美国财政部动用不超过4 000亿美元财政资金购买房利美和房地美的优先股及为其发行的公司债券提供担保；二是2008年10月3日布什政府实施的《紧急经济稳定法案》（The Emergency Economic Stabilization Act），授权美国财政部动用不超过7 000亿美元财政资金主要用于购买银行和非银行金融机构的问题资产，对金融机构进行救助，修复金融体系；三是2009年2月17日奥巴马政府实施的美国经济复兴与再投资法案（The American Economy Recovery and Reinvestment Act），授权财政部动用7 870亿美元财政资金用于刺激经济，促进就业；四是2010年3月18日美国总统奥巴马签署的总额为180亿美元的促进就业方案，即《雇用激励以恢复就业法案》（Hiring Incentives to Restore Employment Act），前两个法案侧重救助金融机构，第三个法案重点是刺激经济复苏，第四个法案是促进就业。金融危机发生以来，根据上述法案的授权，美国财政部出台了一系列应对危机的财政政策和措施，主要有：

①注入资本金。2008年10月，美国联邦财政部实施了高达2 500亿美元的金融业注资计划，其中1 250亿美元用于收购美国花旗银行、美洲银行等具有系统重要性的金融机构股份。在美国花旗银行、房利美和房地美（以下简称“两房”）股票出现大幅下跌时，由政府直接购买其股份。目前，美国财政部持有“两房”各79.9%的股份、持有花旗银行

36%的股份。

②购买不良资产。2009年3月，美国财政部推出公私合作收购金融机构不良资产的计划，计划投入750亿~1 000亿美元政府引导资金，与私人投资者的资金组合起来，通过美国联邦存款保险公司成立基金，计划购买5 000亿~10 000亿美元的金融机构不良资产，用于清理金融机构资产负债表中的遗留贷款和抵押贷款支持债券，旨在以此改善金融机构的资产负债状况。

③增加税式支出预算。为了刺激经济，危机爆发以来，美国政府推出了多项减税政策，税式支出预算规模高达5 660亿美元，主要是通过降低个人所得税、公司所得税等税率的方式，减轻居民和企业的税收负担。2008年2月，布什政府实施了总额约为1 680亿美元的大幅退税方案。同年10月，布什政府批准的《紧急经济稳定法案》中面向企业和中等收入家庭的个人所得税减税总额约为1 100亿美元。奥巴马政府经济刺激计划中的减税额为2 880亿美元，其中，2009年、2010年、2011年税式支出规模分别占27.6%、52.5%、21.3%。

④运用财政补贴工具刺激实体经济。为了扶持美国汽车业，推进节能减排，美国政府于2009年7月1日实施"旧车换现金"计划，联邦财政补贴资金规模为10亿美元。一个月后，美国国会通过了向该计划追加20亿美元资金的法案，使"旧车换现金"计划财政补贴资金总规模达到30亿美元。消费者通过以旧换新的方式购买更经济、更环保的小轿车和卡车，每辆可以获得联邦政府提供的3 500美元至4 500美元的财政补贴。如果消费者以每加仑汽油行驶18英里以下的旧车换取可行驶22英里以上的新车，可申领3 500美元补贴；如果购买的新车每加仑汽油可行驶里程比旧车多10英里，则可获得4 500美元补贴。美国运输部有关数据显示，7月份美国汽车销量大幅回升至25万辆，其中，消费者通过以旧换新方式购买了18万辆，占72%。美国三大汽车公司通用、福特和克莱斯勒是该计划的最大受益者，其生产的汽车在"旧车换现金"销售中所占的比例达到47%。该计划有效地刺激了美国国内汽车市场，对提振经历破产重组的汽车业信心产生了一定作用[①]。

（三）美国扩张性财政政策的效果分析

扩张性财政政策实施以后，美国经济发生了向好性变化，这是由许多因素包括市场内在因素、货币政策因素、世界经济因素等共同作用的结果。但扩张性财政政策也是起了作用的：

①美国联邦政府出台的救助金融机构计划，在一定程度上避免了金融市场崩溃，为修复金融体系赢得时间。

②财政刺激计划加上多次适时性的量化宽松（QE）货币政策[②]对缓解经济下滑幅度、促进经济复苏发挥了作用。2010年经济恢复性增长率达到3%，2011年实际增长率为1.8%，2012年增长率为2.8%，2013年增长率为1.9%[③]。经济学界对美国2014年经济增长持乐观预计，美国管理与预算办公室（OMB）预计2014年增长率为4.1%。总体观察，美国继续温和复苏、进入持续复苏轨道。

① 沈伟基，张文斌. 美国应对金融危机的宏观经济政策措施及镜鉴［J］. 云南社会科学，2011（2）：96-100.

② 量化宽松（Quantitative Easing，简称QE）货币政策主要是指中央银行通过公开市场业务购买国债等中长期债券,增加基础货币供给，向市场注入大量流动性资金，实际上就是间接增印钞票。量化指的是扩大一定数量的货币发行，宽松即减少银行的资金压力。持续的量化宽松则会增加恶性通胀的风险.

③ 国家统计局. 地区格局悄然变化增长动力略有增强——2013年世界经济回顾及2014年展望.http：//www.stats.gov.cn/tjsj/zxfb/201402/t20140227_516899.html.

③失业率逐年降低。2009年11月失业率达到10.2%的近年最高点，2010年12月仍高达9.8%，2011年12月回落到8.6%，2012年12月为7.7%，2013年12月为7.0%。2014年4月下降到6.3%[①]。应该说成绩可喜。

④国际收支有所改善。2007年美国贸易总体逆差为7 365.50亿美元，其中货物贸易逆差8 211.97亿美元，服务贸易顺差1 102亿美元。2008年总体逆差回升至6 965.22亿美元，其中货物贸易逆差8 324.92亿美元。2009年以后总体贸易逆差有降有升，数额比危机爆发前和爆发过程中要小得多。货物贸易逆差在2008年达到8 324.92亿美元后，2009年下降到5 096.95亿美元，2010年又开始回升达到6 486.72亿美元，2011年继续上扬到7 409.99亿美元，2012年小幅上涨至7 411.19亿美元，2013年回落但仍高达7 005.38亿美元。同时，服务贸易顺差从2009年以来持续上升（见表10-1），反映出包括金融在内的美国优势产业即服务业复苏。以2013年为例，美国专利和特许权使用费收入1 293亿美元，支出413亿美元，净收入达880亿美元；包括金融业在内的私人服务收入3 044亿美元，而支出2 039亿美元，净收入1 005亿美元。这两项顺差为服务贸易顺差贡献了74%。

表10-1　　美国贸易平衡状态　　单位：亿美元

年份	总体贸易余额	货物贸易余额	服务贸易余额
2005	−7 492.32	−7 828.05	662.62
2006	−8 166.46	−8 372.89	737.57
2007	−7 365.50	−8 211.97	1 102
2008	−6 965.22	−8 324.92	1 201.42
2009	−3 797.29	−5 096.95	1 149.22
2010	−4 320.10	−6 486.72	1 455.85
2011	−4 553.02	−7 409.99	1 864.77
2012	−4 181.85	−7 411.19	2 152.12
2013	−3 368.53	−7 005.38	2 537.09
2014	−3 678.19	−7 499.17	2 657.73

资料来源　CEIC数据库。

但美国经济增长还不稳定，风险和不确定性因素依然存在，危机调整难以在短期内结束，还面临不利于经济持续增长的诸多问题，其中也包括扩张性财政政策自身的负面影响。例如：

①财政赤字规模巨大。扩张性财政政策一般以减税增支为特点，必然相应增加财政赤字规模。美国2009财年的联邦财政赤字高达1.41万亿美元，达到历史最高点，是2008财年赤字额的3.1倍，占美国GDP的9.8%。2010财年联邦财政赤字仍高达1.29万亿美元，占GDP的8.8%。2011财年由于奥巴马政府前期实施的减税政策，财政赤字达到1.3万亿美元，占GDP的8.4%。到2011年5月16日，美国联邦政府累计欠债14.29万亿美元，达到当时确定的"法定债务上限"，累计债务规模已经超过GDP的90%。2011年8月2日增加

① http：//calendar.hexun.com/global3_2.shtml.

债务上限[①]到14.69万亿美元，随后又于2011年9月27日调整债务上限至15.19万亿美元，不久又于2012年1月27日增加上限至16.39万亿美元。到2013年1月4日将债务上限最后期限暂定到2013年5月18日。2013年5月19日重新设置债务上限为16.7万亿美元。由于联邦政府财政过于依赖借债，债务上限很快就难以守住，联邦政府在上限到期日之前就再次要求国会批准提高债务上限，但由于共和党控制的众议院与民主党控制的参议院在实施《患者保护与平价医疗法案》（又称奥巴马医改、美国全民医保）上的分歧，国会不能在2013年8月2日法定债务上限最后日期到来时提高债务上限，美国联邦政府无法通过借新债来维持完全运行，遂于2013年10月1日起出现联邦政府停摆（或称政府关闭，government shutdown），联邦政府被迫关闭除了气象、医疗、外交、海关、国土安全、核心军事部门、邮政、航空管制以及刑罚系统等以外的所谓常规服务部门，联邦政府有超过80万雇员被迫无薪休假，一直到10月17日才结束停摆，此时国会两党就延长债务上限最后期限达成协议，同意暂停债务上限到2014年2月7日。2014年2月8日增加了债务上限使之达到17.21万亿美元，最后期限定为2014年2月15日，同一天国会决定暂停债务上限到2015年3月15日[②]。

虽然，近几年美国联邦财政赤字在大幅度缩减，2012年为1.09万亿美元，占GDP6.8%；2013年为0.7万亿美元，占GDP4.1%；2014年为0.65万亿美元，占GDP3.7%。但累计负债规模仍然很大，2013年达到16.72万亿美元，相当于GDP100.6%；2014年达到17.89万亿美元，相当于GDP的103.2%[③]。

②通货膨胀预期放大。美国作为主要储备货币发行国而启动的量化宽松货币政策与其扩张性财政政策协调配合，逐步形成通胀预期。为了弥补巨额的财政赤字，美国国债发行量将继续上升，而国内外投资者购买的意愿均不强。从美国国债的外国投资者情况看，受全球经济衰退的影响，出口导向型和能源输出型国家的贸易顺差额减少，购买美国国债的能力下降。从美国国内投资者情况看，由于经济不景气和失业加剧，美国居民增加购买美国国债的能力有限。在国债供给与国债需求存在缺口的情况下，美联储只能通过增加货币发行的办法购买中长期国债，以保证美国财政部发债计划顺利实施。这就是要通过实施所谓量化宽松货币政策，由美联储向市场直接投放基础货币，直接增加了通货膨胀压力。在债台高筑的情况下，为了维护美元地位，美国还没有采用过直接违约的办法，但美元贬值和通货膨胀是美国减少债务、化解财政危机的惯用办法，实质上也是一种违约，属于间接违约，会给全球投资者带来风险。

10.2　财政管理

财政管理就是政府的理财治税活动，是政府对以其为主体的收支活动进行计划、统

① 债务上限是指美国国会批准的一定时期内美国联邦国债最大累计发行额。原先联邦政府每一次借债都要经过国会批准，1917年起为了让联邦政府灵活应对战时财政局面，授权联邦政府可以根据财政需要一揽子举借国债，不必逐次批准，但国会规定一定时期不得超过的累计最高限量，即债务上限。多数经济学家认为设定债务上限是多此一举，不仅没有必要，还造成戏剧性不确定甚至财政危机，因为债务上限与财政收支方案即预算的批准没有关联，既然国会已经批准了年度预算案包括赤字水平，再来一个设定期限的债务上限，让政府无法在全年根据具体情况统筹收支。见Epstein，Jennifer. “Moody's：Abolish the debt limit” .Politico，July 18，2011.Jim Puzzanghera，Don Lee. “Scrap the debt limit，some lawmakers and economists say”，LA Times，January 22，2013.

② http：//www.whitehouse.gov/omb/budget/Historicals.Table 7.3.

③ http：//www.whitehouse.gov/omb/budget/Historicals.Table 7.1.

筹、组织、监督和控制，使之系统化、秩序化和发挥功能作用的过程。其根本目的是实现政府收支活动所造成的社会福利损失最小化，其主要方式是建立各种规章制度，并加以落实。按照政府收支活动的主要内容，财政管理包括政府总体收支的计划和统筹（预算制度），政府性基金收支统筹与监控，社会保险基金的收支统筹与监控，国有资本投资与运行监控，税收制度的设计及实行，公债规模的确定、发行和偿还安排，政府支出组织及控制等，因此一部财政学也就是一部阐述财政管理（理财治税）理论和方法的学术体系。这一节不可能也没有必要重复其他章节的内容，而主要阐述对政府收支进行控制的规章制度，包括预算制度、部门预算。

10.2.1 预算制度和编制方法

1）预算制度的发展

财政具有悠久的历史，一般来说，产生政府时就有财政。但预算作为财政管理的方法诞生的年月不算久远。世界上最早的属现代意义的预算是19世纪在英国产生的。从13世纪到19世纪，英国的新兴资产阶级、广大农民和城市平民为反对封建君主横征暴敛，要求对国王的课税权进行限制，经过几百年的斗争，英国议会于1789年通过一项《联合王国总基金法案》，把全部财政收支统一在一个文件中，至此产生了第一个正式的预算文件。早期公共预算是严格“控制取向”的传统预算体制，通过严格控制各部门对资金的使用来实现公共责任。

但传统预算体制注重预算资金使用是否符合规则，而不是预算资金的产出和结果，为了改进政府资源的配置效率，20世纪30年代开始，以美国为首的西方国家进行了一系列的预算改革。20世纪30年代，通过建立绩效预算将预算重点从投入转到产出，要求预算资金必须根据投入-产出关系确定的绩效指标来进行分配。但是绩效预算重心在于预算支出的产出，缺乏对预算支出本身是否合理的考量。

20世纪60年代，计划-项目预算弥补了绩效预算的这一不足，着重分析预算支出目标的价值，将预算资金分配到社会所需要的项目上。上述预算制度本质上都是基数预算，20世纪70年代美国佐治亚州实行的零基预算，试图通过取消预算基数来实现资源再配置，要求所有支出项目都从零开始进行审查，根据项目满足政府目标的程度来对支出项目进行排序，根据排序分配资金。由于高额的行政成本、复杂的技术要求以及日益激化的政治冲突，零基预算在现实中没有持续地实行。

20世纪70年代末，新绩效预算首先在英国、加拿大以及澳大利亚等国出现，新绩效预算汲取了绩效预算的绩效策略、计划-项目预算的功能分类、零基预算的目标排序等有价值的部分，主张将预算的重点从产出移到结果上，更加接近公共支出的最终目的。

中国现代意义上的预算制度在清朝末年才正式建立，受西方理财思想的影响，1908年清政府颁布了《清理财政章程》，1910年起由清理财政局主持编制预算工作，中国现代意义上的预算由此诞生。

中华人民共和国成立后，1949年12月中央人民政府通过了《关于1950年收支概算编制的报告》，标志着中华人民共和国财政预算的诞生。1951年8月，中央人民政府政务院颁布《预算决算暂行条例》，标志着中华人民共和国财政预算管理制度正式建立。此后，中国的财政预算制度进入了长期相对稳定阶段，一直持续到1991年底。1991年10月国务院发布《国家预算管理条例》并于1992年开始实施。1994年3月22日第八届全国人民代表大会第二次会议通过《中华人民共和国预算法》，1995年11月国务院通过《中华人民共和国预算法实施条例》，标志着中国预算制度进入了一个新的阶段。

2）预算的作用和性质

预算的作用是保证人民贡献的货币财富被恰当地用于增进社会福利，尽可能减少资金的不正当使用和浪费，预算本质上就是保证财政过程遵循"两害相权取其轻"的理财治税理念。不管什么形式的预算都必须具备确定性特征，才能起到这种"两害相权取其轻"的作用，所谓确定性包括数量的确定性、用途的确定性、程序的确定性、执行的确定性。

数量的确定性就是预算中的资金定额是通过科学合理的方法确定的，不是随意给的，这是保证资金得到合理使用的前提。要使预算安排的资金具有这样的特征，就必须明确预算单位在完成政府执政目标、提供公共产品方面的职责。资金数量及其用途，是以目标和职责分解为依据，就是提出政府或其部门实现执政战略目标、完成职责需要的成本，经过成本效益分析，提出在总财力约束下完成本部门职责并达到尽可能高的社会或经济效益所需要的资金数量和具体用途。预算定额一旦经过程序得到确定，就必须严格执行，除非发生不可预料的重大事件，否则不能在中途追加追减。这是预算的应有之意，否则预算就没有意义，这也是保证预算具有法律约束力即后面要提到的执行确定性的前提。

执行确定性指的是预算文件制定好以后，现实生活中一定要严格按照预算文件的规定执行，预算制定好以后只是完成了纸面上、文字上的工作，这才是预算的第一步，如何将书面上的东西落实好，需要的是预算执行的确定性，如果说确保预算的数量、用途、程序的确定性是预算的前提，那么保证预算执行的确定性则是预算实施的保障，如果不能保证预算执行的确定性，那么最终经过科学研究制定的预算无异于废纸一张，就没有任何实际意义，只有保证预算执行的确定性，才能让人们对国家的预算政策有一个稳定的心理预期，国家的预算制度也才能真正发挥其应有的作用。制度的有效性依赖于参与人预期的稳定性，制度的不稳定性，必然会导致人们预期的不稳定性，进而导致制度的失效。在中国目前的现实国情下，如何保证预算执行的确定性，做到预算硬约束，显得更为重要。

3）预算的分类

政府预算就是政府年度收支计划。从形式上看，就是按一定标准将财政收入和支出分门别类地列入特定的表格。从广义上讲，中国政府预算包括一般公共预算、政府性基金预算、社会保险基金预算和国有资本经营预算。本章只对其中最大的类型一般公共预算进行阐述，因此除非特别注明，均将政府预算视同一般公共预算。按收支管理范围分类，政府预算可分为总预算和单位预算。总预算是各级政府的基本财政计划，它由各级政府的本级预算和下级政府总预算组成。单位预算即部门预算是政府预算的基本组成部分，是各级政府的直属机关就其本身及所属行政事业单位的年度经费收支计划。

①中央预算和地方预算

按照预算的级次分类，政府预算可分为中央预算（联邦预算）和地方预算（州和地方政府预算）。中央预算是指经法定程序审批的中央政府年度收支计划。地方预算是指经法定程序审批的地方年度政府收支计划。

②单式预算和复式预算

按编制形式分类，政府预算可分为单式预算和复式预算。

单式预算又称为单一预算，是传统的政府预算编制形式，是指在预算年度内，将全部公共财政收支编入一个预算，通过一个统一的表格来反映。这种预算形式具有较强的综合功能，能够全面地反映当年公共财政收入的总体情况，有利于全面掌握政府公共财政状况，但不能有效地反映财政收支的结构和经济项目的效益，也不便于进行年度间和部门间的比较。

复式预算是指在预算年度内将全部预算收支按经济性质归类，分别汇编成两个或两个以上的收支对照表，以特定的预算收入来源保证特定的预算支出，并使两者具有相对稳定的对应关系。这种预算形式对总体情况的反映功能比较弱，但能明确揭示财政收支的分类实况，反映出财政收支的结构和经济建设项目的效益，较为接近商业会计原则。

典型的复式预算一般分为经常预算和资本预算。经常预算和资本预算的划分是从支出的不同性质开始的[①]：由于私人企业的投资可以划分为费用和投资，与其相似，政府的支出也可以划分为费用和投资，政府的公共经费属于费用部分，这部分支出减少了国家的净资产额，而投资则是由货币形态转化为固定资产、流动资产、金融资产，对净资产额不发生影响。相应地，公共支出与无偿的税收相对应，资本支出与债务收入相对应，形成了相对独立的两种预算管理方式。

③增量预算、绩效预算、零基预算、新绩效预算

按编制方法分类，政府预算可分为增量预算、绩效预算、零基预算、新绩效预算。此处简要阐述增量预算和绩效预算、新绩效预算，有关零基预算将在10.3节作具体阐述。

增量预算又称基数法，它是指各部门的预算以上年度的执行情况为基数，考虑本年度的因素，作适当调增或调减。由于在实际中往往只是调增，有的干脆采用比例增长法，每年的收支以一定比例增加，因此这种方法被称为增量预算法，采用这种方法编制的预算被称作增量预算。增量预算的优点在于简便易行，操作简单，一般不会造成预算在年度内波动很大，但是这种方法不够科学合理，没有充分考虑影响预算收支规模及其变动的诸多因素，不能体现预算效率的要求。

绩效预算，是指根据成本—效益比较的原则，决定支出项目是否必要及金额大小的预算形式。具体来说，就是有关部门先制订所要从事的事业计划和工程计划，再依据政府职能和施政计划选定所实施的方案，确定实施方案所需的支出费用编制的预算。绩效预算由绩、效、预算三个要素构成："绩"是指财政支出所要达到的目标；"效"是指用具体指标评估完成目标的情况和取得的成绩；"预算"是指财政为这一支出目标提供的拨款额。绩效预算与传统预算方法的不同之处在于它把市场经济的一些基本理念融入公共管理之中，从而有效地降低了政府提供公共产品的成本，提高了财政支出的效率。绩效预算与传统预算的另一个不同之处在于，它关注的不是预算的执行过程，而是执行的结果，不是政府的钱够不够花、怎么花，而是在这些花了钱的地方有没有实效。关于对政府或部门的预算支出进行绩效评价的分析，参见案例10-2。

① 项怀诚．中国财政管理［M］．北京：中国财政经济出版社，2001：97.

【案例10-2】

绩效预算案例——ABC大学财政支出效益评价

一、ABC大学基本情况

ABC大学是一所教育部直属的以经济管理类学科为主的综合性大学，学校的任务是培养社会需要的高级专门人才，现有20多个专业，学校有在校生13 000余人，全日制学生5 000余人，教职工986人，专任教师415人，截止到2001年底，学校拥有资产43 719万元，其中净资产42 437万元。目前学校正在不断调整课程体系，优化课程结构，深化教学、科研、人事、后勤改革，把工作重点放在提高教学质量上，2001年财政各项拨款合计114 511万元，其中“支持创建一流大学和一流学科”项目专项资金5 000万元。

二、该学校财政支出目标

为把该学校建设成为具有较强竞争力和一定国际知名度的重点大学，中央财政增加财政投入以改善教学和生活环境，其中“支持创建一流大学和一流学科”项目专项资金的投入起到很大作用，具体目标是：

1.教育事业发展效果目标，具体有：学校教育、培训力量进一步增强，新生入学数、在校生人数、成人教育人数扩大到一定数量，学生整体素质将得到较大提高；学校教育科研基础设施将得到较大改善，教育科研能力、学术科研成果的数量与质量将更上一层楼，科研成果转化率进一步提高，学校学术地位和发展潜力得到增强。

2.收支效率最大化目标，包括：财政投入将会对学校整体投入水平的增长有明显拉动作用，财政资金重点投向与教育科研有关的领域，学校现有资源得到充分利用。

3.重点项目保障目标。学校将切实保证对重点教育及科研项目的资金投入规模，以及资金投入的及时性；采取积极措施降低工程成本，并切实保证工程实施的进度和质量。

三、评价的基本目的和计分方法

评价的基本目的：一是评价该校财政支出在其实现教育事业发展目标中的作用（财政支出效益）；二是通过评价财政资金在该学校的使用效率以及运行效率，来评价和总结该校在财政资金使用过程中的经验和教训；三是对国家在该校实施的重点项目效果进行综合评价。计分方法是财政支出评价体系的重要因素之一，此次评价采取的方法有：

1.功效系数法。它是根据多目标规划原理，把所要考核的各项指标按照评价标准，通过功效函数转化为可以度量的评价分数，据此对评价对象进行总体评价、计分的一种方法。

2.综合分析判断法。对于部分评议性评价指标，采用专家评议方式确定评价分数，聘请若干专家，每位专家自己独立判断某项指标的得分，然后计算各位专家的平均分数，作为评议性评价指标的得分。

3.问卷调查计分法。对于需要公众判断的评价指标，采用问卷调查计分法确定评价指标得分。

四、评价内容及指标

1.教育事业发展效果指标。

①衡量学生情况的指标。一是“录取新生质量”指标，即反映新生素质和水平的综合指标，主要由“优秀学生录取率”“特长生录取率”“扩招比率”等构成；二是“在校生评定”指标，即反映在校生学业水平的指标，主要由“研究生比率”“学生外语水平”“计算机水平”等构成；三是“成人教育及培训人数”，即反映本年度内接受学校成人教育与培训的人数、成人教育及培训合格率；四是“毕业生签约率”，即本年度毕业生签订就业合同的人数比例；五是“本校学生考研通过率”。

②教师资源。一是“教师人数比率”，衡量的指标主要有“师生比”“教职工比”；二是“教师专业素质”，衡量的指标主要有高级职称人数及比例、中级职称人数及比例、初级职称人数及比例、博士学位人数、两院院士人数。

③学术成果评定情况。一是学术声誉（知名学者、专家、校长和企业家声誉调查结果）；二是学术地位（博士点、硕士点、重点学科数、重点实验室数、人文社科重点研究基地）；三是学术成果：SCI、SSCI、EI、ISTP、A&HCI、中国科技论文和英文数据库、中国社会科学英文数据库、国家级和省部级奖、发明专利。

④学校资源配置情况。研究与发展人员人均科研经费收入；图书总量及生均占有图书量；教育与辅助用房面积及生均面积；计算机台数及生均台数；学生宿舍面积及生均面积；教学设备总价值占固定资产比；体育设施更新率。

2.该校财政资金运行效率指标。

①财政资金使用效率指标，主要有财政经费支持率、财政资金结余率、财政资金拨付率、财政资金最佳比率、单位经费自给率。

②学校行政效率指标，主要有基本支出/总支出、基本支出/财政支出、项目支出/总支出、项目支出/财政支出、人员费用/财政支出、人员支出/财政拨款收入、公用支出/财政支出、公用支出/财政拨款收入。

3.重点项目实施情况指标。

①重点项目专项资金使用情况指标，主要有项目资金到位率、项目实施进度、项目超支率、项目交付使用率。

②重点专项资金支出结构指标，由三方面指标构成：一是反映师资队伍和学科建设投入情况的指标；二是反映基础设施改造资金投入情况的指标；三是反映教学条件和环境改造资金投入情况的指标（具体指标略）。

③重点项目资金使用效率的指标（具体指标略）。

五、评价结果分析

为客观、准确地反映该学校财政支出效果情况，在对该学校评价结果进行具体分析时采取三种方法：

1.成本收益分析法。成本收益分析法是通过计算相关指标数据进行分析，同时进行必要的问卷调查分析，通过成本收益分析来评价该校各项财政资金投入的作用和成效，以检验该校预算编制的科学性和财政资金使用效率。

2.前后对比法。前后对比法将该学校财政支出实施之前的发展目标和完成之后的效果加以比较，以确定该校财政支出的作用与效果，找出存在的问题和原因。

3.横向比较法。横向比较法通过与纳入国家“支持创建一流大学和一流学科”的同类学校进行横向对比，考察其在全国同类院校中的实际水平，并进行客观、公正、合理的评价。

六、结论

根据评价结果，得出结论。

资料来源 案例摘编自财政部统计评价司课题组.ABC大学财政支出效益评价案例［M］. //申书海. 财政支出效益评价.北京：中国财政经济出版社，2002.

新绩效预算是一种新型的将可测量的绩效评价结果与资金分配相联系的预算模式，之所以新，就在于不是简单地在现行政府架构和运行模式基础上进行绩效评估，而是以新公共管理理论为指导，在改革政府结构和运行方式的基础上，应用绩效预算和零基预算方法，更加重视绩效信息在预算过程和资源分配中的应用，从而缩减政府支出，提高政府公共服务效率和水平。

新绩效预算汲取了传统绩效预算和零基预算中有价值的部分，形成预算编制改革的新思路，包括目标和总额集中控制、权力下放、企业和市场机制的引入、以绩效评估为依据的结果导向。

首先，目标和总额集中控制。与传统预算模式下，下级政府制定预算，最终汇总形成总预算不同，在新绩效预算模式下，预算的形成是从上到下的，政策制定者根据本国年度发展计划对预算支出目标、总量以及大致方向进行规定。

其次，支出决策权下放。预算编制机构放松严格的“外部控制”，预算执行机构可以根据现实情况灵活、创造性使用预算资金，比如将资金从一个支出科目移到另一个支出科目，乃至从一个项目移到另一个项目，预算资金结余可以通过结转留存到下个预算年度，甚至以一定比例对预算执行机构成员进行绩效奖励。

再次，体现新公共管理理念，包括引入企业管理的方法和推行公共服务的市场提供机制。在绩效预算管理中，借鉴企业管理的办法，如平衡计分卡、标杆管理、作业成本法等。这些方法的引入可以更精确地核算部门和项目的成本，促进预算绩效控制指标的构建，同时提高了绩效指标的可信度。大力推行公共服务的市场购买、企业私人提供的办法，同时引入公共部门类市场竞争机制，使得公共部门与私人部门、公共部门各机构之间展开竞争，通过市场进行检验、选择，优胜劣汰，促进绩效评价更加客观有效①。

最后，结果导向。将权责发生制原则引入政府会计，关注成本分摊和资源的使用，由此可以得到应用于绩效预算的信息。在此基础上，通过建立合理科学的绩效测算指标及体系来编制绩效合同，将预算编制机构和执行机构的行政等级关系转变为绩效合同关系，并通过绩效合同进行优先级排序，来决定一个部门或项目能否得到拨款，能得到多少拨款。绩效合同包含两个部分，一部分是支出部门所需要的资金水平及自由处置权利，另一部分是支出部门需要实现的预算结果和相关测算指标，以及未实现预算结果所需要承担的责任。通过绩效合同，新绩效预算模式实现了预算资源配置决策从重视“预算产出”转向“预算结果”，更加接近公共支出的最终目的②。具体步骤见案例10-3。

也有研究表明，所谓新绩效预算与理想状态还有很大距离。新公共管理理念存在两大基石，一是向支出部门放权，通过下放财政控制权，从管理开支直接控制转变到通过绩效结果评估实施间接控制，将各方管理者从无效率的繁文缛节中解救出来，以释放管理潜

① 马蔡琛，朱旭阳. 从传统绩效预算走向新绩效预算的路径选择［J］. 经济与管理研究，2019，40（1）：86-96.
② 马骏. 新绩效预算［J］. 中央财经大学学报，2004（8）：1-6.

能，提高公共服务效率和水平；二是改变公共产品和公共服务提供方式，将市场机制充分引入公共服务提供领域，更多地向企业或私人部门购买公共产品而不是由自己生产或提供，工作人员也要从固定员工转变为短期公共雇员，公民还应有退出某种公共服务的权利。但从各国实行情况看，很少有政府向支出部门完全下放财政控制权，而实行公共服务市场化的情况更少①。此外，绩效评价难以完全反映实际效果。许多项目存在多重目标，而单一维度的项目评分或绩效评级有时会误导政策制定者②。新绩效预算并没有像我们所预期的那样来解决资源分配的问题。

【案例 10-3】

新绩效预算编制步骤——以美国为例

1.总统根据财政部提供的下一财政年度预算收入报告、预算局（Office of Management and Budget，OMB）提供的各单位预计支出概算、总统经济顾问委员会提供的经济发展前景预测以及联邦储备委员会提供的货币、汇率等资料，制定出下一财政年度政府预算的基本框架。该框架不仅大体反映了未来政府财政政策的基本取向、财政预算原则，而且阐释了总统对政府在社会经济中的作用的观点，以及按照重要性、紧迫性程度对各类预算项目作出优先顺序安排等。

2.根据《政府绩效与结果法案》（Government Performance and Results Act，GPRA）的要求和OMB发布的预算指导，各政府部门在编制自己预算时要分三个阶段主要做好如下工作：第一，根据战略计划编制年度绩效计划；第二，根据绩效目标优先级逐层进行资源分派；第三，按年度资源需求量和相关规定进行资金预算。这里，年度资金预算成为各部门所需财政资源的货币表现。此外，OMB还要求各机构提供相关项目的单位成本信息，以反映产生特定成果的项目的平均成本。这类成本应按照固定要素和可变要素加以区分，从而能更清晰地显示出边际成本信息。单位成本和边际成本信息的提供有助于OMB在各相似项目之间进行效率比较，并为各机构预算资源的分配提供了可信的基础。

3.OMB通过项目评估等级工具（Program Assessment Rating Tool，PART）对各部门提出的支出概算进行审核评估，为识别项目的优势和劣势以增减项目开支提供了科学的依据。其评估范围主要包括项目的设计和目的，战略规划工作，管理情况以及它们是否对纳税人产生了积极的成果等，最终形成预算支出草案。

4.OMB协助总统结合当前预算收支草案、现实经济状况和对未来经济发展的预测考察各项目对资源的需求情况，就预算支出草案与各部门进行沟通调整，最终形成总统预算文件提交国会。

资料来源：刘喆.美国联邦政府预算的编制方法及特点［J］. 财经科学，2006（2）：117-124.

4）部门预算

部门预算，是以使用财政资金的政府职能部门为单位，经财政部门审核后报人民代表大会审议通过，反映部门所有收入和支出的预算，即每个部门有自己完整的预算。

部门预算要体现如下基本特点：部门承担的执政职能目标与政府执政总目标一致，承担的任务（事权）具体明确；部门职能分工科学合理，尽可能避免交叉重叠，从而使预算

① 坎贾洛 M，克里斯汀 T，拉扎尔 M. 公共财政管理及其新兴架构［M］. 马蔡琛，张慧芳，赵铁宗，等译. 大连：东北财经大学出版社，2017：30-31.
② 马蔡琛，朱旭阳. 从传统绩效预算走向新绩效预算的路径选择［J］. 经济与管理研究，2019，40（1）：86-96.

分类合理科学；在合理的预算分类下，预算内容细化，人员经费、办公经费、设备采购与维护经费、研究发展经费、顾问助理和政策咨询费用、必要的接待费用等均列举细项，并附有说明材料，做到定额准确、透明，并易于监督检查；编制程序规范严格，任务确定、职能分析、用款预测、项目计划、评估调整、申请批准等均严格按程序进行，预算一经批准确定，需严格实行，不得更改；预算编制采用科学方法，如成本效益分析、绩效预算、零基预算、新绩效预算等方法。

中国在推行部门预算之前，只是编制粗略的总预算，并将经费整体地切块给各职能部门，由它们进行二次分配，各部门二次分配的方法不一。其主要缺陷是：预算分类过于粗略，经费用途不透明，无法仔细判断经费使用与政府执政总目标的一致性，人大代表也无法实施有效的评估、检查；缺乏科学合理的定额标准，资金分配随意性大，难免出现一些单位资金不足、一些单位存在浪费的情况，而且为了争取更多的资金，有些单位会采取寻租行动，造成财政腐败和不公平；预算资金分配权分散，执行过程中追加追减，弱化了预算的约束。

为此，中国从2000年起开始学习西方发达国家的预算管理办法，试编中央部门预算，随后积极推广到省级及省级以下政府预算的编制。部门预算制度的引进和推行对完善中国预算管理起了一定作用，但目前中国开展的部门预算还刚刚起步，还更多地是从“编制”角度，而不是从部门预算所含有的精神实质角度推行这一改革，加上实际上存在的垄断性公务员或准公务员市场（通俗说法是，公务员仍是“铁饭碗”），财政供养单位人员只能进、不能出，人员经费只能升、不能降，以及受中国现实国情和“大概”“差不多”思维习惯的影响，中国的部门预算还存在如下一些问题：尚未全面建立起科学合理的支出标准和预算定额体系；预算科目分类体系、结构不够科学，难以客观、准确地反映政府各项职责活动；资金安排还不能以科学的分析、评估为依据，缺乏准确的基础数据支持，主要还是采用拍脑袋或按往期基数简单地确定预算定额的方法；部门预算的内容仍然不够细化；存在资金多头重复安排问题。因此，原有预算管理中的问题还没有得到完全解决，而且还会出现新问题。

有鉴于此，必须根据中国国情和现实文化特点，探索中国式的部门预算管理模式。其基本设想与内容是：将各项行政事业费分解为“基本支出预算”和“项目支出预算”两部分。所谓基本支出，是指行政事业单位为保障其机构正常运转和完成其日常工作任务所必需的支出，主要包括人员经费支出和日常公用经费支出两部分。对基本支出预算以定额为主进行分配，定额标准是根据财力可能，结合部门的工作量、占有的资源、实际支出状况以及部门分类，以人或实物为测算对象制定的，也就是承认既得利益和只增不减的人员流动特点。所谓项目支出，是指部门或单位为完成事业发展目标和特定的行政工作任务，在维持其正常运转之外的支出。对项目支出预算要通过建立项目库和项目评审制度择优安排确定。实行项目支出预算后，部门申报项目首先要组织力量对项目进行绩效预算评估，然后按轻重缓急排序，根据当年财力可能进行安排。同时，建立绩效考评和报告制度，作为是否延续项目和批准同一单位新项目的依据，促使项目单位提高财政资金的使用效率。在进行这项工作过程中，要提高透明度，加强人民代表机关的审查、批准、监督力度，避免长官个人意志和面子、人情、关系对预算确定过程的影响。更详细的阐述参见10.3.3目。

10.2.2 财政规则、中期预算框架和财政风险控制

近几年来，许多国家从多次发生的经济或金融危机中吸取教训，除了加强预算的精细化编制和执行外，还创新了财政管理方式，包括制定对关键财政指标的控制规则、推行中期预算框架、建立分析财政风险方法程序以及使用和发展化解财政风险的工具。

1）财政规则

财政规则就是通过立法程序对影响经济发展和财政可持续性的关键指标规定最高上限，相应建立防止突破上限的控制机制、特别情况下的例外机制和追究财政责任机制。所谓关键指标包括债务占GDP的最大比重、预算赤字占GDP的最大比例、主要支出年最大增长比率（一般是不能超过GDP增长比率）、收入规模的上限和下限。如果已经超过最大比例必须定出逐年缩小的相对数。财政规则按照关键指标涉及的内容，一般包括债务规则、预算平衡规则、支出规则和收入规则。少数国家采用全部规则，多数国家或超国家联盟采用部分规则。欧盟采用上述前三个规则，债务规则就是著名的占GDP60%的债务警戒线，预算平衡规则是赤字额占GDP最高比例为3%，支出规则是主要支出的年增长率不超过GDP的年增长率。

为了确保财政规则得以落实和执行，还要建立三个基本机制。首先，是防止突破上限的控制机制，也称自动修正机制，就是通常规定一个或几个低于最高上限的具有警戒性质的比率，当在某个时间段财政运行结果达到该比率时采取适当行动加以修正以避免最终结果突破财政规则确定的上限。例如，德国规定赤字率达到1%时，有关部门就要提出改进措施扭转偏差。斯洛伐克规定，在债务率达到40%时，就要采取诸如冻结工资、自动削减3%的支出等措施。其次，是特别情况例外机制。为了防止因一刀切执行财政规则，造成对经济社会发展的负面影响，一般规定在自然灾害、经济衰退、银行系统需要紧急救助等情况下，可以暂定或取消执行财政规则，但对例外机制一般持谨慎的态度。最后，是对不执行财政规则者追究责任和处罚机制。财政规则通过立法程序或以联盟条约形式确定，体现刚性特点，不容有关部门或当局随意执行或不执行，不少国家或超国家联盟还设立专门的财政责任法或专门条款、条约，对没有执行财政规则者给予处罚。例如，欧盟新的财政契约即《经济货币联盟稳定、协调与治理条约》规定，对违反赤字率不超过3%的预算平衡财政规则的国家，可以处以相当于其GDP0.1%的罚款[①]。

2）中期预算框架（Medium-Term Budget Frameworks）

中期预算框架是对财政收入和支出多年预测和计划的程序，是从超越年度的角度安排财政支出和进行财政平衡。其具体内容包括确定约束性中期财政总量目标（如债务限额、支出限额、赤字上限）、对支出项目进行预期和评估、在可用信息的基础上预测未来政策变化的方向、宏观经济和财政运行结果。时间区间上，在几乎所有的欧盟国家当中，中期预算框架覆盖的时间区间都是包括预算年度在内的3~4年，实行滚动式的编制方式，每年更新，向前滚动1年[②]。

成功的中期预算框架一般具有四个特点，一是多年期的支出限额，政府对未来支出总

---

① 坎贾洛 M，克里斯汀 T，拉扎尔 M．公共财政管理及其新兴架构［M］．马蔡琛，张慧芳，赵铁宗，等译．大连：东北财经大学出版社，2017：109-110，130-143．

② 白彦锋．建立中期预算框架的国际比较与借鉴［J］．中央财经大学学报，2009（9）：7-11，22．

量和结构作出承诺，也对支出单位的未来支出额度进行限制；二是支出的优先性排序机制，增强重点支出项目或领域资金的可预期性和确定性；三是前瞻性支出监督和控制，就是人民代表机关和公众可以通过前瞻性预算支出是否与实际支出相一致来对财政活动进行监督；四是动态的问责安排，人民代表机构和公众可针对中期目标是否实现来对政府履行的责任作出评估。成功的中期预算框架，将加强财政的可持续性、促进资源更有效地分配、鼓励更有效地运用资源①。

3）财政风险

国内国外学术界对财政风险做了大量研究，对财政风险的定义存在不同观点。

第一类观点是从政府履行职能角度进行分析，有学者认为财政风险指政府拥有的公共资源不足以履行其应承担的支出责任和义务，以至于经济、社会的稳定与发展受到损害的一种可能性②。有学者认为财政风险是宏观经济和社会不确定性所导致的财政收支总量失衡或结构失衡，降低政府应对社会经济风险的能力，无法化解社会经济运行的风险及其后果③。

第二类观点是从财政本身可能出现困难的角度进行分析，有的学者认为狭义的财政风险，指爆发财政危机的可能性，即政府财政入不敷出、预算赤字巨大、国家债务剧增、全部或部分国家债券停止兑付的可能性④。有的学者认为财政风险是指国家在组织财政收入和安排财政支出过程中，由于财政制度和财政手段本身的缺陷以及各种经济因素的不确定性造成损失和困难的可能性⑤。

第三类观点是从与财政预测值偏离的角度进行分析，认为财政风险是经济剧烈震荡和清偿债务而引起财政变量与政府预算或其他财政预测值的偏离⑥。

上述有关财政风险的定义，以风险的本意为依据，从多个方面概述财政风险的定义，具有一定参考价值，但不够全面，也没有从财政只是处于分配环节、外在于生产等特质出发揭示财政风险。

我们认为，财政风险是由财政过度非均衡引起的对社会经济发展损害的可能性以及财政自身不可持续的可能性。财政是政府对生产成果的消费，收入和支出均存在适度性，收支之间存在平衡性。财政收入存在一定限度，与GDP表示的社会生产增加值之间存在合理的比例关系，如果财政收入或政府收入占GDP比例过高，超过上限（参见本书第6章有关税收负担限度的分析），索取过度就会造成生产萎缩，轻则影响经济增长，重则出现竭泽而渔，摧毁生产过程；但收入规模过小，占GDP比重过低也会导致公共产品和公共服务提供不足，产生社会秩序不稳和生产基础设施不足问题，也不利于生产有效进行。在收入一定的情况下，过度开支导致财政赤字和债务增加，出现收支不平衡，当出现持续或过度的不平衡时，就会引起金融体系的危险，甚至引起财政金融危机。财政作为非生产性的体系，在正常情况下自身就存在社会福利的净损失，一部财政学实际上都是自始至终研究

① 哈里森J.发达国家经济体的中期预算框架：目标、设计和效果［M］//坎贾洛M，克里斯汀T，拉扎尔M.公共财政管理及其新兴架构．马蔡琛，张慧芳，赵铁宗，等译.大连：东北财经大学出版社，2017：162-203.

② 刘尚希．财政风险：一个分析框架［J］．经济研究，2003（5）：23-31，91.

③ 刘蓉，毛锐．支出冲击、赤字缺口与财政风险化解路径［J］．财政研究，2017（3）：9-19.

④ 丛树海．财政风险扩张与控制［M］．北京：商务印书馆，2005：42-43.

⑤ 吴厚德．略论财政风险及其防范［J］．财政研究，2001（3）：48-52.

⑥ Aliona Cebotari，Lusine Lusinyan，et al. Fiscal Risks; Sources，Disclosure and Management. Washington，DC：International Monetary Fund，2009. https：//www.imf.org/en/Publications/Departmental-Papers-Policy-Papers/Issues/2016/12/31/Fiscal-Risks-Sources-Disclosure-and-Management-22362.

如何减少财政行为导致的社会福利损失，在损失不可避免情况下，处理财政的基本路径是“两害相权取其轻”。因此，正常情况下一般性福利损失的可能性不属于这里要讨论的财政风险，一般性财政失衡如出现赤字、举借债务只要没有超过一定限度，通过来年经济增长和财政管理的改善可将赤字弥补或将债务归还的，都不属于财政风险。财政风险表达的是财政过度失衡导致非正常的额外社会福利损失的可能性。

根据上述定义，财政风险具体形态主要指过度不均衡状况，包括收入过度、收入超过支出过多，结余数量过于庞大；支出超过收入过多，赤字率过高；债务规模过大，债务率过高等。收入过度、结余过大，如果是因为税率过高引起，也可能导致政府掌握资源过量，影响企业活力和居民消费。但在国家层面很难出现这种情况。用于衡量财政风险即过度不均衡的指标比较流行的主要还是过高的赤字率和债务率。怎样水准的赤字率和债务率才算是过高？目前还只有经验数据。经典的指标是1993年生效的《马斯特里赫特条约》中规定的赤字率和债务率，即欧盟各成员国的财政赤字占GDP的比重（即赤字率）不能超过3%，政府债务占GDP的比重（即债务率）不能超过60%。如果赤字率和债务率接近前述比率就需要预警，超过了就需要采取措施降低比率。

上述赤字率和债务率指标可作为国际经验加以参考。但也不能简单照搬照抄，而是要结合中国实际，特别是中国是社会主义国家，主要资产归全民所有（体现为国家或政府所有），来分析中国财政风险，制订防范风险方案。

首先，研究中国财政风险不能像西方国家那样，只研究政府收入支出相关风险，而要把整个国有经济的债务问题一并考虑，建立广义债务率概念。在中国目前体制下，无法通过破产程序化解的国有企业和其他国有单位的债务（包括亏损额）最终都要政府兜底。

其次，研究债务风险，特别是地方政府债务风险不能简单看债务率，还要看地方政府拥有的资产特别是土地资产和其他国有单位资产，从长远看，债务率高一点，只要没有资不抵债，就不存在风险。相应地，如果地方政府和国有企业，产生超过可变现资产的债务，也要成为风险控制的关键点。此外，包括金融机构和其他量级较大的企业和私人部门的隐性财政风险不可忽视。

最后，财政风险是不是存在，程度是不是高，除了看赤字率和债务率外，关键还是看宏观经济总体情况。不能简单地将赤字率和债务率上升等同于财政风险；同样也不能简单认为赤字率和债务率呈稳定状态或下降，就不存在财政风险[①]。如果宏观经济运行良好，财政风险短期即使严重一点，长期可能也不会有问题。如果财政过度失衡，高赤字率和债务率已经导致宏观经济运行出现困难，那财政风险就是实实在在的风险。因此，除了看赤字率和债务率外，还要分析宏观经济和物价变化、金融资产组合、政府各种担保、企业经营情况、PPP项目运行情况等对财政的冲击及其风险。

防范财政风险既要充分借鉴西方国家的经验和近期经济金融危机的教训，更要基于中国实际，寻求合理有效方法。防范财政风险机制的基本要点如下：

①防范风险的目标。财政风险控制的目标与财政自身的目标一致，即社会福利最大化，而不是财政稳健本身。经济发展状态良好、社会福利不断增进是防范财政风险的根本，财政稳健也很重要，二者保持一致是理想状态。但是，当二者不一致时财政稳健要服

① 吴俊培，张斌．中国市场经济体制建构中的财政风险［J］．财贸经济，2012（1）：10-16.

从经济发展大局。当财政风险不可避免时，由政府承担的成本比简单地推给社会的成本要低。因此，化解财政风险的目标不是最小化财政风险，而是有效地承担财政风险，包括采取熨平经济周期的财政政策导致的财政失衡，以促进经济循环的恢复正常，实现充分就业和国际收支平衡。

②风险识别、分析和信息披露。在防范目标明确的情况下，防范风险的第一步是组建财政风险管理的责任机构和负责人（即财政风险管理者），并赋予承担责任相应的权力；第二步是识别风险及其程度。要识别风险需要掌握有关财政风险的全面信息，财政风险信息的收集、获取需要与财政风险管理者的责任匹配。在掌握信息的情况下，采用合适方法分析评估风险及其程度，分析的着眼点包括财政风险的主要来源、评估量级较大的风险对财政不同要素以及对宏观经济不同方面的影响、税收征收情况、政府间财政关系和财政管理质量等。经过分析评估，向责任当局及时提供敏感信息并定期提供财政风险报告。

③采用适当的化解手段。根据风险类型和程度，采取应对措施。首先，建立应急预案和应急预算，在预算中安排债务和或有债务的成本，通过建立中期预算框架，把较长期风险列入预算要素中。其次，建立财政规则和中期预算框架，规定重要风险指标的上限和支出限额。最后，用好适当方法和技术包括金融和保险工具，应对具体财政风险，达到规避风险、转移风险、分担风险和减少风险的目的，参见案例10-4。

【案例10-4】

化解财政风险的一般方法

下面列出了政府可以用来化解、降低风险的许多方法，每种方法都列举了例子。

通过不从事冒险性的商业投资或缩小政府参与商业活动范围的方式，来规避风险；为保证私营保险市场的发展，去除管理或税收障碍，并减少政府提供的保险。

通过购买保险和再保险向其他机构转移风险；发行重大灾害债券；将公务员固定收益养老金计划转为固定缴款计划；将金融资产证券化并出售，如助学贷款。

通过局部担保（如在加拿大、智利和美国那样）分摊风险；收取与风险相关的担保费和保险费；向部分消费者提供补助。

通过税收改革使收入来源多样化来分散风险；金融资产投资策略。

通过货币互惠信贷和商品期货对冲风险，平衡外汇和商品的价格风险（许多国家的债务管理机构采用这种方法，墨西哥也采用该方法来规避石油价格风险）。

通过强化财政部门规则降低风险；让所有符合条件的银行加入存款保险计划，以避免发生逆向选择；使财政预测接受独立的审查；保护税基不被侵蚀；使用政府金融资产偿还外币债务，以降低资产负债表的杠杆率；明确各机构管理财政风险的具体责任；采用综合的中期预算；加强内部控制以减少运营风险，如将分析和监督风险的责任从承担风险的机构中剥离。

通过对消费者补贴设置上限规定风险限额；将不明确的隐性或有债务转变为显性或有债务，例如，设立具有固定的单次援助限额的灾害保险或存款保障计划。

构建风险缓冲区，预留可以弥补风险成本（如果出现风险）的额外的财政空间；为突然发生的特殊风险储备金融资产；协商形成针对偶发性风险的财务支持。

所有的国家都通过防止税基侵蚀来化解风险。偷税和漏税造成的收入损失给各国造成持续的威胁，而日益增加的跨国经济活动会加大这种威胁。

资料来源 坎贾洛 M，克里斯汀 T，拉扎尔 M.公共财政管理及其新兴架构［M］，马蔡琛，张慧芳，赵铁宗，等译.大连：东北财经大学出版社，2017：225-226.

10.3 零基预算

10.3.1 零基预算产生额和实践

零基预算（zero-base budgeting）是一种预算编制的方法和预算管理模式，就是预算单位以预算期（通常是一年）实际资金需要为基础，而不是简单地以上一个预算期的基数为主要依据编制预算，形象比喻一切从“零”开始，对申请的决策案经过目标任务分析、替代方案考察、成本效益比较、优先性排序等过程，选择在财力约束下最契合战略和政策目标的决策案，汇总形成预算。以下从国外（美国）和国内两个方面对零基预算作一番回顾。

1）零基预算在美国的产生和实践

从理论思路看，美国财政学家巴斯特布（Charles F. Bastable）于1892年在其出版的财政学教科书中，首先提出要以资金需求的各种因素为依据而不是简单地以上年开支为基数来编制预算。从实践看，零基预算始于20世纪60年代初美国农业部（Boyd，1980）①。1962年美国农业部推出预算改革，要求该部各机构在编制来年预算时，在阐述预算方案必要性的基础上，根据需要从初始即零开始安排所需费用。但是实际运行效果很不理想，采用这一改革方案的结果只是取消了一个过时的研究项目，涉及金额也只有10万美元，其他均没有改变（Boyd，1980）②。因此，一直到20世纪60年代末都不再有类似的改革发生。美国农业部的预算改革，虽然没有采用零基预算这个概念，但预算编制时体现了后来被称为零基预算的思想和方法。因此，威尔达夫斯基和哈蒙德（Wildavsky and Hammond）于1966年最早使用"零基预算"一词来描述美国农业部上述改革（Burrows & Syme，2000）③。

皮特·派尔（Peter A. Pyhrr）根据在美国德州仪器公司的实践，于1970年在《哈佛商业评论》发表题为《零基预算》的论文，最早对零基预算的主要目的、基本概念、操作程序等作了系统阐述。1973年，他又把零基预算论题扩充成专著出版。皮特·派尔首先提出决策案（decision packages，或译决策包、一揽子决策，本书统一用决策案）等概念，对零基预算编制方法进行标准化、程序化设计。卡特担任佐治亚州州长期间，邀请皮特·派尔设计零基预算方案，作为1972—1973财年州政府预算编制的方法。

卡特担任美国总统后将这一方法引入联邦政府，试图利用这种方法改革联邦预算制度，解决严重的联邦财政赤字问题。随后，除佐治亚州外，得克萨斯州、新泽西州和新墨

① Boyd W L . The applicability of zero-base budgeting to the public sector： An empirical review and comment ［J］. Computers Environment & Urban Systems, 1980, 5（1-2）：97-103.

② Boyd W L . The applicability of zero-base budgeting to the public sector： An empirical review and comment ［J］. Computers Environment & Urban Systems, 1980, 5（1-2）：97-103.

③ Burrows G , Syme B . Zero-Base Budgeting： Origins and Pioneers ［J］. Abacus, 2000，36（2），226-241.

西哥州以及一些地方政府，包括县、市、学校和医院也采用了零基预算。

但实际运行效果并不理想。零基预算在联邦政府推行期间以及之后的许多研究证明了这一点。例如，1974年一名叫Minmier的学者在其博士论文中研究了当时佐治亚州的零基预算运行效果，认为零基预算虽然具有一些创新举措，包括在预算编制过程中加入评估环节、收集的信息更全面、参与的各层级人员更多，从而使预算编制更精细，但实行效果不明显，想要解决的问题并没有得到真正解决，却导致人力和时间投入大量增加（Boyd，1980）[①]。

有学者研究了零基预算在联邦政府的推行效果，认为在联邦政府层面，零基预算的推行并没有对预算管理产生实质性影响（Frank & Bernard，1980）。还有学者研究指出零基预算不适合大型政治系统的整体预算编制（Herzlinger，1979）[②]。

这表明零基预算方法具有一定的适用范围，可能只适用于比较小的预算单位。由于在比较小的预算单位里，它们的目标、行动计划、效益和成本投入均可以清晰地加以量化。而中央（联邦）、省（州）、市县等较大单位，如果推行零基预算，要么决策案太多，无法汇总排序；要么决策案难以有效地进行量化评估比较。一项有关美国密歇根大学医学院实行零基预算效果的研究证实了这一点（Herrmann等，1981）[③]。

因此，有的学者总结，纯粹的“教科书”式的零基预算难以有效推行，但它的核心内涵和方法可使用于预算编制过程中。零基预算是在绩效预算之后的新方法，又构成新绩效预算的技术基础，可以说没有零基预算的发明和实践，也不可能有所谓的新绩效预算。在现在美国联邦部门专项预算中仍然可以在表格栏目里看到有零基预算的字样。美国某个机构一项调查显示，2008年金融危机以后越来越多的公共机构推行零基预算。但新推行的零基预算版本与原来不同（Kavanagh，2012）[④]。

比较典型的案例，是美国佐治亚州在中断大约30年之后又于2012年重新采用零基预算。但新的零基预算与原来的不同。新的零基预算基本上是一种带有零基预算合理内核的绩效预算（performance budget）。新版零基预算与20世纪70年代州长卡特执政期间实施的原始版本有很大的不同。卡特时代的零基预算的术语和程序都是独特的，而新的零基预算主要依靠现有绩效预算的程序。卡特时代的零基预算声称将一切从零基础开始，新的零基预算是基数调整（被称为钻入基数drilling down into the base）和连续相结合的预算。卡特时代的零基预算旨在提高资金配置效率从而让财力使用更有效，新的零基预算的目的是压缩开支（Lauth，2014）[⑤]。

2）中国借鉴零基预算的进程

在中国，从1993年起，先后有湖北、河南、陕西、甘肃、云南、福建、广东、河北、辽宁、安徽等省份开始试行以零基预算为名的预算编制方法改革（王辰、李彤，

① Boyd W L . The applicability of zero-base budgeting to the public sector： An empirical review and comment [J]. Computers Environment & Urban Systems, 1980, 5（1-2）：97-103.

② Herzlinger R E . Zero-base budgeting in the federal government： a case study [J]. Sloan Management Review, 1979, 20（2）：3.

③ Herrmann T J ,Pyhrr P A , Thomas J D , et al. A zero-base approach to medical school planning and budgeting [J]. Journal of Medical Education, 1981, 56（8）：623-33.

④ Kavanagh Shayne C. Zero-Base Budgeting： Modern Experiences and Current Perspectives [J]. Government Finance Review, 2012, 1（2）：8-14.

⑤ Lauth T P . Zero-Base Budgeting Redux in Georgia： Efficiency or Ideology? [J]. Public Budgeting & Finance, 2014, 34（1）：1-17.

2011）[①]，但都不是严格意义上的零基预算。改革的着眼点是通过严格控制人员编制，无编制不拨款；按经验数据，制定各项定额，公用经费实行定额管理。改革甚至不存在设计决策案、替代方案、成本效益分析、排序确定优先决策案等零基预算标准程序（财政部预算司，1997；马骏、叶娟丽，2004；胡正衡，2006）[②③④]，属于借用零基预算的名称，以实现压缩预算规模和减少不必要或虚假开支、规范预算外资金收支的管理措施。因此，有的学者指出这一时期在部分省市推行的所谓零基预算实际上属于"定额预算"或"控制预算"（马骏，2005）[⑤]。有的学者认为这一时期中国地方政府运用的不是零基预算，而是目标预算（牛美丽，2010）[⑥]。2000年珠海市试行比较实质的零基预算，尝试按照零基预算的要求，不设基数，让各部门自下而上申报预算，结果各个部门最后报上来的预算总数大大超过珠海的可支配财力，试行两年就停止了（冯叶、朱丽惠，2015）。

21世纪最初10年（2001—2011）中国经济进入高速发展阶段，GDP增长率都在10%以上，财政收入增长率多数年份均在20%，个别年份高达32%。财政实力迅速增强，同时通过收支两条线、取消预算外项目、国库集中支付、政府集中采购等一系列改革，预算管理规范化程度明显提高，在这种形势下，有名无实的所谓零基预算也失去了推行的必要性。

2012年以后中国经济发展进入新阶段，出现中高速发展的新常态，财政面临增收趋缓、支出增加的新局面，优化财政支出结构、提高资金使用效率，成为纾解财政压力的重要路径。在这种形势下，采用零基预算理念和方法又被提到议事日程。2014年，山西省决定基本支出实行零基预算；广东省政府印发《广东省省级财政零基预算改革方案》，同时决定从2015年开始在珠海、清远、中山等地开展改革试点。按照珠海市的试点方案，广东省主要从实行支出项目分类管理、建立预算滚动项目库、实行项目绩效评价制度、改进项目预算审核方式等四方面推进零基预算改革，并取得了初步成效（李里，2016）[⑦]，经过2016年扩大试点范围，2017年全面开展零基预算。2015年，陕西省政府印发《关于省级全部实施零基预算改革的意见》，确定从2016年起，在省级部门全面实行零基预算；吉林省政府发布《关于推进财政资金统筹使用的实施意见》，提出遵循零基预算理念，清理整合项目预算。中央层面上，国务院在2017年政府工作报告也提出，政府和事业单位应该将零基预算作为未来的方向，逐步扭转目前的增量预算。当年，重庆市推出零基预算改革方案，建立预算编制公开评审制度，由人大代表、专家教授等组成联合评审组，对2018年37个部门的110多个重点专项开展公开评审，同时预算执行"零结转"制度。2017年，青海省政府办公厅发布《关于优化全省财政支出结构的实施意见》，决定通过全面做实零基预算、清退固化僵化支出，建立"能出能进"的财政资金分配机制。2018年，贵州省财政厅在预算编制会议上决定全面实施省级部门零基预算改革，改变基数加增长的预算编制方式。2019年，天津市开始对市级158个部门正式实施零基预算；山东省提出进一步压缩政府系统开支，严格实行零基预算，加大资金统筹力度，提高财政资金使用绩

① 王辰，李彤．中美零基预算的比较及启示［J］．经济纵横，2011（8）：97-99.
② 财政部预算司．零基预算［M］：北京：经济科学出版社，1997.
③ 马骏，叶娟丽．零基预算：理论和实践［J］．中国人民大学学报，2004（2）：122-129.
④ 胡正衡，零基预算方法［M］．北京：中国财政经济出版社，2006.
⑤ 马骏．中国的零基预算改革：来自某财力紧张省份的调查［J］．中山大学学报（社会科学版），2005（1）：58-67，124-125.
⑥ 牛美丽，中国地方政府的零基预算改革［M］．北京：中央翻译出版社，2010：151.
⑦ 李里．珠海零基预算改革的实践探索［J］．财会研究，2016（2）：14-15.

效；江西省选择部分省直单位开展零基预算编制试点。

进入2020年，面对新冠肺炎疫情、国内经济下行压力加大和财政大幅度减收的严峻形势，第十三届全国人民代表大会财政经济委员会《关于2019年中央和地方预算执行情况与2020年中央和地方预算草案的审查结果报告》明确要求，探索运用零基预算理念科学核定支出，提高预算编制的科学性和准确性。北京、上海、天津、黑龙江、山东、江苏、浙江、福建、湖南、广西、云南、海南、甘肃、内蒙古、西藏等省（自治区、直辖市），在2020年政府工作报告或预算报告中或预算编制工作会议上提出，从当年或2021年起，全面推行零基预算或在省级部门实施零基预算，或运用零基预算理念编制预算，着眼于打破预算安排和资金分配中存在的“基数”依赖和支出固化格局，完善能增能减、有保有压的预算分配机制，持续优化财政支出结构，集中财力保障重要民生、重大改革、重点项目。

综上所述，零基预算作为预算管理的一个重大发明和创新，由于具有值得重视的核心价值，仍有其重要的现实意义；同时零基预算几起几落，表明其也存在一些固有的缺陷和问题。因此，要借鉴零基预算的理念，解决中国财政管理上的问题，需要对零基预算进行一番穿透性的剖析，以找出应该借鉴的核心价值，同时也指出应该避免的缺点。

10.3.2 零基预算的核心价值和主要缺点

1）零基预算核心价值

零基预算作为财政管理的一项重要发明，虽然在实行过程中因为种种原因不够理想，但包含创新思维和解决传统基数预算方法存在问题的新思路新办法，有值得借鉴的核心价值，主要体现在：

（1）优先性选择。零基预算最核心的价值，在于采用优先性规则。无论国家如何发达、财力如何丰富，财政资金都是相对不足的，通过不同项目的轻重缓急、成本效益比较，进行优先性甄选，保证重点和必需开支，去除不必要不重要的开支，可优化财力配置、提高财政资金的使用效率。零基预算改变了传统预算以上一年预算基数为基础、承认既得利益、使部门利益固化、不能匹配政治经济环境变化和纳税人偏好变化的弊端。因此，零基预算可以改进预算过程，提升预算效率，增进政府服务（Edward，1982）[①]。

（2）战略性谋划。在零基预算编制过程中，如何判断哪些项目属于优先，哪些项目属于一般或需要削减，不是简单地看基数即看过去的工作，而是要结合政府或部门提供公共服务的战略目标和政策目的。零基预算编制过程会迫使有关人员深入思考经济社会发展和公共产品提供的战略重点，认真分析各项财政活动的资金需求、成果与要达到目标（包括短期和长期目标）的关联度，研究每项财政开支对达到政府或部门目标的作用和影响，保证财政活动、财力分配对准战略目标、围绕战略目标，以确保每一分钱都能服务于战略，从而让资金发挥更大、更有效作用，达到事半功倍的战略效果，形成促进社会经济进步的合力。

（3）精细化安排。在零基预算下，所有预算的资金都以实际需求为依据，从零开始计算，不受过去基数影响，实际需求以可量化的许多客观指标为依据。零基预算一般要包含

① Edward J. Clynch. Positive Practitioner Attitudes toward Zero-Base Budgeting: A Strategy for Achievement, State & Local Government Review, 1982.14（2）, 80-85.

三个类型的决策案。首先是基本案，仅满足预算单位提供最基本公共服务的资金需求。其次是更新案，继续当前提供的服务级别，但因为外部环境发生了变化（如服务对象数量自然增长），为保持服务水准需要提供资金增量。最后是增强案，提供服务超出当前级别所需的资金、增设新的项目。零基预算下，决策案除了要提供服务所需投入（货币资金、人员编制等）的详细信息外，还要通过一系列衡量标准反映预算项目对服务性能和服务级别的影响。例如，街道维修部门做决策案申报预算时，要通过路面质量指数等技术经济指标度量可维护的车道里程、平滑度变化等。零基预算编制以获得精准全面的信息为基础，使预算编制过程精细化，避免因缺乏具体信息和数据而导致的疏漏和经费虚增。

（4）成本化意识。在零基预算下，对所有项目进行成本效益分析，作为项目排序的重要依据，以实现战略目标和政策目的所产生的效益为着眼点，确定哪些项目要拨款，哪些项目要削减甚至取消。同时，还要就服务级别、服务程度，与相应的开支水平（即成本付出）进行细致比对匹配，决定需要拨款的项目的拨款水平。这就改变了传统以基数作增量调整的预算模式较少考虑成本效益匹配的做法，预算编制过程体现了成本意识。

（5）有效的预算控制手段。因总财力下降，为保持预算平衡而需要削减预算时，零基预算对比同比例压缩的一刀切办法，具有更客观和重事实的特点。零基预算下的削减是基于对预算单位相关开支项目效益和价值的比较，所有支出都要接受程序化的比较和审查。预算削减与服务削减之间的权衡更加透明。因此，零基预算是更有力度和更具说服力的削减预算手段。

2）零基预算的主要缺点

尽管零基预算在理论和思路上存在上述优点，但与任何事物一样，零基预算也存在内在缺点。

（1）编制过程复杂。零基预算存在一套严格的规范和程序。首先，要使零基预算发生效力，决策单位即预算单位要尽可能小。一个稍大一点部门，即使是县一级下属部门都有许多要进行单独核算的决策单位。例如，在一个中学推行零基预算，就要有37个决策单位。[①]其次，每个决策单位要根据服务程度或等级（如基本级、行政级、增强级）制定多个决策案，每个决策案要包含15项基本要素，即名称、功能、工作内容、所属机构、服务等级、目标陈述、业务说明、预期成果（或收益）、不批准的后果、数量指标（如业务次数、次均成本、人均成本等）、需要的资金、服务等级的替代或备选方案、不同办法的替代或备选方案、资金来源（上级拨款、本级投入、服务收入等）、资金预测等。每一年都要从头来一遍，无数的决策案，就要填写无数的表格、进行无数的分析、比对、选择。最后，决策案作出后要逐级排序、评审、决定，程序烦琐复杂、过程经历的时间长，与年度预算编制的时间不能太长的要求难以协调，最终可能使预算编制过程难以简洁明了。实践反复证明，简洁明了是预算编制的第一原则，美国历史上推行过的零基预算就违反了这一原则。

（2）预算不可预期。传统的以基数为依据的预算编制方法存在诸多问题，但可预期是其显著优点，本预算期能获得多少财政资金，可根据上年支出额度加以预测，从而可事先进行工作谋划。在零基预算下，一切都要从零开始，对未来工作无法提前谋划、提前安

① 奇克L M.零基预算法实务［M］. 许是祥，译，台北：台湾中华企业管理发展中心，1979：286.

排，财政开支申请是否得到批准，能批准多少资金，都是未知数。这就违反了预算编制的另一基本原则即确定性或可预测性，无法“预算”或预而不算，就失去了“预算”的本质。有学者研究表明，当预算不确定时，会刺激预算单位为保持既得资金，采用虚假数据进行瞒报（Hayes & Cron，1988）①。

（3）操作成本高昂。零基预算若全面推行需要付出高昂的成本。首先，信息获取成本很高。零基预算讲求精细化和进行仔细的成本效益分析，这些都是以获得完全的信息为条件的。无论是决定决策单位，每个决策单位设计多个决策案，决策案中要包含诸多内容，还是对决策案进行排序，都需要系统地完全地收集人员编制、人员素质结构、单位或项目的运行业绩、技术经济指标、开支依据和标准、财政活动的历史成本数据、效益评估数据等。这些信息从财务报表中难以完全获得，需要通过仔细的调查收集、分析处理，这要增加许多工作量，从而增加人力费用和公用经费。

其次，信息不对称的成本不可忽视。特别是在进行决策案排序和项目审查时，上级单位掌握的信息与基层掌握的信息是不对称的，当预算配给与基层单位人员的收益、业绩等直接利益相关的情况下，如何防止基层虚报，识别真实信息，去除虚假信息，作出客观公正的判断，需要建立人数足够、设备精良、素质优秀、修养卓越的队伍来调查甄别，这也是极耗人力、物力的。

最后，人员培训和制度变革也会大量增加运行成本。事情都是人在做的，预算管理方式的转变需要人员素质的转变，而要在较短的时间里通过培训来改变现有各级预算从业人员的素质，提高他们理解力，需要耗费巨大培训成本。在许多情况下，通过培训还不一定能解决问题，还要涉及人事改革，要建立优胜劣汰机制。此外，还要全面改革预算会计制度，使会计制度适合零基预算，这也需要大量的人力、物力投入。

一项研究表明，使用零基预算法编制预算所需的时间比传统方法增加了100%，应用零基预算方法产生的运行成本，要高于因该方法使用而节约的成本（Boyd， 1980）②。

（4）经济合理性和政治法律合规性难以兼顾。任何预算改革都会涉及已有法律法规，零基预算作为一项改革，在推行过程会经常出现一个难以克服的矛盾，即按法规和政策规则需要安排支出甚至还要加大支出力度，但按零基预算的优先性选择即经济合理性要求，要削减甚至删除支出项目。如果坚持法律法规和政策规则，那零基预算就大打折扣，如果坚持零基预算的经济合理性，那就面临违规或不服从的风险。

（5）难以普遍采用。零基预算具有特定的适用范围。就经济大环境而言，如果是财力充裕，或国家要推行扩张性宏观财政政策，推行零基预算就不存在紧迫性，甚至还会因支出手续过于烦琐而对宏观财政政策的推行造成阻碍。因此，零基预算适用于实行紧缩性财政政策时期或财力下降需要削减预算的时候。

就政府规模和预算编制复杂性而言，如果在中央或联邦、省（州）、市县一级推行零基预算，因为要编制太多的决策案以及进行复杂的排序、甄选、汇总，所以无法做到在较短时间里保证预算编制简洁明了。经验表明，严格意义的标准零基预算只适合较小的基层预算单位或项目。在大一点的单位里，不少预算项目无法单独核算，如人员经费、公用经

① Hayes R B, Cron W R. Changes in Task Uncertainty Induced by Zero-Base Budgeting: Using the Thompson and Hirst Models to Predict Dysfunctional Behaviour [J]. Abacus, 1988, 24 (2): 145-161.

② Boyd W L. The applicability of zero-base budgeting to the public sector: An empirical review and comment [J]. Computers Environment & Urban Systems, 1980, 5 (1-2): 97-103.

费、资本支出等无法明确分担于各个下级项目，也无法确定单一的责任主体，零基预算的精神就难以体现。

就技术层面，公共产品之所以成为公共产品就是因为它们无法进行客观准确的定价，实际上也无法精准核算其成本开支，且预算编制涉及的是未来工作和未实现的业绩，进行成本效益比较分析和绩效评价，很难完全避免主观臆测。

就可行性层面而言，即使在零基预算的优点可呈现的有限领域，也需要一些先决条件，包括必须进行支出分类、预算科目和会计制度、核算方法的改革。支出分类要适应零基预算；必须将预算科目细化，将可独立核算和可落实主体责任的开支项目，从一般的大科目中独立出来；调配能胜任零基预算精细化工作方式的工作人员来进行预算编制工作，同时做好培训；还要做好宣传解释工作。因此，零基预算不是对所有级次的预算编制和所有资金项目都是适用的。有经验研究成果证实了这一点（Kavanagh，2012）①。

总之，零基预算与其他任何预算管理方法一样都不是完美无缺的，推行的成本高昂，具有严格的适用领域。即使在零基预算基础上发展起来的新绩效预算也存在种种问题。如绩效信息的采集和使用同样要付出较大成本，完全以过去的绩效表现来决定未来政策的优先级也不一定恰当（苟燕楠、王海，2009）②。此外，美国预算过程在民主的幌子下充满党争、利益团体的特殊支出等不公平问题，以及拖延拨款，导致政府停摆等无效率问题（杨雷，2015）③。因此，预算管理方法上，我们不能迷信和简单照搬照抄美国的做法。但零基预算的合理思想内核是人类共同的预算管理思想和经验，我们要虚心地加以借鉴，在借鉴时也要善于克服其固有的缺点，并结合客观实际创新发展。这就需要明确借鉴时应遵循的原则，在总结经验的基础上找到具体路径和方法。

10.3.3 借鉴零基预算理念应遵循的基本原则及路径与方法

在中国，借鉴零基预算理念当然是为了解决预算编制和管理中存在的问题。尽管中国预算管理不断取得进步，但仍存在一些不够理想的方面，包括预算与战略和政策衔接不够紧密，支出结构不够合理；预算编制不实、预算执行随意；预算支出项目固化的格局尚未根本改变，年末结转资金较多。其结果产生了可支配财力增量不足与资金存量积压并存、财政负担不轻与公共服务供给不足并存、部门和重点资金优化整合比较困难、财政资金使用效率亟待提高等问题。

造成上述不足和问题的原因是多方面的，既有宏观层面上的原因，如财政治理体系不够健全，财政资金分配不够合理；依法理财观念不强，预算权威性和刚性不足；地区和部门支出管理责任弱化、绩效意识淡薄、监督检查和内控机制落实不到位。也有微观层面上的原因，如科目设置和预算会计核算体系不够精细，预算编制粗糙，不够细致和具体，往往导致事项与资金配比不一致，要么资金不足，总是要求追加，要么产生较大结余；预算执行过程灵活斟酌的空间比较大，预算执行难以严肃认真。解决预算编制和管理出现的问题，根本上还要依靠深化财政改革，实现财政治理体系和治理能力的现代化。借鉴零基预算理念，在预算编制源头上，打破基数预算造成的财力固化格局；在结果上，加强对预算

① Kavanagh Shayne C. Zero-Base Budgeting: Modern Experiences and Current Perspectives [J]. Government Finance Review, 2012, 1 (2): 8-14.
② 苟燕楠，王海. 公共预算的传统与变迁：美国预算改革对中国的启示 [J]. 财政研究，2009 (6): 78-81.
③ 杨雷. 国家治理现代化中的预算制度：美国预算改革的经验和教训 [J]. 财政研究，2015 (7): 111-114.

项目支出的绩效评估，形成“零基预算+绩效预算”新体系，不失为财政治理体系和治理能力现代化的重要一环。零基预算与绩效预算是相辅相成的关系。其目的相同，都是着眼于财政支出结构的优化，将有限的财政资金投到更有绩效的领域，更好地实现政府战略目标和政策目的，为人民群众提供更优质的公共服务。绩效预算特别是新绩效预算的基础是零基预算的技术和程序，离开了零基预算的方法就无所谓新绩效预算，因为“确定支出优先顺序”和“有效使用绩效信息”等零基预算核心思想和技术程序也是新绩效预算的重要核心环节（马蔡琛、苗珊，2018；马蔡琛等，2019）[①②]。

在近30年时间里，中国各地反反复复借鉴零基预算，一方面取得一定效果、积累有益经验，一些地区结合实际，创新发展了富有特色的零基预算新模式。有的学者实证研究了珠海实行零基预算的结果，发现零基预算改革前后，项目支出结构在数量精简和资金整合上均发生积极变化（杨广勇，杨林，2019）[③]。但另一方面，不少地区借鉴零基预算，采取简单化的思维，并不清楚零基预算核心内涵是什么，甚至只是借用名称，并没有在核心理念和科学方法上实质性地加以应用，更没有创新和发展。鉴于此，有必要根植于中国实际、直面预算管理突出问题，借鉴零基预算核心内涵、避免零基预算实践缺陷，在总结经验的基础上，将零基预算的科学理念与绩效管理相结合，努力构造中国特色的零基预算 + 绩效预算新模式，其原则及路径和方法如下：

1）借鉴零基预算理念的原则

（1）分类区别对待原则

既然零基预算具有有限适用领域的特点，我们在设想采用该方法时，就必须坚持分类区别对待的原则。不应该将所有领域的预算编制都采用零基预算的方法。所有预算都从零开始重新编制既没有必要也没有可能。因为，经济财政活动多数是连续的，多数的财政活动承继历史，来年被削减的资金、被砍掉的项目属于个别现象，为少数项目和支出的不合理，一切从头开始，花大量的时间精力对预算所有内容再分析、再审核、再确定，这除了产生大量文牍性工作外并不能达到实际效果。经济活动是动态的，特别是在中国这样的发展中国家，变化很快，当年很难完全准确预测来年变化，只凭历史数据或上年绩效评估结果决定来年预算也不一定合理。因此，有必要对预算单位或科目进行分类，一些采用改进的基数加增量调整的方法，一些采用零基预算的办法，一些采用其他方法（如目标管理、专项管控等）。同样对项目支出效果的绩效评估，也不能无例外地全面推行，也要分门别类、区别对待。一般事先通过零基预算方法甄选的项目支出，也要进行绩效评估，以检验项目支出评审过程的科学性合理性，不断调整参数定额、改进程序。对没有推行零基预算编制方法的其他大额资金支出可设立选案程序，抽样进行绩效评估。这样既充分发挥零基预算和绩效预算的作用，又避免出现因全面推行导致的运行成本过分增加，以及程序烦琐而导致的形式主义。

（2）优先性选择原则

零基预算的核心价值之一便是其优先性选择的机制，这是克服传统基数预算下的部门

---

① 马蔡琛，苗珊．全球公共预算改革的最新演化趋势：基于21世纪以来的考察［J］．财政研究，2018（1）：92-100.

② 马蔡琛，赵笛，苗珊．共和国预算70年的探索与演进［J］．财政研究，2019（7）：3-12.

③ 杨广勇，杨林．零基预算改革效果评价与未来推进——以珠海市A区为例［J］．中央财经大学学报，2019（1）：3-14.

利益固化弊端的举措。因此，借鉴零基预算理念，核心事项就是对备选支出项目进行优先性甄选，没有优先性选择这个要素的预算改革都不能说采用了零基预算。预算不是仅仅为了削减资金数额，而是让财政资金得到合理配置。在财力总是有限的情况下，如何统筹兼顾、保证重点是财政管理和预算编制的重要目的。优先性选择的关键在于让财政资金与政府战略目标和政策目的契合。在财力既定的情况下，为保证优先项目，必然要去掉无效的项目、执行不力的项目，对一般项目进行经费的压缩，调减经费支出，形成科学的资金分配机制，优化预算结构。

（3）精细化编制原则

前面已经指出，当前预算编制仍然存在粗放不够精细，以及预算约束刚性不足、财力动态预估不足等问题。其原因在于，预算编制过程缺乏深入调研，重投入轻管理、重支出轻绩效；一些领域财政资金低效无效、闲置沉淀、损失浪费的问题较为突出，克扣挪用、截留私分、虚报冒领的问题时有发生。这需要借鉴零基预算中推行的精细化做法。要做好精细化工作必须建立一个科学且简便的预算调查、审核制度。预算部门领导或主管负责人要进行细致的财力使用以及业绩目标评估，提出报告。当年财力安排除了要与往年绩效挂钩，同时也要与当年和长期计划确定的目标匹配。为避免过于复杂和产生高昂成本，不一定完全按照在美国推行的那种零基预算的做法，即分解很多预算决策单位，让决策单位逐一编制决策案。而是要结合中国较长时间里行之有效的办法，对应当列入零基预算管理范围的项目，特别是新增项目，都要进行项目库管理。为进入项目库，要事先进行项目立项、可行性研究论证，论证时要提供与国家或所在地区战略目标契合程度（战略考量）、法律政策依据（合法考量）、目标业绩结果预测（目标考量）等指标。对新出台重大项目要进行事前绩效评估，重点论证立项必要性、绩效目标合理性、实施方案可行性、筹资合规性、投入成本经济性等，评估结果要作为申请预算的必备要件。精细化不能只限于一般公共预算，而是要延伸到所有预算和国有经济活动领域，以项目为单位统筹协调所有资金来源，进行全面的精细化安排。

（4）主体责任明晰原则

预算编制的根本目的是防止资金浪费，要让有限的财政资金被配置到必需的领域，而要做到这一点，除了靠外部监督、审查评估外，还必须建立有效的内部控制机制。只要有内部控制机制，责任主体明晰，就会产生自身激励约束动力，让各级预算单位负责人时刻关注资金使用效果，保证各项开支与单位职能和行动目标匹配。零基预算的精髓之一便是让所有的财政资金使用都有具体明确的责任主体，花钱即负责。一个决策单位就是一个具体的责任单位，其负责人相应成为责任主体。在传统的预算编制方法下，虽然也推行部门预算，但因为预算单位太大、太复杂，没有能细化到各个具体的决策单位，责任主体并不明晰，责任落实不是具体的，也不是明晰的。这样就不能调动参与财政资金使用的所有人的约束预算的积极性。我们虽然难以按照在美国推行过的零基预算那样，把开支都切割成可独立核算的决策单位，来进行效益成本分析，但要建立财政资金开支的责任机制，明晰财政开支的目标以及相应的责任，让有权批钱者、有权用钱者对资金使用效果负责。但在追究主体责任时，也不能简单化，而要实事求是，建立既促进高质量完成目标任务又厉行节约的激励相容机制。例如，在评估预算资金结余时要具体问题具体分析，不要简单化地将资金结余列为预算执行不力而降低评估分数，造成因厉行节约产生资金结余，来年获得较少资金的激励不相容问题（童伟，2019）[①]。

2）借鉴零基预算理念的具体路径和方法

零基预算不仅仅是预算编制流程的简单变化，要借鉴零基预算科学合理理念，解决中国预算编制和管理中的问题，需要根据上述原则，进行适当的组织和业务流程再造，可称之为零基再造。包括如下四个主要方面：

（1）进一步改革财政支出分类体系

要充分吸收零基预算合理内涵又避免其缺陷，减少改革成本和运行成本，首先要按照分类区别对待原则对财政支出体系进行必要改革。各地在推行零基预算过程中都或多或少对财政支出体系进行重新分类，形成五花八门的局面。有的地方分“战略领域”（一级）、“财政事权”（二级）、“政策任务”（三级）等级次。有的地方分基本支出与项目支出，项目支出又分公益一类、公益二类。有的地方分运转性支出和事业发展性支出。有的地方分为工作运转类、民生保障类、党的建设类、改革发展类、结转项目类。因此，有必要按照财政支出的性质进行规范。可按照国内国外经验，作如下分类。

第一类是基本支出类。列入此类的资金均为持续再生的费用（recurring cost），即保运转、保声誉的费用，包括人员工资、机构运转、基本民生、政府偿债等。这一类支出是维持政府及部门运转以及保持政府信誉的基本支出，是为满足公众最基本公共服务需求，一般是持续性的，即每年均要发生的开支。对这个类型的开支，要保证其提供服务所需的最低水平资金。可根据总体财力增长和服务水平提升以及通货膨胀率进行调整。如果财力紧张需要紧缩，可采用中国长期采用的方法即按一定百分比缩减。这一类预算占很大比重，一般不实行零基预算方法，而是采用传统基数调整的办法和定额办法。如发现人浮于事、虚假活动等问题，需要进行结构调整的，可通过专家审计、重新定岗定编、定额更新、专项整改等具有中国特色行之有效的办法解决。重点在于人员经费的控制，改进的着眼点是建立机构编制、供养人员、预算资金联动管理机制。人员需要增加的，先通过内部调剂解决或通过市场途径由政府购买服务或市场化方式解决；确要增加人员的，要作事先评估论证，变简单的“以人定费”为“以事定岗、以岗定费、人岗匹配、岗变费消”。

第二类是常规项目类。除了上述基本支出以外，各部门为履行其提供特定公共产品和社会管理职责而发生的经常性业务项目开支，可列入此类。这一类属于职能部门履行其职责的“事业”“事务”“事权”范畴，一般是在相当长时间里要持续作为的事务专项开支。如环境保护部门的“环境监测与监察”“污染防治”“自然生态保护”“天然林保护”“风沙荒漠治理”“能源节约利用”“污染减排”“可再生能源”“循环经济”等专项开支；教育部门的“普通教育”“职业教育”“成人教育”“留学教育”“特殊教育”“进修及培训”等专项开支。随着社会经济发展，或者出现特殊事件，原有的支出水平不足以应付新事件，就需要对某些预算单位或项目追加开支甚至大幅度追加开支，如出现严重疫情等公共卫生事件，需要追加公共卫生开支。在这一类别预算项目中，属于应急的，应当及时拨付，事后加强审计监督；属于较长时间持续工作的，要按零基预算的办法，实行项目库管理，编写决策案、进行成本效益分析和绩效评估，根据绩效评估情况安排资金。

第三类是新增项目类。要应对可预见的社会经济发展的新问题、新矛盾、新挑战、新

---

① 童伟．基于编制本位和流程再造的预算绩效激励机制构建［J］．财政研究，2019（6）：46-56.

机遇，公共服务发生了结构性变化，需要安排新的开支项目或建立新的预算单位。这一类主要是资本性开支项目包括房屋建筑物购建、办公设备购置、专用设备购置、基础设施建设、大型修缮、信息网络及软件购置更新、交通工具购置等。一般地说政府承担职能范围越宽阔、经济社会发展越迅速，新增开支项目也会占比越高。对这一类新增开支，均实行零基预算的方法，不仅要求一切从零开始谋划资金安排，编制决策案，进行决策案排序等，还要开展项目评审论证和财政承受能力评估，实行项目库管理。对项目库要实行长周期管理，全流程动态记录和反映项目信息变化情况。每年安排项目资金时，根据财力约束，按轻重缓急从项目库前期储备的项目中选取预算申报项目，按零基预算理念，建立公开透明又简便的评审机制，实行优先性甄选，对未入库管理的，一律不予安排预算。

（2）将优先性选择嵌入预算编制全过程

在预算编制全过程嵌入优先性选择是借鉴零基预算理念的最核心事项。优先性选择有如下几个路径：

一是以政府战略目标和政策目的为导向制定优选顺序。在中国这个世界最大的发展中国家，稳定压倒一切，公共服务提供在战略层面首先要确保稳定，因此，总体财力安排时先考虑稳定，降低财政改革的成本。在财力十分有限的情况下，过去一段时间长期实行的“一要吃饭、二要建设”就是如此。近期“六稳”（稳就业、稳金融、稳外贸、稳外资、稳投资、稳预期）和“六保”（保居民就业、保基本民生、保市场主体、保粮食能源安全、保产业链供应链稳定、保基层运转）支出优先，然后是重点项目，接下来是偿债；重点项目资金也不是延续过去的基数进行简单调整，而是根据经济社会发展新情况对项目资金进行跨部门整合，建立新的重点项目。

二是按实现单位目标必需的业务功能确定优先性。例如税务部门如果确定以提升服务纳税人质量为单位目标，那么其最主要业务功能有二：一是提高日常纳税服务水平，为纳税人提供更高质量和及时的服务，减轻纳税人的纳税成本负担，并鼓励自愿遵从。二是提高法律服务水准，加强对纳税人的法律和政策服务，确保纳税人履行税务责任，减少纳税人因违法被处罚的风险；确保纳税人及时享受减免税等政策待遇；同时打击偷税、骗税行为，创造公平竞争环境。对税务部门的预算安排就要与上述目标契合，对各项资金开支进行优先性甄选，除了确保人员开支、机构运转的基本支出外，对纳税申报的辅导援助、对纳税人法律支持服务、进行稽查和犯罪调查、提升服务纳税人的IT业务系统等方面开支，就属于优先性支出，在一定财力约束下，应当给予优先保障。

三是以绩效为导向确定优先性。在经济运行比较稳定的财政环境下，即没有大起大落的情况下，可以按照对上一期预算绩效的评估结果进行优先性选择。预算绩效，是指预算单位或预算项目通过使用财政资金提供公共产品或完成特定职能而取得业绩和效果，包括支出目标任务的完成情况，以及具体目标对战略性目标的贡献和影响。作为优先性选择依据的绩效指标不仅要包括业务活动、资产增加等产出指标、投入成本指标，还要包括履职效能、社会效应、生态效益、可持续影响和服务对象满意度等。可组织第三方机构独立开展绩效评估，尽可能依托大数据，采用先进可靠的评估技术和方法，提高绩效评估评价结果的客观性和准确性。通过绩效导向，在预算编制时，整合分散重复的项目、清理取消政策到期的项目、削减低效无效的项目、收回或重新安排因超过实际需要或预算执行不力而造成的沉淀资金。对周期较长的重大项目持续跟踪问效，建立动态评价调整机制，与中期财政规划目标契合（崔惠玉、周伟，2020）①。当然采用绩效预算方法，也要坚持简明、确定和可实行（实行成本较低）的原则，吸取在一些发展中国家发生过的，因将风险和不稳定引入治理进程而导致失败的教训（Andrews，2006）②。

（3）精细化预算编制和增强预算透明度

首先，建立统一开放的财政支出项目库管理信息系统。项目库是借鉴零基预算理念实现预算编制和管理精细化的重要环节。项目库是中国财政管理者通过总结实践经验而发展起来的中国方案，它大大简化了采用零基预算的程序，解决了项目论证甄选的复杂性、长时性和预算编制简明性、急迫性的矛盾。建好项目库的关键在于实现项目信息完整准确、调取顺畅、使用便利。这需要建立统一开放的财政支出项目库管理信息系统，实行标准统一、数据精准；数据互通、信息共享；采集常态、更新及时；动态调整、滚动管理。保持项目库的适时性、连续性、完备性、精准性和权威性。这需要提前做好项目的研究论证，要常态化、习惯性地做好入库项目的绩效预评估工作。通过预评估，使项目信息能全面反映绩效目标，包括与政府战略目标的契合度、与政策目的的对应度，以及相应的责任主体、支出内容、任务清单、资金需求、实施周期、可行性和优先性等立项论证情况和其他必要信息。

其次，建立精细化预算全覆盖的机制。与西方国家的预算不同，目前中国正式预算就有四本，包括一般公共预算、政府基金预算、社会保险基金预算和国有资本经营预算，此外还存在大量的政府直属国有企业事业单位，拥有可供政府或部门支配的货币资金存量和实物资产。一般公共预算并没有反映政府经济活动的全貌。如果一个项目有多个资金来源，不能只是对一般公共预算支出进行精细化预算，只有对来源于所有渠道的资金进行精细化预算，才符合零基预算下精细化的本意。因此，要统筹各个渠道资金来源，实现多个预算以及增量资金和存量资金协调联动，建立精细化预算全覆盖的机制。这需要有效盘活所有政府资产资源，全面清理盘查机关事业单位资产、国有企业资产和土地等自然资产资源，核实闲置资产的数量和价值，通过包括市场化在内各种方式分门别类依法依规加以处置，从而回笼资金、集中财力，统筹使用，建立一般公共预算与其他三本预算，预算资金与部门存量资金、闲置资源资产收入、政府债务收入等统筹协调联动机制，才能真正实现广义预算编制的精细化，切实优化财政资金配置，提高资金使用效果。

实现预算编制精细化，还有赖于通过有效机制提升预算编制和资金安排的公开性、透明性。预算编制过程公开、透明，让纳税人知晓其各种财政负担所形成的资金的去向，倒逼预算编制更加具体、明确、细致。反过来，预算编制精细化也有助于提高预算公开、透明的质量，防止公开、透明流于笼统、形式、走过场。这方面可推广珠海、临沂等地积累的经验，建立项目支出预算公开联审工作机制，即组建以人大代表、政协委员、专家学者为主要成员的联审专家库，随机抽取联审专家与预算单位面对面开展现场联审，从预算项目安排的必要性、资金申报依据的合理性、资金申报金额与实际工作目标及进度的匹配性、项目实施后取得的预期效益等角度，对预算单位申报项目支出预算进行综合评审，形成联审报告，作为预算安排的重要依据，并通过一定形式向社会公开。

---

① 崔惠玉，周伟. 中期视野下预算绩效管理改革的思考［J］. 财政研究，2020（1）：87-95.

② Andrews M . Beyond "best practice" and "basics first" in adopting performance budgeting reform［J］. Public Administration and Development，2006，26：147-161.

只有预算编制实现了精细化和公开透明，使预算支出安排合理公正、排序科学有据、信息披露完整准确，才能使预算安排没有明显遗漏和高估，进而从机制上减少预算调整追加，根除非特殊情况下进行预算追加的土壤，改变预算一定要或一定会调整追加的习惯或期待，增强预算刚性。

（4）建立激励约束机制

调动各方积极性、主动性，担责作为、改革创新，是借鉴零基预算理念推进预算改革取得成功的关键，这需要建立激励约束机制。

首先，建立鼓励各方披露或获得真实信息的机制。获得真实信息是所有管理包括预算编制和管理的必要前提。一方面，要鼓励基层预算单位获得并披露精准资金需求的真实信息。为了达到该目的，要用好项目开支实际效果的绩效评估结果，对那些申请的资金与政府战略目标、政策目的契合度很高，资金需求量精准的单位和负责人给予奖励，对相反的情况给予必要处罚。改变瞒报、随意申报不仅不会被处罚，还因获得较多资金而实际被奖励的现象。另一方面，要鼓励财政决策部门掌握项目资金需求完全信息和进行客观公正决定的行为，激励财政部门通过基层调研、走群众路线，归纳整理并掌握基层单位具有关键意义的资金需要信息，变被动为主动，成为服务型的财政机关。

其次，建立鼓励担责作为的机制。对预算单位和项目负责人，要做到有钱就有责、花钱要负责。需要建立审计、监察、日常财政监管提出的结论、预算绩效评价结果与部门预算编制挂钩的机制。审计等监管结果和绩效评价结果较好的项目，优先保障资金需求；对绩效一般的项目加强督促、做好改进；对评价结果较差、审计或监察监管问题较多的项目压减或取消预算安排。另一层面是对预算决策单位，要做到预算项目遗漏或多予均担责，主动作为给奖励。预算决策单位（包括财政部门也包括承担财政职能的其他部门，如发改部门等）因不作为，发生关键支出项目遗漏或大量超需要安排，也要承担职责。现实生活中，基层部门已经通过一定的形式申请或通过正式程序反映关键项目的资金诉求，但因为上级或有关部门没有采取行动，而导致该投入的资金没有投入，产生工作项目落空，影响政府功能和目标实现，甚至出现负面影响的，也应当追究当事人的责任。相反，对预算决策部门及其负责人，深入调查研究，掌握充分信息，积极作为，推动改革发展的也要给予奖励。此外，对任何问责、追责也不能简单化处理，要防止产生反向激励，防止为推卸责任，过度注重形式和程序，陷于文山会海之中，影响主动作为和改革创新。

最后，建立项目退出机制。借鉴零基预算的目的是优化财政支出结构，为了达到这样的目的，仅仅在预算安排的事先认真审查、事后认真评估是不够的，还要关注预算安排后的项目执行情况，即还要关注项目资金的事中状况。这就需要对已安排的项目资金，进行专项检查和专项资金评估，及时取消无政策依据、政策到期和未定期限项目的资金安排。可借鉴天津市的经验，结合预算具体执行情况，建立执行进度、结余结转、审计问题、闲置资产与预算安排挂钩机制，对于预算执行进度偏慢、结转结余大、审计发现问题多、存在资产闲置的部门，相应压减项目支出预算。除了建立上述激励约束机制以外，还要通过组织和程序的适度再造，简化推行零基预算的基础条件。实践表明，不对现有财政供养的基础状态进行必要改革，让零基预算在原有人员冗多、机构庞杂、程序烦琐的基础上进行，会造成更冗杂更烦琐的情况，零基预算科学理念不仅难以落实，还会造成负面影响。因此，要为借鉴零基预算理念创造必要的条件，改革简化组织结构和程序，取消不必要的机构和工作岗位、工作内容；去除冗余的层级并简化决策程序，降低组织和业务复杂性，构建简化、扁平型组织；在监察监督有效的情况下，简政放权，充分授权，鼓励在预算编制关键环节承担关键职责的工作人员以主人翁态度，主动创新，贡献大胆的想法，同心协力，破除难题，让采用零基预算理念和方法变得更加简单。推进零基预算方法，不仅要调动财政部门、单位财务部门积极性，还要把维持变革需要的责任感延伸到组织深处，做到领导重视、各方参与、人人有责。

10.4 中央和地方财政关系处理规则

10.4.1 处理中央和地方财政关系的理论模型

怎样处理好政府各个层级之间在收入和支出方面的权限分配关系也是财政管理的重要问题，而且还是财政学的难题之一。西方学者的解决思路主要有以下一些：

1）财政联邦主义和分权理论

奥茨（Oates，1999）将财政联邦主义定义为公共财政的一个子学科，认为“它是从规范和实证的角度来探讨不同层级政府的角色，以及通过像政府间补助这些财政工具进行相互联系的方式方法”[①]。财政联邦主义的核心是财政分权理论[②]。

（1）施蒂格勒和马斯格雷夫的分权理论

施蒂格勒（Stigler，1957）认为，地方政府比中央政府更加接近民众，比中央政府更具有信息方面的优势，也就更加了解其所管辖居民的需求和效用；此外，一个国家内部不同地区的人有权对不同种类和数量的公共服务进行不同的选择[③]。在上述两个原则下，为了实现资源配置的有效性与分配的公平性，决策应该在最低水平的政府部门进行。因此，财政权力就不能只集中在中央，要让地方政府有一定的财政权。当然，施蒂格勒本人并不否定中央政府的作用，他认为要实现资源配置的有效性和分配的公平性目标，行政级别高的政府是必要的，尤其是分配上的不平等和地方政府之间的竞争与摩擦这类问题，要依靠中央政府来解决。

马斯格雷夫（Musgrave，1959）提出财政的三项职能，即资源配置、收入分配以及经济稳定[④]。他指出，分配职能和稳定职能主要应由中央政府来行使，而在公共产品的配置方面，中央政府、州和地方政府都有责任，这样的分权是必要的。分权可通过税权在各级政府之间的分配而固定下来。

（2）奥茨的分权理论

奥茨（1972）继承和发展了马斯格雷夫和施蒂格勒的思想，在《财政联邦主义》一书中用一个一般均衡模型对分权的必要性进行了正式的证明[⑤]。奥茨假定：经济中存在甲和

① Oates W E. An essay on fiscal federalism［J］. Journal of economic literature，1999，37（3）：1120-1149.

② 大多数学者并没有将财政分权和财政联邦主义的含义作严格区分，Mariano Tommasi曾在“Notes on Fiscal Federalism”一文认为两者的含义大部分重叠，但是财政联邦主义着重关注的是多层级政府的共处以及它们之间的相互作用，特别是在财政方面的相互作用，因此在作者看来，财政联邦主义的内涵要大于财政分权的内涵，它以财政分权为核心，但是财政分权更强调的是上级政府对下级政府的财政权力下放，而财政联邦主义不仅仅强调权力下放，它更关注上下级政府的互动。

③ Stigler G J. The tenable range of functions of local government［R］. Washington, D.C.：Joint Economic Committee, Subcommittee on Fiscal Policy, 1957.

④ Musgrave, R.A.,The Theory of Public Financed［M］. New York：McGraw-Hill, 1959.

⑤ Oates W E. Fiscal Federalism［M］. New York：Harcourt Brace Jovanovich,1972.

乙两个人口子集，其中每个子集内部的人口偏好相同，但甲和乙之间的偏好不同；社会生产两种公共产品供全体成员消费，其中一种物品可以由中央政府统一供给，也可以由两个人口子集的地方政府分别供给；收入分配在全社会已经达到最优。在这些假定条件下，奥茨证明，由于两个人口子集的偏好不同，中央政府分配其供给的物品时不能达到社会福利的最大化，而地方政府可以根据自己的人口子集的需要提供相应的物品，从而能够实现社会福利最大化。[①]奥茨的证明可被归结为这样一个“分权定理”：如果下级政府能够和上级政府一样提供同样的公共产品，那么由低级政府来供给效果会更好。

然而，奥茨的分权定理并不是十分令人满意。因为这个定理的证明是建立在中央政府对每个人口子集等分地提供公共产品这一假定之上的，这个假定本身就包含了中央政府提供的公共产品总是不能满足不同人口子集对公共产品的偏好，因此是无效率的，由地方政府来提供可以避免这一缺陷。但是即使在美国，除了对全体儿童提供标准的教育、对所有的汽车的控污装置规定统一的要求以外，大多数由中央政府提供的公共产品并不是相等地分给每一个公民，这样奥茨定理就存在说服力不够的问题。

（3）布坎南的“俱乐部”理论

布坎南用俱乐部比喻一个地区范围内居民消费公共产品达到最优规模的机制。[②]他认为在俱乐部机制下，地方政府能够提供最优规模的公共产品。布坎南以游泳俱乐部为例，他假定在这个俱乐部里游泳池的总成本固定，因此一个新成员加入会降低所有成员的成本，这就是规模经济在起作用。随着成本的下降，会有更多的新成员加入，而随着更多的新成员加入，每一个成员负担的成本就更低，但是同时就出现拥挤现象，拥挤所造成的效用降低是新成员增加带来的边际成本。起初拥挤成本很低甚至没有，随着人数的不断增加而上升，上升到一定程度时，就使成员因拥挤带来的边际成本上升，有的成员就会选择退出。这样最终达到一个均衡点，俱乐部的边际收益等于边际成本，即因人员增加带来的分摊成本下降的收益与因成员增加带来的拥挤的成本相等，此时，俱乐部人数上达到最优规模。地方社区存在类似的市场作用过程，当人均分担的公共产品成本正好等于新加入成员所引起的边际成本时，地方政府提供的公共产品达到最优规模。如果存在这种机制，地方提供公共产品是有效率的。这一思想实际上已经包含在比布坎南（1965）更早的蒂布特模型中。

2）蒂布特模型

马斯格雷夫和萨缪尔森一致认为，由于在公共产品的提供上，市场无法迫使居民就其个人偏好作出真实表露，人人都想成为免费搭车者，因此在公共产品支出水平的决定上不存在市场类型（market type）的解决办法。[③]我们不得不面临一个问题，就是有相当一部分非私人部门的国民收入无法通过市场实现最优配置。1956年，蒂布特发表《关于地方公共支出的纯理论》一文，提出不同观点，认为马斯格雷夫和萨缪尔森的分析结论尽管对联邦支出适用，但并不适用于地方支出。蒂布特认为，如果能够产生一种机制迫使居民真实地表露他们的偏好，理性地选择到公共服务和税收组合最令他们满意的社区居住，那么

① 方晓利，周业安.财政分权理论述评［J］. 教学与研究，2001（3）：53-57.

② Buchanan J M. An economic theory of clubs［J］. Economica, 1965, 32（125）：1-14.

③ 在公共产品提供上存在三个基本问题使得有些学者认为市场不能有效提供公共产品：一是居民往往会谎报偏好；二是阿罗曾证明不存在同时满足非专制性、可传递性、不相关选择的独立性和帕累托最优的社会选择机制；三是居民选择合适的公共管理者和公共管理者提供公共产品的积极性，这两者要么没有，要么不完全。

马斯格雷夫和萨缪尔森的观点就不完全成立。他认为这样的机制是存在的，特别是在地方层面。社区提供不相同的公共产品类型和数量，居民对公共产品的满足程度存在差异，如果居民可以自由选择社区，居民就会通过迁移选择他们满意的社区，即迁移到提供符合自己偏好的公共产品的社区，并支付公共产品的费用。这实际上就作出了偏好的真实表示。这会引起各社区之间的竞争，结果每一个人都得到想要的公共产品，最终人们基于对公共产品的需求而分布在不同社区，出现了一种均衡状态，不可能再通过流动使境况改善，这时达到帕累托最优。这样的过程类似于市场类型的解决办法。只不过人们关于地方公共产品偏好的表达不是通过在市场选择物品的办法，即用手投票，而是通过迁移的办法，即"用脚投票"。

上述结论是建立在严格的假定基础上的，主要有五个方面：①无代价自由迁移。居民可以随心所欲地流向那些能满足他们既定偏好的社区，迁移对就业和收入没有影响，即迁移没有成本。要做到自由迁移，就必须存在足够多的社区，每一个人都能找到对公共产品的提供感到满意的社区。②完全掌握信息。居民对社区公共产品的提供和税收水平了如指掌，即掌握政府活动的完全信息。③无外部性。社区公共产品的提供过程没有外部性，不存在溢出效应。④单位成本不变。公共产品提供的单位成本不变，即不考虑规模经济问题，或者说公共产品的单位成本不会随着消费者的增加而下降。⑤存在排他性的区域规划法律。所谓排他性的区域规划法律，是规定区域内所有房屋的面积。这样在以房屋面积为基础分摊公共产品费用的制度下，可以避免不愿意或无能力支付公共产品费用的人，通过建造面积较小的房子，既享受好的社区福利，又能避免少缴社区费用问题的出现。实际上就是限制"搭便车"行为，使不愿意或无能力支付相应费用的家庭无法迁移到公共产品较富足的社区，从而维持一种稳定的帕累托效率均衡。

蒂布特的观点具有重要的学术意义，因为它引导人们从另一个角度来考虑问题，打破了以往学界认为市场无法有效提供公共产品的迷信，现实生活中也的确存在着他所描绘的情景。例如，在美国每年有16%的人改变了他们的居住地；存在一些按收入来划分的社区（所谓的富人区、穷人区），它们之间的公共产品提供水平差异很大。因此，"至少在某些情况下，蒂布特模型是对现实的一个良好概括"①。

但是由于其结论是在严格的假定下才能成立，因此这一学说不具有普遍意义。在现实生活中，人们进行生活居住地点的迁移往往是有代价的，他们可能在新的地方找不到与目前收入水平和工作环境相当的职业。经济发展存在不平衡，自然条件差异大，环境优美、生活舒适的社区总是有限的，因此可能没有足够的社区可供选择，现实中我们也看到这种情况的存在。某些公共产品会在区域间产生外溢性。例如，在一个社区内接受了良好教育的人，以后搬到其他地方时会有益于这个新地方；一个社区的生态环境的改善或破坏会影响邻近地区。某些类型的公共产品总是存在规模经济，公共产品的单位成本会随着提供规模增大而下降。比如，在一个比较大的区域范围内建设一个共享的图书馆，比每一个小社区都去建一个更节约；在学校、消防服务的提供等领域也存在类似的情况。例如，在美国新泽西州的一些社区，按照规模经济的思路，联合建设和经营学校、图书馆等；在加利福尼亚州一些镇，将某些公共产品和服务承包给其他地区的政府或私人部门，以获得规模经

① 罗森 H S.财政学［M］.郭庆旺，赵志耘，译.8版.北京：中国人民大学出版社，2009：494.

济的利益。设置排他性区域规划法，虽然可以用来解决对社区公共产品的“搭便车”行为而导致的人口迁移过度频繁问题[①]，但显然会造成社区贫富分化，形成阻断性社会结构，其所造成的福利损失从长远看可能要大于迁移过于频繁的效率损失。

此外，蒂布特模型以美国社会经济状况为背景的结论，在中国这样的发展中国家适用性就更低。中国目前实际上还不存在民众参与预算和地方公共产品决定的机制，预算和公共产品提供的规模、结构还主要由领导决定，而领导偏好和公众偏好并不总是一致。在中国，由于户籍制度、经济发展不平衡以及受传统习惯的影响，人口流动自由度很低，即使有流动也存在单向性，即人口流向发达地区，加上税制结构以间接税为主，人口流动与税负关系不直接，因此对个人而言就不存在“用脚投票”的机制。企业对税负差异较为敏感，往往选择税负轻的地区，但更愿意流向投资环境特别是软环境好的地区。总之，在经济发展很不平衡的情况下，“用脚投票”的机制不一定导致公共产品提供和成本分担的全国均衡，从而无法促进福利的改进。

3）财政分权的利弊

财政分权有优点也有缺点。

从优点来看，由于各地经济、社会、文化发展不平衡，人们对公共产品的需要在数量、结构上都不可能是一样的。财政分权的第一个优点，就是地方可以根据本地居民的需要偏好，量身定做适合本地需要的公共产品。在一个大的国家里，获取人们对公共产品的偏好信息是需要耗费巨大成本的。某些公共产品提供的决策需要根据各地居民的不同情况作出。由中央统一提供全国一样的公共产品，很难满足多样化的需求。而地方政府相比中央政府更接近当地居民，更了解当地居民的偏好，获得信息的成本要比中央低，因此可以更好地提供符合居民需要的公共产品。

财政分权的第二个优点，就是在特定的条件下，如果能够产生“用脚投票”的机制，则会促使地方政府之间展开竞争，从而对地方政府的收税、收费和提供能满足居民需要的公共产品产生约束，有利于减少政府活动的福利损失。

财政分权的第三个优点，就是地方政府由官员构成，因此地方政府也是利益集团，也要追求利益最大化。在中国，地方政府利益最大化表现为两个主要方面：其一，对于地方政府官员来说，最大的可能是升级。在中国官员升级主要靠推荐的情况下，要升级首先就需要政绩显著，其次要有获得推荐的渠道。而政绩的考核指标主要是经济发展和财政收入增长。在这种情况下，给予地方一定的财权，特别是通过设立比较稳定的地方税收体系（由于地方税收收入当然地归地方所有，因此地方官员自然就会关注地方税的增长和地方税税源的“涵养”），可以促使地方政府关注相关产业的发展，因此只要制度设计合理，分权可起到激励作用。其二，福利改善。福利改善表现为工资收入增加、住房条件变好、办公设施现代化、学习考察机会增多等。要获得福利改善，就需要财力支持。在没有分权的情况下，主要靠收入，靠中央下拨或收入分成，地方政府对财力的获得不能进行有效的预期；而在采取稳定的分权体制，特别是设立地方税收体系的情况下，地方政府对获得的收入数量可以进行预期，这会促进地方政府谋划发展。在西方学术界，把适当的分权可以激励地方政府发展经济、促进市场繁荣的理论观点，命名为“市场维护型联邦主义”

① 罗森 H S.财政学［M］.郭庆旺，赵志耘，译.8版.北京：中国人民大学出版社，2009：496.

(market preserving federalism)，也被称为第二代联邦主义，或新一代财政分权理论。而马斯格雷夫、奥茨和蒂布特等人所发展起来的分权理论被称为第一代财政分权理论。

但是，财政分权的优点建立在一定的条件之下。这些条件包括某些公共产品没有外部性、地方辖区足够大（具有规模经济）、存在对地方政府民主制约机制（用手投票）、无代价或低代价的自由迁移（用脚投票）等。不具备这些条件，分权则具有明显的缺点：

第一，产生外部性。在外部性场合，一般地方公共产品都具有正的或者负的外部性，如果各个辖区只顾本辖区居民，而不顾可能带来的负外部性，那么最终结果就是资源配置的无效率。

第二，不能做到规模经济。对于某些公共产品来说，使用的人越多，人均成本就越低，这样就存在一个最优规模问题。在分权体制下，如果每个社区都提供相同类型的公共服务，对于那些人口过少而达不到最优规模的社区来说提供这种公共服务无疑就会成本过高，从而降低了效率。此外，在分权体制下，每个辖区往往需要提供多种公共服务，而每种公共服务的最佳规模可能并不一样，因此各个辖区都单独行事就可能降低资源配置的效率。解决这种公共产品提供的规模经济问题，可行的办法是将那些达不到规模经济的辖区进行合并，或者利用规模经济由几个辖区联合经营一些公共服务。

第三，区域间容易产生恶性竞争。分权对地方政府激励的后果之一是，地方政府可能会利用地方税率和其他政策杠杆，以吸引资本。这样产生的地区间税收差异就会使资本由高税地区流向低税地区，而不是根据经济效率的要求，从边际产出较低的地区流向产出较高的地区，这会造成资源配置的扭曲。税收竞争的最终结果是压低了所有地区的税率，地方政府因而无法取得足够的收入，财政支出也只能维持在一个较低的水平上。在经济发展很不平衡的情况下，这种税收竞争的结果会导致落后地区更落后。

一般来说，财政分权积极效应的有效发挥往往需要良好的民主机制、充分的地方自治和健全的制度安排，对发展中国家而言，现实经济很难满足这些条件。如前面所言，地方政府尽管具有信息优势，但是如果没有民主机制来保证，普通居民的真实偏好就难以表露。官员可能会为自身利益，从事形象工程建设，为眼前利益竭泽而渔，侵犯公众利益。如果地方政府被少数利益集团控制，而少数利益集团的偏好与绝大多数居民偏好不一致，那么地方政府就会被俘获，可能出现高估地方公共产品的供给成本、滋生腐败等问题，此时分权会降低公共产品的提供效率。

10.4.2 协调政府间财政关系的工具

转移支付是协调中央和地方各级政府，以及地方各级政府之间财政关系的主要工具。所谓转移支付就是上一级政府将其收入的一部分，按照一定标准和程序，转拨给下一级政府使用。根据是否附带条件，转移支付可分为一般性转移支付（无条件转移支付）和特殊目的转移支付（有条件转移支付）。

1）需要政府间转移支付的原因

之所以需要在政府间进行转移支付，首先，是因为经济发展不平衡导致地方财力与地方政府职责不相称。有的地方政府的财政能力非常低，在一般的税收水平下，所获得的收入并不足以满足最基本的公共服务的支出需要。而无论各地方政府财政能力如何，中央政府都应保证所有的公民，不论他们居住在哪个地区，都能享受到基本的公共服务。这就需要通过转移支付作为平衡各地财力的手段。同样，在地方政府不同层次之间也存在类似问题，也需要上一级政府通过转移支付对下级政府进行财力支持。

其次，公共产品提供中的外部性会导致公共产品的供给不足。比如说教育具有外部性，因而中央政府必须通过转移支付体系来寻求扩大这部分公共产品供给的途径。

最后，上一级政府可以通过转移支付实施宏观调控，确保地方政府的施政目标与中央保持一致。

2）转移支付体系的主要目标

转移支付体系的设立必须与政府的总体目标相一致，确保政府活动所造成的福利损失最小。就宏观调控而言，政府的总体目标主要有充分就业、经济增长、经济稳定、国际收支平衡，以及财政分权目标和其他政治目标，但直接说来转移支付主要是为了保证财政体系内部的均衡，其具体目标是：

（1）纵向财政平衡

由于地方政府所承担的支出责任与其收入能力不相匹配会造成地方政府财政失衡，因此实施转移支付的根本目标就是修正这种失衡。

（2）横向财政平衡

各地方政府间收入增长能力与支出需求存在的差异会造成横向财政失衡，富的地方财力充裕，而穷的地方财力拮据，因此就需要通过转移支付减少富裕和贫穷地区之间的财政差异。

（3）弥补因为公共产品存在外部性而导致的供给不足

某些公共产品对本地区而言存在外溢性，为了使该公共产品也能得到足够提供，上级政府要给予补助。

3）转移支付的两种类型

第一种转移支付叫作一般性转移支付，也叫无条件转移支付。这一类转移支付主要为了弥补地方政府为提供最基本的公共产品而造成的财力不足，即为了实现财政纵向平衡，在拨付资金时不附加条件，补助资金由地方安排使用。

第二种转移支付叫作特殊目的转移支付，也叫有条件专移支付。这种转移支付是为了实现政府特定调控而进行的，对补助的资金规定了用途，接受转移支付的下级政府，要严格按照用途组织开支。

有条件转移支付又可分为有条件配套性转移支付和有条件非配套性转移支付。有条件配套性转移支付，要求地方政府有一个既定百分比的自有资金相配套，才能获得这项补助。这种补助强制地方政府分担支出责任，从而有利于增强地方政府的支出效率。有条件非配套性转移支付是指地方政府获得这种转移支付的资金虽然指定了特定用途，但不需要地方政府配套出资。此外，根据中央向地方进行配套转移支付时是否有最高限额，有条件配套性转移支付又分为有限额配套性转移支付和无限额配套性转移支付。有限额配套性转移支付，是指中央对配套性转移支付资金规定一个最高限额，若项目开支超过该限额，中央将不再拨付资金。无限额配套性转移支付，是指中央对地方配套性转移支付资金事先没有规定一个限额，而是按照地方实际开支多少的一定比例或者规定拨付资金。不同类型的转移支付产生不同的经济效应，对地方财政的约束力也不一样。中央对地方的转移支付会产生收入效应和替代效应。所谓转移支付的收入效应，是指中央政府给予地方政府的补助，会使地方政府可支配收入增加，接受资金的地方政府会因为得到拨款而放松开辟自身财源的努力，从而使本身的财政收入来源减少。政府间转移支付的这种收入效应，主要表现为对地方政府课税努力的影响。所谓转移支付的替代效应，是指由于得到了中央政府的拨款，地方政府供给公共产品的成本降低，这会使地方政府倾向于扩大公共产品的供给，从而也扩大地方政府用本级政府自有收入进行支出。地方政府的财政支出对所接收的政府间转移支付的增加的反应，比对公众私人收入增加的反应显著得多，这种现象被称为"粘蝇纸效应"（fly paper effect），即钱在其最初拨给的部门被粘住了。粘蝇纸效应是指中央政府拨付的钱会粘在它到达的地方部门，从而增加这个地方政府的支出，而增加的支出水平大于本地政府税收增加带来的地方政府公共支出水平。Gramlich指出，地方居民的收入增加1美元，可使地方公共开支增加0.05~0.1美元，而1美元的中央补助将使地方公共开支增加0.4~1美元，后者的效应远大于前者，中央补助与地方居民收入对地方公共开支而言，是不可完全替代的[①]，这就是"粘蝇纸效应"。通俗地说，地方公共部门获得的中央补助趋于留在公共部门，地方政府获得的财力增加被以不恰当的比例运用于公共开支，而不是通过合理削减地方税收等形式让利于地方居民。

10.4.3 中国中央和地方财政关系的解决思路

1）以往处理中国中央和地方财政关系的理论和实践

在处理中央和地方财政关系上，自新中国成立以来我们走了集权—分权—集权的循环道路，在理论和实践上存在如下几种主要处理思路和模式：

（1）全国一盘棋的思路，适用于集权模式

20世纪50年代开始至70年代末的中国实行的是比较集权的计划经济体制，政府间财政关系主要以"统收统支"[②]为特征。在这种体制下，中央要求地方将所有的财政收入上缴中央，地方提供的公共产品以及生产建设所需要的资金均由中央核定拨给，财政支出覆盖了整个社会生产、流通和消费的各个方面，财政在国民收入分配和再分配中处于绝对控制地位。

这一集权模式在促进中国经济发展尤其是迅速实现工业化的过程中起了巨大的作用，使中国能够依靠生产资料公有制，在不到1/4的世纪里，充分动员和集中一切必要的剩余资源，长期保持着平均高达30%以上的积累率和年均10%左右的经济增长率[③]，使新中国在较短时期内独立自主地建成了门类齐全的工业化基础体系。

尽管这一集权模式在当时特定的历史时期曾起到了巨大作用，但是它的弊端也十分明显。

首先，这种财政体制将地方财政收入与财政支出完全割裂开，地方财政收入与地方公共产品和服务的供给没有直接联系，地方政府实际上没有形成真正意义上的一级财政，不具有独立的利益主体地位，其财权被剥夺至最低限度，它只承担着中央计划被动执行者的

---

① Gramlich Edward M. The Effects of Grants on State-Local Expenditures： A Review of Fiscal Federalism, Lexington, MA： Lexington Books,1977, 219-239.Courant, Gramlich, Rubinfeld. The Stimulative Effect of Government Grants,Fiscal Federalism and Grants-in-Aid.1979.

② 1953年到1979年的财政管理体制，学术界也称为"统一领导，分级管理"体制，因为它相对来说比新中国成立初期的体制集权程度要小些，但"统一领导，分级管理"是中国财政管理体制的一个原则，即使现在也在遵循，而1979年以前的财政体制不管如何分权，都带有"统收统支"的特征。

③ 陈少晖.赶超型工业化战略与传统计划经济体制的形成［J］. 福建师范大学学报（哲学社会科学版），2000（1）：35-40.

角色，导致地方理财主动权和积极性的丧失，客观上造成地方吃中央的“大锅饭”[①]。

其次，这种政企不分、高度集中的管理模式，使国家和企业利润分配关系基本上被限定在统收统支的体制框架内，企业自主财力、剩余索取权和控制权缺乏，企业普遍失去追求利润最大化的动力机制，企业和职工的劳动积极性受到严重的压抑，导致内部激励不足和预算软约束，客观上形成了企业吃国家的“大锅饭”，在企业内部职工吃企业的“大锅饭”的局面。

最后，在这种集权的财政模式下，财政无所不包，使得财政成为现实国家生活中最主要的资源，财政成了众人都想吃的“唐僧肉”。财政在“一要吃饭，二要建设”以及“要正确处理好国家、集体和个人的利益关系”的多重目标面前，始终处于捉襟见肘、顾此失彼的窘境。财力的可能与需要之间存在的巨大缺口，造成制度性普遍短缺，资源配置低效率，形成了长期的财政压力。为减轻财政压力，政府不得不强行压缩支出和基建规模，采取向银行透支、冻结银行存款等行政措施以缓解压力，国民经济也随财政的收权与放权而波动。短缺成为集权财政体制运行过程中普遍低效率的结果，普遍低效率又成为这种体制运行成本过高的集中反映[②]。

这种集权模式所导致的经济效率低下和巨大的财政压力，使得它不可能长期维持下去，要想提高经济效率，减少中央政府高昂的信息和监督成本，调动地方的积极性，减少由于信息不对称所导致的效率损失，唯一可行的办法就是实施财政分权。

（2）调动地方积极性的思路，适用于分权模式

为调动地方的积极性，1979—1993年中国实行了财政包干制，其中又可分为三个时期：一是1979—1984年的“划分收支，分级包干”财政体制；二是1985—1988年的“划分税种，核定收支，分级包干”财政体制；三是1988—1993年的地方财政包干制。其主要特征是：通过包干，向地方政府下放财政权力，由中央核定基数，在分成的基础上对增收或超收部分加大地方留成比例，通过多收多留的激励机制鼓励地方特别是富裕地区增收的积极性，从而保证全国财政收入的不断增长。

财政包干制的实施扩大了地方的财权，增加了地方的财力，也增强了地方的经济责任；使地方政府增强了地区生产建设事业的活力和动力，从而达到尽可能增加本地区财政收入的目的。但由于财政包干制是以承认既得利益为前提的，它没有真正触及旧的体制框架，随着改革开放的进一步发展，其激励效应呈递减趋势，该体制的缺陷也显露出来：

一是导致中央财政困难，宏观调控能力减弱。财政包干体制包死了上缴中央的数额，导致中央财政在新增收入中的份额逐步下降，大部分收入都要通过地方来组织，中央要靠地方上解过日子，而重点建设、农副产品价差补贴等几乎全由中央负担，出现了中央财政困难、靠发行国库券和向地方财政借款以及向银行借款来过日子的被动局面。

二是地方为扩大财源，大力支持高税率产业发展，导致长线更长、短线瓶颈制约更明显，地区间产业结构趋同，形成了对产业政策逆向调节的作用。

三是注重既得利益，导致横向不公平。财政包干基数核定都以地方政府以往的既得财力为基数。由于不同的财政体制形式对既得利益的形成作用程度存在差别，因此既得利益

① 郭灿鹏.中国财政体制（1979—2000）变迁的效率［J］.改革，2001（4）：65-70.
② 郭灿鹏.中国财政体制（1979—2000）变迁的效率［J］.改革，2001（4）：65-70.

并非公正。同时，在税法相对统一、税收征管权力相对集中的背景下，经济发展水平差异决定着各地方政府的税基规模，发达地区和不发达地区差距很大。

综上所述，1994年以前中国处理中央和地方财政的关系，不论采取怎样的模式，总体上存在“一统就死、一活就乱”的问题。如果事权收归中央，财权税权也归中央，地方就没有积极性；相反如果事权下放，财权税权也下放，就导致诸侯经济、各自为政，从而无法摆脱集权、分权循环，不能建立长期稳定的中央地方财政关系，本质上就是还没有找到一个既激励地方又能有效控制地方的方法和制度，也就是激励和控制的权衡关系没有处理好。

（3）一级政权一级财权的一一对称思路，适用于对称型的分税制分权模式

有的学者提出“七个一级”的设想是这一思路的典型代表。所谓“七个一级”就是一级政权、一级事权、一级财权、一级税基、一级预算、一级产权、一级举债权。①这个观点认为，既然从政治体制上实行分级管理，财政也应当实行分级管理，每一级政府均有其独立的财政，相应地要建立地方税收体系，获得满足其财政支出需要的税收，编制地方预算，地方政府拥有其所投资的各类资产所有权，在年度预算出现不平衡或发展地方经济时，地方政府有权发行公债。其基本特征按照一级政权、一级事权、一级财权、一级税权，即按一一对称的办法在中央和地方之间划分财政收入，然后收支挂钩，财权和税权及发债权对称，自求平衡，分灶吃饭。虽然其所包含的原则得到相当多人的认同，但这个思路不能应用于实践。这是因为这一思路存在极端化的倾向。

首先，这一思路建立在对西方国家分税制财政体制的误解上。持这种观点的学者均将西方国家实行的分税制误解成绝对的、收支对称的、各管各的一种体制，即纯粹的“分”税体制。实际上则并非如此。虽然西方发达国家的分税制财政体制存在差别，但西方发达国家实行的分税制也存在一些共同特点：其一，虽然以税种划分为基础确定各级政权的收入规模，但各国的分税制都不是绝对的分税制，不存在一级政府只以本级税收收入安排本级财政支出的情况，分税制不等于国家财力的一次性彻底分配。分税制只是国家全部税收收入的基本的或初始的分配。各国都存在着不同形式的纵向或横向财政平衡机制。例如，美国州政府对联邦政府、地方政府对联邦和州政府的转移支付依赖很大。资料显示，2011财政年度，在美国，州政府一般性财政收入中，来自联邦政府转移支付占35%；地方政府一般财政收入中，来自联邦和州政府的转移支付占38%，其中来源于联邦政府的转移支付占5%，来源于州政府的转移支付占33%②。可见美国属于非对称型财政体制。其二，税权集中，事权分散。无论国体如何不同，征税权相对集中于中央是各国的共同特点，其最主要的表现在于大宗税收收入归中央，由中央分配，绝大部分国家的税收立法权也归中央，但通过赋予地方政府较多的事权，发挥地方政府的主动性。其三，为使税权集中与事权分散协调一致，存在纵向财力转移机制。这是中央对地方政府进行财政经济控制的基本手段。

实践证明，中央、地方政府属于一个国家政府的不同层次，它们之间的财政关系不可能用一刀切的办法予以割断。没有一个国家能建立起一种彻底的分税制，总是存在除分税制之外的比例共享、分成或自上而下的补助。因此，不能认为实行分税制就是要通过地方

---

① 贾康，白景明．县乡财政解困与财政体制创新［J］．经济研究，2002（2）：3-9.

② http：//www2.census.gov/govs/local/summary_report.pdf.

税体系达到收支对称。即使高度发达的资本主义国家，地区之间经济发展不平衡的状况也存在，相当多的地方通过地方税体系获得的收入根本无法满足其财政需要。更何况中国是一个经济发展很不平衡的国家，让各地财力自求平衡，会使经济发展不平衡状况恶化，轻则破坏统一市场，重则导致割据，还会导致产业结构优化的困难。地方政府为了自求财政平衡，必然热衷于举办一些短期内见效、收入多的项目，使某些从全国看来要限制发展的落后企业、落后产品在地方成为保护和扶植的对象，重复建设、盲目建设情况难以得到有效制止，产业结构将更加不合理。因此在中国目前的政治经济格局下，对地方政府实行对称性分税制财政体制会产生很大的效率损失。

其次，在中国建立这种“一一对称”的对称型分税制财政体制，还存在税制结构上的障碍。要让一级政权均有独立的地方税体系，并且能够做到收支自求平衡，前提条件是通过地方税体系获得的收入能够满足地方政府的基本需要。而要做到这一点，需要这样的条件，即主要税源（如所得税、增值税等）分布存在层次均衡性，次主要税源（如财产税、单环节流转税）存在区域分布均衡性。所得税比较符合层次均衡性的要求，即每一级政府均可同源征收，但中国目前实行以流转税为主体的税制结构，最大宗的税源采取流转税征收的方式，流转税具有可转嫁性，负税人与纳税人往往不一致，纳税地与负税地也往往不一致，各级政府对同一税源多级征税会产生很大扭曲，故对流转税只能采取一级政府征收的办法，道道课征的流转税（增值税、传统全值流转税）最好由中央政府课征，然后采取纵向分配的办法。次主要税源是否存在区域分布均衡性是地方政府能否形成主体税种的关键。只有区域经济平衡，单环节的流转税（如零售税）、财产税的税源分布才能处于均衡状态，才能做到负税人居住地课税，从而建立纳税与用税（提供公共产品）之间的对应关系，实现财政公平，才能保证不同区域的政府通过地方税获得基本收入。中国经济发展很不平衡，次主要税源的分布很不均衡，发达地区税源很大，而相对落后地区税源小，在这种情况下，一级政权通过一级地方税体系，不可能实现基本财政收支的平衡，总是存在相当多的地方政府需要上级的支持才能维持正常运转。一级事权不一定就必然有一级财权，更不必然有一级税权。地方政府履行其职责可以由中央政府拨款或转移支付解决，或通过收入分成解决。

事权收归中央，财权税权也归中央，地方就没有积极性；事权下放，财权税权也下放，必然导致诸侯经济、各自为政。中央建立职能机构，用税款直接办企业、上项目，各“条”自成体系，条条搞的项目地方重复搞，条条搞大的，块块搞小的，条块分割；政企不分，由政府部门直接经营管理企业，全民所有制变成部门所有制。

“七个一级”这一观点充分体现了中国长期以来处理中央和地方财政关系的惯性思维，即收支对称、分级包干。

（4）均衡集权和分权的思路

为打破以往“一收就死”“一放就乱”的局面，1994年中国开始实行分税制财政体制，希望能够找到一个均衡集权和分权的改革思路，从而发挥两者的优点。这次改革的基本内容有：

第一，中央与地方事权和支出责任划分。根据中央政府与地方政府事权的划分，中央财政主要承担国家安全、外交和中央国家机关运转所需经费，调整国民经济结构、协调地区发展、实施宏观调控所必需的支出以及由中央直接管理的事业发展支出。逐步将国防、外交、国家安全、出入境管理、国防公路、国界河湖治理、全国性重大传染病防治、全国性大通道、全国性战略性自然资源使用和保护等基本公共服务确定或上划为中央的财政事权。地方财政主要承担本地区政权机关运转所需支出以及本地区经济、事业发展所需支出，逐步将社会治安、市政交通、农村公路、城乡社区事务等受益范围地域性强、信息较为复杂且主要与当地居民密切相关的基本公共服务确定为地方的财政事权。对于中央和地方共同财政事权要减少并规范，逐步将义务教育、高等教育、科技研发、公共文化、基本养老保险、基本医疗和公共卫生、城乡居民基本医疗保险、就业、粮食安全、跨省（区、市）重大基础设施项目建设和环境保护与治理等体现中央战略意图、跨省（区、市）且具有地域管理信息优势的基本公共服务确定为中央与地方共同财政事权，并明确各承担主体的职责[①]（见表10-2[②]）。

表10-2　现行中央地方支出责任划分

中央财政支出	一般公共服务、国防、公共安全、外交支出，中央级行政管理费，中央统管的基本建设投资，中央直属企业的技术改造和新产品试制费，地质勘探费，中央安排的农业支出，中央负担的国内外债务的还本付息支出，以及中央负担的公检法支出和文化、教育、卫生、科学等各项事业费支出
地方财政支出	地方行政管理费，公检法经费，民兵事业费，地方统筹安排的基本建设投资，地方企业的改造和新产品试制经费，地方安排的农业支出，城市维护和建设经费，地方文化、教育、卫生等各项事业费以及其他支出

第二，中央与地方收入划分。将维护国家权益、实施宏观调控所必需的税种划为中央税；将同经济发展直接相关的主要税种划为中央与地方共享税；将适合地方征管的税种划为地方税，并调整、充实了地方税种，增加地方税收入（见表10-3[③]）。

表10-3　现行中央地方收入划分

中央固定收入	关税，海关代征消费税和增值税，消费税，证券交易印花税，车辆购置税、船舶吨税、铁路部门、各银行总行、各保险公司总公司等集中交纳的收入（包括利润和城市维护建设税），未纳入共享范围的中央企业所得税、中央企业上交的利润等
中央与地方共享收入	增值税中央分享50%，地方分享50%；纳入共享范围的企业所得税和个人所得税中央分享60%，地方分享40%；资源税按不同的资源品种划分，海洋石油资源税为中央收入，其余资源税为地方收入
地方固定收入	地方企业上缴利润，城镇土地使用税，城市维护建设税（不含铁路部门、各银行总行、各保险公司总公司集中交纳的部分），房产税，车船税，印花税（不含证券交易印花税），耕地占用税，契税，烟叶税，土地增值税，环境保护税、国有土地有偿使用收入等

① 国务院.《关于推进中央与地方财政事权和支出责任划分改革的指导意见》.国发〔2016〕49号.
② http://www.mof.gov.cn/zhuantihuigu/czjbqk1/jbqk2/201405/t20140504_1074657.html.
③ http: //www.mof.gov.cn/zhuantihuigu/czjbqk1/jbqk2/201405/t20140504_1074657.html.

第三，中央财政对地方税收返还数额的确定。为了保持地方既得利益格局，逐步达到改革的目标，中央财政对地方税收返还数额以1993年为基期年核定。按照1993年地方实际收入以及税制改革和中央与地方收入划分情况，核定1993年中央从地方三年净上划收入，全额返还地方，保证现有地方既得财力，并以此作为以后中央对地方税收返还基数。1994年以后，税收返还额在1993年基数上逐年递增，递增率按全国增值税和消费税的平均增长率的1∶0.3系数确定，即上述两税全国平均每增长1%，中央财政对地方的税收返还增长0.3%。如果1994年以后中央净上划收入达不到1993年基数，则相应扣减税收返还数额。

第四，原体制中央补助、地方上解以及有关结算事项的处理。

为顺利推行分税制改革，1994年实行分税制以后，原体制的分配格局暂时不变，过渡一段时间再逐步规范化。原体制下中央对地方的补助继续按规定执行。原体制下地方上解仍按不同体制类型执行：实行递增上解的地区，按原规定继续递增上解；实行定额上解的地区，按原确定的上解额，继续定额上解；实行总额分成的地区和原分税制试点地区，暂按递增上解办法，即按1993年实际上解数，并核定一个递增率，每年递增上解。

原来中央拨给地方的各项专款，该下拨的继续下拨。地方1993年承担的20%部分出口退税以及其他年度结算的上解和补助项目相抵后，确定一个数额，作为一般上解或一般补助处理，以后年度按此定额结算[①]。

第五，逐步建立健全转移支付制度。目前中央对地方转移支付由一般性转移支付和专项转移支付构成。其中一般性转移支付包括均衡性转移支付，革命老区、少数民族和边境地区转移支付，调整工资转移支付等；专项转移支付主要用于教育、社会保障、农业等方面。经过若干次微调和完善，到2019年，全国一般公共预算收入（决算数，下同）190 382.23亿元，加上调入资金及使用结转结余22 160.95亿元（包括中央和地方财政从预算稳定调节基金、政府性基金预算、国有资本经营预算调入资金，以及地方财政使用结转结余资金），收入总量为212 543.18亿元。其中中央一般公共预算收入89 305.41亿元，从中央预算稳定调节基金调入2 800亿元，从中央政府性基金预算、中央国有资本经营预算调入394亿元，收入总量为92 499.41亿元。按此口径中央收入占43.52%；地方本级收入101 065.82亿元，加上地方财政从地方预算稳定调节基金、政府性基金预算、国有资本经营预算调入资金及使用结转结余18 966.95亿元，共计120 032.77亿元，占56.48%。全国一般公共预算支出238 874.02亿元，加上补充中央预算稳定调节基金1 269.16亿元，支出总量为240 143.18亿元。本级支出35 115.15亿元，加上补充中央预算稳定调节基金1 269.16亿元，支出总量为36 384.31亿元，占15.15%；地方支出总量为203 758.87亿元，占84.85%。中央收入中大部分用于对地方的税收返还和转移支付达74 415.1亿元，占比80.45%。收支总量相抵，中央财政赤字预计为18 300亿元，如图10-10所示。[②]

① 国务院.关于实行分税制财政管理体制的决定（国发〔1993〕第85号）,1993年12月15日发布。

② 关于2019年中央和地方预算执行情况与2020年中央和地方预算草案的报告——2020年5月22日在第十三届全国人民代表大会第二次会议上.

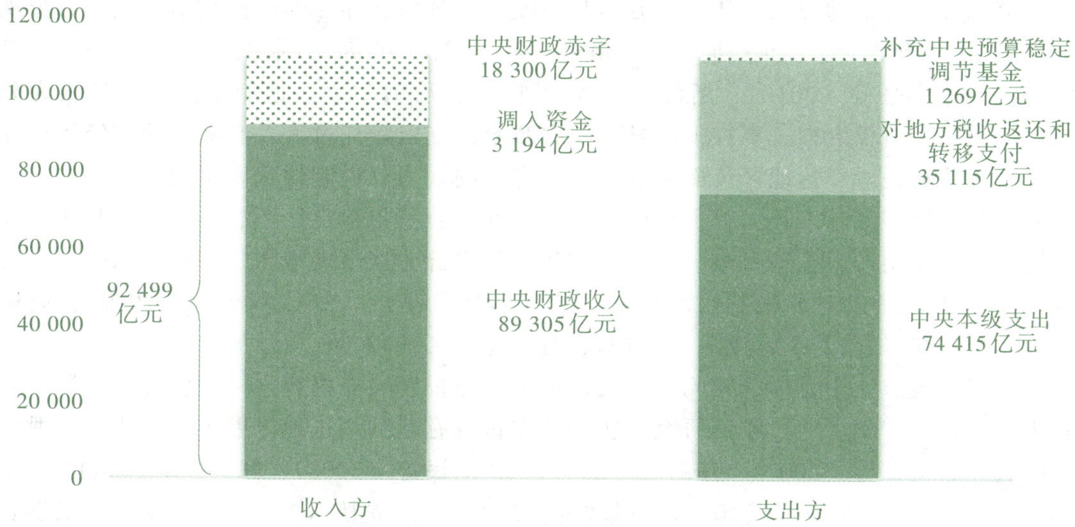

图10-10 2019年中央财政预算平衡关系

综上，中国分税制财政管理体制，呈现为不完全的非对称财政体制。从支出角度符合本书主编提出的非对称分税制的特征，即地方支付占全部支出的大部分，已达85%，而中央支出只占15%；之所以说属于不完全的非对称型财政体制，首先是因为中央收入的占比太低，不到50%，不符合中央收入要占大头的要求；其次这个财政管理体制还只涉及一般公共预算的收支安排，而没有将政府性基金预算、社会保险基金预算以及国有资本经营预算纳入。此外上述体制，还只是对中央和省级财政之间的关系做了安排。省以下财政体制则由各省自行决定。从目前的情况看，大部分地区都按照分税制的要求，划分了省以下各级政府的收支范围，并建立了省以下转移支付体系。同时，不断探索创新财政管理方式，27个省份在1 080个县实施了省直管县财政管理方式改革，约2.86万个乡镇实施了乡财县管财政管理方式改革①。

2）对分税制财政体制的评价

（1）学术界对分税制的评价综述

分税制财政体制已经实行了20年，学术界评价不一。第一类是肯定的观点，认为财政分权和分税制财政体制调动了地方政府积极性，是中国经济持续高速增长的重要因素。持此种观点的学者很多，如钱颖一等（1996、2005）②、邹恒甫等（1998、2005）、张晏和龚六堂（2005）③。不少学者认为目前的分税制总体框架合适，如刘玲玲等（2008）④。最近，有学者如孙秀林和周飞舟（2013）指出，分税制是一个理性化的制度变革，其建立了中央与地方之间关系的稳定互动框架，而以土地为中心的城市扩张模式是这次改革的意外后果⑤。

---

① http://www.mof.gov.cn/zhuantihuigu/czjbqk1/jbqk2/201405/t20140504_1074657.html.

② Qian Y, Weingast B R. China′s transition to markets: market-preserving federalism, Chinese style [J]. The Journal of Policy Reform, 1996, 1 (2): 149-185.Jin H, Qian Y, Weingast B R. Regional decentralization and fiscal incentives: Federalism, Chinese style [J]. Journal of public economics, 2005, 89 (9-10): 1719-1742.

③ Zhang T, Zou H. Fiscal decentralization, public spending, and economic growth in China [J]. Journal of public economics, 1998, 67 (2): 221-240.Jin J, Zou H F. Fiscal decentralization, revenue and expenditure assignments, and growth in China [J]. Journal of Asian Economics, 2005, 16 (6): 1047-1064.张晏，龚六堂.分税制改革，财政分权与中国经济增长［J］.经济学（季刊），2005，5（1）：75-108.

④ 刘玲玲，冯懿男.分税制下的财政体制改革与地方财力变化［J］.税务研究，2010（4）：12-17.

⑤ 孙秀林，周飞舟.土地财政与分税制：一个实证解释［J］.中国社会科学，2013（4）：40-59.

第二类是否定的观点，从不同方面和角度分析分税制存在的严重缺陷，主张对分税制进行系统全面改革。如王振宇（2006）、陈宪等（2008）、张文春等（2008）、陶勇（2008）、匡小平等（2010）、浙江省财政厅课题组（2013）①。他们中间，有的认为分税制属于集权，财权上移、事权下放导致基层政府的支出责任过大，影响了地方经济更好更快发展，特别是对发达地区负面影响更大。有的则认为分税制导致区域间财力的差异，使公共服务区域差异越来越大，长此以往将危及社会公平与稳定。还有一些学者基于这样的逻辑，即分税制产生土地财政，而土地财政导致房价上涨出现泡沫，如果泡沫破裂就会出现金融危机，所以对分税制财政体制持比较否定的态度，如张双长等（2010）、周彬等（2010）、吕炜（2012）、宫汝凯（2012）、黄国龙等（2013）②。

第三类观点认为总体框架问题不大，但作为分税制核心内容之一的转移支付制度存在较大缺陷，不少学者通过实证研究证实转移支付没有起到纠正地区差异的作用，如尹恒等（2007）、张恒龙等（2007）、江新昶（2007）、伏润民等（2008）、郭庆旺等（2008）、范子英等（2010）、贾晓俊等（2012）、褚敏等（2013）、涂立桥（2013）③。各位专家学者之所以对分税制有如此不同的意见，是因为评价标准不一以及对中国国情特别是其中中国政府特性及其土地财政的自然历史过程不了解。因此，要对1994年以来推行的分税制财政体制作出理性评价，首先要解决标准问题，不然，公说公有理，婆说婆有理，无法判断。

（2）评价的标准

要找出合适的标准需要思维方式的转变。不能简单地采用西方经济学的评判标准，至少需要结合中国的实际。经济学关于财政体制是否合理有三项标准，即效率、公平和确定。效率标准，指边际税收等于公共产品边际成本，满足纳税人偏好，公共产品的供给要讲规模经济，防止被迫性区际移民等，通俗地讲就是要恰到好处、没有扭曲。公平标准，指基本公共服务均等，避免区域差异扩大等，通俗地讲就是在分配财政利益时能够使老百姓权利共享、受益均等。确定标准强调规定明确、政策透明，相对稳定，可预期，以减少行政成本、防止腐败。在市场经济比较发达，政府仅仅是“物业公司”的社会中，这些标准就足够了。但考虑到中国与西方发达国家存在的五个方面的差异，这些标准就不充分了。在中国，除了上述三项标准外还要有附加的五项标准，包括：第一，是否有利于经济发展，在中国，政府是资产、资本的最大所有者、经营者，经济发展由政府主导，财政体制是否合理要看是否促进经济发展。第二，是否有利于政治稳定。就是避免长期以来重复

① 王振宇．分税制财政体制“缺陷性”研究［J］．财政研究，2006（8）：10-12.陶勇.分税制对地方财政运行的影响［J］．税务研究，2008（4）：8-12.陈宪，张恒龙.分税制改革、财政均等化与政府间转移支付［J］．学术月刊，2008（5）：56-61.张文春，王薇，李洋.集权与分权的抉择——改革开放30年中国财政体制的变迁［J］．经济理论与经济管理，2008（10）：42-49.匡小平，肖建华.公共服务供给不足的财政体制原因分析［J］．财政研究，2010（12）：28-30.浙江省财政厅课题组.现行分税制财政体制对发达地区财政影响分析——基于江浙沪数据［J］．财政研究，2013（2）：27-31.

② 周彬，杜两省.“土地财政”与房地产价格上涨：理论分析和实证研究［J］．财贸经济，2010（8）：109-116.张双长，李稻葵.“二次房改”的财政基础分析——基于土地财政与房地产价格关系的视角［J］．财政研究，2010（7）：5-11.宫汝凯.分税制改革与中国城镇房价水平——基于省级面板的经验证据［J］．金融研究，2012（8）：70-83.吕炜，刘晨晖.财政支出、土地财政与房地产投机泡沫——基于省际面板数据的测算与实证［J］．财贸经济，2012（12）：21-30.黄国龙，蔡佳红.“土地财政”的分税制根源及其对策［J］．宏观经济研究，2013（6）：3-8.

③ 尹恒，康琳琳，王丽娟．政府间转移支付的财力均等化效应——基于中国县级数据的研究［J］．管理世界，2007（1）：48-55.张恒龙，陈宪.政府间转移支付对地方财政努力与财政均等的影响［J］．经济科学，2007（1）：15-23.江新昶.转移支付、地区发展差距与经济增长——基于面板数据的实证检验［J］．财贸经济，2007（6）：50-56.伏润民，常斌，缪小林.我国省对县（市）一般性转移支付的绩效评价——基于DEA二次相对效益模型的研究［J］．经济研究，2008（11）：62-73.郭庆旺，贾俊雪.中央财政转移支付与地方公共服务提供［J］．世界经济，2008（9）：74-84.范子英，张军.财政分权、转移支付与国内市场整合［J］．经济研究，2010（3）：53-64.贾晓俊，岳希明.我国均衡性转移支付资金分配机制研究［J］．经济研究，2012（1）：17-30.褚敏，靳涛.分税制后的中央转移支付有效率吗？——基于中央转移支付对地区间增长公平与效率的检验［N］．上海财经大学学报，2013（2）：71-79.涂立桥.中央转移支付的财力均衡效应实证研究［J］．统计与决策，2013（5）：148-150.

出现的要么一统就死、要么一散就乱的局面，避免过分集中也避免诸侯割据。第三，是否达到区域均衡。在中国，因为自然禀赋等原因，区域差异比较大，财政体制是否缩小了区域差距、城乡差距、行业差距。第四，是否改善了民生，即是否使教育、卫生、环境、基础设施、居住条件等不断得到改善。第五，是否节约了财政成本。

（3）对分税制财政管理体制的评价

目前中国财政体制属于不完全的非对称型分税制，中央财政收入与地方财政收入各居其半，但中央财政收入很大部分通过转移支付成为地方收入重要来源，最终财政支出是地方占大部分（约85%）、中央占小部分（约15%）。

根据前述评价标准，我们认为中国目前的财政体制的大架构、大格局合适。根据实证研究成果，分税制与经济高速增长正相关，因此有利于经济发展。分税制改革有效遏制了财政收入占GDP比重下降的态势，确立了中央财政收入增长的新机制，提高了中央财政收入占国家财政收入的比重，国家宏观调控能力逐步增强，20年来中国政局稳定，中央地方关系整体协调，符合政治稳定的标准。同时，交通基础设施、医疗卫生硬件设施、教育硬件设施、城市其他基础设施明显改善，符合民生改善的标准。

但目前的分税制财政体制存在四个方面的问题。

一是不能有力地促进区域均衡，转移支付没有起到纠正地区差异的作用，反而加剧了中国纵向和横向财政不平衡度。有学者通过对1994—2000年这段时期的中国地方税收体制、转移支付对中国地方财政平衡影响的实证研究表明：分税制改革后中国地方财政失衡呈现扩大趋势，导致财政不平衡的原因是分税制改革后引进的分税项目（如企业所得税和个人所得税划分方式）和转移支付体制[①]。有学者通过对中国部分省市县调查发现，中国存在严重纵向不均衡现象，特别在基层政府[②]。有学者通过对分税制后中央与地方纵向财政不平衡度进行实证研究和测量，结果显示，分税制改革后中国中央与地方纵向财政不平衡度呈扩大趋势[③]。有学者通过对中国过去的财政分权政策对经济增长和财政资源分配均等的影响研究表明：20世纪80年代后开始的财政分权注重经济增长目的，促进了经济增长，但同时也导致了区域间财政资源分配不均等[④]。

二是财政成本增加。由于实行两套税务系统、转移支付制度不够透明规范，导致“跑部进京”现象严重，财政成本增加。

上述两个问题都属于一般公共预算领域的问题。

三是非完全的财政体制带来的不公平问题。目前的财政体制只是一般公共预算的财政体制，还没有综合考虑以土地财政为主的政府性基金预算以及国有资本预算、社会保险预算涉及的收入分享和支出责任配置。也就是说，目前的分税制仅仅把一般公共预算的收支加以安排，而不包括土地财政收益、社会保险收入和其他国有资产收益。社会保险还不能实行全国统筹，而且还是根据就业单位身份不同（机关事业单位、城镇企业、其他城市居民、农村居民）实行社会保险利益差异很大的制度。

四是中央收入占比偏低。2019年中央收入占比为46.91%，低于50%，尚未达到1994

① Tsui K. Local tax system, intergovernmental transfers and China’s local fiscal disparities [J]. Journal of Comparative Economics, 2005, 33 (1): 173-196.

② 黄佩华，等. 中国：国家发展和地方财政 [M]. 北京：中信出版社，2003.

③ 江庆. 中央与地方纵向财政不平衡的实证研究 [J]. 财贸研究，2006 (2)：78-84.江庆. 分税制与中国纵向财政不平衡度：基于Hunter方法的测量 [J]. 中央财经大学学报，2007 (1)：13-26.

④ 乔宝云. 增长与均等的取舍——中国财政分权政策研究 [M]. 北京：人民出版社，2002.

年分税制财政体制改革设定的60%的目标，在国际上也是偏低的。根据国际货币基金组织CFS数据库[①]中的有关数据计算，2019年全球大部分国家，特别是单一制国家的中央财政收入占全国财政收入的比重均保持在60%以上，如英国、法国、西班牙，分别为91.88%、83.7%和76.17%。在实行联邦制的澳大利亚、德国、美国，这一比重依次为73.7%、64.1%和58.47%。在俄罗斯，这一比重为68.81%。当前，中国并没有将税基流动性较强、地区间分布不均衡、收入变化具有周期性或波动性，以及税负易转嫁的税种作为中央收入。这一方面使得中央收入占比长期止步不前，甚至略有下降（2010年中央政府收入占比为51.1%），另一方面也扭曲了社会资源合理配置，如烟酒类商品的消费税归地方容易产生逆向调节；企业所得税归地方容易激励地方推行所谓总部经济争夺税源，发生地方政府为此大量地对企业进行财政补贴，财力雄厚的发达地区凭借财力优势得到更快、更好发展的好处，既违反了让市场对资源配置起决定性作用的改革方向，也加剧了区域发展不平衡和收入差距的扩大。若如此，公共服务均等化、地区间协调发展、社会和谐等就无从谈起[②]。

3）处理中国中央和地方财政关系应遵循的基本原则

就共性而言，处理中央和地方财政关系的核心问题是如何在中央控制和地方激励之间找到均衡点，实现效率、公平和确定的协同。在中国还要考虑中国政府的特性、现实国情以及历史经验教训，着力实现较快、较好的经济发展、长期的政治稳定；通过公共服务均等化促进区域均衡发展、不断改善民生，让全体人民公平地享有发展和改革的利益；尽可能节约财政运行成本。为了实现上述目标，处理中央和地方财政关系要遵循如下一些基本原则：

（1）偏好侧重原则

中央政府和地方政府有着不同的比较优势，中央政府在筹集收入、稳定宏观经济、监管政府间竞争从而避免免费搭车方面有比较优势，而地方政府在提供本辖区内的地方公共产品方面更具有信息优势，因此中央和地方应该根据自己的比较优势选择自己的职责，从而避免社会福利损失。

（2）责任分工原则

根据前面关于分权利弊的分析，我们知道正确处理中央和地方关系不能简单地分权或集权，而是要根据不同性质公共产品的类别，确定中央责任和地方责任，全国性公共产品原则上需要中央政府来负责，区域性公共产品应该由涉及的各辖区和上一级政府共同负责，地方性公共产品原则上应由地方政府负责。

（3）外部性补偿原则

由于公共产品都具有外部效应，矫正公共产品的外部性，从而避免公共产品供给不足和资源配置的无效率，有效的做法就是根据公共产品的外部性大小实行利益补偿或者惩罚措施，因此中央政府应该对那些具有外部性的地方公共产品进行适当补偿，以避免供给不足和资源的无效配置。

（4）规模经济原则

根据前面分析我们可知，公共产品的提供同样存在规模经济问题，在现实生活中我们

---

① https://data.imf.org/regular.aspx? key=60991462.
② http://www.mof.gov.cn/zhuantihuigu/czjbqk2011/cztz2011/201208/t20120831_679806.html.

应该适当地根据规模经济原则，将那些达不到规模经济的辖区进行合并，或者利用规模经济原理，通过几个辖区联合提供一些公共服务。

（5）激励地方积极性原则

中央与地方财政关系发展的历史表明，什么时候能有效激励地方的积极性，什么时候经济就有活力，经济发展速度就快；什么时候对地方经济管制过死，不能有效激励地方积极性，经济发展就缓慢，效率就低下，因此在管制和激励地方积极性之间寻找到最佳平衡点，应是处理中央与地方财政关系的基本原则。

（6）财政公平与均衡发展原则

中央和地方的分权在一定的条件下可以促进经济发展，但是我们也必须明白这种促进作用只存在于中央与地方财政资源分配的一定区间，如果财政分权超过一定的度就会损害经济的发展。中国的经验表明，尽管财政分权在一定程度上促进了经济增长，但是却是以牺牲财政资源分配均等为代价的[①]，不断扩大的地区差距和城乡差距已经反过来阻碍了中国经济的长远发展，因此，未来进行中央与地方财政关系协调时候，必须考虑到地区间的均衡发展。

（7）侧重县乡层次政府原则

一直以来中国财政体制建设中关注的是省级政府，或者说中央是以省级政府为平台的，而对县乡层次政府关注不够。如果说从一个国家经济发展历程来看，经济发展初期阶段由于大量全国性公共产品和区域性公共产品严重匮乏，而这些公共产品（如贯穿的交通大动脉等）又是制约经济发展的瓶颈产品，因此国家早期关注这些全国性或区域性公共产品的提供具有其合理性，但是随着经济的发展，国家应该逐步将公共产品提供向下延伸。我们国家对基层公共产品的提供关注不够，造成的后果就是基本公共服务严重不均等，县乡辖区基本公共服务供给严重不足，这种不均等已经影响到中国经济的长远发展与和谐社会的建立，因此，今后国家应该更关注县乡层次政府公共服务的提供，建立以县乡为平台的财政支出体制，逐步实现全国性的基本公共服务均等化。

（8）国有资产收益全民共享原则

既然中国政府是一个特大型资产公司，全体人民都是公司的股东也是雇员，作为雇员应当获得由市场决定的工资，作为股东应当获得资产收益，因此“公司”获得的资产增益和其他收益应当人人共享。具体地讲，首先，应当改变目前土地财政收入仅仅归拥有卖地权的城市政府和县级政府所有的情况，变为全民所有，逐步由中央政府统一调控分配；其次，在合理制定公司高管工资水平和职务消费限额的前提下，国有资本经营收入由国民共享。

4）非对称型分税制加分益制财政体制：中国中央和地方财政体制的发展方向

按照上述原则，中国财政管理体制改革的方向应当是建立具有中国特色的非对称型分税制加分益制，这样的分税制加分益制能保证中央有较强的宏观控制能力，从而全面实施产业政策、优化产业结构，同时又能充分调动地方的积极性，让国有资产收益全民共享，通过财政管理体制的安排，让人民真实并充分地享有发展改革的成果，实现以人民的根本利益为宗旨的治国理念。其基本特征是中央税占全部税收总额的大部分、地方支出占全部

① 乔宝云. 增长与均等的取舍——中国财政分权政策研究［M］. 北京：人民出版社，2002.

财政支出的大部分，国有资产收益全民共享。其基本要点如下：

（1）以中央税为主体的税种划分

税种划分要体现加强宏观调控原则。中国人口众多，经济发展不均衡，振兴经济和提高全国人民的物质文化生活水平，依赖于各地区扬长避短、发挥优势、互相支援、互相协作，建立全国统一市场共同发展，切忌搞地区封锁、诸侯经济。地区封锁、诸侯经济只会造成重复建设，严重浪费经济资源。为了避免出现这一局面，在治税权分配制度和财政体制改革中仍不能摒弃“统一领导，分级管理”的原则，体现在税种划分上就是以中央税体系为主、地方税体系为辅。主要税种、大宗税源仍应由中央掌握，中央获得的税收收入应占其总额的大部分。这样可以从财力上保证中央具备强有力的宏观控制能力，从长远、全局角度实施经济结构调整计划和区域经济协调发展计划。

税种划分还要体现财政公平原则。负税人（对间接税而言，纳税人往往不是负税人）付出税收应当获得相当的公共产品利益，而中国目前的财政体制没有体现这一公平原则。中国实行的是以流转税为主体的税制结构，而且流转税中增值税、消费税、关税实行生产地（进口地）课税而不是消费地课税办法，营业税中一部分税目也是对劳务提供者课税。这样的流转税存在一个重要特点，就是其可转嫁性，即纳税人和负税人往往不一致。流转税的纳税人以城市工商企业为主，但城市工商企业并没有负担或完全负担流转税，流转税主要是由广大消费者（包括当地居民、非当地居民和农民）负担的；而且流转税并没有按一定比例在负税人的居住地政府间进行分配，工商业越发达的地区其税源也越丰富，获得的流转税也越多，这样工商业集中的大中城市获得的流转税就占最大的比例，在目前分税制体制下分得较大的份额，并作为城市公共产品的财力来源。这就形成集中纳税和分散负担的非对称性。例如，上海拥有中国最大的工商业群体，相应获得的流转税量也最大，但这些流转税并不是完全由上海居民支付的，很大部分是由到上海消费或由购买上海产品的全国各地的消费者支付的。这样，财富由农村、县乡源源不断地流向大中城市。这是目前城市特别是工商业发达的大城市财政宽裕，而一部分县乡财政吃紧的一大原因。①今后的分税制应当有利于消除这种逆向财政机制，这需要在设计分税制时不是简单地将某一个流转税（或一定比例）作为地方税，而要适当地先集中再分配，以实现财政公平。

按照上述两个原则，多环节课征以及无法确定其归宿的税基流动性较强、地区间分布不均衡的税种，应作为中央税，包括增值税、关税、消费税、部分行业的营业税等，需要在全国范围内课征，以防止逆向调节，实现宏观调控的目的。因地区差别税负而导致人为迁移、造成扭曲的税种，应作为地方税，包括个人所得税、企业所得税等，必要时这类税收可实行多级同源共享征收，以调动地方积极性，同时出台防止地方财政对竞争性企业补贴的法规，避免财政自身造成进一步的区域差异，实现财政公平。就是说，中央征收全国统一的企业所得税、个人所得税，地方也可根据提供地方公共产品的需要征收地方企业所得税、个人所得税，但要建立税款课征与使用的对应机制（如将地方个人所得税作为扶贫专项基金、社会保险补充基金等）。由中央特许经营的行业税收（如证券交易税等）应当作为中央税，能够与地方提供公共产品明确对应的税种可作为地方税。地方税体系不必全国一刀切，而要依照地方社会经济发展程度的不同分别制定。税种和收入规模，主要按人

① 杨斌．将农民缴纳的钱还给农民——建立“四进一出”的公共财政机制解决“三农”问题［J］．涉外税务，2004（3）：6-9.

口因素，并适当考虑发展不平衡造成的社会服务与管理措施存量不均等因素确定，不论是发达地区还是落后地区的地方政府，通过地方税体系的收入和上级转移支付的收入所提供的政府服务按人口平均应大体相等，使中国公民享有的政府服务的基本权益大体相等。在实施改革时，为了减少阻力，可采取存量不变（承认既得利益）、增量调整的办法。

（2）税收管理权以中央为主

根据中国的政治体制，所有税收无论是中央税还是地方税，立法权都应集中在中央，这可避免地方在税收问题上各自为政，保证全国范围税负维持在合理水平，以及地区间税负的相对均衡。中央税的税收政策的制定、实施由中央政府负责。地方税体系各税种的税率、税目，在中央规定的统一幅度和统一税目范围内，由中央授予地方政府一定的处置权。地方税的减免权限归地方。这样可以让地方根据国家产业政策和地区经济发展的方向灵活地运用税收杠杆调节生产，引导消费，控制经济运行。税种可分为地方税、中央税，但并不必然要求征收管理机构也分为中央税局和地方税局两大系列。税务机构不仅不能扩大，而且要合并精简，提高效率，避免机构重叠、互相扯皮、人浮于事。

（3）税款的使用以地方为主

既要保证中央拥有强有力的宏观控制权，又要调动地方积极性，让地方政府因地制宜地按照国家经济发展的总体规划与产业政策实施社会管理，调节经济运行，这是改革财政体制的目的之一。

（4）多元多层的地方税体系设计

要根据中国各地经济发展水平存在巨大差异的国情和上述实行非对称型分税制的要求，改变过去不顾各地情况简单区分中央税和地方税的办法，改变一刀切的税种分享比例，实行地区差别的地方税体系，即按照发展程度、人口规模、公共产品人均水平控制标准，建立不同的地方税体系，实行不同的分税办法，推行地区差别的税种分享比例；改变以省级政府为中心平台设置地方税体系的做法，地方税体系以县（市）、乡（镇）村为主要平台设置。概言之，就是建立多元多层的地方税体系，地方税体系分省（自治区）税、市税、城市区和社区税、县（市）税、乡（镇）村税，它们又各自按照区域发展程度，分别设置不同的税种，或同样税种采用不同的税收政策。

（5）国有资产收益全民共享

未来的财政改革，不仅要实现一般公共预算领域的公共服务均等化，而且要实现全民资产受益或增益人人共享。为了实现这一目标，税收以外的资产收益，特别是土地财政净收益、其他国有资产净收益，也应当按照中央得收入大头、支出大部分划拨地方的非对称原则安排。这就是国有资产收益的非对称型分益制。具体地说，就是资产收益的大部分进入中央户头，可设统一的资产预算，也可保留目前的政府性基金预算和国有资本预算分别核算；中央确定其使用方向和政策，原则上以增加社会保险金、建立中国公民国有资产收益账户等直接或间接方式让中国人民共享。款项通过中央下拨方式交给地方各级政府或部门进行具体分配。

政府同时鼓励富裕家庭把它们分到的国有资产收益捐赠给较为贫困的家庭。通过分益制让人民有切身的增益享有，体现对全民资产的所有，直接分享国家发展的利益，增加对政府即人民自己的特大型资产公司的认同和责任。最终形成中国特色的完全的非对称型分税制加分益制的财政体制，达到特大型资产公司内部统而不死、活而不乱，全体人民参与建设也参与发展利益共享，整个社会和谐的理想境界，让理论自信、道路自信和制度自信建立在坚实的财政体制上。[①]分益制财政体制的具体阐述参见案例10-5。

【案例10-5】

马克思剥削理论与社会主义分益制财政体制

一、导言

党的十九届四中全会作出的《中共中央关于坚持和完善中国特色社会主义制度 推进国家治理体系和治理能力现代化若干重大问题的决定》明确指出，公有制为主体、多种所有制经济共同发展，按劳分配为主体、多种分配方式并存，社会主义市场经济体制等都是社会主义基本经济制度，坚持和完善社会主义基本经济制度，推动经济高质量发展是深化改革的重要任务[②]。社会主义是在消灭资本主义基础上建立的更先进的社会制度，之所以更先进是因为这个制度消灭了剥削，进入了无剥削的时代。巩固、完善、壮大这种“无剥削”经济也是社会主义国家高质量发展的应有之意。与“无剥削”相对立的当然是剥削。剥削的秘密及其机制是马克思发现的，具体体现在他的剩余价值理论中。本文以马克思剩余价值理论为指导，综述剥削理论以及公有制经济、国有经济收益分享等相关问题的争鸣和进展，探索社会主义“无剥削”本质内涵，阐述全民所有制企业和其他全民单位的法定所有者“全体人民”分享归其所有的资产净收益的必要性和可能性，设计“分益制”财政体制，即政府代表全体人民直接分享全民所有资产收益，包括经营性资产、非经营性资产和资源性资产的净收益或增值权益。文章旨在建立让全民所有制法定所有者即全体人民共享经济发展和改革开放成果的机制，即建立国有资产经营或运营成果与其法定所有者即全体人民的利益直接挂钩的机制，形成具体的社会主义新型机制，为解决当前国有制经济发展动力不足、监督不够、利益分享不透明不公平等问题，做强做优做大国有经济和国有资本，进一步完善社会主义市场经济，同时寻求社会主义条件下治理贫困、建立人人享有的基础性社会保险体系、消除城乡发展不平衡和收入差距提供新思路、新方案。

二、全民所有资产收益全民分享是社会主义“无剥削”的内在要求

（一）马克思剩余价值学说和社会主义本质即“无剥削”

沿着马克思关于资本主义社会存在剥削的根源在于剩余价值为资本家占有的逻辑，只要创造物质财富的劳动者获得了与其付出的劳动时间相等的全部成果或全部回报，即在劳动者创造的全部价值（C+V+M）中，劳动者不仅获得其劳动力价值V，还获得剩余价值M，那么拥有资本的资本家占有全部剩余价值M的制度就不再存在了。社会主义无论如何表述，其本质的内涵自然就是“无剥削”，而无剥削就体现在劳动者也获得了其创造的剩余价值，要做到这一点在所有制上要建立公有制（当下历史阶段体现为国有制和集体所有制）、在分配上要实行按劳分配，这就是社会主义经济制度。

改革开放以来，中国在坚持社会主义基本经济制度，发挥社会主义政治优势即集中资源办大事并保持社会长期稳定的基础上，引入市场经济固有的“竞争”“优胜劣汰”“法治”、以货币为基准的“公平”等各项机制，为中国近几十年经济高速增长、物质产品喷涌而出、人民生活水平普遍显著提高、综合国力迅速增强、各方面发生天翻地覆变化提供

---

① 杨斌. 中国政府特性和非对称型分税制加分益制财政体制［J］. 税务研究，2014（1）：5-12.

② 中共中央关于坚持和完善中国特色社会主义制度 推进国家治理体系和治理能力现代化若干重大问题的决定［N］. 人民日报，2019-11-06（001）.

了内在动力。中国经济发展之所以能取得非凡成就，正得益于建立并不断完善中国特色社会主义市场经济制度。社会主义与市场经济是有机统一体，社会主义市场经济制度还需要进一步完善发展，不仅其中的市场经济还需要进一步发展完善，社会主义经济制度也要进一步巩固和发展。

什么是社会主义经济制度？按照宪法的定义，社会主义经济制度的基础是生产资料的社会主义公有制，即全民所有制和劳动群众集体所有制（本文暂不讨论集体所有制）。由于全民所有制具有公有产权的特殊性，无法进行人格化的分割，因此由国家代表全体人民的共同利益占有生产资料①。全民所有制实行国家所有制无可厚非。财产归属与财产利用高度分离已成为经济组织方式的发展趋势，全民所有制（国有制）的财产归属与财产利用的天然分离没有违背这种趋势②。但无论如何，全民所有制的所有权仍然要具备所有权的一般特征，即无论所有制具有何种名义、采取何种形式，所有权权利最终还是要落实于所有者。别人使用归所有者所有的资产时必须缴纳租金，所有者所有的资产发生增值收益或处置收益，所有者要参与分享。也就是说作为全民所有制法定所有者的全国人民应当通过一定的机制体制，获得全民财产包括经营性和非经营性财产的净收益或收益权益。目前归全民所有的国有资产发生资产运营增值和处置收益时，全民分享收益的体制机制不够具体明确。甚至在某些领域，社会主义全民所有制被转化为部门所有、地区所有、企业所有、任期内执政官员所有，代表国家行使所有权的部门和个人有时没有真正代表国家利益和全民利益，而是为小单位和个人的私利侵害全民资产所有者（全体人民）的利益③。习近平总书记于2014年底在中央经济工作会议上分析国企存在的问题时严肃指出，有的国企内部管理混乱，侵吞、贪污、输送、挥霍国企资产现象大量发生④。因此，作为全民一员的中国老百姓，还不能完全体验到国有企业和其他国有单位是属于他们的，社会主义经济还需要一个更具体、更现实、可直接感知的体现机制或制度安排，以便“不断增强人民的获得感、幸福感、安全感，不断推进全体人民共同富裕”⑤。这在客观上要求作为国有企业和其他单位的法定所有者的全体人民要参与其所有的资产净收益分享，以最终实现“无剥削”的社会主义。

在社会主义市场经济条件下，全社会所有方面还未能实现“无剥削”。其原因在于，既然存在市场经济，就需要产权制度，即设置财产（包括生产资料）各自权属、你我有别、界限清晰且不能随意侵犯的制度，从而为市场经济的竞争机制和优胜劣汰机制提供基础性条件。与此同时也就必然存在按产权即会计上的资本进行利润（剩余价值的具体体现）分配的状态，全民所有制的国有企业也要有按“资本”分配利润的制度安排，不然就无法进行核算和经济考核，也无法形成统一的竞争市场。在市场经济体系里，由于产权制度的存在，仍然存在个别人或部分人作为资本所有者占有单个企业剩余价值的情况，其中也包括政府作为全体人民的代表以国有资本所有者代表的身份占有国有企业或控股企业的剩余产品价值。因此，在社会主义市场经济条件下不可能实现完全的“无剥削”。但在社会主义体系即国有经济中则可实现完全的“无剥削”，国家作为全体人民的代表以国有资

---

① 宋涛．政治经济学教程（社会主义部分）[M]．12版．北京：中国人民大学出版社，2018．
② 孟勤国．公有制与中国物权立法［J］．法学，2004（2）：44-53．
③ 孟勤国．公有制与中国物权立法［J］．法学，2004（2）：44-53．
④ 转引自宋方敏．习近平国有经济思想研究略论［J］．政治经济学评论，2017，8（1）：3-24．
⑤ 习近平．在十九届中共中央政治局常委同中外记者见面时的讲话［EB/OL］．（2017-10-25）．http：//www.xinhuanet.com/politics19cpcnc/2017-10/25/c_129726443.htm．

本所有者代表的身份，只要将占有的国有企业或控股企业的剩余产品价值最终分配给其法定所有者即全体人民，也就实现了由剩余产品价值不被“资本家”占有的“无剥削”目标。因此，在全民所有制实行国家所有制的情况下，社会主义的现实体现就是国有企业及其国有其他单位资产的剩余产品价值通过一定形式和体制（就是本文要阐述的分益制财政体制）归全体所有者即全体人民所有。全体人民只要以资产所有者身份参与国有企业利润（即剩余产品价值）的分配，只要最终整体、平均地获得剩余产品价值（当然是进行各项必要扣除包括税收以后的余额），就意味着“无剥削”，就意味着生产资料实行了公有制即全民所有制、分配实行了按劳分配，就意味着我们的社会是社会主义社会，而不是资本主义社会或别的什么社会。

“无剥削”是社会主义的本质内涵。“无剥削”是整体性概念，不是单个企业单一单位的概念，不是劳动者与就业所在单位的关系，而是全体劳动者与所有国有企业的关系，全民所有制的所有者仍然需要政府作为代表，剩余产品价值的分配职责仍然需要由政府最合适职能部门即财政部门来承担。在过去信息技术不够发达的时代，广大全民所有制企业和其他单位作为全民所有的净收益（“剩余产品价值”）提供方，其经济核算难以在全国范围内实现标准化、公开化、透明化，同时全体人民作为所有者一方，其具体人数、身份、区域分布、年龄结构等也难有准确的数据。在这种情况下，全民所有制“所有权”以及相应的收益分配权还只能由国家（即各级政府）代表人民来笼统地行使。所谓笼统，一方面以所有者代表身份管理、收集国有企业的剩余产品价值（当然扣除其中必须扣除的项目）还不够精确，也缺乏制度化的治理体系，另一方面也没有将收集起来的国有经济剩余产品价值以适当的形式最终分配给其实际所有者全体人民，就是还缺乏一个分配国有经济剩余产品价值的机制体制。有必要建立这样的机制体制，让全体人民更具体、更现实、更直接感知作为全民所有制经济所有者的主人翁地位感、国家发展直接受益者的幸福感、民族复兴的自豪感。

当今时代信息技术的突飞猛进，大数据、互联网技术进步，也为全民分享全民所有制企业或其他单位的收益提供了技术可能。在今天的大数据时代，通过网上身份证系统，全体人民的有关信息能够完整准确地收集确定；通过完善统计和会计系统，国有企业和其他国有单位的经营结果数据也能准确完整地收集并进行精确分析处理，全民分享国有企业和其他单位净收益（即剩余价值产品）成为可能，社会主义从宏观到具体可感知的体现成为可能。

（二）克服贫困和消除收入差距的机制性解决方案

新中国成立70多年来，中国人民实现了从站起来、富起来到强起来的伟大历史性飞跃。其中扶贫事业取得举世瞩目的成绩，贫困人口越来越少，2020年要消灭绝对贫困，实现全面建成小康社会的目标。但我们目前解决贫困问题的总体思路仍然是基于一般的社会架构提供公共产品或政策路径。我们还没有在社会主义框架内来考虑解决问题的根本方案。人们不禁要问为什么已经富强起来了的社会主义且全民所有制经济占主导地位的社会里，还存在贫困特别是绝对贫困？这似乎在逻辑上存在不通之处，社会主义中全民所有制经济占主导，全民所有制经济即国有经济发展迅速，资产总量和利润增大，出现许多世界500强企业，其中不少企业如金融企业利润还很丰厚，土地等全民资产收益数额也很庞大。在中国，贫困人口不仅是一般市场经济社会的成员，也是全民所有制的所有者，如果他们能直接获得应该归他们所有的全民资产收益，他们的收入就不仅包括劳动性收入还包括全民所有的资产性收入，他们的总收入就有可能高于按贫困标准确定的收入水准。

因此，通过一定的机制和体制让全民人人享有全民财产经营收益或权益，一方面使社会主义全民所有制得到实际体现，另一方面通过获得归其所有的国有资产净收益，全体人民都获得最基本的生活保障收入和基础性社会保险，且随着全民所有经济的发展而不断提高，不仅消灭了剥削，还能从机制上消除绝对贫困。这就为人民群众的全面发展提供物质基础。这会造就这样一种局面：一方面，全民人人享有全民财产收益，以此获得个人的基本生活保障收入（Basic Income）和基础的社会保险，根除绝对贫困和基本的收入差距；另一方面，人民还可依据自己意愿和自身条件，寻求就业岗位参加市场经济的竞争，获得与努力相对应的更高收入、缴纳税收并获得公共服务。让社会主义与市场经济相得益彰，真正融为有机整体，不仅能保持中国经济长期可持续发展，还能让全民福祉节节升高。这就是全体人民共享资产收益解决贫困问题的社会主义机制，这一机制也为解决中国当前其他社会矛盾，如收入差距、社会保险城乡有别、政府部门与非政府部门待遇差异、有单位与无单位待遇差异等不公平问题提供机制性方案。

（三）全民土地收益共享和破除土地供应垄断

在全民财产收益中，国有土地收益是重要内容。土地滚动开发已经成为中国加速基础设施建设，改善民生，提升区域人力资本水平，促进区域科技创新，实现城镇化、现代化的快速推进机制。通过国有土地开发经营，提升土地价值，实现了国有资产的保值增值。当然中国房地产市场也存在一些问题，其中根本的问题是土地供应和房屋供应双重垄断[①]。土地财政也存在一些深层次的问题。其中之一就是全民土地、市县受益。按照中国的经济制度，土地归全民所有或集体所有。对集体所有的土地，政府可以通过征用办法转化为全民土地。但在有关土地的实际运作中，全民土地收益并不归属于全民，也不归属于中央政府和省级政府。实际运营土地并获得绝大部分收益的是土地所在地的市或县一级政府。这就是全民土地、市县受益。经济发展好、房地产市场好的市、县，通过土地征用、收储、拍卖获得大量收入（即基金收入），其收入规模有时还大于一般预算收入。这些获得土地收入多、财力雄厚的地区有能力超前或超强提供公共产品，吸收其他地方的资本、人力、科技资源，获得超前发展的机会。其结果大大加剧地区差异，不利于均衡发展、集约发展。这就需要改变当前市、县政府作为单一土地供应主体状态，中央政府应代表全民利益，在全国范围内建立多家土地供应公司，土地供应试行竞争供给，收益在中央、省、市、县之间进行合理分配，让土地法定所有者即全体人民共享土地收益。同时破除土地供应垄断，增加房地产市场竞争性，让房价回归合理。

（四）建立对国有企业更有力更有效的监督机制

要做强、做优、做大国有资本，必须消除对国有企业的外部人、内部人控制，真正实现全民所有全民共享。在具体的实践中，全民所有制的主体“全民”无法人格化，政治经济学和实际生活中，都认为“全民”无法真实地行使所有权权能，因此由国家代表“全民”行使全民所有权权能，全民所有制就转变为“国家所有制”即国有制，相应的企业被称为国企，并按政府层级分为中央国有企业（简称央企），省、市、县国有企业（统称地

①杨斌．宏观税收负担总水平的现状分析及策略选择［J］．经济研究，1998（8）：47-54．

方国企）等。但是“国家”也是一个笼统的概念，国家所有权只能先变换为国家中某种机构所有权，并根据其分工才能具体承担并行使国家所有权权能。企业或单位党政班子在日常运行中被赋予“独立法人”，实际承担国有资产的占用、使用、处分权能。这种实际存在的“全民”所有制实际状态，使得全民所有制的“全民”本质特征的强弱，并不存在一个法定的机制来确保，而是通过各方权力博弈决定结果，出现众多不同的情况。如外部人控制，主要是有权管理企业的党政领导个人成为全民所有制单位的实际控制者；内部人控制，包括企业领导人成为实际所有者，单位职工获得集体控制权成为实际所有者；特殊垄断企业，即处于垄断地位的全民所有制企业或事业单位不仅没有向全民输送净收益或增值权益，而且通过垄断价格索取人民的利益。

如何保证国有企业正常运营，不发生侵吞、贪污、输送、挥霍国企资产现象，在国有企业改革进程中，已经探索不少方式，如股份制改革、复合所有制改革、加强纪检监察等，虽取得明显的效果，但还没有能比较彻底根治。关键问题在于缺乏真正所有者参与的监督和关注。建立全民所有资产收益全民分享的体制机制，形成强化全民所有制的“全民”本质特征法定机制，让法定所有者的利益与国有企业和国有其他单位的经营效果直接挂钩，国有企业和国有其他单位经营效果好，全体人民就获得实际利益的增加。反之如果经营效果不好，人民就会直接感受损失，就会自动起来关注国有经济发展，监督国有经济发展，同时支持国有经济发展，增强国有经济竞争力、创新力、控制力、影响力、抗风险能力。

三、社会主义新型机制：国有资产收益全民分享和分益制财政体制的总体框架设计

学术界有关财政体制的研究几乎没有涉及全民所有制资产（包括土地）收益的分享问题。但这是中国特有的重要事项，因为中国是社会主义国家，国家具有双重性质，除了承担与一般市场经济国家相同的社会管理中心并提供公共产品“一般”功能，以及相应地实行中央和地方各级政府财政分权体制外，还存在承担全国人民和地区全体人民委托的国有资产的运营和收益分配，以及相应的全国层级全民所有制单位和地方各层级全民所有制单位收益分享这一“特殊”功能。因此中国特色社会主义市场经济的财政体制除了分税制（旨在公共产品的提供和国家公共管理的财政体制），还存在“分益制”（旨在国有资产收益的分配）。从社会主义“无剥削”的本质内涵和中国特色社会主义市场经济现实出发，全面赋予财政新功能，使其代表全体人民参与全民所有的一切资产收益分配，并通过全民资产收益权证制度和交易制度等制度创新，将全民所有的资产净收益分配给全体人民，建立社会主义新型机制，这就是分益制财政体制，其实施方案如下：

第一步，建立全民资产统计核算体系。创新统计标准和会计核算办法，建立全民资产分类标准和科目。大体上可将全民所有的资产，分为自然资产（土地以外）、土地、公园、生活保障资产、经营性基础资产、经营性资产、非经营性资产（大学、博物馆等）。定期公布全民资产数量和价值，让所有者了解拥有的资产价值量及其变化情况。

第二步，建立全民资产国民账户。创新全民资产所有权体现方式和委托经营方式。设想一人一户，与居民身份证挂钩，每年一定时期分类登入所有的全民所有的资产价值，并获得全民资产所有的电子权证，全民所有制所有权证作为整体权证不作分割也不可交易，但可继承。通过账户和权证体现全民对国有资产（即全民资产）所有权。在此基础上，全民通过人民代表大会履行委托程序和手续，委托政府有关机构经营或在政府体系之外单独

设立经营机构（这有利于以非政府直属企业的方式参与国际竞争，避免商务争端和政府干预的指责），经营体制机制可以根据资产性质和规模等不同情况，实行多种方式。

第三步，设立全民资产收益权证制度。所有权要有实际的经济利益体现。在全民资产委托政府来经营的情况下，中国政府就是一个特大型资产公司，全体人民都是公司的股东也是雇员，作为雇员应当获得由市场决定的工资，作为股东应当获得资产收益。所有全民经营性企业，每年要向全体人民发送净利润收益权证，实现全民资产增益人人共享。所有非经营性全民资产管理单位（如大学、医院等等）也要向全体人民发送资产净值证书。要充分考虑中国地区发展不平衡，全民所有制单位分布不均衡，地区不同层级的全民所有制单位发展不平衡的情况，研究不同层级全民所有制收益分享方案。实施全民资产收益分享制度后，要防止降低国有企业竞争力。全民分享归其所有的资产净收益会产生许多正福利，如从消费角度支持国有企业、从监督角度净化国有企业、从共担风险角度强化国有企业、从同一所有者角度减少无序竞争降低成本，但要确保这些正福利超过全民资产收益全民分享对企业内部职工造成的积极性抑制和扩大再生产抑制的负福利。确定财政参与国有企业净收益分配方式和向全民支付收益权证的办法。避免把收取国有资产净收益，变相为对企业追加所得税，从而影响国有企业的竞争力。设置有效的全民资产收益权证制度及其交易制度，既要简便又要透明规范。

第四步，形成全民资产收益中央和地方分享方案。财政部门作为全民资产财务管理部门，代表全民履行所有者代理人功能，组织全民所有企业和非企业单位的净收益分配。确定资产收益特别是土地财政净收益、其他国有资产净收益，中央、地方各级政府及其辖区内有资格居民分享比例。总的原则是，在全民所有制体系内，实现同层级无剥削，即全体人民一视同仁地分享中央企业和其他中央单位（包括非经营性单位）资产净收益；省市区范围内的全体人民共享省级政府所属企业经营性资产净收益和其他资产增值权益，省级以下以此类推。但考虑到中国各地自然禀赋差异很大，全民所有制企业和非企业单位的初始投资分布不均衡，为了公平起见，要对地区全民所有制单位收益在不同层级不同地区进行必要调剂。总体思路是全国保基本生活和基础性社会保险，各层级全民所有制经济可根据地区全民所有制经济发展状况，对当地有资格者追加收益分配，以实现全国一盘棋和地区积极性的统一，避免完全平均主义的分配方式。

在具体管理措施上，要将土地收入为主的基金预算和国有资本经营预算合并，建立统一的全民所有制资本预算和中国公民国有资产收益账户融合一体的新型财政体系。在具体的分配方式上，建立中央确定使用方向和政策、地方各级政府负责实施的责任体制。完善各层级国有资本经营预算，优化收取或主动上交国有资产净收益的方式，原则上以发行全民所有资产收益权证、增加社会保险金等直接或间接方式让人民共享国有资本经营预算的收益。同时单独设置并定期公布非营业性国有资产的资产负债表，让人民知晓非经营性国有资产保值增值情况。政府同时通过税收政策等工具鼓励比较富裕家庭和公民将分享到的全民所有制收益捐赠或借贷给国家扶贫基金和社会保险基金，以更大的财力实施基本生活保障收入政策和基础社会保险。

第五步，建立全民资产收益权证交易制度。全民资产所有权证不可交易，但全民资产收益权证可交易。建立全民资产收益权证交易制度，包括出售、转让、赠与、抵押、典当等具体办法，并同时建立独特的收益权证交易市场。

第六步，建立全民资产运营的全民监督机制。利用新时代新技术特别是大数据分析手段，建立完善关键信息（包括企业员工特别是管理人员工资、管理费用、财务费用）披露制度。基于大数据、互联网和人工智能的新型监督平台，仍然依托现有的人民代表大会制度，设立专职的全民资产代表，负责监督全民资产保值增值，为了防止代表不履职，设计代表与所有者直接的利益挂钩机制。

资料来源 杨斌.马克思剥削理论与社会主义分益制财政体制［J］. 厦门大学学报（哲学社会科学版），2020（2）：1-11.参考文献省略，需要查看的读者请阅读原文。

本章小结

- 从不同的角度，财政政策可以划分为不同的种类。
- 财政政策作为一国宏观经济政策的重要组成部分，其目标有充分就业、物价稳定、经济增长和国际收支平衡。财政政策工具主要有政府支出、税收、公债等。
- 财政政策可以通过乘数效应来发挥对国民经济的作用，不同的财政政策可以发挥不同的作用。任何财政政策都不是完美无缺的，都需要付出实施成本。
- 财政管理最重要的制度是预算制度，各种预算编制方法如增量预算、绩效预算、零基预算、新绩效预算各有利弊。近几年来，世界各国的财政管理突出了收支规模限额、赤字限额、债务上限等财政规则，中期预算框架，财政风险控制等方面。
- 财政分权理论是处理中央与地方政府财政关系的重要理论，各国的经济学家都对此进行了分析和阐述，如施蒂格勒、马斯格雷夫、奥茨、蒂布特、布坎南等。
- 由于中央与地方财政的横向和纵向不平衡等原因，一般需要用政府间转移支付来调节政府间的财政关系。转移支付作为重要的调节工具，主要分为无条件转移支付和有条件转移支付两大类。
- 财政管理体制改革的方向应当是建立具有中国特色的非对称型分税制加分益制的财政管理体制。

本章综合训练